인터넷 강의
검스타트
www.gumstart.co.kr

한권으로 합격하기!

2025 초졸 검정고시

핵심총정리

전과목 대비용 교재

검정고시 합격을 위한 최적의 교재!

- 시험에 꼭 나오는 핵심이론 수록
- 기출문제로 유형 잡고, 예상문제로 실력 잡고!

시험 안내

❶ 시험 일정

구분	공고 기간	접수 기간	시험일	합격자 발표
제1회	2월 초	2월 중순	4월 초 · 중순	5월 초 · 중순
제2회	6월 초	6월 중순	8월 초 · 중순	8월 하순

※ 상기 일정은 시 · 도 교육청 협의에 따라 변경될 수 있습니다. 반드시 해당 시험 공고문을 참조하세요.

❷ 시험 과목

구분	과목	문제 형식
필수 과목	국어, 사회, 수학, 과학 (4과목)	4지 택 1형 필기시험
선택 과목	도덕, 체육, 음악, 미술, 실과, 영어 과목 중 2과목	

❸ 시험 시간표

구분	시간	과목	문항 수	문항당 배점
1교시	09:00~09:40 (40분)	국어, 사회	각 20문항	5점
2교시	10:00~10:40 (40분)	수학, 과학		
3교시	11:00~11:40 (40분)	선택 Ⅰ, 선택 Ⅱ		

※ 일반 응시자의 일부 과목 응시자는 과목당 시험시간을 20분으로 제한함

※ 유의 사항 : 1교시 응시자는 시험 당일 08:40분까지, 2~3교시 응시자는 해당 과목 시험 시간 10분 전까지 지정 시험실에 입실하여야 합니다.

❹ 출제 범위와 출제 수준

- 2015 개정 교육과정에서 출제
- 검정(또는 인정) 교과서를 활용하는 교과의 출제 범위 ➜ 가급적 최소 3종 이상의 교과서에서 공통으로 다루고 있는 내용으로 출제(단, 국어와 영어의 경우 교과서 외의 지문 활용 가능)
- 2013년 1회부터 문제은행식 출제 방식 도입에 따라 기출문제 포함 50% 내외 출제가 가능하며, 과목에 따라 비율이 달라질 수 있음
- 출제 수준 : 초등학교 졸업 정도의 지식과 그 응용 능력을 측정할 수 있는 수준

❺ 합격자 결정 및 취소

- 고시 합격 ➜ 각 과목을 100점 만점으로 하여 전 과목 평균 60점 이상(결시 과목 없이)을 취득한 자(과락제 폐지)

- 과목 합격 ➜ 과목당 60점 이상 취득한 과목
- 합격 취소 ➜ 응시 자격에 결격이 있는 자, 제출 서류를 위조 또는 변조한 자, 부정행위자

❻ 응시 자격 및 제한

◆ 응시 자격

- 검정고시가 시행되는 해의 전(前)년도를 기준으로 만 11세 이상인 사람으로서 초등학교 교육과정을 이수하지 아니한 사람
- 초등학교(특수학교 포함) 재학생 중 만 11세 이상인 사람으로서, 「초 · 중등교육법 시행령」 제29조의 규정에 의하여 학적이 정원 외로 관리되는 사람
- 「보호소년 등의 처우에 관한 법률 시행령」 제69조 제1호에 해당하는 자

◆ 응시 자격 제한

- 초등학교(특수학교 포함) 재학 중인 사람
  ※ 응시 자격은 시험시행일까지 유지하여야 함
- 공고일 이후 (응시 자격 제한) 첫 번째 항목의 학교에 재학 중 학적이 정원 외로 관리되는 사람
- 공고일 기준으로 고시에 관하여 부정행위를 한 자로 처분일로부터 응시 자격 제한 기간이 경과하지 아니한 사람

❼ 제출 서류

◆ 현장 접수 시

(가) 응시자 전원 제출 서류(공통)

- 응시원서(소정 서식) 1부
- 동일한 사진 2매(탈모 상반신, 3.5㎝×4.5㎝, 응시원서 제출 전 3개월 이내 촬영)
  – 온라인 접수 시는 전자파일 형식의 사진 1매만 필요
- 본인의 해당 최종학력증명서 1부

(나) 과목 면제 대상자 추가 제출 서류

- 과목합격증명서 또는 성적증명서, 평생학습이력증명서 등(이상 해당자만 제출)

(다) 장애인 시험 시간 연장 및 편의 제공 대상자 제출 서류

- 복지카드 또는 장애인등록증 사본(원본 지참), 장애인 편의 제공 신청서

◆ 온라인 접수 시

본인의 '공동인증서'를 먼저 발급 받은 후 온라인 접수 기간에 해당하는 각 시 · 도 교육청의 검정고시 서비스 사이트에 접속하여 제출

http://kged.sen.go.kr*

* 서울특별시 교육청 검정고시 서비스

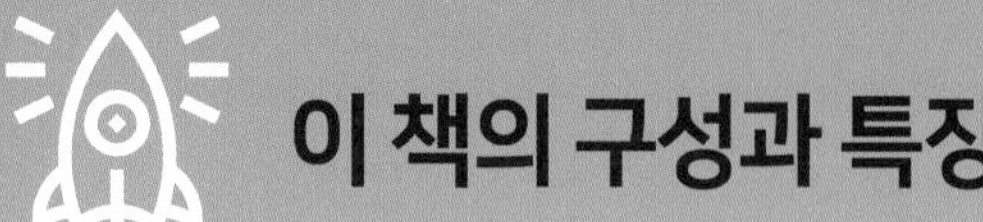

이 책의 구성과 특징

최근 기출 분석

단원별 출제 비율, 원그래프로 제시!

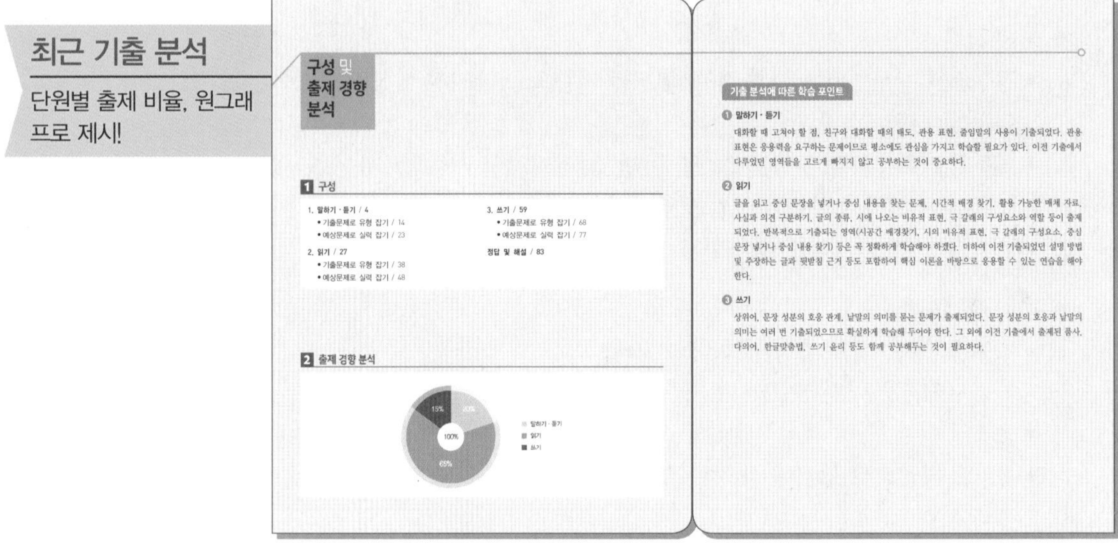

구성 및 출제 경향 분석

1 구성

2 출제 경향 분석

기출 분석에 따른 학습 포인트

① 말하기 · 듣기

대화할 때 고쳐야 할 점, 친구와 대화할 때의 태도, 관용 표현, 줄임말의 사용이 기출되었다. 관용 표현은 응용력을 요구하는 문제이므로 평소에도 관심을 가지고 학습할 필요가 있다. 이전 기출에서 다루었던 영역들을 고르게 빠지지 않고 공부하는 것이 중요하다.

② 읽기

글을 읽고 중심 문장을 넣거나 중심 내용을 찾는 문제, 시간적 배경 찾기, 활용 가능한 매체 자료, 사실과 의견 구분하기, 글의 종류, 시에 나오는 비유적 표현, 극 갈래의 구성요소와 역할 등이 출제되었다. 반복적으로 기출되는 영역(시공간 배경찾기, 시의 비유적 표현, 극 갈래의 구성요소, 중심 문장 넣거나 중심 내용 찾기) 등은 꼭 정확하게 학습해야 하겠다. 더하여 이전 기출되었던 설명 방법 및 주장하는 글과 뒷받침 근거 등도 포함하여 핵심 이론을 바탕으로 응용할 수 있는 연습을 해야 한다.

③ 쓰기

상위어, 문장 성분의 호응 관계, 낱말의 의미를 묻는 문제가 출제되었다. 문장 성분의 호응과 낱말의 의미는 여러 번 기출되었으므로 확실하게 학습해 두어야 한다. 그 외에 이전 기출에서 출제된 품사, 다의어, 한글맞춤법, 쓰기 윤리 등도 함께 공부해두는 것이 필요하다.

- 최근 기출문제를 면밀하게 분석하여 단원별 출제 비율을 한눈에 알 수 있도록 원그래프로 제시
- 출제 비율이 높을수록 중요한 부분[단원] ➜ 해당 단원 심화 학습 필요

알찬 개념 정리

최신 개정 교육과정 완벽 반영!

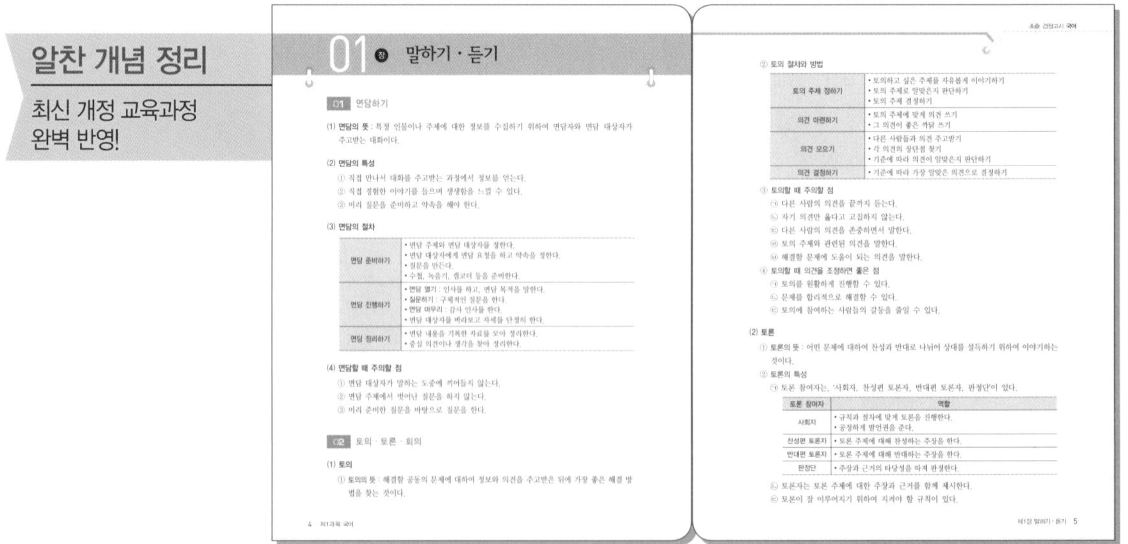

01 장 말하기 · 듣기

01 면담하기

(1) **면담의 뜻** : 특정 인물이나 주제에 대한 정보를 수집하기 위하여 면담자와 면담 대상자가 주고받는 대화이다.

(2) **면담의 특성**
① 직접 만나서 대화를 주고받는 과정에서 정보를 얻는다.
② 직접 경험한 이야기를 들으며 생생함을 느낄 수 있다.
③ 미리 질문을 준비하고 약속을 해야 한다.

(3) **면담의 절차**

면담 준비하기	• 면담 주제와 면담 대상자를 정한다. • 면담 대상자에게 면담 요청을 하고 약속을 정한다. • 질문을 만든다. • 수첩, 녹음기, 캠코더 등을 준비한다.
면담 진행하기	• **면담 열기** : 인사를 하고, 면담 목적을 말한다. • **질문하기** : 구체적인 질문을 한다. • **면담 마무리** : 감사 인사를 한다. • 면담 대상자를 바라보고 자세를 단정히 한다.
면담 정리하기	• 면담 내용을 기록한 자료를 모아 정리한다. • 중심 의견이나 생각을 찾아 정리한다.

(4) **면담할 때 주의할 점**
① 면담 대상자가 말하는 도중에 끼어들지 않는다.
② 면담 주제에서 벗어난 질문을 하지 않는다.
③ 미리 준비한 질문을 바탕으로 질문을 한다.

02 토의 · 토론 · 회의

(1) **토의**
① **토의의 뜻** : 해결할 공동의 문제에 대하여 정보와 의견을 주고받은 뒤에 가장 좋은 해결 방법을 찾는 것이다.

4 제1과목 국어

초졸 검정고시 국어

② **토의 절차와 방법**

토의 주제 정하기	• 토의하고 싶은 주제를 자유롭게 이야기하기 • 토의 주제로 알맞은지 판단하기 • 토의 주제 결정하기
의견 마련하기	• 토의 주제에 맞게 의견 쓰기 • 그 의견이 좋은 까닭 쓰기
의견 모으기	• 다른 사람들과 의견 주고받기 • 각 의견의 장단점 찾기 • 기준에 따라 의견이 알맞은지 판단하기
의견 결정하기	• 기준에 따라 가장 알맞은 의견으로 결정하기

③ **토의할 때 주의할 점**
㉠ 다른 사람의 의견을 끝까지 듣는다.
㉡ 자기 의견만 옳다고 고집하지 않는다.
㉢ 다른 사람의 의견을 존중하면서 말한다.
㉣ 토의 주제와 관련된 의견을 말한다.
㉤ 해결할 문제에 도움이 되는 의견을 말한다.

④ **토의할 때 의견을 조정하면 좋은 점**
㉠ 토의를 원활하게 진행할 수 있다.
㉡ 문제를 합리적으로 해결할 수 있다.
㉢ 토의에 참여하는 사람들의 갈등을 줄일 수 있다.

(2) **토론**
① **토론의 뜻** : 어떤 문제에 대하여 찬성과 반대로 나뉘어 상대를 설득하기 위하여 이야기하는 것이다.
② **토론의 특성**
㉠ 토론 참여자는, '사회자, 찬성편 토론자, 반대편 토론자, 판정단'이 있다.

토론 참여자	역할
사회자	• 규칙과 절차에 맞게 토론을 진행한다. • 공정하게 발언권을 준다.
찬성편 토론자	• 토론 주제에 대해 찬성하는 주장을 한다.
반대편 토론자	• 토론 주제에 대해 반대하는 주장을 한다.
판정단	• 주장과 근거의 타당성을 따져 판정한다.

㉡ 토론자는 토론 주제에 대한 주장과 근거를 함께 제시한다.
㉢ 토론이 잘 이루어지기 위하여 지켜야 할 규칙이 있다.

제1장 말하기 · 듣기 5

- 시험에 꼭 나오는 핵심 개념만을 엄선하여 제시 ➜ '짧은 시간에 최대 효과' 달성

실전 감각 UP

기출문제와 예상 문제를
한 번에 잡기!

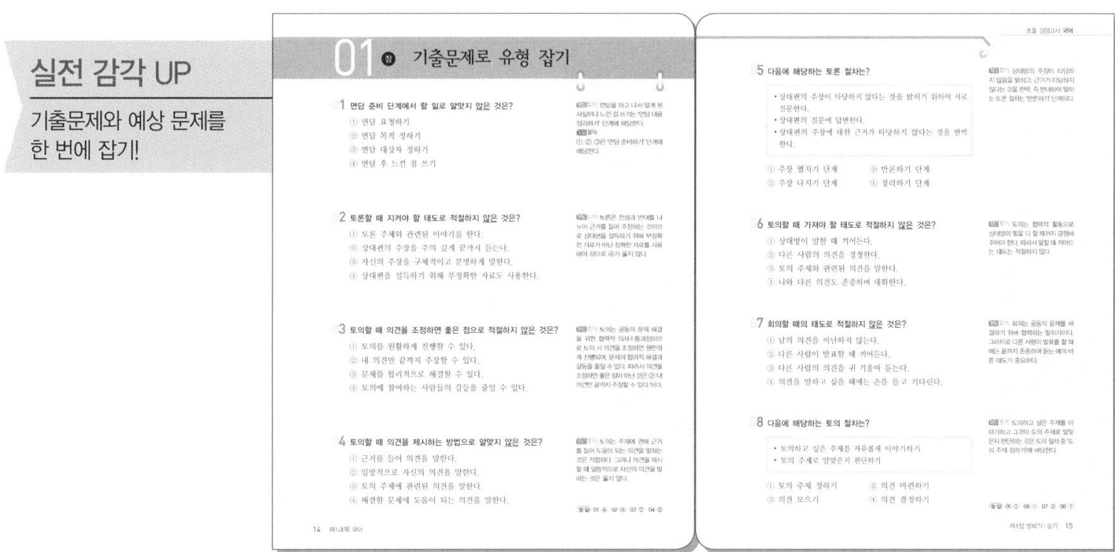

- 반복 출제되는 주요 기출문제로 '유형 잡기'
- 기출문제 분석을 토대로 구성한 예상 문제로 '실력 잡기' ➔ 실전 감각 UP!

친절하고 상세한 해설

정답으로 직행하는 명쾌
하고 알찬 해설 수록!

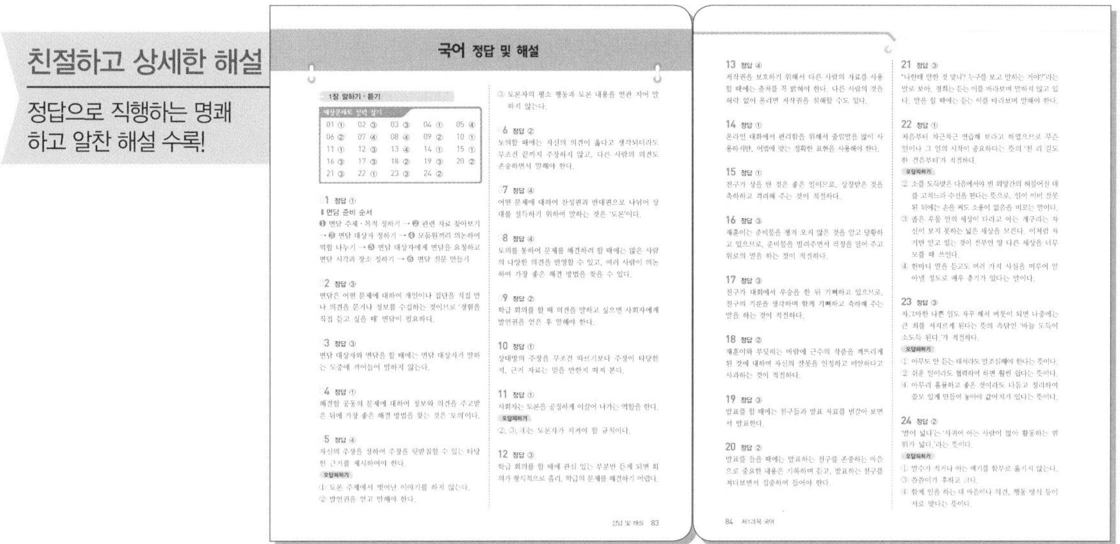

- 정답이 왜 정답인지, 오답이 왜 오답인지를 정확하게 알 수 있도록 명쾌하게 해설
- 중요하거나 이해가 잘 안 될 수 있는 부분은 선생님이 알아서 콕, 더 상세하게 해설

차례

1 과목 국어

2 과목 사회

3 과목 수학

4 과목 과학

5 과목 도덕

6 과목 실과

초졸 검정고시

핵심 총정리

최신 2015 개정 교육과정 완벽 반영!

초졸 검정고시

한권으로 합격하기!

핵심 총정리

제1과목 국어

01 말하기 · 듣기

02 읽기

03 쓰기

구성 및 출제 경향 분석

1 구성

2 출제 경향 분석

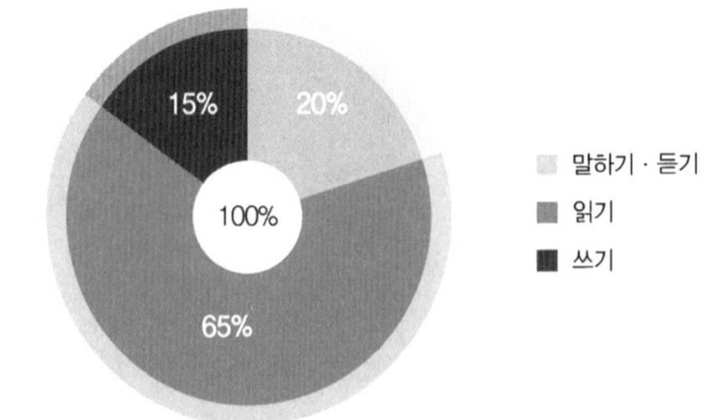

기출 분석에 따른 학습 포인트

❶ 말하기 · 듣기

대화할 때 고쳐야 할 점, 친구와 대화할 때의 태도, 관용 표현, 줄임말의 사용이 기출되었다. 관용 표현은 응용력을 요구하는 문제이므로 평소에도 관심을 가지고 학습할 필요가 있다. 이전 기출에서 다루었던 영역들을 고르게 빠지지 않고 공부하는 것이 중요하다.

❷ 읽기

글을 읽고 중심 문장을 넣거나 중심 내용을 찾는 문제, 시간적 배경 찾기, 활용 가능한 매체 자료, 사실과 의견 구분하기, 글의 종류, 시에 나오는 비유적 표현, 극 갈래의 구성요소와 역할 등이 출제되었다. 반복적으로 기출되는 영역(시공간 배경찾기, 시의 비유적 표현, 극 갈래의 구성요소, 중심 문장 넣거나 중심 내용 찾기) 등은 꼭 정확하게 학습해야 하겠다. 더하여 이전 기출되었던 설명 방법 및 주장하는 글과 뒷받침 근거 등도 포함하여 핵심 이론을 바탕으로 응용할 수 있는 연습을 해야 한다.

❸ 쓰기

상위어, 문장 성분의 호응 관계, 낱말의 의미를 묻는 문제가 출제되었다. 문장 성분의 호응과 낱말의 의미는 여러 번 기출되었으므로 확실하게 학습해 두어야 한다. 그 외에 이전 기출에서 출제된 품사, 다의어, 한글맞춤법, 쓰기 윤리 등도 함께 공부해두는 것이 필요하다.

01 장 말하기 · 듣기

01 면담하기

(1) **면담의 뜻** : 특정 인물이나 주제에 대한 정보를 수집하기 위하여 면담자와 면담 대상자가 주고받는 대화이다.

(2) **면담의 특성**

① 직접 만나서 대화를 주고받는 과정에서 정보를 얻는다.

② 직접 경험한 이야기를 들으며 생생함을 느낄 수 있다.

③ 미리 질문을 준비하고 약속을 해야 한다.

(3) **면담의 절차**

면담 준비하기	• 면담 주제와 면담 대상자를 정한다. • 면담 대상자에게 면담 요청을 하고 약속을 정한다. • 질문을 만든다. • 수첩, 녹음기, 캠코더 등을 준비한다.
면담 진행하기	• 면담 열기 : 인사를 하고, 면담 목적을 말한다. • 질문하기 : 구체적인 질문을 한다. • 면담 마무리 : 감사 인사를 한다. • 면담 대상자를 바라보고 자세를 단정히 한다.
면담 정리하기	• 면담 내용을 기록한 자료를 모아 정리한다. • 중심 의견이나 생각을 찾아 정리한다.

(4) **면담할 때 주의할 점**

① 면담 대상자가 말하는 도중에 끼어들지 않는다.

② 면담 주제에서 벗어난 질문을 하지 않는다.

③ 미리 준비한 질문을 바탕으로 질문을 한다.

02 토의 · 토론 · 회의

(1) **토의**

① 토의의 뜻 : 해결할 공동의 문제에 대하여 정보와 의견을 주고받은 뒤에 가장 좋은 해결 방법을 찾는 것이다.

② 토의 절차와 방법

토의 주제 정하기	• 토의하고 싶은 주제를 자유롭게 이야기하기 • 토의 주제로 알맞은지 판단하기 • 토의 주제 결정하기
의견 마련하기	• 토의 주제에 맞게 의견 쓰기 • 그 의견이 좋은 까닭 쓰기
의견 모으기	• 다른 사람들과 의견 주고받기 • 각 의견의 장단점 찾기 • 기준에 따라 의견이 알맞은지 판단하기
의견 결정하기	• 기준에 따라 가장 알맞은 의견으로 결정하기

③ 토의할 때 주의할 점

㉠ 다른 사람의 의견을 끝까지 듣는다.

㉡ 자기 의견만 옳다고 고집하지 않는다.

㉢ 다른 사람의 의견을 존중하면서 말한다.

㉣ 토의 주제와 관련된 의견을 말한다.

㉤ 해결할 문제에 도움이 되는 의견을 말한다.

④ 토의할 때 의견을 조정하면 좋은 점

㉠ 토의를 원활하게 진행할 수 있다.

㉡ 문제를 합리적으로 해결할 수 있다.

㉢ 토의에 참여하는 사람들의 갈등을 줄일 수 있다.

(2) 토론

① 토론의 뜻 : 어떤 문제에 대하여 찬성과 반대로 나뉘어 상대를 설득하기 위하여 이야기하는 것이다.

② 토론의 특성

㉠ 토론 참여자는, '사회자, 찬성편 토론자, 반대편 토론자, 판정단'이 있다.

토론 참여자	역할
사회자	• 규칙과 절차에 맞게 토론을 진행한다. • 공정하게 발언권을 준다.
찬성편 토론자	• 토론 주제에 대해 찬성하는 주장을 한다.
반대편 토론자	• 토론 주제에 대해 반대하는 주장을 한다.
판정단	• 주장과 근거의 타당성을 따져 판정한다.

㉡ 토론자는 토론 주제에 대한 주장과 근거를 함께 제시한다.

㉢ 토론이 잘 이루어지기 위하여 지켜야 할 규칙이 있다.

③ 토론 절차와 방법

단계	내용
주장 펼치기	• 근거를 들어 주장을 펼친다. • 근거에 대한 구체적인 자료를 제시한다.
반론하기	• 상대편의 질문에 답변한다. • 상대편의 주장에 대한 근거가 타당하지 않다는 것을 밝힌다. • 상대편의 주장이 타당하지 않다는 것을 밝히기 위해 서로 질문한다.
주장 다지기	• 자기편의 주장을 요약한다. • 상대편에서 제기한 반론이 잘못되었음을 지적한다.
판정하기	• 찬성편과 반대편의 잘한 점과 부족한 점을 정리한다. • 판정의 기준으로 삼은 것을 말한다.

④ 토론할 때 주의할 점

㉠ 발언권을 얻고 말한다.

㉡ 인신공격을 하지 않는다.

㉢ 토론 주제에서 벗어난 이야기는 하지 않는다.

(3) 회의

① 회의의 뜻 : 학급의 문제를 의논하고 문제를 해결하기 위해 많은 사람들이 좋다고 생각하는 방법을 결정하는 과정이다.

② 학급 회의 절차 : 개회 → 국민의례 → 주제 선정 → 주제 토의 → 표결 → 결정 내용 발표 → 폐회

③ 학급 회의를 할 때의 역할

역할	내용
회의 참여자	• 다른 사람의 발언 중에 끼어들지 않는다. • 다른 사람의 의견을 주의 깊게 듣는다. • 발언권을 얻어 의견을 적극적으로 발표한다. • 주제에 알맞은 내용을 발표한다.
사회자	• 학급 구성원에게 골고루 발언권을 준다. • 충분히 의견이 나누어지면 표결하고 결정한다. • 회의가 원활히 이루어지도록 진행한다.
기록자	• 회의 날짜와 시간, 장소를 기록한다. • 회의 결과를 회의록에 기록한다. • 토의 참여자가 발표한 내용을 칠판에 기록한다.

④ 학급 회의를 할 때 주의할 점

㉠ 절차에 맞게 학급 회의를 한다.

㉡ 사회자에게 발언권을 얻어 의견을 말한다.

㉢ 다른 사람의 생각을 존중하고 예의 바르게 말한다.

㉣ 회의 주제에 알맞은 의견을 말한다.
㉤ 실천할 수 있는 내용이나 타당한 의견을 말한다.

03 선거 유세

(1) **선거 유세의 뜻** : 후보자가 선거에서 자신을 뽑아 달라고 설득하여 청중에게 지지를 호소하는 것이다.

(2) **선거 유세를 들을 때 주의할 점**
① 실천 가능한 공약인지 판단한다.
② 가치 있고 중요한 주장인지 판단한다.
③ 주장과 근거가 믿을 만한지 판단한다.
④ 주장에 따른 근거가 이치에 맞는지 판단한다.
⑤ 후보자와의 친밀도를 생각하지 말고 주장의 가치와 근거의 타당성을 판단해야 한다.

04 매체를 통한 의사소통

(1) **휴대 전화를 사용하는 바른 태도**
① 때와 장소를 고려한다.
② 언어 예절을 지킨다.
③ 너무 오래 사용하지 않는다.
④ 다른 사람에게 피해를 주지 않도록 한다.

(2) **온라인 대화에서 지켜야 할 태도**
① 예의를 갖추어 공손하고 진지한 말투를 쓴다.
② 다른 사람을 비방하지 않는다.
③ 저작권을 보호한다.
④ 준말, 은어, 비속어를 쓰지 않는다.
⑤ 오해가 생기지 않도록 쉽고 정확하게 쓴다.

(3) **문자 메시지의 특징**
① 읽는 사람의 말투를 오해할 수 있다.
② 읽는 사람의 음성을 들을 수 없다.

③ 읽는 사람의 표정을 볼 수 없다.
④ 읽는 사람에게 자신의 마음을 곧바로 보낼 수 있다.
⑤ 동시에 여러 사람에게 보낼 수 있다.

05 상황에 맞게 말하기

(1) 축하하는 말하기

① 축하하고 싶은 일이 있을 때 말한다.
② 축하하는 까닭과 일이 무엇인지 말한다.
③ 듣는 이의 기분을 생각하여 말한다.
④ 축하하는 마음이 드러나게 말한다.

(2) 위로하는 말하기

① 어렵고 힘든 일을 겪을 때 말한다.
② 듣는 이의 입장과 처지를 생각하여 말한다.
③ 듣는 이에게 미칠 영향을 생각하여 말한다.
④ 듣는 이에게 용기와 도움을 줄 수 있는 말을 한다.

(3) 사과하는 말하기

① 잘못한 일이 있을 때 말한다.
② 잘못을 반성하고 그러지 않겠다고 다짐한다.
③ 잘못을 알면 빨리 사과한다.
④ 듣는 이가 충분하다고 느낄 때까지 사과한다.

(4) 칭찬하는 말하기

① 칭찬할 내용을 자세히 말한다.
② 결과뿐만 아니라 과정도 함께 칭찬한다.
③ 진심을 담아 말한다.
④ 일이 일어난 뒤에 바로 칭찬한다.

(5) 조언하는 말하기

① 상대가 처한 상황을 이해한다.
② 상대의 생각에 공감하며 말한다.

③ 도움이 되는 내용을 말한다.
④ 나의 의견을 강요하지 않는다.

(6) 말을 할 때 지켜야 할 언어 예절

① 친구와 이야기할 때에 품위 있는 말을 사용한다.
② 대상과 상황에 맞게 말한다.
③ 몸짓과 표정을 알맞게 사용한다.
④ 바르고 고운 말을 사용한다.
⑤ 어법에 맞는 말을 사용한다.`
⑥ 다른 사람의 말을 잘 들으며 차례를 지켜 말한다.
⑦ 듣는 이를 바라보며 말한다.

(7) 말을 들을 때 지켜야 할 언어 예절

① 대화를 이어 갈 수 있도록 맞장구를 쳐 준다.
② 말하는 이가 말을 할 때 끼어들지 않는다.
③ 다른 사람의 말을 끝까지 듣고 말한다.
④ 상대의 말에 칭찬이나 격려를 한다.

06 표준어와 방언

(1) 표준어와 방언의 뜻

① **표준어** : 교육적 · 문화적인 편의를 위해 한 나라의 표준으로 정한 말. 교양 있는 사람들이 두루 쓰는 현대 서울말을 원칙으로 한다.
② **방언** : 어떤 지역이나 지방에서만 쓰는 언어. 지역이나 사회 계층에 따라 다르게 변화된 우리말의 갈래다.

(2) 표준어와 방언이 쓰이는 상황

구분	상황
표준어	• 여러 지역의 사람들에게 말하는 상황일 때 • 신문이나 방송을 통하여 소식을 전할 때 • 여러 사람 앞에서 발표할 때 • 공식적인 상황에서 말할 때
방언	• 같은 지역에 사는 사람끼리 대화할 때 • 특정 지역을 배경으로 한 연극 · 영화 · 드라마를 할 때 • 사적인 상황에서 말할 때

(3) 표준어와 방언을 사용하면 좋은 점

표준어	• 말하는 사람이나 지역에 관계없이 의사소통이 잘 이루어진다. • 모든 사람이 이해하기 쉽기 때문에 지식이나 정보를 전달하기에 적절하다.
방언	• 같은 지역 사람들끼리 친밀감을 느낄 수 있다. • 우리말의 옛 모습과 여러 지역의 특색을 보여 준다.

07 발표하기

(1) 자료를 활용하여 발표하는 방법

① 발표할 내용과 활용할 자료의 특성을 생각한다.

② 발표할 내용을 효과적으로 전달할 수 있는 자료를 선택한다.

③ 발표 상황에 알맞은 자료 제시 방법을 정한다.

④ 자료의 출처를 밝힌다.

자료의 종류	자료의 특징
사진	• 대상의 정확한 모습을 알 수 있다. • 대상을 한눈에 보여 줄 수 있다.
동영상	• 대상이 움직이는 모습을 생생하게 전달할 수 있다. • 음악이나 자막을 넣어 분위기를 잘 전달할 수 있다
표	• 여러 가지 자료의 수를 정확히 알 수 있다. • 많은 양의 자료를 간단히 나타낼 수 있다.
도표	• 수량의 변화를 알 수 있다. • 정확한 수치를 나타낼 수 있다.

(2) 발표를 할 때 주의해야 할 점

① 책을 읽듯이 발표하지 않고 중요한 내용을 강조하면서 발표한다.

② 듣는 이가 쉽게 이해할 수 있도록 뒷받침하는 자료를 활용하여 발표한다.

③ 보여 주는 글은 짧게 쓰고 자세한 내용은 말로 발표한다.

④ 자료와 듣는 사람을 번갈아 보며 발표한다.

⑤ 알맞은 목소리와 정확한 발음으로 발표한다.

⑥ 공식적인 상황이므로 높임 표현을 사용한다.

(3) 발표를 들을 때 주의해야 할 점

① 발표하는 사람을 존중하며 듣는다.

② 중요한 내용을 적으며 듣는다.
③ 발표하는 사람을 쳐다보며 집중하여 듣는다.

08 높임 표현

(1) **높임말** : 할아버지, 할머니, 부모님, 선생님과 같이 주로 어른을 공경하는 마음을 담아 하는 말이다.

(2) **높임을 나타내는 방법**

방법	예
문장을 '-습니다'나 '-어요'로 끝낸다.	• 학교에 다녀왔습니다. • 학교에 다녀왔어요.
'께'나 '께서'를 붙인다.	• 아버지께 먼저 드려라. • 아버지께서 사과를 드신다.
'-시-'를 넣는다.	• 저를 보시고 웃으셨다.
높임의 뜻이 있는 낱말을 사용한다.	• 진지, 여쭈다, 말씀, 생신, 주무시다, 댁, 계시다

09 관용 표현

(1) **뜻** : 원래의 뜻과는 다른 새로운 뜻으로 굳어져 쓰는 표현이다.

(2) **관용 표현의 종류와 뜻**

종류	관용 표현	뜻
관용어	발이 넓다.	사귀어 아는 사람이 많아 활동하는 범위가 넓다.
	손발을 맞추다.	마음이나 의견, 행동을 서로 맞추다.
	발 벗고 나서다.	적극적으로 나서다.
	엎친 데 덮치다.	어렵거나 나쁜 일이 겹쳐 일어나다.
	귀가 얇다.	남의 말을 그대로 잘 믿다.
	눈이 높다.	어느 정도 이상의 좋은 것만 찾는다.
	손이 크다.	씀씀이가 후하고 크다.

속담	백지장도 맞들면 낫다.	쉬운 일이라도 협력하여 하면 훨씬 쉽다는 뜻이다.
	사공이 많으면 배가 산으로 간다.	여러 사람이 자기 주장만 내세우면 일이 제대로 되기 어려움을 비유적으로 이르는 말이다.
	소 잃고 외양간 고친다.	소를 도둑맞은 다음에서야 빈 외양간의 허물어진 데를 고치느라 수선을 떤다는 뜻으로, 일이 잘못된 뒤에는 손을 써도 소용이 없음을 비꼬는 말이다.
	구슬이 서 말이라도 꿰어야 보배라.	아무리 훌륭하고 좋은 것이라도 다듬고 정리하여 쓸모 있게 만들어 놓아야 값어치가 있다는 뜻이다.
	낮말은 새가 듣고 밤말은 쥐가 듣는다.	아무도 안 듣는 데서라도 말조심해야 한다는 뜻이다.
	가는 말이 고와야 오는 말도 곱다.	자기가 남에게 말이나 행동을 좋게 하여야 남도 자기에게 좋게 한다는 뜻이다.
	발 없는 말이 천 리 간다.	말은 비록 발이 없지만 천 리 밖까지도 순식간에 퍼진다는 뜻으로, 말을 삼가야 함을 비유적으로 이르는 말이다.
	하나를 보면 열을 안다.	작은 행동 하나에 그 사람의 많은 것이 드러난다는 뜻이다.
	세 살 버릇 여든까지 간다.	어릴 때의 버릇은 늙도록 고치기 어렵다는 뜻이다.
	우물 안 개구리	자신이 알고 있는 것이 전부라고 생각하는 사람을 가리킨다.
	벼 이삭은 익을수록 고개를 숙인다.	지식이 많은 사람일수록 남 앞에서 자기를 내세우지 않는다는 뜻이다.
	우물을 파도 한 우물을 파라.	한 가지 일을 꾸준히 해야 성공할 수 있다는 뜻이다.
	돌다리도 두들겨 보고 건너라.	확실한 일이라도 다시 한번 확인하고 조심하라는 뜻이다.
	바늘 가는 데 실 간다.	사람 간의 관계가 매우 가깝다.
	쥐구멍에도 볕 들 날 있다.	몹시 고생하는 삶도 좋은 운수가 있을 날이 있다.
	천 리 길도 한 걸음부터	무슨 일이라도 그 일의 시작이 중요하다.
	원숭이도 나무에서 떨어진다.	그 일을 잘하는 사람이라도 실수할 때가 있다.
	지렁이도 밟으면 꿈틀한다.	아무리 순하고 보잘것없는 사람도 너무 무시하고 업신여기면 가만있지 않는다.
	달걀로 바위 치기	맞서 싸워도 이길 수 없는 경우를 비유적으로 이르는 말이다.
	티끌 모아 태산	작은 물건도 조금씩 쌓이면 큰 것이 된다.
	낫 놓고 기역 자도 모른다.	기역 자 모양으로 생긴 낫을 놓고도 기역 자를 모른다는 뜻으로, 글자를 모르거나 무식함을 비유적으로 이르는 말이다.

오르지 못할 나무는 쳐다보지도 마라.	자기 능력 밖의 일에는 처음부터 욕심을 내지 않는 것이 좋다는 뜻이다.
배보다 배꼽이 더 크다.	기본이 되는 것보다 덧붙이는 것이 더 많거나 큰 경우를 비유적으로 이르는 말이다.
약방에 감초	어떤 일에든지 늘 있는 사람, 꼭 있어야 하는 물건을 뜻한다.
가재는 게 편	모양이나 형편이 서로 비슷한 사람끼리 잘 어울려 위해 준다.
쇠귀에 경 읽기	아무리 가르쳐도 알아듣지 못함을 뜻한다.
찬물도 위아래가 있다.	일에는 순서가 있으니, 차례를 따라야 한다.
하늘이 무너져도 솟아날 구멍이 있다.	아무리 어려운 경우에 처하더라도 살아 나갈 방도는 반드시 있다는 뜻이다.

01 장 기출문제로 유형 잡기

01 면담 준비 단계에서 할 일로 알맞지 않은 것은?

① 면담 요청하기
② 면담 목적 정하기
③ 면담 대상자 정하기
④ 면담 후 느낀 점 쓰기

정답잡기 면담을 하고 나서 알게 된 사실이나 느낀 점 쓰기는 '면담 내용 정리하기' 단계에 해당한다.
오답잡기
①, ②, ③은 '면담 준비하기' 단계에 해당한다.

02 토론할 때 지켜야 할 태도로 적절하지 않은 것은?

① 토론 주제와 관련된 이야기를 한다.
② 상대편의 주장을 주의 깊게 끝까지 듣는다.
③ 자신의 주장을 구체적이고 분명하게 말한다.
④ 상대편을 설득하기 위해 부정확한 자료도 사용한다.

정답잡기 토론은 찬성과 반대를 나누어 근거를 들어 주장하는 것이므로 상대편을 설득하기 위해 부정확한 자료가 아닌 정확한 자료를 사용해야 하므로 ④가 옳지 않다.

03 토의할 때 의견을 조정하면 좋은 점으로 적절하지 않은 것은?

① 토의를 원활하게 진행할 수 있다.
② 내 의견만 끝까지 주장할 수 있다.
③ 문제를 합리적으로 해결할 수 있다.
④ 토의에 참여하는 사람들의 갈등을 줄일 수 있다.

정답잡기 토의는 공동의 문제 해결을 위한 협력적 의사소통과정이므로 토의 시 의견을 조정하면 원만하게 진행되며, 문제의 합리적 해결과 갈등을 줄일 수 있다. 따라서 의견을 조정하면 좋은 점이 아닌 것은 ② '내 의견만 끝까지 주장할 수 있다.'이다.

04 토의할 때 의견을 제시하는 방법으로 알맞지 않은 것은?

① 근거를 들어 의견을 말한다.
② 일방적으로 자신의 의견을 말한다.
③ 토의 주제에 관련된 의견을 말한다.
④ 해결할 문제에 도움이 되는 의견을 말한다.

정답잡기 토의는 주제에 관해 근거를 들어 도움이 되는 의견을 말하는 것은 적합하다. 그러나 의견을 제시할 때 일방적으로 자신의 의견을 말하는 것은 옳지 않다.

정답 01 ④ 02 ④ 03 ② 04 ②

05 **다음에 해당하는 토론 절차는?**

> • 상대편의 주장이 타당하지 않다는 것을 밝히기 위하여 서로 질문한다.
> • 상대편의 질문에 답변한다.
> • 상대편의 주장에 대한 근거가 타당하지 않다는 것을 반박한다.

① 주장 펼치기 단계 ② 반론하기 단계
③ 주장 다지기 단계 ④ 정리하기 단계

정답잡기 상대방의 주장이 타당하지 않음을 밝히고, 근거가 타당하지 않다는 것을 반박, 즉 반대하여 말하는 토론 절차는 '반론하기' 단계이다.

06 **토의할 때 가져야 할 태도로 적절하지 않은 것은?**

① 상대방이 말할 때 끼어든다.
② 다른 사람의 의견을 경청한다.
③ 토의 주제와 관련된 의견을 말한다.
④ 나와 다른 의견도 존중하며 대화한다.

정답잡기 토의는 협력적 활동으로 상대방이 말을 다 할 때까지 경청해 주어야 한다. 따라서 말할 때 끼어드는 태도는 적절하지 않다.

07 **회의할 때의 태도로 적절하지 않은 것은?**

① 남의 의견을 비난하지 않는다.
② 다른 사람이 발표할 때 끼어든다.
③ 다른 사람의 의견을 귀 기울여 듣는다.
④ 의견을 말하고 싶을 때에는 손을 들고 기다린다.

정답잡기 회의는 공동의 문제를 해결하기 위해 협력하는 말하기이다. 그러므로 다른 사람이 발표를 할 때에는 끝까지 존중하며 듣는 예의 바른 태도가 중요하다.

08 **다음에 해당하는 토의 절차는?**

> • 토의하고 싶은 주제를 자유롭게 이야기하기
> • 토의 주제로 알맞은지 판단하기

① 토의 주제 정하기 ② 의견 마련하기
③ 의견 모으기 ④ 의견 결정하기

정답잡기 토의하고 싶은 주제를 이야기하고 그것이 토의 주제로 알맞은지 판단하는 것은 토의 절차 중 '토의 주제 정하기'에 해당한다.

정답 05 ② 06 ① 07 ② 08 ①

09 토론할 때 지켜야 할 태도로 적절하지 않은 것은?

① 토론 주제와 관련된 이야기를 한다.
② 상대편의 주장을 주의 깊게 끝까지 듣는다.
③ 자신의 주장을 구체적이고 분명하게 말한다.
④ 상대편을 설득하기 위해 거짓 정보를 활용한다.

정답잡기 토론은 공동의 문제를 해결하기 위한 논리적이고 설득적인 말하기이다. 그러므로 상대편을 설득하기 위해 객관적이고 타당한 근거를 활용해야 한다. ④ 거짓 정보를 활용한다는 것은 잘못된 설명이다.

10 매체 활용 방법으로 적절하지 않은 것은?

① 음악 감상을 하기 위해 식물도감을 찾아보았다.
② 춤추는 동작을 연습하기 위해 동영상을 보았다.
③ 비행기가 뜨는 원리를 알기 위해 인터넷을 검색하였다.
④ 아프리카에 대해 알아보기 위해 백과사전을 찾아보았다.

정답잡기 음악 감상을 하기 위해서는 라디오나 인터넷, 텔레비전, 오디오와 같이 청각으로 내용을 접할 수 있는 매체를 선택해야 한다.
'식물도감'은 다양한 식물의 그림 또는 사진과 설명을 담은 책으로서 식물의 생김새와 설명을 찾아보기에 적절하다.

11 다음과 같이 문자 메시지로 나누고 싶은 마음을 전하면 좋은 점은?

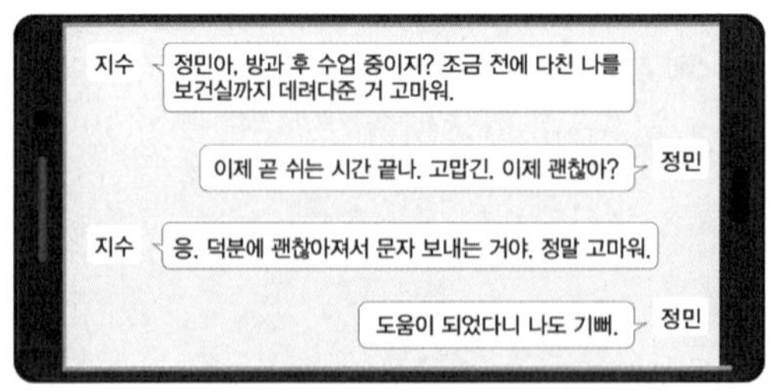

① 읽는 사람의 표정을 볼 수 있다.
② 읽는 사람의 음성을 들을 수 있다.
③ 읽는 사람의 움직임을 확인할 수 있다.
④ 읽는 사람에게 자신의 마음을 곧바로 보낼 수 있다.

정답잡기 주어진 내용처럼 문자 메시지로 나누고 싶은 마음을 전하면 읽는 사람에게 자신의 마음을 곧바로 보낼 수 있다.
메시지를 보내는 것으로는 읽는 사람의 표정을 보거나 음성을 듣거나 움직임을 확인할 수는 없다.

정답 09 ④ 10 ① 11 ④

12 수지에게 해 줄 수 있는 공감하는 말로 가장 적절한 것은?

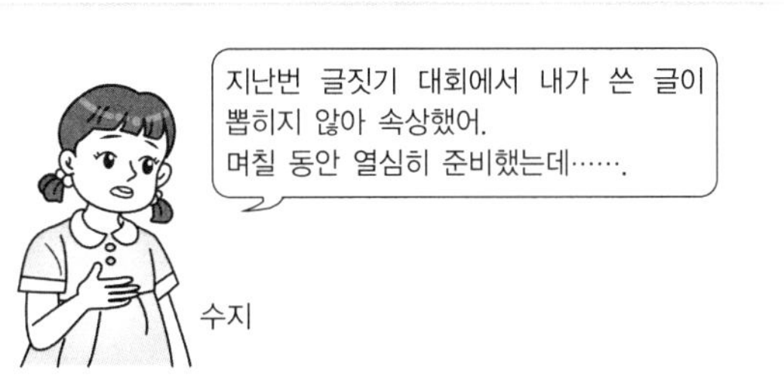

① 지금 바쁘니까 나중에 얘기하자.
② 나는 어제 그림 대회에서 상을 받았어.
③ 열심히 썼는데 뽑히지 않아 아쉬웠겠다.
④ 그러니까 평소에 더 열심히 준비했어야지.

정답잡기 수지는 글짓기 대회에서 자신이 쓴 글이 뽑히지 않아 속상했다고 말하고 있으므로 속상하고 아쉬운 마음에 공감하는 대화가 적절하다.

13 다음 대화에서 재원이가 고쳐야 할 점으로 알맞은 것은?

① 책을 읽으면서 이야기를 들은 것
② 외국어를 지나치게 많이 사용한 것
③ 나와 다른 의견을 존중하지 않은 것
④ 친구의 말을 귀 기울여 듣지 않은 것

정답잡기 재원이는 민지의 말에 '딴 생각하느라 잘 못 들었어.'라고 말하고 있다. 따라서 재원이가 대화에서 고쳐야 할 점은 ④로 친구의 말을 귀 기울여 들어야 한다.

정답 12 ③ 13 ④

14 다음 대화에서 의사소통이 잘 이루어지지 않은 까닭은?

① 높임말을 사용해서 ② 비속어를 사용해서
③ 외국어를 사용해서 ④ 줄임말을 사용해서

정답잡기 대화에서 의사소통이 잘 이루어지지 않은 이유는 딸이 아버지에게 '생일 선물'을 '생선'으로 줄여서 이야기했기 때문이다.

15 ㉠에 들어갈 사과의 말로 적절한 것은?

① 생일을 축하해. ② 미안해. 닦아 줄게.
③ 반가워. 오랜만이야. ④ 책을 빌려줘서 고마워.

정답잡기 실수로 우유를 쏟게 되었기 때문에 미안함을 전달하는 말하기를 해야 한다.

16 상대에게 조언하는 방법으로 적절하지 않은 것은?

① 진심이 전해지도록 말한다.
② 도움이 되는 내용을 말한다.
③ 나의 의견이 옳다고 강요한다.
④ 상대의 입장이나 상황을 고려하며 말한다.

정답잡기 상대에게 조언(도움을 주는 말)을 할 때는 나의 의견이 옳다고 강요(강제로 요구)하는 것은 옳지 않다.

정답 14 ④ 15 ② 16 ③

17 친구와 대화하는 상황에서 ㉠에 어울리는 말은?

① 축하해 줘서 고마워.
② 복도에서 뛰면 안 돼.
③ 넌 정말 부지런하구나!
④ 응, 잘 지냈어. 넌 어떻게 지냈니?

정답잡기 방학이 끝나고 잘 지냈는지 안부를 묻고 있으므로, 자신의 안부를 말하고 상대방의 안부를 묻는 것이 적절하다.

오답잡기
①, ②, ③은 방학 동안 서로 어떻게 지냈는지 안부를 묻는 상황과 어울리지 않는 말이다.

18 듣는 이의 감정을 고려하여 말하면 좋은 점은?

① 서로 기분이 나빠질 수 있다.
② 듣는 이에게 상처를 줄 수 있다.
③ 듣는 이와 사이가 좋아질 수 있다.
④ 말하는 이가 함부로 말할 수 있다.

정답잡기 듣는 이의 감정을 고려하여 말하면 듣는 이와 사이가 좋아질 수 있고, 대화가 잘 이어진다.

오답잡기
말하는 이가 듣는 이의 상황이나 감정을 고려하지 않고 함부로 말하면, 서로 기분이 나빠질 수 있고, 듣는 이에게 상처를 줄 수 있다.

19 친구들에게 조사한 내용을 발표할 때 다음 자료를 활용한 까닭으로 적절하지 <u>않은</u> 것은?

〈2021년 서울 강수량 분석〉

(밀리미터)

(월)	2	3	4	5	6	7	8	9	10	11
강수량	7.1	110.9	124.1	183.1	104.6	168.3	211.2	131	57	62.4

(출처 : 기상청)

① 월별 강수량을 알려 줄 수 있어서
② 월별 강수량의 순위를 설명할 수 있어서
③ 음악이나 자막을 넣어 분위기를 잘 전달할 수 있어서
④ 강수량이 많은 달과 적은 달을 한눈에 보여 줄 수 있어서

정답잡기 주어진 자료는 월별 강수량 분석이므로, 음악이나 자막을 통한 분위기 전달과는 관련이 없다.

정답 17 ④ 18 ③ 19 ③

20 높임말을 바르게 사용하지 않은 것은?

① 선생님, 감사합니다.

② 동생이 노래를 부르신다.

③ 할아버지, 진지 잡수세요.

④ 할머니, 안녕히 주무세요.

정답잡기 높임말은 할아버지, 할머니, 부모님, 선생님과 같이 주로 웃어른을 공경하는 마음을 담아서 하는 말이다.

② 동생은 아랫사람이므로 '동생이 노래를 부른다.'로 써야 한다.

21 밑줄 친 부분의 의미로 가장 적절한 것은?

> 기다리던 올림픽이 드디어 막을 열었다.

① 행사를 시작하다.
② 사이가 벌어지다.
③ 아는 사람이 많다.
④ 기뻐하고 만족하다.

정답잡기 밑줄 친 '막을 열었다'는 '무대의 공연이나 어떤 행사를 시작하다'의 의미이다.

오답잡기

② '사이가 벌어지다'는 '다른 사람과의 관계가 멀어지거나 서먹서먹해지다'이다.

22 다음의 밑줄 친 문장에 어울리는 속담으로 가장 적절한 것은?

> • 민수 : 어제 자전거를 타다가 넘어져서 다쳤어.
> • 수빈 : 많이 다쳤어? 자전거를 정말 잘 타는 사람도 넘어질 수가 있어. 그러니 항상 조심해.

① 원숭이도 나무에서 떨어진다.

② 사공이 많으면 배가 산으로 간다.

③ 낮말은 새가 듣고 밤말은 쥐가 듣는다.

④ 콩 심은 데 콩 나고 팥 심은 데 팥 난다.

정답잡기 '자전거를 정말 잘 타는 사람도 넘어질 수가 있어.'는 아무리 잘하는 사람이라도 종종 실수할 때가 있다는 의미인 ①의 속담과 의미가 어울린다.

오답잡기

② 여러 사람이 자기 주장만 하면 일이 제대로 되기 어렵다

③ 말은 새어나가기 쉬우므로 늘 말 조심하라

④ 모든 일은 원인에 따라 결과가 생긴다

정답 20 ② 21 ① 22 ①

23 ㉠에 들어갈 속담으로 적절한 것은?

피아노를 배우다 그만두고, 태권도도 배우다 그만두고, 이제 수영을 배우려고 해.
이번에는 수영을 꾸준히 배우면 좋겠어. "㉠" 라는 말도 있잖아.

① 백지장도 맞들면 낫다.
② 돌다리도 두들겨 보고 건너라.
③ 우물을 파도 한 우물을 파라.
④ 낮말은 새가 듣고 밤말은 쥐가 듣는다.

정답잡기 수영을 꾸준히 배우면 좋겠다고 말하고 있으므로 '한 가지 일을 꾸준히 해야 성공할 수 있다'는 뜻인 ③의 속담이 적절하다.

오답잡기
① 아무리 쉬운 일이라도 서로 힘을 합하면 훨씬 쉽다.
② 확실한 일이라도 다시 한번 확인하고 조심해라.
④ 말은 언제나 새어 나가게 마련이니 늘 말조심해라.

24 다음 글에 어울리는 속담으로 적절한 것은?

요즈음 많은 어린이들이 대화할 때 거친 말을 사용합니다. 다른 사람과 대화할 때에는 거친 말 대신 고운 말을 사용하여야 합니다. 고운 말을 사용하여야 하는 까닭은 무엇일까요?

첫째, 고운 말을 사용하면 서로 존중하는 마음을 전할 수 있습니다. 거친 말을 사용하면 상대방의 감정을 상하게 할 수 있습니다. 대화 상대를 존중하는 마음은 자연스럽게 고운 말로 표현되기 마련입니다.

둘째, 고운 말을 사용하면 (㉠) 거친 말을 사용하였다가 친구들끼리 싸움으로 이어지는 경우가 있습니다. 거친 말 때문에 오해를 일으켜 좋았던 사이가 나빠지기도 합니다. 다른 사람과 좋은 관계를 유지하고 싶다면 고운 말을 사용하여야 합니다.

① 낫 놓고 기역 자도 모른다.
② 사공이 많으면 배가 산으로 간다.
③ 가는 말이 고와야 오는 말이 곱다.
④ 오르지 못할 나무는 쳐다보지도 마라.

정답잡기 이 글은 고운 말을 사용하면 서로 존중하는 마음이 생기고, 좋은 관계를 유지할 수 있다는 내용이다. 이러한 글의 내용과 어울리는 속담은 '가는 말이 고와야 오는 말이 곱다.'이다. 이는 '내가 먼저 다른 사람에게 고운 말을 쓰면 다른 사람도 고운 말을 쓰게 된다.'라는 뜻으로 서로 고운 말을 쓰면 서로 좋은 영향을 주고받게 된다는 의미이다.

정답 23 ③ 24 ③

25 ㉠에 들어갈 속담으로 알맞은 것은?

> 우리 속담에 "(　　　　　　)"라는 말이 있다. 자기가 남에게 말이나 행동을 좋게 해야 남도 자기에게 좋게 한다는 뜻이다.

① 백지장도 맞들면 낫다.
② 가는 말이 고와야 오는 말이 곱다.
③ 구슬이 서 말이라도 꿰어야 보배라.
④ 낮말은 새가 듣고 밤말은 쥐가 듣는다.

정답잡기 자기가 남에게 말이나 행동을 좋게 하여야 남도 자기에게 좋게 한다는 뜻이다.

오답잡기

① 쉬운 일이라도 함께하면 훨씬 쉽다는 뜻이다.
③ 아무리 훌륭하고 좋은 것이라도 다듬고 정리하여 쓸모 있게 만들어 놓아야 값어치가 있다는 뜻이다.
④ 아무도 안 듣는 데서라도 말조심을 해야 한다는 뜻이다.

26 다음과 같은 뜻을 지닌 속담은?

> 사람 간의 관계가 매우 가까운 것을 비유적으로 이르는 말

① 바늘 가는 데 실 간다.
② 배보다 배꼽이 더 크다.
③ 소 잃고 외양간 고친다.
④ 쥐구멍에도 볕 들 날 있다.

정답잡기 사람 간의 관계가 매우 가까운 것을 의미하는 속담은 '바늘 가는 데 실 간다.'이다.
바늘과 실은 바느질을 할 때 쓰는 밀접한 도구로 바늘은 실이 있어야 하고 실은 바늘이 있어야 바느질을 할 수 있다. 따라서 서로 따라다니는 매우 가까운 사이를 의미한다.

오답잡기

② 기본이 되는 것보다 덧붙이는 것이 더 많거나 큰 경우를 비유적으로 이르는 말이다.
③ 소를 도둑맞은 다음에서야 빈 외양간의 허물어진 곳을 고친다는 뜻으로, 이미 잘못된 뒤에 손을 써도 소용이 없음을 비꼬는 말이다.
④ 몹시 고생하는 삶도 좋은 운수가 있을 날이 있다는 말이다.

정답 25 ② 26 ①

01 장 예상문제로 실력 잡기

01 면담을 할 때 가장 먼저 해야 할 일은?

① 면담 주제를 정한다.
② 면담을 요청한다.
③ 면담 준비물을 확인한다.
④ 면담 내용을 정리한다.

02 다음 중 면담이 필요한 경우는?

① 책에서 정보를 찾을 수 있을 때
② 인터넷으로 정보를 찾을 수 있을 때
③ 어떤 사람의 경험을 직접 듣고 싶을 때
④ 도서관에서 정보를 찾을 수 있을 때

03 면담을 할 때 주의할 점이 <u>아닌</u> 것은?

① 면담 주제에 맞는 질문을 한다.
② 면담 대상자에게 미리 면담 요청을 한다.
③ 면담 도중에 궁금한 것은 바로 질문을 한다.
④ 면담 대상자를 바라보고 자세를 단정히 한다.

04 다음 설명에 해당하는 것은?

> 해결할 공동의 문제에 대하여 정보와 의견을 주고받은 뒤에 가장 좋은 해결 방법을 찾는 말하기

① 토의 ② 회의
③ 토론 ④ 연설

05 토론할 때의 올바른 태도는?

① 토론 주제에서 벗어나는 이야기를 한다.
② 발언권을 얻지 않고 말한다.
③ 토론자의 평소 행동을 지적한다.
④ 타당한 근거를 들어 주장을 말한다.

06 토의할 때 주의할 점이 <u>아닌</u> 것은?

① 토의 주제와 관련된 의견을 말한다.
② 자신의 주장만 내세운다.
③ 알맞은 근거를 제시하며 말한다.
④ 중요한 내용은 간단하게 적으며 듣는다.

07 다음 설명에 해당하는 것은?

> 어떤 문제에 대해 찬성 측과 반대 측이 서로 자기 주장이 옳음을 내세우며 상대방을 설득하는 말하기

① 회의　　② 면담
③ 토의　　④ 토론

08 토의를 통하여 문제를 해결할 때의 좋은 점은?

① 개인의 고민거리를 해결할 수 있다.
② 문제를 빨리 해결할 수 있다.
③ 소수의 의견을 무시할 수 있다.
④ 여러 사람이 의논하여 가장 좋은 해결 방법을 찾을 수 있다.

09 학급 회의를 할 때의 태도로 알맞지 <u>않은</u> 것은?

① 다른 사람의 의견을 끝까지 듣는다.
② 발언권을 얻지 않고 말한다.
③ 회의에 적극적인 자세로 참여한다.
④ 중요한 내용은 적으면서 듣는다.

10 학급 회의에서 말을 할 때에 주의할 점이 <u>아닌</u> 것은?

① 다른 사람의 의견을 무조건 받아들인다.
② 자신의 생각과 비교하며 듣는다.
③ 발언 시간을 잘 지킨다.
④ 발언권을 얻은 후에 의견을 말한다.

11 토론 사회자가 지켜야 할 규칙에 해당하는 것은?

① 공정하게 토론을 이끈다.
② 발언 순서를 지킨다.
③ 손을 들어 발언권을 얻는다.
④ 근거를 들어 주장을 한다.

12 학급 회의를 할 때에 주의할 점으로 알맞지 <u>않은</u> 것은?

① 예의 바르게 말한다.
② 절차에 맞게 학급 회의를 한다.
③ 관심 있는 부분만 듣는다.
④ 다른 사람의 생각을 존중한다.

13 인터넷 매체를 이용하여 의사소통을 할 때 지켜야 할 점이 <u>아닌</u> 것은?

① 어법에 맞게 쓴다.
② 출처를 밝힌다.
③ 쉽고 정확하게 쓴다.
④ 남의 것을 허락 없이 올린다.

14 온라인 대화를 할 때 주의할 점으로 알맞지 <u>않은</u> 것은?

① 줄임말을 많이 사용한다.
② 상대방을 존중하고 예의를 지킨다.
③ 오해가 생기지 않도록 정확하게 표현한다.
④ 대화에 진지하게 참여한다.

15 친구가 열심히 노력해서 상을 탔을 때 해 줄 수 있는 말은?

① 노력한 보람이 있다. 축하해!
② 다른 친구들도 그 정도는 해.
③ 미안해, 실수야.
④ 어, 제법이다.

16 다음 상황에서 친구에게 할 수 있는 말은?

> • 재훈 : 어, 내 수채화 용구……
> 어제 분명히 챙겼는데 어디 있지?
> • 기동 : ______________________

① 네가 그럴 줄 알았어.
② 축하해!
③ 내가 빌려줄게. 같이 쓰자.
④ 정신 좀 차리고 다녀.

17 친구가 다음과 같이 말했을 때, 알맞은 말은?

> 우리 반이 4학년 축구 대회에서 우승을 했어.
> 참 기뻤어.

① 그럴 수도 있지.
② 네가 한 게 뭐 있니?
③ 축하해. 정말 기쁘겠다.
④ 미안해. 다음부터 조심할게.

18 다음 상황에서 친구 재훈이가 근수에게 할 수 있는 말로 알맞은 것은?

> • 근수 : 이거 내 거잖아. 어떻게 된 거야?
> • 기동 : 내가 재훈이랑 부딪혀서 네 작품을 깨뜨렸어.
> • 재훈 : ______________________

① 기동이 때문이야.
② 장난치다 그랬어. 미안해.
③ 누가 거기 놓으래?
④ 축하해.

19 발표를 할 때의 태도로 바르지 <u>않은</u> 것은?

① 알맞은 빠르기로 발표한다.
② 정확한 발음으로 발표한다.
③ 발표 자료만 보고 발표한다.
④ 알맞은 크기의 목소리로 발표한다.

20 발표를 들을 때의 올바른 태도는?

① 자료의 수를 세며 듣는다.
② 중요한 내용을 적으면서 듣는다.
③ 모르는 내용은 바로 질문을 하며 듣는다.
④ 다른 친구와 이야기를 나누며 듣는다.

21 다음 그림에서 경희가 지켜야 할 언어 예절로 알맞은 것은?

① 차례를 지켜 말한다.
② 바른 말을 사용한다.
③ 듣는 이를 바라보며 말한다.
④ 큰 목소리로 말한다.

22 다음 (   )에 들어갈 속담은?

> "(   )"라고 하잖아. 처음부터 이단 줄넘기로 연습하지 말고 가볍게 뛰는 연습부터 차근차근 해 보는 것이 좋겠어.

① 천 리 길도 한 걸음부터
② 소 잃고 외양간 고친다.
③ 우물 안 개구리
④ 하나를 보고 열을 안다.

23 다음 (   ) 안에 들어갈 속담으로 알맞은 것은?

> 저희 반대편은 선의의 거짓말도 해서는 안 된다고 생각합니다. "(   )"는 속담처럼 선의로 시작한 작은 거짓말이 습관이 되어 버리면 나쁜 거짓말도 거리낌 없이 하게 될 것입니다.

① 낮말은 새가 듣고 밤말은 쥐가 듣는다.
② 백지장도 맞들면 낫다.
③ 바늘 도둑이 소도둑 된다.
④ 구슬이 서 말이라도 꿰어야 보배라.

24 다음과 같은 상황에서 쓸 수 있는 관용 표현으로 알맞은 것은?

> • 영수 : 선미야, 지영이라는 친구 알아?
> • 선미 : 그건 명수한테 물어봐. 명수는 우리 학교 학생들을 거의 다 알거든.

① 입이 무겁다.
② 발이 넓다.
③ 손이 크다.
④ 손발이 맞다.

02장 읽기

01 주장하는 글

(1) 논설문

① 뜻 : 어떤 주제에 관해 자기의 생각이나 주장을 체계적으로 밝혀 쓴 글이다.

② 특성

㉠ 주장과 이를 뒷받침하는 근거가 있다.

㉡ 서론, 본론, 결론으로 짜여져 있다.

㉢ 주장이 독창적이어야 한다.

㉣ 구성이 논리적·체계적이어야 한다.

㉤ 근거가 타당해야 한다.

③ 논설문의 짜임

서론	우리 전통 음식을 사랑합시다.
본론	• 우리 전통 음식은 건강에 이롭습니다. (근거 1) • 우리 전통 음식을 가까이하면 계절과 지역에 따라 다양한 맛을 즐길 수 있습니다. (근거 2) • 우리 전통 음식에서 우리 조상의 슬기와 문화를 경험할 수 있습니다. (근거 3)
결론	우리 전통 음식의 과학성과 우수성을 알고 우리 전통 음식에 관심을 가지고 우리 전통 음식을 사랑해야겠습니다.

(2) 연설문

① 뜻 : 여러 사람 앞에서 주장을 펴거나 의견을 말하기 위해 쓴 글이다.

② 특성

㉠ 처음 부분에 듣는 이의 관심을 끄는 말을 쓴다.

㉡ 이해하기 쉽게 문장이나 낱말을 반복한다.

㉢ 듣는 이를 설득하는 것이 목적이다.

㉣ 끝부분은 희망적으로 마무리한다.

㉤ 여러 사람 앞에서 말하기 위한 것이므로 높임말을 쓴다.

예시문 「나의 소원」, 김구

"네 소원이 무엇이냐?" 하고 하느님이 물으시면 나는 서슴지 않고 "내 소원은 대한 독립이오." 하고 대답할 것입니다. "그 다음 소원은 무엇이냐?" 하면 나는 또 "우리나라의 독립이오." 할 것이요, 또 "그 다음 소원이 무엇이냐?" 하는 세 번째 물음에도 나는 더욱 소리를 높여서 "나의 소원은 우리나라 대한의 완전한 자주독립이오." 하고 대답할 것입니다.

동포 여러분! 이러한 나라가 된다면 얼마나 좋겠습니까? 나는 우리의 힘으로, 특히 교육의 힘으로 반드시 이 일이 이루어질 것을 믿습니다.

(3) 글을 읽는 방법

① 주장과 근거가 타당한지 확인한다.
② 글쓴이의 주장이 주제와 관련이 있는지 살핀다.
③ 제시된 근거가 사실이고 믿을 만한지 살핀다.
④ 제시된 근거가 주장을 뒷받침하는 내용인지 확인한다.

02 설명하는 글

(1) **뜻** : 어떤 지식이나 정보를 읽는 이에게 전달하고 이해시키기 위해 쉽게 풀어 쓴 글이다.

(2) 특성

① 이해하기 쉽게 풀어서 쓴다.
② 사실에 바탕을 둔 지식과 정보를 전달한다.
③ 객관적 관점에서 전달한다.
④ 처음, 중간, 끝으로 구성되어 있다.

(3) 글을 읽고 요약하는 방법

① 중요하지 않은 내용은 생략한다.
② 각 문단의 중심 문장을 찾는다.
③ 중심 내용을 연결하여 정리한다.
④ 글의 구조에 맞게 내용을 정리한다.

(4) 설명 방법

비교	두 대상의 공통점을 중심으로 설명하는 것	다보탑과 석가탑은 공통점이 있습니다. 두 탑은 모두 통일 신라 시대에 만든 탑으로서 불국사 대웅전 앞뜰에 나란히 서 있습니다.
대조	두 대상의 차이점을 중심으로 설명하는 것	두 탑의 모습은 매우 다릅니다. 다보탑은 장식이 많고 화려합니다. 반면 석가탑은 단순하면서도 세련된 멋이 있습니다.
열거	대상의 특징을 나열하여 설명하는 것	사람은 직업에 따라 고유한 색깔 옷을 입는다. 의사나 간호사는 보통 흰색 옷을 입고, 법관은 검은색 옷을 입는다. 이처럼 사람들은 직업에 따라 입는 옷 색깔이 다양하다.

03 광고문

(1) **뜻** : 어떤 대상에 대한 정보를 알려 읽는 사람을 설득하는 글이다.

(2) 특성

① 설득을 목적으로 한다.

② 광고하는 대상의 정보를 제공한다.

③ 관심과 흥미를 끌 수 있게 글, 그림, 사진, 소리 등을 사용한다.

(3) 글을 읽는 방법

① 광고의 의도를 파악한다.

② 광고에서 과장된 내용이 있는지 찾아본다.

③ 광고에서 감추고 있는 내용이 있는지 찾아본다.

④ 비판적으로 생각하며 읽는다.

예시문

'찾기'가 아니라 '읽기'입니다.

인터넷에서 찾아보면 금방 알 수 있다? 쉽게 얻은 정답은 지식으로 오래 남기 어렵습니다. 내가 지식인이 되는 방법, 인터넷 검색이 아닌 독서입니다.

04 기사문

(1) **뜻** : 알릴 만한 가치가 있는 사건이나 사실을 신속하고 정확하게 전달하기 위해 쓴 글이다.

(2) **특성**

① 육하원칙에 따라 일어난 일을 전달한다.
② 내용을 쉽게 이해할 수 있도록 문장이 간결해야 한다.
③ 읽는 이가 관심을 가질 만한 내용을 쓴다.
④ 내용을 거짓으로 쓰지 않는다.
⑤ 동시에 많은 사람들에게 알리기 위해 쓴다.
⑥ 최대한 새로운 내용을 빨리 전달한다.

예시문 **가을 운동회로 하나 된 우리 마을**

20○○년 10월 3일 토요일, ○○초등학교 운동장에서 가을 운동회가 열렸다. 전교생과 마을 주민이 함께 여러 가지 행사에 참여하여 알차고 재미있는 시간을 보냈다. 이번 가을 운동회는 1부 행사와 2부 행사로 나뉘어 진행되었다. 먼저 1부 행사에서는 학생들과 학부모님들이 함께 하는 청군과 백군의 겨루기 한마당이 열렸다. 마을 대항 줄다리기부터 마지막 청백 이어달리기까지 많은 학생과 학부모님이 함께 응원하며 즐거운 시간을 보냈다. 그리고 2부 행사에서는 마을 경로잔치를 열어 할머니, 할아버지들께 맛있는 음식을 대접하였다. 이날 학생들은 친구들과 함께하는 운동 경기를 통하여 협동심을 기를 수 있었으며, 경로잔치를 통하여 어른을 공경하는 마음을 가질 수 있었다.

육하원칙	내용
누가	전교생과 마을 주민
언제	20○○년 10월 3일 토요일
어디서	○○초등학교 운동장
무엇을	가을 운동회
어떻게	겨루기 한마당과 마을 경로잔치를 열었다.
왜	친구들과 함께하는 운동 경기를 통하여 협동심을 기를 수 있었으며, 경로잔치를 통하여 어른을 공경하는 마음을 가지기 위하여

05 텔레비전 뉴스

(1) **뜻** : 중요한 사건, 또는 정보를 방송을 통해 보도하는 것이다.

(2) **특성**

① 새로운 정보여야 한다.
② 우리 주변에서 일어난 일이어야 한다.
③ 여러 사람이 관심을 가질 만한 일이어야 한다.
④ 많은 사람에게 영향을 줄 만한 일이어야 한다.
⑤ 신기한 일도 취재할 수 있다.

(3) **텔레비전 뉴스의 짜임** : 제목 → 진행자의 보도 → 기자의 보도 → 기자의 마무리

(4) **텔레비전 뉴스에서 정보나 사건을 보도하는 기준**

① **시의성** : 시간적으로 얼마나 빠르게 알려야 하는 정보나 사건인가?
② **근접성** : 지리적으로나 심리적으로 얼마나 가까운 정보나 사건인가?
③ **저명성** : 얼마나 유명하고 권위가 있는 사람 또는 대상인가?
④ **영향성** : 사회적으로 얼마나 큰 영향을 끼칠 수 있는 정보나 사건인가?
⑤ **예외성** : 날마다 반복되지 않는 예외적인 정보나 사건인가?

(5) **뉴스가 우리 생활에 미치는 영향**

① 사람들에게 새로운 정보를 알려 준다.
② 어떤 일을 긍정적이거나 비판적인 시각으로 보게 한다.
③ 여러 사람의 생각에 영향을 주어 여론을 형성한다.

06 문학

(1) **시**

① **뜻** : 글쓴이의 생각이나 감정을 함축적인 언어로 표현한 글이다.
② **특성**

㉠ 운율이 있어서 시를 읽을 때 노래하는 듯한 느낌이 난다.
㉡ 비유적 표현을 통하여 사물을 표현한다.
㉢ 시를 읽으면 장면이 생생하게 떠오른다.

㉣ 시의 내용에 따라 연과 행으로 나누어 쓴다.

③ 비유적 표현

직유법	'~같이', '~ 같은', '~처럼' 등으로 표현하는 방법 예 풀잎 같은 친구
은유법	'~은/는 ~이다'로 표현하는 방법 예 길은 포도 덩굴
의인법	사람이 아닌 것을 사람처럼 표현하는 방법 예 새가 노래한다.

(2) 소설

① 뜻 : 있음 직한 이야기를 상상하여 쓴 글이다.

② 특성

㉠ 인물, 사건, 배경으로 구성되어 있다.

인물	이야기에서 어떤 일을 겪는 사람이나 사물
사건	이야기에서 일어나는 일
배경	이야기에서 일이 일어나는 시간(시간적 배경)과 장소(공간적 배경)

㉡ 인물 사이에 갈등이 벌어진다.

㉢ 여러 가지 사건이 펼쳐져 있다.

㉣ 나오는 인물이나 사건은 글쓴이가 꾸며 낸 것이다.

③ 인물의 성격을 파악하는 방법 : 인물이 한 말과 행동을 살펴본다.

인물	성격이 드러나는 말, 행동	성격
윤아	"싫어. 그러다가 벌레라도 손에 닿으면 어떡해?"	조심성이 많고 깔끔하다.

④ 요약하는 방법

㉠ 이야기 구조를 생각하며 중요한 사건이 무엇인지 찾는다.

㉡ 이야기 흐름에서 중요하지 않은 내용은 삭제한다.

㉢ 중요한 사건이 일어난 원인과 그에 따른 결과를 찾는다.

㉣ 관련 있는 사건은 하나로 묶는다.

(3) 희곡

① 뜻 : 연극을 하기 위하여 쓴 대본이다.

② 특성

㉠ 해설, 대사, 지문으로 이루어진다.

해설	때, 곳, 나오는 인물, 무대와 무대 바뀜 등을 설명하는 부분
대사	인물이 직접 하는 말
지문	괄호 안에 써서 인물의 행동이나 표정을 나타내는 부분

㉡ 대사와 지문으로 인물의 성격이나 사건을 표현한다.

㉢ 읽을 때에 연극하는 장면이 떠오른다.

㉣ 항상 현재 일어나는 일로 쓴다.

㉤ 등장인물의 수, 시간과 공간의 제약을 받는다.

예시문 「숲이 준 마법 초콜릿」

때 : 오후
곳 : 아파트 뒷동산
나오는 사람 : 성민, 숲의 마음 할아버지
무엇인가 '펑' 터지는 소리.
무대 뒤에서 흰 안개가 사방으로 피어오르기 시작한다.
놀라는 성민.
무대 뒤에서 숲의 마음 할아버지 등장.
키가 작다. 하얀 두루마기 같은 긴 옷에 하얀 수염이 무릎까지 내려올 정도로 길다. → 해설

성민 : (호기심 어린 목소리로) 할아버지가, 말했어요? → 대사
숲의 마음 할아버지 : 그래, 성민아.
성민 : (놀란다) → 지문 내 이름을, 어떻게, 아세요?

(4) 기행문

① 뜻 : 여행하면서 보고, 듣고, 겪은 것을 자유로운 형식으로 쓴 글이다.

② 특성

㉠ 여행했을 때의 시간 및 장소가 나타난다. (여정)

㉡ 보고 들은 것이 나타난다. (견문)

㉢ 여행하는 동안의 느낀 점이 나타난다. (감상)

㉣ 간 곳의 순서에 따라 자유로운 형식으로 쓴다.

③ 기행문의 짜임

짜임	들어갈 내용
처음	• 여행한 목적 • 여행한 곳에 대한 대략적인 소개
가운데	견문과 감상(여행한 장소에 따라 자세하게)
끝	• 여행 뒤 전체적인 느낌 • 더 알고 싶은 점이나 앞으로의 계획

예시문 「돌하르방 어디 감수광」

여정	우리는 어리목에서 출발하여 만세 동산을 지나 1700 고지인 윗세오름까지 올라 그곳 산장 휴게소에서 준비해 간 도시락을 먹고 영실로 하산하면서 한라산의 아름다움을 만끽했다.
견문	전설에 따르면 설문대 할망은 일출봉 분화구를 빨래 바구니로 삼고 우도를 빨랫돌로 하여 옷을 매일 세탁했다고 한다.
감상	오르면 오를수록 이 수직의 기암들이 점점 더 하늘로 치솟아 올라 신비스럽고도 웅장한 모습에 절로 감탄이 나온다.

④ 사실과 의견 구별하기

㉠ 사실 : 실제 있었던 일로 글쓴이가 한 일, 본 일, 들은 일이다. (여정, 견문)

㉡ 의견 : 대상이나 일에 대한 생각이나 느낌 (감상)

(5) 전기문

① 뜻 : 인물의 삶을 사실에 근거하여 쓴 글이다.

② 특성

㉠ 위대한 사람의 인생을 통해 교훈을 주기 위한 글이다.

㉡ 인물이 살았던 시대적 상황과 인물의 삶이 나타나 있다.

㉢ 실제 있었던 사람의 실제 있었던 일을 인물 중심으로 쓴다.

㉣ 대부분 태어나서 죽을 때까지를 시간의 흐름에 따라 쓴다.

㉤ 인물의 업적이나 신념을 파악할 수 있다.

㉥ 등장인물의 대화나 마음속의 생각을 상상해서 쓴다.

예시문 「제게 12척의 배가 있으니」

1597년 8월, 나라에서는 이순신을 다시 삼도 수군통제사로 세웠습니다. 이순신은 전라도로 내려가면서 남은 배와 군사를 모았습니다. 그나마 여기저기 상한 배 12척과 120여 명의 군사를 모을 수 있었습니다.

(6) 편지

① 뜻 : 안부, 소식 따위를 상대방에게 전달하기 위해 대화하듯이 쓰는 글이다.

② 특성

㉠ 특정 대상이 정해져 있다.

㉡ 형식과 예절을 갖추어 쓴다.

㉢ 말하고자 하는 것이 분명하게 드러나도록 쓴다.

㉣ 자연스럽고 간결한 말투로 쓴다.

③ **편지의 짜임** : 받을 사람 - 첫인사 - 하고 싶은 말 - 끝인사 - 쓴 날짜 - 쓴 사람

예시문

우리 반 친구들에게 → **받을 사람**

친구들아, 안녕? → **첫인사**

나 태웅이야. 오늘 운동회에서 있었던 일을 생각하면 아직도 가슴이 두근거려. 그때 그 고마운 마음을 직접 말로 전하고 싶었지만 쑥스러워서 이렇게 편지를 쓰게 되었어.

운동회 날이 되면 나는 기쁘면서도 두려웠어. 달리기 시합을 하는 게 늘 걱정이 되었거든. 달리기를 할 때면 나는 어디론가 숨고 싶었어. 잔뜩 긴장해서 달리다가 오늘도 그만 넘어지고 말았지. 그런데 그때 너희가 달리다가 돌아와서 나를 일으켜 주었지. 내 손을 꼭 잡은 너희의 따뜻한 마음이 느껴져서 눈물이 날 것 같았어. 힘껏 달리고 싶었을 텐데 나 때문에 참았을 것 같아서 미안한 마음이 들어. → **하고 싶은 말**

고마워, 친구들아! 같이 달려 주고 응원해 준 너희의 따뜻한 마음 잊지 않을게.→ **끝인사**

20○○년 9월 12일 → **쓴 날짜**

태웅이가 → **쓴 사람**

07 국어사전

(1) 낱말의 뜻을 국어사전에서 찾는 방법

① 낱말에서 글자의 순서를 알아본다.

② 낱말을 이루는 글자가 짜인 순서대로 찾아본다.

낱자가 짜인 순서

첫 자음자	ㄱ, ㄲ, ㄴ, ㄷ, ㄸ, ㄹ, ㅁ, ㅂ, ㅃ, ㅅ, ㅆ, ㅇ, ㅈ, ㅉ, ㅊ, ㅋ, ㅌ, ㅍ, ㅎ
모음자	ㅏ, ㅐ, ㅑ, ㅒ, ㅓ, ㅔ, ㅕ, ㅖ, ㅗ, ㅘ, ㅙ, ㅚ, ㅛ, ㅜ, ㅝ, ㅞ, ㅟ, ㅠ, ㅡ, ㅢ, ㅣ
끝 자음자	ㄱ, ㄲ, ㄳ, ㄴ, ㄵ, ㄶ, ㄷ, ㄹ, ㄺ, ㄻ, ㄼ, ㄽ, ㄾ, ㄿ, ㅀ, ㅁ, ㅂ, ㅄ, ㅅ, ㅆ, ㅇ, ㅈ, ㅊ, ㅋ, ㅌ, ㅍ, ㅎ

③ 낱말을 찾았으면 그 뜻을 읽고 문장에 어울리는 뜻인지 확인한다.
④ 모양이 바뀌는 낱말은 국어사전에서 기본형을 찾아본다.

기본형 만드는 방법 : 낱말에서 바뀌지 않는 부분에 '-다'를 붙여 만든다.

기본형	낱말	바뀌지 않는 부분	바뀌는 부분
밝다	밝아	밝	-아
	밝으니	밝	-으니
	밝은	밝	-은
	밝게	밝	-게

(2) 국어사전을 통하여 알 수 있는 것

① 낱말의 뜻을 찾아볼 수 있다.
② 낱말의 발음을 알 수 있다.
③ 띄어쓰기를 확인할 수 있다.
④ 낱말의 정확한 뜻을 찾을 수 있다.

(3) 여러 가지 사전

① **국어사전** : 국어를 모아 일정한 순서로 배열하여 의미, 어원, 품사, 다른 말과의 관계 따위를 밝히고 풀이한 책이다.
② **우리말 유래 사전** : 우리말이 원래 어떤 뜻에서 나왔는지 뜻과 어원을 자세히 풀이한 책이다.
③ **속담 사전** : 속된 이야기, 속설 또는 민중의 지혜가 응축되어 널리 구전되는 민간, 격언, 세언, 속어, 속언 등에 대해 언급한 책이다.
④ **백과사전** : 학문, 예술, 문화, 자연, 과학 등 모든 분야에 관련된 지식이 실려 있는 책이다.
⑤ **식물도감** : 일정한 식물구계 안의 모든 식물을 채집하여 그 형태, 생태 따위를 정리하여 밝히고 이에 설명을 붙인 책이다.
⑥ **인명사전** : 사람의 이름이나 행적을 모아 이름 순서로 실은 책이다.

08 인터넷 자료를 읽는 방법

① 다양한 자료가 있을 때는 여러 자료를 살펴본다.
② 그림이나 사진 등 시각 정보도 확인한다.
③ 영상 자료는 소리와 자막에 담긴 정보도 확인한다.
④ 화면 구성 방식에 담겨 있는 정보도 살핀다.

09 책을 읽는 방법

① 경험과 지식을 떠올리며 읽는다.
② 인상 깊은 내용을 정리하며 읽는다.
③ 궁금한 점을 질문하며 읽는다.
④ 내용을 비판하며 읽는다.

02장 기출문제로 유형 잡기

[1~2] 다음 글을 읽고 물음에 답하시오.

> [㉠] 교실에서 뛰어다니지 말아야 하는 까닭은 첫째, 교실에서 뛰어다니면 친구들과 부딪혀 다칠 수 있다. 둘째, 교실에서 뛰어다니면 조용히 휴식을 취하는 친구들에게 방해가 된다. 셋째, 교실에서 뛰어다니면 [㉡]

01 윗글의 ㉠에 들어갈 주장으로 알맞은 것은?

① 학교생활을 즐겁게 하자.
② 교실에서 뛰어다니지 말자.
③ 복도에서 큰 소리로 떠들지 말자.
④ 교실에서 다양한 종류의 책을 읽자.

정답잡기 ㉠의 주장 바로 뒤에 교실에서 뛰어다니지 말아야 하는 까닭을 말하고 있으므로, ㉠에 들어갈 주장으로는 교실에서 뛰어다니지 말자는 것이 알맞다.

02 윗글의 ㉡에 들어갈 근거로 적절한 것은?

① 바른 자세로 앉을 수 있다.
② 먼지가 생겨 건강에 좋지 않다.
③ 교실의 쓰레기를 줄일 수 있다.
④ 선생님께 칭찬을 받을 수 있다.

정답잡기 교실에서 뛰어다니면 바른 자세로 앉거나 쓰레기를 줄이거나 선생님의 칭찬을 받을 수는 없으므로, 먼지가 생겨 건강에 좋지 않다는 ②의 내용이 ㉡의 근거로 가장 적절하다.

정답 01 ② 02 ②

03 ㉠~㉣ 중 사실만 나타낸 문장은?

㉠ 상설 전시실 바로 위에는 '한글 놀이터'와 '한글 배움터'가 있었다. ㉡ 체험과 놀이를 하면서 한글을 이해하도록 만들어졌다는 점이 흥미로웠다. ㉢ 박물관을 관람하면서 책과 화면으로만 봤던 한글 유물을 직접 볼 수 있어서 신기했다. ㉣ 이번 관람으로 국어 시간에 배웠던 한글을 더 생생하게 배우는 소중한 기회를 얻어서 무척 뿌듯했다.

① ㉠ ② ㉡
③ ㉢ ④ ㉣

정답잡기 ㉠은 상설 전시실 바로 위에 한글 놀이터와 배움터가 있다는 사실만을 이야기하고 있다.

오답잡기
② ㉡은 흥미로웠다라고 표현했으므로 의견이나 생각이다.
③ ㉢은 신기했다라고 표현했으므로 의견이나 생각이다.
④ ㉣은 뿌듯했다라고 표현했으므로 의견이나 생각이다.

04 다음 글을 읽고 미루어 짐작할 수 있는 내용으로 가장 적절한 것은?

마라톤 대회가 시작되었습니다. 가파른 언덕을 오를 때, 지수는 갑자기 현기증이 났습니다. 다른 친구들은 이미 지수를 앞질러 간 상태였습니다. 지수는 포기해야겠다는 생각으로 몇 걸음 천천히 걸었습니다.

그때 사람들의 응원하는 소리가 들렸습니다.

"와, 조금만 더 힘내요!"

지수는 응원하는 소리에 힘이 났습니다.

'이제 거의 다 왔어. 조금만 더 힘을 내자!'

선생님과 친구들은 결승점으로 들어오는 지수를 향해 뜨거운 박수를 보냈습니다. 지수는 자신이 해냈다는 생각에 뿌듯한 마음이 들었습니다.

① 지수는 도중에 포기했을 것이다.
② 지수를 응원하는 사람이 없을 것이다.
③ 지수는 끝까지 달려 결승점에 도착했을 것이다.
④ 마라톤 대회의 코스는 평지로만 이루어졌을 것이다.

정답잡기 이 글은 마라톤 대회에서 현기증이 나서 포기하고 싶었던 지수가 사람들과 선생님, 친구들의 응원을 받고 결승점으로 들어와 뿌듯한 마음이 드는 내용이다. 따라서 끝까지 달려 결승점에 도착한 것으로 미루어 짐작할 수 있다.

정답 03 ① 04 ③

05 다음 글을 요약한 내용으로 가장 적절한 것은?

> 동물들이 소리를 내는 방식은 다양하다. 개나 닭은 사람처럼 성대를 울려 소리를 낸다. 귀뚜라미는 날개를 비벼 소리를 낸다. 방울뱀은 꼬리를 흔들어 소리를 낸다. 이처럼 동물들은 저마다의 방식으로 소리를 낸다.

① 사람들은 다양한 반려 동물을 기른다.
② 동물들이 소리를 내는 방식은 다양하다.
③ 동물들은 서로 다른 모양의 집을 짓는다.
④ 물고기는 몸속에 있는 부레로 소리를 낸다.

정답잡기 이 글은 '동물들이 소리를 내는 방식이 다양하다.'는 첫 문장에서 알 수 있듯 개와 닭, 귀뚜라미, 방울뱀을 예를 들어 ② 동물들이 소리를 내는 방식이 다양함을 설명하고 있다.

[6~7] 다음 글을 읽고 물음에 답하시오.

> 동물은 (㉠)에 따라 초식 동물, 육식 동물, 잡식 동물로 분류한다. 소와 말, 토끼와 같이 나뭇잎이나 풀을 뜯어 먹고 사는 동물을 초식 동물이라고 한다. 호랑이, 독수리, 뱀, 상어와 같이 작은 짐승이나 물고기를 먹고 사는 동물을 육식 동물이라고 한다. 닭, 오리, 돼지와 같이 식물성 먹이와 동물성 먹이를 함께 먹는 동물을 잡식 동물이라고 한다.

06 ㉠에 들어갈 말로 알맞은 것은?

① 먹이　　② 색깔
③ 크기　　④ 사는 곳

정답잡기 이 글은 동물을 초식 동물, 육식 동물, 잡식 동물로 분류하고 있다. 이것은 동물들의 먹이를 기준으로 분류한 것이다.

07 윗글의 내용으로 알맞지 <u>않은</u> 것은?

① 소와 말, 토끼는 초식 동물이다.
② 호랑이, 독수리, 뱀, 상어는 육식 동물이다.
③ 초식 동물은 작은 짐승이나 물고기를 먹고 산다.
④ 잡식 동물은 식물성 먹이와 동물성 먹이를 함께 먹는다.

정답잡기 초식 동물은 나뭇잎이나 풀을 뜯어 먹고 살며, 소와 말, 토끼가 이에 속한다.

정답 05 ② 06 ① 07 ③

08 다음 글에서 대상을 설명하기 위해 사용한 방법으로 가장 적절한 것은?

> 다보탑과 석가탑은 공통점이 있습니다. 두 탑은 모두 통일 신라 시대에 만든 탑으로서 불국사 대웅전 앞뜰에 나란히 서 있습니다.
>
> 두 탑의 모습은 매우 다릅니다. 다보탑은 장식이 많고 화려합니다. 십자 모양의 받침 주변에 돌계단을 만들고 그 위에 사각·팔각·원 모양의 돌을 쌓아 올렸습니다. 반면 석가탑은 단순하면서도 세련된 멋이 있습니다. 사각 평면 받침 위에 돌을 삼 층으로 쌓아 올려 매우 균형 있는 모습을 자랑합니다.

① 다른 대상에 빗대어 설명한다.
② 일이 일어난 순서대로 설명한다.
③ 그림과 그래프를 활용하여 설명한다.
④ 대상의 공통점과 차이점을 찾아 설명한다.

정답잡기 첫 번째 문단에서 다보탑과 석가탑의 공통점을, 두 번째 문단에서 다보탑과 석가탑의 다른 점을 설명하고 있으므로 ④가 적절하다.

오답잡기
① 비유를 의미한다.
② 서사(일이 일어난 순서)를 이야기한다.
③ 그림과 그래프가 나와야 맞다.

09 다음 광고에서 전하려는 내용은?

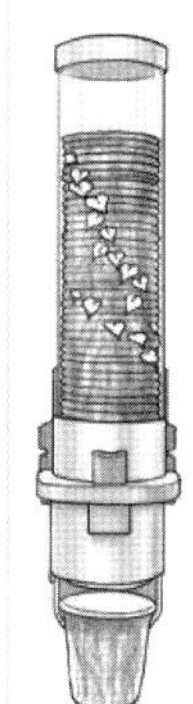

뽑는 데 1초
자라는 데 20년
편리함 때문에
무심코 한 번 쓰고
버린 종이컵.
지구 온난화를 부추기는
원인이 됩니다.

① 게임을 하지 말자.
② 손을 깨끗이 씻자.
③ 일회용품을 사용하지 말자.
④ 공공장소에서 차례를 지키자.

정답잡기 이 광고는 종이컵을 쌓아 놓고 뽑아 쓰는 기계를 식물이 자라는 모습과 함께 형상화하여 종이컵을 뽑아 쓰는 편리함은 잠깐이지만, 식물이 자라는 데 걸리는 시간은 길다는 것을 나타내고 있다. 그러므로 이 광고의 주제는 '일회용품을 사용하지 말자.'가 가장 적절하다.

정답 08 ④ 09 ③

[10~11] 다음 글을 읽고 물음에 답하시오.

풀잎과 바람

정완영

나는 풀잎이 좋아, ㉠ 풀잎 같은 친구 좋아
바람하고 엉켰다가 풀 줄 아는 풀잎처럼
헤질* 때 또 만나자고 손 흔드는 친구 좋아.

나는 바람이 좋아, 바람 같은 친구 좋아
㉡ 풀잎하고 헤졌다가 되찾아 온 바람처럼
만나면 얼싸안는 바람, 바람 같은 친구 좋아.

* 헤지다 : '헤어지다'의 준말

10 ㉠과 같은 비유적 표현 방법을 사용한 것은?

① 방긋 웃는 장미꽃
② 사과처럼 예쁜 얼굴
③ 밤하늘에 빛나는 별
④ 졸졸 흐르는 시냇물

정답잡기 '풀잎 같은 친구'는 '–같이, –처럼, –인 양, –인 듯'을 사용해 직접 비유하는 방법인 '직유법'이 사용되었다. 따라서 같은 직유법이 쓰인 것은 ②이다.

오답잡기
① '방긋 웃는 장미꽃'은 사람이 아닌 것(장미꽃)을 사람처럼 표현(웃는)한 '의인법'이 쓰였다.
③ '밤하늘에 빛나는 별'은 표현법이 없다.
④ '졸졸 흐르는 시냇물'에는 소리를 나타내는 의성어 '졸졸'이 쓰였다.

11 ㉡에 해당하는 인물로 가장 적절한 것은?

① 동생에게 축구를 가르쳐 준 친구
② 주운 돈을 경찰서에 가져다준 친구
③ 전학 갔다가 나를 다시 만나러 온 친구
④ 무거운 짐을 들고 가시는 할머니를 도와드린 친구

정답잡기 '풀잎하고 헤졌다가 되찾아 온 바람'은 '화자와 헤어졌다가 다시 만나러 온 친구'라는 의미로 해당되는 인물은 ③ '전학 갔다가 나를 다시 만나러 온 친구'가 옳다.

정답 10 ② 11 ③

12 다음 시에서 '별'을 비유한 대상은?

> 별 하나
>
> 이준관
>
> 저 별은
> 하늘 아이들이
> 사는 집의
> 쬐그만
> 초인종
> 문득
> 가만히
> 누르고 싶었다.

① 하늘　② 아이들
③ 집　④ 초인종

정답잡기 '저 별은 하늘 아이들이 사는 집의 쬐그만 초인종'은 'A은/는 B이다'로 표현하는 방법인 은유법이 쓰였으므로, 별을 비유한 대상은 '초인종'이라 할 수 있다.

13 ㉠~㉣ 중 해설에 해당하지 않는 것은?

> 토끼의 재판
>
> • ㉠ 때 : 옛날 옛적, 호랑이 담배 피우던 때
> • 곳 : 산속
> • ㉡ 등장인물 : 호랑이, 사냥꾼 1, 사냥꾼 2, 나그네
>
> ㉢ 막이 열리면 산속 외딴길에 나무가 한 그루 서 있다. 커다란 호랑이를 넣은 궤짝이 놓여 있고, 나무 밑에서 사냥꾼들이 땀을 씻으며 이야기를 하고 있다.
>
> 사냥꾼 1 : ㉣ 여보게, 목이 마른데 근처에 샘이 없을까?
> 사냥꾼 2 : 나도 목이 마른데 같이 찾아볼까?

① ㉠　② ㉡
③ ㉢　④ ㉣

정답잡기 희곡은 연극을 하기 위해 쓴 대본으로 희곡은 대사, 해설, 지문으로 이루어진다.
이 중 해설은 희곡에서 때, 곳, 나오는 인물, 무대와 무대 바뀜을 설명하는 부분이다.
따라서 ㉠, ㉡, ㉢은 해설이나 ㉣은 대사이다.

정답 12 ④ 13 ④

[14~15] 다음 글을 읽고 물음에 답하시오.

버들잎 편지

• (㉠) : 이른 봄
• (㉡) : 서울 영이의 집
• (㉢) : 영이, 할아버지, 복순

막이 열리면 복순이 콧노래를 부르며 방을 청소하고 있다. 조금 뒤, 창가로 가서 밖을 향하여 소리친다.

(㉣) : 할아버지!
할아버지 : (소리만) 오냐.
복순 : 다 됐어요?
할아버지 : (소리만) 오냐, 다 되어 간다.
복순 : 어머! 웬 사람들이 저렇게 쏟아져 나왔을까?
㉮ (시계를 보며) 그런데 영이는 왜 여태 안 올까?

– 주평, 「등대섬 아이들」 –

14 ㉠~㉣에 들어갈 말이 알맞게 짝지어진 것은?

① ㉠ – 때 ② ㉡ – 등장인물
③ ㉢ – 곳 ④ ㉣ – 해설

정답잡기 '이른 봄'은 시간에 해당하므로 '때'가 들어가야 알맞다.
오답잡기
② ㉡은 장소이므로 '곳'이다.
③ ㉢은 '등장인물'이다.
④ ㉣은 '복순'이다.

15 ㉮에 대한 설명으로 적절한 것은?

① 인물이 하는 말을 나타낸다.
② 막이 오르는 시간을 나타낸다.
③ 작품의 배경 음악을 나타낸다.
④ 인물의 표정이나 동작을 나타낸다.

정답잡기 ㉮는 복순이의 동작을 지시하거나 나타내고 있는 지시문이므로 ④가 적절하다.
오답잡기
① 인물이 하는 말은 대사에 해당하고, ②, ③은 제시된 글에 나와 있지 않다.

정답 14 ① 15 ④

16 다음은 희곡의 일부이다. ㉠에 들어갈 내용으로 알맞은 것은?

> • 때 : 점심시간이 막 지난 시각
> • 곳 : (　　　㉠　　　)
> • 나오는 사람 : 강씨 아저씨, 할머니, 소년
>
> 점심시간이 막 지난 시각, 주인인 강씨 아저씨가 국밥을 먹으러 올 손님을 기다리면서 신문을 뒤적인다. 국밥집 문이 천천히 열리며 할머니와 어린 소년이 들어선다.

① 할머니네 시골집　② 어린 소년의 이층집
③ 김씨 아주머니의 꽃집　④ 강씨 아저씨네 국밥집

정답잡기 '주인인 강씨 아저씨가 국밥을 먹으러 올 손님을 기다리면서'라는 구절을 통해 장소가 강씨 아저씨네 국밥집이라는 것을 알 수 있다.

17 다음과 같은 글에 대한 설명으로 가장 적절한 것은?

> 나는 제주도에 도착해 택시를 타고 맨 처음 성산 일출봉으로 향했다. 멀리 보이는 성산 일출봉은 가파른 절벽이 바다와 맞닿아 있었다. 일출봉의 서쪽으로는 돌기둥이 보였다. 택시 기사님의 실감 나는 설명이 곁들여지니 성산 일출봉이 더욱 신비롭게 느껴졌다.

① 상상한 것을 표현한 글
② 운율을 살려 짧게 쓴 글
③ 여행하면서 체험한 것을 쓴 글
④ 글을 읽고 자신의 생각이나 느낌을 쓴 글

정답잡기 이 글은 내가 제주도에 도착해 택시를 타고 성산 일출봉에 가는 경험과 느낌을 쓴 글이다. 따라서 적절한 것은 ③ 여행하면서 체험한 것을 쓴 글이다.

오답잡기
① 상상한 것을 표현한 글은 소설이다.
② 운율을 살려 짧게 쓴 글은 시이다.
④ 글을 읽고 자신의 생각이나 느낌을 쓴 글은 독서 감상문이다.

18 ㉠~㉣ 중 글쓴이의 감상이 나타난 부분은?

> 이튿날 새벽, 우리는 ㉠ 일출을 보기 위하여 우도봉에 올랐다. 해가 뜨기 전이라 그런지 ㉡ 어두워서 주변은 잘 보이지 않았다. 잠시 후 수평선 저 끝에서 불그스름한 빛이 서서히 새어 나오더니 드디어 ㉢ 아침 해가 모습을 드러내었다. 태어나서 ㉣ 처음 본 일출은 시간이 지나도 마음속에서 지워지지 않을 만큼 멋지다고 느꼈다.

① ㉠　② ㉡
③ ㉢　④ ㉣

정답잡기 일출을 보고 '멋지다고 느꼈다.'라고 했으므로 견문에 대한 생각이나 느낌에 해당하는 '감상'이라 할 수 있다.

오답잡기
㉠ 여행의 과정이나 일정을 적은 '여정'에 해당한다.
㉡, ㉢ 여행을 하며 보거나 들어서 알게 된 '견문'에 해당한다.

정답 16 ④ 17 ③ 18 ④

19 ㉠~㉣ 중 글쓴이의 느낌이 드러난 부분은?

> 평소 나는 제주도에 관심이 많아 제주도에 관한 책도 읽고 검색도 해 보았다. 그런데 마침 ㉠ 아버지께서 제주도에 여행을 가자고 하셨다. 가족들과 함께 제주도 여행 일정을 짰다. 여행 당일 ㉡ 우리는 김포 공항에서 제주도로 가는 비행기를 탔다. 비행기 안에서 ㉢ 바다를 바라보며 제주도에 대한 이야기를 나누었다. 비행기에서 내려 제주 공항에 발을 내딛는 순간 ㉣ 신나서 마음이 설렜다.

① ㉠　　② ㉡
③ ㉢　　④ ㉣

정답잡기) '느낌'은 감각이나 마음으로 깨달아 아는 감정이므로 '신나서 마음이 설렜다.'와 같이 '신나다', '설레다'의 감정 표현이 되어 있는 것이 적절하다.

[20~21] 다음 글을 읽고 물음에 답하시오.

> 거센 태풍이 찾아왔어요. 씨잉! 씨잉! 작은 나무들이 뿌리째 뽑혀 저만치 날아갔어요. 아침이 밝자 주위는 조용해졌어요.
> 이슬이는 밤나무가 걱정이 되어 뒷마당으로 달려갔어요. 이슬이는 쓰러진 밤나무를 보고 울먹였어요.
> "어서 일어나, 밤나무야!"
> 하지만 밤나무는 꿈쩍도 하지 않아요.

20 윗글의 공간적 배경은?

① 도서관　　② 뒷마당
③ 기차역　　④ 영화관

정답잡기) 이슬이가 거센 태풍으로 뒷마당에 쓰러진 밤나무를 걱정하는 이야기이므로 공간적 배경은 '뒷마당'이라 할 수 있다.

오답잡기)
제시문에서 '이슬이는 밤나무가 걱정이 되어 뒷마당으로 달려갔어요.'라고 했으므로, ① 도서관, ③ 기차역, ④ 영화관은 적절하지 않다.

21 윗글에 나타난 '이슬이'의 마음으로 알맞은 것은?

① 반가운 마음　　② 신나는 마음
③ 감사하는 마음　　④ 걱정되는 마음

정답잡기) 이슬이는 거센 태풍으로 밤나무가 걱정이 되어 뒷마당으로 달려갔고, 쓰러진 밤나무를 보고 울먹이고 있으므로, '걱정되는 마음'이라 할 수 있다.

정답 19 ④　20 ②　21 ④

[22~23] 다음 글을 읽고 물음에 답하시오.

나는 이번 방학에 가족과 함께 제주도 여행을 갈 것이다. 나는 아직까지 비행기를 타 본 적이 없기 때문에 무척 [㉠] 된다. 처음으로 비행기를 타는 기분은 어떨지 궁금하다.

22 **윗글의 ㉠에 들어갈 말로 알맞은 것은?**

① 소리가　　② 기대가
③ 마음이　　④ 의견이

정답잡기 비행기를 타 본 적이 없어서 비행기 타는 것을 바라고 기다리고 있으므로, 어떤 일이 원하는 대로 이루어지기를 바라면서 기다린다는 뜻의 '기대'가 적절하다.

오답잡기
①, ③, ④는 서술어 '된다'와 호응하지 않는다.

23 **국어사전에서 낱말 찾기 방법에 따라 낱말을 찾을 때, 가장 먼저 나오는 것은?**

① 방학　　② 가족
③ 비행기　　④ 처음

정답잡기 국어사전에서 낱말 찾기 방법에 따라 낱말을 찾을 때의 순서는 '가족 → 방학 → 비행기 → 처음' 순이다.

정답 22 ② 23 ②

02 장 예상문제로 실력 잡기

[1~2] 다음 글을 읽고 물음에 답하시오.

㉠ 매미는 발음근으로 소리를 냅니다. 매미는 수컷만 소리를 낼 수 있고, 암컷은 소리를 내지 못합니다. ㉡ 매미의 배에 있는 발음막, 발음근, 공기주머니는 매미가 소리를 내게 도와줍니다. 그런데 암컷은 공기주머니가 없어서 소리를 낼 수 없답니다. ㉢ 수컷은 발음근을 당겨서 발음막을 움푹 들어가게 한 다음 '딸깍' 하고 소리를 냅니다. ㉣ 이 소리가 커지고 반복되면 '찌이이' 하고 소리가 납니다.

01 윗글에 대한 설명으로 알맞지 않은 것은?

① 매미는 발음근으로 소리를 낸다.
② 매미는 수컷만 소리를 낼 수 있다.
③ 암컷은 소리를 내지 못한다.
④ 암컷은 공기주머니가 있다.

02 ㉠~㉣ 중 중심 문장에 해당하는 것은?

① ㉠ ② ㉡
③ ㉢ ④ ㉣

[3~5] 다음 글을 읽고 물음에 답하시오.

㉠ 자연은 어머니의 따뜻한 품이자 우리의 영원한 안식처이다. ㉡ 더 이상 무분별한 개발로 금수강산을 훼손해서는 안 된다. ㉢ 자연 개발로 사라져 가는 동식물을 다시 이 땅으로 돌아오게 하여 더불어 살아야 한다. 지나친 개발 때문에 나타나는 지구 온난화와 이상 기후 현상이 더 이상 심해지지 않도록 노력하는 일도 우리 모두에게 남겨진 과제이다. ㉣ 이제 우리 모두 자연 보호를 실천해야 한다.

03 글쓴이의 주장에 해당하는 것은?

① ㉠ ② ㉡
③ ㉢ ④ ㉣

04 윗글에서 '자연'을 비유한 것은?

① 어머니의 따뜻한 품
② 지구 온난화
③ 남겨진 과제
④ 동식물

05 자연을 보호해야 하는 까닭으로 알맞지 않은 것은?

① 금수강산을 훼손해서는 안 되기 때문에
② 동식물과 더불어 살아야 하기 때문에
③ 사람들을 위한 편의 시설을 만들기 위해
④ 이상 기후 현상이 더 이상 심해지지 않도록 하기 위해

[6~7] 다음 글을 읽고 물음에 답하시오.

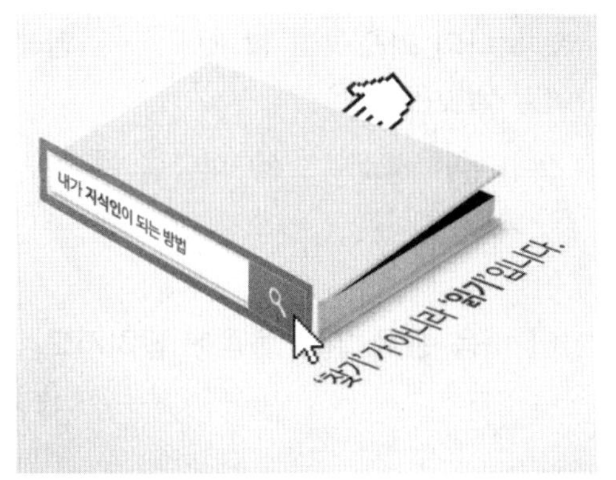

인터넷에서 찾아보면 금방 알 수 있다? 쉽게 얻은 정답은 지식으로 오래 남기 어렵습니다. 내가 지식인이 되는 방법, 인터넷 검색이 아닌 독서입니다.

6 위 광고에서 말하고 있는 문제는?

① 지식을 얻을 때 독서보다 인터넷 검색을 많이 한다.
② 지식을 얻을 때 인터넷을 이용하지 않는다.
③ 인터넷 검색 방법을 잘 모른다.
④ 사전 찾는 방법을 잘 모른다.

7 위 광고에 나타난 문제를 해결하기 위한 방안으로 알맞은 것은?

① 인터넷을 자주 이용한다.
② 독서를 많이 한다.
③ 사전 찾는 방법을 익힌다.
④ 인터넷 예절을 지킨다.

[8~10] 다음 글을 읽고 물음에 답하시오.

고려청자는 맑고 은은한 비색으로 유려한 곡선을 강조하며 상감 기법으로 회화적인 아름다운 무늬를 표현한 것이 특색이다. 우리는 이러한 고려청자로 고려인들의 독창성과 뛰어난 기술력을 엿볼 수 있다. 이는 중국의 청자를 받아들이면서 그저 모방에 그치는 것이 아니라, 아름다운 비색과 독특한 상감 기법으로 발전했다는 점이다. 따라서 고려청자는 여러 가지 모양과 형태의 아름다움을 일궈 낸 고려인들의 노력과 열정을 그대로 담고 있다.

8 윗글의 종류는?

① 일기　② 기행문
③ 설명하는 글　④ 주장하는 글

9 위와 같은 글을 읽는 방법으로 알맞지 <u>않은</u> 것은?

① 무엇을 설명하는지 생각한다.
② 자신의 생각과 다른 점을 찾는다.
③ 새롭게 알게 된 것을 찾는다.
④ 내용이 정확한지 파악한다.

10 윗글의 내용으로 알맞은 것은?

① 고려청자의 특징
② 고려청자의 역사
③ 고려인들의 생활
④ 중국 청자의 특색

[11~13] 다음 글을 읽고 물음에 답하시오.

11 위 광고에 나오는 사람들의 공통점은?

① 학교를 다닌다.
② 외국인이다.
③ 자원봉사자들이다.
④ 북한 이탈 주민이다.

12 위 광고에 대한 설명으로 알맞은 것은?

① 인물들의 표정이 어둡다.
② 외국에서 생활하는 사람들이다.
③ 인물들의 직업이 여러 가지다.
④ 모두 자원 봉사를 하는 사람들이다.

13 광고의 제목 '우리는 이미 하나'의 의미가 '우리 주변의 [ ]이/가 모두 같은 민족이자 하나의 겨레'라고 할 때 [ ] 안에 들어갈 알맞은 말은?

① 불우한 청소년 ② 외국인 근로자
③ 가난한 이웃 ④ 북한 이탈 주민

[14~16] 다음 글을 읽고 물음에 답하시오.

꽃씨

몰래
겨울을 녹이면서
봄비가 내려와 앉으면

꽃씨는
땅속에 살짝 돌아누우며
눈을 뜹니다.

봄을 기다리는 아이들은
쏘옥
손가락을 집어넣어 봅니다.

꽃씨는 저쪽에서
고개를 빠끔
얄밉게 숨겨 두었던
㉠ <u>파란 손을 내밉니다.</u>

14 위와 같은 글에 대한 설명으로 알맞은 것은?

① 무대에서 공연하기 위해 쓴 글
② 다른 사람을 설득하기 위해 쓴 글
③ 운율을 살려 생각이나 느낌을 함축적으로 쓴 글
④ 새로운 내용을 알려 주기 위해 자세히 설명하여 쓴 글

15 윗글에서 ㉠의 뜻으로 알맞은 것은?

① 파란 새싹이 나왔다
② 아이들이 꽃씨를 건네주었다.
③ 꽃씨를 땅속에 묻었다.
④ 봄비가 내리고 있다

16 윗글에 대한 설명으로 알맞지 않은 것은?

① 봄의 모습이 나타나 있다.
② 꽃씨를 사람처럼 표현하였다.
③ 아이들이 봄비를 맞고 있다.
④ 새싹이 돋는 모습을 떠올릴 수 있다.

[17~20] 다음 글을 읽고 물음에 답하시오.

뻥튀기

"뻥이요. 뻥!"

봄날 꽃잎이 흩날리는 것처럼 아름답게 보였습니다.
아니야, 아니야, 나비가 날아갑니다.
아니야, 아니야, 함박눈이 내리는 거야.

맞아요, 맞아요, 폭죽입니다.

하얀 연기 고소하고요.

가을날 메밀꽃 냄새가 납니다.
아니야, 아니야, 새우 냄새가 납니다.
아니야, 아니야, 멍멍이 냄새가 납니다.

맞아요, 맞아요, 옥수수 냄새입니다.

17 위와 같은 글의 특징으로 알맞은 것은?

① 연과 행을 구별하여 쓴다.
② 장면 묘사나 생각을 자세히 쓴다.
③ 처음, 중간, 끝으로 구분하여 쓴다.
④ 줄글과 대화글을 사용하여 이야기하듯이 쓴다.

18 윗글의 상황으로 알맞은 것은?

① 뻥튀기를 튀긴다.
② 나비가 날아다닌다.
③ 함박눈이 내린다.
④ 폭죽을 터뜨린다.

19 뻥튀기가 사방으로 날리는 모습을 비유한 표현이 아닌 것은?

① 꽃잎이 흩날리는 모습
② 나비가 날아가는 모습
③ 함박눈이 내리는 모습
④ 강아지들이 뛰어다니는 모습

20 뻥튀기 냄새를 표현한 것으로 알맞지 않은 것은?

① 메밀꽃 냄새 ② 가을 냄새
③ 멍멍이 냄새 ④ 새우 냄새

[21~24] 다음 글을 읽고 물음에 답하시오.

염라대왕은 원님을 저승사자에게 돌려보냈다.

"이승으로 나가려는데 어떻게 가면 될까요?"

"여기까지 데려왔는데 그냥 보내 줄 수는 없다. 너 때문에 헛걸음을 했으니 수고비를 내놓아라."

"어떡하지요? 지금 저는 빈털터리인데……."

"그러면 저승에 있는 네 곳간에서라도 내놓아라."

사람은 누구나 저승에 곳간이 하나씩 있다. 그렇지만 이승에서 부자라고 해서 그 곳간이 꽉 차 있지는 않다. 마찬가지로 가난하게 사는 사람이라고 해서 저승 곳간까지 텅 빈 것도 아니었다. 그 곳간은 이 세상에서 좋은 일을 한 만큼 재물이 쌓이게끔 되어 있었다. 원님은 그렇게 하기로 하고 자기 곳간으로 갔다. 그런데 그 곳간에는 특별한 재물이랄 게 없었다. 고작 볏짚 한 단만이 있을 뿐이었다.

"이 사람, 남에게 덕을 베푼 일이라곤 없는 모양이네!"

옆에 서 있던 저승사자가 코웃음을 치며 말했다.

"어찌해 제 곳간에는 볏짚 한 단밖에 없습니까?"

"너는 이승에 있을 때 남에게 덕을 베푼 일이 없지 않느냐?"

원님은 순간, 쥐구멍에라도 숨고 싶을 만큼 부끄러웠다.

21 저승에 있는 원님의 곳간에 있었던 것은?

① 염라대왕 ② 재물
③ 볏짚 한 단 ④ 곡식

22 원님이 자기 곳간을 보았을 때 마음은?

① 슬펐다. ② 부끄러웠다.
③ 기뻤다. ④ 화가 났다.

23 저승사자가 원님에게 내놓으라고 한 것은?

① 곳간 ② 재물
③ 수고비 ④ 볏짚

24 원님의 곳간에 특별한 재물이 없었던 까닭은?

① 원님이 남에게 덕을 베푼 일이 없어서
② 원님이 평소에 근검절약해서
③ 원님이 빈털터리여서
④ 원님이 농사를 짓지 않아서

[25~30] 다음 글을 읽고 물음에 답하시오.

(가) ㉠우리 답사의 첫 유적지는 한라산 산천단이었다. ㉡한라산 산신께 제사드리는 산천단에 가서 답사의 안전을 빌고 가는 것이 순서에도 맞고 또 제주도에 온 예의라는 마음도 든다. 산천단은 제주시 아라동 제주대학교 뒤편 소산봉(소산오름) 기슭에 있다. ㉢산천단 주위에는 제단을 처음 만들 당시에 심었을 수령 500년이 넘는 곰솔 여덟 그루가 산천단의 역사와 함께 엄숙하고도 성스러운 분위기를 보여 준다.

(나) ㉣언제 올라도 한라산 영실은 아름답다. 오백 장군봉을 안방에 드리운 병풍 그림처럼 둘러놓고, 그것을 멀찍이서 바라보며 느린 걸음으로 돌계단을 밟으며 바쁠 것도 힘들 것도 없이 오르노라면 마음이 들뜰 것도 같지만 거기엔 아름다움뿐만 아니라 장엄함과 아늑함이 곁들여 있기에 우리는 함부로 감정을 놀리지 못하고 아래 한 번, 위 한 번, 좌우로 한 번씩 발을 옮기며 그 풍광에 느긋이 취하게 된다.

25 윗글에서 '여정'이 나타난 부분은?

① ㉠ ② ㉡
③ ㉢ ④ ㉣

26 글쓴이가 처음으로 간 곳은?

① 산천단 ② 제주대학교
③ 한라산 영실 ④ 장군봉

27 한라산 산천단에 대한 설명으로 알맞은 것은?

① 부처님께 불공을 드리던 곳이다.
② 제주대학교 안에 있다.
③ 오백 장군봉 기슭에 있다.
④ 한라산 산신께 제사드리는 곳이다.

28 글 (가)에서 글쓴이가 본 것은?

① 한라산의 야생 동물
② 곰솔 여덟 그루
③ 제사를 지내고 있는 사람들
④ 한라산 등산객

29 글 (나)에서 글쓴이가 간 장소에서 느낀 감정이 아닌 것은?

① 아름다움 ② 장엄함
③ 아쉬움 ④ 아늑함

30 글 (나)에 나타난 내용은?

① 여행의 동기
② 여행을 함께 한 사람들
③ 여행하면서 들은 것
④ 여행하면서 생각하거나 느낀 것

[31~34] 다음 글을 읽고 물음에 답하시오.

친구들아, 안녕?

나 태웅이야. 오늘 운동회에서 있었던 일을 생각하면 아직도 가슴이 두근거려. 그때 그 고마운 마음을 직접 말로 전하고 싶었지만 쑥스러워서 이렇게 편지를 쓰게 되었어.

㉠ 운동회 날이 되면 나는 기쁘면서도 두려웠어. 달리기 시합을 하는 게 늘 걱정이 되었거든. 달리기를 할 때면 나는 어디론가 숨고 싶었어. 잔뜩 긴장해서 달리다가 오늘도 그만 넘어지고 말았지. 그런데 그때 너희가 달리다가 돌아와서 나를 일으켜 주었지. 내 손을 꼭 잡은 너희의 따뜻한 마음이 느껴져서 눈물이 날 것 같았어. 힘껏 달리고 싶었을 텐데 나 때문에 참았을 것 같아서 미안한 마음이 들어.

고마워, 친구들아! 같이 달려 주고 응원해 준 너희의 따뜻한 마음 잊지 않을게.

31 언제 있었던 일을 쓴 것인가?

① 학급 회의 ② 체험학습
③ 운동회 ④ 생일

32 누가 누구에게 쓴 편지인가?

① 태웅이가 반 친구들에게
② 반 친구들이 태웅이에게
③ 태웅이가 동생에게
④ 태웅이가 선생님께

33 글쓴이가 어떤 마음을 전하려고 쓴 글인가?

① 서운한 마음 ② 고마운 마음
③ 화나는 마음 ④ 속상한 마음

34 ㉠에서 글쓴이의 마음이 나타나지 않은 낱말은?

① 운동회 ② 기쁘면서도
③ 두려웠어 ④ 걱정이

[35~37] 다음 글을 읽고 물음에 답하시오.

㉠ 학교 도서관에서 책을 고르다가 『세시 풍속』이라는 책을 읽었습니다. 이 책은 우리나라 조상이 농사일로 고된 일상 속에서 빼먹지 않고 지켜 오던 일 년의 세시 풍속이 담긴 책입니다. ㉡ 세시 풍속은 옛날에만 있었던 것인 줄 알았는데 오늘날 우리 삶에도 많이 남아 있어서 신기했습니다.

㉢ 책은 계절의 차례대로 봄, 여름, 가을, 겨울의 세시 풍속을 소개했습니다. 지금 계절이 겨울이므로 겨울 부분부터 읽어 보았습니다. 겨울의 세시 풍속 가운데에서 인상 깊었던 것은 동지입니다.

동지는 음력 십일월의 [㉮] 입니다. 얼마 전에 급식으로 동지 팥죽이 나온 것이 떠올라 반가워서 읽었습니다. ㉣ 동짓날이 그냥 팥죽을 먹는 날인 줄만 알았는데 생각보다 재미있는 이야기가 얽혀 있었습니다.

35 윗글의 종류는?

① 소설 ② 설명하는 글
③ 전기문 ④ 독서 감상문

36 ㉠~㉣ 중 '책을 읽은 동기'가 나타난 부분은?

① ㉠ ② ㉡
③ ㉢ ④ ㉣

37 ㉮ 에 들어갈 말로 알맞은 것은?

① 명절 ② 세시 풍속
③ 축제 ④ 기념일

[38~41] 다음 글을 읽고 물음에 답하시오.

숲이 준 마법 초콜릿

• ㉠ 때 : 오후
• ㉮ : 아파트 뒷동산
• 나오는 사람 : 성민, 숲의 마음 할아버지

무엇인가 '펑' 터지는 소리.
㉡ 무대 뒤에서 흰 안개가 사방으로 피어오르기 시작한다.
놀라는 성민.
무대 뒤에서 숲의 마음 할아버지 등장.
키가 작다. 하얀 두루마기 같은 긴 옷에 하얀 수염이 무릎까지 내려올 정도로 길다.

성민 : ㉢ (호기심 어린 목소리로) 할아버지가, 말했어요?
숲의 마음 할아버지 : ㉣ 그래, 성민아.
성민 : (㉯) 내 이름을, 어떻게, 아세요?
숲의 마음 할아버지 : 난 이 숲의 정령이니까.

38 위와 같은 글에 대한 설명으로 알맞은 것은?

① 운율을 살려 쓴 글
② 근거를 내세워 주장하는 글
③ 무대에서 공연하기 위해 쓴 글
④ 대상의 특징이 나타나게 설명하는 글

39 ㉠~㉣ 중 대사에 해당하는 것은?

① ㉠ ② ㉡
③ ㉢ ④ ㉣

40 ㉮ 에 들어갈 말로 알맞은 것은?

① 곳 ② 대사
③ 배경 ④ 무대

41 ㉯에 들어갈 말로 가장 알맞은 것은?

① 소리를 지른다. ② 놀란다.
③ 노래를 부르며 ④ 고개를 숙이며

[42~43] 다음 글을 읽고 물음에 답하시오.

단심가

정몽주

이 몸이 죽고 죽어 일백 번 고쳐 죽어
백골이 진토 되어 넋이라도 있고 없고
임 향한 일편단심이야 가실 줄이 있으랴

42 윗글에서 말하고자 하는 것으로 알맞은 것은?

① 벼슬에서 물러나 학문에 힘쓰겠다.
② 부모님께 효도를 하겠다.
③ 변함없이 고려에 충성을 다하겠다.
④ 정직하게 살도록 노력하겠다.

43 글쓴이의 생각이 가장 잘 드러난 낱말은?

① 몸 ② 백골
③ 임 ④ 일편단심

[44~47] 다음 글을 읽고 물음에 답하시오.

지난 체험학습에서 도자기를 만들 때였습니다. 저는 진흙 반죽을 물레 위에 놓고 그릇 모양을 만들려고 했습니다. 그런데 생각처럼 잘되지 않았습니다. 만들고 나니 상상했던 모양과 너무 달라서 당황스러웠습니다.

제가 속상해서 어찌할 바를 모를 때 선생님께서 오셨습니다. 그리고 어떻게 모양을 내는지 시범을 보여 주셨습니다. 저는 선생님을 따라서 다시 해 보았습니다. 그랬더니 신기하게도 그릇 모양이 잘 만들어졌습니다.

그날 만든 그릇은 지금도 제 책상 위에 놓여 있습니다. 이 그릇을 보면 친절하게 가르쳐 주시던 선생님 모습이 생각납니다.

선생님, 제 마음에 드는 그릇을 만들도록 도와주셔서 고맙습니다. 안녕히 계세요.

20○○년 9월 24일

제자 전지우 올림

44 윗글에 대한 설명으로 알맞지 않은 것은?

① 높임말을 썼다.
② 쓴 사람은 선생님이다.
③ 체험학습 때 있었던 일을 썼다.
④ 선생님께 쓴 글이다.

45 윗글의 종류는?

① 편지 ② 희곡
③ 일기 ④ 기행문

46 글쓴이가 편지를 쓴 까닭은?

① 친구에게 미안한 마음을 전하려고
② 친구에게 고마운 마음을 전하려고
③ 선생님께 고마운 마음을 전하려고
④ 선생님께 죄송한 마음을 전하려고

47 윗글은 무엇을 만들 때 일어난 일인가?

① 옷 ② 도자기
③ 눈사람 ④ 책상

[48~49] 다음 글을 읽고 물음에 답하시오.

㉠ 우리는 울릉도에 가서 다시 독도로 가는 배를 탔다. ㉡ 넓고 푸른 바다가 펼쳐졌다. ㉢ 배를 탄 지 한참을 지나 독도에 도착했다. ㉣ 배에서 내려 독도에 발을 내딛는 순간 이상하게 가슴이 떨렸다. 수많은 괭이갈매기가 우리를 반겨 주었다.

48 윗글에 대한 설명으로 알맞은 것은?

① 어떤 대상의 특징을 설명한 글
② 문제 해결을 위해 자신의 의견을 쓴 글
③ 책을 읽고 줄거리와 생각한 점을 쓴 글
④ 여행에서 겪은 일과 생각하거나 느낀 점을 쓴 글

49 ㉠~㉣ 중 의견에 해당하는 것은?

① ㉠ ② ㉡
③ ㉢ ④ ㉣

[50~52] 다음 글을 읽고 물음에 답하시오.

(가) 독감 때문에 요즘 감염 걱정이 많죠? 하지만 '30초 손 씻기'만 제대로 실천해도 웬만한 감염병은 막을 수 있다고 합니다. '30초의 기적'이라고까지 하는 올바른 손 씻기 방법을 이선주 기자가 알려 드립니다.

(나) 손을 어떻게 씻어야 손에 번식하는 세균을 없앨지 알아보려고 손에 형광 물질을 바르고 실험했습니다. 10초 동안 비누로 손바닥과 손가락을 비벼 가며 열심히 씻는 것이 중요합니다. 이렇게 수시로 30초 동안 손을 씻으면 감염병의 70퍼센트는 예방할 수 있습니다.

(다) 〈인터뷰〉 [하영은 / 6학년 2반 보건 선생님] "감기를 비롯해 장염, 식중독 세균 따위도 모두 손을 깨끗이 씻으면 예방할 수 있습니다."

50 뉴스에서 보도하는 내용으로 알맞은 것은?

① 올바른 손 씻기 방법
② 독감을 예방하는 방법
③ 즐겁게 생활하는 방법
④ 세균을 번식하는 방법

51 글 (나)에서 기자의 역할은?

① 뉴스의 전체 내용을 요약한다.
② 뉴스의 내용을 안내한다.
③ 보도할 내용을 이끌어 낸다.
④ 취재한 내용을 뉴스로 보도한다.

52 글 (다)에서 활용한 자료는?

① 동물 실험
② 통계 자료
③ 전문가와의 인터뷰
④ 외국에서의 사례

[53~54] 다음 글을 읽고 물음에 답하시오.

며칠 뒤, 친구에게 연락이 왔습니다. 걱정스러운 목소리로 "인터넷 누리 소통망에 너희 가게 이야기가 있는데, 너도 한번 보는 게 좋을 것 같아."라며 인터넷 글을 보내 주더군요. 그 글에는 며칠 전 있었던 일이 사실과는 다르게 적혀 있었습니다. △△ 식당에서 짜장면을 먹었는데 맛이 이상한 짜장면을 그냥 먹으라고 하고 사과는 커녕 자신을 밀치며 불친절하게 말했다는 겁니다. 사람들은 댓글에 모두 저희 가게를 욕하며 불매 운동을 벌이고 있었습니다. 게다가 저를 아는 누군가가 제 이름과 다니는 학교까지 인터넷에 올리는 바람에 학교에도 소문이 났습니다. 그리고 그 사건 뒤 저희 가게에는 정말 손님이 뚝 끊겨 저희 가족은 힘든 나날을 보내고 있습니다. 인터넷에 떠도는 소문이 아닌 제 말을 믿어 주시고, 이 글을 널리 퍼뜨려 주세요. 저희 가게를 도와주세요.

53 윗글에서 알 수 있는 누리 소통망의 단점은?

① 글을 수정하기 어렵다.
② 개인 정보가 유출되기 쉽다.
③ 동영상을 올릴 수 있다.
④ 새로운 친구를 사귈 수 있다.

54 글쓴이가 누리 소통망에 글을 쓴 까닭은?

① 많은 사람이 보게 하려고
② 손님에게 사과 하려고
③ 불매 운동을 벌이려고
④ 가게를 홍보하려고

[55~57] 다음 글을 읽고 물음에 답하시오.

"여러분, 우리가 누구입니까?"

마을 아낙네들의 눈길이 모두 윤희순에게 쏠렸다.

"여태껏 우리 여자들은 집안을 돌보는 데 온 힘을 다해 왔습니다. 하지만 이제 왜놈들이 이 나라를 집어삼키려는 마당에 우리가 가만히 집 안에만 틀어박혀 있을 순 없는 노릇입니다. 그러니 우리도 사내들처럼 다 함께 의병 운동에 나서야 할 것입니다."

그때 누군가가 말꼬리를 걸고 나섰다.

"아니, 조정 대신이란 놈들이 나라를 팔아먹으려 드는데 우리 같은 여자들이 나선다고 뭐가 달라지겠소? 자칫 괜한 목숨만 버릴 뿐이오."

그 말이 떨어지기가 무섭게 여기저기서 술렁거렸다. 기껏 뜨겁게 달아오른 열기가 금세 차갑게 식을 판이었다.

"그럼 나라를 빼앗기고 왜놈들 종으로 살자는 것입니까?"

윤희순이 다시 마음을 가다듬고 큰 소리로 부르짖자 마을 아낙네들의 눈길이 또다시 윤희순에게 쏠렸다. 윤희순은 그 틈을 안 놓치고 곧장 말을 이었다.

55 윗글의 시대적 배경으로 알맞은 것은?

① 일제 침략으로 나라를 빼앗길 위기에 처한 상황
② 남녀 차별로 인해 여성 해방 운동이 일어난 상황
③ 북한의 침략으로 전쟁이 일어난 상황
④ 과소비로 인해 경제가 어려운 상황

56 윗글에서 알 수 있는 윤희순의 성격으로 알맞지 <u>않은</u> 것은?

① 용감하다.
② 정의롭다.
③ 열정적이다.
④ 소극적이다.

57 윤희순이 마을 아낙네들에게 설득하는 내용은?

① 남녀가 평등한 세상을 만들자.
② 다 함께 의병 운동에 나서자.
③ 신분 차별을 없애자.
④ 불우이웃을 위해 성금을 모으자.

03장 쓰기

01 낱말

(1) 낱말의 종류

사람이나 사물의 이름을 나타내는 낱말	사육사, 곰, 먹이
사람이나 사물의 움직임을 나타내는 낱말	먹다, 자다, 달리다
사람이나 사물의 성질이나 상태를 나타내는 낱말	크다, 밝다, 귀엽다, 푸르다, 따뜻하다

(2) 모양이 바뀌는 낱말

① 사람이나 사물의 움직임을 나타내는 낱말이다.

② 사람이나 사물의 성질이나 상태를 나타내는 낱말이다.

③ 상황에 따라 낱말의 모양이 바뀌는데 이를 대표하는 낱말을 기본형이라 한다.

④ 기본형은 낱말에서 바뀌지 않는 부분에 '-다'를 붙여 만든다.

(3) 낱말의 분류

분류	뜻과 특징
고유어	우리말에 본디부터 있던 낱말이나 그것을 바탕으로 하여 새로 만들어진 낱말 예 어버이, 하늘, 땅, 아름답다
한자어	한자를 바탕으로 하여 만들어진 낱말 예 강, 학교, 자동차, 남매, 동풍, 계란
외래어	다른 나라의 말이 들어와서 우리말처럼 쓰이는 낱말 예 햄버거, 라디오, 버스, 택시, 텔레비전
외국어	다른 나라의 말을 가리키며, 고유어나 한자어로 바꿀 수 있는 낱말 예 밀크, 스커트, 땡큐, 오케이, 댄스

(4) 낱말의 여러 가지 의미

① 동형어

㉠ 우연히 글자만 같은 서로 다른 낱말이다.

㉡ 국어사전에서 각각 다른 낱말로 풀이되어 있다.

낱말	뜻
배01	사람이나 동물의 몸에서 위장, 창자, 콩팥 등의 내장이 들어 있는 곳
배02	사람이나 짐 등을 싣고 물 위로 떠다니도록 나무나 쇠로 만든 물건
배03	배나무의 열매
배04	어떤 수나 양을 두 번 합한 만큼

② 다의어

㉠ 두 가지 이상의 뜻을 가진 낱말이다.

㉡ 문맥이나 상황에 따라 서로 다른 뜻으로 쓰인다.

㉢ 국어사전에서 한 낱말 아래 '「1」, 「2」, 「3」, …'로 풀이되어 있다.

낱말	쓰인 문장	뜻
얼굴	얼굴이 예쁘게 생겼구나!	눈, 코, 입이 있는 신체 부위
	너희가 내 얼굴을 세워 주었구나.	주위에 잘 알려져서 얻은 세상 사람들의 비평이나 명예 또는 체면
	고려청자는 대한민국의 얼굴이라고 할 만한 대표 문화재이다.	어떤 사물의 본래 상태를 그대로 보여 주는 대표적인 상징
	싫은 얼굴 하지 말고 웃어.	어떤 심리 상태가 나타난 표정
	리듬 체조계에 새 얼굴이 등장하였다.	어떤 분야에서 활동하는 사람
먹다	밥을 먹다.	음식 등을 입을 통하여 배 속에 들여보내다.
	마음을 먹다.	어떤 마음이나 감정을 품다.
	나이를 먹다.	일정한 나이에 이르거나 나이를 더하다.
	골을 먹다.	공을 사용하는 운동 경기에서, 점수를 잃다.
부르다	노래를 부르다.	곡조에 맞추어 노래의 가사를 소리 내는 것
	배가 부르다.	먹은 것이 많아 속이 꽉 찬 느낌이 들다.
	택시를 부르다.	청하여 오게 하다.
입다	옷을 입다.	옷을 몸에 꿰거나 두르다.
	피해를 입다.	도움이나 손해를 받거나 당하다.
	상처를 입다.	도움이나 손해를 받거나 당하다.

③ 반의어 : 단어들의 의미가 서로 짝을 이루어 반대되는 관계에 있는 낱말이다.

예 높다 : 낮다, 등교 : 하교, 오다 : 가다, 남자 : 여자

(5) 낱말의 짜임

쪼갤 수 없는 낱말	더 작은 부분으로 나눌 수 없는 낱말 예 사과, 밥, 이불, 하늘
쪼갤 수 있는 낱말	더 작은 부분으로 나눌 수 있는 낱말 예 햇사과(햇 + 사과), 김밥(김 + 밥)

(6) 낱말의 바른 표기와 발음

① 올바른 표기

㉠ '안'과 '않다'

'안'을 쓰는 경우	서술어를 꾸며 줄 때 예 안 먹다, 안 가다
'않다'를 쓰는 경우	'-지'와 함께 서술어를 이룰 때 예 먹지 않다, 가지 않다.

㉡ '되'와 '돼'

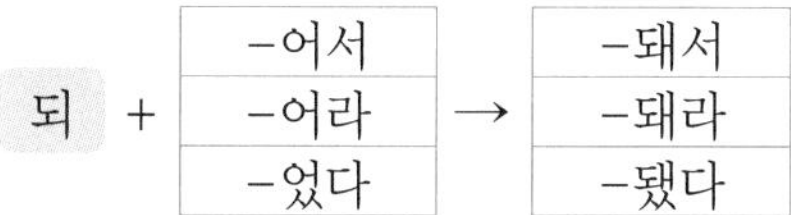

예 반장이 되어서 기뻐. → 반장이 돼서 기뻐.

㉢ '-이'와 '-히'

사물의 이름을 나타내는 낱말이 반복되거나, 'ㅅ'으로 낱말이 끝나는 경우에는 '-이'를 쓴다.	예 틈틈이, 겹겹이, 번듯이, 깨끗이
발음이 분명하지 않아 구별하기 어려운 경우에는 '-하다'가 붙을 수 있는 낱말 뒤에 '-히'를 쓴다.	예 나란히, 말끔히, 솔직히, 열심히

② 올바른 발음

㉠ 글자 받침의 ㅁ, ㅇ 뒤에 ㄹ이 오면 ㄴ으로 바뀐다.

예 침략[침냑], 담력[담녁], 종로[종노]

㉡ ㄴ의 앞이나 뒤에 ㄹ이 오면 ㄴ이 ㄹ로 바뀐다.

예 줄넘기[줄럼끼], 난로[날로], 신라[실라]

㉢ 받침 ㄱ, ㅂ 뒤에 연결되는 〈ㄱ〉, 〈ㄷ〉, 〈ㅂ〉, 〈ㅅ〉, 〈ㅈ〉은 〈ㄲ〉, 〈ㄸ〉, 〈ㅃ〉, 〈ㅆ〉, 〈ㅉ〉으로 발음한다.

예 국수[국쑤], 깍두기[깍뚜기], 접시[접씨], 몹시[몹씨]

㉣ 받침 ㄷ, ㅌ 뒤에 '이'가 오면 ㄷ, ㅌ이 ㅈ, ㅊ으로 바뀐다.

예 맏이[마지], 가을걷이[가을거지], 끝이[끄치], 같이[가치]

③ 틀리기 쉬운 낱말

낱말	뜻
닫히다	열린 문짝, 뚜껑, 서랍 등이 도로 제자리로 가서 막히다.
다치다	부딪치거나 맞거나 하여 신체에 상처를 입다. 또는 입히게 하다.
좇다	남의 말이나 뜻을 따르다. 좇다[졷따], 좇고[졷꼬]

쫓다	자리에서 떠나도록 몰다. 쫓다[쫀따], 쫓고[쫀꼬]
낫다	병이나 상처 등이 고쳐져 본래대로 되다.
낳다	배 속의 아이, 새끼, 알을 몸 밖으로 내놓다.
빗	머리털을 빗을 때 쓰는 도구 빗이[비시], 빗을[비슬]
빛	어둠을 밝혀 물체를 볼 수 있게 하는 작용 빛이[비치], 빛을[비츨]
나르다	물건을 한 장소에서 다른 장소로 옮기다.
날다	공중에 떠서 움직이다.

02 문장

(1) 문장의 종류

문장 부호	문장의 종류	쓰이는 상황
마침표(.)	설명하는 문장	무엇에 대해 풀어서 설명할 때 (–어/–다) 예 밥을 먹고 있어.
	함께 하기를 요청하는 문장	누군가에게 무엇을 같이 하자고 청할 때 (–자) 예 학교에 같이 가자.
	무엇을 하도록 시키는 문장	누군가에게 어떤 일을 시킬 때 (–아라/–어라) 예 우산을 갖고 가거라.
느낌표(!)	느낌을 표현하는 문장	느낌이나 기분을 표현할 때 (–구나) 예 바람이 시원하구나!
물음표(?)	무엇인가를 묻는 문장	무엇에 대하여 물어볼 때 (–냐/–까/–니) 예 밖에 비가 오니?

(2) **문장의 기본 형식** : 서술어의 종류에 따라 세 가지 유형으로 나뉜다.

누가/무엇이	어찌하다	대상의 움직임을 나타낸다. 예 토끼가 뛰어간다.
	어떠하다	대상의 상태나 성질을 나타낸다. 예 가방이 가볍다.
	무엇이다	대상을 지정한다. 예 동생은 초등학생이다.

(3) **문장의 성분** : 문장을 이루는 데 기본적인 요소를 문장 성분이라 한다.

주어	문장에서 '무엇이', '누가'에 해당하는 부분	나는
목적어	문장에서 '무엇을', '누구를'에 해당하는 부분	밥을
부사어	문장에서 '어떻게'에 해당하는 부분. 서술어를 꾸며 준다.	빨리
서술어	문장에서 '어찌하다', '어떠하다', '무엇이다'에 해당하는 부분	먹는다

(4) **문장의 호응** : 문장에서 앞에 어떤 말이 나오면 뒤에 대응하는 말이 따라오는 것이다.

① 주어와 서술어의 호응

예 숲속에는 다람쥐와 새가 지저귀고 있다.

→ 숲속에는 다람쥐가 뛰어놀고, 새가 지저귀고 있다.

② 꾸며 주는 말과 서술어의 호응

예 그것은 결코 위험한 행동이 아니다.

만약, 날씨가 좋다면 소풍을 갈 것이다.

도서관에는 새로운 책이 전혀 없다.

나는 여행 다니는 것을 별로 좋아하지 않는다.

③ 동작을 하는(당하는) 주어와 서술어의 호응

예 경찰이 도둑을 잡았다.

도둑이 경찰에게 잡혔다.

④ 높임의 대상을 나타내는 말과 서술어의 호응

예 부모님께 선물을 드렸다.

⑤ 시간을 나타내는 말과 서술어의 호응

예 어제 소풍을 갔었다.

지금 소풍을 간다.

내일 소풍을 갈 것이다.

시제	과거	현재	미래
어미	-았/었-, -았었/었었-, -더-	-는/ㄴ-	-겠-, -(으)리-
부사	어제, 옛날, 이미, 막, 금방, 방금, 그제야, 이제야	지금, 갓, 곧	내일, 모레

(5) 이어 주는 말

그리고	앞 문장과 비슷한 내용이 덧붙여 이어질 때 쓴다. 예 아무리 큰일이라도 조금씩 힘을 합하면 쉽게 이룰 수 있다는 것을 깨닫게 되었다. 그리고 어떤 환경과 어려움에서도 협동하면 잘 살 수 있다는 것도 알게 되었다.
그러나	앞 문장과 서로 반대되는 문장이 이어질 때 쓴다. 예 영우가 큰 소리로 어머니를 불렀습니다. 그러나 아무리 불러도 어머니의 목소리는 들리지 않았습니다.
그래서	앞의 내용이 뒤의 내용의 근거나 원인 등이 될 때 쓴다. 예 가뭄이 들자 마을에는 농사에 쓸 물이 부족하였다. 그래서 사람들은 저수지를 만들자고 하였다.
하지만	서로 대립되는 앞뒤의 문장을 이어 줄 때에 쓴다. 예 사람들은 큰 저수지를 만들자고 하였다. 하지만 저수지를 만드는 일은 너무나 큰일이어서 어느 누구도 엄두를 내지 못하였다.

03 문단

(1) 문단의 짜임

① 중심 문장과 뒷받침 문장으로 이루어져 있다.

중심 문장	뒷받침 문장
아파트에서 개를 기르는 것은 많은 사람에게 불편을 준다.	• 개는 털이 많이 빠지고 시끄럽게 짖는다. • 밤에 개가 짖는 소리는 주변 사람들에게 많은 피해를 줄 수 있다.

② 한 문단은 한 개의 중심 내용이 있다.

③ 한 문단이 끝나면 줄을 바꾼다.

④ 문단의 첫 칸은 항상 들여 쓴다.

(2) 중심 문장과 어울리는 뒷받침 문장을 쓰는 방법

중심 문장을 쓰는 방법	• 뒷받침 문장의 내용을 모두 포함할 수 있는 문장으로 쓴다.
뒷받침 문장을 쓰는 방법	• 중심 문장의 내용을 자세히 설명한다. • 중심 문장에 대한 예를 든다. • 중심 문장을 뒷받침하는 까닭을 제시한다.

주장하는 글을 쓸 때 유의점

• '내 생각에 ~인 것 같다'라는 주관적인 표현은 쓰지 않는다.

• '적당히'와 같은 모호한 표현은 쓰지 않는다.

- '반드시, 절대로'와 같은 단정적인 표현은 쓰지 않는다.
- 외국어 등 이해하기 어려운 낱말은 쓰지 않는다.

04 글

글의 짜임

비교와 대조 짜임	두 대상의 차이점・공통점을 중심으로 설명하는 글의 짜임	감기와 독감의 증상은 <u>다르지만</u> 예방 방법은 <u>비슷하다</u>.
나열 짜임	하나의 주제에 대하여 몇 가지 특징을 늘어놓는 글의 짜임	감성 로봇은 일반적인 로봇과는 다른 몇 가지 특징을 가지고 있다. <u>첫째</u>, 감성 로봇은 사람의 감정을 이해할 수 있다.
문제와 해결 짜임	해결할 문제와 그에 대한 해결 방법을 제시하는 글의 짜임	어린이 비만이 크게 늘어 <u>문제가 되고 있다</u>. 어린이 비만은 여러 가지 병을 유발하고, 성인 비만으로 이어지는 경우가 많기 때문에 더욱 심각하다. 날로 증가하는 어린이 비만을 막기 위한 <u>방법에 대하여 알아보자</u>.
순서 짜임	시간이나 공간의 순서에 따라 설명하는 글의 짜임	한지를 만들기 위해서는 <u>맨 처음</u> 닥나무의 밑을 잘라 커다란 가마솥에 넣고 찐다. 충분히 쪄지면 껍질을 벗겨 내고, 벗겨 낸 껍질은 햇볕에 말렸다가 다시 물에 담근다. 껍질의 표면에 있는 검은 부분을 긁어 <u>낸 뒤에</u> 석회와 재를 넣고 끓인다.

05 띄어쓰기

(1) 단위를 나타내는 낱말은 띄어 쓴다.

마리	송아지 열 마리	톳	김 한 톳
자루	연필 한 자루	접	마늘 한 접
살	나이가 다섯 살	그루	나무 한 그루
송이	장미 한 송이	축	오징어 한 축
두름	조기 한 두름	쌈	바늘 한 쌈

(2) '대', '등', '및', '겸'과 같이 여러 가지 예나 사실을 열거할 때에 쓰는 낱말은 띄어 쓴다.

대	청군 <u>대</u> 백군	및	도시락 <u>및</u> 음료수
등	수박, 참외 <u>등</u>이 있다.	겸	감독 <u>겸</u> 선수

(3) '것', '수', '적'과 같이 꾸며 주는 말 없이 혼자 쓰일 수 없는 낱말은 띄어 쓴다.

것	제주도로 여행을 갈 것이다.
수	우리의 문화를 찾을 수 있다.
적	비행기를 타 본 적이 없다.

(4) 낱말과 낱말 사이는 띄어 쓴다.

예 아빠가∨감기에∨걸렸다.

(5) '은/는', '이/가', '을/를', '의' 등과 같은 말은 앞말에 붙여 쓴다.

예 엄마는 아빠가 걱정되었다.

(6) 문장이 이어질 때에 온점(.)이나 반점(,) 뒤에 오는 말은 띄어 쓴다.

예 점심 때가 되자,∨어머니께서 밥을 지어 왔습니다.∨

06 고쳐쓰기

교정 부호	쓰임	교정 부호	쓰임
V	띄어 쓸 때		줄을 바꿀 때
	붙여 쓸 때		줄을 이을 때
	글자를 뺄 때		앞뒤 순서를 바꿀 때
	한 글자를 고칠 때		여러 글자를 고칠 때

① 제목이 글의 내용과 어울리는지 확인한다.
② 중심 생각이 잘 드러났는지 확인한다.
③ 문단의 흐름이 자연스러운지 확인한다.
④ 적절하지 않은 낱말이나 문장을 수정한다.

07 컴퓨터를 사용한 글쓰기

(1) 특징

① 내용의 추가, 삭제, 이동, 복사 등 고쳐쓰기가 편리하다.
② 여러 장의 인쇄가 쉽다.
③ 그림이나 사진을 넣기가 쉽다.
④ 글자의 모양, 크기, 위치, 색을 바꾸기 쉽다.

(2) 글을 쓰는 방법

① 글쓰기 계획을 세우고 자료를 조사한다.
② 조사한 내용을 바탕으로 하여 컴퓨터를 사용하여 글을 쓴다.
③ 컴퓨터 편집 기능을 사용하여 고쳐 쓴다.

03장 기출문제로 유형 잡기

01 다음 낱말들을 모두 포함하는 것은?

> 떡볶이, 만두, 비빔밥, 갈비탕

① 동물　　② 운동
③ 음식　　④ 학용품

정답잡기 '떡볶이, 만두, 비빔밥, 갈비탕'은 모두 음식의 종류이다.

02 다음의 밑줄 친 낱말과 같은 의미로 사용된 것은?

> 어머니께서 맛있는 배를 사 오셨다.

① 나는 배가 많이 아팠다.
② 나는 동생과 함께 배를 먹었다.
③ 나는 배를 타고 제주도에 갔다.
④ 나는 동생보다 연필이 두 배 많다.

정답잡기 제시문의 '배'는 먹는 과일이다. 따라서 '과일'에 해당하는 것은 ②이다.

오답잡기
① '배'는 신체 일부분을 의미한다.
③ '배'는 운송 수단을 의미한다.
④ '배'는 '두 번 합한, 거듭된'의 뜻이다.

03 밑줄 친 낱말 중 의미가 다른 것은?

① 수건을 반으로 접어 정리했다.
② 읽던 페이지를 접고 책을 덮었다.
③ 신문을 접어 책상 위에 올려 두었다.
④ 이겨야겠다는 마음을 접고 최선을 다했다.

정답잡기 ④의 '접다'는 '일이나 주장을 내세우지 않고 거두다.'의 의미이므로 ①, ②, ③의 '천이나 종이를 휘거나 꺾다.'의 의미와 다르다.

정답 01 ③　02 ②　03 ④

4 ㉠과 의미가 같은 것은?

> • 때 : 나른한 오후
> • 곳 : 집 안 거실
> • 나오는 사람 : 엄마, 딸
>
> 막이 열리면 딸이 문을 열고 힘없이 거실로 들어온다.
>
> 엄마 : (걱정스러운 목소리로) 무슨 일 있었니?
> 딸 : (고개를 떨구며) 아니요. 별일 없었어요.
> 엄마 : (딸의 얼굴을 들어 올리며) 얼굴을 ㉠ 들어 보렴.

① 나는 손을 들었다.　② 손에 꽃물이 들었다.
③ 선물이 마음에 들었다.　④ 우리는 동아리에 들었다.

정답잡기 '들어'는 기본형 '들다'로 '아래에 있는 것을 위로 올리다.'라는 뜻이다. 따라서 '손을 들었다.'가 의미가 유사하다.

오답잡기
② '꽃물이 들었다.'의 '들다'는 '물감, 색깔, 물기, 소금기가 스미거나 배다.'의 의미이다.
③ '마음에 들었다.'의 '들다'는 '어떤 물건이나 사람이 좋게 받아들여지다.'의 의미이다.
④ '동아리에 들었다.'의 '들다'는 '어떤 조직체에 가입하여 구성원이 되다.'의 의미이다.

5 ㉠과 의미가 같은 것은?

> 어린이를 위한 보행 안전 환경을 개선해야 한다. 첫째, 학교 근처의 어린이 보호 구역을 현재보다 더 넓혀 어린이들이 안전하게 다닐 수 있게 한다. 둘째, 과속 방지 턱을 만들어 안전사고가 ㉠ 일어나지 않도록 한다.

① 옷에 보풀이 일어나다.　② 동네에 사건이 일어나다.
③ 잠시 누웠다가 일어나다.　④ 운동장에 먼지가 일어나다.

정답잡기 ㉠의 '일어나다'는 '발생하다'라는 의미이므로 (동네에 사건이) '발생하다'로 바꾸어 쓸 수 있는 ②가 적절하다.

오답잡기
① (보풀이) '생기다'라는 뜻이다.
③ (자리에서) '누웠다가 서다'의 뜻이다.
④ (먼지가) '위로 솟다'의 뜻이다.

6 다음의 밑줄 친 낱말과 같은 의미로 사용된 것은?

> 마른 나뭇가지는 불에 잘 탄다.

① 그네를 탄다.　② 버스를 탄다.
③ 시소를 탄다.　④ 종이가 탄다.

정답잡기 '마른 나뭇가지는 불에 잘 탄다.'의 '타다'는 '불씨로 인해 불꽃이 일어나다.'라는 의미로 '종이가 탄다.'와 같은 의미이다.

오답잡기
① 탈것에 몸을 얹다.
② 탈것에 몸을 얹다.
③ 탈것에 몸을 얹다.

정답 04 ① 05 ② 06 ④

07 다음 중 두 낱말 사이의 관계가 다른 것은?

① 낮다 : 높다　② 운동 : 수영
③ 가다 : 오다　④ 등교 : 하교

정답잡기 ①, ③, ④는 서로 반대되는 관계지만, ②의 수영은 운동에 포함되는 관계이다.

08 밑줄 친 낱말이 ㉠과 같은 의미로 사용된 것은?

> 생일 축하 노래를 ㉠ 불렀다.

① 배가 불렀다.
② 택시를 불렀다.
③ 애국가를 불렀다.
④ 값을 비싸게 불렀다.

정답잡기 제시문의 '불렀다'는 '곡조에 맞추어 노래의 가사를 소리 내는 것'이므로 ③의 애국가를 '불렀다'가 같은 의미로 사용되었다.

오답잡기
① 먹은 것이 많아 속이 꽉 찬 느낌이 들다.
② 청하여 오게 하다.
④ 값이나 액수를 얼마라고 말하다.

09 밑줄 친 낱말의 쓰임이 알맞지 않은 것은?

① 백화점에서 옷을 세 벌 샀다.
② 정원에 소나무 여덟 송이가 있다.
③ 바다에 고깃배가 여러 척 떠 있다.
④ 쌀 한 톨이라도 함부로 버리면 안 된다.

정답잡기 '송이'는 꼭지에 달린 꽃이나 열매 따위를 세는 단위이다. 나무를 세는 단위는 '그루'이다.
예 정원에 장미 여덟 송이가 있다.
정원에 소나무 여덟 그루가 있다.

오답잡기
① 벌 : 옷을 세는 단위이다.
③ 척 : 배를 세는 단위이다.
④ 톨 : 밤이나 곡식의 낱알을 세는 단위이다.

10 〈보기〉의 밑줄 친 낱말과 같은 의미로 사용된 것은?

> [보기]
> 편지를 쓰다.

① 돈을 쓰다.　② 일기를 쓰다.
③ 모자를 쓰다.　④ 커피가 쓰다.

정답잡기 〈보기〉의 '편지를 쓰다'는 '글을 쓰다.'라는 의미로서 ② '일기를 쓰다.'와 같은 의미로 사용되었다.

오답잡기
① '돈을 소비하다.'의 의미
③ '모자를 착용하다.'의 의미
④ '쓴 맛이 나다.'의 의미

정답 07 ② 08 ③ 09 ② 10 ②

11 밑줄 친 부분과 바꾸어 쓸 수 없는 것은?

> 여섯 시까지는 어김없이 돌아와야 한다.

① 혹시 ② 기필코
③ 반드시 ④ 틀림없이

정답잡기 '어김없이'는 '어기는 일이 없이, 틀림이 없이'라는 뜻으로, '그러할 리는 없지만, 만일에'라는 뜻의 '혹시'와는 바꾸어 쓸 수 없다.

오답잡기
② 기필코, ③ 반드시, ④ 틀림없이는 '조금도 어긋나는 일이 없이', '꼭'이라는 뜻으로 유의어들이다.

12 다음 중 낱말의 짜임이 다른 것은?

① 겨울 ② 덧신
③ 모래 ④ 바위

정답잡기 ①, ③, ④는 어근 1개로 이루어진 단일어이나, ②는 접사와 어근으로 이루어진 파생어(복합어)이다.

13 다음 중 낱말의 짜임이 다른 것은?

① 나그네 ② 애호박
③ 풋사랑 ④ 헛기침

정답잡기 ① '나그네'는 더 이상 나누어지지 않는 하나의 뜻으로 이루어진 단어이다.

오답잡기
② '애- + 호박'으로 덜 자란 어린 호박의 의미이다.
③ '풋- + 사랑'으로 깊이가 깊지 않은 사랑을 의미한다.
④ '헛- + 기침'으로 일부러 하는 기침을 의미한다.

14 '맨밥'과 짜임이 같은 낱말은?

① 바늘 ② 햇밤
③ 하늘 ④ 나무

정답잡기 '맨밥'은 '반찬이 없는 밥'이라는 뜻으로 '밥' 앞에 '맨-'이 붙어 있는 짜임의 낱말이다. 이와 짜임이 같은 것은 '그 해에 새로 난 밤'인 '햇밤'이다.

정답 11 ① 12 ② 13 ① 14 ②

15 밑줄 친 낱말 중 바르게 쓰인 것은?

① 새가 <u>난다</u>.
② 짐을 <u>날른다</u>.
③ 새끼를 <u>낫는다</u>.
④ 물고기를 <u>낙는다</u>.

정답잡기 '난다'는 '날다'를 현재 시제로 표현한 것으로 적합하다.

오답잡기

② 짐을 '나르다'가 기본형이므로 현재 시제로는 '짐을 나른다.'라고 써야 한다.
③ 새끼를 '낳다'가 기본형이므로 '새끼를 낳는다.'라고 써야 한다.
④ 물고기를 '낚다'가 기본형이므로 '물고기를 낚는다.'라고 써야 한다.

16 시키는 문장으로 알맞은 것은?

① 어제 비가 왔었니?
② 꽃이 참 아름답구나!
③ 외투를 입고 가거라.
④ 배가 고파서 밥을 먹었다.

정답잡기 외투를 입고 가도록 시키는 문장이다.

오답잡기

① 무엇인가를 묻는 문장이다.
② 느낌을 표현하는 문장이다.
④ 설명하는 문장이다.

17 다음의 짜임에 해당하는 문장으로 적절한 것은?

무엇이 어떠하다.

① 감은 과일이다.
② 나는 학생이다.
③ 하늘이 파랗다.
④ 친구가 노래를 부른다.

정답잡기 '무엇이 어떠하다'에서 '어떠하다'는 '형용사'에 해당한다. 따라서 형용사는 ③ '하늘이 파랗다'의 '파랗다'이다.

오답잡기

① '감은 과일이다.'에서 '과일이다'는 '무엇이다'에 해당하는 '명사+서술격 조사'이다.
② '나는 학생이다.'에서 '학생이다'는 '무엇이다'에 해당하는 '명사+서술격 조사'이다.
④ '친구가 노래를 부른다.'에서 '부른다'는 '어떠하다'에 해당하는 '동사'이다.

정답 15 ① 16 ③ 17 ③

18 '누가/무엇이+어찌하다'의 짜임이 아닌 것은?

① 공이 구른다.
② 친구가 간다.
③ 얼룩말이 달린다.
④ 강아지는 동물이다.

정답잡기 '누가/무엇이'는 주어를 의미하고 '어찌하다'에 해당하는 것은 움직임이나 동작을 나타내는 '동사'를 나타낸다. 따라서 동사가 아닌 것은 '동물이다'로 이는 명사에 서술격 조사 '이다'가 붙은 형태이다.

오답잡기

① '구르다'는 '돌면서 옮겨 가다.'라는 뜻의 동사이다.
② '가다'는 '이동하다'라는 뜻의 동사이다.
③ '달리다'는 '달음질쳐 빨리 가거나 오다.'라는 뜻의 동사이다.

19 '누가/무엇이+어떠하다'의 짜임이 아닌 것은?

① 하늘이 푸르다.
② 날씨가 따뜻하다.
③ 아이들이 달린다.
④ 장미꽃이 예쁘다.

정답잡기 '누가/무엇이'는 주어를 의미하고 '어떠하다'는 형용사를 말한다. 따라서 ③ '아이들이 달린다.'는 '주어 + 동사'의 짜임이므로 해당되지 않는다.

오답잡기

①, ②, ④는 모두 '주어 + 형용사'의 짜임이다.

20 문장의 구조가 다른 하나는?

① 형이 축구를 한다.
② 패랭이꽃이 예쁘다.
③ 언니가 문을 닫는다.
④ 고양이가 낮잠을 잔다.

정답잡기 패랭이꽃이(주어) 예쁘다(서술어).

오답잡기

① 형이(주어) 축구를(목적어) 한다(서술어).
③ 언니가(주어) 문을(목적어) 닫는다(서술어).
④ 고양이가(주어) 낮잠을(목적어) 잔다(서술어).

정답 18 ④ 19 ③ 20 ②

21 문장 성분의 호응 관계가 올바르지 않은 것은?

① 누나가 술래에게 잡혔다.
② 내일 동생은 동화책을 읽었다.
③ 어머니께서 떡볶이를 해 주셨다.
④ 나는 축구를 별로 좋아하지 않는다.

정답잡기 '내일'은 미래 시제(미래의 일)이므로 '내일 동생은 동화책을 읽었다.'에서 '읽었다'는 과거 시제(과거의 일)이 아니라 '읽을 것이다'와 같이 미래 시제로 바꾸어 주어야 한다.

22 ㉠~㉣ 중 문장 성분의 호응 관계가 바르지 않은 것은?

> ㉠ 나는 어제 가족들과 함께 놀이터에 갔다. 나는 동생과 공놀이를 했다. 내가 장난으로 던진 공이 동생 쪽으로 날아갔다. ㉡ 동생이 공에 맞았다. 하마터면 동생이 크게 다칠 뻔했다. ㉢ 아버지께서 나를 꾸짖으셨다. 앞으로는 ㉣ 절대 위험하게 놀아야겠다.

① ㉠　　② ㉡
③ ㉢　　④ ㉣

정답잡기 문장 성분의 호응 관계를 고려하여 '절대'는 부정 표현의 서술어와 어울리므로 '절대 ~하지 않겠다'로 표현해야 적절하다. 따라서 ㉣을 '절대 위험하게 놀지 말아야겠다.'로 고쳐 써야 한다.

23 문장 성분의 호응 관계가 바른 것은?

① 동생은 빵을 별로 좋아한다.
② 우리는 내일 동물원에 갔다.
③ 삼촌은 어제 병원에 갈 것이다.
④ 나는 그 사실을 도저히 믿을 수 없다.

정답잡기 '도저히'는 '아무리 하여도'라는 뜻으로 '~할 수 없다'와 같이 부정을 뜻하는 말이 함께 쓰인다.

오답잡기
① '별로'는 '그다지 다르게'라는 뜻으로 '~하지 않는다'와 같이 부정을 뜻하는 말과 쓰이므로 '동생은 빵을 별로 좋아하지 않는다.'로 고쳐야 한다.
② '내일'은 '다음 날'이란 뜻으로 과거를 의미하는 '갔다'가 아닌 미래 시제와 함께 써야 한다. 따라서 '우리는 내일 동물원에 갈 것이다.'로 고쳐야 한다.
③ '어제'는 '하루 전날'이라는 뜻으로 '갈 것이다'라는 미래 시제가 아닌 과거 시제와 함께 써야 한다. 따라서 '삼촌은 어제 병원에 갔다.'로 고쳐야 한다.

정답 21 ② 22 ④ 23 ④

24 **문장 성분의 호응 관계가 바르지 않은 것은?**

① 내일 도서관에 갔다.
② 도둑이 경찰에게 잡혔다.
③ 할머니께서 맛있는 떡을 주셨다.
④ 나는 어제 재미있는 동화책을 읽었다.

정답잡기 '내일'은 미래 시제를 나타내는 부사어이므로 '갔다'라는 과거 시제가 아닌 (내일 도서관에) '갈 것이다'라는 미래 시제 서술어를 써 주어야 문장 성분 호응이 바르다.

25 **문장 성분의 호응 관계가 바르지 않은 것은?**

① 나는 어제 할머니께 선물을 드렸다.
② 철수는 여행을 별로 좋아하지 않는다.
③ 우리 가족은 작년에 박물관에 갈 것이다.
④ 나는 지호의 생각을 도저히 이해할 수 없다.

정답잡기 '우리 가족은 작년에 박물관에 갈 것이다.'의 '작년에'는 과거를 나타내는 말이고 '–ㄹ 것이다'는 미래를 나타내는 말이므로 서로 호응하지 않는다.
'우리 가족은 다음 주에 박물관에 갈 것이다.' 또는 '우리 가족은 작년에 박물관에 갔다.'로 바꾸어야 한다.

오답잡기

① '어제'와 '드렸다'는 모두 과거를 나타낸다.
② '별로 ~않는다'는 호응하는 표현이다.
④ '도저히 ~ 없다'는 서로 호응하는 표현이다.

26 **문장의 호응 관계가 바른 것은?**

① 골키퍼가 날아온 공을 잡혔다.
② 좋은 친구들은 결코 거짓말을 잘한다.
③ 우리는 잠시 후에 미술관에 갈 것이다.
④ 어제 친구랑 같이 밥과 영화를 보았다.

정답잡기 ③의 문장은 호응 관계가 바르게 사용되었다.

오답잡기

① 골키퍼가 날아온 공을 잡았다.
② 좋은 친구들은 결코 거짓말을 하지 않는다.
④ 어제 친구와 같이 밥을 먹고 영화를 보았다.

정답 24 ① 25 ③ 26 ③

27 다음 글에서 ㉠에 들어갈 말로 알맞은 것은?

> 어려움을 딛고 대학에 입학한 영우는 열심히 대학 생활을 했습니다. 하지만 장애를 가진 영우에게 대학 생활은 힘들고 어려웠습니다. [㉠] 그 당시 대학교에는 시각 장애인이 사용할 수 있는 점자 교재가 한 권도 없었기 때문입니다.

① 그리고 ② 그래서

③ 그러나 ④ 왜냐하면

정답잡기 '장애를 가진 영우에게 대학 생활은 힘들고 어려웠습니다.'라는 결과를 먼저 말하고, '당시 대학교에 시각 장애인이 사용할 수 있는 점자 교재가 한 권도 없었기 때문입니다.'라는 원인이 뒤에 이어지므로, 이어 주는 말 '왜냐하면'이 적절하다.

오답잡기

① 앞의 문장에 덧붙이는 내용이 이어질 때에 이어 주는 말이다.
② 원인을 먼저 말하고 결과를 말할 때에 이어 주는 말이다.
③ 앞 문장과 뒤 문장이 반대되는 내용일 때에 이어 주는 말이다.

28 고쳐쓰기 단계에서 할 활동으로 적절하지 <u>않은</u> 것은?

① 필요 없는 문장 삭제하기
② 쓸 내용 자세히 떠올리기
③ 알맞지 않은 낱말 수정하기
④ 제목과 내용이 어울리는지 확인하기

정답잡기 고쳐쓰기 단계는 자신이 쓴 글을 다시 읽고 내용과 표현이 어색한 부분을 찾아 고치는 단계이다. 쓸 내용을 자세히 떠올리는 것은 내용 생성하기(내용 마련하기) 단계에서 하는 활동이다.

정답 27 ④ 28 ②

03 장 예상문제로 실력 잡기

1 다음 낱말들 중에서 모양이 바뀌지 않는 낱말은?

① 가다　② 듣다
③ 먹다　④ 책상

2 다음 중 사람이나 사물의 움직임을 나타내는 낱말은?

① 걷다　② 토끼
③ 행복　④ 예쁘다

3 다음 중 낱말의 기본형이 바르지 않은 것은?

① 밝으니 – 밝다
② 읽고 – 읽다
③ 만들어 – 만들다
④ 웃으며 – 웃는다

4 다음 중 사람이나 사물의 이름을 나타낸 낱말이 아닌 것은?

① 장마　② 아름답다
③ 연필　④ 개나리

5 ㉠에 들어갈 수 있는 낱말은?

> 고유어는 우리말에 본디부터 있던 말이나 그것에 기초하여 새로 만들어진 말을 일컫는다. '어버이', '(㉠)', '땅', '아름답다' 등이 고유어이다. 고유어를 순우리말, 토박이말이라고도 한다.

① 친구　② 햄버거
③ 나무　④ 땡큐

6 ㉠에 해당하지 않는 낱말은?

> ㉠ 외래어는 다른 나라의 말이 들어와서 우리말처럼 쓰이는 낱말

① 새벽　② 라디오
③ 버스　④ 아파트

7 ㉠에 해당하지 않는 낱말은?

> ㉠ 한자어는 한자를 바탕으로 하여 만들어진 낱말이다.

① 학교　② 친구
③ 학생　④ 지우개

08 다음 중 밑줄 친 '차다' 뜻으로 알맞은 것은?

> 오늘은 바람이 너무 차다.

① 온도가 낮다.
② 발로 내지르다.
③ 가득 차게 된다.
④ 몸에 무엇을 달거나 끼우다.

09 다음 ㉠과 바꾸어 쓸 수 있는 낱말은?

> 너희는 해가 다 가도록 무슨 일을 하느냐? 나는 4년간 『강목』을 ㉠ 골똘히 봤다.

① 빠르게 ② 억지로
③ 열심히 ④ 대충

10 밑줄 친 '차다'의 뜻으로 알맞은 것은?

> "우리가 늦었나봐. 이미 애들로 꽉 차 있어."

① 가득 차게 되다.
② 발로 내지르다.
③ 온도가 낮다.
④ 몸에 무엇을 달거나 끼우다.

11 밑줄 친 '먹었다'와 같은 뜻으로 쓰인 것은?

> 시장에 가면서 오늘은 내가 좋아하는 과일을 사 달라고 해야겠다고 마음을 먹었다.

① 음식은 골고루 먹어야 한다.
② 숙제를 하기로 마음을 먹었다.
③ 과일을 많이 먹으면 건강에 좋아.
④ 나이를 더 먹기 전에 운동을 열심히 해야 돼.

12 다음 밑줄 친 '얼굴'의 뜻으로 알맞은 것은?

> 우리나라 리듬 체조계에 새 얼굴이 등장하였습니다.

① 어떤 분야에서 활동하는 사람
② 어떤 심리 상태가 나타난 표정
③ 눈, 코, 입 등이 있는 머리의 앞면
④ 어떤 사물의 본래 상태를 그대로 보여 주는 대표적인 상징

13 다음 ㉠ '눈'과 같은 뜻으로 쓰이지 않은 것은?

> 과일 가게에는 여러 가지 신선한 과일이 있는데, 그 가운데에서 사과가 ㉠ 눈에 들어왔다.

① 눈에서 눈물이 났다.
② 아기의 눈이 초롱초롱하다.
③ 울릉도는 눈이 많이 온다.
④ 눈을 자주 깜박이면 좋다.

14 다음 밑줄 친 '배'와 같은 뜻으로 쓰인 것은?

> 청년은 말없이 노만 저었습니다. 배가 강을 건너 뭍에 닿았습니다.
> 장사가 <u>배</u>에서 내리려고 하는 순간 청년은 장사를 불렀습니다.

① <u>배</u>가 부르도록 수박을 먹었다.
② <u>배</u>를 타고 독도에 갔다.
③ 배나무에 <u>배</u>가 열렸다.
④ <u>배</u>가 아파서 병원에 갔다.

15 다음 밑줄 친 ㉠과 같은 뜻으로 쓰인 것은?

> 그때가 삼십 년 전이니까 엄마도 나이를 많이 ㉠ <u>먹었구나</u>. 그럼 우리 이 사과를 살까?"

① 나는 떡볶이를 <u>먹었다</u>.
② 나는 열 살이나 <u>먹었다</u>.
③ 운동을 하기로 마음<u>먹었다</u>.
④ 우리 팀이 한 골을 <u>먹었다</u>.

[16~17] 다음 글을 읽고 물음에 답하시오.

> "허허, 평생 나를 염치없는 사람으로 만드시렵니까?"
> 대꼬챙이 남자가 ㉠ <u>정색</u>을 하며 말하였다. 쉿빛 얼굴의 남자도 지지 않고 목소리를 높였다.
> "나도 사람의 도리를 알거늘 어찌 혼자만 옳은 일을 하고 나는 못하게 하십니까!"
> ㉡ <u>너나없이</u> 이익을 남기려는 세상인데, 참 희한한 일도 다 있다. 한 사람은 집을 비싸게 판 만큼 돌려주겠다고 하고, 다른 한 사람은 안 받겠다고 옥신각신하니 말이다.

16 다음 중 ㉠'정색'을 대신하여 쓸 수 있는 낱말은?

① 다정한 표정 ② 엄한 얼굴빛
③ 무서운 눈빛 ④ 기뻐하는 표정

17 ㉡'너나없이'의 뜻으로 알맞은 것은?

① 매우 드물거나 신기하다.
② 서로 옳으니 그르니 하며 다투니
③ 너나 나나 가릴 것 없이 다 마찬가지로
④ 체면을 차릴 줄 알거나 부끄러움을 아는 마음이 없다.

18 '전깃줄'과 같은 짜임으로 된 낱말이 <u>아닌</u> 것은?

① 햇사과 ② 구름
③ 떡볶이 ④ 나뭇잎

19 다음과 같이 둘로 나눌 수 <u>없는</u> 낱말은?

김밥 (김 + 밥)

① 장난꾸러기 ② 무지개
③ 돌다리 ④ 맨손

20 다음 중 밑줄 친 낱말의 표기가 바른 것은?

① 지금 몇 시나 <u>됬어</u>?
② 감기가 다 <u>낳았다</u>.
③ <u>닫힌</u> 문을 열어젖혔다.
④ 일이 생각보다 쉽지 <u>안다</u>.

21 다음 중 밑줄 친 낱말의 표기가 바르지 <u>않은</u> 것은?

① 반바지가 <u>됐다</u>.
② 물이 얼음이 <u>되었다</u>.
③ 사이좋은 친구가 <u>돼어라</u>.
④ 죽이 <u>되어</u> 버렸다.

22 다음 중 문장의 형식이 <u>다른</u> 것은?

① 나는 여행을 간다.
② 장미는 꽃이다.
③ 나는 숙세를 하고 있나.
④ 형은 수영을 잘한다.

23 '무엇이 어찌하다'로 구성된 문장은?

① 장미꽃이 아름답다.
② 날씨가 매우 따뜻하다.
③ 강아지가 밥을 먹는다.
④ 내 동생은 초등학생이다.

24 다음 문장의 형식과 <u>다른</u> 것은?

동생은 강아지를 좋아한다.

① 강아지가 밥을 먹는다.
② 나비가 춤을 춘다.
③ 나는 물을 마신다.
④ 꽃이 매우 아름답다.

25 다음 중 '무엇이 어떠하다'와 같은 형식의 문장은?

① 철수가 달린다.
② 방이 따뜻하다.
③ 민수가 밥을 먹는다.
④ 아빠는 회사원이다.

26 다음의 문장에서 형식이 <u>다른</u> 문장은?

① 내일은 일요일이다.
② 삼촌은 경찰관이다.
③ 나는 학생이다.
④ 하늘이 파랗다.

27 다음 밑줄 친 문장 성분으로 이루어진 것은?

> 민영이가 과자를 먹는다.

① 아기가 잔다.
② 가방이 매우 무겁다.
③ 새가 멀리 날아간다.
④ 엄마가 요리를 한다.

28 다음 문장에서 표현이 바른 것은?

① 나는 결코 거짓말을 하지 않겠다.
② 너는 누가 공부를 배워 주니?
③ 우리나라 겨울 산은 여간 곱다.
④ 그들이 약수터에 간 것은 비단 오늘뿐이다.

29 문장의 호응 관계가 바른 것은?

① 우리는 내일 제주도에 갈 것이다.
② 나는 어제 영화를 본다.
③ 형은 지금 서울에 갔었다.
④ 작년에 금강산에 가겠다.

30 다음 문장에서 밑줄 친 부분의 호응 관계가 바르지 않은 것은?

① 비록 늦었지만 공연을 볼 수 있었다.
② 언니가 마치 꽃과 같다.
③ 곰이 사냥꾼에게 잡았다.
④ 할머니를 모시고 오너라.

31 문장의 호응이 잘 이루어진 것은?

① 이 배는 사람과 짐을 싣고 다닌다.
② 비와 바람이 세차게 분다.
③ 맛이 좋고 영양이 많습니다.
④ 나는 동생보다 키와 몸무게가 더 무겁다.

32 다음 글을 고친 것 중 문장의 호응 관계가 바르지 않은 것은?

> ㉠ 우리 가족은 지난 토요일에 제주도에 갑니다. ㉡ 아버지가 가족 여행을 가자고 하였기 때문입니다. 제주도로 가기 위하여 우리 가족은 차를 타고 공항까지 이동하였고, 공항에서도 한참을 기다린 뒤에 비행기를 탈 수 있었습니다. ㉢ 비록 시간은 많이 걸렸지만, 책에서만 보던 곳을 직접 간다는 기쁨에 그다지 힘들었습니다. 제주도는 정말 아름다운 섬이었습니다. 우리 가족은 바닷가 근처에 숙소를 정하였습니다. ㉣ 눈앞에 정말 아름다운 바다가 보았습니다. 바닷물이 워낙 깨끗해서 물속에 들어가 보고 싶었습니다.

① 우리 가족은 지난 토요일에 제주도에 갔습니다.
② 아버지께서 가족 여행을 가자고 하였기 때문입니다.
③ 비록 시간은 많이 걸렸지만, 책에서만 보던 곳을 직접 간다는 기쁨에 그다지 힘들지 않았습니다.
④ 눈앞에 정말 아름다운 바다가 보였습니다.

33 다음 ㉠~㉣을 바르게 고쳐 쓰지 못한 것은?

> 나는 지금도 야구를 ㉠좋아하였다. 우리 아버지께서는 나를 데리고 자주 야구장에 ㉡다녔다. 야구장에서 경기를 직접 보다가 아버지와 대화를 나누기도 하였다. 아버지께서는 항상 ㉢무뚝뚝하였지만 야구장에서는 말씀을 많이 하셨다. 나는 ㉣비록 아버지와 함께 야구장에 갔던 기억을 잊지 못할 것이다.

① ㉠좋아하였다. → 좋아한다.
② ㉡다녔다. → 다니셨다.
③ ㉢무뚝뚝하였지만 → 무뚝뚝하셨지만
④ ㉣비록 → 전혀

34 다음 (　　) 안에 들어갈 이어 주는 말로 알맞은 것은?

> 어려움을 딛고 대학에 입학한 영우는 대학 생활 내내 공부를 열심히 하였습니다.
> (　　) 우수한 성적으로 졸업할 수 있었습니다.

① 하지만　　② 그래서
③ 그리고　　④ 그러나

국어 정답 및 해설

1장 말하기 · 듣기

예상문제로 실력 잡기

01 ①	02 ③	03 ③	04 ①	05 ④
06 ②	07 ④	08 ④	09 ②	10 ①
11 ①	12 ③	13 ④	14 ①	15 ①
16 ③	17 ③	18 ②	19 ③	20 ②
21 ③	22 ①	23 ③	24 ②	

01 정답 ①

▮ 면담 준비 순서

❶ 면담 주제 · 목적 정하기 → ❷ 관련 자료 찾아보기 → ❸ 면담 대상자 정하기 → ❹ 모둠원끼리 의논하여 역할 나누기 → ❺ 면담 대상자에게 면담을 요청하고 면담 시각과 장소 정하기 → ❻ 면담 질문 만들기

02 정답 ③

면담은 어떤 문제에 대하여 개인이나 집단을 직접 만나 의견을 묻거나 정보를 수집하는 것이므로 '경험을 직접 듣고 싶을 때' 면담이 필요하다.

03 정답 ③

면담 대상자와 면담을 할 때에는 면담 대상자가 말하는 도중에 끼어들어 말하지 않는다.

04 정답 ①

해결할 공동의 문제에 대하여 정보와 의견을 주고받은 뒤에 가장 좋은 해결 방법을 찾는 것은 '토의'이다.

05 정답 ④

자신의 주장을 정하여 주장을 뒷받침할 수 있는 타당한 근거를 제시하여야 한다.

오답피하기

① 토론 주제에서 벗어난 이야기를 하지 않는다.
② 발언권을 얻고 말해야 한다.
③ 토론자의 평소 행동과 토론 내용을 연관 지어 말하지 않는다.

06 정답 ②

토의할 때에는 자신의 의견이 옳다고 생각되더라도 무조건 끝까지 주장하지 않고, 다른 사람의 의견도 존중하면서 말해야 한다.

07 정답 ④

어떤 문제에 대하여 찬성편과 반대편으로 나뉘어 상대를 설득하기 위하여 말하는 것은 '토론'이다.

08 정답 ④

토의를 통하여 문제를 해결하려 할 때에는 많은 사람의 다양한 의견을 반영할 수 있고, 여러 사람이 의논하여 가장 좋은 해결 방법을 찾을 수 있다.

09 정답 ②

학급 회의를 할 때 의견을 말하고 싶으면 사회자에게 발언권을 얻은 후 말해야 한다.

10 정답 ①

상대방의 주장을 무조건 따르기보다 주장이 타당한지, 근거 자료는 믿을 만한지 따져 본다.

11 정답 ①

사회자는 토론을 공정하게 이끌어 나가는 역할을 한다.

오답피하기

②, ③, ④는 토론자가 지켜야 할 규칙이다.

12 정답 ③

학급 회의를 할 때에 관심 있는 부분만 듣게 되면 회의가 형식적으로 흘러, 학급의 문제를 해결하기 어렵다.

13 정답 ④
저작권을 보호하기 위해서 다른 사람의 자료를 사용할 때에는 출처를 꼭 밝혀야 한다. 다른 사람의 것을 허락 없이 올리면 저작권을 침해할 수도 있다.

14 정답 ①
온라인 대화에서 편리함을 위해서 줄임말을 많이 사용하지만, 어법에 맞는 정확한 표현을 사용해야 한다.

15 정답 ①
친구가 상을 탄 것은 좋은 일이므로, 상장받은 것을 축하하고 격려해 주는 것이 적절하다.

16 정답 ③
재훈이는 준비물을 챙겨 오지 않은 것을 알고 당황하고 있으므로, 준비물을 빌려주면서 걱정을 덜어 주고 위로의 말을 하는 것이 적절하다.

17 정답 ③
친구가 대회에서 우승을 한 뒤 기뻐하고 있으므로, 친구의 기분을 생각하며 함께 기뻐하고 축하해 주는 말을 하는 것이 적절하다.

18 정답 ②
재훈이와 부딪히는 바람에 근수의 작품을 깨뜨리게 된 것에 대하여 자신의 잘못을 인정하고 미안하다고 사과하는 것이 적절하다.

19 정답 ③
발표를 할 때에는 친구들과 발표 자료를 번갈아 보면서 발표한다.

20 정답 ②
발표를 들을 때에는 발표하는 친구를 존중하는 마음으로 중요한 내용은 기록하며 듣고, 발표하는 친구를 쳐다보면서 집중하여 들어야 한다.

21 정답 ③
"나한테 말한 것 맞니? 누구를 보고 말하는 거야?"라는 말로 보아, 경희는 듣는 이를 바라보며 말하지 않고 있다. 말을 할 때에는 듣는 이를 바라보며 말해야 한다.

22 정답 ①
처음부터 차근차근 연습해 보라고 하였으므로 무슨 일이나 그 일의 시작이 중요하다는 뜻의 '천 리 길도 한 걸음부터'가 적절하다.

오답피하기

② 소를 도둑맞은 다음에서야 빈 외양간의 허물어진 데를 고치느라 수선을 떤다는 뜻으로, 일이 이미 잘못된 뒤에는 손을 써도 소용이 없음을 비꼬는 말이다.
③ 좁은 우물 안의 세상이 다라고 아는 개구리는 자신이 보지 못하는 넓은 세상을 모른다. 이처럼 자기만 알고 있는 것이 전부인 양 다른 세상을 너무 모를 때 쓰인다.
④ 한마디 말을 듣고도 여러 가지 사실을 미루어 알아낼 정도로 매우 총기가 있다는 말이다.

23 정답 ③
자그마한 나쁜 일도 자꾸 해서 버릇이 되면 나중에는 큰 죄를 저지르게 된다는 뜻의 속담인 '바늘 도둑이 소도둑 된다.'가 적절하다.

오답피하기

① 아무도 안 듣는 데서라도 말조심해야 한다는 뜻이다.
② 쉬운 일이라도 협력하여 하면 훨씬 쉽다는 뜻이다.
④ 아무리 훌륭하고 좋은 것이라도 다듬고 정리하여 쓸모 있게 만들어 놓아야 값어치가 있다는 뜻이다.

24 정답 ②
'발이 넓다'는 '사귀어 아는 사람이 많아 활동하는 범위가 넓다.'라는 뜻이다.

오답피하기

① 말수가 적거나 아는 얘기를 함부로 옮기지 않는다.
③ 씀씀이가 후하고 크다.
④ 함께 일을 하는 데 마음이나 의견, 행동 방식 등이 서로 맞다는 뜻이다.

2장 읽기

예상문제로 실력 잡기

01 ④	02 ①	03 ④	04 ①	05 ③
06 ①	07 ②	08 ③	09 ②	10 ①
11 ④	12 ③	13 ④	14 ③	15 ①
16 ③	17 ①	18 ①	19 ④	20 ②
21 ③	22 ②	23 ③	24 ①	25 ①
26 ①	27 ④	28 ②	29 ③	30 ④
31 ③	32 ①	33 ②	34 ①	35 ④
36 ①	37 ②	38 ③	39 ④	40 ①
41 ②	42 ③	43 ④	44 ②	45 ①
46 ③	47 ②	48 ④	49 ④	50 ①
51 ④	52 ③	53 ②	54 ①	55 ①
56 ④	57 ②			

01 정답 ④
제시문 네 번째 문장에서 '암컷은 공기주머니가 없어서 소리를 낼 수 없다'고 하였다.

02 정답 ①
동물들이 소리를 내는 방법 중 매미는 발음근을 이용하여 소리를 낸다는 내용이므로 첫 번째 문장이 중심 문장이라 할 수 있다.

03 정답 ④
무분별한 개발로 금수강산을 훼손하고, 동식물이 사라져 가고, 지구 온난화와 이상 기후 현상이 심해지지 않도록 '자연 보호를 실천해야 한다'는 주장을 하고 있다.

04 정답 ①
자연은 '어머니의 따뜻한 품'이자 '우리의 영원한 안식처'라고 하였다.

05 정답 ③
사람들을 위한 편의 시설을 만드는 것은 자연을 개발해야 하는 까닭이라 할 수 있다.

06 정답 ①
지식을 얻으려고 할 때 책을 읽는 것이 아니라 인터넷 검색을 통해 쉽게 찾는 경우가 많다는 문제점을 말하고 있다.

07 정답 ②
지식을 얻으려고 할 때 인터넷 검색을 통해 쉽게 찾기보다는 진정한 지식인이 되기 위해서 독서를 많이 해야 한다.

08 정답 ③
아름다운 비색과 상감 기법으로 유명한 고려청자에 대해 설명하는 글이다.

09 정답 ②
자신의 생각과 다른 점을 찾으며 읽는 것은 주장하는 글을 읽는 방법이다.

오답피하기

설명하는 글을 읽는 방법
- 설명하려는 대상이 무엇인지 생각한다.
- 내용이 정확한지 파악한다.
- 이미 아는 것을 떠올린다.
- 새롭게 안 것을 찾아본다.

10 정답 ①
아름다운 비색과 독특한 상감 기법, 모양, 형태 등 고려청자의 특징을 설명하고 있다.

11 정답 ④
북한을 이탈해 남한으로 와서 생활하고 있는 사람들로 '북한 이탈 주민'이다.

12 정답 ③
북한을 이탈해 남한으로 와서 여러 가지 직업을 가지고 생활하고 있는 사람들의 모습을 보여 주고 있다.

13 정답 ④
북한을 이탈한 사람들이 우리나라에서 직업을 가지고

평범하게 생활하고 있는 모습을 통해 우리 주변에 북한 이탈 주민들이 모두 같은 민족이자 하나의 겨레라는 뜻이 담겨 있다.

14 **정답** ③
제시문은 시로서 글쓴이의 생각이나 감정을 함축적이고 운율이 있는 언어로 표현한 글이다.

오답피하기

① 희곡, ② 논설문, ④ 설명문이다.

15 **정답** ①
땅속의 꽃씨에서 '파란 새싹'이 나온 것을 사람처럼 '손을 내민다'로 표현하였다.

16 **정답** ③
아이들은 새싹이 나오기를 바라며 손가락을 땅속에 집어넣고 있다.

17 **정답** ①
시는 형식상 행과 연으로 이루어져 있으며, 함축적이고 압축적인 시어를 사용한다.

18 **정답** ①
뻥튀기가 튀겨질 때 뻥튀기가 사방으로 날리는 모습과 냄새를 표현하였다.

19 **정답** ④
뻥튀기가 사방으로 날리는 모습을 봄날 꽃잎, 나비, 함박눈, 폭죽에 비유했다.

20 **정답** ②
뻥튀기 냄새를 메밀꽃 냄새, 새우 냄새, 멍멍이 냄새, 옥수수 냄새에 비유했다.

21 **정답** ③
저승에 있는 원님의 곳간에는 '볏짚 한 단'만이 있었다.

22 **정답** ②
제시문 마지막 문장에서 '원님은 순간, 쥐구멍에라도 숨고 싶을 만큼 부끄러웠다.'고 하였다.

23 **정답** ③
저승사자는 원님에게 헛걸음을 했으니 이승으로 돌아가려면 '수고비'를 내놓으라고 하였다.

24 **정답** ①
저승사자가 "너는 이승에 있을 때 남에게 덕을 베푼 일이 없지 않느냐?"라고 한 말로 보아 원님이 남에게 덕을 베푼 일이 없어서라는 것을 알 수 있다.

25 **정답** ①
㉠은 글쓴이가 여행하면서 다닌 곳이 나타난 부분으로 '여정'에 해당한다.

오답피하기

㉡, ㉣은 글쓴이의 생각이나 느낌으로 '감상'에 해당한다. ㉢은 글쓴이가 산천단에서 본 것이 나타나 있으므로 '견문'에 해당한다.

26 **정답** ①
제시문 첫 문장에서 답사의 첫 유적지는 '한라산 산천단'이라고 하였다.

27 **정답** ④
글 (가)를 통해 산천단은 '한라산 산신께 제사드리는 곳'이라는 것을 알 수 있다.

28 **정답** ②
산천단 주위에 수령 500년이 넘는 곰솔 여덟 그루가 엄숙하고도 성스러운 분위기를 보여 준다고 하였으므로 글쓴이가 본 것은 '곰솔 여덟 그루'이다.

29 **정답** ③
한라산 영실을 오르노라면 마음이 들뜰 것도 같지만 거기엔 '아름다움'뿐만 아니라 '장엄함'과 '아늑함'이 겯

들여 있다고 하였을 뿐, '아쉬움'은 글에 나타나 있지 않다.

30 정답 ④
한라산 영실에 오르면서 느낀 감정과 글쓴이의 생각이 주로 나타나 있다.

31 정답 ③
태웅이가 '운동회'에서 달리기를 하다가 넘어졌을 때 있었던 일을 쓴 것이다.

32 정답 ①
글의 첫 부분에 '친구들아, 안녕? 나 태웅이야.'라고 한 것으로 보아, 태웅이가 반 친구들에게 쓴 편지라 할 수 있다.

33 정답 ②
태웅이가 달리기를 하다가 넘어졌을 때 일으켜 준 친구들에게 고마운 마음을 전하려고 편지를 썼다.

34 정답 ①
'운동회'는 일이 있었던 때를 나타내는 낱말로 태웅이의 마음을 나타내는 낱말이 아니다.

35 정답 ④
제시문은 『세시 풍속』이라는 책을 읽고 쓴 '독서 감상문'으로 책을 읽은 동기, 책 내용, 책을 읽고 생각하거나 느낀 점을 썼다.

36 정답 ①
글쓴이는 ㉠에서 학교 도서관에서 책을 고르다가 『세시 풍속』이라는 책을 읽게 되었다고 하였다.

오답피하기

㉡, ㉣은 책을 읽고 생각하거나 느낀 점에 해당한다. ㉢은 책 내용이다.

37 정답 ②
겨울의 세시 풍속 가운데에서 인상 깊었던 동지에 관한 내용을 소개하고 있으므로 '세시 풍속'이 적절하다.

38 정답 ③
희곡으로 무대에서 공연을 하기 위해 쓴 글이다.

오답피하기

①은 시, ②는 주장하는 글, ④는 설명하는 글이다.

39 정답 ④
㉣은 숲의 마음 할아버지와 성민이가 주고받는 말이므로 대사에 해당한다.

40 정답 ①
'아파트 뒷동산'은 일이 일어나는 장소인 공간적 배경에 해당하므로 '곳'이라 할 수 있다.

41 정답 ②
처음 만난 할아버지가 자신의 이름을 불러서 어떻게 이름을 알았는지 물어보고 있으므로 대사에 어울리는 지문은 '놀란다'가 적절하다.

42 정답 ③
정몽주는 「단심가」를 통해 변함없이 고려에 충성을 다하겠다는 생각을 노래하고 있다.

43 정답 ④
일편단심은 한 조각의 붉은 마음이라는 뜻으로, 진심에서 우러나오는 변치 않는 마음을 이르는 말이다. 시조에서 '일편단심'은 죽어서도 고려에 대한 충성은 변하지 않는다는 글쓴이의 생각이 가장 잘 드러난 표현이다.

44 정답 ②
글 끝부분에 '제자 전지우 올림'으로 보아 제자가 선생님께 쓴 글이다.

45 정답 ①
글을 쓴 날짜와 쓴 사람이 나타나 있고, 끝인사가 나와 있다. 이러한 특징을 가진 글은 '편지'이다.

46 정답 ③
체험학습에서 도자기 만드는 것을 도와주신 선생님께 고마운 마음을 전하기 위해 편지를 썼다.

47 정답 ②
'지난 체험학습에서 도자기를 만들 때였습니다.'에서 만든 것이 도자기임을 알 수 있다.

48 정답 ④
독도 여행에서 본 것과 겪은 일, 생각하거나 느낀 점을 쓴 글이다.

49 정답 ④
'독도에 발을 내딛는 순간 이상하게 가슴이 떨렸다.'는 글쓴이의 느낌, 생각이므로 '의견'에 해당한다.

50 정답 ①
감염병을 예방할 수 있는 올바른 손 씻기 방법에 대하여 보도하는 내용이다.

51 정답 ④
기자는 실험과 인터뷰 자료를 제시하며 취재한 내용을 보도하고 있다.

52 정답 ③
올바른 손 씻기의 중요성을 뒷받침하기 위해 전문가인 보건 선생님과의 인터뷰를 제시하였다.

53 정답 ②
누군가가 글쓴이의 이름과 다니는 학교까지 인터넷에 올리는 바람에 학교에도 소문이 났다고 하였으므로 누리 소통망은 개인 정보가 유출되기 쉽다고 할 수 있다.

54 정답 ①
누리 소통망에 글을 쓴 까닭은 많은 사람이 보게 할 수 있고, 사람들이 글을 복사해서 다른 곳에 알릴 수도 있기 때문이다.

55 정답 ①
'이제 왜놈들이 이 나라를 집어삼키려는 마당에', '조정 대신이란 놈들이 나라를 팔아먹으려 드는데'에서 일제의 침략으로 나라를 빼앗길 위기에 처한 상황이라는 것을 알 수 있다.

56 정답 ④
윤희순은 마을 아낙네들 앞에서 의병 운동을 주도하고 있으므로 나라를 구하기 위해 용감하게 나서는 적극적인 성격이라 할 수 있다.

57 정답 ②
마을 아낙네들에게 집 안에만 틀어박혀 있지 말고 왜놈들을 몰아내기 위해서는 여자들도 사내들처럼 다 함께 의병 운동에 나서야 한다고 말하고 있다.

3장 쓰기

예상문제로 실력 잡기

01 ④	02 ①	03 ④	04 ②	05 ③
06 ①	07 ④	08 ①	09 ③	10 ①
11 ②	12 ①	13 ③	14 ②	15 ②
16 ②	17 ③	18 ②	19 ②	20 ③
21 ③	22 ②	23 ③	24 ④	25 ②
26 ④	27 ④	28 ①	29 ①	30 ③
31 ③	32 ②	33 ④	34 ②	

01 정답 ④

'책상'과 같이 이름을 나타내는 말은 모양이 바뀌지 않는 낱말이다.

오답피하기

①, ②, ③은 사람이나 사물의 움직임을 나타내는 낱말로 모양이 바뀐다.

02 정답 ①

'걷다'는 사람이나 사물의 움직임을 나타내는 낱말이다.

오답피하기

②, ③은 사람이나 사물의 이름을 나타내는 낱말이다.
④는 사람이나 사물의 성질이나 상태를 나타내는 낱말이다.

03 정답 ④

모양이 바뀌지 않는 부분인 '웃'에 '–다'를 붙인 '웃다'가 기본형이다.

04 정답 ②

'아름답다'는 사람이나 사물의 성질이나 상태를 나타내는 낱말이다.

05 정답 ③

③ 나무는 고유어이다.

오답피하기

① 친구(親舊) : 한자어
② 햄버거(hamburger) : 외래어
④ 땡큐(thank you) : 외국어

06 정답 ①

① 새벽은 고유어이다.

오답피하기

② 라디오(radio), ③ 버스(bus), ④ 아파트(apartment)는 외래어이다.

07 정답 ④

④ 지우개는 고유어이다.

오답피하기

① 학교(學校), ② 친구(親舊), ③ 학생(學生)은 한자어이다.

08 정답 ①

'바람이 차다'는 몸에 느끼는 '온도가 낮다'는 뜻이다.

09 정답 ③

골똘히는 '한 가지 일에 온 정신을 쏟아 딴 생각이 없이'란 뜻으로 '열심히'가 적절하다.

10 정답 ①

'애들로 꽉 차다'는 '가득 차게 되다'는 뜻으로 쓰였다.

11 정답 ②

② '어떤 마음이나 감정을 품다.'의 뜻으로 쓰였다.

오답피하기

①, ③은 음식 등을 입을 통하여 배 속에 들여보내다.
④ 일정한 나이에 이르거나 나이를 더하다는 뜻으로 쓰였다.

12 정답 ①

'어떤 분야에서 활동하는 사람'의 뜻으로 쓰였다.

13 정답 ③

제시문의 눈은 '빛의 자극을 받아 물체를 볼 수 있는 감각 기관'이란 뜻으로 쓰였다.

③은 '대기 중의 수증기가 찬 기운을 만나 얼어서 땅 위로 떨어지는 얼음의 결정체'란 뜻의 '눈'이다.

14 정답 ②

제시문의 '배'는 '사람이나 짐 등을 싣고 물 위로 떠다니도록 만든 물건'이라는 뜻이다.

오답피하기

①, ④ 사람이나 동물의 몸에서 위장, 창자, 콩팥 따위의 내장이 들어 있는 곳으로 가슴과 엉덩이 사이의 부위

③ 배나무의 열매

15 정답 ②

일정한 나이에 이르거나 나이를 더하다는 뜻으로 쓰였다.

오답피하기

① 음식 등을 입을 통하여 배 속에 들여보내다.

③ 어떤 마음이나 감정을 품다.

④ 공을 사용하는 운동 경기에서, 점수를 잃다.

16 정답 ②

'정색'은 얼굴에 엄한 빛을 나타낸다는 뜻이다.

17 정답 ③

'너나없이'는 '너나 나나 가릴 것 없이 다 마찬가지로'라는 뜻이다.

18 정답 ②

② 구름은 쪼갤 수 없는 낱말이다.

오답피하기

① 햇 + 사과, ③ 떡 + 볶이, ④ 나뭇 + 잎으로 쪼갤 수 있는 낱말이다.

19 정답 ②

② 무지개는 쪼갤 수 없는 낱말이다.

오답피하기

① 장난 + 꾸러기, ③ 돌 + 다리, ④ 맨 + 손으로 쪼갤 수 있는 낱말이다.

20 정답 ③

'닫히다'는 '열린 문짝, 뚜껑, 서랍 등이 도로 제자리로 가서 막히다.'의 뜻이므로 '닫힌 문을 열어젖혔다'는 바른 표현이다.

21 정답 ③

'되-' 뒤에 '-어서, -어라, -었다' 등과 같은 말이 붙을 때에는 '돼서, 돼라, 됐다'와 같이 준말을 쓴다. 따라서 '사이좋은 친구가 되어라.'가 올바른 표기이다.

22 정답 ②

②는 '주어 + 서술어'로 이루어져 있다.

오답피하기

①, ③, ④ 문장은 모두 '주어 + 목적어 + 서술어'로 이루어져 있다.

23 정답 ③

③ '먹는다'는 움직임을 나타내는 서술어 '어찌하다'이다.

오답피하기

①, ②는 '어떠하다'이고, ④는 '무엇이다'이다.

24 정답 ④

제시된 문장은 '주어 + 목적어 + 서술어'로 이루어져 있다.

④는 '주어 + 부사어 + 서술어'로 이루어져 있다.

25 정답 ②

'따뜻하다'는 대상의 상태나 성질을 나타내는 서술어 '어떠하다'에 해당한다.

오답피하기

①, ③은 '어찌하다'이고, ④는 '무엇이다'에 해당한다.

26 정답 ④

'하늘이 파랗다'는 '누가/무엇이 어떠하다'라는 형식의 문장이다.

오답피하기

①, ②, ③은 모두 '누가/무엇이 무엇이다'라는 형식의 문장이다.

27 정답 ④

제시된 문장에서 '과자를'은 '무엇을'에 해당하는 목적어이다. '무엇을'에 해당하는 목적어가 있는 문장은 ④ '엄마가 요리를 한다.'이다.

28 정답 ①

'결코'는 '~ 않다(아니다)'와 같이 부정을 나타내는 서술어와 어울려 쓰이는 말이다.

오답피하기

② 너는 누가 공부를 가르쳐 주니?
③ 우리나라 겨울 산은 여간 곱지 않다.
④ 그들이 약수터에 간 것은 비단 오늘뿐이 아니다.

29 정답 ①

'내일'은 과거의 시간을 나타내는 말이므로 서술어도 '갈 것이다'와 같이 미래의 시간 표현을 써야 한다.

오답피하기

② 나는 어제 영화를 보았다.
③ 형은 지금 서울에 간다.
④ 작년에 금강산에 갔었다.

30 정답 ③

'곰이'는 동작을 당하는 주어이므로 서술어를 '잡혔다'로 써야 한다.

31 정답 ③

③ '맛'과 '영양'에 대한 각각의 서술어가 제시되어 있다.

오답피하기

① 이 배는 사람을 태우거나 짐을 싣고 다닌다.
② 비가 내리고 바람이 세차게 분다.
④ 나는 동생보다 키가 크고 몸무게가 더 무겁다.

32 정답 ②

주어가 '아버지께서'이므로 서술어를 '하셨기'로 써야 한다.

33 정답 ④

'전혀'는 서술어를 꾸며 주는 말로, '~ 없다(아니다)' 등의 부정적 뜻을 가진 서술어와 호응하기 때문에 '잊지 못할 것이다'라는 서술어와 어울리지 않는다.

34 정답 ②

앞 문장이 뒤 문장의 원인이 되므로 '그래서'가 적절하다.

초졸 검정고시

핵심 총정리

최신 2015 개정 교육과정 완벽 반영!

초졸 검정고시

한권으로 합격하기!

핵심 총정리

제2과목 사회

01 지리 영역

02 역사 영역

03 일반 사회 영역

구성 및 출제 경향 분석

1 구성

2 출제 경향 분석

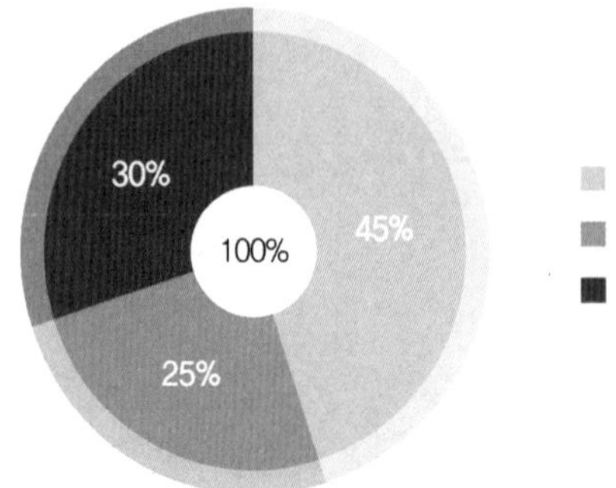

- 지리 영역
- 일반 사회 영역(정치, 경제, 사회 · 문화)
- 역사 영역

기출 분석에 따른 학습 포인트

❶ 지리 영역

지도와 관련된 문항, 기후, 설명된 국가 찾기 등이 출제되었다. 최근에는 세계 지리 영역의 출제 빈도도 높아지고 있어 주의를 기울일 필요가 있다.

❷ 정치 영역

국민의 기본권과 의무, 민주 선거의 4원칙, 시민이 정치에 참여하는 방법, 국가 기관의 역할 등과 같은 내용들이 지속적으로 출제되고 있다.

❸ 경제 영역

출제 비중은 그다지 높지 않지만 경제 활동의 유형, 우리나라 경제의 특징 부분에서 집중적으로 출제되고 있다. 출제될 경우 오답률이 높은 영역이다.

❹ 사회 · 문화 영역

최근 교육 과정이 개정되면서 출제 경향이 달라지고 있는 영역이다. 기존의 단순한 문화를 바라보는 태도 등을 물어보는 문제에서 벗어나 다문화 사회의 개념과 대응 자세라던가 성 역할과 양성평등과 같은 새로운 주제 등에서 출제되고 있다.

❺ 역사 영역

삼국 시대 국가 찾기, 인물 문제, 문화재 등이 출제되었다. 기출문제를 기반으로 자주 출제되는 유형과 개념을 확인하고 학습하는 것이 중요하다.

01 장 지리 영역

01 지역의 위치와 특성

(1) 지도로 본 우리 지역

① 방위표

㉠ 뜻 : 동서남북을 이용하여 위치를 나타내는 것이다.

㉡ 방위표로 방위 알아보기

방위표가 있는 지도	위쪽은 북쪽, 아래쪽은 남쪽, 왼쪽은 서쪽, 오른쪽은 동쪽
방위표가 없는 지도	지도의 위쪽이 북쪽, 아래쪽이 남쪽이 됨

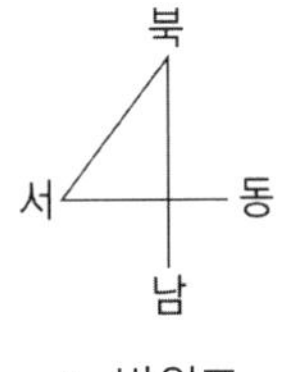

▲ 방위표

② 지도에서 사용하는 기호

㉠ 기호 : 땅 위에 있는 것들을 실제 모습보다 간단하게 바꾸어 그린 것이다.

㉡ 범례 : 지도에 쓰인 기호와 기호의 뜻을 나타내는 표시

과수원	논	학교	시청	우체국	공장

③ 축척

㉠ 뜻 : 지도에서 실제 거리를 줄인 정도

㉡ 읽는 방법 : 예 0 1km 지도에서의 거리 1cm가 실제 거리로 1km라는 뜻

㉢ 활용 : 축척을 이용해 지도에 표시된 두 지점 사이의 실제 거리를 구할 수 있다.

④ 지도에서의 땅의 높낮이를 나타내는 방법

㉠ 등고선

ⓐ 지도에서 높이가 같은 곳을 선으로 이어 땅의 높낮이를 나타낸 것이다.

ⓑ 오밀조밀하게 모여 있으면 경사가 가파른 것을, 간격이 넓으면 경사가 완만한 것을 의미한다.

㉡ 색깔 : 낮은 곳은 초록색, 높이가 높아질수록 노란색, 갈색, 고동색의 순으로 색깔로 높이를 표현한다.

⑤ 지도의 종류

지형도	땅의 모양을 나타낸 지도
교통도	교통에 대한 정보가 나타난 지도
산업 지도	발달한 산업이 나타난 지도

인구분포도	인구 분포가 나타난 지도(원의 숫자는 인구의 크기를 나타냄)
지하철 노선도	지하철이 다니는 길을 표시한 지도

⑥ 인공위성 사진의 특징

㉠ 우리 고장의 전체 모습과 자세한 모습을 볼 수 있다.

㉡ 아주 높은 한 곳에서 고장을 살펴보는 것 같다.

㉢ 다양한 크기의 면적으로 고장을 살펴볼 수 있다.

㉣ 고장을 자세히 볼 수도 있고 폭넓게 볼 수도 있다.

㉤ 고장의 장소가 아주 작게 보이기도 하고 크게 보이기도 한다.

⑦ 디지털 영상 지도의 뜻과 특징

㉠ 디지털 영상 지도 : 인공위성이나 비행기에서 찍은 사진을 이용해 만든 지도

㉡ 디지털 영상 지도를 볼 수 있는 방법

ⓐ 컴퓨터로 볼 수 있다.

ⓑ 스마트폰으로 볼 수 있다.

ⓒ 태블릿 피시로도 볼 수 있다.

㉢ 디지털 영상 지도의 좋은 점

ⓐ 우리 고장의 위치를 손쉽게 알 수 있다.

ⓑ 우리 고장의 실제 모습을 살펴볼 수 있다.

ⓒ 고장의 전체 모습과 자세한 모습을 비교해 볼 수 있다.

ⓓ 특정 장소를 확대하면 주변의 모습을 자세하게 살펴볼 수 있다.

㉣ 디지털 영상 지도의 기능

ⓐ 장소를 검색할 수 있다.

ⓑ 지도를 축소하거나 확대할 수 있다.

ⓒ 지도 안에서 마우스를 누른 채로 움직이면 원하는 위치로 이동할 수 있다.

ⓓ 영상 지도뿐만 아니라 일반 지도, 백지도 등 지도의 종류를 바꾸어 볼 수 있다.

⑧ 고장에서 소개할 장소에 대한 자료를 찾는 방법 : 인터넷 검색, 신문 기사 찾기, 관광 안내 책자 찾기 등

(2) 환경과 자연재해

① 자연환경과 인문 환경

㉠ 자연환경 : 우리를 둘러싼 모든 것 중에서 사람이 만들지 않은 것 예 산, 평야, 하천, 바다 등

㉡ 인문 환경 : 인간을 둘러싸고 있는 모든 것 중 사람이 만든 것 예 건물, 공장, 도로 등

② 지형과 기후의 의미

㉠ 지형 : 땅의 생긴 모양으로 지구 표면의 특징적인 형태

㉡ 기후 : 어떤 지역에서 오랫동안 나타나는 강수량, 기온, 바람 등의 대기 상태

③ 기후 그래프

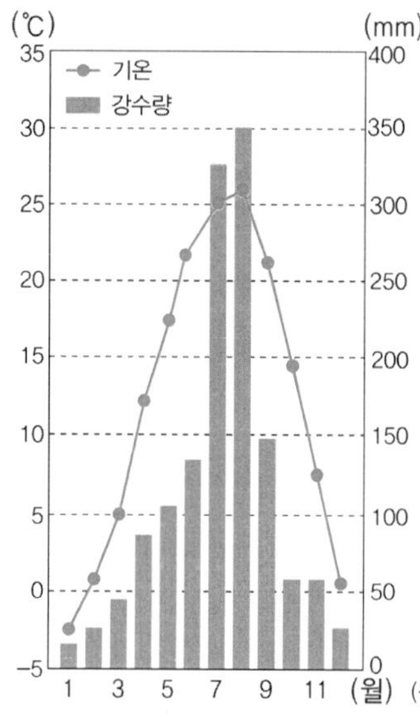

(출처 : 기상청, 1971~2000년의 평균값)

꺾은선그래프의 점이 가장 높게 위치한 달의 기온이 가장 높고, 막대그래프의 길이가 가장 짧은 달의 강수량이 가장 적다.

④ 자연재해의 종류

㉠ 태풍 : 주로 여름철인 7월과 8월에 많이 발생하며, 강한 바람과 비를 동반한다.

㉡ 호우 : 짧은 시간에 많은 양의 비가 내리는 것으로, 여름 장마철에 많이 일어난다.

㉢ 폭설 : 많은 눈이 내리는 것으로 교통 체증과 교통사고의 원인이 되기도 한다.

㉣ 가뭄 : 오랫동안 비가 오지 않는 것이다.

㉤ 지진 : 땅의 지각 변동으로 인해 땅이 흔들리고 갈라지는 것이다.

㉥ 한파 : 겨울에 온도가 갑자기 내려가면서 들이닥치는 추위를 말한다.

㉦ 폭염 : 매우 심한 더위를 말한다.

⑤ 자연재해의 슬기로운 극복

㉠ 산사태와 폭설로 인한 눈사태 : 나무 심기, 사방 공사 등으로 극복

㉡ 호우로 인한 홍수와 가뭄 : 둑 쌓기, 댐 만들기, 터돋움집(침수 피해가 잦은 저지대에서 집터를 주변보다 높게 올려서 지은 집) 등으로 극복

㉢ 해일과 태풍 : 해일 대피 훈련, 방파제 쌓기 등으로 극복

⑥ 지형별 이용 모습

㉠ 산간 지역 : 약초 채취, 버섯·꿀 재배, 터널, 국립공원, 산장, 단풍 관광, 광산, 고랭지 밭, 스키장 등

㉡ 평야 지역 : 논농사, 밭농사, 과수원, 주택, 상가, 도로, 공항, 철도 등
㉢ 해안 지역 : 해수욕장, 방조제, 방파제, 방풍림, 바다낚시, 항구, 여객선, 고기잡이, 양식장 등

02 촌락의 형성과 주민 생활

(1) 촌락의 위치와 구분

① 촌락의 의미와 특징
㉠ 의미 : 들이나 산, 바닷가와 같은 곳에서 농사를 짓거나 고기잡이를 하면서 살아가는 곳
㉡ 특징
ⓐ 공기가 맑고 경치가 아름다우며, 사람이 적다.
ⓑ 우리가 휴식을 할 수 있게 해 주며, 자연의 모습을 많이 볼 수 있다.
ⓒ 조용하고 평화로우며, 높은 건물이 많지 않고 차가 적게 다닌다.

② 촌락의 구분

구분	농촌	어촌	산지촌
자연환경	평평한 곳에 자리 잡음	바닷가에 자리 잡음	산속에 자리 잡음
시설	저수지, 인공 수로, 농산물 저장 창고, 정미소, 마을 회관 등	부두, 등대, 방파제, 건조장, 생선 직판장, 어시장, 냉동 창고, 마을 회관 등	목장, 사료 창고, 버섯 재배장 등
생활 모습	• 계절에 따라 하는 일이 다름 • 논에서 벼농사를 짓고, 밭에서 여러 가지 채소를 재배함 • 가축을 기름 • 농기구를 팔거나 수리하는 일	• 바다에서 고기를 잡거나 김, 굴 등을 양식함 • 갯벌에서 조개, 굴 등을 캠	• 산비탈의 밭에서 채소를 재배함(고랭지 채소) • 목장에서 소, 양 등을 기름 • 산에서 나물, 약초, 버섯 등을 캠

(2) 촌락의 산업

① 농촌 : 넓은 들을 활용한 농업이 발달하였다.
② 어촌 : 어업, 양식업이 발달하였다.
③ 산지촌 : 임업, 축산업, 광업이 발달하였다.

(3) 변화하는 촌락

옛날	오늘날
• 소를 이용하거나 사람이 직접 농사일을 하였으며, 초가집이 많았음 • 좁고 울퉁불퉁한 흙길이 있었음	• 농기계가 발달하여 적은 일손으로도 농사를 지을 수 있고, 양옥집을 많이 볼 수 있음 • 길이 넓어지면서 포장됨

(4) 촌락의 문제와 조사 방법

① 촌락의 문제와 해결 노력

㉠ 촌락의 문제

폐교 증가	출생률이 낮아 학생이 줄어들어 문을 닫는 학교가 늘어나고 있음
시설의 부족	• 병원이 없어 아플 때 치료를 받기 어려움 • 교통이 불편해서 마음대로 다닐 수 없음
고령화	젊은 사람들이 떠나고 노인만 남아 일손이 부족함
소득 감소	외국의 값싼 농수산물과 쌀 소비량이 준 것이 원인임
환경 오염	농약과 축산 폐수 등으로 인해 물과 토양이 오염됨

㉡ 해결 노력 : 귀농이나 귀촌을 통해 인구 늘리기, 품질 좋은 농수산물을 생산해 소득 올리기, 편의 시설이나 교통 시설을 늘림, 오염물을 정화하는 시설을 만든다.

② 촌락을 조사하는 방법 : 지형도 등 지도 이용하기, 인터넷 이용하기(위성 지도), 어른께 여쭈어보기, 현장 조사하기

(5) 도시와 촌락의 상호 협력

농수산물 직거래 장터	• 촌락 사람들은 촌락에서 생산한 곡식, 채소, 과일, 생선 등을 직거래 장터에서 도시 사람들에게 직접 판매함 • 촌락 사람들은 더 높은 소득을 올릴 수 있고, 도시 사람들은 품질 좋은 농수산물을 싸게 살 수 있음
주말농장	촌락 사람들이 일손이 부족하여 가꿀 수 없는 땅을 도시 사람들에게 빌려주고, 도시 사람들은 먹을거리를 직접 얻음
지역 축제	• 촌락에서는 지역의 전통과 문화를 알리고 소득을 올릴 수 있음 • 도시 사람들은 축제에 참여하여 다양한 체험을 할 수 있음

03 도시의 발달과 주민 생활

(1) 도시의 의미와 특징

① 도시 : 일정한 지역의 정치·경제·문화의 중심이 되는, 사람이 많이 사는 지역을 말한다.

② 도시의 특징

㉠ 도시는 도로가 넓고, 사람이 많이 살고 있다.

㉡ 도시의 땅은 한정되어 있는데 인구는 많기 때문에 높은 건물이 많다.

㉢ 도시에는 사람들이 일할 수 있는 곳이 많고, 일의 종류도 많다.

㉣ 공장에서 물건을 만드는 사람, 물건을 파는 사람, 음식을 만들어 파는 사람, 사무실에서 일하는 사람 등을 볼 수 있다.

③ 지역의 공공 기관

㉠ 소방서 : 화재를 예방하고 응급 환자를 구조한다.

㉡ 보건소 : 감염병과 질병을 예방하고 치료하려고 노력한다.

㉢ 경찰서 : 우리 지역의 안전을 책임지고 질서를 유지한다.

㉣ 교육청 : 학생들의 교육과 관련된 일을 한다.

(2) 도시의 분포와 발달

① 도시의 발달

㉠ 도시의 입지 조건 : 주로 평평한 땅, 산업이 발달한 곳, 교통이 발달한 곳, 사람이 많은 곳에 위치

㉡ 바닷가에 도시들이 발달한 까닭

ⓐ 고기잡이나 양식업을 할 수 있어서 사람들이 모여 살기에 좋기 때문

ⓑ 항구가 건설되면 이동하기가 편리하기 때문

ⓒ 바다를 이용하면 무역이 편리하기 때문

② 수도권

㉠ 범위 : 도시가 가장 많이 모여 있는 서울특별시, 인천광역시, 경기도 지역

㉡ 넓이 : 우리나라 면적의 약 1/10 정도

㉢ 인구 : 국민 2명 중 1명이 수도권에 살고 있을 정도로 인구가 많다(2010년 기준).

㉣ 특징 : 주요한 국가 기관들이 모여 있고, 많은 회사, 은행, 병원, 학교가 있다.

③ 광역시

㉠ 우리나라의 광역시 : 인천광역시, 대전광역시, 광주광역시, 대구광역시, 울산광역시, 부산광역시

㉡ 특징 : 모두 인구가 100만 명이 넘는 큰 도시들이다.

(3) 도시의 문제와 해결

① 주요 도시 문제

주택 문제	주택 부족, 오래되고 낡은 주택, 비싼 주택 가격 등
교통 문제	교통 혼잡, 교통사고, 주차 공간의 부족 등
환경 문제	대기 오염, 수질 오염, 쓰레기 문제, 소음 공해 등

② 도시 문제를 해결하기 위한 노력 : 주택 건설 확대, 버스 전용 차로제 실시, 물 재생 시설 설치 등

③ 환경 문제 해결을 위해 할 수 있는 일

㉠ 쓰레기를 아무 곳에나 버리지 않는다.

㉡ 분리수거를 철저히 한다.

㉢ 가까운 거리는 걸어 다닌다.

㉣ 온실가스를 줄이기 위한 정책을 만든다.

㉤ 이산화 탄소 배출량이 적은 제품을 개발한다.

(4) 신도시의 개발

① 신도시의 의미 : 대도시의 문제를 해결하기 위해 계획적으로 개발된 새로운 도시이다.

② 신도시 개발 유형

㉠ 일산과 분당 : 대도시의 주택 문제를 해결하기 위해 만들었다.

㉡ 안산시(반월 국가 산업 단지), 여수시(여수 국가 산업 단지) : 산업과 경제를 발전시키기 위해 만들었다.

㉢ 세종특별자치시(정부 세종 청사)

ⓐ 세종특별자치시는 과도한 수도권의 행정 기능 집중을 완화하고 국토의 균형 발전을 위해 만들어진 신도시이다.

ⓑ 세종특별자치시는 신도시로 계획할 당시부터 산과 강의 흐름을 살려 도시를 만들고, 각종 전선과 통신선을 땅에 묻는 등 쾌적한 환경에서 사람들이 살 수 있도록 많은 노력을 기울였다.

㉣ 대전광역시(대덕 연구 단지) : 과학 기술의 발전을 위해 만들었다.

04 국토와 우리 생활

(1) 소중한 우리 국토

① 우리 국토의 모습과 위치

㉠ 우리 국토는 남북의 길이가 길고, 동서의 길이가 짧은 길쭉한 모습을 하고 있다.

㉡ 삼면이 바다로 둘러싸인 반도 국가이므로 대륙과 해양으로 진출하기에 유리하다.

㉢ 우리나라는 아시아 대륙의 동쪽에 있고, 주변에는 중국, 일본, 러시아 등이 있다.

㉣ 서쪽과 남쪽에는 섬이 많고, 해안선이 복잡하며 울퉁불퉁하다.

② 우리 국토의 영역

㉠ 영토 : 한반도와 부속 도서(섬)

㉡ 영해 : 섬이 많은 서해안과 남해안은 가장 바깥에 위치한 섬들을 연결한 선으로부터 12해리

㉢ 영공 : 영토와 영해의 하늘

③ 우리나라의 위도와 경도

㉠ 위선과 경선 : 위선은 적도를 기준으로 가로로 그어진 선이고, 경선은 본초 자오선을 기준으로 세로로 그어진 선이다.

㉡ 우리나라는 북위 33°에서 43° 사이, 동경 124°에서 132° 사이에 있다.

④ 우리 국토의 중요성

독도	• 화산이 폭발하여 형성된 동도와 서도의 2개의 큰 섬과 89개의 작은 섬들로 이루어졌고, 천연 보호 구역으로 지정되어 있음 • 영토에 따라 영해와 영공의 범위가 달라지기 때문에 우리나라 동쪽 끝에 있는 독도가 정말 소중하고 자랑스러움
비무장 지대 (DMZ)	• 휴전선에서 남북으로 각각 2km씩의 구간에 설정된 지대 • 사람들의 발길이 오랫동안 닿지 않으면서 생태계가 복원되어 최근에 가치를 인정받고 있음

(2) 아름다운 우리 국토

① 지형의 특징

㉠ 우리나라 지형의 특징

산지	약 70%가 산지로 이루어져 있으며, 북쪽과 동쪽에는 높고 험한 산이 많음
강	우리나라는 주로 동쪽이 높고 서쪽이 낮은 동고서저의 지형이 나타나므로, 강은 주로 남쪽과 서쪽으로 흐름
평야	주로 서쪽과 남쪽에 평야가 많음

㉡ **화산 지형 제주도** : 한라산 백록담, 만장굴, 성산 일출봉, 주상 절리 등 다양하고 독특한 현무암의 화산 지형이 나타난다.

② 해안선의 특징

㉠ **서해안** : 밀물과 썰물의 차가 크며 해안선이 복잡하고 섬과 만, 반도가 많다.

㉡ **동해안** : 해안선이 단조롭고 모래사장이 넓어 해수욕장이 발달하였으며, 수심이 깊다.

㉢ **남해안** : 해안선이 복잡하며, 크고 작은 섬이 많아 다도해라고 불린다.

③ 우리나라 기후의 특징

㉠ 사계절이 뚜렷하고, 여름과 겨울의 기온 차이가 크다.

㉡ 동서의 기온 차이가 커서 비슷한 위도의 동해안 지역이 서해안 지역보다 겨울에 따뜻하고 여름에 시원하다.

㉢ 여름에 적도 부근의 태평양에서 불어오는 더운 바람의 영향으로 기온이 높아서 덥고 비가 자주 온다.

㉣ 겨울에 북쪽의 시베리아에서 불어오는 차가운 바람의 영향으로 기온이 낮아서 춥고 눈이 많이 내린다.

㉤ 계절에 따라 강수량의 차이가 커서 연평균 강수량의 절반 이상이 여름에 집중된다.

㉥ 북쪽에서 남쪽으로 갈수록 강수량이 많아진다.

㉦ 울릉도 지역은 겨울에 눈이 많이 내려 우데기를 설치하였다.

(3) 우리 국토 지역 구분

① 큰 산이나 강을 기준으로 한 지역 구분

㉠ **북부 지방** : 휴전선 북쪽에 있는 지금의 북한 지역

㉡ **중부 지방** : 휴전선부터 남쪽으로 소백산맥과 금강 하류까지의 지역

㉢ **남부 지방** : 중부 지방의 남쪽 지역

② 우리나라의 전통적인 지역 구분

㉠ 철령관을 기준으로 북쪽을 관북 지방, 서쪽을 관서 지방, 동쪽을 관동 지방이라고 한다.

㉡ 관동 지방은 태백산맥을 기준으로 영동 지방과 영서 지방으로 나누어진다.

㉢ **해서 지방** : 경기해(인천과 강화도의 앞바다)의 서쪽에 있어서 '해서'라고 한다.

㉣ **경기 지방** : '경기'는 왕이 사는 도읍의 주변 지역을 뜻한다.

㉤ **호서·호남 지방**

ⓐ 의림지의 서쪽에 위치하고, 금강(옛 이름 호강)의 서쪽에 있어서 '호서'라고 한다.

ⓑ 금강(옛 이름 호강)의 남쪽에 있어서 '호남'이라고 한다.

㉥ **영남 지방** : 조령 고개의 남쪽에 있어서 '영남'이라고 한다.

③ 우리나라의 행정 구역

㉠ **행정 구역** : 나라를 효율적으로 관리하기 위해 나눈 지역

㉡ 구성 : 우리나라는 북한 지역을 제외하면 특별시 1곳과 특별자치시 1곳, 광역시 6곳, 도 6곳과 특별자치도 3곳으로 이루어져 있다.

㉢ 명칭

특별시	서울특별시	광역시	인천광역시, 대전광역시, 대구광역시, 광주광역시, 울산광역시, 부산광역시
특별자치시	세종특별자치시		
특별자치도	제주특별자치도 강원특별자치도 전북특별자치도	도	경기도, 충청북도, 충청남도, 전라남도, 경상북도, 경상남도

05 환경과 조화를 이루는 국토

(1) 인간과 환경의 조화로운 삶

① 국토 개발 사업 : 국토를 효율적으로 개발하여 국토의 생산성을 높이고, 주민의 생활 수준을 고루 향상시키기 위하여 행해지는 각종 사업이다.

② 국토 개발의 필요성 : 사람들이 편리하게 생활하기 위해서는 국토 개발이 필요하며, 더욱이 우리나라는 인구에 비하여 국토의 면적이 좁고 산이 많아서 효율적인 국토 개발이 필요하다.

③ 국토 개발의 종류와 방향

㉠ 종류 : 산업 단지 조성, 댐 건설, 터널이나 고속 국도 건설, 다리 건설, 항만·공항 건설, 주택 단지 건설 등

㉡ 방향 : 환경의 파괴를 최소화하기 위하여 자연환경을 고려한 친환경적인 국토 개발이 이루어져야 한다.

④ 친환경적인 태도

㉠ 종이, 페트병, 캔 등과 같이 재활용할 수 있는 물건은 분류 배출한다.

㉡ 가까운 거리는 걸어 다닌다.

㉢ 주변의 동식물들을 아끼고 사랑한다.

㉣ 자기 주변을 깨끗하게 정리 정돈한다.

㉤ 각자 하나씩 화분을 가꾸어 주변 환경을 아름답게 만들려고 노력한다.

㉥ 음식물 쓰레기가 생기지 않도록 음식을 먹을 만큼만 받는다.

㉦ 일회용품의 사용을 줄인다.

(2) 모두를 위한 지속 가능한 발전

① 지속 가능한 발전의 의미와 필요성

㉠ 지속 가능한 발전의 의미 : 미래 세대도 자원을 사용할 수 있도록 하고 사회적 불평등을

없애며 모든 사람이 행복한 삶을 살 수 있도록 해야 한다는 것이다.

ⓛ 지속 가능한 발전의 필요성 : 자원을 무분별하게 계속 개발한다면 자원이 고갈되어 경제가 나빠지고, 사람들이 가난해질 것이기 때문이다.

ⓒ 지속 가능한 발전을 위해 필요한 노력 : 오늘날에는 환경, 경제, 사회 분야의 많은 문제가 전 세계적으로 연관되어 있어, 지속 가능한 발전을 위해서는 전 세계적인 협력과 실천이 필요하다.

② 신재생 에너지

㉠ 신재생 에너지는 태양, 바람, 물과 같은 자연을 이용하여 만드는 에너지를 말한다.

ⓛ 신재생 에너지는 지속 가능한 발전을 가능하게 해 주고, 환경 오염 물질을 거의 배출하지 않는다는 점에서 친환경 에너지로 주목받고 있다.

ⓒ 신재생 에너지의 종류

ⓐ 태양광 발전 : 태양열 및 태양광 에너지로 난방을 하거나 전기를 생산한다.

ⓑ 풍력 발전 : 바람의 힘으로 풍차의 날개를 돌려 전기를 생산한다.

ⓒ 조력 발전 : 조석 간만의 차를 이용하여 전기를 생산한다.

③ 지속 가능한 발전의 사례

㉠ 광주광역시 신효천 마을 : 각 가정마다 태양광 시설을 설치하여 전기 요금이 줄어들었다.

ⓛ 독일 프라이부르크 시 : 태양광 발전을 하여 태양광 에너지를 적극적으로 활용하고 있다.

06 이웃 나라의 환경과 생활 모습

(1) 우리와 가까운 나라의 모습과 특징

중국	• 한반도 전체 넓이의 약 44배에 달하며 유럽 전체의 넓이와 비슷함 • 1년 내내 따뜻한 곳도 있고 추운 곳도 있으며 가뭄이 계속되는 곳도 있음 • 고원, 사막과 넓은 들, 평야, 호수, 강 등 지형이 매우 다양함
일본	• 주변이 모두 바다로 둘러싸인 섬나라로 그 넓이는 한반도 전체 넓이의 1.5배 정도임 • 사계절이 뚜렷한 편이고, 태풍의 영향을 많이 받으며 비와 눈이 많이 내림 • 전체 국토의 대부분이 산지이고, 환태평양 화산대에 속해 있어 화산과 지진이 많음
러시아	• 세계에서 영토가 가장 넓은 나라로 한반도 전체 넓이의 약 78배임 • 아시아와 유럽에 걸쳐 있고, 영토가 동서로 넓어 여러 개의 표준시를 사용 • 세계에서 가장 추운 마을이 이곳에 있음

(2) 우리와 가까운 나라의 문화

① 이웃 나라의 문화 비교

구분	중국	일본	러시아
글자	한자	가나(한자의 일부를 변형)	영어 알파벳처럼 대문자와 소문자가 있음
대표 음식	마파두부, 딤섬, 탕수육, 베이징 덕 등	스시(초밥), 덴푸라(튀김), 라멘 등	흑빵, 보르시, 샤실리크 등
스포츠	우슈	스모	삼보
주생활	사합원	다다미	이즈바

② 이웃 나라의 문화 중 우리나라와 비슷한 점 : 우리나라, 중국, 일본은 음식을 먹을 때 젓가락을 사용하고, 한자를 사용하며, 불교와 유교의 영향을 받은 점 등이 비슷하다.

(3) 우리나라와 이웃 나라의 교류

① 이웃 나라의 교류 : 이웃 나라에서 생산된 많은 물건이 수입・수출되고, 관광객과 유학생의 교류도 활발하다.

② 이웃 나라와 협력이 필요한 문제

㉠ 황사는 중국의 건조 지대에서부터 바람을 타고 오는 누런 먼지로, 중국 내륙 지역의 숲들이 사라지면서 사막화가 되어 황사가 발생하는 날이 늘어나고 있다.

㉡ 우리나라와 중국, 일본은 황사로 인한 피해를 줄이기 위해 서로 협력하고 있다.

③ 우리나라와 이웃 나라의 갈등 사례

㉠ 우리나라와 일본과의 갈등 : 야스쿠니 신사 참배 문제, 독도 문제, 일본군 위안부 문제 등

㉡ 우리나라와 중국과의 갈등 : 고구려, 발해 등 우리나라 역사 왜곡 문제, 황해 불법 조업 문제

07 세계 여러 지역의 자연과 문화

(1) 5대양 6대륙

① 5대양

인도양	아프리카, 남아시아, 오세아니아, 남극 대륙 등으로 둘러싸여 있음
남극해	거의 1년 내내 떠다니는 얼음으로 뒤덮여 있음
북극해	유럽, 아시아, 북아메리카에 둘러싸여 있음
태평양	아시아, 북아메리카, 남아메리카, 오세아니아, 남극 대륙 등에 둘러싸인 세계 최대의 대양임
대서양	북아메리카, 남아메리카, 유럽, 아프리카 등에 둘러싸여 있음

② 6대륙

아프리카	• 아시아 다음으로 큰 대륙으로 세계에서 가장 넓은 사하라 사막이 있음 • 동물의 낙원인 세렝게티 국립공원이 있음
유럽	• 좁은 면적에 비해 많은 나라들이 모여 있음(영국, 프랑스, 독일 등) • '유로'라는 화폐를 사용함 • 산업 혁명의 영향으로 일찍부터 공업이 발달함
아시아	• 6대륙 중 가장 크며, 세계 육지 넓이의 약 30%를 차지함 • 우리나라, 중국, 일본 등이 속해 있음
오세아니아	• 오스트레일리아, 뉴질랜드를 비롯한 남태평양 지역의 여러 섬들로 이루어져 있음 • 6대륙 중 가장 작은 대륙이며 남반구에 위치함
북아메리카	미국, 캐나다, 멕시코 등을 비롯하여 북쪽의 그린란드를 포함하는 지역임
남아메리카	대부분 남반구에 속해 있고, 남극해와 접해 있음

③ 남극 대륙

㉠ 남극 대륙은 어느 나라의 영토도 아니며, 남극 연구를 위해 각 나라의 연구원들이 머물고 있는 곳이다.

㉡ 우리나라도 세종 과학 기지와 장보고 과학 기지를 세워 남극에 대한 연구를 하고 있다.

㉢ 남극 대륙은 일 년 내내 기온이 0℃ 미만인 지역으로, 눈과 얼음으로 덮여 있다.

㉣ 남극 대륙에는 펭귄, 고래, 바다표범 등의 생물들이 살고 있다.

(2) 세계 여러 나라의 크기와 영토 모양

① 세계 여러 나라의 크기 : 러시아(세계에서 가장 큰 나라), 캐나다(세계에서 두 번째로 큰 나라), 바티칸(세계에서 가장 작은 나라)

② 세계 여러 나라의 다양한 영토 모양 : 이탈리아(영토 모양이 장화와 닮았음), 이집트(영토 모양이 사각형과 비슷함), 칠레(남북의 길이가 세계에서 가장 긺), 인도네시아(많은 섬으로 이루어짐)

(3) 세계의 자연환경

① 세계의 기후

한대 기후	일 년 내내 매우 추우며, 짧은 여름에도 눈과 얼음이 완전히 녹지 않아 농사짓기가 어려움
냉대 기후	겨울이 길고 몹시 춥고, 여름은 짧지만 상대적으로 기온이 높아져서 풀과 나무가 자람
온대 기후	사계절의 변화가 뚜렷하고, 기후가 온화하여 농사를 짓고 사람이 살기에 적합함
건조 기후	비가 거의 오지 않으며 하루 동안의 기온 변화가 크고 사막과 초원 지대가 많음

열대 기후	일 년 내내 무덥고 비가 많이 내리며 지구 생물의 반 이상이 열대 기후 지역에 살고 있음
고산 기후	해발 고도가 높은 지역에서 나타나며, 해발 고도가 높아질수록 점차 기온이 낮아짐

② 세계 여러 지역의 다양한 지형 : 높고 험준한 산맥에서부터 넓은 평야, 구불구불 흐르는 하천, 육지와 바다가 만나는 해안선 등 다양한 지형이 있다.

(4) 세계의 다양한 문화

① 유럽의 문화
㉠ 영국 : 자동차 운전석이 오른쪽에 있다.
㉡ 그리스 : 고대 그리스 시대의 유적이 많이 남아 있다. 예 파르테논 신전, 포세이돈 신전 등
㉢ 핀란드 : 산타클로스의 고향(로바니에미)이 있다.
㉣ 헝가리 : 굴라시가 우리나라의 육개장과 매우 비슷하다.

② 아메리카의 문화
㉠ 캐나다 : 겨울 운동을 즐긴다. 예 스키, 아이스하키, 스케이트 등
㉡ 미국 : 다양한 인종과 문화가 결합되었다.
㉢ 아마존강 주변
ⓐ 다양한 부족들이 자신들만의 문화를 지키며 살고 있다.
ⓑ 최근 무분별한 개발로 인하여 아마존강 주변의 열대 밀림이 빠른 속도로 사라지고 있다.
㉣ 멕시코와 페루 일대 : 이 일대 원주민들은 마야 문명, 잉카 문명 등을 발전시켰다.

③ 다양한 문화를 대하는 바람직한 태도
㉠ 각 나라의 문화는 오랜 세월 동안 이어져 내려온 것으로 고유한 가치를 지니고 있다.
㉡ 세계 여러 나라의 문화를 존중하고 이해하려는 마음가짐이 필요하다.

(5) 우리나라와 세계 여러 나라의 관계

① 서남아시아 지역과 우리나라의 교류
㉠ 우리나라가 얻는 도움 : 우리나라는 필요한 석유를 주로 서남아시아 지역에서 수입하고 있다.
㉡ 우리나라가 주는 도움 : 우리나라의 뛰어난 기술력으로 초고층 건물 건설, 수로 공사, 신도시 건설 등을 맡아 하며 이들 나라의 발전을 돕고 있다.

② 우리나라의 기술력이 다른 나라에 도움을 주는 경우 : 농업 기술, 신재생 에너지 개발 기술, 세계 문화유산의 복원 사업의 참여 등

(6) 세계 여러 나라의 위치와 특징

① 세계 여러 나라의 위치를 알아보는 방법
- ㉠ 지구본을 활용한다.
- ㉡ 세계 지도를 살펴본다.
- ㉢ 디지털 영상 지도를 검색해 본다.

② 지구본의 특징
- ㉠ 지구본 : 지구의 실제 모습을 본떠 작게 줄인 모형
- ㉡ 지구본의 특징
  - ⓐ 지구본을 살펴보면 나라 이름과 수도를 알 수 있다.
  - ⓑ 지구본을 돌려 보면서 여러 나라를 찾아볼 수 있다.
  - ⓒ 지구본에는 가로로 그은 위선과 세로로 그은 경선이 있다.
  - ⓓ 지구본을 보면 땅과 바다의 이름뿐만 아니라 모양도 알 수 있다.
- ㉢ 지구본의 장점
  - ⓐ 지구본을 보면 나라의 위치나 모양을 정확히 알 수 있다.
  - ⓑ 지구본에는 땅과 바다의 모양이 실제와 같게 표현되어 있다.
- ㉣ 지구본의 단점
  - ⓐ 전 세계의 모습을 한눈에 보기 어렵다.
  - ⓑ 지구본은 부피가 크고 무거워서 가지고 다니기 불편하다.

③ 세계 지도의 특징
- ㉠ 세계 지도 : 둥근 지구를 일정한 비율로 줄여 평면에 나타낸 것
- ㉡ 세계 지도의 특징
  - ⓐ 경선과 위선, 적도 등이 있다.
  - ⓑ 경도와 위도가 표시되어 있다.
  - ⓒ 나라 이름과 바다 이름이 쓰여 있다.
- ㉢ 지구본과 세계 지도의 공통점
  - ⓐ 나라 이름, 바다 이름이 쓰여 있다.
  - ⓑ 경선, 위선, 적도 등이 그어져 있다.
- ㉣ 지구본과 세계 지도의 차이점
  - ⓐ 지구본은 둥글며 입체적인 형태이고, 세계 지도는 평면에 그려져 있다.
  - ⓑ 지구본에서는 남극 대륙이 작게 그려져 있지만, 세계 지도에서는 크게 그려져 있다.
- ㉤ 세계 지도의 장점
  - ⓐ 가지고 다니기에 편리하다.
  - ⓑ 세계의 모습을 한눈에 볼 수 있다.

ⓑ 세계 지도의 단점 : 땅과 바다의 모양이 실제와 다르게 표현되기도 한다.

④ 세계의 여러 나라 특징

㉠ 일본의 벳푸는 온천이 발달한 지역이며, 홋카이도는 눈이 많이 내리는 지역이다. 일본은 화산이 많고 지진 활동이 활발하다.

㉡ 러시아는 세계에서 영토가 가장 넓은 나라로, 11개의 표준시를 사용한다. 영토가 넓지만 하나의 표준시를 사용하는 나라는 중국이다.

㉢ 우리나라와 일본은 남녀 전통 의상을 부르는 명칭이 같지만, 러시아와 중국은 성별에 따라 전통 의상을 부르는 명칭이 서로 다르다.

㉣ 세계 여러 나라에서 사는 우리나라 사람을 재외 동포라고 한다. 재외 동포에는 우리나라 국민으로서 다른 나라에 사는 사람도 있고, 다른 나라의 국민이 된 사람도 있다.

㉤ 베트남은 연중 강수량이 많고 더우며, 넓은 평야가 펼쳐져 있어서 벼농사하기 유리하다. 벼농사로 수확한 쌀을 세계 여러 나라에 수출하고 있다.

ⓑ 사우디아라비아는 원유가 많이 생산되어 세계 여러 나라에 원유를 수출하고 있다. 우리나라는 사우디아라비아 등 여러 나라에서 원유를 수입하고 있다.

㉦ 러시아는 세계에서 영토 면적이 가장 넓은 나라이다. 바티칸 시국은 세계에서 영토 면적이 가장 좁은 나라이다.

㉧ 칠레의 영토 모양은 남북으로 길게 뻗어 있는 형태이다.

08 변화하는 세계 속의 우리

(1) 우리가 만들어 가는 미래 사회

① 과학 기술의 발달이 우리 생활에 끼치는 영향

㉠ 일상생활에서 사용되는 과학 기술 : 무인기 택배, 버스 운행 정보 알림판, 스마트폰 대화 서비스, 로봇 청소기 등

㉡ 과학 기술의 발달이 가져온 사회 문제 : 유전자 변형 기술

찬성	• 미래의 식량 문제를 해결할 수 있음 • 유전자 변형 기술을 이용하여 병충해를 막을 수 있음 • 농약을 쓰지 않아도 되므로 환경 오염을 줄일 수 있음
반대	• 유전자 변형 기술의 안전성이 아직 검증되지 않았음 • 오히려 새로운 독성 때문에 사람이 먹었을 때 해로울 수도 있음 • 유전자 변형 기술이 자연환경에 큰 혼란을 줄 수 있음

② 정보 사회

㉠ **정보 사회의 의미** : 사람들이 서로 소통하면서 가치 있는 정보를 찾아 공유하며, 이를 활용하여 새로운 정보를 만드는 사회이다.

㉡ **특징** : 다양한 정보를 사람들이 함께 나누고 공유하는 과정을 통하여 더 정확한 정보를 만들 수 있다.

㉢ 정보 사회의 문제점과 해결 방안

문제점	해결 방안
상황 관찰기에 의한 개인 정보 침해	모두가 알아볼 수 있는 곳에 상황 관찰기가 설치되어 있다는 안내판을 마련해 둠
스마트폰 중독	스마트폰 사용 시간과 노출된 전자파의 양을 확인할 수 있는 애플리케이션을 활용함
불법 내려받기	내려받기를 할 때에는 출처가 분명한지 확인하고, 바이러스 검사를 함
저작권 침해	함부로 다른 사람의 작품을 도용하지 말고, 출처를 밝히거나 저작권을 확인함

(2) 세계화의 모습과 우리의 역할

① **세계화** : 지구촌의 여러 나라 사람들이 서로 가깝게 연결되어 긴밀한 영향을 주고받는 것

② **세계화의 특징**

㉠ 세계 여러 나라는 상호 의존성이 점차 높아지고 있다.

㉡ 각 나라의 고유한 문화적 특성은 점차 사라지고 있다.

㉢ 세계가 긴밀히 협력하면서 서로 가까워짐에 따라 민족이나 나라의 의미가 점점 달라져 가고 있다.

③ **자유 무역 협정(FTA)** : 세계 여러 나라는 좀 더 자유로운 무역을 위해서 나라 간 자유 무역 협정(FTA)을 맺고 수입품에 붙이는 세금을 낮추거나 없애 물건을 사고팔고 있다.

④ **푸드 마일리지** : 식품이 생산, 운송, 유통 단계를 거쳐 소비자의 식탁에 오르기까지 소요된 거리를 말하며, 값이 클수록 식품의 신선도가 떨어지고 운송 과정에서 탄소 배출량이 많아 환경에도 나쁜 영향을 준다.

(3) 함께 해결하는 지구촌 문제

① **지구촌에서 발생하는 다양한 문제들** : 전쟁, 자연재해, 인종 차별, 식량 부족, 지구 온난화, 전염병 등

② **국제기구가 하는 일**

㉠ 유엔(UN)

ⓐ **설립** : 1945년 10월 세계가 평화로운 방법으로 갈등을 해결하기 위해서 설립되었다.

ⓑ 활동 : 지구촌의 평화 유지, 전쟁 방지, 국제 협력 활동을 한다.

㉡ 여러 국제기구

ⓐ 유니세프(UNICEF) : 국적, 인종, 종교, 성별에 상관없이 어려움에 처한 어린이를 지원하고 구조한다.

ⓑ 유네스코(UNESCO) : 교육, 과학, 문화 분야에서 국제 협력을 하며 보호해야 할 가치가 있다고 인정되는 자연, 사물, 문화와 같은 세계 유산을 지키는 일을 한다.

ⓒ 세계 보건 기구(WHO) : 전 세계 모든 사람들이 최고의 건강 수준에 도달하는 것을 목적으로 활동한다.

ⓓ 국제 노동 기구 : 노동자의 노동 조건 개선을 위해 설치된 국제 연합의 기구이다.

ⓔ 유엔 난민 기구 : 난민의 보호와 난민의 문제를 해결하기 위해 설립된 기구이다.

ⓕ 국제 원자력 기구 : 원자력의 평화적 사용을 위한 연구와 국제적인 공동 관리를 위하여 설립된 국제기구이다.

③ 비정부 기구(NGO)

㉠ 의미 : 지구촌에 갈등과 문제가 발생하였을 때 이를 해결하기 위하여 국가가 아닌 민간단체들이 중심이 되어 만들어진 조직으로, 지역, 국가, 종교에 상관없이 조직된 자발적인 시민 단체이다.

㉡ 종류

ⓐ 해비타트 : 모든 사람들이 편안한 집에서 살 수 있도록 집 고치기, 집 짓기 활동을 한다.

ⓑ 굿네이버스 : 도움이 필요한 곳에 다양한 활동을 지원하고, 깨끗한 물을 마실 수 있도록 우물 파기 활동을 한다.

ⓒ 국제 앰네스티 : 고문과 사형 제도에 반대하며 인권 보호 활동을 한다.

ⓓ 푸른 아시아 : 사막이 넓어지는 것을 방지하기 위하여 나무를 심어서 숲을 가꾸는 활동을 한다.

ⓔ 국경 없는 의사회 : 아픈 사람이 있는 곳은 어디든지 가서 치료해 준다.

ⓕ 그린피스 : 숲이 파괴되는 것을 막고 공기 오염 물질 사용을 줄이며, 고래와 같이 멸종 위기에 있는 동물들을 보호하기도 한다.

01 장 기출문제로 유형 잡기

01 다음에서 땅의 높이가 가장 높은 곳은?

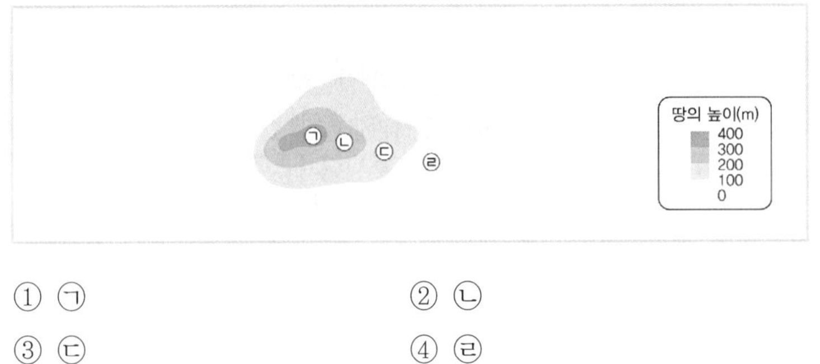

① ㉠　　② ㉡
③ ㉢　　④ ㉣

정답잡기 등고선은 지도에서 높이가 같은 곳을 선으로 이어 땅의 높낮이를 나타낸 것이다. 높이가 높아질수록 색깔이 진해진다.

02 다음에서 설명하는 산업은?

- 김과 미역을 따는 일
- 바다에서 고기를 잡거나 기르는 일

① 공업　　② 농업
③ 어업　　④ 임업

오답잡기
① 공업은 원료를 이용하여 인간 생활에 필요한 여러 생산물을 만드는 산업이다.
② 농업은 논과 밭에서 곡식과 채소 등을 재배하는 것이다.
④ 임업은 산에서 목재나 나물을 얻고 버섯을 재배하는 것이다.

03 그래프를 보고 예상할 수 있는 도시 문제와 가장 관련이 __적은__ 것은?

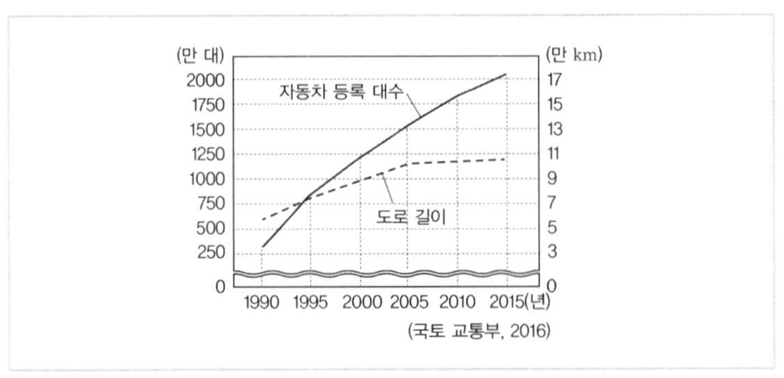

(국토 교통부, 2016)

① 교통사고　　② 수질 오염
③ 교통 혼잡　　④ 주차 문제

정답잡기 제시된 그래프는 도로 길이와 자동차 등록 대수 관련 자료이다. 자료를 보면 도로의 길이보다 자동차 등록 대수가 많다는 것을 알 수 있다. 이로 인해 교통사고 증가, 교통 혼잡, 주차 문제 등이 도시 문제로 등장하였다.

정답 01 ① 02 ③ 03 ②

04 다음 대화에서 설명하는 곳은?

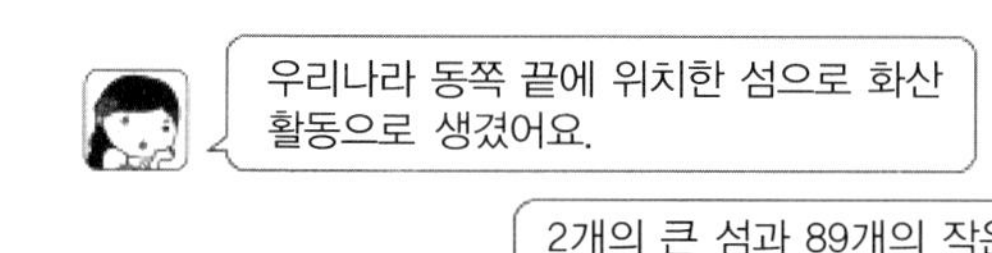

우리나라 동쪽 끝에 위치한 섬으로 화산 활동으로 생겼어요.
2개의 큰 섬과 89개의 작은 섬으로 이루어져 있어요.

① 독도　　② 강화도
③ 거제도　　④ 제주도

정답잡기 독도는 바위로 된 섬이라는 뜻에서 '돌섬' 또는 '석도'라고 불리기도 하였다. 돌섬을 경상도와 전라도 사투리로 독섬이라고 하는데, 이를 한자어로 쓰는 과정에서 독도가 되었다. 독도는 우리나라 영토의 가장 동쪽 끝에 있는 섬이다. 또한, 우리나라에서 가장 오래된 화산섬으로, 약 460만 년 전에 해저 화산이 폭발하여 형성되었다.

05 ㉠ 대륙에 위치하지 <u>않는</u> 나라는?

① 몽골　　② 페루
③ 베트남　　④ 대한민국

정답잡기 제시된 지도의 대륙은 아시아이다. 페루는 남아메리카에 속해있는 나라이다.

06 다음에서 설명하는 대륙은?

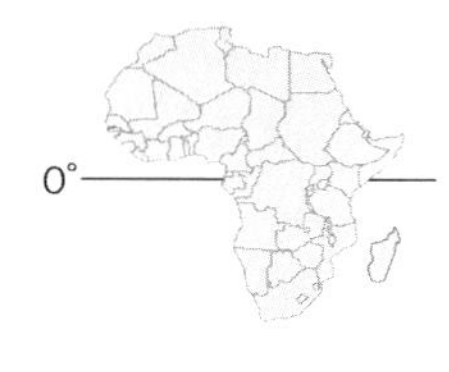

- 북반구와 남반구에 걸쳐 있다.
- 사하라 사막, 나일강 등이 있다.
- 이집트, 케냐 등의 나라가 있다.

① 유럽　　② 아프리카
③ 북아메리카　　④ 오세아니아

정답잡기 이집트, 케냐 등의 나라와 사하라 사막, 나일강은 아프리카에 위치해 있다.

오답잡기
③ 북아메리카에는 미국, 캐나다, 멕시코가 있다.
④ 오세아니아는 뉴질랜드, 오스트레일리아 등의 국가가 있다.

정답 04 ① 05 ② 06 ②

07 다음에서 설명하는 대륙은?

• 6대륙 중 가장 작은 대륙이며 남반구에 위치함
• 오스트레일리아, 뉴질랜드 등이 속해 있음

① 유럽 ② 아시아
③ 아프리카 ④ 오세아니아

정답잡기 6대륙 중 가장 작은 대륙은 오세아니아이다. 남반구에 위치한 오세아니아는 오스트레일리아, 뉴질랜드를 비롯한 남태평양 지역의 여러 섬들로 이루어져 있다.

08 ㉠에 해당하는 기후로 가장 적절한 것은?

주제 : ㉠ 의 특징
• 얼음과 눈으로 덮인 곳이 많다.
• 주로 남극과 북극 주변의 고위도 지역에 나타난다.
• 기온이 계속 영하인 곳도 있고, 기온이 올라가면서 이끼가 자라는 곳도 있다.

① 건조 기후 ② 열대 기후
③ 온대 기후 ④ 한대 기후

정답잡기 한대 기후는 일 년 내내 매우 추우며, 짧은 여름에도 눈과 얼음이 완전히 녹지 않아 농사짓기가 어렵다.

오답잡기
① 건조 기후는 비가 거의 오지 않으며 하루 동안의 기온 변화가 크고 사막과 초원 지대가 많다.
② 열대 기후는 일 년 내내 무덥고 비가 많이 내리며 지구 생물의 반 이상이 열대 기후 지역에 살고 있다.
③ 온대 기후는 사계절의 변화가 뚜렷하고, 기후가 온화하여 농사를 짓고 사람이 살기에 적합하다.

09 다음에서 설명하는 것은?

중국이나 몽골 등에 위치한 사막과 황토 지대의 작은 모래나 흙, 먼지가 바람을 타고 하늘 높이 올라가 멀리까지 이동하는 현상

① 우박 ② 지진
③ 해일 ④ 황사

정답잡기 황사는 봄에 중국이나 몽골 등의 사막 지대에 있던 아주 작은 모래가 바람을 타고 불어오는 현상을 말한다. 지구 온난화로 인해 몽골 지역에서의 사막화와 그에 따른 황사 피해가 심각해지고 있다.

오답잡기
① 우박은 큰 물방울들이 공중에서 갑자기 찬 기운을 만나 얼어 떨어지는 얼음덩어리이다.
② 지진은 지각판이 서로 충돌하거나 분리되는 과정에서 생긴 엄청난 에너지가 지표면으로 전달되어 땅이 갈라지고 흔들리는 현상이다.
③ 해일은 바닷물이 크게 일어서 육지로 넘쳐 들어오는 현상을 말한다.

정답 07 ④ 08 ④ 09 ④

10 정보 사회의 긍정적인 모습은?

① 인터넷을 통한 언어폭력
② 스마트폰을 이용한 날씨 정보 검색
③ 불법 자료 공유를 통한 바이러스 감염
④ 상황 관찰기(CCTV)를 통한 개인 정보 침해

정답잡기 정보 사회에서 인터넷은 정보를 서로 나누기 위한 전 세계적인 컴퓨터 통신망으로 필요한 정보를 쉽게 찾을 수 있는 의사소통 수단이다. 오늘날의 스마트폰은 통화와 문자 메시지로 연락이 가능한 휴대 전화에 정보 찾기, 전자 우편, 음악 감상 등의 다양한 기능이 추가된 것이다.

11 다음에서 설명하는 것은?

교육, 과학, 문화 분야에서 국제 협력을 하며 보호해야 할 가치가 있다고 인정되는 자연, 사물, 문화와 같은 세계 유산을 지키는 일을 함

① 그린피스
② 유네스코
③ 세계 보건 기구
④ 119 국제 구조대

정답잡기 제시문은 유네스코에 대한 설명이다.

오답잡기
① 그린피스는 세계에서 가장 널리 알려진 환경 보호 단체이다.
③ 세계 보건 기구는 전 세계 모든 사람들이 최고의 건강 수준에 도달하는 것을 목적으로 활동하는 국제 연합에 속한 기구이다.
④ 119 국제 구조대는 외국에서 발생한 대형 재난 등에서 구조 활동을 한다.

정답 10 ② 11 ②

01 장 예상문제로 실력 잡기

01 다음에서 설명하는 것은?

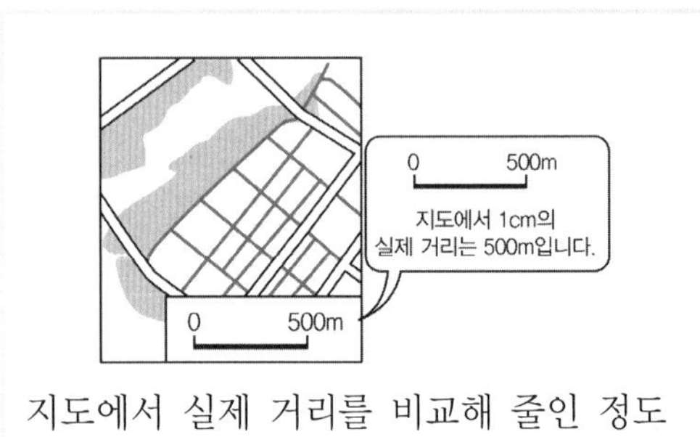

0 500m
지도에서 1cm의
실제 거리는 500m입니다.
0 500m

지도에서 실제 거리를 비교해 줄인 정도

① 축척 ② 등고선
③ 방위표 ④ 해안선

02 다음에서 설명하는 공공 기관은?

- 편지와 물건을 배달한다.
- 은행처럼 돈을 맡아 주기도 한다.

① 경찰서 ② 교육청
③ 소방서 ④ 우체국

03 다음에서 설명하는 것은?

- 위에서 내려다본 땅의 실제 모습을 일정한 형식으로 나타낸 그림임.
- 방위, 땅의 높낮이, 기호 등이 나타나 있음.

① 날씨 ② 연표
③ 지도 ④ 나침반

04 다음 중 지도에서 땅의 높낮이를 나타내는 것은?

① 기호 ② 등고선
③ 축척 ④ 방위표

05 ( ) 안에 들어갈 방위로 알맞은 것은?

독도는 서울특별시의 ( )쪽에 있다.

① 남 ② 북
③ 동 ④ 서

6 ㉠에 공통으로 들어갈 자연재해는?

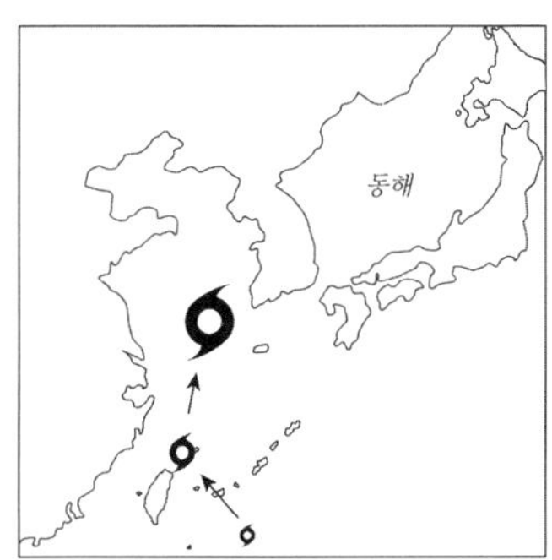

> 필리핀 앞바다에서 발생한 7호 [㉠] 이/가 한반도로 접근하고 있습니다. 이번 7호 [㉡]은/는 강한 바람과 많은 비를 동반하여 심한 피해가 예상되므로 대비가 필요합니다.

① 가뭄　② 태풍
③ 폭설　④ 황사

7 ㉠과 ㉡에 들어갈 내용으로 알맞게 짝 지어진 것은?

> • [㉠] : 높이 솟은 산들이 모여 이루어진 지형이다.
> • [㉡] : 넓고 평탄한 땅으로 이루어진 지형이다.

	㉠	㉡
①	산지	평야
②	평야	산지
③	해안	산지
④	해안	평야

8 일정한 기간의 기온, 강수, 바람 등의 대기 상태를 일컫는 말은?

① 지형　② 기후
③ 방위　④ 축척

9 다음에서 설명하는 자연재해는?

> 주로 여름철에서 이른 가을 사이에 발생하며, 많은 비와 강한 바람으로 인해 사람들에게 큰 피해를 입힌다.

① 가뭄　② 태풍
③ 폭설　④ 황사

10 자연재해를 극복하기 위한 노력으로 거리가 먼 것은?

① 물을 아껴 써서 가뭄에 대비한다.
② 댐을 건설하여 지진에 대비한다.
③ 정확한 일기 예보를 한다.
④ 방파제를 쌓아 해일에 대비한다.

11 다음 질문에 대한 답으로 알맞은 것은?

생활에 필요한 물건을 만드는 경제 활동을 무엇이라고 할까요?

① 배려　② 생산
③ 소비　④ 저축

12 각 지형의 이용 모습이 바르게 짝지어진 것을 고르면?

① 평야 – 고기잡이
② 해안 – 목재 채취
③ 산지 – 산림 휴양지
④ 평야 – 지하자원 채굴

13 다음 모습을 가장 많이 볼 수 있는 지역은?

- 논농사, 밭농사를 짓는다.
- 농사를 지을 땅이 넓게 발달해 있다.
- 주위에 큰 하천들이 많아 물을 구하기 쉽다.

① 섬 ② 해안
③ 산지 ④ 평야

14 다음 중 산지촌의 모습으로 옳은 것은?

① 갯벌을 볼 수 있다.
② 들이 넓게 펼쳐져 있다.
③ 넓고 평평한 땅에 높은 건물이 많이 있다.
④ 넓은 초원에 만든 목장이 있다.

15 농촌의 생산 활동에 대한 설명으로 옳지 <u>않은</u> 것은?

① 양식장에서 물고기를 얻는다.
② 비닐하우스를 만들어 채소를 재배한다.
③ 넓은 들에서 벼농사를 한다.
④ 밭에서 여러 가지 채소를 재배한다.

16 다음 중 촌락에서 발생하는 문제를 고르면?

① 주택 부족
② 시설 부족
③ 교통 혼잡
④ 늘어나는 쓰레기 처리 문제

17 다음과 같은 일을 하는 공공 기관을 고르면?

- 기업과 근로자를 연결해 주는 취업 박람회를 연다.
- 문화 행사를 개최하고, 생활 취미 교실을 운영한다.
- 팩시밀리나 인터넷으로도 증명서를 발급해 준다.

① 시청(구청) ② 문화원
③ 우체국 ④ 소방서

18 다음과 같은 일을 하는 공공 기관을 고르면?

- 범죄 발생을 예방하고 범인을 체포한다.
- 고장의 질서를 유지하며, 교통정리 및 교통사고 예방에 힘쓴다.

① 교육청 ② 문화원
③ 소방서 ④ 경찰서

19 다음 대화에서 설명하는 의무는?

환경을 지키는 활동에 참여해요.
모든 국민, 기업, 국가는 환경을 보전하려고 노력해야 해요.

① 국방의 의무 ② 근로의 의무
③ 납세의 의무 ④ 환경 보전의 의무

20 다음 신문 기사의 내용이 의미하는 사회 변화는?

□□신문 2023년 ○월 ○일

초등학생 수, 매년 줄어들고 있다

최근 몇 년간 신생아 수가 급감함에 따라 새 학기가 시작되었지만 신입생이 없는 학교가 계속 늘어나고 있다. 국내 많은 지역에서 초등학생 수가 줄어들고 있으며, 이에 따라 폐교하는 학교도 생겨나고 있다.

① 지역화 ② 세계화
③ 저출산 ④ 정보화

21 도시의 교통 문제를 해결하기 위한 노력으로 옳은 것은?

① 주택 건설을 확대한다.
② 버스 전용 차로제를 실시한다.
③ 물 재생 시설을 설치한다.
④ 범죄 예방을 위해 노력한다.

22 도시에서 발달한 산업과 관련된 설명으로 옳지 <u>않은</u> 것은?

① 가전제품, 식료품 등을 만드는 공장들이 많다.
② 은행과 증권 회사들이 많다.
③ 울창한 숲을 이용한 임업이 발달하였다.
④ 높은 건물의 상점들이 많다.

23 ㉠에 들어갈 내용으로 알맞은 것은?

사회 퀴즈 대회

우리나라 영토와 영해 위에 있는 하늘의 범위를 무엇이라고 할까요?

㉠

① 도시 ② 영공
③ 인구 ④ 장마

24 다음에서 설명하는 것은?

- 국민 모두가 갖는 권리이다.
- 국민이 한 나라의 주인으로서 나라의 중요한 일을 스스로 결정하는 권리이다.

① 문화 ② 주권
③ 양보 ④ 봉사

25 우리나라 국토에 대해 바르게 설명한 것은?

① 아프리카 중심에 있다.
② 삼면이 바다로 열려 있다.
③ 남쪽은 대륙과 연결되어 있다.
④ 지하자원이 풍부한 남반구에 있다.

26 다음 중 우리나라의 영역에 대한 설명으로 옳은 것은?

① 영토는 한반도와 만주 지방으로 이루어져 있다.
② 영해는 서해안, 남해안, 동해안의 기선이 모두 같다.
③ 영해는 일반적으로 해안선으로부터 12해리까지를 말한다.
④ 영공은 우리나라와 일본의 힘이 공동으로 미치는 하늘의 범위이다.

27 다음 중 독도에 대한 설명으로 옳지 <u>않은</u> 것은?

① 화산 활동으로 생긴 섬이다.
② 대한민국 영토의 가장 남쪽에 있다.
③ 지리적·역사적으로는 우리나라의 영토이다.
④ 섬 전체가 천연 보호 구역으로 지정되어 보호받고 있다.

28 다음에서 설명하는 우리나라의 섬을 고르면?

> 경상북도 울릉군에 속한 화산섬으로, 대한민국 영토의 가장 동쪽에 자리 잡고 있다.

① 독도 ② 마라도
③ 백령도 ④ 제주도

29 우리나라 지형의 특징으로 옳은 것은?

① 약 70%가 산지로 이루어져 있다.
② 서쪽과 남쪽에 높고 험한 산이 많다.
③ 강은 남쪽과 동쪽에서 주로 북쪽과 서쪽으로 흐른다.
④ 동쪽은 낮고 서쪽은 높은 지형이 나타난다.

30 우리나라 각 해안의 특징으로 옳은 것은?

① 동해안은 해안선이 단조롭다.
② 서해안은 크고 작은 섬이 많아 다도해라 부른다.
③ 동해안은 밀물과 썰물의 차가 커서 갯벌이 넓게 펼쳐져 있다.
④ 서해안은 모래사장이 넓어 해수욕장이 발달하였으며, 수심이 깊다.

31 **다음 중 서해안에 대한 설명으로 옳은 것은?**

① 해안선이 복잡하고 수심이 깊다.
② 크고 작은 섬이 적다.
③ 밀물과 썰물의 차가 크다.
④ 해안선이 단조롭고 모래사장이 넓다.

32 **다음 중 우리나라 기후에 대한 설명으로 옳은 것은?**

① 남북의 기온 차가 크다.
② 겨울에는 춥고 습기가 많다.
③ 봄에는 비가 많이 내린다.
④ 계절에 따라 강수량의 변화가 거의 없다.

33 **교통과 통신의 발달로 인한 변화로 알맞은 것을 고르면?**

① 사람들의 생활권이 넓어졌다.
② 사람들이 느끼는 국토의 크기는 상대적으로 커졌다.
③ 지역 간 이동 시간이 늘어났다.
④ 시간과 공간의 제약이 커졌다.

34 **환경친화적인 삶에 대한 설명으로 옳지 않은 것은?**

① 더 빨리, 더 많이 얻고자 자연을 개발한다.
② 인간의 생활 공간이 자연과 조화를 이루어야 한다.
③ 인간이 자연과 어울려 함께 살아가는 삶을 말한다.
④ 자원을 사용할 때 생태계의 오염을 최소화해야 한다.

35 **다음 중 환경 문제 해결을 위한 노력이라고 볼 수 없는 것은?**

① 쓰레기 종량제 잘 지키기
② 쓰레기 분리수거 잘하기
③ 일회용품 사용 줄이기
④ 도로 건설 공사에 참여하기

36 **다음의 ㉠에 들어갈 용어로 알맞은 것을 고르면?**

> 온실가스를 거의 배출하지 않고 무한히 사용할 수 있으며, 환경 오염을 줄일 수 있는 에너지를 (㉠   )(이)라고 합니다.

① 순환 자원
② 신재생 에너지
③ 화석 에너지
④ 원자력 에너지

37 다음 중 신재생 에너지에 해당하는 것끼리 바르게 연결된 것은?

① 풍력, 석탄 ② 바이오, 지열
③ 석탄, 태양광 ④ 석유, 바이오

38 다음과 같은 특징을 가진 에너지는 무엇인가?

> **장점** : 태양을 이용하여 환경 오염 물질을 거의 배출하지 않고 지속 가능한 발전을 가능하게 해 줍니다.
> **단점** : 시설을 설치하는 데 많은 비용이 듭니다.

① 태양광 발전 ② 풍력 발전
③ 수력 발전 ④ 조력 발전

39 자연과 더불어 살아가는 사람의 모습이 아닌 것은?

① 하천에 댐을 건설하여 홍수를 예방한다.
② 산림욕장에서 휴식을 취한다.
③ 숲에 가서 맑은 공기를 마신다.
④ 산에 올라가 아름다운 경치를 본다.

40 다음에서 설명하는 것은?

> 화석 연료를 사용할 때 나오는 이산화탄소 등 온실가스가 대기 중에 너무 많아져 지구의 온도가 점점 올라가는 현상을 말한다.

① 오존층 파괴 ② 지구 온난화
③ 쓰나미 ④ 기상 이변

41 환경 문제 해결을 위해서 개인이 할 수 있는 노력이 아닌 것은?

① 물과 전기를 아껴 쓴다.
② 쓰레기의 양을 줄이고 분리수거를 한다.
③ 환경 문제를 해결하기 위한 정책을 만든다.
④ 멸종 위기 동식물들의 서식처 보호 운동을 후원한다.

42 다음 중 일본에서 지진이 많이 일어나는 원인을 고르면?

① 환태평양 지진대에 속해 있기 때문에
② 바다로 둘러싸여 있기 때문에
③ 태풍의 영향을 많이 받기 때문에
④ 알프스·히말라야 지진대에 속해 있기 때문에

43 다음 중 황사와 같은 문제가 심각해지는 까닭으로 알맞은 것은?

① 우리나라의 공장에서 발생한 오염 물질이 중국으로 이동하고 있기 때문에
② 중국에서 지진 피해가 늘어났기 때문에
③ 사막 지역이 점차 줄어들고 있기 때문에
④ 지구 온난화로 중국 내륙 지방의 숲과 들이 사라지고 있기 때문에

44 **다음 중 중국의 기후가 다양하게 나타나는 까닭을 고르면?**

① 위도의 차이가 크기 때문에
② 우리나라보다 북쪽에 위치하였기 때문에
③ 가뭄의 영향을 많이 받기 때문에
④ 세계에서 가장 건조한 사막 지역이 있기 때문에

45 **다음은 어느 나라에 관한 설명인가?**

- 유럽의 서쪽에 위치하고 있다.
- 수도는 파리이다.
- 베르사유 궁전과 몽블랑산이 있다.

① 독일 ② 프랑스
③ 영국 ④ 에스파냐

46 **대륙별로 위치한 나라를 바르게 짝지은 것을 고르면?**

① 오세아니아 – 영국
② 아시아 – 프랑스
③ 아프리카 – 튀르키예
④ 남아메리카 – 브라질

47 **6대륙에 대한 설명을 바르게 짝지은 것을 고르면?**

① 유럽 – 넓은 면적에 비해 적은 나라들이 모여 있다.
② 아시아 – 세계에서 가장 큰 대륙이다.
③ 남아메리카 – 오스트레일리아, 뉴질랜드를 비롯한 여러 섬들로 이루어져 있다.
④ 오세아니아 – 미국과 캐나다를 비롯하여 북쪽의 그린란드를 포함하는 지역이다.

48 **세계의 대양에 대한 설명으로 옳은 것은?**

① 대서양은 아프리카, 남아시아, 오세아니아, 남극 대륙 등으로 둘러싸여 있다.
② 남극해는 1년 내내 얼음들로 뒤덮여 있다.
③ 태평양은 유럽, 아시아, 북아메리카에 둘러싸여 있다.
④ 대서양은 인도와 유럽 사이에 위치한 바다이다.

49 **다음에서 설명하는 대양으로 알맞은 것은?**

남극 대륙, 아시아, 북아메리카, 남아메리카, 북극권으로 둘러싸인 세계 최대의 대양이다.

① 태평양 ② 남극해
③ 대서양 ④ 인도양

50 다음에서 설명하는 대양을 고르면?

> • 세계 3대 대양 중 하나이다.
> • 북아메리카, 남아메리카, 유럽, 아프리카 등에 둘러싸여 있다.

① 태평양 ② 남극해
③ 인도양 ④ 대서양

51 남극 대륙에 대한 설명으로 옳지 <u>않은</u> 것은?

① 아르헨티나의 영토에 속해 있다.
② 남극 대륙을 더해 전 세계의 대륙을 7대륙으로 구분하기도 한다.
③ 지구에서 가장 추운 곳이다.
④ 남극 연구를 위해 각 나라의 연구원들이 머물고 있다.

52 사계절의 변화가 뚜렷하고 기후가 온화하여 농사를 짓고 사람이 살기에 적합한 기후는?

① 건조 기후 ② 냉대 기후
③ 온대 기후 ④ 열대 기후

53 세계에서 영토의 크기가 가장 큰 나라는?

① 러시아 ② 중국
③ 캐나다 ④ 브라질

54 다음에서 설명하고 있는 나라는?

> 고대 도시 국가에서 출발한 나라로 파르테논 신전, 포세이돈 신전 등의 고대 건축물들이 많이 남아 있다.

① 영국 ② 그리스
③ 프랑스 ④ 에스파냐

55 다음 중 아시아에 있는 나라가 아닌 곳은?

① 인도 ② 중국
③ 라오스 ④ 프랑스

56 다음 중 바람직한 인터넷 사용 방법은?

① 다른 사람의 개인 정보를 사용한다.
② 채팅할 때 상대방을 배려하지 않는다.
③ 프로그램을 불법으로 복사해서 사용한다.
④ 올바른 네티켓을 지켜서 인터넷을 사용한다.

57 정보 사회의 특징으로 옳지 <u>않은</u> 것은?

① 정보를 공유하고 창조한다.
② 정보를 직접 만들어 저장한다.
③ 정보 수집 방법이 더 어려워졌다.
④ 의사소통 방법이 다양하다.

58 정보화로 인한 생활의 변화로 거리가 먼 것은?

① 인터넷 쇼핑을 통해 책을 주문한다.
② 전자마트에 직접 가서 노트북을 구매한다.
③ 홈쇼핑으로 에어컨을 산다.
④ 인터넷으로 증빙 서류를 발급받는다.

59 지구촌의 여러 나라 사람들이 서로 가깝게 연결되어 긴밀한 영향을 주고받는 것을 무엇이라고 하는가?

① 세계화　② 공업화
③ 도시화　④ 지역화

60 오늘날 세계를 지구촌이라고 부르는 까닭으로 옳지 않은 것은?

① 교통의 발달로 쉽게 오갈 수 있다.
② 많은 정보를 서로 공유할 수 있다.
③ 세계가 작은 마을 단위로 나누어지고 있다.
④ 세계 곳곳에서 일어나는 일을 쉽게 알 수 있다.

61 다음에서 설명하는 국제기구는?

1945년에 설립되어 평화 유지, 국제 협력 활동을 하는 국제기구이다.

① 유엔
② 세계 자유 무역 기구
③ 국경 없는 의사회
④ 유네스코

62 다음과 같은 일을 하는 국제기구는?

• 교육, 과학, 문화 분야에서 국제 협력을 한다.
• 세계 유산을 지키는 일을 한다.

① 그린피스　② 유니세프
③ 유네스코　④ 국경 없는 의사회

63 다음에서 설명하는 국제기구는?

아동의 질병 예방, 교육, 보호 등 아동 복지와 권리 향상을 위한 다양한 활동을 한다.

① 세계 무역 기구
② 국제 원자력 기구
③ 국제 올림픽 위원회
④ 국제 연합 아동 기금

02장 역사 영역

01 우리 역사의 시작과 발전

(1) 선사 시대 사람들의 생활 모습

구분	구석기 시대	신석기 시대
도구	돌을 깨뜨리거나 떼내어 만든 뗀석기와 뼈로 만든 도구 등	여러 종류의 간석기와 곡식을 담아 저장하거나 식량을 익히는 데에 빗살무늬 토기를 사용
생활 모습	• 불을 사용하였으며, 사냥이나 고기잡이, 채집 활동 • 동굴이나 바위 그늘에서 무리 지어 살면서 이동 생활	• 장신구를 만들었고, 식물에서 얻은 실로 옷감을 짜서 옷을 만들었음(가락바퀴) • 밭에 조, 수수 등의 농사를 짓기 시작 • 강가에 움집을 짓고 정착 생활

(2) 최초의 국가 고조선

① 청동기 시대 사람들의 생활 모습

㉠ **청동기의 사용** : 청동기는 만들기가 어렵고 귀해서 농사짓는 데에는 여전히 돌과 나무로 만든 도구를 사용하였다.

㉡ **벼농사의 시작** : 벼, 보리, 콩 등을 재배하기 시작하고 반달 돌칼을 이용해 곡식을 수확하였다.

㉢ **계급 발생** : 지배하는 사람과 지배를 받는 사람으로 나누어졌다.

㉣ **고인돌** : 사람이 죽으면 만들었던 무덤으로, 받침돌이 커다란 덮개돌을 고이고 있어 붙은 이름이다.

② 고조선의 건국 과정

㉠ 고조선의 건국

세워진 때	기원전 2333년
건국자	단군왕검
실린 책	『삼국유사』
건국 이념	'널리 인간을 이롭게 한다.'는 홍익인간의 정신
단군왕검의 의미	제사장을 뜻하는 '단군'과 정치적 지배자를 뜻하는 '왕검'이 합쳐진 말
의의	청동기 문화를 기반으로 한 우리나라 최초의 국가

㉡ **고조선의 8조법을 통해 알 수 있는 점** : 사회 질서 엄격, 농경 사회, 개인의 재산 인정, 신분 사회, 화폐 사용

(3) 고구려, 백제, 신라의 건국과 발전

① 고구려, 백제, 신라의 건국

㉠ 고구려 : 주몽이 압록강 중류의 졸본 지역에서 고구려를 세움

㉡ 백제 : 주몽의 아들로 알려진 온조가 한강 유역에 백제를 세움

㉢ 신라 : 박혁거세가 경주 지역에서 신라를 세움

② 불교의 수용

㉠ 백성이 왕을 부처처럼 섬기도록 하면서 왕권을 강화하는 데 큰 역할을 하였다.

㉡ 불교 문화재 : 금동 연가 7년명 여래 입상(고구려), 부여 정림사지 오층 석탑(백제), 경주 분황사 모전 석탑(신라), 황룡사 9층 목탑(신라)

③ 삼국과 가야의 발전 과정

㉠ 백제의 발전 과정(4세기) : 근초고왕이 북쪽으로 고구려를 공격하여 황해도 지역을 차지하였으며, 남쪽으로는 마한 세력을 정복하여 영토를 남해안까지 넓혔다.

㉡ 고구려의 발전 과정(5세기)

ⓐ 광개토 대왕 : 북으로는 요동과 만주 지역까지 진출했고, 남으로는 백제의 한강 이북까지 점령하였으며 신라를 도와 왜구를 물리쳤다.

ⓑ 장수왕 : 수도를 평양성으로 옮기고 한강 남쪽을 차지하여 백제와 신라를 위협하였다.

㉢ 신라의 발전 과정(6세기) : 진흥왕은 화랑도를 정비하여 인재를 길러 냈다. 또한 대가야를 정복하여 영토를 넓혔으며, 한강 유역을 확보하였다.

㉣ 가야의 발전 : 질 좋은 철을 생산하여 중국과 왜에 수출하였다.

④ 삼국 시대 사람들의 생활 모습

㉠ 힘을 가진 집단에 속한 사람들과 이들을 도와 공을 세운 사람들은 귀족, 일반 사람들은 평민, 전쟁에서 진 전쟁 포로나 죄를 지은 사람은 노비가 되었다.

㉡ 삼국 시대에는 신분에 따라 하는 일, 입을 수 있는 옷, 집의 크기와 모양 등이 달랐다.

(4) 삼국 통일과 발해의 건국

① 수나라와 당나라를 물리친 고구려

살수 대첩	고구려의 장군 을지문덕이 수나라 군사를 살수(청천강)로 유인하는 작전을 펴 큰 승리를 거둔 전쟁
안시성 싸움	당나라가 고구려를 침략하였으나 안시성 성주와 백성들은 힘을 모아 당나라 군대를 몰아냄

② 신라의 삼국 통일과 발해의 건국

㉠ 신라의 삼국 통일 : 나·당 연합 → 백제 멸망(660년) → 고구려 멸망(668년) → 나·당 전쟁 → 삼국 통일(676년)

㉡ 발해의 건국(698년) : 대조영이 고구려 유민 및 말갈족을 이끌고 동모산 근처에서 건국하였다.

③ 신라와 발해의 발전 모습

신라	발해
• 문무왕 : 하나 된 신라를 만들기 위하여 백제와 고구려의 유민들을 통합하는 정책을 펼쳤음 • 신문왕 : 왕권을 강화하는 한편, 여러 제도를 새롭게 정비하여 통일된 신라의 기틀을 다졌음	• 무왕 : 발해가 고구려를 계승한 나라임을 주변국에 알림, 옛 고구려의 땅보다 더 넓은 영토를 확보 • 선왕 : 동쪽의 융성한 나라라는 뜻의 '해동성국'이라는 말을 들을 정도로 강력한 국가로 성장

④ 신라의 장보고는 완도에 청해진을 설치하고 해적을 무찔러 당나라와 신라, 일본을 잇는 무역로를 확보하였다.

⑤ 통일 신라와 발해의 문화

㉠ 통일 신라

ⓐ 대표적인 문화재 : 불국사 삼층 석탑(석가탑)과 다보탑, 석굴암, 무구 정광 대다라니경

ⓑ 석굴암 : 석굴 모양의 사찰로, 그 안에는 본존불과 주변에는 많은 조각상들이 새겨져 있다.

ⓒ 무구 정광 대다라니경 : 세계에서 가장 오래된 목판 인쇄물

㉡ 발해 : 고구려 문화를 바탕으로 당 문화, 말갈 문화 등을 받아들여, 다양한 문화를 바탕으로 독자적인 문화를 이루었다. 예 정효 공주 무덤, 이불병좌상, 발해 석등 등

02 세계와 활발하게 교류한 고려

(1) 후삼국 통일

① 신라 말의 상황

㉠ 지배층의 권력 다툼으로 왕권이 약해졌으며, 백성들의 생활이 어려워지고 사회는 혼란스러웠다.

㉡ 왕실이 힘을 잃게 되자 각 지방에서는 경제력이나 군사력이 강한 세력인 호족이 등장하였다.

② 후삼국의 성립

후백제	신라의 군인이었던 견훤이 완산주(전주)에 도읍을 정하여 건국(900년)
후고구려	궁예가 송악에 세웠으나(901년), 가혹한 정치를 하여 왕건이 새 왕으로 오름
신라	경상도 지역에서만 세력을 유지하였음

(2) 고려의 발전

① **고려의 후삼국 통일** : 후백제 건국 → 후고구려 건국 → 고려 건국 → 신라의 항복 → 후백제 멸망 → 후삼국 통일

② **고려의 기틀을 다지기 위한 노력**

태조 왕건	• 많은 호족과 결혼하고 왕씨 성과 관직, 토지 등을 주었음 • 고구려의 도읍이었던 서경(평양)을 중시하였고, 옛 고구려의 영토를 회복하고자 북진 정책을 추진
광종	• 노비안검법 실시 : 왕권을 강화하기 위하여 양인이었다가 노비가 된 자들의 신분을 되찾아 주었음 • 과거 제도 실시 : 관직을 독차지하려는 중앙 관리들의 힘을 견제하기 위해 시험을 통해 인재를 뽑음
성종	유학자 최승로의 시무 28조를 받아들여 유교의 정치 원리를 바탕으로 고려의 상황에 맞는 정치 제도를 만들었음

(3) 세계 속의 고려

① **고려의 대외 관계** : 송나라와 활발히 교류하고, 거란과 여진을 배척하였다.

② **고려의 무역 활동**

㉠ 개경 근처의 예성강 하구에 위치한 고려의 국제 무역항 '벽란도'는 송, 아라비아 등에서 온 상인들로 붐볐다.

㉡ 고려를 다녀간 아라비아 상인들에 의해 고려는 '코리아'라는 이름으로 외국에 알려지게 되었다.

㉢ **고려와 송** : 고려는 송에 금・은・나전 칠기・화문석・인삼・종이・먹 등을 수출하였고, 송에서 비단・약재・서적・자기 등의 선진 문물을 수입하였다.

㉣ **고려와 거란・여진** : 고려는 거란과 여진에 농기구・곡식 등을 수출하였고, 은・모피・말 등을 수입하였다.

㉤ **고려와 일본** : 고려는 일본에 곡식・인삼・서적 등을 수출하였고, 유황・수은 등을 수입하였다.

(4) 북방 민족의 침입과 극복

① **거란의 침입과 극복**

1차 침입	• 고려의 북쪽 땅이 자신들의 땅이라는 핑계로 침입하였음 • 서희의 담판 이후 강동 6주에 성을 쌓았음(993년)
2차 침입	양규가 이끄는 고려군이 승리하였음(1010년)
3차 침입	강감찬 장군이 압록강 근처의 귀주에서 거란군을 크게 물리쳤음(귀주 대첩, 1019년)

② 여진의 침입과 극복 : 윤관이 '별무반'이라는 특수 부대를 만들어 여진족을 물리치고(1107년), 9성을 쌓았다.

③ 몽골의 침략과 고려의 저항

㉠ 몽골의 침략과 고려의 항쟁 과정

1차 침략	• 고려에 왔다 돌아가던 몽골 사신 피살을 구실로 몽골의 침입(1231년) • 고려의 군대와 백성들이 충주성에서 몽골군의 공격을 끝까지 막아 냄 • 고려는 바다 싸움에 약한 몽골과 싸우기 위해 강화도로 도읍을 옮김
2차 침략	김윤후와 백성들이 처인성에서 몽골군을 크게 물리쳤음
3차 침략	몽골군은 죽주성에서 패하여 물러갔음

㉡ 삼별초의 항쟁 : 몽골과의 강화를 거부하고 근거지를 '강화도 → 진도 → 제주도'로 옮겨가며 싸웠지만 고려와 몽골의 연합군에 의해 진압되었다.

㉢ 공민왕의 개혁 정치

ⓐ 원나라의 간섭 : 원나라는 고려에 그들의 관청을 설치하고 고려의 왕자를 인질로 삼아 원나라로 데려갔다.

ⓑ 공민왕의 개혁 정치 : 몽골식 풍습을 버리고 고려의 전통을 되살리는 일에 앞장섰으며, 원나라가 빼앗은 쌍성총관부를 되찾아 나라의 힘을 키우고자 노력하였다.

(5) 고려 문화의 발전

① 고려 시대의 문화재

고려청자	• 은은하면서 맑고 투명한 푸른빛을 띰(비색) • 상감 청자 : 도자기 표면에 홈을 파고 여기에 다른 색 흙을 넣어 무늬를 넣는 상감 기법으로 만든 도자기
팔만대장경	부처님의 힘으로 몽골의 침략을 물리쳐 나라의 어려움을 극복하기 위해 만들었음
『직지심체요절』	현재 남아 있는 인쇄된 책 중에서 가장 오래된 금속 활자본으로 세계 기록 유산으로 지정되었음

② 고려 시대의 과학 기술

㉠ 목화 : 문익점이 원에서 목화씨를 가져와 재배에 성공하였다.

㉡ 화약 제조와 화포 개발 : 최무선이 왜구를 물리치기 위해 나라에 건의하여 화통도감을 설치하고 여러 가지 화포를 만들었다.

③ 고려 시대의 불교 : 고려는 나라의 발전과 개인의 행복을 기원하기 위해 팔관회와 연등회를 국가적 불교 행사로 성대하게 치렀다. 연등회는 전국 곳곳에 등불을 밝혀 부처의 가르침이 널리 퍼지기를 기원하는 행사이다.

03 유교 문화가 발달한 조선

(1) 조선의 건국

① **조선의 건국 과정** : 명나라가 철령 이북 지역 요구 → 요동 정벌을 위한 군대 파견 → 위화도 회군 → 이성계의 조선 건국(1392년)

② **한양을 도읍지로 정한 이유** : 나라의 중심에 위치하고 넓은 평야가 있으며 물을 구하기 쉬웠다. 또한 교통이 편리하고 외적 방어에 유리하였다.

③ **태종** : 16살 이상의 남자는 모두 호패를 차도록 하였으며, 전국을 8개의 도로 나누었다.

④ **교육 기관과 과거 제도**

㉠ **교육 기관** : 서당(오늘날의 초등학교), 성균관(오늘날의 대학), 향교(지방에 세워 한자와 유학을 가르침)

㉡ **과거 제도** : 문과, 무과, 잡과가 있었다.

(2) 세종 시기 조선의 문화와 과학의 발전

① **집현전** : 젊은 학자들이 모여 학문을 연구하던 기관

② **훈민정음** : 집현전 학자들이 혀의 위치, 입술과 목구멍의 모양, 하늘・땅・사람의 모양 등을 본떠서 만들었다.

③ **『농사직설』** : 각 지역에서 농사를 짓는 농부들의 경험을 모아 정리하여 만든 책

④ **과학 기구 발명** : 앙부일구(해시계), 자격루(물시계), 측우기(강우량 측정), 혼천의(천체 관측 기구), 간의 등

(3) 유교의 전통과 생활

① 조선 시대의 유교 전통

㉠ 『경국대전』

제작 기간	세조 때부터 시작되어 성종 때 완성함
특징	조선 최고의 법전으로서 백성을 다스리는 데 기준이 되었음
의의	조선의 상황에 맞는 법으로 나라를 다스릴 수 있게 되었음

㉡ **『삼강행실도』** : 우리나라와 중국의 책에서 임금과 신하, 부모와 자식, 부부 사이에 모범이 될 만한 이야기를 모아 만든 책이다.

㉢ **관혼상제** : 유교의 예절에 따른 조선 시대 백성들의 행사로 관례, 혼례, 상례, 제례가 있다.

② 조선 시대 사람들이 즐긴 민속놀이

㉠ **격구** : 말을 타고 막대기로 공을 쳐서 상대방의 골문에 넣는 놀이(발해 사람들도 즐기던 놀이로 조선 초기에도 성행하였음)

㉡ **줄다리기** : 마을 사람들이 두 편으로 나누어 볏짚으로 만든 줄을 끌어당기는 놀이

㉢ **강강술래** : 전라도 해안 지방에서 추석 전후에 여성들이 하던 대표적인 민속놀이

㉣ **고싸움놀이** : 여러 사람이 두 편으로 나뉘어 머리에 타원형의 고가 달린 굵은 줄을 메고 상대편의 고를 짓눌러 먼저 땅에 닿게 하는 편이 이김

③ 조선의 신분 제도

양반	남자는 글공부를 하여 관리로 나가는 경우가 많았고, 여자는 집안 살림을 챙기고 자녀를 교육하는 데 힘썼음
중인	• 양반을 도와 관청에서 일하거나 전문직에 종사하였음 • 상민보다는 지위가 높았으나 양반처럼 높은 관직에 오르기는 어려웠음
상민	• 농업, 어업, 수공업, 상업 등에 종사함 • 대부분이 농민이었고, 농사를 지어 거두어들인 곡식의 일부를 세금으로 내거나 땅 주인에게 바쳤음
천민	• 최하층 신분으로, 대부분 노비였음 • 노비는 나라와 개인의 재산으로 여겨졌으며, 주인을 위하여 여러 가지 일을 하였음

(4) 임진왜란과 병자호란

① 임진왜란(1592년)

㉠ **전개 과정** : 1592년 4월, 새로운 무기인 조총으로 무장한 일본군이 700여 척의 군함을 타고 부산 앞바다에 쳐들어옴 → 동래성 함락 → 상황이 불리해지자 선조와 신하들은 궁궐을 버리고 북쪽으로 피란을 갔음 → 한성 점령 → 평양과 함경도까지 침략 → 선조는 명에 군대를 보내 줄 것을 요청하였다.

㉡ 의병과 수군의 활약

ⓐ **의병의 활약** : 곽재우 등 의병이 곳곳에서 자발적으로 일어나 관군과 협력하여 진주성(김시민)과 행주산성(권율, 행주 대첩)에서 큰 승리를 이끌었다.

ⓑ **이순신과 조선 수군** : 뛰어난 전술과 거북선, 판옥선, 화포 등의 무기로 일본군을 물리쳤는데, 특히 이순신은 학익진 전법으로 한산도 대첩을 승리로 이끌었다.

㉢ 임진왜란 관련 저술

ⓐ 『**난중일기**』 : 이순신이 임진왜란 때 쓴 일기로 유네스코 세계 기록 유산에 등재

ⓑ 『**징비록**』 : 유성룡이 임진왜란 당시의 상황을 기록한 책

② **광해군의 중립 외교** : 명을 돕는 한편 새롭게 힘이 강해져서 조선에 위협이 되는 후금과도 다투지 않는 실리적인 대외 정책

③ **병자호란**(1636년)

원인	조선이 명나라를 받들고 후금을 멀리하자 '청'으로 이름을 바꾼 후금이 조선을 침입함
경과	인조는 남한산성으로 들어가 대항하였으나, 결국 굴욕적인 강화를 맺음(삼전도의 굴욕)
결과	소현 세자와 봉림 대군을 비롯한 많은 사람들이 청나라에 인질로 끌려감

04 조선 사회의 새로운 움직임

(1) 전란의 극복

① 전란의 피해를 극복하기 위한 조정과 백성의 노력

㉠ 전란 후 백성의 노력

ⓐ **모내기법 확대** : 모판에 씨를 뿌려 싹이 난 모를 논에 옮겨 심는 방법

ⓑ **상품 작물 재배** : 인삼, 담배, 채소, 면화 등 상품 작물을 재배하여 수입을 늘렸다.

㉡ 전란 후 조정의 노력

ⓐ 토지 조사와 인구 조사

ⓑ **대동법의 실시** : 특산물 대신 토지 면적에 따라 쌀이나 베·무명, 돈 등을 세금으로 내도록 하였다.

ⓒ **『동의보감』 보급** : 광해군이 임진왜란으로 병든 백성을 돕고자 보급하였다.

② 국토를 지키기 위한 노력

㉠ **효종의 북벌론** : 청을 쳐서 병자호란의 치욕을 갚자는 주장으로 효종은 송시열 등과 함께 군사력을 기르고 성과 무기를 정비하였으나 북벌을 실천하지는 못하였다.

㉡ **안용복의 활약** : 숙종 때 안용복은 울릉도와 독도 주변에 나타나는 일본 어민들을 쫓아내고, 일본으로 건너가 일본 사람들에게 울릉도와 독도가 조선의 영토임을 확인시키고 돌아왔다.

㉢ **대한 제국 시기** : 울릉도에 백성이 이주하도록 적극적으로 장려하고 관리를 파견하였다.

(2) 새로운 문물을 받아들인 조선

① 실학의 등장

㉠ **의미** : 실생활에 도움이 되는 것을 연구하는 학문

㉡ 실학자들의 주장과 활동

구분	농업에 관심을 둔 실학자	상공업에 관심을 둔 실학자
주장	• 토지 제도를 바꿔 농민들에게 땅을 나누어 주어야 한다고 주장함 • 과학적인 농사 기술을 널리 보급하여야 한다고 주장함	• 상업과 무역이 활발하게 이루어져야 나라가 부강해질 수 있다고 믿었음 • 청나라의 새로운 문물을 적극적으로 받아들일 것을 주장하였음
학자	유형원, 이익, 정약용 등	박지원, 박제가, 홍대용 등

㉢ 우리의 것을 연구한 실학자

실학자	분야	업적
유득공	역사	발해의 역사를 연구하여 『발해고』를 지음
신경준	지리	우리나라 산줄기를 체계적으로 정리한 『산경표』를 지음
유희	국어	한글의 우수성을 강조한 『언문지』를 지음
정약전	자연	흑산도 주변의 물고기와 바다 생물을 관찰하여 『자산어보』를 지음
김정호	지리	우리나라 국토를 자세히 나타낸 「대동여지도」를 제작

㉣ 실학자 정약용

ⓐ 오랜 유배 생활 중에도 연구를 계속하여 많은 책을 남겼다.

ⓑ 『목민심서』 : 지방 관리가 지켜야 할 내용이 담긴 책

ⓒ 거중기를 고안하여 수원 화성을 건설하는 데에 필요한 인력과 비용을 절약하였다.

② 영조와 정조의 정책

㉠ 탕평책의 실시 : 영조와 정조는 왕권을 강화하고 나라를 바로 세우기 위하여 탕평책을 실시하였다.

㉡ 정조가 한 일 : 수원 화성 건설, 규장각(왕실 도서관) 설치 등

㉢ 수원 화성 : 정조가 계획적으로 건설한 도시로 군사와 상업의 새로운 중심지로 만들어 왕권을 강화하려 하였으며, 세계 문화유산에 등재되었다.

③ 새로운 문물의 수용과 서학

㉠ 서양 문물의 전래 : 천리경(망원경), 「곤여만국전도」(세계 지도), 자명종(시계), 화포 등

㉡ 서학의 수용

ⓐ 천주교가 신앙으로 전파되기 시작한 과정

중국에서 들여온 천주교 교리 책인 『천주실의』를 학문으로 연구	➡	시간이 지나면서 학자들이 점차 신앙으로 받아들이게 되었음	➡	정조 때 이승훈이 베이징에서 영세를 받고 돌아온 후 상민과 부녀자들에게 널리 전파

ⓑ 천주교를 법으로 금지하였던 까닭 : 천주교가 유교의 예법에 어긋나며 조상의 제사를 지내지 않는 사람들이 생겨났기 때문이다.

(3) 서민 문화의 발달

① 발달 배경 : 모내기법 보급으로 상민층의 경제적 지위가 상승하고, 서당 교육이 보편화되자 서민들의 의식이 성장하였다.

② 조선 후기의 서민 문화

민화	조선 후기 서민들 사이에 유행한 실용적인 그림으로 다루는 소재도 다양하고 그리는 방법도 일정한 형식이 없었음
풍속화	• 서민들의 생활을 재미있고 현실감 있게 표현한 그림 • 김홍도 : 서민들의 모습을 정감 있게 표현하였음 • 신윤복 : 주로 양반 사회에 대한 풍자, 여성들의 생활 등을 소재로 그림을 그렸음
판소리	춘향가, 심청가, 흥부가, 수궁가, 적벽가 등 유행
탈놀이	지배층인 양반의 위선을 폭로하거나 승려에 대한 풍자, 서민의 어려움 등을 표현
한글 소설	「홍길동전」(허균이 쓴 최초의 한글 소설), 「춘향전」, 「심청전」, 「흥부전」, 「장화홍련전」 등

③ 조선 후기에 사용한 공예품 : 청화 백자(흰 바탕에 푸른색으로 그림을 그린 도자기), 옹기(곡식이나 간장, 된장과 같은 장류 등을 저장하는 용도로 많이 사용), 나전 칠기(전복, 소라 등의 껍데기로 장식한 조선 후기의 대표적인 목공예품), 떡살(떡에 아름다운 무늬를 찍을 때 사용한 기구), 조각보(쓰다 남은 천 조각을 이어서 만든 보자기) 등

(4) 조선 후기의 여성과 농민의 함성

① 김만덕 : 조선 후기 굶주린 제주 백성을 구한 여성 상인

② 농민 봉기

홍경래의 난 (1811년)	원인	몰락한 양반 홍경래가 평안도 지역에 대한 차별과 세도 정치를 비판하며 일으킴
	영향	농민을 위한 개혁안은 제시하지 못했지만 세도 정권에 큰 타격을 줌, 이후 농민 봉기에 큰 영향을 미침
진주 농민 봉기 (1862년)	원인	부당한 조세 제도의 개혁을 요구
	영향	전국으로 농민 봉기 확산

③ 동학

창시자	몰락 양반 최제우가 서학에 맞선다는 의미에서 동학을 창시함
특징	서학의 장점을 받아들였으며, 전통적인 민간 신앙, 유교, 불교 등이 모두 녹아 있음
박해	조선의 신분 질서 부정, 동학을 사교로 간주하여 최제우를 처형하고 동학을 탄압함

05 근대 국가 수립을 위한 노력과 민족 운동

(1) 외세의 침략과 조선의 저항

① 흥선 대원군의 개혁 정치(왕권 강화)

㉠ 인재 등용 : 많은 관직을 차지하고 있던 안동 김씨와 부패한 관리를 내쫓고 붕당에 관계 없이 인재를 고루 등용하였다.

㉡ 법전 정비 : 『대전회통』 편찬

㉢ 서원 철폐 : 붕당의 근거지이고 나라의 재정을 어렵게 하던 서원을 40여 곳만 남기고 대부분 없앴다.

㉣ 경복궁 중건 : 임진왜란 때 불탄 경복궁을 중건하였다(비용을 마련하고자 당백전 발행).

㉤ 조세 제도 개혁 : 평민에게만 내게 하던 세금을 양반에게도 걷었다.

② 흥선 대원군의 대외 정책

구분	병인양요(1866년)	신미양요(1871년)
원인	천주교의 확대를 막기 위해 프랑스 선교사를 비롯한 천주교 신자들을 처벌하는 사건이 일어났음	미국 상선이 통상을 요구하며 행패를 부리자 이에 분노한 백성들이 미국 상선을 불태워 침몰시켰음
경과	프랑스군은 양헌수 장군이 이끄는 조선군에 패하여 쫓겨감	어재연 장군과 조선군이 미국 군대에 맞서 싸워 많은 피해를 입었으나 이를 물리쳤음
결과	흥선 대원군은 척화비를 세워 서양의 침략을 일깨우고 서양과 교류하지 않겠다는 생각을 단호히 함	

③ 강화도 조약(1876년)

주요 내용	• 청의 종주권 부인 : 청의 간섭을 차단하기 위해서임 • 3개 항구 개항 : 부산, 원산, 인천의 세 항구를 개항함 • 치외 법권과 해안 측량권 기록 : 일본의 침략을 용이하게 함
의의	근대에 들어서 우리나라가 외국과 맺은 첫 조약으로 조선의 권리는 나타나 있지 않은 불평등 조약

④ 개항 이후 일어난 일들

㉠ 임오군란(1882년) : 신식 군인인 별기군과의 차별 대우에 분노한 구식 군인이 난을 일으켰다.

㉡ 갑신정변(1884년) : 김옥균을 비롯한 개화파들이 뜻을 펴기 위해 우정국 개국 축하 잔치를 틈타 일으킨 정변을 일으켰다.

㉢ 동학 농민 운동(1894년) : 1차 봉기(지도자 전봉준) → 청과 일본의 군대 파견 → 동학 농민군 해산 → 청·일 전쟁 → 2차 봉기

(2) 자주독립 국가의 선포

① **갑오개혁**(1894년) : 동학 농민 운동과 청·일 전쟁 이후 조선은 근대 국가로 발돋움하기 위하여 개혁을 실시하였다.

② **을미사변** : 일본은 조선에서의 불리해진 정세를 되돌려 놓기 위해 명성황후를 시해하였다.

③ **대한 제국 수립** : 고종은 러시아 공사관에서 경운궁(덕수궁)으로 돌아와 환구단에서 황제 즉위식을 올리고 국호를 대한 제국으로 하였다.

④ **독립 협회** : 서재필이 국민의 애국심과 자주정신을 일깨워 나라의 독립을 지키기 위해 만들었다.

(3) 나라를 지키기 위한 노력

① **을사조약**(을사늑약, 1905년)

㉠ **체결** : 일본은 우리나라 외교권을 박탈하고 통감부를 설치하여 우리나라 내정 전반을 간섭하였다.

㉡ **헤이그 특사 파견** : 고종 황제는 만국 평화 회의가 열리는 네덜란드 헤이그에 특사(이준, 이상설, 이위종)를 파견하여 을사조약이 무효임을 국제 사회에 알리려고 하였다.

㉢ **을사 의병** : 을사조약이 맺어지자 최익현, 평민 의병장 신돌석 등이 의병을 일으켰다.

㉣ **안중근** : 우리나라의 침략에 앞장섰던 이토 히로부미를 하얼빈에서 사살하였다(1909년).

② **민족의 힘을 키우기 위한 운동**

㉠ **애국 계몽 운동** : 민족의 실력을 길러 나라를 지키려는 운동

㉡ **국채 보상 운동** : 일제에 진 빚을 우리 스스로 갚아 경제적으로 자립하자는 운동

㉢ **신민회**(1907년) : 안창호, 양기탁 등을 중심으로 조직된 전국적인 규모의 비밀 단체

(4) 나라를 되찾기 위한 노력

① **일제의 식민 통치와 한국인의 생활**

㉠ **조선 총독부** : 일제가 설치한 입법, 사법, 행정, 군사에 관한 모든 권한을 가지고 있는 식민 통치의 최고 기구

㉡ **헌병 경찰제** : 군인인 헌병에게 민간인에 대한 경찰 업무까지 하게 하였다.

㉢ **토지 조사 사업**(1910년대) : 신고된 토지에 대해서는 세금을 철저히 매겼고, 신고되지 않은 토지는 빼앗아 일본인에게 싼값에 팔아 농민의 생활은 더욱 어려워졌다.

㉣ **산미 증식 계획**(1920년대) : 한국에서의 쌀 생산량을 늘려 일본으로 더 많은 쌀을 가져가기 위해 실시하였다.

② **3·1 운동과 대한민국 임시 정부**

㉠ **3·1 운동**

ⓐ 1919년 3월 1일에 민족 대표 33인이 모여 독립 선언식을 가졌고, 탑골 공원에서 학

생과 시민들이 독립 만세 운동을 벌였다.

ⓑ **유관순** : 모진 고문 속에서도 저항을 하다가 19세의 어린 나이로 순국하였다.

㉡ **대한민국 임시 정부의 활동** : 비밀 연락망 조직, 무장 독립군을 양성하여 한국 광복군을 조직, 독립신문 발행, 외교관 파견 등의 활동을 하였다.

③ **3·1 운동 이후의 국내 독립운동**

㉠ **물산 장려 운동** : 1920년대 초 평양에서 시작된 운동으로, 국산품을 애용하고 근검절약 등을 실천하여 민족 기업을 키우려고 하였다.

㉡ **광주 학생 항일 운동**(1929년) : 3·1 운동 이후 학생들이 벌인 가장 큰 규모의 항일 운동이다.

㉢ **신간회**(1927년) : 한국인 위주의 교육 실시, 착취 기관의 철폐 등을 주장하였다.

④ **3·1 운동 이후의 해외 독립운동**

㉠ **무장 독립운동**

봉오동 전투(1920년)	홍범도 장군이 독립군 부대가 주둔하고 있는 봉오동을 습격한 일본군을 크게 무찌름
청산리 대첩(1920년)	김좌진 장군이 이끄는 독립군 부대가 지형을 잘 이용한 효과적인 작전으로 일본군을 크게 무찌름

㉡ **한인 애국단의 활동**

ⓐ 김구가 조직하여 일제의 주요 인물을 처단하였다.

ⓑ 이봉창, 윤봉길 등은 한인 애국단원으로서 1932년 폭탄 테러를 하였는데 중국인에게 큰 감명을 주었다.

⑤ **일제의 민족 말살 정책과 민족정신 수호**

㉠ **일제의 민족 말살 정책과 착취**

ⓐ 학교에서 일본어와 일본 역사를 가르쳤고, 식민 지배를 정당화하기 위하여 한국의 역사를 거짓으로 꾸며 가르쳤다.

ⓑ 한국과 일본이 하나라고 주장하며 우리의 민족정신을 없애려고 하였다.

ⓒ 1930년대 이후 일제는 우리나라에서 전쟁에 필요한 사람과 물자를 강제로 끌고 가고 빼앗아 갔다.

㉡ **민족정신을 지키기 위한 우리 민족의 노력**

ⓐ **한글 보급** : 이윤재, 최현배 등이 조선어 학회를 만들어 한글 보급에 앞장섰다.

ⓑ **역사 분야** : 박은식, 신채호 등이 한국사 연구 및 한국사 책을 만들어 우리 민족의 긍지를 살렸다.

ⓒ **문학 분야** : 한용운, 심훈, 윤동주, 이육사 등이 문학 작품으로 항일 의지를 표현하였다.

⑥ 대표적 여성 독립운동가

㉠ 권기옥 : 대한민국 임시 정부에서 활동하였다.

㉡ 김마리아 : 3·1 운동에 참여하였다.

㉢ 남자현 : 만주에서 독립군으로 활동하였다.

㉣ 박자혜 : 신채호의 아내로 그의 독립운동을 도왔다.

㉤ 윤희순 : 우리나라 최초의 여성 의병장이다.

㉥ 이병희 : 이육사가 남긴 시를 후세에 알렸다.

㉦ 이화림 : 이봉창과 윤봉길의 의거를 도왔다.

㉧ 지복영 : 한국광복군으로 활동하였다.

06 대한민국의 발전과 오늘의 우리

(1) **대한민국 정부 수립 과정** : 광복(1945년 8월 15일) → 국토 분단 → 신탁 통치 반대 운동 → 미·소 공동 위원회 → 5·10 총선거 → 대한민국 정부 수립(1948년) → 유엔의 승인

(2) **6·25 전쟁(1950)**

① 배경 : 남한의 민주주의와 북한의 공산주의 이념이 대립되었다.

② 전개 과정 : 북한군의 남침 → 국군과 국제 연합군의 인천 상륙 작전 → 서울 수복 → 중국군 참전 → 1·4 후퇴 → 휴전 협정 체결

③ 우리 민족이 겪은 어려움 : 6·25 전쟁의 결과 국토가 황폐해졌으며, 수많은 건물, 철도, 다리 등의 시설이 파괴되었다. 또 많은 문화재가 사라지거나 부서졌고 군인뿐만 아니라 민간인도 많이 죽거나 다쳤다. 가족과 헤어져서 찾지 못하는 이산가족이 많았으며, 부모를 잃은 전쟁고아가 생겨났다.

(3) **민주주의의 발전**

4·19 혁명 (1960년)	이승만 정권의 3·15 부정 선거와 독재 정치에 항의하며 국민들이 잘못된 선거를 무효로 하고 다시 선거를 해야 한다고 주장하며 시위를 벌였음
5·18 민주화 운동 (1980년)	전두환을 중심으로 일부 군인들이 정변을 일으키자 광주에서 민주화 시위가 일어나 계엄군에 의해 많은 시민이 죽거나 다쳤음
6월 민주 항쟁 (1987년)	1987년 6월 민주화를 요구하는 시위가 일어난 결과, 대통령을 국민의 손으로 선출하게 되었음

02장 기출문제로 유형 잡기

01 ㉠에 해당하는 인물은?

> 여자가 된 곰은 환웅과 결혼하여 자식을 낳았는데, 이 사람이 바로 [㉠]이다. 이 사람은 자라서 아사달을 도읍으로 정하고 나라를 세워 조선이라 하였다. －『삼국유사』－

① 견훤 ② 궁예
③ 온조 ④ 단군왕검

정답잡기 단군왕검은 하늘을 다스리는 환인의 아들인 환웅과 곰에서 사람으로 변한 웅녀 사이에서 태어난 인물로 고조선을 세웠다.

오답잡기
① 견훤은 후백제를 세운 인물이다.
② 궁예는 후고구려를 세운 인물이다.
③ 온조는 백제를 세운 인물이다.

02 다음 내용에 해당하는 고구려 왕은?

> • 도읍을 국내성에서 평양성으로 옮김
> • 한강 유역을 차지하여 세력을 확장시킴

① 장수왕 ② 지증왕
③ 진흥왕 ④ 근초고왕

정답잡기 광개토 대왕의 뒤를 이은 고구려 장수왕은 왕권을 강화하여 국내성의 귀족 세력을 약화시키고, 평양으로 천도하였다. 또한 남하 정책을 추진하여 백제와 신라를 위협하였다.

오답잡기
② 지증왕은 우산국을 정복한 신라의 왕이다.
③ 진흥왕은 신라 전성기 시기의 왕이다.
④ 근초고왕은 백제 전성기 시기의 왕이다.

03 다음에 공통적으로 설명하는 곳은?

> • 삼국은 전성기에 모두 이 지역을 차지하였음
> • 농경에 적합하고 많은 인구와 물자가 모이는 곳임
> • 중국과의 교류 및 전략적으로도 매우 중요한 곳임

① 한강 ② 낙동강
③ 압록강 ④ 청천강

정답잡기 삼국의 전성기 지도를 보면 전성기에 한강 유역을 차지하였다는 것을 알 수 있다. 이처럼 삼국이 한강 유역을 차지하려고 했던 까닭은 이웃 나라와 교류하기에 유리했고 농사짓기에 유리하였으며 경제적·지리적으로 유리했기 때문이었다.

정답 01 ④ 02 ① 03 ①

04 후삼국의 통일 과정에서 (가)에 공통으로 들어가는 인물은?

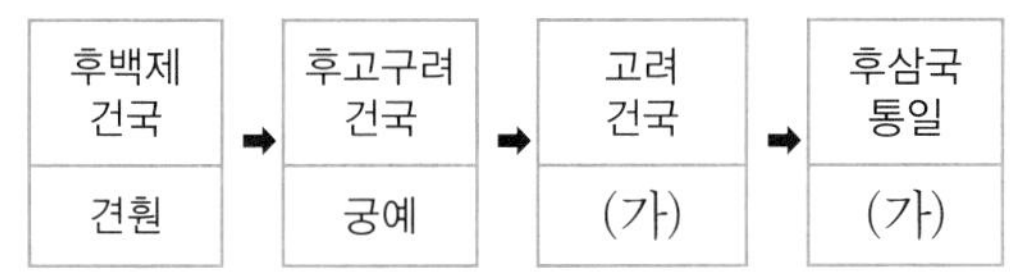

① 단군　　② 왕건
③ 주몽　　④ 이성계

정답잡기 고려를 건국하고 후삼국을 통일한 왕은 왕건이다. 후삼국 통일 후 왕건은 지방 귀족 포섭을 위해 혼인 정책, 왕씨 성 하사, 관직을 하사하였다.

오답잡기
① 단군은 한민족의 시조이며 고조선의 첫 국왕이다.
③ 주몽은 고구려를 건국한 왕이다.
④ 태조 이성계는 신흥 무인 세력으로 조선을 건국한 왕이다.

05 다음에서 설명하는 문화유산은?

- 고려 시대에 제작되었음
- 세계 기록 유산으로 등재됨
- 오늘날 세계에서 가장 오래된 금속 활자본

① 청자　　② 석가탑
③ 나전 칠기　　④ 직지심체요절

정답잡기 고려의 『직지심체요절』은 현재 세계에서 가장 오래된 금속 활자본으로 인정받고 있다. 유네스코 세계 기록 유산으로 등재되었으며, 현재 프랑스 국립 도서관에 보관되어 있다.

06 ㉠에 들어갈 내용으로 알맞은 것은?

〈세종의 업적〉
- 집현전 개편
- 농사직설 편찬
- ㉠

① 삼국 통일
② 단발령 시행
③ 척화비 건립
④ 훈민정음 창제

정답잡기 세종 시기 조선의 문화와 과학은 발전하였다. 집현전 학자들이 혀의 위치, 입술과 목구멍의 모양, 하늘・땅・사람의 모양 등을 본떠서 훈민정음을 창제하고, 각 지역에서 농사짓는 농부들의 경험을 모아 정리한 『농사직설』을 만들었다.

오답잡기
② 단발령 시행은 조선 고종이 일본의 압력을 받아 상투와 머리카락을 자르라고 내린 명령이다.
③ 척화비는 흥선 대원군의 대외 정책 중 서양과 교류하지 않겠다는 생각을 단호히 하기 위해 세운 비석이다.

정답 04 ② 05 ④ 06 ④

07 다음에서 설명하는 문화재는?

- 조선 시대의 강우량 측정 기구
- 비의 양을 재어 농사짓는 데 활용하기 위해 발명

① 자격루 ② 측우기
③ 혼천의 ④ 앙부일구

정답잡기) 측우기는 조선 시대에 비가 온 양을 재는 강우량 측정 기구로 세종 때 발명되었다.

오답잡기)
① 자격루는 자동으로 시간을 알려 주는 물시계로 장영실이 제작하였다.
③ 혼천의는 천체의 위치와 운행을 측정하는 기구이다.
④ 앙부일구는 세종이 장영실에게 만들게 한 해시계로 종로에 설치하여 오가는 사람들에게 시간을 알려 주었다.

08 다음에서 설명하는 막심이의 신분은?

열한 살 막심이는 조선 시대 노비이다. 막심이의 아버지는 관청에 소속되어 일하는 노비이고, 어머니는 마님의 시중을 드는 노비이다. 부모가 노비이기 때문에 막심이는 태어날 때부터 노비가 되었다.

① 양반 ② 중인
③ 상민 ④ 천민

정답잡기) 조선 시대의 신분은 부모로부터 물려받아 태어나면서부터 정해져 있었다. 크게 '양인'과 '천민'으로 나뉘고, '양인은 다시 양반, 중인, 상민으로 나누어졌다. 이중 천민에는 노비와 천하다고 생각되던 일(백정, 광대, 무당, 기생 등)에 종사하는 사람들이 있었다. 조선 시대의 천민의 대부분이 노비였고 노비는 나라와 개인의 재산으로 여겨졌으며 매매나 상속의 대상이 되었다.

09 다음에서 설명하는 것은?

- 허균이 쓴 최초의 한글 소설임
- 새로운 나라 건설에 대한 열망이 담김
- 신분 제도에 대한 비판, 탐관오리에 대한 처벌이 담김

① 심청전 ② 춘향전
③ 흥부전 ④ 홍길동전

정답잡기) 최초의 한글 소설은 허균이 지은 「홍길동전」이다. 「홍길동전」에는 탐관오리에 대한 처벌, 신분 제도에 대한 비판, 새로운 나라 건설에 대한 열망 등이 담겨 있다.

정답 07 ② 08 ④ 09 ④

10 다음에서 설명하는 인물은?

- 조선 시대 실학자이다.
- 수원 화성을 설계하고, 거중기를 고안하였다.
- 지방 관리가 지켜야 할 내용의 『목민심서』를 썼다.

① 김구　② 안중근
③ 정약용　④ 최제우

정답잡기 실학 연구를 집대성한 정약용은 한강에 배다리를 설계하여 정조의 화성 행차를 편리하게 하였으며, 서양 선교사가 중국에서 펴낸 『기기도설』을 참고하여 거중기를 만들어 수원 화성 건설에 사용하기도 하였다. 또한 정약용은 중농주의 실학자로 농업의 개혁을 통해 부국강병을 이룩하려 하였고, 『경세유표』와 『목민심서』 등을 저술하였다.

11 다음 설명에 해당하는 인물은?

- 의병장으로 국내외에서 항일전을 전개함
- 1909년 이토 히로부미를 하얼빈에서 사살함

① 김구　② 김옥균
③ 손기정　④ 안중근

정답잡기 안중근은 초대 통감으로서 우리나라의 침략에 앞장섰던 이토 히로부미가 러시아 대표와 회담하기 위해 만주 하얼빈에 도착하자 그를 사살하여 민족의 독립 의지를 분명히 보여 주었다.

오답잡기
① 김구는 상하이 임시 정부와 한인 애국단에서 활동한 독립운동가이다.
② 김옥균은 갑신정변을 주도한 인물이다.
③ 손기정은 베를린 올림픽 마라톤 경기 우승자이다.

12 6·25 전쟁으로 인해 우리 민족이 겪은 어려움이 아닌 것은?

① 부모를 잃은 전쟁고아가 생겨났다.
② 모든 사람들이 헤어진 가족을 만나게 되었다.
③ 군인뿐만 아니라 민간인도 많이 죽거나 다쳤다.
④ 국토가 황폐해지고 건물, 도로 등 시설물이 파괴되었다.

정답잡기 6·25 전쟁의 결과 국토가 황폐해졌으며, 수많은 건물, 철도, 다리 등의 시설이 파괴되었다. 또 많은 문화재가 사라지거나 부서졌고 군인뿐만 아니라 민간인도 많이 죽거나 다쳤다. 가족과 헤어져서 찾지 못하는 이산가족이 많았으며, 부모를 잃은 전쟁고아가 생겨났다.

정답 10 ③　11 ④　12 ②

02 장 예상문제로 실력 잡기

01 구석기 시대의 생활 모습에 대한 설명으로 옳은 것은?

① 민무늬 토기를 사용하였다.
② 강가에 움집을 짓고 살았다.
③ 농사를 짓고 가축을 길렀다.
④ 불을 이용하여 음식을 익혀 먹었다.

02 다음 그림과 같이 신석기 시대에 식량을 저장하는 데 이용된 도구는?

① 그물추　　② 반달 돌칼
③ 주먹도끼　　④ 빗살무늬 토기

03 신석기 시대의 생활 모습에 대한 설명으로 옳지 <u>않은</u> 것은?

① 농사를 짓기 시작하였다.
② 강가에 움집을 짓고 모여 살았다.
③ 민무늬 토기에 곡식을 저장하였다.
④ 실로 옷감을 짜서 옷을 만들어 입었다.

04 청동기 시대의 생활 모습에 대한 설명으로 옳은 것은?

① 계급이 없는 평등한 사회였다.
② 동굴에 살면서 이동 생활을 하였다.
③ 빗살무늬 토기를 만들어 식량을 저장하였다.
④ 지위가 높은 사람이 죽으면 고인돌이라는 무덤을 만들었다.

05 고조선을 세우고 널리 인간을 유익하게 한다는 '홍익인간'의 정신으로 나라를 다스린 분은?

① 단군왕검　　② 이성계
③ 왕건　　④ 박혁거세

06 다음 고조선의 '8조법'을 보고, 알 수 있는 생활 모습은?

> 도둑질한 자는 데려다 노비로 삼는다.

① 농사를 지었다.
② 청동기를 사용했다.
③ 고인돌을 만들었다.
④ 노비라는 신분이 있었다.

7 다음은 어느 나라에 대한 설명인가?

- 광개토 대왕이 만주로 영토를 크게 넓혔다.
- 압록강 중류 지역을 중심으로 일어난 나라이다.

① 고구려 ② 백제
③ 신라 ④ 가야

8 다음에서 설명하는 나라는?

- 온조가 한강 유역에 세운 나라다.
- 근초고왕 때 고구려를 공격하여 북쪽으로 영토를 넓혔다.

① 가야 ② 백제
③ 신라 ④ 조선

9 다음에서 설명하는 나라를 고르면?

- 낙동강 유역에 여러 개의 작은 나라들이 모여 이룬 국가이다.
- 질 좋은 철이 많이 나서 교역하는 나라들이 많았다.
- 큰 세력으로 성장하지 못하고 신라에 의해 멸망하였다.

① 가야 ② 백제
③ 부여 ④ 옥저

10 다음에서 설명하는 나라와 왕을 고르면?

수도를 평양으로 옮겨 국내성에 기반을 두고 있던 귀족 세력을 약화시키고, 본격적으로 남진 정책을 추진하였다.

① 신라, 진흥왕
② 고구려, 장수왕
③ 고구려, 광개토 대왕
④ 백제, 근초고왕

11 다음에서 설명하는 인물을 고르면?

- 북쪽으로 고구려를 공격하여 황해도 일부를 차지하였다.
- 남쪽으로 마한 세력을 정복하여 영토를 남해안까지 넓혔다.

① 장수왕 ② 진흥왕
③ 광개토 대왕 ④ 근초고왕

12 다음에서 설명하는 역사적 사건은?

수나라가 고구려를 침략해 오자 을지문덕 장군이 적들을 청천강으로 유인하는 작전을 펴 큰 승리를 거두었다.

① 귀주 대첩 ② 살수 대첩
③ 안시성 싸움 ④ 한산도 대첩

13 신라 진흥왕에 대한 설명으로 옳은 것은?

① 고구려의 전성기를 이끌었다.
② 화랑도를 개편하여 인재를 길러 냈다.
③ 요동 지역과 만주 지역까지 진출하였다.
④ 도읍을 평양성으로 옮기고 한강 남쪽을 차지하였다.

14 삼국에 전래된 불교의 영향으로 옳지 <u>않은</u> 것은?

① 불교 문화재가 많이 만들어졌다.
② 부처를 믿으면서 왕권이 약화되었다.
③ 불교의 힘을 빌려 나라를 지키고자 하였다.
④ 백성들이 왕을 부처와 같이 섬기도록 하였다.

15 다음에서 설명하는 나라는?

- 대조영이 고구려 유민 및 말갈족과 함께 당나라를 물리친 후 동모산 근처에 도읍을 정하고 세운 나라이다.
- 9세기에는 '해동성국'이라는 말을 들을 정도로 강력한 국가로 성장하였다.

① 발해 ② 가야
③ 신라 ④ 백제

16 다음에서 설명하는 통일 신라 시대의 불교 문화재를 고르면?

- 토함산 중턱에 자리 잡은 석굴 모양의 사찰로 화강암으로 만들어졌다.
- 신라 석공들의 정교함과 뛰어난 예술성을 엿볼 수 있는 문화재이다.

① 석굴암
② 성덕 대왕 신종
③ 무구 정광 대다라니경
④ 불국사

17 통일 신라 말의 상황으로 옳지 <u>않은</u> 것은?

① 중앙 정부는 지방을 강력하게 다스렸다.
② 귀족 간의 왕위 다툼으로 왕이 자주 바뀌었다.
③ 흉년과 전염병으로 백성들이 살기 어려워졌다.
④ 각 지방에서 경제력을 가진 호족이 등장했다.

18 다음과 같은 정책을 실시한 고려의 왕은?

- 왕권을 강화하기 위하여 양인이었다가 노비가 된 자들의 신분을 되찾아 주었다.
- 관직을 독차지하려는 중앙 관리들의 힘을 견제하기 위하여 과거 제도를 실시하였다.

① 왕건 ② 광종
③ 성종 ④ 공민왕

19 서희가 거란의 장수와 담판을 벌인 이후 고려가 확보한 지역은?

① 동북 9성　② 강동 6주
③ 철령 이북　④ 한강 유역

20 성종에게 유교 정신에 바탕을 둔 시무 28조를 건의한 인물은?

① 만적　② 문익점
③ 최무선　④ 최승로

21 다음과 같은 업적을 남긴 고려 시대의 인물은?

- 거란의 군사들이 강을 건너고 있을 때 막았던 강물을 터뜨려 적군을 물리치고 큰 승리를 거두었다.
- 압록강 근처의 귀주에서 후퇴하는 거란군을 크게 무찔렀다.

① 최충헌　② 서희
③ 강감찬　④ 최무선

22 고려와 여진과의 관계에 대한 내용으로 옳은 것은?

① 삼별초를 조직하여 정벌하였다.
② 여진족을 정벌하고 9성을 쌓았다.
③ 강감찬이 별무반을 이끌고 정벌하였다.
④ 여진족이 나라 이름을 원으로 바꾸고 고려를 침입하였다.

23 몽골과의 항쟁 당시 삼별초가 옮긴 근거지를 순서대로 옳게 나열한 것은?

㉠ 제주도　㉡ 강화도　㉢ 진도

① ㉠ → ㉡ → ㉢
② ㉠ → ㉢ → ㉡
③ ㉡ → ㉠ → ㉢
④ ㉡ → ㉢ → ㉠

24 다음의 ㉠에 들어갈 고려의 왕은?

(　㉠　)은/는 원나라의 간섭에서 벗어나기 위해 몽골식 풍습을 버리고 고려의 전통을 되살리는 일에 앞장섰다.

① 광종　② 성종
③ 충렬왕　④ 공민왕

25 다음에서 설명하는 문화유산은?

- 고려 시대를 대표하는 예술품이다.
- 상감 기법이 활용되면서 독창적으로 발전하였다.
- 당시 귀족들의 화려한 문화를 엿볼 수 있다.

① 측우기　② 고려청자
③ 훈민정음　④ 대동여지도

26 다음 낱말과 관계있는 고려 시대의 종교는?

연등회, 팔관회, 팔만대장경

① 유교 ② 불교
③ 기독교 ④ 천주교

27 고려의 가장 대표적인 수출품은?

① 인삼 ② 커피
③ 비단 ④ 조선백자

28 다음 고려 시대의 문화재와 관련이 <u>없는</u> 내용을 고르면?

팔만대장경판

① 금속 활자
② 해인사 장경판전
③ 세계 기록 유산
④ 몽골의 침략

29 다음에서 설명하는 고려의 문화재는 무엇인가?

'비색'이라고 일컫는 푸른색을 띠고, 도자기 표면에 동물, 식물, 사람, 과일 등을 실감 나게 표현하였다.

① 팔만대장경판 ② 나전 칠기
③ 고려청자 ④ 금속 활자

30 고려 시대 문익점이 재배에 성공하여 고려 사람들의 의생활에 영향을 미친 것은?

① 모시 ② 목화
③ 비단 ④ 삼베

31 다음에서 설명하는 조선 시대의 신분은?

- 농업, 어업, 수공업, 상업 등에 종사하면서 군대에 가고 세금을 냈다.
- 과거를 보고 벼슬에 오를 수 있었지만 교육을 받을 기회가 없어 벼슬길에 오르기가 매우 힘들었다.

① 노비 ② 중인
③ 상민 ④ 천민

32 다음 내용들과 공통적으로 관계 깊은 것은?

- 소리 나는 대로 쓸 수 있고 익히기가 쉽다.
- 민족 문화 발전의 기초가 되었고, 세계 기록 유산으로 지정되었다.

① 직지심체요절 ② 경국대전
③ 훈민정음 ④ 팔만대장경판

33 조선 세종 때 우리 풍토에 맞는 농사법을 연구하여 만든 책은?

① 팔만대장경 ② 경국대전
③ 농사직설 ④ 삼강행실도

34 다음에서 설명하는 책은?

세종 대왕이 조선의 건국 이념인 유교의 윤리를 백성이 잘 실천하도록 하기 위해 편찬한 책이다.

① 팔만대장경 ② 삼강행실도
③ 농사직설 ④ 경국대전

35 다음에서 설명하는 인물은?

- 평민 출신 의병장이다.
- 뛰어난 전술로 '태백산 호랑이'라고 불렸다.
- 경상도와 강원도 일대에서 일본군을 무찔렀다.

① 김정호 ② 신돌석
③ 유관순 ④ 명성 황후

36 임진왜란 때 뛰어난 전술과 거북선, 화포 등의 무기로 일본과의 전투를 승리로 이끈 사람은?

① 강홍립 ② 곽재우
③ 이순신 ④ 장영실

37 광해군에 대한 설명으로 옳은 것은?

① 명과 후금 사이에서 중립 외교를 펼쳤다.
② 진주성과 행주산성에서 일본군을 크게 물리쳤다.
③ 남한산성으로 피신하여 청에 대항하였다.
④ 병자호란 이후 청에 인질로 끌려갔다.

38 병자호란에 대한 설명으로 옳지 않은 것은?

① 청이 조선을 침입한 사건이다.
② 조선은 끝까지 싸워 청을 물리쳤다.
③ 많은 사람들이 청에 인질로 보내졌다.
④ 한양이 함락되자 인조는 남한산성으로 피신하였다.

39 병자호란의 치욕을 씻기 위해 효종이 주장했던 것은?

① 북벌론　　② 군대 제도 개편
③ 숭불 정책　　④ 일본과의 수교

40 측우기에 대한 설명으로 옳은 것은?

① 비의 양을 측정하는 기구이다.
② 해와 달, 별을 관측하는 기구이다.
③ 스스로 종을 울려 시각을 알려 주는 기구이다.
④ 해의 그림자를 이용해 시각을 알려 주는 기구이다.

41 다음에서 설명하는 농사법의 영향으로 옳은 것은?

모판에 씨를 뿌려 싹이 난 모를 논에 옮겨 심는 방법이다.

① 추수 때 수확량이 늘어났다.
② 가뭄을 잘 이겨 낼 수 있었다.
③ 잡초가 전혀 생기지 않았다.
④ 농사를 짓는 데 물이 필요하지 않게 되었다.

42 조선 후기 천주교를 나라에서 금하였던 이유는?

① 유교의 예법에 어긋났기 때문에
② 중국에서 천주교를 금했기 때문에
③ 우리의 말과 글을 부정했기 때문에
④ 동학의 교리가 널리 퍼지게 되었기 때문에

43 다음의 실학자들이 공통으로 주장한 내용은?

• 유형원　　• 이익　　• 정약용

① 신분에 관계없이 우수한 사람을 뽑아 벼슬을 주어야 한다.
② 상업과 무역이 활발하게 이루어져야 나라가 부강해질 수 있다.
③ 양반은 농업에 종사해서는 안 된다.
④ 토지 제도를 개혁하여 농민들에게 땅을 나누어 주어야 한다.

44 실학자 정약용에 대한 설명으로 옳지 <u>않은</u> 것은?

① 실학을 집대성하였다.
② 『경세유표』, 『목민심서』 등의 책을 썼다.
③ 우리나라 전도인 『대동여지도』를 만들었다.
④ 거중기를 고안하여 수원 화성을 건설하는 데 사용하였다.

45 다음에서 설명하는 실학자를 고르면?

『발해고』를 써서 발해가 고구려 후손들이 세운 나라임을 밝혔다.

① 유득공 ② 정약용
③ 박제가 ④ 김정호

46 ㉠에 들어갈 조선의 왕은?

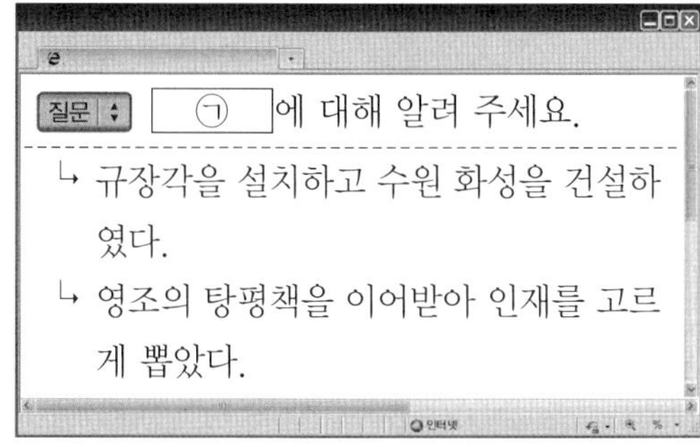

질문
㉠ 에 대해 알려 주세요.
↳ 규장각을 설치하고 수원 화성을 건설하였다.
↳ 영조의 탕평책을 이어받아 인재를 고르게 뽑았다.

① 견훤 ② 왕건
③ 정조 ④ 대조영

47 조선 후기 서민 문화의 발생 배경과 관계 깊은 것은?

① 서민들의 경제적 성장
② 국자감의 설치
③ 수원 화성 건설
④ 엄격한 골품 제도

48 조선 후기 민화에 대한 설명으로 옳은 것을 고르면?

① 조선 후기에 유행한 한글 소설이다.
② 서민들의 소망을 표현하였다.
③ 도화서 화가들만 그릴 수 있었다.
④ 그리는 방법에 일정한 형식이 있었다.

49 다음 조선 후기의 풍속화 '서당도'를 그린 사람은?

① 김홍도 ② 신윤복
③ 정선 ④ 정약용

50 다음 중 조선 후기에 '김정호'가 만든 지도는?

① 효자도 ② 대동여지도
③ 백수백복도 ④ 곤여만국전도

51 **다음에서 설명하는 조선 후기 생활용품을 고르면?**

> 그릇이나 나무에 옻칠을 한 후 전복, 소라 같은 조개의 껍데기 등으로 장식한 조선 후기의 대표적인 공예품이다.

① 떡살 ② 옹기
③ 조각보 ④ 나전 칠기

52 **세도 정치로 약해진 조선을 개혁하여 강한 나라로 만들고자 개혁 정책을 펼친 사람은?**

① 김옥균 ② 흥선 대원군
③ 안중근 ④ 윤봉길

53 **다음의 설명에 해당하는 조약을 맺는 계기가 된 사건을 고르면?**

> • 1876년에 조선이 일본과 맺은 조약이다.
> • 조선이 외국과 맺은 최초의 근대적 조약이었으나, 조선에 불리한 불평등 조약이었다.

① 임오군란 ② 신미양요
③ 갑신정변 ④ 운요호 사건

54 **서재필이 나라의 자주독립을 지키기 위해 설립한 단체는?**

① 독립 협회 ② 신민회
③ 한국광복군 ④ 대한 자강회

55 **다음과 같은 결과가 나타나는 계기가 된 사건은?**

> • 일제가 대한 제국의 외교권을 빼앗았다.
> • 한성(오늘날 서울)에 통감부를 설치하고 대한 제국의 내정을 장악하기 시작하였다.

① 강화도 조약
② 병인양요
③ 헤이그 특사 파견
④ 을사조약

56 **다음의 밑줄 친 '이 섬'을 고르면?**

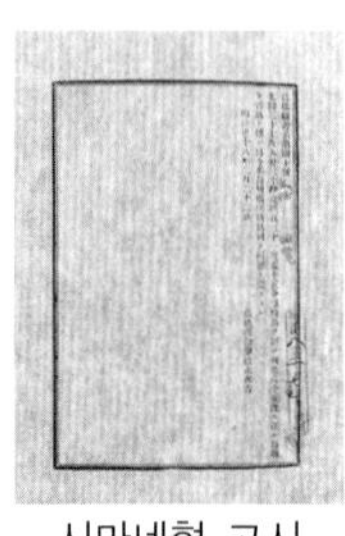
시마네현 고시 제40호

> 일본은 러·일 전쟁 중이던 1905년에 시마네현 고시 제40호를 통하여 <u>이 섬</u>이 주인 없는 섬이라고 우기면서 자신들의 영토에 불법으로 편입시켰다.

① 독도 ② 대마도
③ 강화도 ④ 울릉도

57 다음에서 설명하는 사건은?

탐구 주제 : 갑신년(1884년)에 일어난 개혁의 바람

- 김옥균 등은 근대적인 국가를 만들고자 하였다.
- 우정총국의 개국 축하 행사를 틈타 정변을 일으켰다.
- 청 군대가 개입을 하면서 3일 만에 실패로 끝났다.

① 갑신정변 ② 임진왜란
③ 위화도 회군 ④ 청산리 대첩

58 다음에서 설명하는 인물은?

- 이화학당 학생으로 1919년 3·1 운동에 참여하다 투옥됨.
- 감옥에 갇혀서도 독립 만세를 외쳤고 일제의 모진 고문으로 옥사함.

① 남자현 ② 안중근
③ 유관순 ④ 윤희순

59 일제 강점기 때 우리나라 독립을 위해 애쓴 인물은?

① 하멜 ② 이완용
③ 유관순 ④ 이토 히로부미

60 다음의 밑줄 친 내용의 사건을 고르면?

일제의 강압적 통치에 위축되어 있던 우리 민족은 미국의 윌슨 대통령이 주장한 민족 자결주의와 일본에서 한국인 유학생들이 가진 독립 선언식에 영향을 받아 <u>만세 운동</u>을 준비하였다.

① 3·1 운동
② 국채 보상 운동
③ 애국 계몽 운동
④ 항일 의병 운동

61 대한민국 임시 정부에 대한 설명으로 옳지 <u>않은</u> 것은?

① 1919년 미국 하와이에서 수립되었다.
② 한국광복군을 창설하였다.
③ 3·1 운동을 계기로 독립운동의 체계적·조직적 활동을 위해 수립하였다.
④ 연통제라는 비밀 연락망을 조직하여 독립운동 자금을 모았다.

62 다음에 해당하는 인물은?

한인 애국단을 조직하여 일제의 주요 인물을 처단하였으며, 대한민국 임시 정부를 이끌며 항일 운동을 주도하였다.

① 김원봉 ② 김구
③ 이봉창 ④ 안중근

63 6·25 전쟁에 대한 설명으로 옳은 것은?

① 북한이 남한으로 침략해 왔다.
② 북한은 미국의 도움을 얻어 군사력을 키웠다.
③ 국제 연합은 국제 연합군을 북한에 파견하였다.
④ 인천 상륙 작전으로 남북통일을 이루게 되었다.

64 다음과 같은 사건이 발생하게 된 배경으로 옳은 것은?

> 1960년 4월 19일, 수많은 학생과 시민이 대규모 시위를 벌이자 이승만이 대통령직에서 물러났다.

① 6·29 민주화 선언
② 3·15 부정 선거
③ 5·16 군사 정변
④ 유신 헌법 선포

65 다음 중 4·19 혁명의 결과로 옳은 것은?

① 이승만 대통령이 자리에서 물러났다.
② 유신 헌법이 선포되었다.
③ 5·18 민주화 운동이 일어났다.
④ 6·29 민주화 선언이 발표되었다.

66 다음에서 설명하는 민주화 운동으로 옳은 것은?

> 1980년 광주에서 민주주의의 회복을 요구하는 대규모 시위가 일어나자, 전두환을 중심으로 한 일부 군인들은 군대를 동원하여 이를 폭력적으로 진압하였다.

① 4·19 혁명
② 5·18 민주화 운동
③ 유신 헌법 반대 운동
④ 6월 민주 항쟁

03장 일반 사회 영역

01 우리나라의 정치 발전

(1) 함께하는 주민 자치

① **학급의 문제를 민주적으로 해결하는 과정** : 학급 회의가 열리는 날짜와 회의 주제를 알리기 → 학급 회의 열기 → 친구들의 의견 발표하기 → 대화와 타협하여 의견 모으기 → 회의에서 결정된 내용 발표하기 → 실천하기

② **지역에서 일어나는 공동의 문제와 해결 방법**

㉠ **지역의 문제** : 아파트 층간 소음 문제, 쓰레기 문제, 주차 문제, 하천 오염 문제 등

㉡ **지역의 문제를 민주적으로 해결하는 과정** : 지역에서 일어난 문제를 파악함 → 지역 주민들이 모여 의견을 나눔 → 다양한 의견을 제시함 → 대화와 타협을 통해 의견을 하나로 모음 → 지역의 문제를 해결함

③ **주민 자치에서 주민 참여의 중요성** : 지역 문제는 모든 지역 주민들에게 영향을 미치기 때문에 주민들이 함께 해결해야 한다.

(2) 지역 대표를 뽑는 선거

① **선거의 뜻과 필요성**

㉠ **뜻** : 자신들을 대표할 사람을 뽑는 것을 말하며, 지역의 대표를 뽑는 것을 지방 선거라고 한다.

㉡ **지역의 대표를 뽑는 이유** : 오늘날에는 많은 사람이 모여 살고 있어서 지역에 중요한 일이 생기면 모든 사람이 모여 지역의 일을 의논하고 결정하는 것이 어렵기 때문이다.

② **선거 과정** : 선거인 명부 작성 → 후보자 등록 → 선거 운동 → 투표 → 개표 및 당선자 결정 → 당선증 발급

③ **대표를 뽑을 때 고려해야 할 기준** : 공약, 정당, 경력, 리더십, 도덕성, 책임감, 청렴도, 사회 공헌도, 사회성 등을 살펴봐야 한다.

④ **민주 선거의 4원칙**

구분	내용
보통 선거	법에 따라 일정한 나이가 된 모든 국민에게 선거권을 주는 것
평등 선거	신분, 재산, 성별, 학력 등 조건에 관계없이 한 사람이 한 표씩 투표할 수 있는 원칙
직접 선거	뽑고자 하는 대표를 선거권을 가진 사람이 직접 뽑는 것
비밀 선거	국민들이 각자 자기가 원하는 대표를 자유롭게 뽑을 수 있도록 누구에게 투표했는지 비밀이 보장되는 것

⑤ 지역 주민과 지역 대표의 역할

㉠ 지역 주민 : 지역의 일에 관심을 가지고 의견을 제시한다.

㉡ 지역 대표 : 선거 공약을 잘 지키고, 주민의 바람이나 의견을 잘 반영한다.

(3) 우리 지역의 지방 자치 단체

① 지방 자치와 지방 자치 단체

㉠ 지방 자치

ⓐ 뜻 : 지역 주민이 스스로 선출한 대표를 통하여 그 지역의 일을 처리하는 제도이다.

ⓑ 지방 자치가 필요한 까닭 : 지역의 문제를 지역 주민 모두가 나서서 해결하기 어렵기 때문이다.

㉡ 지방 자치 단체

ⓐ 뜻 : 지역 주민들을 위하여 대표들이 지역의 살림살이를 꾸려 나가는 곳이다.

ⓑ 지방 정부 : 시·도청, 시·군·구청

ⓒ 지방 의회 : 시·도 의회, 시·군·구 의회

② 시·도 의회와 시·도청에서 하는 일

구분	하는 일
시·도 의회	• 지역의 상황에 알맞은 조례를 만들거나 고치고, 필요 없는 것은 없애기도 함 • 지역 살림에 필요한 한 해의 예산을 확인하고 검토함 • 지방 정부에서 예산을 계획에 맞게 사용하였는지 확인하고 점검함 • 직접 현장에 나가서 지역을 위한 일들이 잘 처리되고 있는지 확인함
시·도청	• 지역 발전을 위한 개발 계획을 세우고 실천함 • 지역이 발전할 수 있도록 도로, 주택, 상하수도 등을 건설 • 지역의 산업을 발전시키고 주민 소득을 높이기 위한 일을 함 • 지역 주민들이 여가를 즐길 수 있도록 다양한 행사를 엶 • 주민들이 생활하는 데 불편한 점을 듣고 해결해 주기 • 지역 문화가 발전할 수 있도록 박물관, 미술관 등을 운영 • 어린이, 장애인, 노인을 위한 시설 짓기

③ 지방 자치 단체가 하는 일을 조사하는 방법 : 지방 자치 단체의 누리집에 들어가기, 지역 신문과 지역 방송 이용하기, 지방 자치 단체에 직접 방문하기 등

(4) 협력하는 지방 자치 단체

① 지방 정부와 지방 의회의 협력과 견제 관계 : 지방 정부와 지방 의회는 지역 주민들을 위해 서로 협력하여 일하기도 하지만 서로 일을 잘하고 있는지 견제하기도 한다.

② 우리 지역의 문제를 지방 자치 단체에 전달하는 방법 : 지방 자치 단체의 누리집에 들어가 글을 쓰거나 직접 방문하여 알리는 방법 등이 있다.

(5) 우리 지역의 공공 기관

① 공공 기관 : 주민 전체의 이익과 생활의 편의를 위해 국가가 세우거나 관리하는 곳

② 공공 기관인 것과 공공 기관이 아닌 것

공공 기관인 것	공공 기관이 아닌 것
경찰서, 시청, 우체국, 주민 센터, 교육청 등	슈퍼마켓, 백화점, 시장, 아파트 등

③ 공공 기관의 종류와 역할

㉠ 소방서 : 화재를 예방하고 응급 환자를 구조함

㉡ 보건소 : 감염병과 질병을 예방하고 치료하려고 노력함

㉢ 경찰서 : 우리 지역의 안전을 책임지고 질서를 유지함

㉣ 교육청 : 학생들의 교육과 관련된 일을 함

㉤ 주민 센터 : 다양한 분야에서 주민들의 생활을 도움

㉥ 도서관 : 책을 읽고 공부하는 공간을 제공함

㉦ 우체국 : 편지와 물건을 배달하며 은행처럼 돈을 맡아 주기도 함

02 필요한 것의 생산과 교환

(1) 현명한 선택

① 경제 활동의 뜻과 종류

㉠ 뜻 : 생활에 필요한 여러 가지 것들을 만들어 내고, 이것들을 사고팔거나 사용하는 것과 관련된 모든 일을 말한다.

㉡ 경제 활동의 유형 : 생산 활동, 소비 활동, 판매 활동, 저축 활동 등

② 경제생활을 하면서 겪게 되는 선택의 문제

㉠ 사람들은 경제생활을 하면서 끊임없이 크고 작은 여러 가지 선택의 문제에 부딪히게 된다.

㉡ 경제생활에서 선택의 문제가 발생하는 까닭 : 사람들이 필요로 하거나 원하는 것들은 많지만, 그러한 것들을 만들어 내거나 사는 데 필요한 자원과 돈이 한정되어 있는 자원의 '희소성' 때문이다.

㉢ 현명한 선택을 위한 기준

ⓐ 가격 : 가격이 적당한가?

ⓑ 필요성 : 꼭 필요한 것인가?

ⓒ 견고성 : 어떤 것이 더 튼튼한가?

ⓓ 만족감 : 어떤 것이 더 즐거움을 줄 수 있는가?

ⓔ 건강 : 어느 것이 건강에 좋은가?

ⓕ 다른 사람이나 환경에 피해 : 다른 사람이나 환경에 피해를 주는 것은 아닌가?

(2) 생산이 이루어지기까지

① 생산

㉠ 의미 : 사람들이 생활에 필요한 물건을 만들어 내는 것을 말한다.

㉡ 생산에 필요한 것 : 재료, 도구, 사람

② 생산 활동

㉠ 의미 : 사람들에게 필요한 것을 자연에서 얻는 활동, 생활에 필요한 것을 만드는 활동, 생활을 편리하게 도와주는 활동을 말한다.

㉡ 종류

생활에 필요한 것을 자연에서 직접 얻는 활동	벼농사하기, 밭농사, 과일 수확, 감자 캐기, 버섯 캐기, 약초 캐기, 물고기 잡기, 물고기 기르기, 미역 따기, 소 기르기, 포도 따기, 나무 자르기 등
생활에 필요한 것을 만드는 활동	자동차 만들기, 공장에서 물건 만들기, 김치 만들기, 유리로 물건 만들기, 책 만들기, 텔레비전 만들기 등
생활을 편리하고 즐겁게 해 주는 활동	은행에서 일하기, 물건 배달, 공연하기, 학생 가르치기, 환자 치료하기, 머리 깎아 주기, 기관차 운전하기, 과일 팔기, 화장품 팔기, 이삿짐 나르기, 주사 놓기 등

(3) 일하는 사람들

① 우리 주위에서 도움을 주는 직업 : 환경미화원, 소방관, 가게 주인, 경찰관 등

② 직업

㉠ 가족이나 개인의 생활을 위하여 일정 기간 계속 일을 하여 소득을 얻거나 사회 발전에 기여하는 활동을 직업이라고 한다.

㉡ 사람들은 직업을 통해 자신이 하고 싶었던 일을 실현하여 보람과 만족을 얻게 된다.

③ 미래 사회에 주목받을 분야 : 환경 분야, 항공 우주 분야, 생명 공학 분야, 참살이 분야 등

(4) 똑똑한 소비자

① 가정에서 소득의 쓰임새

㉠ 소득 : 생산 활동을 하거나 그러한 활동에 기여한 대가로 얻게 된 돈

㉡ 소득의 다양한 쓰임새 : 교통 · 통신비, 교육비, 교양 · 오락비, 보건 · 의류비, 저축 등

② 똑똑한 소비 생활

㉠ 똑똑한 소비를 하는 방법 : 계획을 세워 꼭 필요한 곳에만 돈을 써야 하며, 물건을 사기 전에 가격, 품질, 디자인, 물건을 만든 회사 등 필요한 정보를 확인해야 한다.

ⓛ 물건에 대한 정보를 얻을 수 있는 방법 : 다른 사람의 경험이나 광고, 인터넷 검색 등

③ 소비자의 권리와 책임

㉠ 소비자 권리

ⓐ 물건을 살 때 안전하게 보호받을 권리

ⓑ 물건을 사는 데 필요한 정보를 제공받을 권리

ⓒ 상표, 가격, 구입 장소 등을 자유롭게 선택할 수 있는 권리

ⓓ 물건을 사용하면서 발생한 피해에 대해 보상을 받을 권리

ⓔ 물건을 만든 회사에 자신의 의견을 말할 권리

ⓕ 자신의 권리를 보호하기 위한 단체를 만들고 활동할 수 있는 권리

㉡ 소비자의 책임 : 가격, 품질, 서비스 등 정보를 꼼꼼하게 살펴보고, 물건에 이상이 없는지 확인해야 한다.

03 사회 변화와 문화의 다양성

(1) 현대 사회의 다양한 가족들

① 가족의 의미

㉠ 혈연이나 입양, 결혼 등으로 관계되어 같이 생활하는 사람들의 집단 또는 그 구성원

㉡ 사회의 가장 중요하고 기초적인 집단이며, 가족들이 모여 사회가 형성된다.

② 확대 가족과 핵가족

확대 가족	부모와 결혼한 자녀가 함께 사는 가족
핵가족	부모와 결혼하지 않은 자녀가 함께 사는 가족

③ 가족 문제를 해결하는 방법 : 가족 모두가 노력해야만 하며, 배려하고 이해하려는 마음과 대화하는 것이 중요하다.

(2) 성 역할의 변화와 양성평등 사회

① 성 역할의 의미와 변화

㉠ 성 역할 : 남자와 여자가 사회에서 바라는 것에 맞추어 행동하는 것

㉡ 성 역할에 대한 바람직한 태도 : 성 역할 고정 관념에서 벗어나 남자와 여자를 차별하지 말고, 사람을 성별이 아닌 능력으로 판단해야 한다.

② 양성평등의 의미와 노력

㉠ 양성평등 : 성에 따른 차별을 받지 않고 자신의 능력에 따라 동등한 기회와 권리를 누리는 것

㉡ 양성평등의 노력

ⓐ 가정 : 성 역할 고정 관념을 버리고 가정의 모든 일을 함께 책임지고 서로 도와야 한다.

ⓑ 사회 : 남녀 고용 평등 실현과 여성의 사회 참여를 확대하기 위한 법 제정 등

(3) 우리나라 인구의 변화

① 인구 : 한 지역이나 나라에 살고 있는 사람의 수

② 저출산 문제

㉠ 뜻 : 아이를 적게 낳거나 낳지 않는 가정이 늘어나면서 태어나는 아이의 수가 점점 줄어들고 있는 현상

㉡ 해결 노력 : 교육비 지원, 세금 감면, 보육 시설 지원, 육아 휴직 확대 등

③ 고령화 문제

㉠ 뜻 : 전체 인구에서 노인이 차지하는 비율이 높아지는 현상

㉡ 해결 노력 : 노인 일자리 만들기, 다양한 복지 정책 마련하기 등

(4) 다문화 사회

① 의미 : 교통·통신 수단의 발달에 따른 교류의 증가로 문화 다양성이 나타나는 사회

② 우리나라의 다문화 현상 : 국제결혼 이민자 증가, 외국인 노동자 증가 등으로 다문화 사회의 진전이 가속화되고 있다.

(5) 소수자의 권리 보호

① 소수자

㉠ 뜻 : 다수의 사람들과 행동이나 모습 등이 다르다는 이유로 차별을 받거나 부당한 대우를 받는 사람들

㉡ 결정 기준 : 구성원의 많고 적음이 아니라 사람들이 가지고 있는 편견과 차별의 여부에 달려 있다.

② 우리 주변의 소수자 : 장애인, 다문화 가정, 북한 이탈 주민, 외국인 근로자 등

③ 소수자의 권리를 보호하기 위한 노력

㉠ 장애인 : 경사로 설치, 장애 이해 교육, 장애인이 일할 수 있도록 법 제정

㉡ 다문화 가정 : 다양한 문화 행사 지원, 자녀들을 위한 교육 지원, 다문화 교육 등

㉢ 북한 이탈 주민 : 안정적인 일자리 지원, 전문적인 상담 지원

04 인권 존중과 정의로운 사회

(1) 인권의 의미와 특성

① 사람이기 때문에 당연히 누리는 권리이다.

② 태어날 때부터 모든 사람에게 평등하게 보장된다.

③ 사람으로서 인간답게 살아갈 권리를 침해당하지 않는 것이다.

(2) 생활 속에서 인권이 존중되는 모습

① 키가 작은 어린이를 위해 낮은 세면대를 설치한다.

② 임신, 출산 등으로 직장 생활을 잠시 쉬어야 할 때 이를 법적으로 보장한다.

③ 노약자와 몸이 불편한 사람을 위해 공공장소에 승강기를 설치한다.

④ 장애인을 위해 장애인 전용 주차 구역을 따로 만든다.

(3) 인권 신장을 위해 노력했던 인물들

① **허균** : 「홍길동전」을 써서, 당시 신분 제도를 비판하였다.

② **방정환** : 어린이날을 만들고 어린이의 인권 신장을 위해 노력했다.

③ **테레사 수녀** : 가난하고 아픈 사람들을 도와주고 보살펴 주었다.

④ **마틴 루서 킹** : 차별받는 흑인의 인권 신장을 위해 노력했다.

(4) 인권을 지키기 위한 우리의 노력과 태도

① 우리는 누구나 안전하게 행복을 누리며 살아갈 권리가 있다.

② 다른 사람의 권리를 존중하는 태도를 가져야 한다.

(5) 인권 신장을 위한 옛날의 여러 제도

① **격쟁** : 억울한 일을 당한 사람이 임금의 행차 때 징이나 꽹과리를 쳐서 임금에게 억울함을 호소할 수 있었다.

② **신문고 제도** : 백성들은 억울한 일이 있을 때 대궐 밖에 설치된 북을 쳐서 임금에게 알릴 수 있었다.

③ **상언 제도** : 신분에 관계없이 억울한 일을 문서에 써서 임금에게 호소할 수 있었다.

④ **삼복제** : 사형과 같은 무거운 형벌을 내릴 때는 신분에 관계없이 세 번의 재판을 거치도록 했다.

(6) 인권 침해

① 학교에서 일어나는 인권 침해 : 개인 정보 유출, 편견이나 차별, 사생활 침해, 사이버 폭력

② 우리 주변에서 인권이 침해된 사례

㉠ 놀이터가 고쳐지지 않고 방치되어 어린이의 놀 권리가 침해받는 상황

㉡ 다문화 가정의 아이가 외모로 차별받는 상황

㉢ 장애가 있는 사람이 가고 싶은 곳에 갈 수 없어 불편해하는 상황

㉣ 노인의 이동권이 보장되지 못해 아파도 병원에 마음대로 갈 수 없는 상황

③ 인권 보장을 위한 우리 사회의 노력

㉠ 인권 개선 활동 : 시민 단체의 노력으로 낡고 위험한 놀이터가 안전하고 즐거운 놀이터로 바뀌었다.

㉡ 인권 교육 활동 : 학교에서는 인권 교육 활동으로 다문화 가족에 대한 편견을 없애고 문화의 다양성을 존중하도록 한다.

㉢ 장애인 공공 편의 시설 설치 : 국가와 지방 자치 단체에서는 장애인이 안전하고 편리하게 공공시설을 이용할 수 있도록 편의 시설을 설치하여 운영한다.

㉣ 사회 보장 제도 시행 : 국가와 지방 자치 단체는 국민이 빈곤, 질병, 생활 불안 등에서 벗어나 안정적으로 살 수 있도록 사회 보장 제도를 만들어 시행한다.

(7) 인권 보호 실천 방법 : 인권 표어 만들기, 인권 포스터 그리기, 인권 동영상 만들기, 인권 사진 찍기, 인권을 존중하는 말 사용하기, 인권 개선 편지 쓰기 등

(8) 법의 의미와 역할

① 도덕과 법의 비교

㉠ 도덕 : 사람들이 양심 등에 비추어 자율적으로 지키는 규범이다.

㉡ 법

ⓐ 누구나 무조건 지켜야 하는 강제성이 있는 규범으로, 이를 지키지 않았을 때는 제재를 받는다.

ⓑ 사회의 변화에 맞지 않거나 인권을 침해할 때에는 법을 바꾸거나 다시 만들 수 있다.

② 일상생활에 적용되는 법

㉠ 「식품 위생법」 : 사람들이 깨끗하고 안전한 음식을 먹을 수 있도록 관리한다.

㉡ 「어린이놀이시설 안전관리법」 : 어린이 놀이 시설을 안전하게 관리한다.

㉢ 「어린이 식생활안전관리 특별법」 : 학교와 학교 주변에서 어린이의 건강을 해치는 식품의 판매를 금지한다.

㉣ 「장애인 차별 금지법」 : 장애인들이 차별받지 않고 일할 수 있도록 한다.

㉤ 「저작권법」 : 음악, 영화, 출판물 등 창작물을 만든 사람의 저작권을 보호한다.

ⓗ 「도로 교통법」 : 도로에서 일어나는 모든 위험과 장해를 방지하거나 제거하여 안전하고 원활한 교통을 확보하도록 만든 법률로 어린이 보호 구역에서는 어린이를 보호하기 위해 속도를 초과하여 운전하면 처벌을 받는다.

ⓢ 「소비자 기본법」 : 소비자의 권리를 보호하기 위해 만들어진 법이다.

ⓞ 「폐기물 관리법」 : 폐기물의 발생을 최대한 억제하고 발생한 폐기물을 친환경적으로 처리하기 위한 법이다.

③ 우리에게 도움을 주는 다양한 법의 역할

개인의 권리 보장	• 개인의 생명이나 재산을 보호해 준다. • 개인 간에 발생한 분쟁을 해결해 준다. • 개인 정보를 보호해 준다.
사회 질서 유지	• 교통사고를 예방할 수 있게 해 준다. • 범죄로부터 안전하게 지켜 준다. • 환경 파괴와 오염을 예방해 준다.

05 우리나라의 경제 발전

(1) 우리 경제의 특징

① 생활 속 경제 활동의 모습

㉠ 경제 활동 : 사람들에게 필요한 것을 생산하고 소비하는 것과 관련된 모든 활동

㉡ 경제 활동의 모습

ⓐ 개인 : 물건을 사는 모습, 물건을 파는 모습, 물건을 만드는 모습, 은행에 돈을 저축하는 모습, 식당에서 음식을 사 먹는 모습, 식당에서 음식을 주문받는 모습, 광고지를 돌리는 일을 하는 모습 등

ⓑ 기업 : 기업에 필요한 인재를 구하는 모습, 제품의 생산량을 늘리는 모습 등

② 우리 경제의 특징 : 개인과 기업들은 경제 활동의 자유를 누리면서 자신의 이익을 얻기 위하여 경쟁하고 있다.

③ 공정 거래 위원회의 역할

㉠ 기업들의 경쟁을 촉진하고, 공정한 경쟁이 되도록 한다.

㉡ 소비자가 피해를 입지 않도록 방지하고 소비자를 보호한다.

㉢ 대기업이 중소기업에게 행하는 각종 부당한 행위를 바로 잡아 중소기업의 경쟁 기반을 확보한다.

④ 불공정한 경제 활동을 막기 위한 정부와 시민 단체의 노력

㉠ 공정 거래 위원회

ⓐ 허위 광고나 과장 광고를 하는 기업을 제지한다.

ⓑ 공정 거래 위원회가 허위 광고나 과장 광고를 하지 못하게 하는 까닭 : 소비자가 올바른 제품 정보를 가지고 제품을 선택할 수 있도록 하기 위해서이다.

㉡ 정부

ⓐ 기업들끼리 상의하여 가격을 올리거나 새로운 기업의 시장 진입을 막는 일이 있는지 감시하고 조사한다.

ⓑ 정부가 기업을 감시하고 조사하는 까닭 : 기업들이 공정한 경쟁을 할 수 있도록 하기 위해서이다.

㉢ 시민 단체

ⓐ 환경 오염을 일으키는 기업에 문제를 제기하고 사람들에게 알린다.

ⓑ 기업에 문제를 제기하고 사람들에게 알리는 까닭 : 기업이 더 이상 환경을 오염시키지 못하도록 하기 위해서이다.

ⓒ 불량 상품이나 몸에 해로운 상품을 조사하고 발표한다.

ⓓ 시민 단체가 제품을 조사하고 그 결과를 발표하는 까닭 : 잘못된 제품을 생산한 기업을 사람들에게 알려 소비자들의 피해를 막고, 기업이 앞으로 불량 상품이나 몸에 해로운 상품을 생산하지 못하도록 하기 위해서이다.

(2) 우리 경제의 성장 과정

① 경제 성장에 따른 생활 모습의 변화

㉠ 경제 성장 : 한 나라의 전체적인 생산 수준이나 국민 소득이 계속해서 증가하는 것

㉡ 생활 모습의 변화 : 경제가 성장하면서 국내 총생산과 1인당 국민 총소득, 자동차 등록 대수, 휴대 전화 가입자 수는 증가하였고, 농업에 종사하는 사람의 수는 줄어들었다.

② 우리나라의 산업이 발달해 온 과정

㉠ 1960년대 이전 : 농업, 어업, 임업 중심의 산업 발달

㉡ 1960년대 : 섬유·시멘트·비료·정유 산업의 발달

㉢ 1970년대 : 석유 화학·조선·전자·제철 산업의 발달

㉣ 1980년대 : 자동차·정밀 기계 산업의 발달

㉤ 1990년대 : 컴퓨터·반도체·정보 통신 산업의 발달

㉥ 2000년대 이후 : 서비스업, 첨단 산업의 발달

(3) 우리 경제의 성장을 위하여 노력한 사람들

① 근로자들의 노력과 역할

㉠ 노력 : 산업 현장에서 우수한 품질의 제품을 만들고, 새로운 기술을 개발하기 위해 연구하였다.

㉡ 역할 : 주어진 일에 최선을 다하여 우리 경제를 성장시키는 밑거름이 되었다.

㉢ 국외로 진출한 근로자

과거	여러 광부들과 간호사들은 독일로 파견되어 일을 하였고, 건설 근로자들은 서남아시아 지역에서 일하였다.
현재	국외 여행을 하는 사람들을 위한 가이드, 남극과 북극의 과학 기지에서 일하는 과학자, 국외의 현지 공장에서 일하는 근로자 등

② 기업가의 노력 : 기업을 발전시켜 새로운 일자리를 만들고 근로자의 소득을 높였으며 국가 경제를 발전시키는 역할을 한다.

③ 정부의 노력 : 산업 발전과 기술 개발을 지원하고 고속 국도·제철소 등 중요한 시설을 건설, 수출을 늘리기 위하여 다른 나라와 관계를 맺고 우리 제품을 홍보한다.

(4) 세계 속의 우리 경제

① 무역

㉠ 뜻 : 나라 간에 필요한 것을 사고파는 활동

㉡ 무역이 이루어지는 까닭 : 각 나라가 가지고 있는 자연환경, 기술, 자본, 생산되는 것 등이 서로 다르기 때문이다.

② 우리나라 무역의 특징

㉠ 자원이 부족하여 원유, 천연가스, 석탄 등의 자원이나 원료를 수입하고, 그것을 가공하여 제품을 만들어 외국에 수출한다.

㉡ 전체 무역액에서 중국, 미국, 일본 등 몇 나라가 차지하는 비율이 높고 무역 상대국이 다양하지 않다.

③ 국제 경쟁력 향상 방안 : 새로운 기술 개발, 품질 개선, 새로운 무역 시장 개척, 수출품 다양화 등

06 우리 사회의 과제와 문화의 발전

(1) 경제 성장의 그림자

① 경제 성장 과정에서 나타난 문제점 : 빈부 격차, 자원 고갈, 노사 갈등, 세대 간 갈등 등

② 문제를 해결하기 위한 노력

㉠ 빈부 격차 : 경제적으로 어려움을 겪는 사람들을 도와주기 위한 일자리 지원, 생계비 지원, 양육비 및 학비 지원, 바우처(복지 이용권) 제도 등

㉡ 자원 고갈 : 새로운 자원 개발, 대중교통 이용을 권장하는 캠페인 등

㉢ 노사 갈등 : 근로자와 기업가가 대화를 하여 문제를 해결하려고 노력

(2) 우리 사회의 오늘과 내일

① 공동체 문제의 해결 과정 : 문제 확인하기 → 대안 제시하기 → 대안을 비교하여 최선의 대안 선택하기 → 실행 계획을 세우고 실행하기 → 평가하기

② 공동체의 문제를 해결하는 과정에서 참여의 중요성과 방법

㉠ 참여의 중요성 : 민주주의를 유지하고 발전시키기 위해서이다.

㉡ 참여 방법 : 언론에 자신의 의견을 전달하거나 인터넷에 의견 올리기, 설문 조사에 참여하기, 선거나 투표하기, 1인 시위, 정당이나 시민 단체, 노동조합 등을 만들어 의견 제시하기 등

③ 분단으로 인해 겪는 문제점 : 이산가족, 북한 이탈 주민의 심리적 · 경제적 · 문화적 어려움, 전쟁에 대한 공포 증가, 군사비 지출 증가, 남북한 문화 이질화 등

(3) 새로운 매체와 문화 발전

① 새로운 매체의 장점과 단점

㉠ 장점 : 새로운 정보나 문화를 여러 사람이 쉽고 빠르게 공유할 수 있다.

㉡ 단점 : 스마트폰 중독, 개인 정보 유출, 저작권 침해, 사이버 따돌림 등

② 전통문화의 사례 : 김치, 효 사상, 한글, 탈놀이, 한복, 한옥, 판소리, 사물놀이 등

③ 전통문화 콘텐츠의 사례 : 한글을 활용하여 디자인한 상품, 사물놀이의 리듬을 소재로 하여 만든 뮤지컬 '난타' 등

07 우리나라의 민주 정치

(1) 우리 생활과 민주 정치

① 정치와 민주 정치

㉠ 정치

ⓐ 뜻 : 공동체에서 일어나는 갈등이나 대립을 조정하고 많은 사람들에게 영향을 끼치는 공동의 문제를 해결해 가는 활동이다.

ⓑ 정치 활동의 사례 : 학급 규칙을 정하는 일, 국민이 낸 세금을 어디에, 얼마나 사용할 것인지를 정하는 일 등

㉡ 민주 정치 : 국가의 정치가 다수의 국민에 의하여 결정되는 것

㉢ 민주주의의 기본 정신 : 인간의 존엄성, 자유, 평등

② 다양한 형태의 민주주의

㉠ 대의 민주주의(간접 민주주의)

ⓐ 공동체의 구성원들이 대표자를 뽑고, 그 대표자들이 의사 결정을 하는 민주주의의 형태이다.

ⓑ 지방 자치제 : 1990년대 우리나라는 지역 주민이 직접 지방의회 의원과 지방자치 단체장을 선출하였다.

㉡ 숙의 민주주의

ⓐ 대표자를 뽑지 않고 구성원들이 직접 결정에 참여한다.

ⓑ 합리적 대화와 토론을 거듭하며 합의점을 찾아간다.

③ 법의 의미와 역할

㉠ 국가에서 많은 사람들이 함께 지키기로 약속하고 만든 규칙

㉡ 역할 : 사람들 사이에서 일어나는 갈등을 해결하여 사회 질서를 유지시켜 준다.

㉢ 법의 특징

ⓐ 법은 국가 구성원이라면 누구나 지켜야 하는 강제성이 있어 어떤 사람이 법을 어겼을 때 국가는 그에게 벌을 주거나 특별한 행동을 금지하는 등 제재를 할 수 있다.

ⓑ 법이 사회 변화에 맞지 않거나 사람들의 인권을 침해하는 상황이 발생하면 법을 바꾸거나 새롭게 만들 수 있다.

ⓒ 법은 범죄나 사고로부터 사람들을 보호하고 쾌적한 환경에서 살아갈 수 있게 하는 등 사회 질서를 유지하는 역할을 한다.

㉣ 일상생활과 다양한 법의 적용

ⓐ 전동 킥보드를 탈 때는 반드시 안전모를 쓰고 혼자 타야 하고, 면허가 있어야 탈 수 있도록 「도로 교통법」이 바뀌었다.

ⓑ 열악한 작업 환경 속에서 일하는 택배 기사를 위해 쉼터를 설치할 수 있도록 「생활 물류 서비스 산업 발전법」이 만들어졌다.

ⓒ 학교는 「학교 급식법」, 「학교 폭력 예방법」 등과 같은 법의 적용을 받는다.

ⓓ 우리가 음악을 듣거나 영화를 보는 것은 「저작권법」의 적용을 받는 것이다.

ⓔ 일정한 나이가 되면 모든 국민이 초등학교에 다니는 것은 「초・중등 교육법」의 적용을 받는 것이다.

ⓕ 「근로 기준법」에는 1일의 근로 시간은 휴게 시간을 제외하고 8시간을 초과할 수 없다는 내용이 있다.

ⓖ 어린이 보호 구역 등을 정하여 교통사고를 예방하고, 학생이 안전하게 다닐 수 있도록 하는 것은 법의 사회 질서 유지 역할과 관련 있다.

④ 헌법

㉠ 우리나라의 법 중에서 가장 기본이 되고 중요한 법이다.

㉡ 법 중에서 가장 으뜸인 법으로, 다른 법들은 헌법에 어긋나서는 안 된다.

㉢ 주요 내용

ⓐ 대한민국의 주권은 국민에게 있고, 모든 권력은 국민으로부터 나온다.

ⓑ 대한민국의 영토는 한반도와 그 부속 도서로 한다.

ⓒ 대한민국은 통일을 지향하며, 자유 민주적 기본 질서에 입각한 평화적 통일 정책을 수립하고 이를 추진한다.

ⓓ 모든 국민은 인간으로서의 존엄과 가치를 가지며, 행복을 추구할 권리를 가진다.

ⓔ 모든 국민은 법 앞에 평등하다.

ⓕ 모든 국민은 법률이 정하는 바에 의하여 선거권을 가진다.

㉣ 헌법 재판소 : 법률이 헌법에 어긋나는지 아닌지를 판단하는 기관

⑤ 일상생활에서의 민주주의

㉠ 일상생활에서의 민주주의 실천 태도

ⓐ 대화와 토론을 바탕으로 하여 의견이 옳으냐 그르냐를 따져 보는 비판적 태도가 필요하다.

ⓑ 나와 다른 의견을 인정하고 포용하는 관용의 자세, 상대방을 배려하는 마음으로 서로 양보하고 타협하는 자세를 지녀야 한다.

ⓒ 함께 결정한 일은 모두가 잘 따르고 실천해야 한다.

ⓓ 의견을 하나로 모으기 어려울 때는 다수결의 원칙으로 문제를 해결할 수 있다.

㉡ 일상생활에서 민주주의를 실천하는 사례

ⓐ 학급 회의를 열어 학급 공동의 문제를 토의하고 해결한다.

ⓑ 교사, 학부모, 학생 대표가 대토론회를 열어 학교의 중요한 일을 결정한다.

ⓒ 지역에서는 주민 자치회를 구성하여 주민들의 의견을 모아 지역 문제를 해결한다.

⑥ 다수결의 원리

㉠ 대화와 타협으로 갈등을 해결하기 어려울 때는 다수결의 원칙을 활용하여 해결 방안을 결정할 수 있다.

㉡ 다수결의 원칙은 다수의 의견이 소수의 의견보다 합리적일 것이라고 가정하고 다수의 의견을 채택하는 방법이다.

㉢ 선거를 통해 대표를 뽑을 때, 학급이나 학교 등의 공동체에서 중요한 의사를 결정할 때 사용할 수 있다.

㉣ 다수의 의견이 항상 옳은 것은 아니므로 다수결의 원칙을 사용할 때는 소수의 의견도 중요하게 여기는 존중의 자세를 가져야 한다.

(2) 국가의 일을 맡아 하는 기관들

① 국회

㉠ 국민들이 직접 뽑은 국회 의원들이 모인 곳

㉡ 역할

ⓐ 법을 만들거나 고치는 일을 하여 입법부라고도 한다.

ⓑ 정부가 예산안을 잘 짰는지, 예산을 적절히 사용했는지 꼼꼼하게 따져 본다.

㉢ 국회 의원 : 4년에 한 번씩 선거를 통해 뽑으며, 대한민국 국민으로 나이가 만 25세 이상이 되어야 한다.

② 법원

㉠ 국민들의 생활에서 판단을 내리는 재판을 하는 곳

㉡ 법에 따라 재판을 하며, 재판에 관해서 국회, 정부의 간섭을 받지 않는다.

㉢ 공정한 재판을 위한 노력 : 한 사건에 대해 세 번까지 재판을 받을 수 있는 3심 제도, 사법부의 독립

㉣ 법정에서 재판을 하는 모습(예 형사 재판)

ⓐ 판사는 재판을 이끌어 가며 법에 따라 심판한다.

ⓑ 검사는 피고인이 잘못한 점을 지적하여 판사가 적당한 벌을 내리도록 요구한다.

ⓒ 피고인은 법을 어겼다고 생각되어 일정한 절차에 따라 재판을 받는다.

ⓓ 변호인은 피고인을 도와주는 일을 한다.

ⓔ 서기는 판사, 검사, 변호인 등이 말하는 내용을 기록한다.

③ 정부

㉠ 하는 일 : 법에 따라 국가 살림을 하는 곳

㉡ 우리나라 정부의 구성

ⓐ 대통령 : 정부의 최고 책임자이며 우리나라를 대표하는데, 국민이 직접 선거로 5년에 한 번씩 새로 선출하며 한 사람이 두 번 할 수 없다.

ⓑ 국무총리 : 대통령을 도와 여러 가지 일을 하는데, 만약 대통령이 외국을 방문하거나 그 밖의 이유로 일을 하지 못할 때에는 대통령이 할 일을 대신 맡아서 한다.

ⓒ 행정 각 부 : 여러 일을 나누어 맡아 하는데 최고 책임자인 장관, 그 다음으로 차관, 각부의 일을 맡아 하는 공무원들이 있다.

④ 삼권 분립 : 국가의 힘이 세 기관 중 어느 한 기관에 집중되지 않고 균형을 이루게 하며, 국가 기관들이 서로를 견제하도록 하여 국민의 자유와 권리를 보호하기 위한 것이다.

⑤ 우리나라의 행정부 조직

㉠ 국방부에서 나라를 지키는 것과 관련된 일을 한다.

㉡ 교육부에서는 국민의 교육에 관한 일을 책임진다.

㉢ 문화체육관광부에서는 문화, 예술, 체육, 관광 등과 관련된 업무를 맡는다.

㉣ 국가유산청에서는 우리나라의 문화유산을 보호하려고 여러 가지 일을 한다.

㉤ 기획재정부에서는 세금으로 나라 살림을 꾸리고 경제 정책을 세운다.

㉥ 국세청에서는 세금을 걷는 일을 한다.

㉦ 환경부에서는 자연환경을 보전하고 환경 오염을 방지하는 일을 한다.

㉧ 해양수산부에서는 해양의 개발·이용·보존에 관한 업무를 담당한다.

㉨ 외교부에서는 다른 나라와 정치적·경제적·문화적 관계를 맺고, 외국에 사는 우리나라 국민의 안전을 책임진다.

㉩ 농림축산식품부에서는 농산물·축산물 등의 식량이 부족하거나 남지 않도록 관리하고, 먹거리의 안전을 감독한다.

㉪ 통일부에서는 통일 및 남북 대화, 교류 등을 위해 노력하며, 북한 이탈 주민이 우리 사회에 정착할 수 있도록 도움을 준다.

㉫ 보건복지부에서는 국민의 건강과 복지를 위해 일을 한다.

⑥ 정부 세종 청사

㉠ 수도권에 집중된 인구를 분산하고, 국토를 균형 있게 발전시키려고 세종특별자치시에 만든 정부 종합 청사이다.

㉡ 교육부, 고용노동부, 국토교통부, 기획재정부, 농림축산식품부, 문화체육관광부, 국가보훈부, 공정거래위원회 등이 있다.

(3) 국민의 권리와 의무

① 국민의 권리

㉠ 핵심적 권리 : 모든 국민은 인간으로서의 존엄한 가치를 가지며 행복을 추구할 권리를 가진다.

㉡ 헌법에서 정해 놓은 국민의 권리

평등권	누구나 법 앞에 평등하기 때문에 성별, 종교, 사회적 신분에 따라 누구도 차별을 받지 않을 권리
자유권	자유롭게 생각하고 행동할 수 있는 권리 예 신체의 자유, 거주 이전의 자유, 종교의 자유, 직업 선택의 자유
참정권	나라의 주인으로서 정치에 참여할 수 있는 권리 예 선거권, 공무 담임권 등
청구권	권리가 침해되었을 때 국가에 대해 일정한 요구를 할 수 있는 권리 예 청원권, 재판 청구권 등
사회권	모든 국민이 인간다운 생활을 할 수 있는 권리 예 근로권, 교육권, 환경권 등

㉢ 국민의 권리 제한 : 공공복리, 질서 유지, 국가 안전 보장을 위해 필요한 경우 법률로 제한할 수 있다.

② 헌법에서 제시한 국민의 의무

교육의 의무	국민은 자녀에게 적어도 초등 교육과 법률이 정하는 교육을 받게 할 의무가 있음
근로의 의무	국가는 근로자의 고용과 적정 임금의 보장을 위하여 노력해야 하고, 국민은 근로의 의무가 있음
국방의 의무	국민이 안심하고 생활할 수 있도록 나라를 지키는 국방의 의무가 있음
납세의 의무	국민은 나라의 살림을 튼튼히 하기 위하여 세금을 내야 할 의무가 있음
환경 보전의 의무	국가와 국민은 환경을 잘 가꾸며 보호하기 위하여 노력할 의무가 있음

03장 기출문제로 유형 잡기

01 주민들이 지방 선거를 통해서 선출할 수 있는 사람은?

① 판사 ② 경찰청장
③ 은행 지점장 ④ 시・도 의원

정답 잡기 우리나라는 모든 지역에서 선거를 통해 지역의 대표를 정하고 있다. 지역 주민이 참여하는 지방 선거에는 지방 자치 단체장 선거와 지방 의회 의원 선거가 있다. 지방 자치 단체에는 주민들이 직접 선출한 시 의원, 도 의원으로 이루어진 시・도 의회와 시・군・구 의회가 있다.

02 밑줄 친 ㉠과 관련 있는 우리나라 민주 선거의 원칙은?

① 비밀 선거 ② 보통 선거
③ 직접 선거 ④ 평등 선거

정답 잡기 비밀 선거는 국민들이 각자 자기가 원하는 대표를 자유롭게 뽑을 수 있도록 누구에게 투표했는지 비밀이 보장되는 것을 말한다.

오답 잡기
② 보통 선거는 법에 따라 일정한 나이가 된 모든 국민에게 선거권을 주는 것이다.
③ 직접 선거는 뽑고자 하는 대표를 선거권을 가진 사람이 직접 뽑는 것이다.
④ 평등 선거는 신분이나 재산, 성별, 학력 등 조건에 관계없이 한 사람이 한 표씩 투표하는 것을 말한다.

03 생활에 필요한 것을 자연에서 직접 얻는 생산 활동은?

① 책 팔기 ② 공연 보기
③ 벼농사하기 ④ 자전거 타기

정답 잡기 사람들이 생활하는 데 필요한 재화나 서비스를 생산하는 것을 생산 활동이라고 한다. 바다에서 굴을 양식하거나 벼농사와 같은 일은 생활에 필요한 것을 자연에서 직접 얻는 생산 활동이다.

정답 01 ④ 02 ① 03 ③

04 다음 설명에 해당하는 산업은?

- 장난감, 컴퓨터 게임 등의 분야에서 이용된다.
- 대표적인 예는 '뽀로로', '타요 버스' 등이 있다.

① 양봉업
② 조선업
③ 축산업
④ 캐릭터 산업

정답잡기 캐릭터는 작품 속에서 등장하는 대상뿐만 아니라 마스코트와 같이 상징성을 목적으로 한 대상과 등장인물을 상품화한 제품 등도 포함한다. 캐릭터는 문화뿐만 아니라 경제, 공익의 다양한 부문에서 활약하고 있다.

오답잡기
① 양봉업은 꿀벌을 길러 꿀을 생산하는 업종이다.
② 조선업은 배를 만드는 업종이다.
③ 축산업은 가축을 기르는 일이다.

05 다음 내용을 통해 해결하고자 하는 것은?

- 육아 휴직 확대
- 보육비 및 자녀 교육비 지원

① 저출산 문제
② 자연재해 문제
③ 교통 체증 문제
④ 식수 부족 문제

정답잡기 저출산 문제를 해결하기 위해 교육비 지원, 세금 감면, 보육 시설 지원, 육아 휴직 확대 등의 노력이 필요하다. 고령화 문제를 해결하기 위해 노인 일자리 만들기, 복지 정책 마련하기 등의 노력이 필요하다.

06 다음 대화에서 알 수 있는 사회 현상은?

전체 인구에서 노인이 차지하는 비율이 높아졌어요.

네, 그래서 노인들을 위한 요양 시설이 많아졌어요.

① 고령화
② 성차별
③ 교통 혼잡
④ 주택 부족

정답잡기 전체 인구 중에서 노인 인구가 차지하는 비율이 점점 높아지는 것을 고령화라고 한다. 전체 인구 중 노인 인구가 많아지게 되면 주변에서 나이 많은 어른을 많이 보게 될 것이고, 노인을 위한 복지 시설이나 요양 시설 등이 증가할 것이다.

정답 04 ④ 05 ① 06 ①

07 다음 내용을 통해 해결하고자 하는 것은?

- 일자리 지원
- 생계비 지원
- 양육비 및 학비 지원

① 빈부 격차 ② 소음 문제
③ 자원 고갈 ④ 주차 문제

정답잡기 빈부 격차를 줄이기 위한 노력으로는 경제적으로 어려움을 겪는 사람들을 도와주기 위한 일자리 지원, 생계비 지원, 양육비 및 학비 지원, 바우처(복지 이용권) 제도 등이 있다.

08 ㉠에 들어갈 내용으로 알맞은 것은?

1970년대 우리나라는 경제 개발 계획에 따라 철강, 선박, 자동차 등의 제품을 생산하는 [㉠]을 육성하였다.

① 관광 산업 ② 의류 산업
③ 생명 공학 ④ 중화학 공업

정답잡기 1970년대 우리나라는 석유·화학·조선·전자·제철 등의 중화학 공업이 발달하였다.

09 다음 활동을 하는 기관은?

입법

예산안 심의

국정 감사

① 국회 ② 학교
③ 경찰서 ④ 우체국

정답잡기 국회에서 법을 제정하기 때문에 입법부라고도 하며, 예산안 심의와 국정 감사의 역할을 한다.

정답 07 ① 08 ④ 09 ①

10 다음에서 설명하는 것은?

모든 국민은 정해진 법에 따라 세금을 낼 의무가 있다.

① 선거권 ② 참정권
③ 납세의 의무 ④ 환경 보전의 의무

정답잡기 국민은 나라의 살림을 튼튼히 하기 위하여 세금을 내야 할 의무가 있다. 이를 납세의 의무라 한다.

11 헌법에서 제시한 우리나라 국민의 의무가 아닌 것은?

① 교육의 의무 ② 납세의 의무
③ 국방의 의무 ④ 언론 통제의 의무

정답잡기 헌법상 국민의 의무는 국방, 납세, 교육, 근로의 의무 등이 있다.
④ 언론 통제는 국민의 의무에 해당되지 않으며, 언론의 자유는 자유권적 기본권으로 권리에 해당한다.

12 우리나라 헌법에 담겨 있는 내용으로 옳지 않은 것은?

① 모든 국민은 법 앞에 평등하다.
② 만 25세부터 선거를 할 수 있다.
③ 대한민국의 주권은 국민에게 있다.
④ 대한민국의 영토는 한반도와 그 부속 도서로 한다.

정답잡기 헌법은 법 중에서 가장 으뜸인 법으로, 다른 법들은 헌법에 어긋나서는 안 된다.
② 우리나라에서는 만 19세가 되면 선거를 할 수 있는 선거권을 가진다.

정답 10 ③ 11 ④ 12 ②

03장 예상문제로 실력 잡기

01 다음 중 주민들이 지방 선거를 통해서 뽑을 수 있는 사람은 누구인가?

① 검사
② 우체국장
③ 은행 지점장
④ 시장, 도지사, 군수

02 다음 중 지방 의회에서 하는 일로 옳지 않은 것은?

① 지역 발전을 위한 개발 계획을 세우고 실천한다.
② 지역의 중요한 일에 대한 토론회를 열어 시민들의 의견을 듣고 반영한다.
③ 지역의 상황에 알맞은 조례를 만든다.
④ 지역의 예산을 검토하고 결정한다.

03 지역 문제의 해결 과정으로 ㉠에 들어갈 알맞은 내용은?

> 문제 확인 → 자료 수집 → 자료 정리 및 분석 → 다양한 문제 해결 방안 제시 → (㉠) → 문제 해결

① 다수결의 원칙
② 대화와 타협
③ 문제 해결과 관련된 법률 찾기
④ 문제 해결을 위해 도움 청하기

04 지역 주민들이 지방 자치 단체가 하는 일에 참여할 수 있는 방법으로 옳지 않은 것은?

① 학급 회의 시간에 건의 사항 발표하기
② 서명 운동하기
③ 공청회 참여하기
④ 시청·도청 누리집에 의견 올리기

05 지역 주민들의 의견을 알아보는 방법으로 ㉠에 들어갈 내용은?

> 조사하고자 하는 내용에 대하여 (㉠)를 작성하여 조사 대상자가 직접 응답하게 할 수 있다.

① 그래프 ② 질문지
③ 안내표 ④ 설명서

06 주민들이 자신들을 대표할 사람을 뽑는 것을 무엇이라 하는가?

① 등록 ② 선거
③ 개표 ④ 감시

7 민주 선거의 원칙과 가장 거리가 먼 것은?

① 자신이 직접 투표해야 한다.
② 누구에게 투표했는지 다른 사람이 알 수 없다.
③ 일정 나이가 되면 국민 누구나 투표할 수 있다.
④ 나이가 많으면 투표할 수 있는 표의 수가 많다.

8 다음에서 설명하는 선거의 원칙은?

다른 사람이 대신 투표할 수 없으며, 신분증으로 본인 확인 후 투표해야 한다.

① 비밀 선거 ② 직접 선거
③ 평등 선거 ④ 보통 선거

9 다음에 해당하는 선거 원칙은?

자신이 직접 투표해야 한다.

① 보통 선거 ② 평등 선거
③ 비밀 선거 ④ 직접 선거

10 민주 선거의 네 가지 원칙 중 다음 사항에 해당하는 것은?

누구에게 투표했는지 다른 사람이 알지 못하게 하는 것

① 보통 선거 ② 직접 선거
③ 평등 선거 ④ 비밀 선거

11 다음에서 설명하는 공공 기관은?

① 도서관 ② 보건소
③ 소방서 ④ 시・도청

12 다음의 하는 일과 관련 있는 기관은?

• 도로 건설
• 하천 정비
• 공원 조성

① 경찰서 ② 교육청
③ 시・도청 ④ 공공 도서관

13 지역에서 함께 해결해야 할 공동의 문제에 해당하지 않는 것은?

① 주차 문제
② 쓰레기 문제
③ 1인 1역 활동을 정하는 문제
④ 아파트 층간 소음 문제

14 다음 중 지방 의회에 해당하는 것을 고르면?

① 시청 ② 도청
③ 군청 ④ 시·군·구 의회

15 지방 자치 단체에 대해 알아보는 방법으로 옳지 않은 것은?

① 지방 자치 단체의 누리집에 들어가기
② 지방 자치 단체를 직접 방문하기
③ 지역의 유명한 관광지 방문하기
④ 지역 신문과 지역 방송 이용하기

16 다음에서 설명하는 것을 고르면?

> 우리 생활에 필요한 것들을 만드는 것, 파는 것, 사는 것과 관련된 모든 일을 말한다.

① 경제 활동 ② 생산 활동
③ 분배 활동 ④ 소비 생활

17 경제생활을 하면서 여러 가지 선택의 문제가 생기는 까닭은?

① 땅이 넓기 때문에
② 자원이 풍부하기 때문에
③ 노동력이 풍부하기 때문에
④ 인간의 욕구가 끝이 없기 때문에

18 물건을 선택할 때의 기준으로 옳지 않은 것은?

① 가지고 있는 돈으로 살 수 있는 것인가?
② 나에게 도움을 줄 수 있는가?
③ 나에게 꼭 필요한 것인가?
④ 친구에게 자랑할 수 있는 것인가?

19 생산 활동의 모습으로 거리가 먼 것은?

① 아버지는 공장에서 물건을 만드신다.
② 동생이 가게에서 통조림을 사왔다.
③ 철수 아버지께서는 고속버스를 운전하신다.
④ 영수 누나는 학원에서 학생들을 가르치신다.

20 다음 중 인권 보호를 실천하는 방법으로 볼 수 없는 것은?

① 인권과 관련된 책을 읽기
② 인권 개선을 위한 편지를 쓰기
③ 인권 개선을 위한 캠페인 하기
④ 인권을 비방하는 말 사용하기

21 다음 중 생산 활동의 종류가 <u>다른</u> 것을 고르면?

① 산에서 버섯, 약초 등을 재배한다.
② 바다에서 조개를 양식한다.
③ 바다에서 물고기를 잡는다.
④ 땅속에서 캐낸 철광석으로 철판을 생산한다.

22 오늘날 성 역할이 달라지고 있는 원인은?

① 남자 대신 여자가 모든 일을 하기 때문에
② 오늘날에는 힘이 드는 일을 하지 않기 때문에
③ 성별보다는 나이에 따라 기회가 주어지기 때문에
④ 남자와 여자에 대한 사람들의 생각이 달라졌기 때문에

23 성차별과 관련된 속담이 <u>아닌</u> 것은?

① 암탉이 울면 집안이 망한다.
② 여자 웃음이 담장을 넘어가면 안 된다.
③ 사공이 많으면 배가 산으로 간다.
④ 남자는 태어나 세 번 운다.

24 양성평등을 실천하기 위한 자세로 옳은 것은?

① 남자와 여자가 함께 일하지 않는다.
② 집안일은 남자가 한다.
③ 성에 따라서 차별을 한다.
④ 여성의 사회 참여를 지원한다.

25 다음에서 설명하는 것을 고르면?

- 한 지역이나 나라에 살고 있는 사람의 수를 말한다.
- 우리나라는 그 수가 점점 늘어나고 있다.

① 인구　　② 면적
③ 문화　　④ 도시화

26 고령화 사회에 대한 대책으로 알맞은 것은?

① 정년을 앞당긴다.
② 연금 제도를 폐지한다.
③ 노인들의 일자리를 줄인다.
④ 노인을 위한 복지 시설을 늘린다.

27 다음 그림과 관련하여 국가가 해결해야 할 일은?

① 환경 오염
② 인구 집중
③ 자원 부족
④ 저출산, 고령화

28 국가에서 북한 이탈 주민을 위하여 실시하고 있는 일이 아닌 것은?

① 다문화 교육 실시
② 취업 지원 센터 운영
③ 생활 안정 지원
④ 전문 상담사 지원

29 우리 주변에서 볼 수 있는 소수자의 사례가 아닌 것은?

① 외국인 근로자 ② 북한 이탈 주민
③ 다문화 가정 ④ 시골에 사는 주민

30 다음의 ㉠에 들어갈 알맞은 말을 고르면?

> 소수자들은 피부색, 경제적 능력, 장애 등에 관계없이 인간이라면 누구나 가지는 기본적인 권리인 (㉠)을/를 보장받아야 한다.

① 의견 ② 인권
③ 일자리 ④ 평등

31 소수자의 인권을 보호하기 위한 노력으로 옳지 않은 것은?

① 소수자가 지닌 다양성을 인정한다.
② 소수자를 차별하지 못하도록 법을 만든다.
③ 외국인 근로자가 자신의 나라로 돌아가도록 요청한다.
④ 소수자들이 인권을 침해받았을 때 도움을 요청할 수 있는 기관을 만든다.

32 다음 중 인권에 대한 설명으로 옳지 않은 것은?

① 나이가 어릴수록 더 특별히 보장된다.
② 인간으로서 행복과 안전을 누릴 수 있는 권리이다.
③ 어떤 이유로도 침해당해서는 안 된다.
④ 다른 사람이 힘이나 권력으로 빼앗을 수 없다.

33 우리나라 경제생활의 특징이 아닌 것은?

① 소득을 자유롭게 사용할 수 있다.
② 자유로운 직업 생활을 할 수 있다.
③ 기업은 자유로운 경제 활동을 할 수 있다.
④ 일자리 구하기 경쟁을 못하도록 하고 있다.

34 기업 경쟁이 우리에게 주는 이로운 점은?

① 품질이 좋아진다.
② 가격이 올라간다.
③ 광고지가 줄어든다.
④ 서비스가 나빠진다.

35 자원봉사의 의미로 옳은 것은?

① 널리 알려서 사람을 모으는 것
② 대가를 바라지 않고 스스로 나서서 사회나 남을 위해 애쓰는 활동
③ 지역 주민의 의견을 투표를 통해서 알아보는 주민 참여 방법
④ 선물이나 기념으로 남에게 물품을 거저 주는 것

36 시민 단체의 종류로 옳지 않은 것은?

① 취미 활동 단체
② 사회 복지 단체
③ 환경 단체
④ 자원봉사 단체

37 시민 단체의 활동으로 옳지 않은 것은?

① 시민을 위한 조례 제정
② 문화 행사 개최
③ 시민 의식 계발
④ 정당의 활동 감시

38 ㉠에 들어갈 나라는?

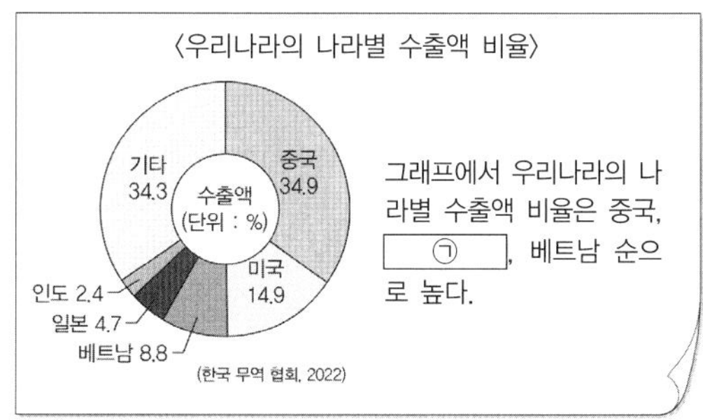

① 네팔 ② 독일
③ 미국 ④ 헝가리

39 나라와 나라가 서로의 필요에 의해 물자나 기술 등을 사고파는 것은?

① 산업 ② 거래
③ 무역 ④ 협정

40 무역이 이루어지는 까닭으로 틀린 것은?

① 나라마다 역사가 다르기 때문에
② 나라마다 기술이 다르기 때문에
③ 나라마다 자연환경이 다르기 때문에
④ 나라마다 생산되는 자원의 종류가 다르기 때문에

41 우리나라 산업 발달 과정에 대한 설명으로 옳지 않은 것은?

① 1960년대 이전에는 농업 중심 국가였다.
② 1960년대에는 섬유 등의 경공업이 발달하였다.
③ 1970년대 이후에는 중화학 공업이 발달하였다.
④ 2000년대 이후 1차 산업의 비중이 크게 늘고 있다.

42 1980년대 우리나라의 주요 산업 분야끼리 옳게 짝지어진 것은?

① 서비스업, 첨단 산업
② 섬유・시멘트・비료 산업
③ 자동차・정밀 기계 산업
④ 컴퓨터・반도체・정보 통신 산업

43 경제 성장을 위해 정부가 한 노력으로 옳은 것은?

① 국내에서뿐만 아니라 외국에 나가 간호사, 광부 등으로 열심히 일했다.
② 여러 나라에 제품을 수출하여 외화를 벌어들였다.
③ 고속 국도나 댐과 같은 시설을 건설했다.
④ 새로운 연구에 도전하고 기술을 개발했다.

44 경제 성장 과정에서 나타난 문제점으로 거리가 <u>먼</u> 것은?

① 빈부 격차 ② 환경 문제
③ 노사 갈등 ④ 영토 분쟁

45 경제 성장으로 인한 사회 문제로 옳지 <u>않은</u> 것은?

① 근로자와 사용자 간의 갈등
② 소득 격차 감소
③ 천연자원의 부족
④ 환경 문제

46 다음과 같은 사회 문제를 해결하기 위한 노력으로 옳은 것은?

> 소득이 많은 사람과 적은 사람의 수입 차이가 점점 커지고 있다.

① 실직자를 위한 실업 급여를 지급한다.
② 자원을 절약할 수 있는 기술을 개발한다.
③ 외국인에 대한 편견과 차별 의식을 없앤다.
④ 기업이 근로자와 함께하며 소통할 수 있는 문화를 만든다.

47 다음과 같은 제도를 정부가 마련하여 지원하고자 하는 계층은?

> • 문화 바우처
> • 주거 급여
> • 사회 서비스 바우처

① 외국인 ② 저소득층
③ 고소득층 ④ 중산층

48 공동체의 문제를 해결하는 방법으로 옳지 <u>않은</u> 것은?

① 절차를 준수하여 실천한다.
② 문제 해결에 직접 참여한다.
③ 대화와 타협으로 의견 차이를 좁힌다.
④ 합리적으로 판단해 소수의 의견은 무시한다.

49 **민주주의에 대한 의미로 바른 것은?**

① 최고의 권력은 국왕이 갖는다.
② 국가의 중요한 일은 국왕이 결정한다.
③ 대화와 토론을 통해 여러 문제를 해결한다.
④ 태어나면서부터 신분이 정해져 있다.

50 **다음 중 법이 필요한 까닭으로 옳지 않은 것은?**

① 사회 질서를 유지하기 위해서
② 국민들의 생활을 보호하기 위해서
③ 갈등을 해결하기 위해서
④ 사람들의 자유와 권리를 제한하기 위해서

51 **다음 내용이 제시된 우리나라의 법은?**

> **제1조**
> ① 대한민국은 민주 공화국이다.
> ② 대한민국의 주권은 국민에게 있고, 모든 권력은 국민으로부터 나온다.

① 헌법
② 저작권법
③ 도로 교통법
④ 장애인 차별 금지법

52 **우리나라 헌법에 대한 설명으로 옳지 않은 것은?**

① 가장 중요한 법으로 가장 기본이 되는 법이다.
② 우리나라가 어떤 국가인지에 대한 내용이 있다.
③ '법 중의 법'이라고 불린다.
④ 헌법은 다른 법들에 어긋나면 안 된다.

53 **다음에서 설명하는 기관은?**

> • 법률이 헌법에 어긋나지 않는지 판단하고 결정한다.
> • 국가 기관이 국민의 기본권을 침해했는지 판단한다.

① 국회　② 경찰서
③ 행정부　④ 헌법 재판소

54 **다음 중 법원이 하는 일로 옳은 것은?**

① 국민을 위한 법을 만든다.
② 잘못된 법을 없앤다.
③ 법에 따라 국가 살림을 한다.
④ 법에 따라 재판을 한다.

55 **법률이 헌법에 어긋나는지, 그렇지 않은지를 판단하는 국가 기관은?**

① 행정부　② 헌법 재판소
③ 국회　④ 법원

56 삼권 분립에 대한 설명으로 옳은 것은?

① 개인이 국가의 힘을 가지도록 한다.
② 국가의 힘을 두 기관에만 집중되게 한다.
③ 한 기관이 강력한 힘을 가질 수 있게 도와준다.
④ 서로 다른 국가 기관들이 국가의 힘과 역할을 나누어 가진다.

57 다음에서 설명하는 기본권은?

헌법 제26조 제1항 모든 국민은 법률이 정하는 바에 의하여 국가 기관에 문서로 청원할 권리를 가진다.

국민이 국가에 어떤 일을 해 달라고 요구할 수 있는 권리

① 자유권　　② 참정권
③ 청구권　　④ 평등권

58 대한민국의 국민이면 누구나 누릴 수 있는 권리인 국민의 기본권이 아닌 것은?

① 병역의 의무
② 평등권
③ 참정권
④ 자유권

59 다음 중 자유롭게 행동할 수 있는 국민의 권리는?

① 평등권　　② 자유권
③ 참정권　　④ 청구권

60 다음은 국민의 어떤 권리를 말하고 있는가?

모든 국민은 법 앞에 평등하므로, 그 누구도 성별, 종교, 직업 등에 의하여 사회생활의 모든 영역에서 차별받지 않을 권리를 가진다.

① 자유권　　② 사회권
③ 평등권　　④ 참정권

61 다음과 관련 있는 국민의 권리는?

국민은 기본권을 보장받기 위해 국가에 대해 일정한 청구를 할 수 있다.

① 사회권　　② 자유권
③ 환경권　　④ 청구권

62 국민들이 나라 살림을 튼튼하게 하기 위해 세금을 내야 하는 의무는?

① 국방의 의무　　② 근로의 의무
③ 교육의 의무　　④ 납세의 의무

63 다음에서 설명하는 국민의 의무는?

> 국가는 근로자의 고용과 적정 임금의 보장을 위하여 노력해야 하는 의무가 있다.

① 교육의 의무
② 납세의 의무
③ 근로의 의무
④ 환경 보전을 위하여 노력할 의무

64 우리나라에서 법을 만드는 입법 기관은?

① 법원 ② 국회
③ 감사원 ④ 행정부

65 다음 중 국회가 하는 일이 아닌 것은?

① 재판을 하는 일
② 법을 만드는 일
③ 일반 국정에 관한 일
④ 나라 살림에 관한 일

66 나라 살림을 맡아 하는 행정부의 대표는 누구인가?

① 대통령 ② 국무총리
③ 국회 의장 ④ 대법원장

67 다음 중 우리나라 대통령에 대한 설명으로 옳은 것은?

① 한 번만 할 수 있다.
② 사법부의 최고 책임자이다.
③ 국회를 대표하는 사람이다.
④ 4년에 한 번씩 대통령 선거를 한다.

68 인권을 소중히 여겨야 하는 이유는?

① 사람은 누구나 소중한 존재이기 때문에
② 인권을 아무도 소중히 여기지 않기 때문에
③ 인권을 소중히 여기는 것이 미덕이기 때문에
④ 나의 인권이 다른 사람의 인권보다 더 소중하기 때문에

사회 정답 및 해설

1장 지리 영역

예상문제로 실력 잡기

01 ①	02 ④	03 ③	04 ②	05 ③
06 ②	07 ①	08 ②	09 ②	10 ②
11 ②	12 ③	13 ④	14 ④	15 ①
16 ②	17 ①	18 ④	19 ④	20 ③
21 ②	22 ③	23 ②	24 ②	25 ②
26 ③	27 ②	28 ①	29 ①	30 ①
31 ③	32 ①	33 ①	34 ①	35 ④
36 ②	37 ②	38 ①	39 ①	40 ②
41 ③	42 ①	43 ④	44 ①	45 ②
46 ④	47 ②	48 ②	49 ①	50 ④
51 ①	52 ③	53 ①	54 ②	55 ④
56 ④	57 ③	58 ②	59 ①	60 ③
61 ①	62 ③	63 ④		

01 정답 ①

실제 땅의 모습을 일정한 비율로 줄여 지도에 나타낼 때 비율을 축척이라 한다.

오답피하기

② 등고선은 해발 고도가 같은 지점을 연결한 선이다.
③ 방위표는 동서남북을 알려주는 것이다.
④ 해안선은 육지와 바다가 만나는 선이다.

02 정답 ④

우체국은 편지와 택배를 배달하는 일과 은행에서 하는 돈을 맡아주는 일도 함께 한다. 친절하고 신속함을 표현하기 위해 제비를 상징으로 사용하고 있다.

오답피하기

① 경찰서는 우리가 사는 지역을 보호해주는 역할을 한다.
② 교육청은 학교 교육을 도와주는 일을 한다.
③ 소방서는 불이 났을 때 불을 꺼주는 일, 재난 발생 시 구조 업무도 담당한다.

03 정답 ③

지도는 방위, 땅의 높낮이, 기호 등을 통해 지구 표면의 상태를 나타낸 그림이다.

오답피하기

① 날씨는 하루의 비, 구름, 바람, 기온 등의 기상 상태이다.
② 연표는 역사상 발생한 사건을 연대순으로 배열하여 적은 표이다.
④ 나침반은 남북 방향을 가리키는 물건이다.

04 정답 ②

등고선은 지도에서 높이가 같은 곳을 선으로 이어 땅의 높낮이를 나타낸 것이다. 등고선이 오밀조밀하게 모여 있으면 경사가 가파른 것을, 간격이 넓게 벌어져 있으면 경사가 완만한 것을 의미한다. 등고선의 안쪽이 바깥쪽보다 높은 곳이며, 등고선이 많을수록 높이가 높은 곳이다.

05 정답 ③

동서남북을 이용하여 위치를 나타내는데, 이것을 방위라고 한다. 북쪽을 향해 서 있을 때 오른쪽은 동쪽, 왼쪽은 서쪽, 뒤쪽은 남쪽이 된다. 따라서 독도는 서울특별시의 동쪽에 있다.

06 정답 ②

태풍은 여름철 필리핀 동쪽 바다에서 발생하여 우리나라에 영향을 준다. 많은 비와 강한 바람으로 사람들에게 큰 피해를 주기도 한다.

오답피하기

① 가뭄은 오랫동안 비가 내리지 않는 날씨이다.
③ 폭설은 한꺼번에 많은 눈이 내리는 것이다.
④ 황사는 중국의 사막 지역에서 우리나라까지 불어오는 모래바람이다.

7 정답 ①

산지는 임업, 축산업, 광업이 발달한 곳으로, 높은 산들이 모여 이루어진 지형이다.
평야는 넓은 들을 활용한 농업이 발달한 곳으로, 넓고 평탄한 땅으로 이루어진 지형이다.

8 정답 ②

기후란 어떤 곳에서 오랜 기간 동안 나타나는 강수량, 기온, 바람 등의 대기 상태를 말한다. 자연환경 중 지형과 기후는 사람들의 생활 모습에 가장 큰 영향을 끼친다.

9 정답 ②

강수량이 집중되는 여름철에는 주로 태풍, 장마와 같은 호우로 인한 피해가 발생하고, 비가 적게 내리는 봄, 가을에는 가뭄이 발생하기도 한다.

10 정답 ②

하천 주변에서는 여름의 홍수와 봄, 가을의 가뭄 피해를 막거나 줄이기 위해 댐 만들기, 하천 주변에 둑 쌓기, 대피 훈련 등을 한다.

11 정답 ②

경제 활동은 사람들에게 필요한 것을 생산하고 소비하는 것과 관련된 모든 활동을 말한다.
생활에 필요한 물건을 만드는 행위는 생산에 해당한다.

12 정답 ③

산지는 고랭지 농업, 목축업, 스키장, 목재 채취, 산림 휴양지, 등산, 지하자원 채굴, 약초 재배, 계단식 논농사·밭농사 등으로 이용된다.

오답피하기

① 어촌, ②·④ 산지의 모습이다.

13 정답 ④

농사를 짓기 위해서는 넓은 평야가 필요하다. 또한 농사를 짓기 위해 필요한 물을 얻기 쉬워야 하므로 하천이 있는 곳이 좋다. 따라서 제시문의 지역은 평야이다.

14 정답 ④

산지촌에서는 높고 낮은 산, 계단식 논, 목장, 광산 등을 볼 수 있다.

오답피하기

① 어촌, ② 농촌, ③ 도시의 모습이다.

15 정답 ①

농촌에서는 봄에 논밭갈이를 하고 거름을 뿌려 준 후, 모내기, 채소 씨앗 뿌리기를 한다. 또 겨울에는 비닐하우스를 이용해 농작물을 재배하고 있다.

① 어촌에서는 바다에 양식장을 만들어 물고기를 기르기도 한다.

16 정답 ②

인구 감소, 청·장년층 감소, 문화·의료 시설 부족 등은 각 촌락의 공통적인 문제점이다.

오답피하기

①, ③, ④ 도시 지역에서 발생하는 문제이다.

17 정답 ①

시청(구청)에서는 일자리 박람회를 열어 사람들이 원하는 일자리를 구할 수 있도록 도와줄 수 있다. 또 고장의 문화를 발전시키기 위해 노력하며, 팩시밀리나 인터넷으로도 증명서를 발급해 준다.

18 정답 ④

경찰서에서는 고장의 질서를 유지하고 고장 사람들의 생명과 재산을 보호하는 일을 한다.

19 정답 ④

국가와 국민은 환경을 잘 가꾸며 보호하기 위하여 노력할 환경 보전의 의무가 있다.

오답피하기

② 국가는 근로자의 고용과 적정 임금의 보장을 위하여 노력해야 하고, 국민은 근로의 의무가 있다.
③ 국민은 나라의 살림을 튼튼히 하기 위하여 세금을 내야 할 납세의 의무가 있다.

20 정답 ③

신생아가 줄고, 초등학교 신입생이 줄어들어 폐교하는 학교도 등장하고 노동력이 부족해지는 등의 사회 문제화되는 현상을 저출산이라 한다.

오답피하기

① 지역화는 지역의 특징이 세계적인 차원에서도 가치를 지니는 현상이다.
② 세계화는 국가 간 교류가 증대하여 많은 사람들이 하나의 세계 안에서 살아가는 현상이다.
④ 정보화는 정보가 중심이 되어 사회가 발전되는 현상이다.

21 정답 ②

도시에서는 교통 문제를 해결하기 위해 차량 10부제, 버스 전용 차로제 등을 실시하고 있다.

22 정답 ③

도시에는 많은 회사, 은행, 공장, 상점, 병원, 학교가 있다.

③ 산지촌에는 주로 임업, 축산업, 광업, 관광업 등의 산업이 발달하였다.

23 정답 ②

우리 국토의 영역은 영토, 영해, 영공으로 구성되어 있다.

영토는 한반도와 부속 도서(섬)이며, 영해는 통상적으로 해안선으로부터 12해리이다. 영공은 영토와 영해 위의 하늘이다.

24 정답 ②

모든 국민이 갖는 주요 권리로서 국민이 국가의 주인 됨의 권리를 주권이라고 한다.

대한민국의 주권은 국민에게 있고 모든 권력은 국민으로부터 나온다.

25 정답 ②

우리 국토는 삼면이 바다로 둘러싸인 반도 지형으로 대륙과 해양으로 나아가기에 유리하다.

오답피하기

우리 국토는 남쪽은 해양으로, 북쪽은 대륙과 연결되어 있는 반도 국가로 북반구의 아시아 대륙에 있다.

26 정답 ③

영해는 일반적으로 해안선으로부터 12해리까지이며, 동해, 서해, 남해를 모두 포함한다. 우리나라 영해로 다른 나라의 배가 함부로 통과할 수 없다.

오답피하기

① 우리나라의 영토는 한반도와 부속 도서로 이루어져 있다.
② 영해는 서해안·남해안과 동해안의 기선이 각각 다르다.
④ 영공은 우리나라의 힘이 미치는 하늘의 범위이다.

27 정답 ②

대한민국의 가장 동쪽에 자리 잡고 있는 독도는 동도와 서도 2개의 큰 섬과 89개의 작은 섬으로 이루어져 있다.

28 정답 ①

우리나라 동해 끝에 있는 독도는 신라의 이사부가 울릉도를 정복한 이래 우리나라의 국토이다. 독도는 동도와 서도 그리고 89개의 부속 도서로 이루어져 있으며, 해저에서 여러 차례 솟은 용암이 굳어져 형성된 화산섬이다.

29 정답 ①

우리나라 지형은 국토의 70% 정도가 별로 높지 않은 산으로 이루어져 있다. 국토의 넓이에 비하여 지형이 복잡하다.

오답피하기

② 북쪽과 동쪽에 높고 험한 산이 많다.
③, ④ 우리나라는 동쪽이 서쪽보다 높아 북쪽과 동쪽에서 시작된 강은 주로 남쪽과 서쪽으로 흐른다.

30 정답 ①

동해안은 해안선이 단조롭고 수심이 깊으며, 서해안과 남해안은 해안선이 복잡하고 섬이 많다. 남해안은 크고 작은 섬이 많아 특정 지역을 다도해 해상 국립 공원으로 지정하여 아름다운 경관을 보호하고 있다.

31 정답 ③
서해안은 밀물과 썰물의 차가 매우 커서 썰물일 때 넓은 갯벌이 펼쳐진다. 동해안은 모래사장이 넓게 펼쳐져 있어 여름에 해수욕을 즐기기에 좋다.

32 정답 ①
우리나라는 남북의 기온 차이도 크지만 위도가 비슷한 경우 동서의 기온 차이도 큰 편이다. 그래서 동해안 쪽이 서해안 쪽보다 겨울 기온이 높다.

33 정답 ①
교통과 통신의 발달로 사람들의 생활권이 넓어지고, 사람들이 느끼는 국토의 크기는 상대적으로 작아졌다. 또한 지역 간 이동 시간이 줄었으며, 시간과 공간의 제약이 줄었다.

34 정답 ①
환경친화적인 삶이란 자신의 행동이 주변 환경에 미치는 영향을 생각하여 행동하며 환경을 오염시키지 않고 환경과 어울려 살아가는 것을 말한다. 일방적으로 개발만 하고 환경을 보전하지 않을 경우 환경이 오염되거나 파괴된다.

35 정답 ④
친환경적인 태도는 환경을 사랑하고 자원을 아끼는 등 환경을 생각하는 태도이다. 친환경적인 태도의 실천으로 환경 오염을 줄이거나 환경을 보존할 수 있다. 쓰레기 종량제와 쓰레기 분리 배출이 실시되어 쓰레기의 양이 많이 줄어들었다.

36 정답 ②
신재생 에너지는 태양광 발전이나 풍력 발전, 조력 발전과 같은 지속 가능한 에너지를 말한다. 신재생 에너지를 이용하면 에너지 수입 의존 정도를 낮출 수 있어 신재생 에너지에 대한 관심이 높아지고 있다.

37 정답 ②
신재생 에너지는 자연 속에 무한히 존재하는 태양, 바람, 물, 지열 등을 이용하여 만들기 때문에 고갈되지 않는 장점이 있다. 신재생 에너지로는 태양광, 바이오, 풍력, 수력, 연료 전지, 지열 등이 있다.

38 정답 ①
환경 오염과 자원 고갈의 위험이 없는 신재생 에너지 중 시설을 설치하는 데 많은 비용이 드는 단점이 있는 것은 태양광 발전이다. 태양광 발전은 태양빛을 직접 전기 에너지로 변환하여 전력을 생산하는 것이다.

39 정답 ①
자연과 더불어 살아간다는 것은 자연의 모습을 변화시키지 않고 있는 그대로 이용하는 것을 말한다.
① 자연을 변화시켜 새로운 생활 환경을 만드는 모습에 대한 사례이다.

40 정답 ②
지구 온난화의 주요 원인은 우리들이 사용하는 화석 연료인 석유, 석탄을 태울 때 나오는 이산화 탄소 때문이다. 지구 온난화로 기후뿐만 아니라 바닷물의 흐름 및 지구 생태계 전체가 변화하고 있다.

41 정답 ③
③은 정부가 환경 문제를 해결하기 위해 할 수 있는 일이다.

42 정답 ①
우리나라와 가까운 이웃 나라 중 일본은 환태평양 지진대에 속해 있어 지진이 자주 일어나고 화산과 온천이 발달하였다.

43 정답 ④
지구 온난화의 영향으로 중국 내륙 지방의 숲과 들이 사라짐에 따라 지하수가 메마르고 호수와 강이 말라 사막이 넓어지면서 황사가 발생하는 날이 점차 더 늘어나고 있다.

44 정답 ①

중국은 위도의 차이가 크기 때문에 지역에 따라 다양한 기후가 나타난다. 그래서 1년 내내 따뜻한 곳도 있고 추운 곳도 있으며 가뭄이 계속되는 곳도 있다.

45 정답 ②

프랑스는 지중해와 대서양 사이에 위치하고 있으며, 남쪽에는 포르투갈, 에스파냐, 북쪽에는 벨기에, 룩셈부르크, 독일이 있다. 서부 유럽에 속하는 프랑스는 여름이 서늘하고 겨울이 온화하다. 프랑스의 수도는 파리로 베르사유 궁전과 에펠탑 등을 볼 수 있다.

46 정답 ④

오답피하기

① 영국은 유럽, ② 프랑스는 유럽, ③ 튀르키예는 아시아에 위치한 나라이다.

47 정답 ②

② 세계에서 가장 큰 대륙은 아시아, 다음으로 큰 대륙은 아프리카이다.

오답피하기

① 남아메리카, ③ 오세아시아, ④ 북아메리카에 대한 설명이다.

48 정답 ②

오답피하기

① 인도양은 아프리카, 남아시아, 오세아니아, 남극 대륙 등으로 둘러싸여 있다.
③ 북극해는 유럽, 아시아, 북아메리카에 둘러싸여 있다.
④ 대서양은 아메리카와 유럽 사이에 위치한 바다이다.

49 정답 ①

5대양 중 가장 큰 대양은 태평양으로 다른 대양들을 모두 합한 크기와 비슷할 정도로 크다.

50 정답 ④

인도양, 태평양, 대서양은 세계 3대 대양으로 꼽힌다. 대서양은 유럽 및 아프리카 대륙과 남·북아메리카 대륙 사이에 있는 대양이다.

51 정답 ①

남극 대륙은 지구에서 가장 추운 곳으로 두꺼운 얼음이 육지를 뒤덮고 있다. 어느 나라의 영토도 아니며, 연구를 위해 각 나라의 연구원들이 머물고 있다. 우리나라도 세종 과학 기지와 장보고 과학 기지를 세워 남극에 대한 연구를 하고 있다.

52 정답 ③

온대 기후는 사계절의 변화가 뚜렷하고, 기후가 온화하여 농사를 짓고 사람이 살기에 적합하다.

53 정답 ①

세계에서 영토가 가장 큰 나라는 러시아이며, 가장 작은 나라는 바티칸이다. 캐나다는 세계에서 두 번째로 큰 나라이다.

54 정답 ②

그리스에는 고대 그리스 시대의 유적이 많이 남아 있다.

55 정답 ④

유럽의 프랑스는 지중해와 대서양 사이에 위치하고 있다.

56 정답 ④

네티켓은 인터넷을 이용할 때 지켜야 할 예절이다. 정보 사회에서는 인터넷 게임 중독, 스마트폰 중독, 개인 정보 유출, 누리 소통망 서비스를 통한 학교 폭력, 저작권 침해, 불법 내려받기 등의 문제가 발생한다.

57 정답 ③

정보 사회는 사람들이 정보를 쉽게 활용하며 단순히 정보를 이용하는 수준에 머무르지 않고 정보를 공유하고 창조한다.

58 정답 ②
정보 사회가 발달하면서 텔레비전 홈쇼핑이나 인터넷 쇼핑을 통해 여러 물건들을 구입할 수 있다.

59 정답 ①
세계화란 지구촌 여러 나라 사람들이 서로 가깝게 연결되어 긴밀한 영향을 주고받는 것을 말한다. 세계화가 진행되면서 각국은 정치 협력을 넘어 정치 공동체로 나아가고 있다. 대표적인 예가 바로 유럽 연합(EU)이다.

60 정답 ③
지구촌은 지구 전체를 한 마을처럼 여겨 이르는 말이다. 교통·통신의 발달로 전 세계가 마치 이웃처럼 가까워졌다.

61 정답 ①
전쟁으로 많은 사람들이 죽고 전쟁에 참여한 나라들은 막대한 피해를 입었다. 이를 계기로 세계는 평화로운 방법으로 갈등을 해결할 수 있는 단체를 만들었다. 유엔(UN)은 지구촌의 평화 유지, 전쟁 방지, 국제 협력 활동을 하는 단체로, 전 세계에서 일어나는 문제들을 해결하기 위해 노력하고 있다.

62 정답 ③
유네스코는 교육, 과학, 문화 분야에서 국제 협력을 하며 보호해야 할 가치가 인정되는 자연, 사물, 문화와 같은 세계 유산을 지키는 일을 한다.

63 정답 ④
유니세프는 유엔의 기관으로 전쟁 피해 아동과 청소년들을 돕기 위해 설립된 기구이다.

오답피하기

① 세계 무역 기구는 국가 간의 무역에서 갈등이 발생할 경우 해결하는 역할을 수행한다.
② 국제 원자력 기구는 원자력의 평화적 이용을 위해 설립된 기구이다.
③ 국제 올림픽 위원회는 올림픽 대회를 주최하는 조직이다.

2장 역사 영역

예상문제로 실력 잡기

01 ④	02 ④	03 ③	04 ④	05 ①
06 ④	07 ①	08 ②	09 ①	10 ②
11 ④	12 ②	13 ②	14 ②	15 ①
16 ①	17 ①	18 ②	19 ②	20 ④
21 ③	22 ②	23 ④	24 ④	25 ②
26 ②	27 ①	28 ①	29 ③	30 ②
31 ③	32 ③	33 ③	34 ②	35 ②
36 ③	37 ①	38 ②	39 ①	40 ①
41 ①	42 ①	43 ④	44 ③	45 ①
46 ③	47 ①	48 ②	49 ①	50 ②
51 ④	52 ②	53 ④	54 ①	55 ④
56 ①	57 ①	58 ③	59 ③	60 ①
61 ①	62 ②	63 ①	64 ②	65 ①
66 ②				

01 정답 ④

구석기 시대에는 돌을 떼어 내거나 깨뜨려 필요한 도구를 만들었으며, 풀잎이나 동물 가죽으로 만든 옷을 입었다. 또 구석기 시대 인간은 도구와 불을 사용할 수 있었다.

오답피하기

① 청동기 시대, ②・③ 신석기 시대이다.

02 정답 ④

빗살무늬 토기는 신석기 시대 유물로, 겉면에 빗살같이 길게 이어진 무늬가 있어 붙여진 이름이다. 곡식을 저장하거나 음식을 만드는 용도로 사용하였다.

03 정답 ③

민무늬 토기와 반달 돌칼은 청동기 시대의 유물이다. 청동기 시대 사람들은 반달 돌칼로 곡식을 수확한 다음 무늬가 없는 민무늬 토기에 담아 보관하였다.

04 정답 ④

청동기 시대에는 농사짓는 기술이 발전하면서 재산을 많이 가진 사람과 적게 가진 사람이 생겨났고, 지배하는 사람과 지배를 받는 사람으로 나뉘어졌다. ④ 지위가 높은 사람이 죽으면 고인돌이라는 무덤을 만들었다.

오답피하기

① 신석기・구석기 시대, ② 구석기 시대, ③ 신석기 시대의 생활 모습이다.

05 정답 ①

단군왕검은 하늘을 다스리는 환인의 아들인 환웅과 곰에서 사람으로 변한 웅녀 사이에서 태어난 인물로 고조선을 세웠다. 고조선의 건국 이야기인 단군왕검 이야기는 『삼국유사』에 실려 있다. 단군왕검 이야기에는 환웅이 하늘에서 내려왔다는 것, 곰이 사람으로 변했다는 것 등 신비로운 내용이 담겨 있다.

06 정답 ④

8조법의 '도둑질한 자는 도둑맞은 집의 노비로 삼는데, 죄를 면하려면 50만 전의 돈을 내야 한다.'라는 내용에서 고조선은 노비 제도가 있는 신분 사회였음을 알 수 있다.

07 정답 ①

고구려의 광개토 대왕은 사방으로 영토를 넓혔고 요동 지방까지 진출하였으며 한강을 건너 백제를 쳐서 굴복시켰다.

08 정답 ②

백제는 온조가 한강 유역에 세운 나라이며 4세기 근초고왕은 고구려를 공격하고 남쪽으로는 마한 세력을 정복하여 영토를 남해안까지 넓혔다.

오답피하기

① 가야는 김수로가 낙동강 유역에서 건국하였다.
③ 신라는 박혁거세가 경상북도를 중심으로 세운 나라이다.
④ 조선은 이성계가 고려를 멸망시키고 건국한 나라이다.

09 정답 ①
삼국이 세워질 무렵, 낙동강 유역에 여러 가야가 세워졌으며, 이들은 연맹을 이루었다. 가야는 질 좋은 철을 많이 생산하였고 강과 바다를 통해 다른 나라들과 활발히 교류하였다.

10 정답 ②
고구려 광개토 대왕의 뒤를 이은 장수왕은 왕권을 강화하여 국내성의 귀족 세력을 약화시키고, 평양으로 천도하였다(427). 남하 정책을 추진하여 백제와 신라를 위협하였는데, 개로왕을 아차산에서 전사시킨 후 백제의 수도인 위례성(서울)을 함락하고, 신라를 공격하여 한강 하류와 남한강 상류 일대를 차지하였다.

11 정답 ④
4세기 중엽, 백제는 근초고왕 때에 이르러 정치 안정과 대외 진출을 통해 최대 전성기를 맞이하였다. 남쪽으로는 영산강 유역까지 진출하여 마한의 나머지 세력을 정복하고, 낙동강 유역의 가야를 영향력 아래에 두어 왜로 가는 교통로를 확보하였다. 북쪽으로는 고구려의 평양성을 공격하여 고국원왕을 전사시키고 황해도 일부를 차지하였다.

12 정답 ②
중국을 통일한 수나라는 고구려를 차지하기 위해 많은 군사를 이끌고 고구려를 침략해 왔다. 이때 을지문덕 장군이 적들을 살수(청천강)로 유인하는 작전을 펴 큰 승리를 거두었는데, 이 전쟁을 살수 대첩이라고 한다(612년).

13 정답 ②
신라 진흥왕은 유능한 청소년을 양성하는 단체인 화랑도를 국가적 조직으로 개편하여 많은 인재를 양성하였다.

14 정답 ②
삼국은 모두 불교를 장려하였고 불상, 탑, 범종, 절 등 다양한 불교 관련 유물·유적을 남겼다. 삼국 시대에는 백성들이 왕을 부처와 같이 섬기도록 하여 불교가 왕권을 강화시켜 주는 데 큰 역할을 하였다.

15 정답 ①
발해는 고구려 장군 출신 대조영이 고구려 백성들과 말갈인을 이끌고 지린성의 동모산 근처에 세운 나라이다. 발해는 중국으로부터 '바다 동쪽의 융성한 나라'라는 의미의 '해동성국'이라 불리며 전성기를 이루었다.

16 정답 ①
석굴암은 화강암을 다듬어 쌓아 만든 인공 석굴 사원으로 네모난 전실과 둥근 주실을 갖추었으며, 두 공간은 좁은 통로로 연결되어 있다. 석굴암은 신라의 유물로 유네스코 세계 문화유산으로 지정되었다.

17 정답 ①
통일 신라 말에는 귀족 간의 왕위 다툼으로 왕이 자주 바뀌는 등 혼란이 계속되면서 왕실은 지방을 다스릴 수 있는 힘을 잃게 되었다. 생활이 어려워지자 농민들은 전국 곳곳에서 봉기를 일으키기도 하였다.

18 정답 ②
고려 광종은 과거제를 시행하여 유학을 익힌 사람들을 등용하고 국왕에게 충성하는 새로운 관리를 기를 수 있었다. 그리고 원래 노비가 아니었는데 전쟁에서 포로로 잡혔거나 빚을 갚지 못하여 강제로 노비가 된 자를 파악하여 이전의 상태로 되돌려 놓는 노비안검법을 실시하여 호족의 세력을 약화시키고 국가의 수입을 확대하였다.

19 정답 ②
거란이 1차로 침입해 왔을 때 서희는 외교 담판을 통해 강동 6주를 획득하였다.

20 정답 ④
최승로는 6두품 출신으로 신라가 망할 때 아버지를 따라 고려에 들어왔다. 그는 불교에 비판적이었고, 유교 정치 이념을 바탕으로 나라를 다스려야 한다고 생각하였다. 성종 때에 이르러 최승로는 그의 생각을 담은 시무 28조를 왕에게 올렸고, 대부분이 국가 정책에 반영되었다.

21 정답 ③
강감찬과 고려군은 귀주에서 후퇴하는 거란군을 도망칠 곳 없는 좁은 계곡으로 유인하여 공격함으로써 큰 승리를 거두었다(귀주 대첩).

22 정답 ②
여진의 세력이 커지자 윤관은 별무반이라는 부대를 이끌고 여진을 물리쳤다. 고려는 여진을 몰아내고 차지한 땅에 9개의 성을 쌓고 고려의 영토로 삼았다.

23 정답 ④
삼별초는 '강화도 → 진도 → 제주도'로 근거지를 옮기면서 몽골과의 전쟁을 계속하였다.

24 정답 ④
공민왕은 원에 인질로 끌려갔다가 돌아온 후 몽골식 옷과 머리 모양을 없애는 개혁을 하였다.

25 정답 ②
고려청자는 고려시대에 만들어진 도자기로 세계적으로 아름다움을 인정받고 있다. 고려청자는 상감 기법으로 만들어 지는데 도자기에 홈을 파고 거기에 다른 흙을 넣어 구우면 흙의 종류가 달라 다른 색으로 나오게 된다.

오답피하기

① 측우기는 조선 세종 때 비의 양을 측정하기 위해 만들어졌다.
③ 조선시대 세종대왕이 훈민정음이라는 이름으로 한글을 만들었다.
④ 대동여지도는 조선 후기 김정호가 만든 우리나라 지도이다.

26 정답 ②
고려는 나라의 발전과 개인의 행복을 기원하기 위해 팔관회와 연등회를 국가적 불교 행사로 성대하게 치렀다. 팔만대장경은 불교의 힘으로 몽골의 침입을 이겨내기 위해 만든 것으로 세계 기록 유산으로 지정되어 그 훌륭함을 인정받고 있다.

27 정답 ①
고려는 송과 가장 활발한 무역을 하였는데, 인삼은 가장 인기 있는 수출품이었다. 고려 시대 벽란도는 송, 아라비아 등에서 온 상인들로 붐볐다.

28 정답 ①
대장경이란 여러 종류의 불교 관련 서적을 통틀어 일컫는 말로 8만여 장의 나무판에 새겨 넣었기 때문에 팔만대장경이라고도 한다. 몽골의 침입을 막기 위한 바람으로 16년 만에 완성된 팔만대장경은 합천 해인사 장경판전에 보관되어 있으며, 현재 세계 기록 유산으로 지정되어 있다.

29 정답 ③
고려청자는 은은하면서도 맑고 투명한 푸른빛을 띠고 있다. 이러한 고려청자의 가치는 다른 나라에서도 인정받아 송나라 사람 서긍은 고려청자의 아름다움을 시로 표현하기도 하였다.

30 정답 ②
고려 말, 문익점은 사신으로 원나라에 갔다가 목화씨를 가지고 고려로 돌아왔는데 장인과 함께 목화 재배 연구를 하여 재배에 성공하였다. 목화솜은 부드러우며 보온성이 뛰어나 솜옷과 솜이불 등을 만들어 겨울을 따뜻하게 보낼 수 있었다.

31 정답 ③
조선 시대의 신분은 부모로부터 물려받아 태어나면서부터 정해져 있었다. 크게 '양인'과 '천민'으로 나뉘고, 양인은 다시 양반, 중인, 상민으로 나누어졌다.

32 정답 ③
훈민정음은 세종 때 창제되어 1446년 반포된 우리나

라의 고유한 문자이다. 28자의 표음 문자로 구성되었으며 과학적·독창적이라는 평가를 받고 있다.

33 정답 ③

세종 때 만들어진 『농사직설』은 농민의 오랜 경험을 모아 정리한 책으로, 조선의 현실에 잘 맞는 농사법이 자세하게 소개되어 있다.

34 정답 ②

조선 세종 시기에 간행된 『삼강행실도』는 충신, 효자, 열녀의 내용을 그림으로 그리고 설명을 붙인 윤리서이다.

35 정답 ②

신돌석은 대한제국 말기의 평민 출신 의병장으로 태백산 호랑이라고 불렸다.

오답피하기

① 조선 후기 김정호는 산맥, 하천, 포구, 도로망 등을 정밀하게 표시한 대동여지도를 완성하였다.
③ 유관순은 1919년 3·1 운동을 주도하였다
④ 명성황후는 고종의 왕비이다.

36 정답 ③

임진왜란 당시 이순신은 한산도 앞바다에서 학익진 전법을 펼치면서 큰 승리를 거두었으며, 이 싸움에서 패하게 되자 일본군은 기세가 완전히 꺾여버렸다. 거북선은 판옥선 위에 튼튼한 덮개를 씌워 만든 전함으로, 해적 활동에 익숙해 배를 가까이 대고 올라타 노략질을 하고 공격하던 일본 수군은 거북선의 위력 있는 화포에 놀라지 않을 수 없었다.

37 정답 ①

광해군은 명이 점차 쇠퇴하고 여진족이 세운 후금이 강성해지고 있는 국제 정세의 변화를 파악해 명과 후금 사이에서 중립 외교로 신중하게 대처하였다.

38 정답 ②

병자호란이 일어나자 인조는 도성을 떠나 남한산성으로 피신하였다. 하지만 곧 남한산성이 적의 군대로 포위되어 고립되었고, 47일 동안 청군에 맞서 대항을 계속하다 항복하였다.

39 정답 ①

병자호란 이후 청을 공격하여 청에게 패배한 부끄러움을 씻자는 북벌론이 등장하였다. 효종은 송시열 등과 함께 북벌을 준비하였지만 효종의 급작스러운 죽음으로 실천하지는 못하였다.

40 정답 ①

측우기는 조선 세종 때 강우량을 측정하기 위해 제작된 기구이다.

오답피하기

② 해와 달, 별을 관측하는 기구는 혼천의이다.
③ 스스로 종을 울려 시각을 알려 주는 기구는 자격루(물시계)이다.
④ 해의 그림자를 이용해 시각을 알려 주는 기구는 앙부일구(해시계)이다.

41 정답 ①

모내기법은 모판에 씨를 뿌려 싹이 자란 모를 논에 옮겨 심는 방법이다. 잘 자란 모를 골라서 심기 때문에 수확량이 늘어났고, 잡초를 뽑는 일손도 줄일 수 있었다.

42 정답 ①

천주교는 일부 학자들이 신앙으로 받아들이기 시작하였고 점차 상민과 부녀자들에게도 널리 퍼지게 되었다. 나라에서는 유교 사회의 질서를 무너뜨릴 수 있다는 이유로 천주교를 금지하고 탄압하였다.

43 정답 ④

농업을 중시하는 실학자들은 토지 제도가 바르지 않으면 백성의 생활이 안정되지 않는다고 생각하였다.

44 정답 ③

실학 연구를 집대성한 정약용은 한강에 배다리를 설

계하여 정조의 화성 행차를 편리하게 하였으며, 서양 선교사가 중국에서 펴낸 『기기도설』을 참고하여 거중기를 만들어 수원 화성 건설에 사용하기도 하였다. 정약용은 농업의 개혁을 통해 부국강병을 이룩하려 하였는데 『경세유표』와 『목민심서』 등을 저술하였다. ③ 김정호는 「대동여지도」를 만들었다.

45 정답 ①

유득공은 『발해고』를 써서 발해가 고구려를 계승한 나라임을 밝혔다.

46 정답 ③

정조는 탕평책을 실시하고 인재를 고르게 뽑았다. 규장각을 설치하고 정약용의 거중기를 사용해 수원 화성을 건축하였다. 또한 상업 발달을 위해 백성이 자유롭게 장사할 수 있도록 하였다.

오답피하기

① 견훤은 후백제를 세운 왕이다.
② 왕건은 고려를 세운 왕이다.
④ 대조영은 발해를 세운 왕이다.

47 정답 ①

조선 후기 경제적으로 여유가 생긴 서민들이 문화와 예술에 관심을 갖기 시작하면서 서민 문화가 발달하였다. 특히, 탈놀이와 판소리는 노래를 통해 서민의 감정을 솔직하게 표현하고 장시 등에서 공연되어 많은 호응을 얻었다.

48 정답 ②

민화는 해, 달, 나무, 꽃, 동물, 물고기 등의 다양한 소재를 민중의 미적 감각에 맞게 표현한 그림으로, 민중의 소원을 반영하고 생활 공간을 장식하였다.

49 정답 ①

조선 후기 유행한 풍속화를 대표하는 화가는 김홍도와 신윤복 등이 있다. 김홍도는 단순하고 강직한 필치로 농사짓는 모습, 지붕을 올리는 풍경 및 대장간의 풍경, 서당 등 평범한 서민들의 일상생활을 그렸다.

50 정답 ②

조선 후기 김정호는 이전까지의 지도 제작 성과를 바탕으로 산맥, 하천, 포구, 도로망 등을 정밀하게 표시한 「대동여지도」를 완성하였다.

51 정답 ④

나전 칠기는 옻칠을 한 나무를 전복, 소라 등의 껍데기로 장식한 조선 후기의 대표적인 목공예품이다.

52 정답 ②

흥선 대원군은 아들인 고종이 어린 나이에 왕위에 오르자 그를 대신하여 나라를 다스렸다. 그는 부패한 관리를 내쫓고 능력에 따라 인재를 고루 등용하였다. 또 양반에게도 세금을 거두었으며, 서원을 대폭 정리하였다. 왕실의 권위를 세우기 위해 임진왜란 때 불탄 경복궁을 다시 지었다. 뿐만 아니라 척화비를 세워 서양과 교류하지 않겠다는 뜻을 굳건히 하였다.

53 정답 ④

운요호 사건을 빌미로 일본은 조선에 개항을 요구하였고, 결국 강화도 조약을 맺게 되었다.

54 정답 ①

서재필은 개화파의 주요 인물로, 국민의 애국심과 자주정신을 일깨우고자 노력하였다. 독립 협회는 갑신정변에 참여했다가 미국으로 망명했던 개화파의 주요 인물인 서재필이 귀국하여 만든 단체로 그는 독립신문을 창간하였다.

55 정답 ④

일본은 1905년 을사조약을 강압적으로 체결하였다. 일본은 이 조약으로 대한 제국의 외교권을 빼앗고, 통감부를 설치하여 대한 제국의 내정 전반을 간섭하기 시작하였다.

56 정답 ①

독도는 울릉도에 딸린 섬으로서, 신라 지증왕 이후로 우리나라 영토였다. 독도는 『세종실록지리지』 등에 우리 영토로 기록되었으며, 조선 숙종 때 동래의 어민 안용복은 일본 어민이 울릉도 부근에서 고기잡이를 하자 이들을 쫓아내고, 일본 정부에 요구하여 울릉도와 독도가 우리 영토임을 확인받았다. 그러나 일본은 러・일 전쟁 중에 독도를 자국의 영토에 불법으로 편입하였다.

57 정답 ①

갑신정변은 급진적인 성격을 가진 김옥균, 박영효, 홍영식, 서광범 등의 개화파 중심으로 일으킨 정치적 변화이다. 우정국 개국 축하 행사를 틈타 정변을 일으켰지만 3일만에 청나라 군의 개입으로 실패하게 된다.

오답피하기

③ 위화도 회군은 요동 정벌을 위해 출동한 이성계 군대가 위화도라는 섬에서 군대를 돌린 사건이다.

④ 청산리 대첩은 김좌진, 홍범도 장군의 부대가 일본군과 싸워 크게 승리한 전투이다.

58 정답 ③

유관순은 1919년 3・1 운동에 참여하다 투옥되고 모진 고문으로 병을 얻어 감옥에서 풀려나기 이틀 전에 사망하였다.

오답피하기

① 남자현은 서로 군정서에서 활약한 여성 독립운동가이다.

② 안중근은 만주 하얼빈에서 이토 히로부미를 저격한 독립운동가이다.

④ 윤희순은 우리나라 최초의 독립운동 여성 의병 지도자이다.

59 정답 ③

유관순은 1919년 3・1 운동을 주도하였다. 고향에서 만세 시위를 벌이던 유관순은 헌병 경찰에게 체포되었고, 감옥에서 저항하다가 19세의 어린 나이로 순국하였다.

60 정답 ①

윌슨의 민족 자결주의를 통해 독립에 대한 희망을 품게 된 우리 민족은 고종 황제의 죽음과 2・8 독립 선언을 계기로 탑골 공원에서의 만세 시위를 시작으로 3・1 운동을 전개하였다. 3・1 운동은 학생들과 시민들이 참여한 최대 규모의 독립운동으로서, 우리 민족의 자주독립에 대한 의지를 분명히 나타냈고, 이후의 국내외 독립운동에 다양한 방향을 제시하였다.

61 정답 ①

3・1 운동 이후, 보다 통합적이고 체계적인 독립운동을 수행하기 위해 각지의 임시 정부를 통합하여 중국 상하이에서 대한민국 임시 정부를 수립하였다.

62 정답 ②

1920년대 중반 이후 임시 정부는 한동안 침체에 빠졌으나 김구 등을 중심으로 체제를 재정비하여 광복이 될 때까지 꾸준히 독립운동을 전개하였다. 특히 김구는 한인 애국단을 조직하여 대한민국 임시 정부의 활동에 활기를 불어넣고자 하였다.

63 정답 ①

1950년 6월 25일은 6・25 전쟁이 시작된 날이다. 북한은 38도선을 넘어 갑자기 남한에 쳐들어왔다.

64 정답 ②

4・19 혁명은 이승만과 이기붕이 3・15 부정 선거로 대통령과 부통령에 당선되자 이에 대한 국민의 불만이 폭발하면서 일어났다.

65 정답 ①

4・19 혁명 결과 이승만이 대통령직에서 물러났다. 또한 국회는 헌법을 고쳐 국무총리가 나라의 살림을 맡게 하였다.

66 정답 ②

전두환을 중심으로 하는 신군부가 정변을 일으켜 정권을 장악하였기 때문에 민주주의의 회복을 요구하는 5・18 민주화 운동이 일어났다.

3장 일반 사회 영역

예상문제로 실력 잡기

01 ④	02 ①	03 ②	04 ①	05 ②
06 ②	07 ④	08 ②	09 ④	10 ④
11 ①	12 ③	13 ③	14 ④	15 ③
16 ①	17 ④	18 ④	19 ②	20 ④
21 ④	22 ④	23 ③	24 ④	25 ①
26 ④	27 ④	28 ①	29 ④	30 ②
31 ③	32 ①	33 ④	34 ①	35 ②
36 ①	37 ①	38 ③	39 ③	40 ①
41 ④	42 ③	43 ③	44 ④	45 ②
46 ①	47 ②	48 ④	49 ③	50 ④
51 ①	52 ④	53 ④	54 ④	55 ②
56 ④	57 ③	58 ①	59 ②	60 ③
61 ④	62 ④	63 ③	64 ②	65 ①
66 ①	67 ①	68 ①		

01 정답 ④

지방 선거는 지방 자치 단체에서 특별시장・광역시장・도지사를 뽑는 '광역 지방 자치 단체장 선거', 자치 구청장・시장, 군수를 뽑는 '기초 지방 자치 단체장 선거', 지방 의회에서 특별시・광역시・도의회 의원을 뽑는 '광역 지방 의회 의원 선거', 자치구・시・군 의회 의원을 뽑는 '기초 지방 의회 의원 선거' 등으로 나뉜다.

02 정답 ①

지역 발전을 위한 일을 계획하고 실천하는 일을 하는 곳은 지방 의회가 아니라 지방 정부이다.

03 정답 ②

대화와 타협을 통해 서로 다른 의견을 하나로 모으고 해결 방안을 결정한다.

04 정답 ①

지역 주민들은 주민 투표, 공청회, 감사 등에 참여하거나 서명 운동하기, 시청・도청 누리집에 의견 올리기 등을 통해 지역의 일에 참여할 수 있다.

05 정답 ②

질문지에는 조사하려는 내용이 충분히 들어가고, 조사 대상자가 쉽게 답할 수 있도록 만들어야 한다.

06 정답 ②

민주 정치는 국가의 주인인 국민이 선거를 통해 국민의 대표자를 뽑아 국민의 뜻에 따라 정치를 하는 것이다.

07 정답 ④

민주 선거의 원칙으로 보통 선거, 평등 선거, 직접 선거, 비밀 선거가 있다.
평등 선거는 모든 사람들이 평등하게 한 표를 투표하고 표의 가치가 같아야 한다는 원칙이다.

오답피하기

① 직접 선거
② 비밀 선거
③ 보통 선거

08 정답 ②

선거의 4원칙에는 보통 선거, 평등 선거, 직접 선거, 비밀 선거가 있다. 직접 선거는 자신이 직접 투표장에 나가 투표하는 제도를 말한다.

오답피하기

① 비밀 선거는 투표자가 누구에게 투표했는지 알 수 없게 하는 제도이다.
③ 평등 선거는 모든 사람의 투표 가치가 모두 같은 가치를 가지는 제도이다.
④ 보통 선거는 일정한 연령에 도달하면 제한이 없이 선거권을 주는 제도이다.

09 정답 ④

직접 선거는 뽑고자 하는 대표를 선거권을 가진 사람이 직접 뽑는 것을 말한다. 누군가가 선거권을 가진 사람을 대신해서 선거를 해 주지 않고 본인이 직접 투표소에 가서 투표하는 것이다.

10 정답 ④

선거의 4원칙에는 보통 선거, 평등 선거, 직접 선거, 비밀 선거가 있다.

오답피하기

① 보통 선거는 법에 따라 일정한 나이가 된 모든 국민에게 선거권을 주는 것이다.
② 직접 선거는 뽑고자 하는 대표를 선거권을 가진 사람이 직접 뽑는 것이다.
③ 평등 선거는 신분, 성별, 재산, 학력 등 조건에 관계없이 한 사람이 한 표씩 투표할 수 있는 원칙이다.

11 정답 ①

도서관은 공공장소로 책과 자료를 모아 두고 사람들이 보거나 빌릴 수 있도록 한 시설이다.

오답피하기

② 보건소는 질병의 예방, 진료 등 국민의 건강을 지키기 위해 설치한 공공 의료 기관이다.
③ 소방서는 화재 예방·진압 등의 소방업무를 수행하는 공공 기관이다.
④ 시·도청은 시와 도의 행정을 맡아 처리하는 기관이다.

12 정답 ③

시·도청과 같은 지방 정부는 지역 발전을 위한 계획을 세우고, 지방 의회에서 결정된 사항을 실행에 옮기는 등 우리 지역을 좀 더 살기 좋은 곳으로 만들기 위해 노력한다.

13 정답 ③

1인 1역 활동을 정하는 문제는 학급에서 해결해야 할 공동의 문제이다.

14 정답 ④

시·도 의회, 시·군·구 의회는 지방 의회이다.

오답피하기

시·도청, 시·군·구청은 지방 정부이다.

15 정답 ③

지역의 유명한 관광지를 방문하는 것은 지방 자치 단체에 대해 알아보는 것과 관련이 없다.

16 정답 ①

사람들에게 필요한 것을 생산하고 소비하는 것과 관련된 모든 활동을 경제 활동이라고 한다.

17 정답 ④

사람들이 필요하거나 원하는 욕구에 비하여 쓸 수 있는 돈이나 자원은 희소하기 때문에 우리는 모든 것을 다 가질 수 없다. 따라서 어느 것이 더 좋을지 생각해서 여러 가지 것들 중에서 어떤 것 하나를 고르는 행위가 발생하는데 이를 선택이라고 한다.

18 정답 ④

물건을 선택할 때에는 필요성, 경제성, 실용성 등을 고려해야 한다.

19 정답 ②

생산 활동은 사람이 살아가는 데 필요한 것을 만족시켜 주는 모든 활동이다.

② 통조림을 사온 것은 소비 활동이다.

20 정답 ④

일상생활에서 차이를 인정해 주는 말, 차별하지 않는 말을 사용한다.

21 정답 ④

④ 자연에서 얻은 자원을 이용하여 물건을 만드는 활동이다.

오답피하기

①, ②, ③ 자연에서 직접 자원을 얻는 활동이다.

22 정답 ④

오늘날에는 남자와 여자에 대한 사람들의 생각이 달라지면서 성 역할 구분이 점점 사라지고 있다.

23 정답 ③

'사공이 많으면 배가 산으로 간다'는 속담은 여러 사람이 자기주장만 내세우면 일이 제대로 되기 어렵다는 뜻을 가지고 있다.

24 정답 ④

성에 따른 차별을 받지 않고 자신의 능력에 따라 동등한 기회와 권리를 누리는 것을 양성평등이라고 한다.

25 정답 ①

한 지역이나 나라에 살고 있는 사람의 수를 인구라고 한다.

26 정답 ④

고령화로 인한 여러 가지 문제를 해결하기 위해서는 노인들에게 일자리를 만들어 주고, 다양한 복지 정책을 마련해야 한다.

27 정답 ④

그림은 출생률이 낮아지고 노년층 인구가 늘어나는 저출산·고령화 사회를 나타내고 있다. 저출산은 미래에 노동력 부족 문제, 고령화 사회는 노인 부양 문제를 일으킬 수 있다.

28 정답 ①

①은 다문화 가정을 돕기 위한 노력이다.

29 정답 ④

우리 주변에서 볼 수 있는 소수자에는 장애인, 다문화 가정, 외국인 근로자, 북한 이탈 주민 등이 있다.

30 정답 ②

소수자의 인권을 보호하기 위해서는 소수자가 지닌 다양성을 인정하고 존중해야 한다.

31 정답 ③

소수자의 인권을 보호하기 위해 소수자가 지닌 다양성을 인정하고 존중해야 하며, 소수자를 차별하지 못하도록 법을 만들어야 한다.

32 정답 ①

인권은 태어날 때부터 모든 사람에게 평등하게 보장되는 것이다.

33 정답 ④

우리 경제는 경제 주체들이 최대한 경제 활동의 자유를 누릴 수 있도록 보장하고 있다.

34 정답 ①

기업 간에 가격 경쟁을 하면 소비자들은 품질이 좋은 물건을 싼 가격에 살 수 있다.

35 정답 ②

오답피하기

① 공모, ③ 주민 투표, ④ 기증에 대한 설명이다.

36 정답 ①

시민 단체는 지역 문제를 해결하기 위하여 뜻을 함께하는 사람들이 모여서 만든 단체이다.

37 정답 ①

조례를 제정하는 것은 지방 의회의 역할이다.

38 정답 ③

제시된 자료를 통해 수출액 비율 1위는 중국(34.9), 2위 미국(14.9), 3위 베트남(8.8)이다.

39 정답 ③

무역이란 나라와 나라 간에 서로의 경제적 이익을 위하여 상품이나 서비스를 사고파는 것이다.

40 정답 ①

무역은 나라마다 생산되는 자원의 종류와 양, 자연환경, 기술, 자본 등의 차이가 있기 때문에 이루어진다.

41 정답 ④

우리나라는 2000년대 이후 1차 산업의 비중이 줄고 서비스업, 첨단 산업이 발달하였다.

42 정답 ③

우리나라의 산업이 발달해 온 과정

- 1960년대 이전 : 농업, 어업, 임업 중심의 산업 발달
- 1960년대 : 섬유・시멘트・비료・정유 산업의 발달
- 1970년대 : 석유 화학・조선・전자・제철 산업의 발달
- 1980년대 : 자동차・정밀 기계 산업의 발달
- 1990년대 : 컴퓨터・반도체・정보 통신 산업의 발달
- 2000년대 이후 : 서비스업, 첨단 산업의 발달

43 정답 ③

경제 성장을 위하여 정부는 고속 국도와 제철소, 부두와 같은 중요한 시설을 건설하였고, 수출을 늘리기 위하여 다른 나라와 지속적인 관계를 맺었다.

오답피하기

①・④ 근로자, ② 기업가의 사례이다.

44 정답 ④

경제가 성장하면서 빈부 격차, 자원 고갈, 노사 갈등, 환경 문제 등의 문제가 발생한다.

45 정답 ②

경제가 성장하면서 빈부 격차의 문제가 발생하고 있다. 빈부 격차가 생기면 소득이 높은 사람은 더 잘살고, 소득이 낮은 사람은 더 살기 어려워진다.

46 정답 ①

빈부 격차를 해소하기 위해 정부는 실직자를 위한 실업 급여를 지급하고, 일할 사람이 필요한 기업과 일할 곳이 필요한 사람을 연결해 준다.

47 정답 ②

바우처 제도란 정부의 재정으로 쿠폰을 발행하여 저소득층을 지원하는 제도이다.

48 정답 ④

공동체의 문제를 해결하기 위해서는 소수의 의견도 존중해야 한다.

49 정답 ③

민주주의는 모든 사람을 피부색, 생김새, 종교 등에 관계없이 평등하게 대하고 약한 사람을 배려해야 한다. 그리고 사람 사이의 갈등과 문제를 대화와 토론을 통해 해결해야 한다.

50 정답 ④

법은 사회 질서를 유지하고 사람들이 편안하고 행복한 삶을 누릴 수 있도록 도와준다.

51 정답 ①

헌법은 우리나라의 법 중에서 가장 기본이 되고 중요한 법이다. 법 중에서 가장 으뜸인 법으로, 다른 법들은 헌법에 어긋나서는 안 된다.

오답피하기

② 저작권법은 저작자의 권리를 보호하기 위해 만든 법이다.

③ 도로 교통법은 도로 안전을 확보하기 위해 제정된 법률이다.

④ 장애인 차별 금지법은 인간으로서의 존엄과 가치를 위해 제정한 법이다.

52 정답 ④

헌법은 법 중에서 가장 으뜸인 법이다. 헌법에 따르면 모든 국민은 법 앞에 평등하며, 대한민국의 주권은 국민에게 있다. 국민이 국가의 주인이며 다수의 국민에 의하여 국가의 정치가 결정된다. 그리고 헌법에 '대한민국의 영토는 한반도와 그 부속 도서로 한다.'고 되어 있다.

④ 다른 법들은 헌법에 어긋나서는 안 된다.

53 정답 ④

헌법 재판소는 법률이 헌법에 어긋나는지 아닌지를 판단하는 기관이다.

오답피하기

① 국회는 국민의 대표로 법을 만드는 기관이다.
② 경찰서는 국가의 치안 업무를 담당한다.
③ 행정부는 한 나라의 행정을 맡아보는 국가 기관이다.

54 정답 ④

법원은 법에 따라 재판을 한다.

오답피하기

①·②는 국회, ③은 정부가 하는 일이다.

55 정답 ②

헌법 재판소는 법률이 헌법에 어긋나는지 아닌지를 판단하는 기관이다. 헌법 재판소는 국가가 하는 일들이 국민의 권리를 침해하는지, 그렇지 않은지를 판단하는 일도 한다.

56 정답 ④

삼권 분립은 국가의 일을 여러 기관이 나누어 맡도록 한 것이다.

57 정답 ③

청구권은 국민이 국가에 어떠한 행위를 요구하거나 기본권이 침해되었을 때 국가에 도움을 구할 수 있는 권리이다.

오답피하기

① 자유권은 국가에 의하여 자유를 제한받지 않을 권리이다.
② 참정권은 국민이 정치에 참여할 수 있는 권리이다.
④ 평등권은 법 앞에서는 누구나 평등하다는 원칙이다.

58 정답 ①

국민의 기본권은 자유권, 평등권, 참정권, 사회권, 청구권이다.

59 정답 ②

자유권은 신체, 거주 이전, 종교, 언론 출판, 직업 선택, 사유 재산권 행사 등의 자유를 행사할 수 있는 기본권이다. 다른 사람에게 피해를 주지 않으며, 법의 테두리 안에서 자유롭게 행동할 수 있다.

60 정답 ③

우리나라의 헌법은 성별, 종교 또는 사회적 신분에 의하여 누구도 차별받지 않도록 하기 위해 평등권을 보장하고 있다.

61 정답 ④

국민의 권리가 침해당했을 때 국가에 일정한 요구를 할 수 있는 권리를 청구권이라고 한다.

62 정답 ④

일정한 소득이 있는 국민은 모두 세금을 내야 할 의무가 있다. 이러한 납세의 의무로 인해 나라의 살림이 튼튼해지고, 국가를 운영할 수 있다.

63 정답 ③

근로의 의무는 모든 국민은 능력과 적성에 맞는 일을 할 의무이다.

64 정답 ②

국회는 국민들이 직접 뽑은 국회 의원들이 모인 곳이다. 국회의 역할 중 가장 중요한 것은 국민을 위한 법을 만드는 것이다. 또 국회는 정부가 예산안을 잘 짰는지, 예산을 적절히 사용했는지 꼼꼼하게 따져 본다.

65 정답 ①

법원은 법에 따라 옳고 그름을 따져 사람들 사이에서 생긴 갈등을 해결하여 주고, 개인이나 국가로부터 피해를 입은 사람을 도와주기도 한다. 법원은 법에 따라 재판을 하며, 재판에 관해서 국회, 정부의 간섭을 받지 않는다.

66 정답 ①

대통령은 행정부의 대표로서 행정부를 통솔하며, 법률을 집행한다. 또한 국군의 최고 통수권자로서 국군을 통솔하며, 국회의 동의를 얻어 국무총리, 대법원장 등 공무원을 임명할 수 있다.

67 정답 ①

대통령은 정부의 최고 책임자이며 우리나라를 대표하고, 우리나라를 지키고 국민들을 보호해야 한다. 대통령은 선거일 현재 만 40세에 이른 우리나라 국민이어야 하며, 임기는 5년으로 한 번만 할 수 있다.

68 정답 ①

다른 사람들의 인권을 존중하는 것은 결국 자신의 인권을 보장받기 위해서도 중요하다.

초졸 검정고시

핵심 총정리

최신 2015 개정 교육과정 완벽 반영!

초졸 검정고시

한권으로 합격하기!

핵심 총정리

제3과목 수학

구성 및 출제 경향 분석

1 구성

2 출제 경향 분석

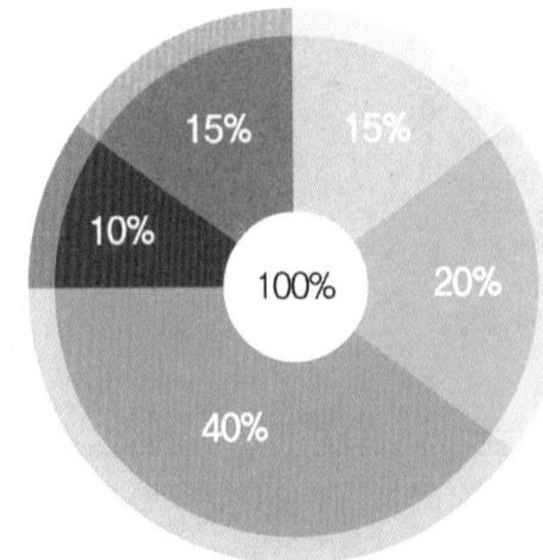

- 자연수와 계산 및 약수 · 배수
- 분수와 소수
- 도형(기본 도형, 평면도형, 입체도형)
- 비와 비례
- 자료의 표현과 관찰

기출 분석에 따른 학습 포인트

❶ 자연수와 계산

주로 기출 문제에 나왔던 몇 가지 유형 중 숫자만 바꾸어 출제되지만 도형과 연계하거나, 서술형 문장으로 나오는 문제들도 간간히 출제되고 있으니 자연수의 사칙연산은 틀리지 않도록 철저히 반복 훈련하도록 한다. 올림, 버림, 반올림을 이용하여 계산하는 과정, 즉 어림하여 계산하는 내용이 표나 문장형 문항 또는 수직선을 이용하여 다양하게 출제되며, 큰 수를 읽는 방법 및 혼합계산 등도 출제되고 있다.

❷ 약수와 배수

매회 반드시 2문제 정도 출제되고 있다. 약수와 배수의 정확한 개념과 공약수 및 공배수의 개념을 묻는 문항들이 출제되므로 개념을 정확히 학습한다.

❸ 분수와 소수

출제 유형을 보면 주로 분수의 개념, 분수와 소수의 연산, 분수의 통분과 약분 문제가 주로 출제되고 있으므로 분수와 소수의 연산을 집중적으로 반복하여 학습한다. 기본원리 중심으로 출제된다.

❹ 기본 도형

변동이 가장 큰 단원이다. 점, 선, 면과 같은 도형의 기본 개념과 평행, 대칭, 합동 등이 평면·입체도형에 응용되어 출제되기 때문에 경계가 모호한 단원이다. 그러므로 도형의 기본 개념을 반드시 정확히 학습한다.

❺ 평면도형

주로 삼각형, 사각형의 둘레의 길이와 넓이를 구하는 문제들이 매회 번갈아가며 출제되므로 삼각형과 여러 가지 사각형의 넓이를 구하는 공식을 반드시 암기한다.

❻ 입체도형

출제 범위가 가장 광범위한 단원이다. 지금까지 출제된 문제들을 보면 주로 뿔과 기둥의 구성요소, 입체도형의 전개도 찾기, 쌓기나무의 앞, 옆, 위에서 보이는 모양, 개수세기 등이 주로 출제되고, 입체도형의 겉넓이나 부피를 묻는 문제들도 가끔 출제되고 있으므로 지난 기출문제를 많이 학습한다. 2015 개정 교육과정에서는 원기둥의 겉넓이와 부피를 계산하는 부분이 제외되었다.

구성 및 출제 경향 분석

❼ 비와 비례

최근 매회 1~2문제씩 반드시 출제되고 있으므로 백분율과 비례식의 성질을 꼭 알아 두도록 한다. 비율과 비의 정확한 개념과 비례배분도 학습할 수 있도록 한다.

❽ 자료의 관찰과 표현

평균을 구하는 방법은 반드시 알아두고, 대부분의 유형이 일상생활과 관련하여 도표나 그래프를 주고 이를 이해하는지 알아보는 유형이다. 표를 이용하여 규칙성을 찾는 문항도 자주 출제된다. 기출문제를 많이 학습하여 자료를 정확히 관찰할 수 있도록 학습한다.

01 장 자연수와 계산

01 큰 수

(1) 다섯 자리 수

만 : 1000이 10개이면

① 쓰기 ⇒ 10000 또는 1만이라 쓰고,

② 읽기 ⇒ 만 또는 일만이라고 읽는다.

간단 예제

10000이 4개, 1000이 1개, 100이 9개, 10이 6개, 1이 5개이면

1. 쓰기 ⇒ (41965)
2. 읽기 ⇒ (사만 천구백육십오)
3. 각 자리 숫자의 값 ⇒ 40000+1000+900+60+5

(2) 두 수의 크기 비교하기

① 자릿수가 다를 때에는 자릿수가 많은 쪽이 더 큰 수이다.

② 자릿수가 같을 때에는 높은 자리의 숫자가 큰 쪽이 더 큰 수이다.

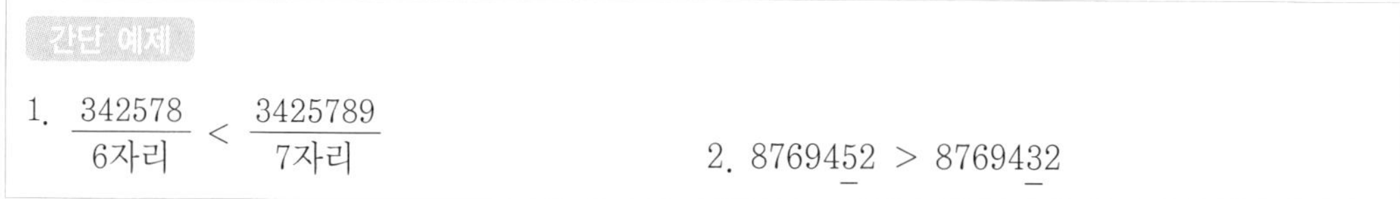

간단 예제

1. $\underset{6자리}{\underline{342578}} < \underset{7자리}{\underline{3425789}}$

2. $876945\underline{5}2 > 876943\underline{3}2$

(3) 뛰어세기

① 수가 일정하게 커지거나 작아지도록 규칙적으로 건너서 세는 것.

② 1씩, 10씩, 100씩, 1,000씩, …… 뛰어서 세면 일, 십, 백, 천의 자리 숫자가 각각 1씩 커진다.

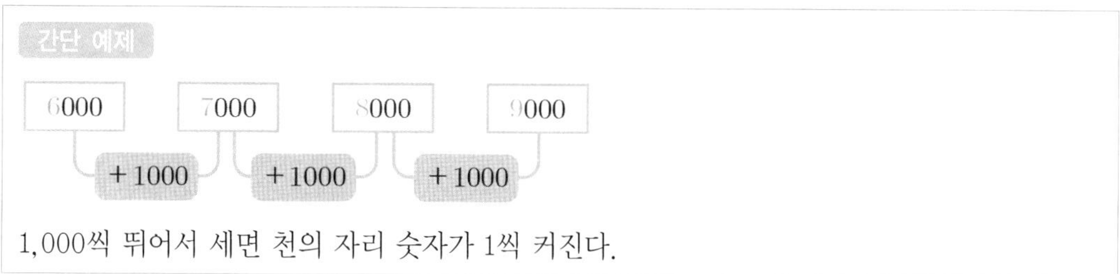

1,000씩 뛰어서 세면 천의 자리 숫자가 1씩 커진다.

02 곱셈과 나눗셈

(1) 곱셈의 계산

① 어떤 수에 10, 100, 1000을 곱하면 곱해진 0의 개수만큼 어떤 수도 0이 늘어난다.

② 몇백, 몇천의 곱셈은 (몇) × (몇)을 계산 후, 그 곱의 결과에 곱하는 두 수의 0의 개수의 합만큼 0을 쓴다.

③ (세 자리) × (두 자리)는 세 자리 수를 백의 자리의 숫자, 십의 자리의 숫자, 일의 자리의 숫자로 분리하고 각각의 수를 두 자리 수의 십의 자리의 숫자, 일의 자리의 숫자와 곱한 후 모두 더한다.

(2) 나눗셈의 계산

① 몇십으로 나눌 때는 10의 묶음의 수로 생각하여 계산한다.

② (◎) ÷ (●)는 ●에 몇을 곱하면 ◎를 넘지 않으며 ◎에 가장 가까운지 생각한다.

(3) 혼합 계산 순서

① (　) 안을 가장 먼저 계산한다.

② 곱셈, 나눗셈을 앞에서부터 순서대로 계산한다.

③ 덧셈, 뺄셈을 앞에서부터 순서대로 계산한다.

간단 예제

$5+(10-3)\times 2=19$

① $(10-3)$

② $\times 2$

③ $5+$

03 어림하기

(1) **올림** : 구하려는 자리의 아래 수를 올려서 나타내는 방법이다.

(2) **버림** : 구하려는 자리의 아래 수를 버려서 나타내는 방법이다.

(3) **반올림**

① 구하려는 자리의 한 자리 아래 숫자가 0, 1, 2, 3, 4이면 0으로 버리고 5, 6, 7, 8, 9이면 10으로 올리는 방법

② 반올림하여 ◎의 자리까지 나타낼 때에는 ◎의 자리 바로 아래 숫자가 5보다 작으면 버리고 5보다 크면 올린다.

간단 예제

35287을 올림, 버림, 반올림하여 주어진 자리까지 나타내시오.

35287	올림	버림	반올림
십의 자리까지	35290	35280	35290
백의 자리까지	35300	35200	35300
천의 자리까지	36000	35000	35000

04 수의 범위

(1) **이상과 초과 : 이상과 초과**는 **기준이 되는 어떤 수보다 더 큰 수**를 나타낸다.

다만 기준이 되는 수가 포함되면 이상, 포함되지 않으면 초과라고 한다.

① **50 이상인 수** : 50과 같거나 50보다 큰 수 ⇒ 50, 51, 52, 53, …

② **50 초과인 수** : 50보다 큰 수 ⇒ 51, 52, 53, 54, …

(2) **이하와 미만 : 이하와 미만**은 **기준이 되는 어떤 수보다 더 작은 수**를 나타낸다.

다만 기준이 되는 수가 포함되면 이하, 포함되지 않으면 미만이라고 한다.

① **50 이하인 수** : 50과 같거나 50보다 작은 수 ⇒ 50, 49, 48, 47, …

② **50 미만인 수** : 50보다 작은 수 ⇒ 49, 48, 47, 46, …

(3) 수직선에 나타낼 때 이상과 이하는 ●로 나타내고, 초과와 미만은 ○로 나타낸다.

간단 예제

12 이상 18 미만인 수를 수직선에 나타내시오.

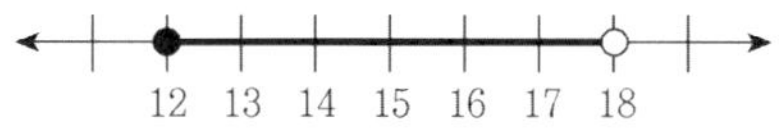

01 장 기출문제로 유형 잡기

01 56472와 천의 자리 숫자가 같은 수는?

① 22879　② 59381
③ 76821　④ 93182

정답잡기 큰 수를 읽을 때는 4자리씩 끊어서 앞에서부터 읽는다.
천의 자리의 숫자는 끝에서부터 4번째 있는 수이다.

56472 →

5	6	4	7	2
만	천	백	십	일

이므로 천의 자리 숫자는 6이다.
보기에서 4번째 있는 수가 같은 수는 ③ 76821이다.

02 밑줄 친 숫자 3이 나타내는 값은?

> 57<u>3</u>20

① 3　② 30
③ 300　④ 3000

정답잡기 57320에서 숫자 3은 백의 자리의 숫자이므로, 300을 나타낸다.
따라서 정답은 ③이다.

오답잡기
문제에서 밑줄 친 숫자 3이 나타내는 값을 물었으므로, 자릿값을 생각하여 읽어야 한다.
숫자만 읽어 1번을 고르는 일이 없도록 해야 한다.

03 다음 중 가장 큰 수는?

① 204717　② 258501
③ 264011　④ 280476

정답잡기 보기의 수는 모두 6자리의 수로 자리 수가 같다.
따라서 높은자리(왼쪽)의 숫자가 클수록 큰 수이고, 그 숫자가 같다면 그 다음 숫자들을 차례로 비교하여 가장 큰 수를 구한다.
보기의 수는 십만자리의 숫자가 2로 모두 같으므로, 다음 자리인 만자리의 숫자가 가장 큰 280476이 가장 큰 수임을 알 수 있다.

참고
수의 크기를 비교하는 방법
- 자리 수를 비교한다.
- 자리 수가 같다면, 높은자리(왼쪽)의 숫자가 크면 크다.
- 그 숫자가 같다면, 그 다음 숫자들을 비교한다.

정답 01 ③　02 ③　03 ④

04 다음은 100씩 커지는 규칙에 따라 수를 배열한 것이다. ㉠에 알맞은 수는?

① 2371 ② 2380
③ 2470 ④ 3370

정답잡기) 2170부터 100씩 커지는 규칙에 따라 수를 배열하였으므로 앞의 수에 계속하여 100을 더해 주면 된다.
2370에 100을 더하면 2470이므로, 빈칸에 알맞은 수는 2470이다.
[다른 풀이]
2370＋100은 자릿수를 맞춰 세로셈으로 계산한다.

	2	3	7	0
＋		1	0	0
	2	4	7	0

05 다음은 350×20의 계산 방법을 나타낸 것이다. □에 알맞은 수는?

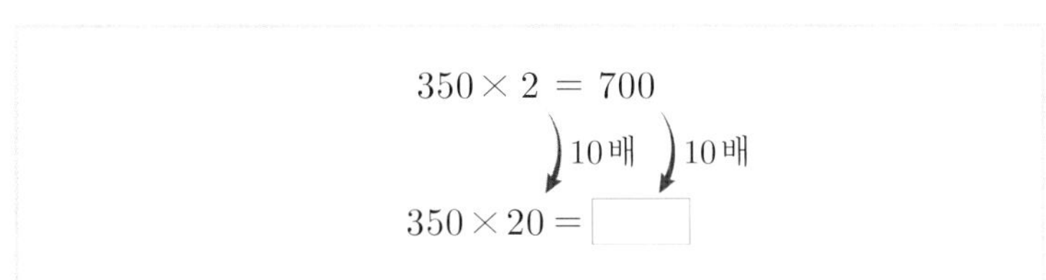

① 350 ② 3000
③ 3500 ④ 7000

정답잡기) 문제는 350×20을 350×2와 350×20의 관계를 이용하여 계산하는 방법이다.
2에 10배를 하면 20이 되므로, 700에 10배를 하는 방법으로 계산하면 7000이 됨을 알 수 있다.

정답 04 ③ 05 ④

06 다음 식의 계산 결과는?

$$25 - 5 \times 3$$

① 10　② 20
③ 30　④ 40

정답잡기 자연수의 혼합계산은 괄호를 가장 먼저 계산하고, 그 다음 곱셈과 나눗셈을 계산한 후, 덧셈과 뺄셈 순으로 계산하여야 한다.
문제에는 괄호가 없으므로 곱셈을 가장 먼저 계산한 후 앞에서부터 계산하면 된다.
계산 순서를 번호로 나타내어 순서대로 계산하면 다음과 같다.

$25 - 5 \times 3 = 10$
❶ $5 \times 3 = 15$
❷ $25 - 15 = 10$

참고 자연수의 혼합 계산 순서
- 괄호 안 계산 → 나눗셈, 곱셈 → 덧셈, 뺄셈

* 같은 단계의 혼합 계산만 존재한다면 앞에서부터 순서대로 풀어준다.

07 딸기 맛 사탕 34개와 포도 맛 사탕 26개를 남김없이 2명이 똑같이 나누려고 한다. 한 명이 가질 수 있는 사탕의 수를 구하는 식으로 옳은 것은?

① $34+26+2$
② $34+26-2$
③ $(34+26)\times 2$
④ $(34+26)\div 2$

정답잡기 두 가지 맛의 사탕을 모두 합친 후 2명이 나누어 가져야 하는 문제로 먼저 사탕의 개수의 합을 구해야 한다.
이것을 식으로 나타내면, 사탕의 개수를 합한 후에 2명이 나누어 가져야 하므로 나눗셈보다 덧셈이 먼저 이루어져야 함을 뜻한다. 즉, 덧셈식을 괄호로 묶어 먼저 계산할 수 있도록 해주어야 함에 따라 혼합계산 식은 $(34+26)\div 2$가 된다.
따라서 정답은 ④번이다.

오답잡기
괄호를 뺀 $34+26\div 2$가 보기에 있더라도 선택하지 않을 수 있도록 주의한다.

더 알고 가기
자연수의 혼합계산 순서
괄호 안 계산 → 나눗셈, 곱셈 → 덧셈, 뺄셈
* 같은 단계의 혼합계산만 존재한다면 앞에서부터 차근차근 풀어준다.

정답 06 ① 07 ④

8 그림의 지하 도로를 통과할 수 없는 높이는?

① 1.9 m　　② 2.2 m
③ 2.5 m　　④ 3.5 m

정답잡기 초과는 기준이 되는 어떤 수보다 더 큰수를 나타내며 기준이 되는 어떤 수를 포함하지 않는다. 그러므로 높이 3.0m 초과 진입금지라는 표현은 높이가 3.0m 보다 높은 차는 지하차도에 진입할 수 없다는 뜻이므로, 보기에서 3.0m보다 큰 값은 ④ 3.5m이다

9 678을 반올림하여 십의 자리까지 나타낸 수는?

① 600　　② 670
③ 680　　④ 700

정답잡기 678을 반올림하여 십의 자리까지 나타내려면, 일의자리에서 반올림해야 한다.
이때, 일의 자리의 숫자가 5미만이면 0으로 생각하여 버리고, 5이상이면 10으로 생각하여 올린다.
678의 일의 자리의 숫자가 8이므로, 십의 자리의 숫자는 하나가 큰 8이 되고, 일의 자리의 숫자는 0이 되어, 680이 된다.
따라서 정답은 ③이다.

10 버림하여 십의 자리까지 나타낼 때, 1250이 되는 수는?

① 1240　　② 1244
③ 1252　　④ 1261

정답잡기 버림하여 십의 자리까지 나타낸다는 것은 십의 자리는 그냥 두고, 일의 자리를 0으로 바꾸는 것을 의미한다.
그러므로 버림하여 1250이 되는 수의 범위는 1250 이상 1259 이하이고, 보기 중 이 범위에 해당하는 수는 1252뿐이다.
따라서 정답은 ③번이다.

더 알고 가기
'버림하여 십의 자리까지 나타낼 때'라는 말은 '일의 자리에서 버림하여'와 같은 의미이다.

정 답 08 ④ 09 ③ 10 ③

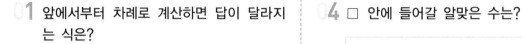

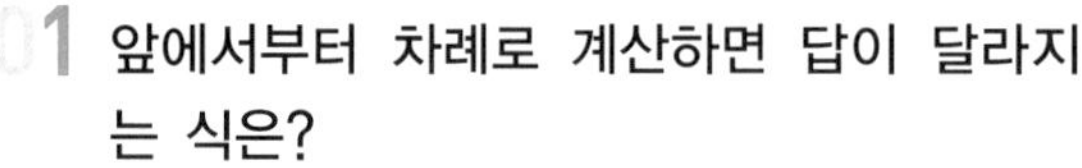

01 장 예상문제로 실력 잡기

01 앞에서부터 차례로 계산하면 답이 달라지는 식은?

① $15 \times 9 - 7$

② $118 - 7 \times 6 + 11$

③ $342 \div 9 \times 2 + 6$

④ $55 \times 41 + 123$

02 다음 수를 바르게 읽은 것은?

32005

① 삼십이만오 ② 삼만이천오

③ 삼백이십오 ④ 삼만이천백십오

03 다음 수 카드를 모두 한 번씩만 나열하여 가장 큰 수를 만들 때, 천의 자리 숫자는?

① 2

② 5

③ 6

④ 8

04 □ 안에 들어갈 알맞은 수는?

10000이 6
1000이 8
100이 3] 이면 □
10이 0
1이 7

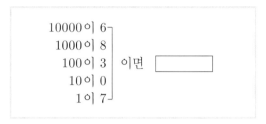

① 68037 ② 68307

③ 60837 ④ 68370

05 <u>3</u>4257에서 밑줄 친 3이 나타내는 값은?

① 30 ② 300

③ 3000 ④ 30000

06 다음 일곱 자리 수에서 숫자 3이 나타내는 값이 가장 큰 것은?

<u>3</u> 9 <u>3</u> 4 <u>3</u> 7 <u>3</u>
↑ ↑ ↑ ↑
㉠ ㉡ ㉢ ㉣

① ㉠ ② ㉡

③ ㉢ ④ ㉣

7 다음은 다섯 자리 수 24351의 각 자리의 숫자가 얼마를 나타내는지 알아보는 과정이다. □에 알맞은 수는?

만의 자리	천의 자리	백의 자리	십의 자리	일의 자리
2	4	3	5	1

$24351 = \square + 4000 + 300 + 50 + 1$

① 10000　② 20000
③ 30000　④ 40000

8 그림은 지역별 인구를 나타낸 것이다. 인구가 가장 많은 곳은?

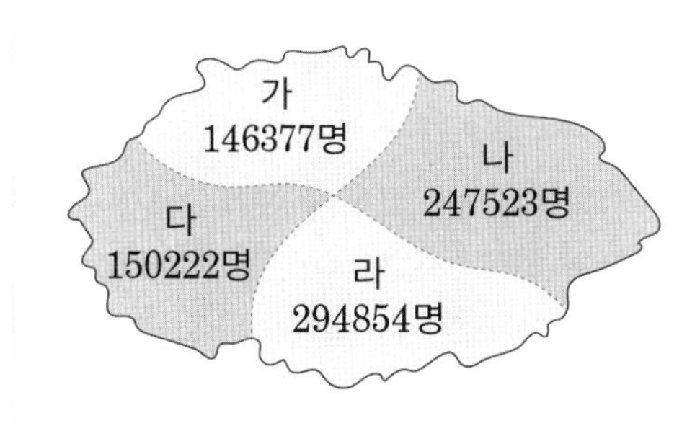

① 가　② 나
③ 다　④ 라

9 다음은 23000부터 1000씩 뛰어 세기를 나타낸 것이다. □에 알맞은 수는?

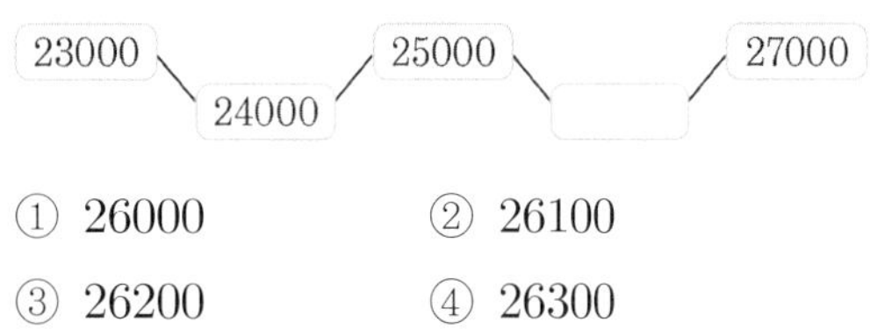

① 26000　② 26100
③ 26200　④ 26300

10 쿠키가 한 봉지에 30개씩 들어 있다. 200봉지에는 모두 몇 개의 쿠키가 들어 있는가?

① 6000개　② 7000개
③ 8000개　④ 9000개

11 □ 안에 들어갈 알맞은 수는?

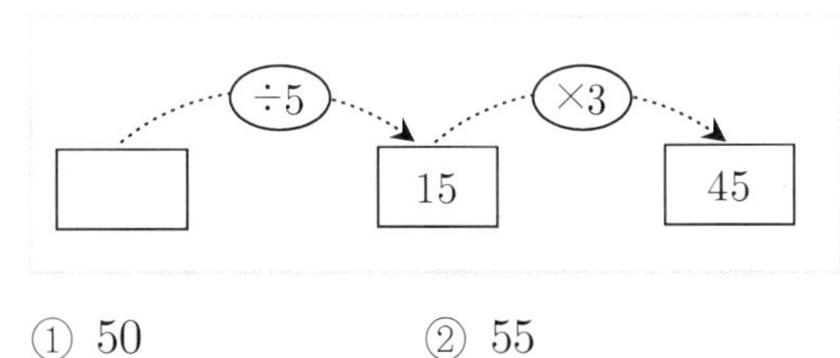

① 50　② 55
③ 65　④ 75

12 다음 식에서 가장 먼저 계산해야 하는 것은?

$$7+(18-9)\div 3-2$$

① $7+18$　② $18-9$
③ $9\div 3$　④ $3-2$

13 다음 식에서 가장 먼저 계산해야 할 것은?

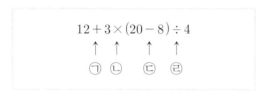

$$12+3\times(20-8)\div 4$$

(↑ ㉠ under +, ↑ ㉡ under ×, ↑ ㉢ under −, ↑ ㉣ under ÷)

① ㉠　② ㉡
③ ㉢　④ ㉣

14 다음 계산에서 □에 알맞은 수는?

$$32-(3+7)=\square$$

① 12　② 22
③ 32　④ 42

15 딸기 맛 사탕 34개와 포도 맛 사탕 26개를 남김없이 2명이 똑같이 나누려고 한다. 한 명이 가질 수 있는 사탕의 수를 구하는 식으로 옳은 것은?

① $34+26+2$　② $34+26-2$
③ $(34+26)\times 2$　④ $(34+26)\div 2$

16 세호는 빨간 구슬 34개와 노란 구슬 16개를 가지고 있었다. 이 중 동생에게 9개를 주었을 때, 세호에게 남은 구슬의 수를 구하는 식으로 옳은 것은?

① $34+16+9$　② $34+16-9$
③ $34+16\times 9$　④ $34+16\div 9$

17 지웅이네 반 학생은 모두 42명이다. 지웅이가 친구들에게 사탕을 한 개씩 주려고 하는데, 사탕은 한 봉지에 10개씩 들어 있다. 사탕을 모두 몇 봉지 사야 하는가?

① 3봉지　② 5봉지
③ 7봉지　④ 9봉지

18 다음은 수의 범위를 수직선에 나타낸 것이다. ㉠에 알맞은 것은?

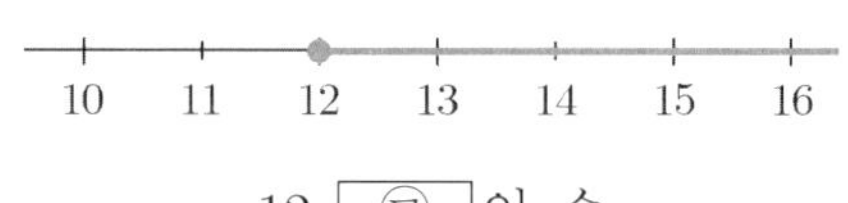

12 [㉠] 인 수

① 이상　　② 이하
③ 초과　　④ 미만

19 아래의 수를 수직선에 옳게 나타낸 것은?

4 이상 7 미만인 수

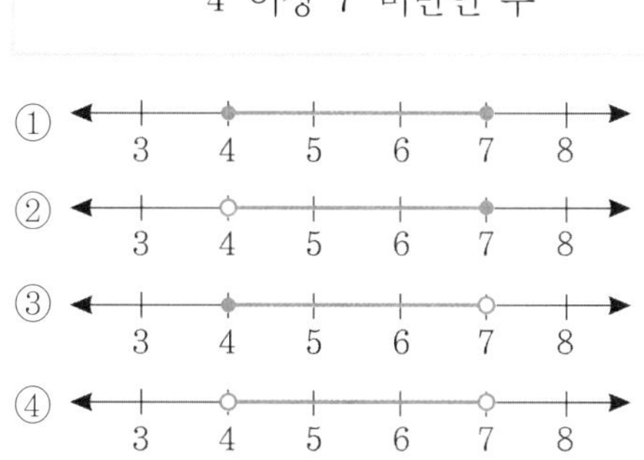

20 다음은 연수의 몸무게와 연수가 참가하는 어느 씨름 대회의 체급별 몸무게를 나타낸 것이다. 연수가 속하는 체급은?

체급별 몸무게

체급	몸무게(kg)
태백급	40 이하
설악급	40 초과 45 이하
지리급	45 초과 50 이하
한라급	50 초과 55 이하
백두급	55 초과

① 태백급　　② 설악급
③ 지리급　　④ 한라급

21 버림하여 십의 자리까지 나타내었을 때, 260이 되는 수는?

① 259　　② 269
③ 270　　④ 255

22 올림하여 백의 자리까지 나타낸 수로 옳은 것은?

① 752 ⇒ 700
② 5284 ⇒ 5200
③ 1400 ⇒ 1500
④ 26701 ⇒ 26800

23 반올림하여 백의 자리까지 나타내었을 때, 1500 이 되지 <u>않는</u> 수는?

① 1500　　② 1534
③ 1495　　④ 1435

24 십의 자리에서 반올림하여 4500 이 되는 수는?

① 3499　　② 4481
③ 4327　　④ 4560

25 다음 나눗셈의 몫을 반올림하여 소수 둘째 자리까지 알맞게 나타낸 것은?

$$18 \div 7 = 2.571 \cdots$$

① 2.54　　② 2.55
③ 2.56　　④ 2.57

02 장 약수와 배수

01 약수

① **약수** : 어떤 수를 나누었을 때, 나누어떨어지게 하는 수

② 어떤 수의 약수에는 1과 어떤 수 자기 자신이 항상 포함된다.

③ 약수를 구하는 방법은 나누어떨어지는 수로 구하거나 두 수의 곱으로 구한다.

> 간단 예제
>
> **6의 약수를 모두 구하시오. (6의 약수 ⇒ 1, 2, 3, 6)**
>
> **방법 1** 나누어떨어지는 수로 구하기 $6 \div 1 = 6$, $6 \div 2 = 3$, $6 \div 3 = 2$, $6 \div 6 = 1$
>
> **방법 2** 두 수의 곱으로 구하기 $6 = 1 \times 6$, $6 = 2 \times 3$

02 공약수와 최대공약수

(1) **공약수** : 2개 이상의 자연수의 약수 중 공통인 약수

12의 약수 : 1, 2, 3, 4, 6, 12
18의 약수 : 1, 2, 3, 6, 9, 18
⇒ 12와 18의 공약수 : 1, 2, 3, 6

(2) **최대공약수** : 공약수 중에서 가장 큰 수

① 두 수의 공약수 중에서 가장 큰 수를 찾아서 구한다.

12와 18의 공약수 : 1, 2, 3, 6

12와 18의 최대공약수 : 6

② 두 수를 작은 수의 곱으로 나타내어 구한다.

$12 = 2 \times \boxed{2 \times 3}$
$18 = \boxed{2 \times 3} \times 3$
⇒ 12와 18의 최대공약수 : $2 \times 3 = 6$

③ 두 수를 1이 아닌 두 수의 공약수로 나누어 구한다.

$$\begin{array}{r|rr} 2 & 12 & 18 \\ \hline 3 & 6 & 9 \\ \hline & 2 & 3 \end{array}$$

⇒ 12와 18의 최대공약수 : $2 \times 3 = 6$

간단 예제

16과 24의 공약수와 최대공약수는 얼마인가?

- 16의 약수 : 1, 2, 4, 8, 16　　24의 약수 : 1, 2, 3, 4, 6, 8, 12, 24
- 공약수 : 1, 2, 4, 8　　최대공약수 : 8

03 배수

(1) **배수** : 어떤 수를 1배, 2배, 3배, … 한 수

간단 예제

3의 배수를 구하시오. (3, 6, 9, …)

3을 1배 한 수 ⇒ $3\times1=3$
3을 2배 한 수 ⇒ $3\times2=6$
3을 3배 한 수 ⇒ $3\times3=9$
⋮　　⋮
⇒ 3의 배수 : 3, 6, 9, …

(2) **약수와 배수의 관계**

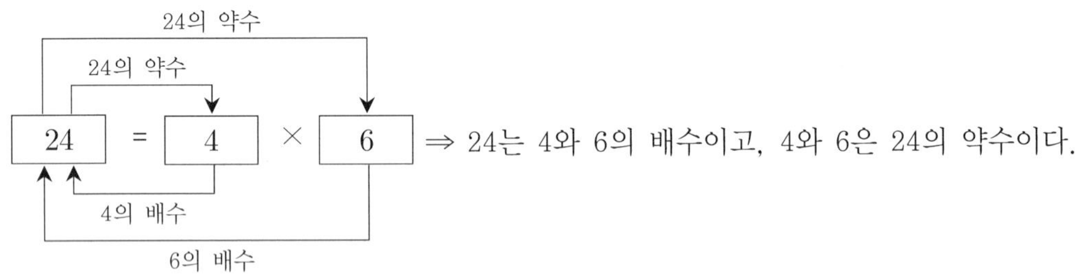

⇒ 24는 4와 6의 배수이고, 4와 6은 24의 약수이다.

04 공배수와 최소공배수

(1) **공배수** : 2개 이상의 자연수의 배수 중 공통인 배수

6의 배수 : 6, 12, 18, 24, 30, …
12의 배수 : 12, 24, 36, 48, 60, …
⇒ 6과 12의 공배수 : 12, 24, 36, …

(2) **최소공배수** : 공배수 중에서 가장 작은 수

① 두 수의 공배수 중에서 가장 작은 수를 찾아서 구한다.

6과 12의 공배수 : 12, 24, 36, ⋯

6과 12의 최소공배수 : 12

② 두 수를 작은 수의 곱으로 나타내어 구한다.

$6 = \boxed{2 \times 3}$

$12 = 2 \times \boxed{2 \times 3}$

⇒ 6과 12의 최소공배수 : $\boxed{2 \times 3} \times 2 = 12$

③ 두 수를 1이 아닌 두 수의 공약수로 나누어 구한다.

$$\begin{array}{r|rr} 2 & 6 & 12 \\ \hline 3 & 3 & 6 \\ \hline & 1 & 2 \end{array}$$

⇒ 6과 12의 최소공배수 : $2 \times 3 \times 1 \times 2 = 12$

간단 예제

12와 30의 최소공배수는 얼마인가?

$12 = 2 \times 2 \times 3$, $30 = 2 \times 3 \times 5$이므로 두 수의 최소공배수는 $2 \times 3 \times 2 \times 5 = 60$

02장 기출문제로 유형 잡기

01 ○표 한 수들의 공통적인 특징으로 옳은 것은?

①	②	3	④	⑤	6	7	8	9	⑩
11	12	13	14	15	16	17	18	19	⑳

① 모두 짝수이다.
② 모두 20의 배수이다.
③ 모두 20의 약수이다.
④ 모두 6과 8의 공배수이다.

정답잡기
① (×) 1, 5는 홀수
② (×) 20의 배수는 20씩 커지는 수 20, 40, 60, …
③ (○) 1, 2, 4, 5, 10, 20은 20을 나누어떨어지게 하는 수이므로 20의 약수
④ (×) 6과 8의 공배수는 24의 배수

02 9의 약수가 <u>아닌</u> 것은?

① 1　② 3
③ 6　④ 9

정답잡기 약수 : 어떤 수를 나누어떨어지게 하는 수
9의 약수는 $9\div1=9$
$9\div3=3$
$9\div9=1$
∴ 9의 약수 : 1, 3, 9

03 다음 중 4의 배수의 개수는?

2, 4, 5, 7, 8, 10, 12, 14, 24

① 4개　② 5개
③ 6개　④ 7개

정답잡기 4의 배수는
$4(4\times1)$, $8(4\times2)$,
$12(4\times3)$, $16(4\times4)$, …
4, 8, 12, 24 총 4개

참고 4의 배수 : 4, 8, 12, 16, 20, 24, 28, 32, …

정답 01 ③ 02 ③ 03 ①

04 16과 24의 최대공약수는?

16의 약수	1, 2, 4, 8, 16
24의 약수	1, 2, 3, 4, 6, 8, 12, 24

① 1 ② 2
③ 4 ④ 8

정답잡기 16과 24의 약수 중 두 수에 공통으로 들어 있는 수는 1, 2, 4, 8이고 이를 공약수라 한다.
이 수들 중 가장 큰 수 8을 최대공약수라 한다.
16과 24의 공약수 : 1, 2, 4, 8
16과 24의 최대공약수 : 8

05 다음은 24와 42의 최소공배수를 구하는 과정이다. 최소공배수를 구하는 식으로 알맞은 것은?

$$\begin{array}{r|rr} 6 & 24 & 42 \\ \hline & 4 & 7 \end{array}$$

① $6+4=10$ ② $6\times4=24$
③ $6+4+7=17$ ④ $6\times4\times7=168$

정답잡기 최소공배수는 공배수 중 가장 작은 수를 말하며, 24와 42의 공배수 중 가장 작은 수가 두 수의 최소공배수가 된다.
최소공배수를 구하는 방법은 최대공약수를 구할 때의 방법과 똑같이 먼저 두 수를 나눌 수 있는 만큼 나눈다. 그런 다음, 최대공약수와 나눌 만큼 나누고 남은 숫자들을 곱한다.
그림에서 최대공약수는 6이고, 남은 숫자는 4와 7이므로, 최소공배수는 $6\times4\times7=168$이다.
따라서 정답은 ④이다.

06 다음 식에 대한 설명으로 옳은 것은?

$$6=2\times3$$
$$9=3\times3$$

① 6은 2의 약수이다.
② 3은 9의 배수이다.
③ 3은 6과 9의 공약수이다.
④ 54는 6과 9의 최소 공배수이다.

정답잡기 $6=2\times3$이므로 6은 2와 3의 배수이다. 또, 2와 3은 6의 약수이다.
$9=3\times3$이므로 9는 3의 배수이다. 또, 3은 9의 약수이다.
또한, 두 수는 모두 3의 배수이므로 3은 두 수의 공약수이다.
두 수의 최소 공배수를 구하면, $2\times3\times3=18$이다.
그러므로
① 6은 2의 약수이다. ⇨ 6은 2의 배수이다.
② 3은 9의 배수이다. ⇨ 9는 3의 배수이다.
③ 3은 6과 9의 공약수이다. ⇨ ○
④ 54는 6과 9의 최소 공배수이다. ⇨ 18은 6과 9의 최소 공배수이다.

정답 04 ④ 05 ④ 06 ③

02 장 예상문제로 실력 잡기

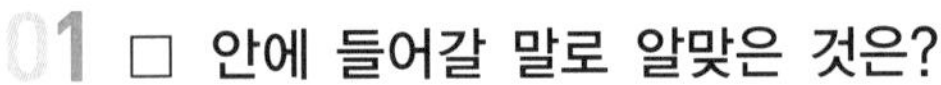

01 □ 안에 들어갈 말로 알맞은 것은?

> 8을 1, 2, 4, 8로 나누면 나누어떨어진다. 이때, 1, 2, 4, 8을 8의 □ 라고 한다.

① 배수 ② 약수
③ 공배수 ④ 공약수

02 공책 16권을 학생들에게 똑같이 나누어 주려고 한다. 똑같이 나누어 줄 수 있는 사람 수가 <u>아닌</u> 것은?

① 2명 ② 4명
③ 8명 ④ 10명

03 8의 약수들의 합으로 알맞은 것은?

① 7 ② 11
③ 15 ④ 16

04 다음 중 약수의 개수가 가장 많은 것은?

① 14 ② 15
③ 16 ④ 18

05 50보다 작은 6의 배수는 몇 개인가?

① 7개 ② 8개
③ 9개 ④ 10개

06 〈보기〉는 7의 배수를 차례대로 늘어놓은 것이다. 8번째 수로 알맞은 것은?

> [보기]
> 7, 14, 21, 28, 35, 42, …

① 49 ② 56
③ 63 ④ 64

07 □ 안에 들어갈 말로 알맞은 것은?

> 3을 1배, 2배, 3배, 4배, … 한 수 3, 6, 9, 12, …를 3의 □ (이)라고 한다.

① 몫 ② 덧셈
③ 약수 ④ 배수

08 6과 15의 공약수의 합은?

① 1 ② 2
③ 3 ④ 4

09 21과 14의 최소공배수는?

① 7 ② 14
③ 21 ④ 42

10 어떤 두 수의 최대공약수가 24이다. 이 두 수의 공약수가 아닌 것은?

① 1 ② 3
③ 5 ④ 6

11 어떤 두 수의 최소공배수가 9이다. 이 두 수의 공배수가 아닌 것은?

① 9 ② 18
③ 27 ④ 35

12 연필 36자루, 공책 48권을 남김없이 학생들에게 똑같이 나누어 주려고 한다. 공평하게 나누어 줄 수 있는 학생 수로 알맞은 것은?

① 10명 ② 12명
③ 14명 ④ 16명

13 다음 중 두 수가 서로 약수 또는 배수의 관계가 아닌 것은?

① (2, 10) ② (15, 3)
③ (4, 24) ④ (7, 20)

14 다음 식에 대한 설명으로 옳은 것은?

$$6 \times 9 = 54$$

① 6은 54의 약수이다.
② 6과 9는 54의 공배수이다.
③ 54는 6과 9의 최소공배수이다.
④ 54는 6과 9의 최대공약수이다.

03 장 분수와 소수

01 분수

(1) **분수** : $\frac{1}{2}$, $\frac{3}{4}$과 같은 수를 분수라고 한다. ⇒ $\frac{3}{4}$ (3 ←분자, 4 ←분모, 가로선)

(2) **분수의 종류 / 고치기 [대분수 ⇒ 가분수, 가분수 ⇒ 대분수]**

① **진분수** : 분자가 분모보다 작은 분수 예 $\frac{1}{4}$, $\frac{2}{5}$, $\frac{3}{4}$

② **가분수** : 분자가 분모와 같거나 분모보다 큰 분수 예 $\frac{5}{5}$, $\frac{5}{4}$, $\frac{7}{2}$

③ **대분수** : 자연수와 진분수의 합으로 나타낸 분수 예 $3\frac{2}{5}$, $1\frac{1}{2}$, $5\frac{2}{3}$

> 간단 예제
>
> 1. $\text{자연수}\frac{\text{분자}}{\text{분모}} = \frac{\text{자연수} \times \text{분모} + \text{분자}}{\text{분모}} \Rightarrow 1\frac{3}{5} = \frac{1 \times 5 + 3}{5} = \frac{8}{5}$
>
> 2. $\frac{\text{분자}}{\text{분모}} = (\text{분자} \div \text{분모})\text{의 몫}\ \frac{(\text{분자} \div \text{분모})\text{의 나머지}}{\text{분모}} \Rightarrow \frac{17}{3} = 5\frac{2}{3} (17 \div 3 = 5 \cdots 2)$

02 약분과 통분

(1) **약분** : 분모와 분자를 그들의 공약수로 나누는 것을 약분이라고 한다.

(2) **기약분수** : 분모와 분자의 공약수가 1뿐인 분수를 기약분수라고 한다.

(3) **통분** : 분수의 분모를 같게 하는 것을 통분이라 하며, 통분한 분모를 공통분모라 한다.

> 간단 예제
>
> 1. $\frac{12}{18}$의 약분 ⇒ $\frac{12 \div 2}{18 \div 2} = \frac{6}{9}$, $\frac{12 \div 3}{18 \div 3} = \frac{4}{6}$, $\frac{12 \div 6}{18 \div 6} = \frac{2}{3}$
>
> ※ 분모와 분자에 각각 0이 아닌 같은 수로 나누면 크기가 같은 분수가 된다.
>
> 2. $\frac{12}{18}$의 기약분수 ⇒ $\frac{12 \div 6}{18 \div 6} = \frac{2}{3}$

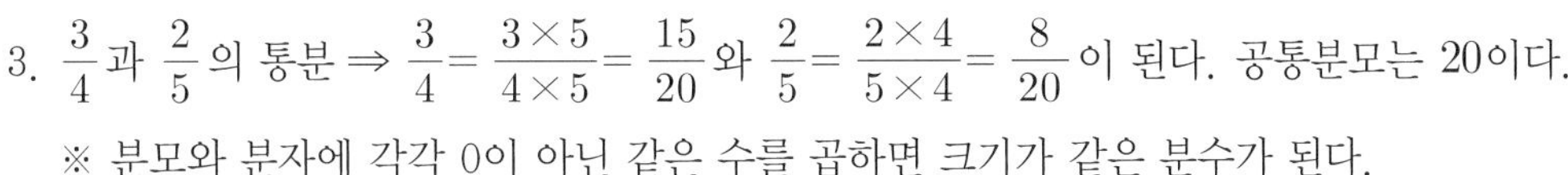

3. $\frac{3}{4}$과 $\frac{2}{5}$의 통분 $\Rightarrow \frac{3}{4}=\frac{3\times5}{4\times5}=\frac{15}{20}$와 $\frac{2}{5}=\frac{2\times4}{5\times4}=\frac{8}{20}$이 된다. 공통분모는 20이다.

※ 분모와 분자에 각각 0이 아닌 같은 수를 곱하면 크기가 같은 분수가 된다.

03 분수의 덧셈과 뺄셈

(1) 진분수의 덧셈과 뺄셈

① 분모가 같을 경우 분모는 그대로 두고 분자끼리 더하거나 뺀다.

$$\frac{3}{8}-\frac{2}{8}=\frac{3-2}{8}=\frac{1}{8}$$

② 분모가 다를 경우 두 분수를 통분하고, 통분한 분모는 그대로 두고 분자끼리 더하거나 뺀다.

$$\frac{2}{3} \quad + \quad \frac{1}{4} \quad = \quad \frac{11}{12} \Rightarrow \frac{2}{3}+\frac{1}{4}=\frac{2\times4}{3\times4}+\frac{1\times3}{4\times3}=\frac{8}{12}+\frac{3}{12}=\frac{11}{12}$$

(2) 대분수의 덧셈과 뺄셈

① 두 분수를 통분한 후 자연수는 자연수끼리, 진분수는 진분수끼리 더하거나 뺀다.

② 진분수끼리의 합이 가분수이면 대분수로 고친다.

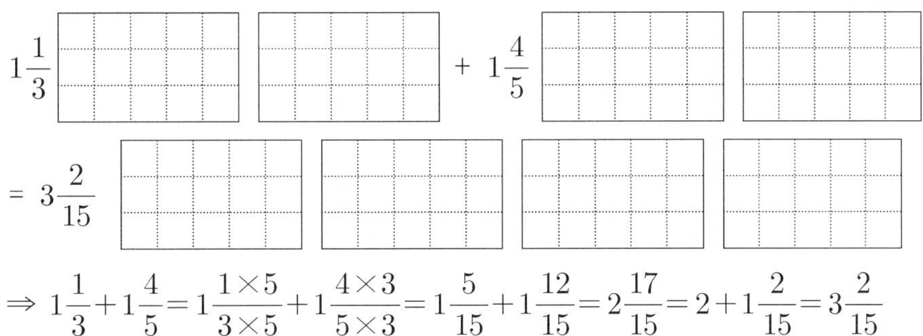

$$1\frac{1}{3} \quad + \quad 1\frac{4}{5}$$

$$= 3\frac{2}{15}$$

$$\Rightarrow 1\frac{1}{3}+1\frac{4}{5}=1\frac{1\times5}{3\times5}+1\frac{4\times3}{5\times3}=1\frac{5}{15}+1\frac{12}{15}=2\frac{17}{15}=2+1\frac{2}{15}=3\frac{2}{15}$$

04 분수의 곱셈

(1) (진분수) × (자연수)

$$\frac{▲}{●}\times■=\frac{▲\times■}{●}$$ (가능하면 약분한다.)

$$\frac{1}{5}\times3=\frac{1\times3}{5}=\frac{3}{5}\ \Rightarrow\ \frac{1}{5}+\frac{1}{5}+\frac{1}{5}=\frac{3}{5}$$

(2) 단위분수의 곱셈

$\frac{1}{●}\times\frac{1}{▲}=\frac{1}{●\times▲}$ 분자는 1로 두고, 분모끼리 곱한다.

(3) (진분수) × (진분수)

분자는 분자끼리, 분모는 분모끼리 곱한 다음 약분하여 계산한다.

(4) (대분수) × (대분수)

대분수를 가분수로 나타내고 분자는 분자끼리, 분모는 분모끼리 곱한 다음 약분하여 계산한다.

> **간단 예제**
>
> 1. (진분수) × (진분수) ⇒ $\frac{5}{6}\times\frac{2}{7}=\frac{5\times2}{6\times7}=\frac{10}{42}=\frac{5}{21}$
> 2. (대분수) × (대분수) ⇒ $1\frac{2}{3}\times2\frac{3}{4}=\frac{5}{3}\times\frac{11}{4}=\frac{55}{12}=4\frac{7}{12}$

05 분수의 나눗셈

(1) (자연수) ÷ (자연수)

$●\div▲=●\times\frac{1}{▲}$

(2) (진분수) ÷ (자연수)

$\frac{●}{▲}\div■=\frac{●}{▲\times■}$

2/5
⇒ 2/5 ÷ 4
⇒ 2/20 [2/5 ÷ 4 = 2/(5×4) = 2/20 = 1/10]

(3) (대분수) ÷ (자연수)

대분수를 가분수로 나타낸 후 나눗셈을 곱셈으로 고쳐서 계산한다.

> 간단 예제
>
> 1. (진분수) ÷ (자연수) ⇒ $\frac{5}{3} \div 2 = \frac{5}{3 \times 2} = \frac{5}{6}$
> 2. 혼합 계산 ⇒ $\frac{2}{7} \div 4 \times 3 = \frac{2}{7 \times 4} \times 3 = \frac{2 \times 3}{7 \times 4} = \frac{3}{14}$

(4) (분수) ÷ (분수)

① $\frac{4}{7} \div \frac{2}{7} = 4 \div 2 = 2$

② 나눗셈을 곱셈으로 바꾼 후 나누는 분수의 분모와 분자를 바꾼다.

$\frac{2}{3} \div \frac{3}{4} = \frac{2}{3} \times \frac{4}{3} = \frac{2 \times 4}{3 \times 3} = \frac{8}{9}$

06 소수

(1) 분수 $\frac{1}{100}$을 소수로 0.01이라 쓰고 영 점 영일이라고 읽는다.

> 간단 예제
>
> 소수 2.456은 이 점 사오육이라고 읽는다.

일의 자리		소수 첫째 자리	소수 둘째 자리	소수 셋째 자리
2	.	4	5	6

> 2.456은 1이 2개, 0.1이 4개, 0.01이 5개, 0.001이 6개인 수이다.

(2) 소수의 덧셈과 뺄셈

① 소수점의 자리를 맞추어 문제를 쓴다.

② 자연수의 덧셈과 뺄셈처럼 계산하고, 소수점을 그대로 내려 찍는다.

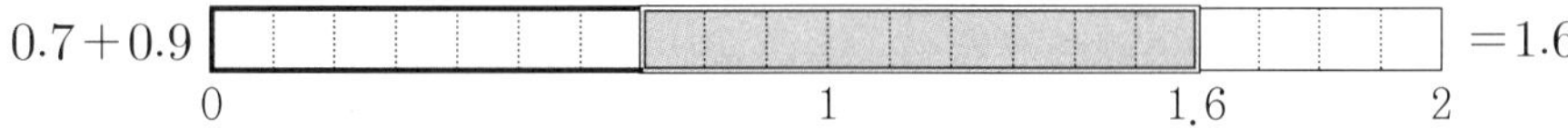

(3) 자연수 부분이 있는 소수의 덧셈과 뺄셈

① 소수점을 맞추어 같은 자리의 숫자끼리 덧셈과 뺄셈을 한다.

② 자연수의 덧셈과 마찬가지로 합이 10이거나 10이 넘으면 받아 올림을 한다.

간단 예제

1. $0.25+0.7 \Rightarrow \begin{array}{r} 0.25 \\ +0.7 \\ \hline 0.95 \end{array}$

2. $4.35-1.47 \Rightarrow \begin{array}{r} 4.35 \\ -1.47 \\ \hline 2.88 \end{array}$

3. $8-3.95 \Rightarrow \begin{array}{r} 8 \\ -3.95 \\ \hline 4.05 \end{array}$

07 소수의 곱셈과 나눗셈

(1) (소수) × (자연수)

소수를 분수로 고쳐서 계산하거나 세로셈으로 계산한다.

$$1.3\times3=1.3+1.3+1.3=3.9 \Rightarrow \frac{13}{10}\times3=\frac{39}{10}=3.9$$

(2) (소수) × (소수)

① 자연수 곱을 먼저하고, 두 소수의 소수점 아래 자릿수를 합한 것만큼 곱의 소수점을 찍는다.

② 소수를 분수로 고쳐서 계산한 후, 계산 결과를 소수로 나타낸다.

간단 예제

1. $\begin{array}{r} 2 \\ \times 8 \\ \hline 16 \end{array} \Rightarrow \begin{array}{r} 0.2 \\ \times\ 0.8 \\ \hline 0.16 \end{array}$

2. $0.2\times0.8=\frac{2}{10}\times\frac{8}{10}=\frac{16}{100}=0.16$

(3) 곱의 소수점의 위치

① 소수에 10, 100, 1000을 곱하면 곱의 소수점은 곱하는 수의 0의 개수만큼 오른쪽으로 옮겨진다.

② 자연수에 0.1, 0.01, 0.001을 곱하면 곱의 소수점은 곱하는 수의 소수점 아래 자릿수만큼 왼쪽으로 옮겨진다.

간단 예제

$0.67 \times 10 = 6.7$
$0.67 \times 100 = 67$ ⇒ 소수에 10, 100, 1000을 곱할 때 0의 개수만큼 오른쪽으로 옮김
$0.67 \times 1000 = 670$

$670 \times 0.1 = 67$
$670 \times 0.01 = 6.7$ ⇒ 자연수에 0.1, 0.01, 0.001을 곱할 때 곱하는 수의 소수점 아래 자릿수만큼 왼쪽으로 옮김
$670 \times 0.001 = 0.67$

(4) (소수) ÷ (소수)

$$2.8 \div 0.4 = \frac{28}{10} \div \frac{4}{10} = 28 \div 4 = 7$$

※ 분수와 소수 크기 비교

$$\frac{7}{10} > 0.5 \Rightarrow \frac{7}{10} > \frac{5}{10} \Rightarrow 0.7 > 0.5$$

08 분수와 소수의 크기 비교

(1) 분모가 같은 분수의 크기 비교

① 분모가 같은 진분수 : 분자가 클수록 더 큰 분수이다.

② 분모가 같은 대분수 : 자연수 부분이 클수록 더 큰 분수이고, 자연수 부분이 같으면 분자가 클수록 더 큰 분수이다.

(2) **분모가 다른 분수의 크기 비교** : 분모를 같게 통분한 후 분수의 크기를 비교한다.

(3) **소수의 크기 비교** : 소수의 크기를 비교할 때에는 자연수, 소수 첫째 자리, 소수 둘째 자리, 소수 셋째 자리, … 의 순서로 비교한다.

(4) **분수와 소수의 대소 비교** : 분수를 소수로 고치거나 소수를 분수로 고친 후 비교한다.

03장 기출문제로 유형 잡기

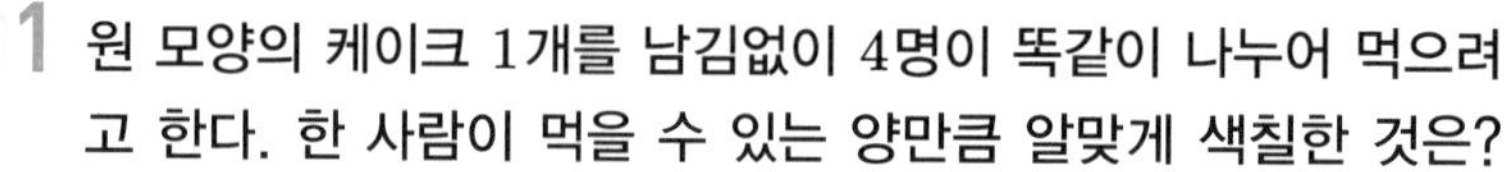

01 원 모양의 케이크 1개를 남김없이 4명이 똑같이 나누어 먹으려고 한다. 한 사람이 먹을 수 있는 양만큼 알맞게 색칠한 것은?

① 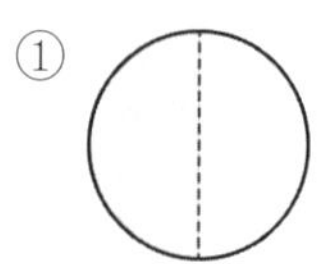

② 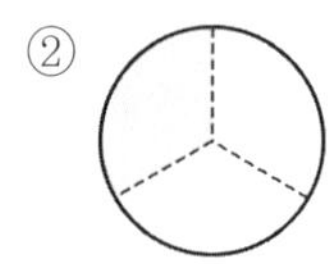

③ 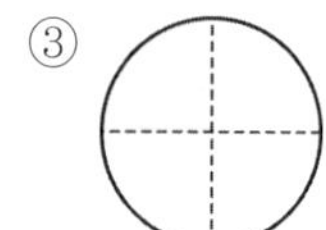

④ 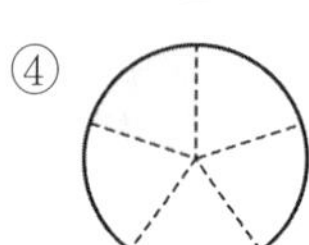

정답잡기 원 모양의 케이크 1개를 남김없이 4명이 똑같이 나누어 먹으려면 한 사람이 $\frac{1}{4}$씩 먹으면 되므로, 보기에서 $\frac{1}{4}$을 뜻하는 그림을 찾으면 된다.
①은 색칠된 부분이 2개 중 1개이므로 분수로 표현하면 $\frac{1}{2}$이고, ②는 3개 중 1개이므로 $\frac{1}{3}$, ③은 4개 중 1개이므로 $\frac{1}{4}$, ④는 5개 중 1개이므로 $\frac{1}{5}$이다.
따라서 정답은 ③이다.

02 다음 분수의 덧셈에서 ㉠에 들어갈 수는?

$$\frac{1}{5} + \frac{3}{5} = \frac{\boxed{㉠}}{5}$$

① 3 ② 4
③ 5 ④ 6

정답잡기 분수의 덧셈은 분모가 같을 때, 분모는 그대로 두고, 분자끼리 더하여 계산한다.

$$\frac{1}{5}+\frac{3}{5}=\frac{1+3}{5}=\frac{4}{5}$$

∴ ㉠에 알맞은 수는 4이다.

참고

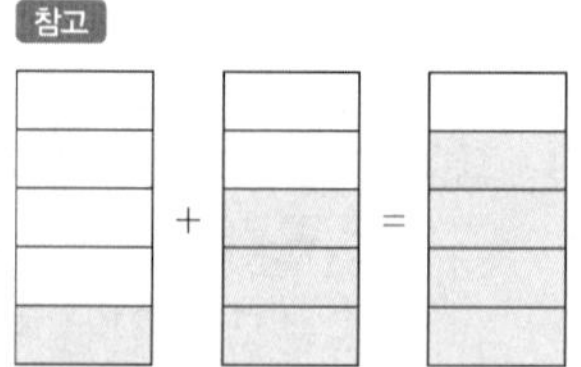

정답 01 ③ 02 ②

3 $\frac{6}{24}$ **과 크기가 같은 분수를 만드는 방법으로 옳은 것은?**

① 분모와 분자에 각각 2를 더한다.
② 분모와 분자에서 각각 2를 뺀다.
③ 분모와 분자에 각각 2를 곱한다.
④ 분자는 그대로 두고 분모만 4로 나눈다.

정답잡기 크기가 같은 분수는 분모와 분자에 0이 아닌 같은 수를 곱하거나 나누어 만들 수 있다. 그러므로 ③의 분모와 분자에 각각 2를 곱하면 크기가 같은 분수를 만들 수 있다.

오답잡기

① 분모와 분자에 각각 2를 더해보면, $\frac{6+2}{24+2}=\frac{8}{26}$이 되고, 주어진 $\frac{6}{24}$과 크기가 같은 분수인지 기약분수로 나타내어 비교하면 $\frac{1}{4}\neq\frac{4}{13}$이므로, 틀린 설명이다.
② 분모와 분자에서 각각 2를 빼보면, $\frac{6-2}{24-2}=\frac{4}{22}$가 되고, 주어진 $\frac{6}{24}$과 크기가 같은 분수인지 기약분수로 나타내어 비교하면 $\frac{1}{4}\neq\frac{2}{11}$이므로, 틀린 설명이다.
④ 분자는 그대로 두고 분모만 4로 나누어 보면 $\frac{6}{24\div4}=\frac{6}{6}$이 되고, 주어진 $\frac{6}{24}$과 크기가 같은 분수인지 기약분수로 나타내어 비교하면 $\frac{1}{4}\neq1$이므로, 틀린 설명이다.

4 다음은 $\frac{4}{5}-\frac{3}{7}$**을 계산하는 과정이다. □에 공통으로 들어갈 수는?**

$$\frac{4}{5}-\frac{3}{7}=\frac{4\times7}{5\times7}+\frac{3\times\square}{7\times\square}=\frac{28}{35}-\frac{15}{35}=\frac{13}{35}$$

① 2　　② 3
③ 4　　④ 5

정답잡기 분모가 다른 분수의 덧셈을 하기 위해서는 분모를 통일시켜 주는 통분의 과정을 거쳐야 한다. 통분은 분수의 분모와 분자에 같은 수를 곱하거나 나누어서 분모를 두 분수의 최소공배수로 같게 해주는 것을 말한다.
5와 7의 최소공배수는 35이므로, 통분하기 위해, 첫 번째 분수인 $\frac{4}{5}$에는 분모와 분자에 각각 7을 곱한 것을 알 수 있다. 그러므로 두 번째 분수인 $\frac{3}{7}$에는 분모와 분자에 각각 5를 곱하면 된다. 따라서 빈칸에 알맞은 수는 5이다.
정답은 ④이다.

정답 03 ③ 04 ④

05 다음 중 $\frac{1}{7}\times4$와 계산 결과가 같은 것은?

① 7×4

② $7+\frac{1}{4}$

③ $\frac{1}{7}+\frac{1}{4}$

④ $\frac{1}{7}+\frac{1}{7}+\frac{1}{7}+\frac{1}{7}$

정답잡기 곱셈은 두 개 이상의 수나 식을 곱하는 계산으로, 몇 씩 몇 묶음이라는 뜻을 가진다.
즉, $\frac{1}{7}\times4$는 $\frac{1}{7}$씩 네 묶음을 뜻하므로, $\frac{1}{7}\times4=\frac{1}{7}+\frac{1}{7}+\frac{1}{7}+\frac{1}{7}$과 같다.

오답잡기
① $7\times4=7+7+7+7$과 같다.

06 □ 안에 알맞은 수를 순서대로 나열한 것은?

$$4\frac{2}{3}\div\frac{2}{3}=\frac{\square}{3}\times\frac{3}{2}=\square$$

① 14, 7 ② 14, 9

③ 24, 7 ④ 24, 9

정답잡기 대분수를 가분수로 바꾼다.
$\Rightarrow 4\frac{2}{3}=\frac{14}{3}$
나눗셈은 곱셈으로, 나누는 수는 역수로 만들어 준다.
$\Rightarrow \div\frac{2}{3}\Leftrightarrow\times\frac{3}{2}$
$4\frac{2}{3}\div\frac{2}{3}=\frac{14}{3}\times\frac{3}{2}=7$

참고 역수 : 분자와 분모의 자리를 바꾸어 주는 것

07 다음은 $\frac{6}{7}\div\frac{2}{7}$의 계산 과정을 설명한 것이다. □ 안에 공통으로 들어갈 수는?

$\frac{6}{7}$은 $\frac{1}{7}$이 6개이고, $\frac{2}{7}$는 $\frac{1}{7}$이 2개이다.

$6\div2=\square$이므로 $\frac{6}{7}\div\frac{2}{7}=\square$이다.

① 1 ② 2

③ 3 ④ 4

정답잡기 분모가 같은 분수의 나눗셈은 보기와 같이 자연수의 나눗셈을 이용하여 계산할 수 있다.
분모가 같으므로 몫을 구하려면 분자끼리만 계산을 해도 된다.
보기의 설명은 $\frac{6}{7}\div\frac{2}{7}$를 $6\div2$를 이용하여 계산하는 방법에 대한 것이며, $6\div2=3$이므로 빈칸에 알맞은 수는 3이다.
따라서 정답은 ③이다.

정답 05 ④ 06 ① 07 ③

08 그림은 전체 크기가 1인 정사각형을 크기가 같은 100개의 부분으로 나눈 것이다. 색칠한 부분의 크기를 소수로 알맞게 나타낸 것은?

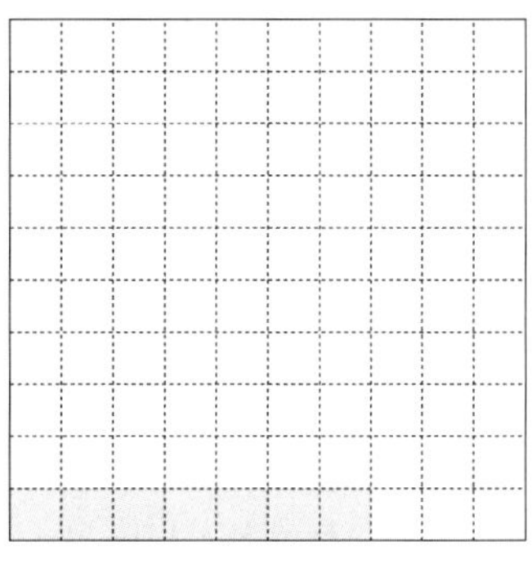

① 0.06　　② 0.07
③ 0.08　　④ 0.09

정답잡기 1을 크기가 같은 100개의 부분으로 나누면, 한 칸의 크기는 $\frac{1}{100}$이 되고, 소수로는 0.01이라 쓴다. 색칠한 부분은 7칸이므로, 0.01이 7개인 수는 0.07이다.
따라서 정답은 ②이다.

09 다음 □ 안에 들어갈 말로 알맞은 것은?

> 3.547에서 4는 □ 숫자이고, 0.04를 나타냅니다.

① 일의 자리
② 소수 첫째 자리
③ 소수 둘째 자리
④ 소수 셋째 자리

정답잡기 소수점 아래 첫 번째 있는 수를 소수 첫째 자리, 두 번째에 있는 수를 소수 둘째 자리라 한다.
4는 소수점 아래 두 번째 있는 수이므로 소수 둘째 자리이다.

10 11.5L의 주스를 2L병 여러 개에 가득 담았더니 1.5L가 남았다. 주스가 가득 찬 2L 병의 개수는?

① 5개　　② 6개
③ 7개　　④ 8개

정답잡기

방법 1 11.5L에서 2L씩 빼어 보면 총 2L를 5번 빼 주었으므로, 병의 개수는 5개이다.

방법 2 11.5L − 1.5L = 10L이므로 병에 담은 주스의 총 양은 10L이다. 10L ÷ 2L = 5이므로 2L의 병의 개수는 5개이다.

정답 08 ② 09 ③ 10 ①

11 □ 안에 공통으로 들어갈 수는?

$$0.3 \times 0.2 = \frac{3}{\square} \times \frac{2}{\square} = \frac{6}{100} = 0.06$$

① 10 ② 100
③ 1000 ④ 10000

정답잡기 0.3을 분수로 나타내면 $\frac{3}{10}$이고, 0.2를 분수로 나타내면 $\frac{2}{10}$이다.
그러므로 빈칸에 알맞은 수는 10이다.

12 다음과 같이 소수의 나눗셈을 분수의 나눗셈으로 나타내어 계산하려고 한다. □에 알맞은 수는?

$$3.64 \div 0.52 = \frac{364}{100} \div \frac{\square}{100}$$

① 0.52 ② 5.2
③ 52 ④ 520

정답잡기 소수의 나눗셈을 하는 방법은 여러 가지가 있으나 주어진 방법은 소수의 나눗셈을 분수의 나눗셈으로 바꾸어 계산한 것이다.
3.64를 분수로 나타내면 $\frac{364}{100}$가 되고, 0.52를 분수로 나타내면 $\frac{52}{100}$이므로,
$3.64 \div 0.52 = \frac{364}{100} \div \frac{52}{100}$가 된다.
그러므로 □에 알맞은 수는 52이다.
따라서 정답은 ③이다.

13 다음 식에서 ㉠에 알맞은 수는?

$$4.5 \div 3 = ㉠$$

① 1.5 ② 2.5
③ 3.5 ④ 4.5

정답잡기 4.5를 분수로 바꾸어 계산하면,
$4.5 \div 3 = \frac{45}{10} \div 3 = \frac{45 \div 3}{10} = \frac{15}{10}$
$= 1.5$이다.
따라서 정답은 ①이다.
[다른 풀이]
세로셈을 이용하여 소수의 나눗셈을 직접 계산할 수도 있다.

```
    1.5
3 ) 4.5
    3
    ---
    1 5
    1 5
    ---
      0
```

정답 11 ① 12 ③ 13 ①

14 모양과 크기가 같은 세 물통에 물이 각각 $\frac{1}{2}$, $\frac{2}{3}$, $\frac{1}{6}$만큼 들어 있다. 물의 양이 적은 순서부터 바르게 나열한 것은?

① $\frac{1}{2}$, $\frac{2}{3}$, $\frac{1}{6}$　　② $\frac{1}{2}$, $\frac{1}{6}$, $\frac{2}{3}$

③ $\frac{2}{3}$, $\frac{1}{6}$, $\frac{1}{2}$　　④ $\frac{1}{6}$, $\frac{1}{2}$, $\frac{2}{3}$

정답잡기 분모가 다른 세 수의 크기를 비교하려면 분수끼리 통분하여 크기를 비교한다.

$\frac{1}{2}$, $\frac{2}{3}$, $\frac{1}{6}$ 의 크기를 비교하면

$\left(\frac{1}{2}, \frac{2}{3}\right) \Rightarrow \left(\frac{1\times3}{2\times3}, \frac{2\times2}{3\times2}\right)$

$\Rightarrow \left(\frac{3}{6}, \frac{4}{6}\right)$

분모 6으로 통분하면 남은 다른 한 분수와 분모가 같으므로 세 수를 함께 비교할 수 있다.

$\left(\frac{3}{6}, \frac{4}{6}, \frac{1}{6}\right)$ 의 크기를 비교하면

$\frac{4}{6} > \frac{3}{6} > \frac{1}{6}$이므로 $\frac{2}{3} > \frac{1}{2} > \frac{1}{6}$

그러므로 물의 양이 적은 것부터 나열하면 $\frac{1}{6}$, $\frac{1}{2}$, $\frac{2}{3}$이다.

15 두 소수의 크기를 비교한 것으로 옳지 <u>않은</u> 것은?

① $1.2 > 0.6$　　② $1.2 > 1.1$

③ $0.98 > 0.9$　　④ $1.58 > 1.85$

정답잡기 소수의 크기를 비교할 때에는 자연수 부분의 수를 가장 먼저 비교하고,
같을 경우 그 다음 자리인 소수 첫째 자리를 비교, 또 같을 경우 소수 둘째 자리를 비교하는 방법으로 큰 수를 찾는다.

① 1.2와 0.6은 자연수 부분의 숫자가 각각 1과 0이므로 1.2가 더 큰 수이다.
② 1.2와 1.1은 자연수 부분의 숫자가 1로 같으므로 소수 첫째 자리의 숫자를 비교하면, 각각 2와 1로 2가 더 크므로, 1.2가 더 큰 수이다.
③ 0.98과 0.9는 자연수 부분의 숫자가 0으로 같고, 소수 첫째 자리의 숫자도 9로 같다.
이때, 0.98은 소수 둘째 자리의 숫자가 8이고, 0.9는 없으므로, 0.98이 더 큰 수이다.
④ 1.58과 1.85는 자연수 부분의 숫자가 1로 같으므로 소수 첫째 자리의 숫자를 비교하면, 5와 8로 8이 더 크므로, 1.85가 더 큰 수이다.

따라서 정답은 ④이다.

정답 14 ④　15 ④

03장 예상문제로 실력 잡기

01 빈칸에 알맞은 분수를 차례대로 나열한 것은?

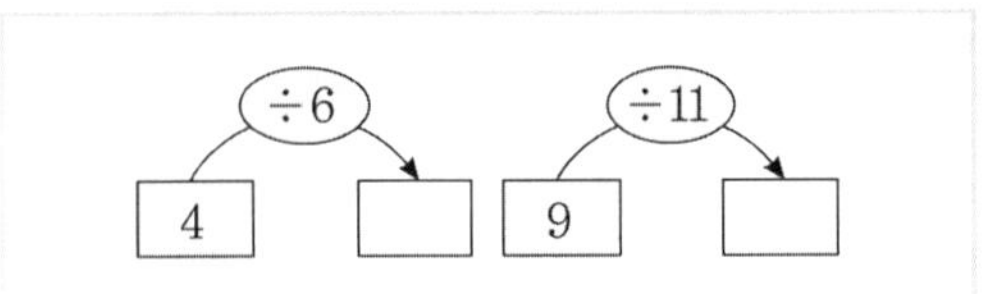

① $\frac{4}{6}$, $\frac{9}{11}$　② $\frac{5}{6}$, $\frac{9}{11}$

③ $\frac{4}{6}$, $\frac{10}{11}$　④ $\frac{5}{6}$, $\frac{7}{11}$

02 주스 9L를 13명에게 똑같이 나누어 주면 한 사람은 몇 L씩 마실 수 있는가?

① $\frac{6}{13}$L　② $\frac{7}{13}$L

③ $\frac{8}{13}$L　④ $\frac{9}{13}$L

03 경민이가 집에서 약국과 우체국을 거쳐 도서관을 가려면 몇 km를 가야 하는가?

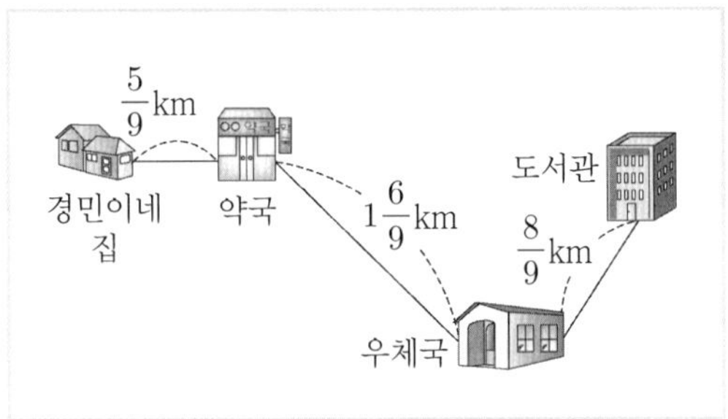

① $2\frac{1}{9}$km　② $3\frac{1}{9}$km

③ $4\frac{1}{9}$km　④ $5\frac{1}{9}$km

04 다음과 같이 두 분수를 통분할 때, □ 안에 공통으로 들어갈 수로 알맞은 것은?

$$\left(\frac{1}{2}, \frac{1}{3}\right) \Rightarrow \left(\frac{3}{\square}, \frac{2}{\square}\right)$$

① 2　② 4

③ 6　④ 8

5 다음은 $\frac{1}{4}$과 크기가 같은 분수를 알아보는 과정이다. □에 알맞은 수는?

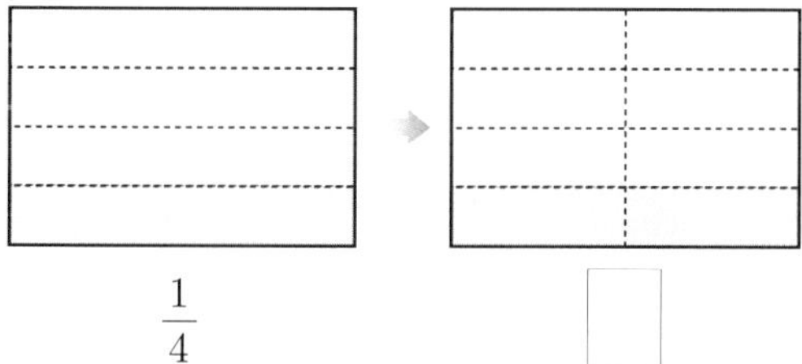

① $\frac{1}{8}$ ② $\frac{2}{8}$

③ $\frac{3}{8}$ ④ $\frac{4}{8}$

6 $\frac{2}{3}+\frac{1}{4}$을 계산하는 과정이다. □에 알맞은 수는?

$$\frac{2}{3}+\frac{1}{4}=\frac{2\times4}{3\times\square}+\frac{1\times3}{4\times3}=\frac{8}{12}+\frac{3}{12}$$
$$=\frac{11}{12}$$

① 4 ② 5

③ 8 ④ 9

7 다음 식을 계산한 값은?

$$\frac{1}{3}+\frac{3}{5}$$

① $\frac{3}{8}$ ② $\frac{4}{15}$

③ $\frac{8}{15}$ ④ $\frac{14}{15}$

8 다음 두 분수를 통분하려고 한다. 공통분모로 알맞은 수는?

$$\frac{2}{3},\ \frac{3}{4}$$

① 9 ② 10

③ 11 ④ 12

9 다희는 오늘 학교에서 우유를 $\frac{1}{3}$L 마셨고, 집에 돌아와 $\frac{2}{5}$L를 마셨다. 다희가 오늘 마신 우유는 모두 몇 L인가?

① $\frac{2}{3}$L ② $\frac{3}{8}$L

③ $\frac{2}{15}$L ④ $\frac{11}{15}$L

10 $\frac{3}{4}+\frac{3}{4}+\frac{3}{4}+\frac{3}{4}+\frac{3}{4}$과 같은 것은?

① $\frac{3}{4}-5$ ② $\frac{3}{4}+5$

③ $\frac{3}{4}\div5$ ④ $\frac{3}{4}\times5$

11 두 분수의 곱이 $\frac{1}{6}$인 것은?

① $\frac{1}{2}\times\frac{1}{3}$ ② $\frac{1}{3}\times\frac{1}{4}$

③ $\frac{1}{4}\times\frac{1}{5}$ ④ $\frac{1}{5}\times\frac{1}{6}$

12 5÷7을 곱셈으로 바르게 나타낸 것은?

① 5×7 ② $5\times\frac{1}{7}$

③ $5\times\frac{7}{1}$ ④ $\frac{1}{5}\times\frac{1}{7}$

13 돼지고기 6kg을 $\frac{3}{5}$kg씩 자르면 모두 몇 덩이가 되는가?

① 6 ② 8

③ 10 ④ 12

14 다음과 같이 $\frac{6}{7}\div\frac{3}{7}$을 계산하려고 한다. □에 알맞은 수는?

> $\frac{6}{7}$은 $\frac{1}{7}$이 6개이고, $\frac{3}{7}$은 $\frac{1}{7}$이 3개이므로 $\frac{6}{7}\div\frac{3}{7}=\square\div3=2$이다.

① 4 ② 5

③ 6 ④ 7

15 $\frac{8}{9}\div4$의 몫을 구하려고 할 때, ㉠에 알맞은 수는?

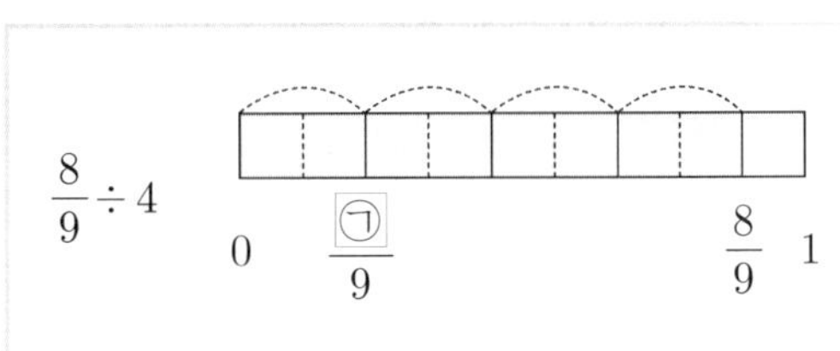

① 1 ② 2

③ 3 ④ 4

16 다음 나눗셈의 몫은?

> 2538 ÷ 10

① 253.8 ② 25.38

③ 2.538 ④ 0.2538

17 다음 중 0.1과 크기가 같지 않은 것은?

① $\frac{1}{10}$　　② 1의 $\frac{1}{10}$

③ 0.01의 10배　　④ 1의 $\frac{1}{100}$

18 다음에서 ㉠의 7이 나타내는 수는 ㉡의 7이 나타내는 수의 몇 배인가?

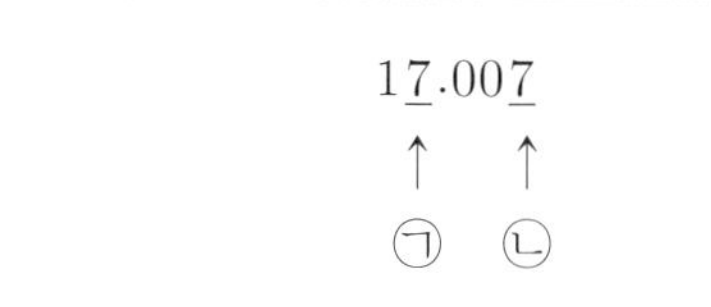

① 0.001배　　② 0.01배

③ 0.1배　　④ 1000배

19 □ 안에 들어갈 알맞은 수는?

kg(킬로그램)	1kg	10kg	100kg	□kg
t(톤)	0.001t	0.01t	0.1t	1t

① 1000　　② 10000

③ 100000　　④ 1000000

20 □ 안에 알맞은 수를 순서대로 나열한 것은?

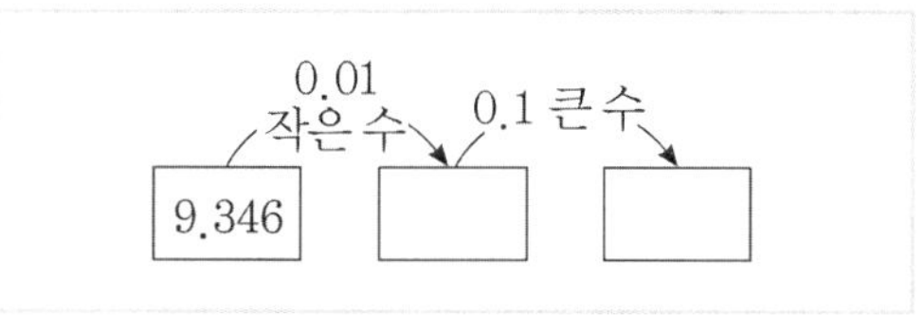

① 9.336, 9.436

② 93.36, 9.436

③ 9.236, 9.336

④ 9.335, 9.456

21 곱이 가장 큰 것은?

① 275.46×92

② 27.546×92

③ 2.7546×92

④ 0.27546×92

22 다음 □ 안에 알맞은 수를 순서대로 나열한 것은?

$$0.4 \times 0.08 = \frac{\square}{10} \times \frac{\square}{100} = \frac{\square}{1000} = \square$$

① 4, 8, 32, 32

② 4, 8, 32, 0.032

③ 4, 0.8, 0.32, 0.32

④ 0.4, 0.8, 0.32, 0.32

23 다음은 3×0.6을 계산하는 과정이다. ㉠에 알맞은 수는?

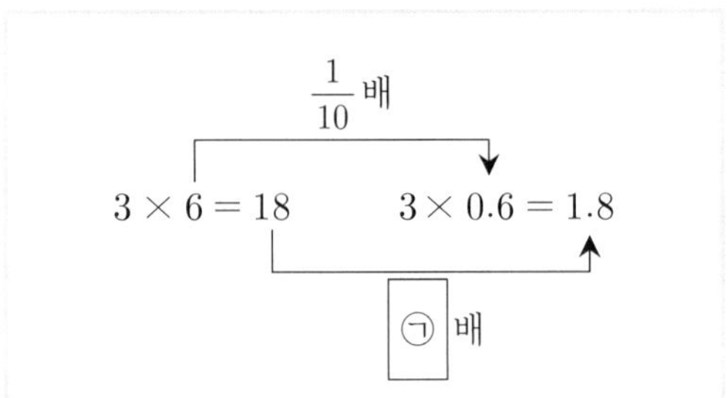

① $\frac{1}{2}$　② $\frac{1}{5}$
③ $\frac{1}{10}$　④ $\frac{1}{20}$

24 소수와 자연수의 곱셈을 다음과 같이 계산하려고 한다. □에 알맞은 수는?

$$1.4 \times 3 = 1.4 + 1.4 + \square = 4.2$$

① 1.3　② 1.4
③ 1.5　④ 1.6

25 어떤 수의 100배인 수는 7.45보다 0.15 작은 수와 같다. 이때 어떤 수는?

① 0.071　② 0.072
③ 0.073　④ 0.074

26 □ 안에 알맞은 수는?

$$1540 \div 4 = 385$$
$$15.4 \div 4 = \square$$

① 38.5　② 3.85
③ 0.385　④ 0.0385

27 소수의 나눗셈을 다음과 같이 계산하려고 한다. □에 알맞은 수는?

$$4.8 \div 0.4 = \frac{48}{10} \div \frac{4}{10} = \square \div 4 = 12$$

① 0.4　② 4.8
③ 10　④ 48

28 끈 12.8m를 4명이 똑같이 나누어 가지려고 한다. 한 명이 가질 수 있는 끈의 길이를 구하는 식으로 옳은 것은?

① $12.8 + 4$　② $12.8 - 4$
③ 12.8×4　④ $12.8 \div 4$

29 다음은 $5 \div 1.25$를 계산하는 방법이다. ㉠에 들어갈 수는?

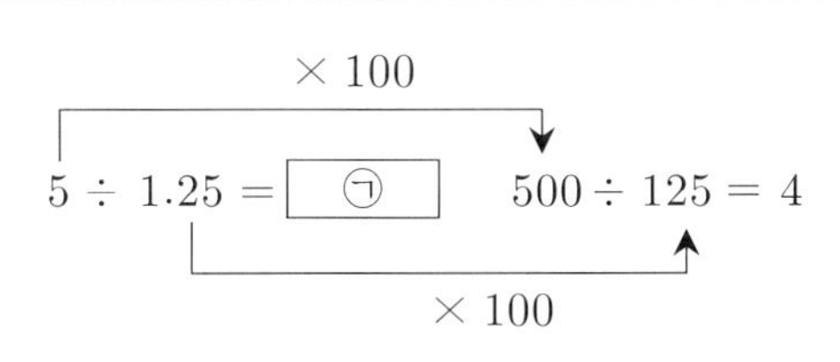

① 4 ② 5
③ 125 ④ 500

30 음료수 2L를 남김없이 0.4L짜리 컵에 가득 담아 나누려고 한다. 필요한 컵의 수를 구하는 식으로 옳은 것은?

① $2 \div 0.2$ ② $2 \div 0.3$
③ $2 \div 0.4$ ④ $2 \div 0.5$

31 〈보기〉와 계산 결과가 같은 것은?

보기

$27 \div 3 = 9$

① $2.7 \div 3$
② $2.7 \div 0.3$
③ $270 \div 3$
④ $270 \div 0.3$

32 부등호를 바르게 나타낸 것은?

① $2.403 > 3.216$
② $13.154 > 13.298$
③ $5.643 < 5.634$
④ $5.21 > 5.204$

33 다음 중 가장 큰 것은?

① $\frac{1}{2}$ ② $\frac{1}{3}$
③ $\frac{1}{4}$ ④ $\frac{1}{5}$

34 분수와 소수의 크기 비교가 옳지 않은 것은?

	분수		소수
①	$\frac{2}{10}$	$>$	0.1
②	$\frac{3}{10}$	$=$	0.3
③	$\frac{6}{10}$	$<$	0.6
④	$\frac{8}{10}$	$<$	0.9

04장 기본 도형

01 각도

(1) 각의 크기(각도)

두 변의 길이와 관계없이 두 변이 벌어진 정도를 **각도**라 한다.

(2) 각도

① 각도를 나타내는 단위는 1직각과 1도가 있다.
② 1직각을 똑같이 90으로 나눈 하나를 1도라 하고, 1°라고 쓴다.
③ 1직각은 90°이다.
④ 0°보다 크고 직각보다 작은 각을 예각이라고 한다.
⑤ 직각보다 크고 180°보다 작은 각을 둔각이라고 한다.
⑥ 각의 크기 측정

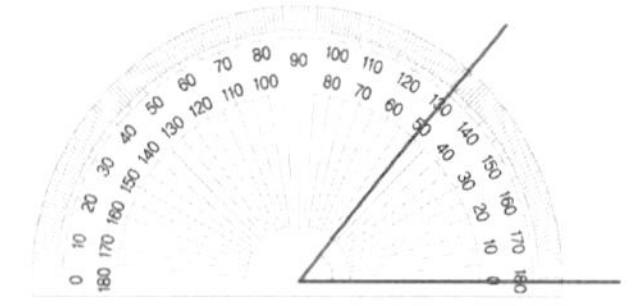

(3) 각도의 합과 차

두 각도의 합과 차는 자연수의 덧셈, 뺄셈과 같은 방법으로 계산한다.

> **간단 예제**
>
> 1. $40° + 60° = 100°$
> 2. $105° - 35° = 70°$

02 수직과 평행

(1) 수직과 수선

① 두 직선이 만나서 이루는 각이 직각일 때, 두 직선을 서로 수직이라고 한다.
② 이때, 한 직선을 다른 직선에 대한 수선이라고 한다.

(2) 평행선과 거리

① '서로 만나지 않는 두 직선을 평행하다.'라고 하고, 평행한 두 직선을 평행선이라 한다.
② 평행선 사이의 수선의 길이를 평행선 사이의 거리라고 한다.
③ 두 직선 사이의 거리는 두 직선을 연결한 선분 중 가장 짧은 선분의 길이와 같다.

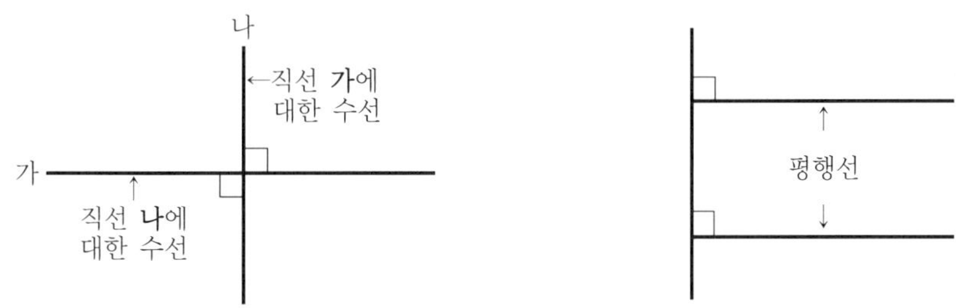

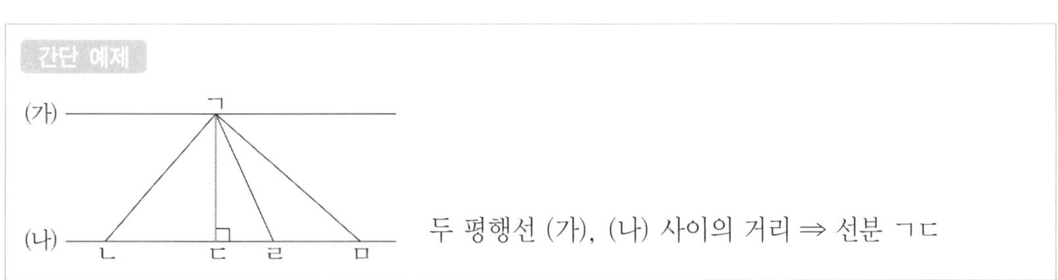

03 도형의 대칭과 합동

(1) 합동인 도형

① 모양과 크기가 같아서 포개었을 때, 완전히 겹쳐지는 두 도형을 서로 합동이라고 한다.
② 합동인 두 도형을 완전히 포개었을 때, 겹쳐지는 점을 대응점, 겹쳐지는 변을 대응변, 겹쳐지는 각을 대응각이라고 한다.
③ 합동인 두 도형은 대응변의 길이가 각각 같고, 대응각의 크기도 각각 같다.

(2) 선대칭도형

① 한 직선을 따라 접어서 완전히 겹치는 도형을 선대칭도형이라 한다.
② 이때 그 직선을 대칭축이라 하고, 선대칭도형은 대칭축을 중심으로 반으로 겹쳐진다.

(3) 점대칭도형

① 한 도형을 어떤 한 점(대칭의 중심)을 중심으로 180° 돌렸을 때, 처음 도형과 완전히 겹쳐지는 도형을 점대칭도형이라고 한다.

② **대칭의 중심** : 서로 반대 방향에 있는 두 점을 연결했을 때 그 선분들이 만나는 점

③ 대칭의 중심은 하나이다.

④ 점대칭도형은 대응변, 대응각의 크기가 같고 대칭의 중심에서 대응점까지의 거리는 같다.

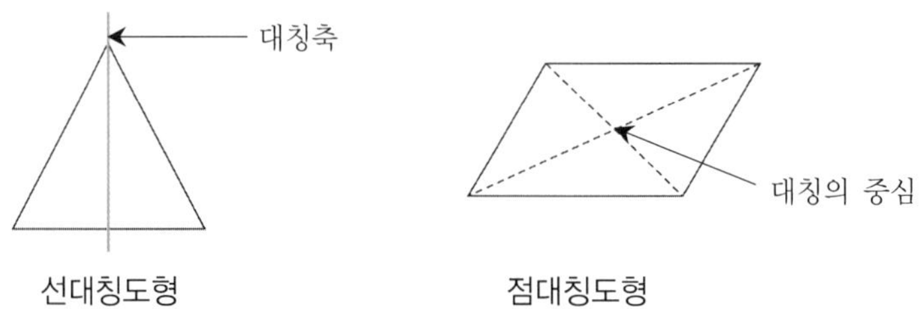

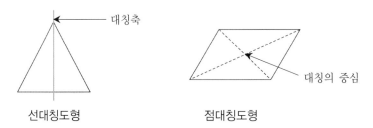

선대칭도형　　점대칭도형

04 평면도형의 이동

(1) **평면도형 밀기** : 도형을 밀면 모양과 크기는 변하지 않고 미는 방향에 따라 위치만 바뀐다.

(2) 평면도형 뒤집기

① 도형을 위쪽이나 아래쪽으로 뒤집으면 도형의 위쪽과 아래쪽이 서로 바뀐다.

② 도형을 왼쪽이나 오른쪽으로 뒤집으면 도형의 왼쪽과 오른쪽이 서로 바뀐다.

(3) 평면도형 돌리기

① **시계 방향으로 90°돌리기** : 위쪽부분이 오른쪽으로 이동한다.

② **시계 방향으로 180°돌리기** : 위쪽부분이 아래쪽으로 이동한다.

③ **시계 방향으로 270°돌리기** : 위쪽부분이 왼쪽으로 이동한다.

④ **시계 방향으로 360°돌리기** : 처음 도형과 같다.

간단 예제 도형을 시계 방향으로 90°, 180°, 270°, 360°만큼 각각 돌리기

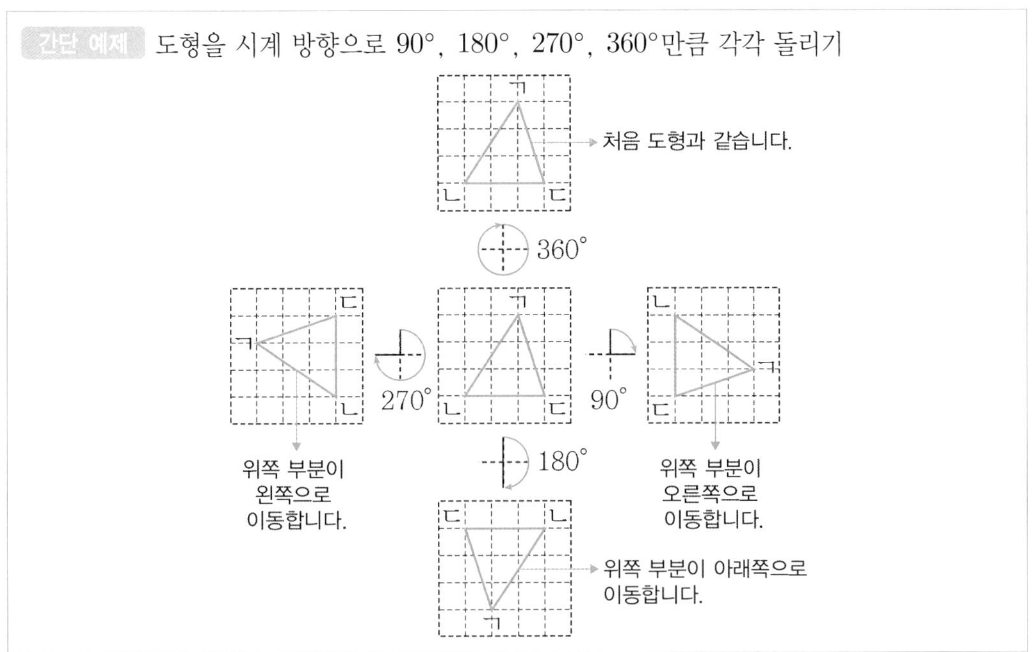

04장 기출문제로 유형 잡기

01 다음 중 예각인 것은?

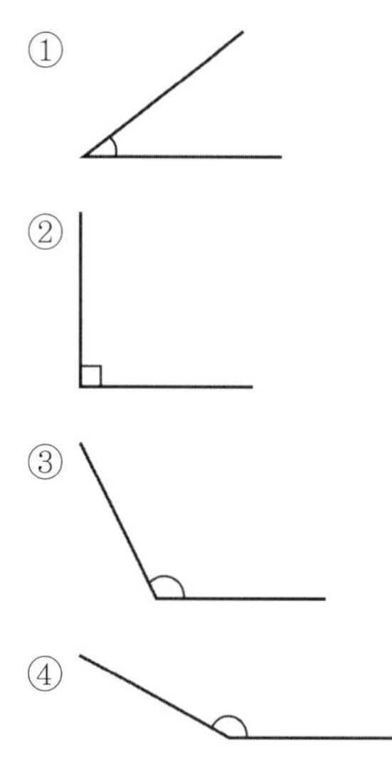

정답잡기 예각이란 각도가 0°보다 크고 직각의 크기보다 작은 각을 뜻한다.
①은 직각의 크기보다 벌어진 정도가 작으므로 예각이다.

오답잡기
②는 직각이며, ③과 ④는 각도가 직각의 크기보다 크고 180°보다 작은 각이므로 둔각이다.

02 그림의 모양을 시계 방향으로 90°만큼 돌린 것은?

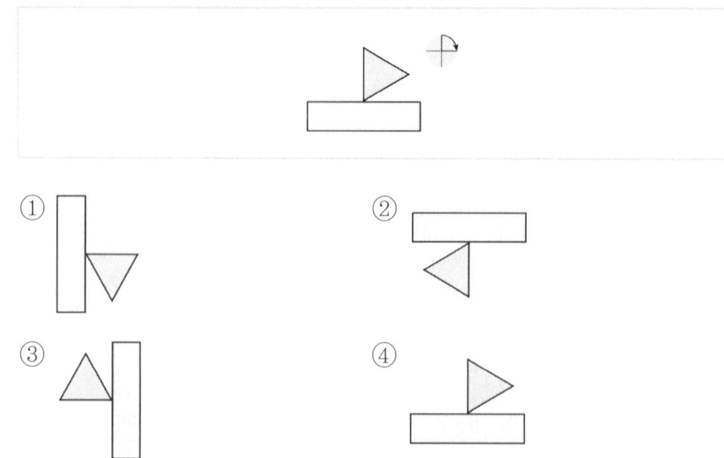

정답잡기 그림의 모양을 시계 방향으로 90°만큼 돌리면 그림의 위쪽 부분이 오른쪽으로 이동하게 되어 1번의 모양이 된다.
따라서 정답은 ①이다.

오답잡기
②의 모양은 그림의 모양을 시계 방향으로 180°만큼 돌린 것이다.
③의 모양은 그림의 모양을 시계 방향으로 270°만큼 돌린 것이다.
④의 모양은 그림의 모양을 시계 방향으로 360°만큼 돌린 것이다. 그림을 360°만큼 돌리면 원래의 모양과 같아진다.

정답 01 ① 02 ①

3 그림에서 오른쪽 큰 정사각형 모양을 완성하려고 한다. 조각 (가)를 밀어야 하는 방향으로 알맞은 것은?

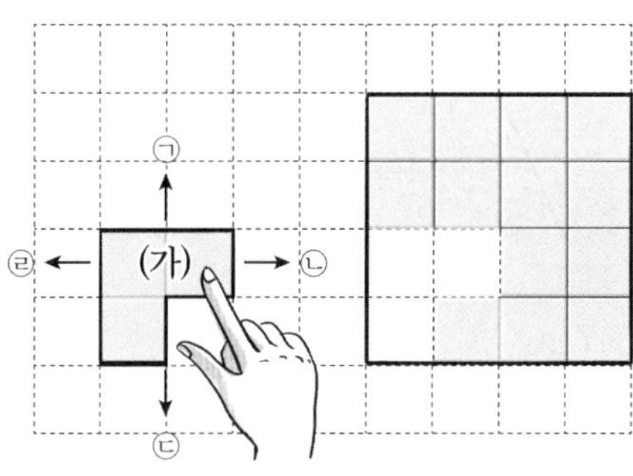

① ㉠　　② ㉡
③ ㉢　　④ ㉣

정답잡기 '밀기'는 모양과 크기에 영향을 주지 않고 위치만 이동시킨다. (가) 도형을 ㉡ 방향으로 4칸 밀어야 오른쪽 도형이 정사각형 모양으로 완성되므로 알맞은 방향은 ㉡이다. 따라서 정답은 ②번이다.

4 그림의 직선 가와 직선 나는 서로 평행이다. 평행선 사이의 거리를 나타내는 선분은?

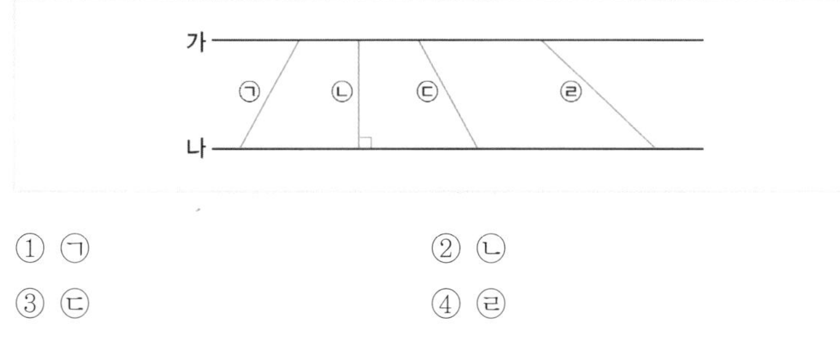

① ㉠　　② ㉡
③ ㉢　　④ ㉣

정답잡기 평행선 사이의 거리는 그림처럼 서로 수직인 거리이므로 정답은 ㉡이다.
따라서 답은 ②번이다.

정답 03 ② 04 ②

05 그림의 사각형 ㄱㄴㄷㄹ과 사각형 ㅁㅂㅅㅇ이 합동일 때, 변 ㅁㅇ의 길이는?

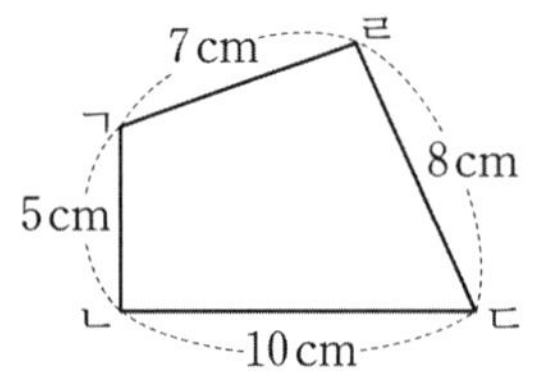

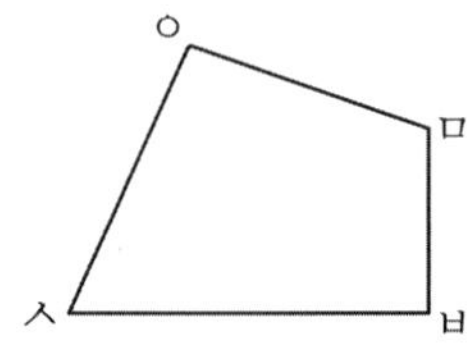

① 5cm ② 7cm
③ 8cm ④ 10cm

정답잡기 두 도형이 합동이므로 선분 ㅁㅇ의 포개어지는 대응변을 찾으면 선분 ㄱㄹ이다. 합동인 도형의 대응변의 길이는 같으므로
선분 ㅁㅇ의 길이는 선분 ㄱㄹ의 길이와 같은 7㎝이다.
(선분 ㅁㅇ=선분 ㄱㄹ=7㎝)

06 다음 두 삼각형은 서로 합동이다. □에 알맞은 수는?

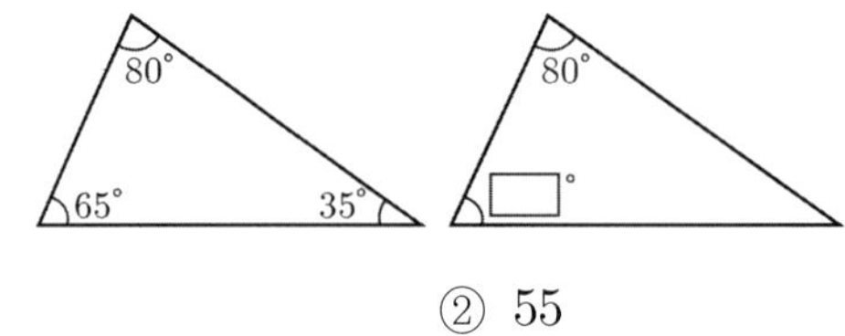

① 45 ② 55
③ 65 ④ 75

정답잡기 모양과 크기가 같아서 포개었을 때 완전히 겹쳐지는 두 도형을 서로 합동이라고 한다.
합동인 두 삼각형의 각은 모두 같으므로, □에 알맞은 수는 65이다.
따라서 정답은 ③이다.

07 다음 선대칭도형의 대칭축으로 알맞은 것은?

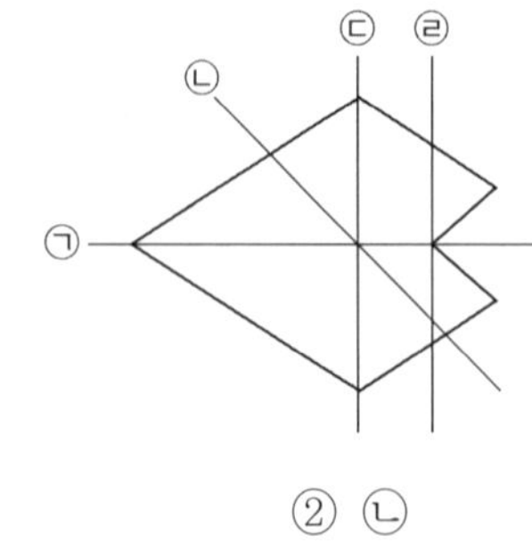

① ㉠ ② ㉡
③ ㉢ ④ ㉣

정답잡기 한 직선을 따라 접어서 완전히 겹치는 도형을 선대칭도형이라 한다.
이때, 그 직선을 대칭축이라 하고, 선대칭도형은 대칭축을 중심으로 반으로 겹쳐지므로,
대칭축은 ㉠임을 알 수 있다.
따라서 정답은 ①이다.

정답 05 ② 06 ③ 07 ①

08 다음은 선분 ㅋㅌ을 대칭축으로 하는 선대칭도형이다. 변 ㅂㅅ의 길이는?

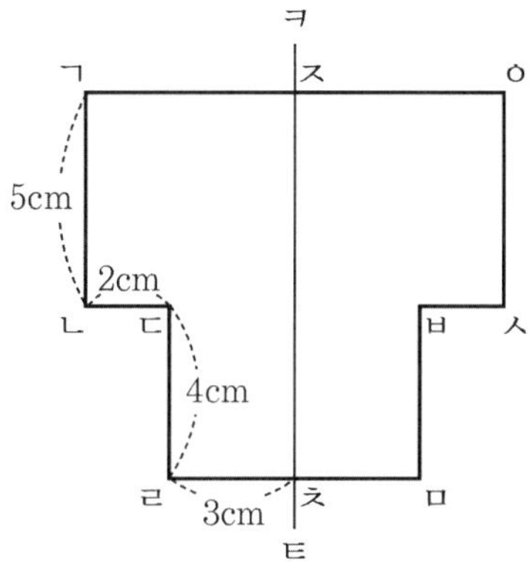

① 2cm
② 3cm
③ 4cm
④ 5cm

정답잡기 선대칭도형은 대응변의 길이가 같다는 성질이 있다.
변 ㅂㅅ의 대응변은 변 ㄴㄷ이고 변 ㄴㄷ의 길이가 2cm이므로 변 ㅂㅅ의 길이도 2cm이다.
따라서 정답은 ①번이다.

더 알고 가기
선대칭도형이란 대칭축을 기준으로 접었을 때 완전히 겹쳐지는 도형을 의미한다.

09 다음 점대칭도형에서 변 ㄱㄴ의 대응변과 그 길이가 알맞게 짝지어진 것은?

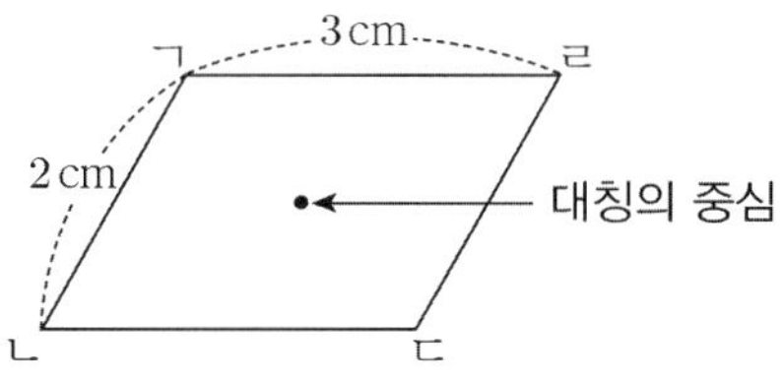

	대응변	길이
①	변 ㄱㄹ	2cm
②	변 ㄱㄹ	3cm
③	변 ㄷㄹ	2cm
④	변 ㄷㄹ	3cm

정답잡기 점대칭도형은 대응변의 길이와 대응각의 크기가 같고 대칭의 중심에서 대응점까지의 거리가 같다.
그러므로 변 ㄱㄴ의 대응변은 변 ㄷㄹ이고, 길이는 2cm이다.

정답 08 ① 09 ③

04장 예상문제로 실력 잡기

01 (   ) 안에 공통으로 들어갈 수는?

- 1직각은 (   )°이다.
- 1°는 1직각을 똑같이 (   )으로 나눈 것 중의 하나이다.

① 30 ② 60
③ 90 ④ 180

02 그림에서 ㉠의 각도는?

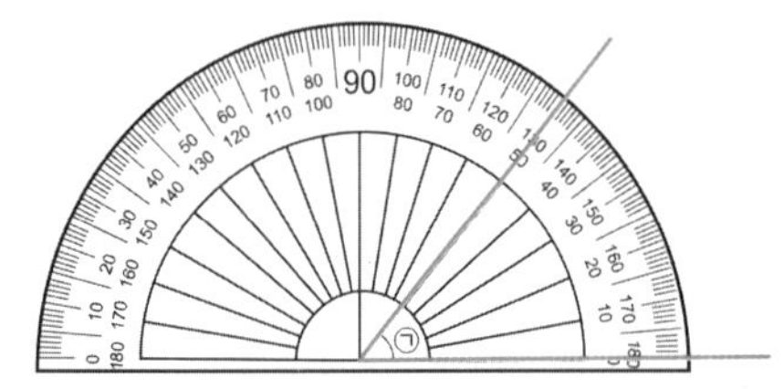

① 50° ② 70°
③ 90° ④ 110°

03 다음과 같이 운동 기구의 각도를 (가)에서 (나)로 바꾸었을 때, 두 각도의 차는?

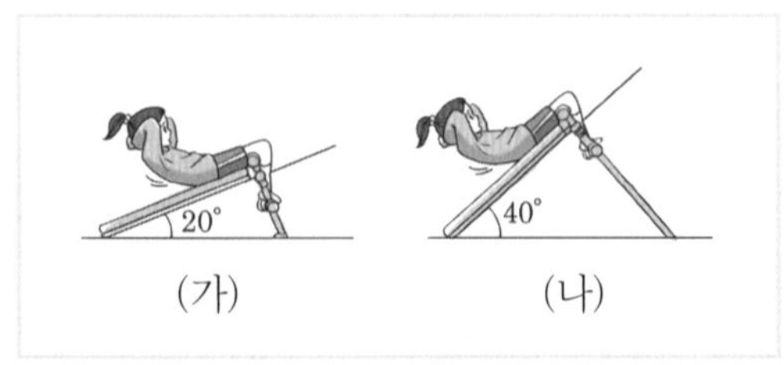

(가) (나)

① 10° ② 20°
③ 30° ④ 40°

04 그림에서 둔각에 해당하는 것은?

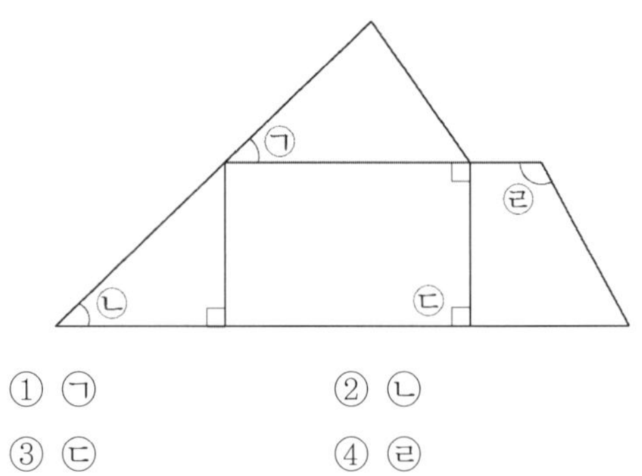

① ㉠ ② ㉡
③ ㉢ ④ ㉣

05 직선 가와 평행인 직선은 모두 몇 개인가?

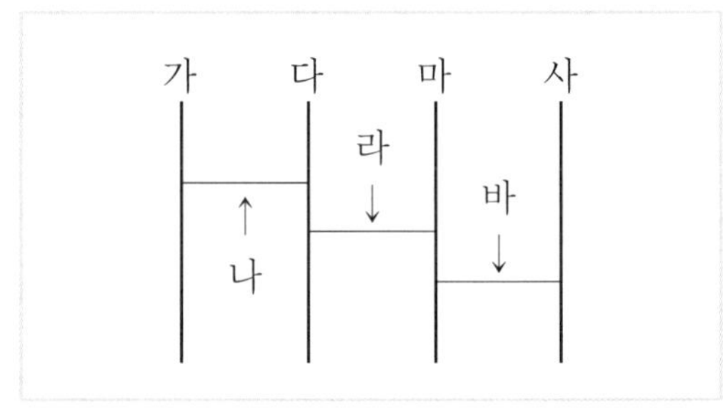

① 3개 ② 4개
③ 5개 ④ 6개

6 직선 가와 나가 서로 평행일 때, 선분 ㄱㄴ의 길이는?

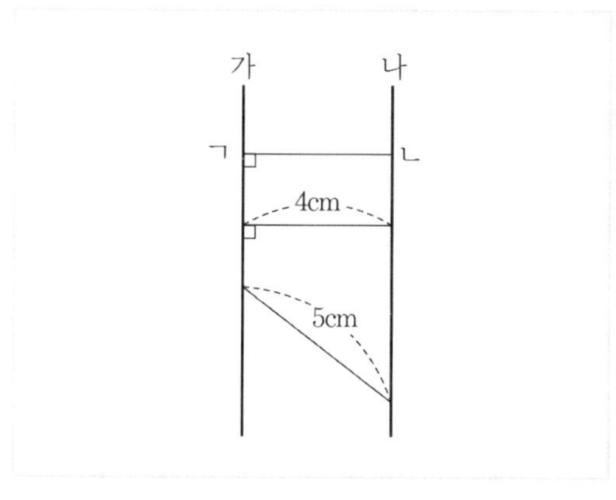

① 3cm ② 4cm
③ 5cm ④ 6cm

7 선분 ㄴㅅ에 대한 수선은?

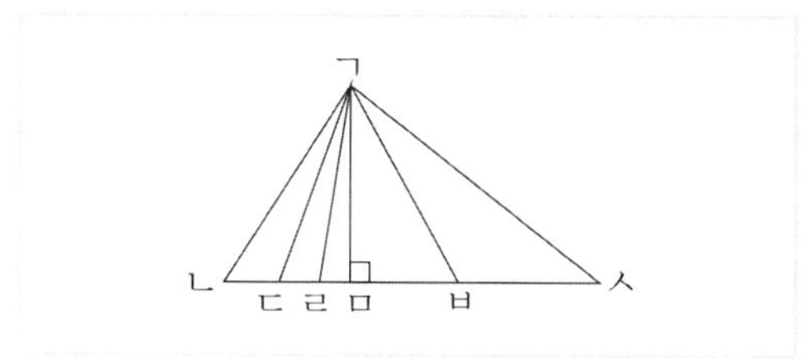

① 선분 ㄱㄴ ② 선분 ㄱㄷ
③ 선분 ㄱㅁ ④ 선분 ㄱㅂ

8 선분 ㄱㄴ은 선분 ㄴㄷ에 대한 수선이다. 각 ㄱㄴㄹ의 크기는?

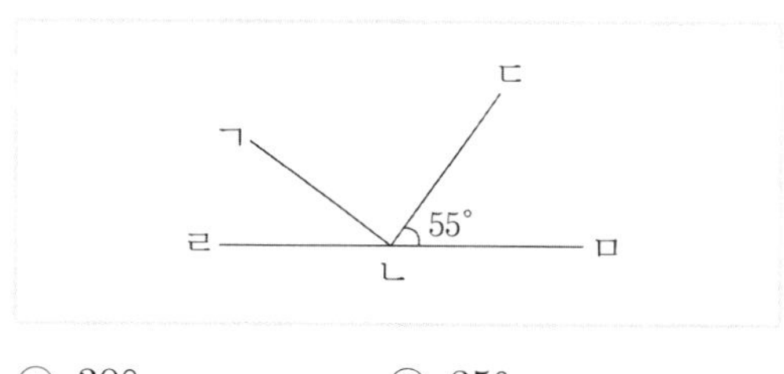

① 30° ② 35°
③ 40° ④ 45°

9 선분 ㄱㄹ과 선분 ㄴㄷ은 서로 평행하다. 두 평행선 사이의 거리는?

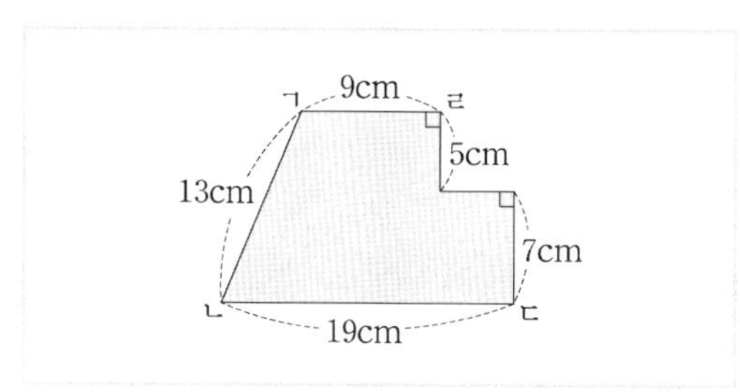

① 10cm ② 11cm
③ 12cm ④ 13cm

10 다음 두 삼각형은 서로 합동이다. 각 ㅁㄹㅂ의 크기는?

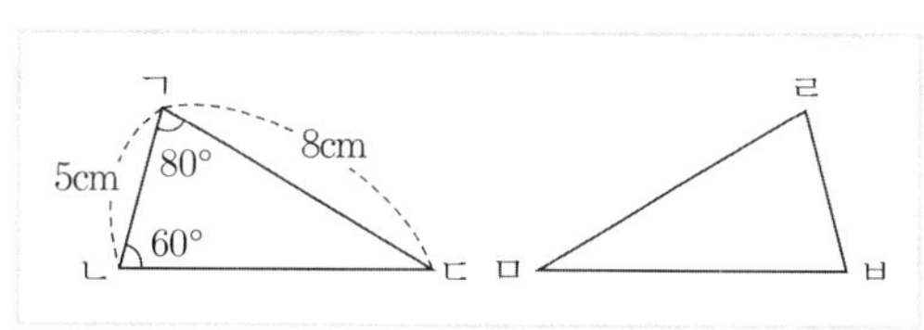

① 70° ② 80°
③ 90° ④ 100°

11 다음 두 삼각형은 서로 합동이다. 점 ㄴ의 대응점은?

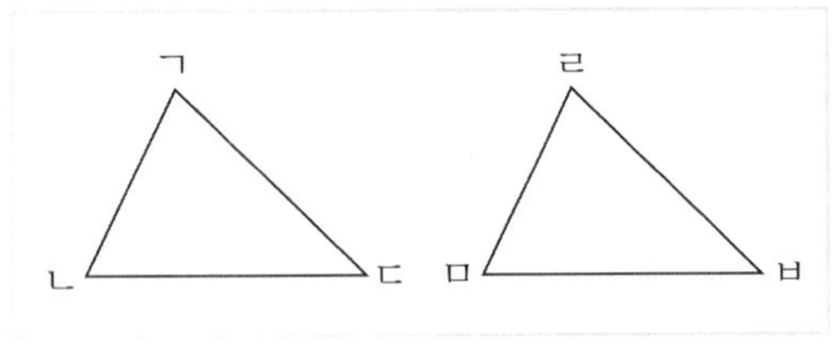

① 점 ㄷ　　② 점 ㄹ
③ 점 ㅁ　　④ 점 ㅂ

12 다음 두 도형이 합동일 때, 변 ㄱㄴ의 길이는?

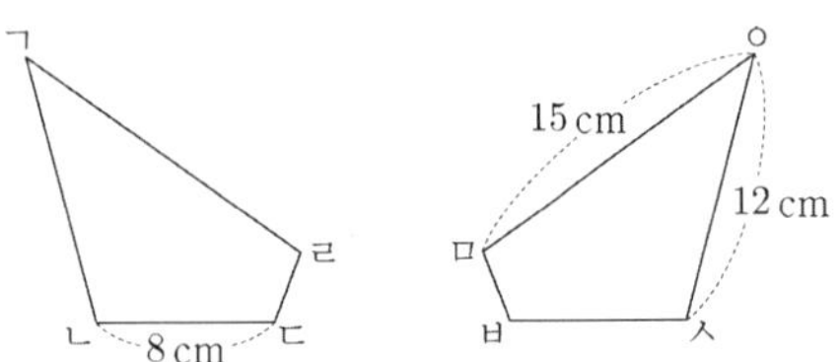

① 6cm　　② 9cm
③ 12cm　　④ 15cm

13 다음 도형 중 선대칭도형은?

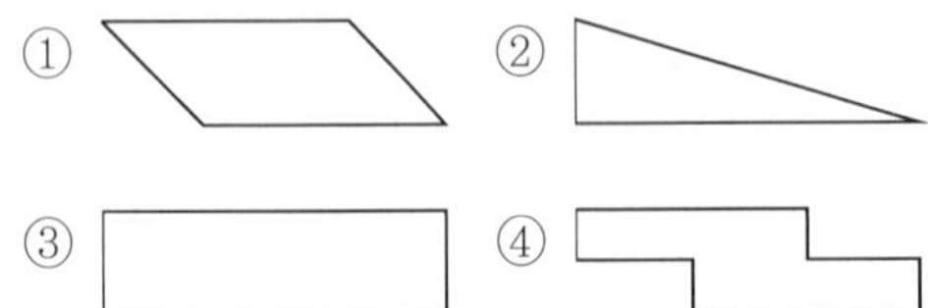

14 다음 삼각형이 선대칭도형일 때, 대칭축인 것은?

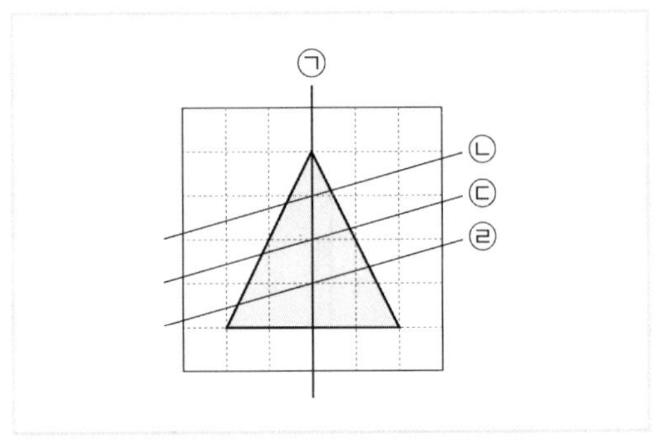

① ㉠　　② ㉡
③ ㉢　　④ ㉣

05장 평면도형

01 삼각형

(1) 이등변삼각형

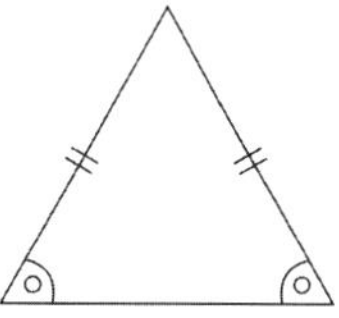

① 두 변의 길이가 같은 삼각형을 이등변삼각형이라고 한다.
② 이등변삼각형은 두 밑각의 크기가 같다.

(2) 정삼각형

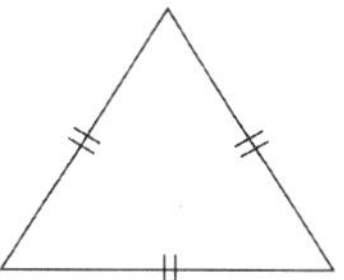

① 세 변의 길이가 같은 삼각형을 정삼각형이라고 한다.
② 정삼각형은 세 각의 크기가 모두 같다.

(3) 예각삼각형 : 세 각이 모두 예각인 삼각형 [예각 : 직각(90°)보다 작은 각]

둔각삼각형 : 한 각이 둔각인 삼각형 [둔각 : 직각(90°)보다 크고 180°보다 작은 각]

직각삼각형 : 한 각이 직각인 삼각형

※ 삼각형의 세 각의 크기의 합은 180°이다.

(4) 삼각형의 넓이

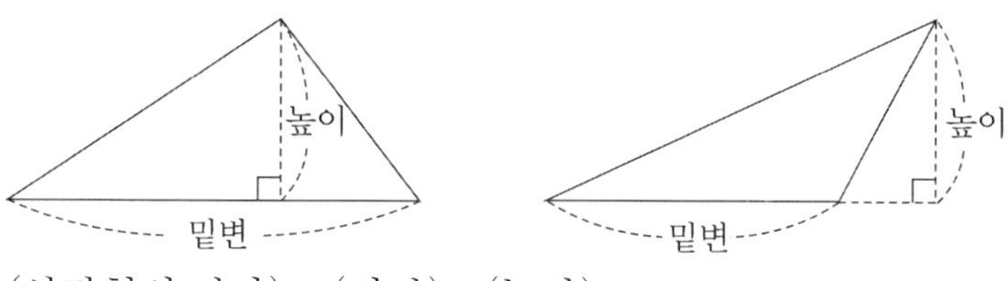

(삼각형의 넓이) = (밑변) × (높이) ÷ 2

간단 예제

다음 삼각형의 넓이를 구하여라.

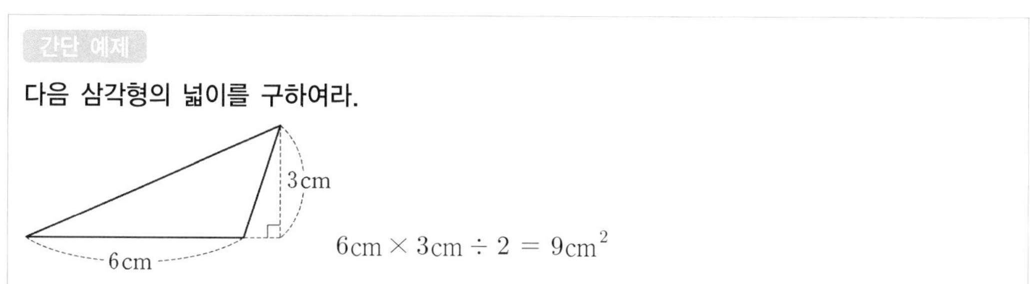

$6\text{cm} \times 3\text{cm} \div 2 = 9\text{cm}^2$

02 사각형

(1) **사다리꼴** : 마주 보는 한 쌍의 변이 서로 평행인 사각형

(2) **평행사변형** : 마주 보는 두 쌍의 변이 서로 평행인 사각형

① 마주 보는 변의 길이가 서로 같다.

② 마주 보는 각의 크기가 서로 같다.

(3) **직사각형** : 네 각의 크기가 모두 같은 사각형[네 각이 모두 직각(90°)이다.]

(4) **마름모** : 네 변의 길이가 모두 같은 사각형

(5) **정사각형** : 네 변의 길이가 모두 같고, 네 각의 크기가 모두 같은 사각형

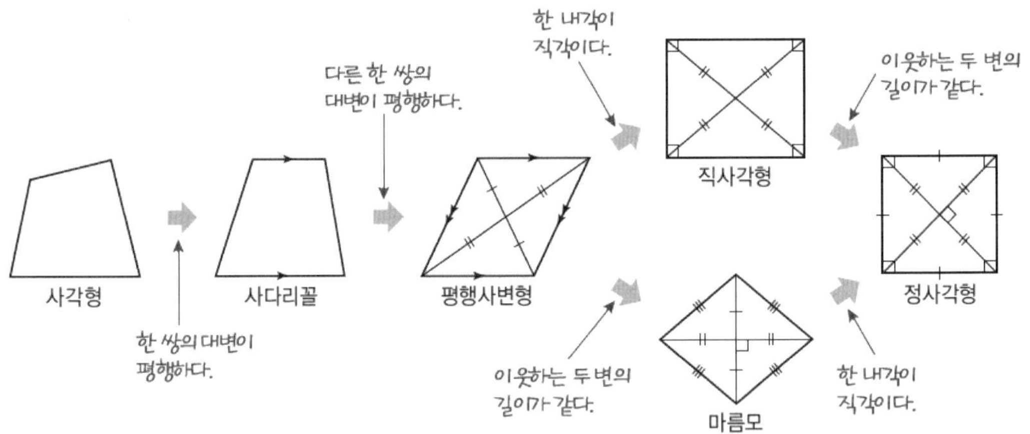

※ 사각형의 네 각의 크기의 합은 360°이다.

(6) **사각형의 넓이**

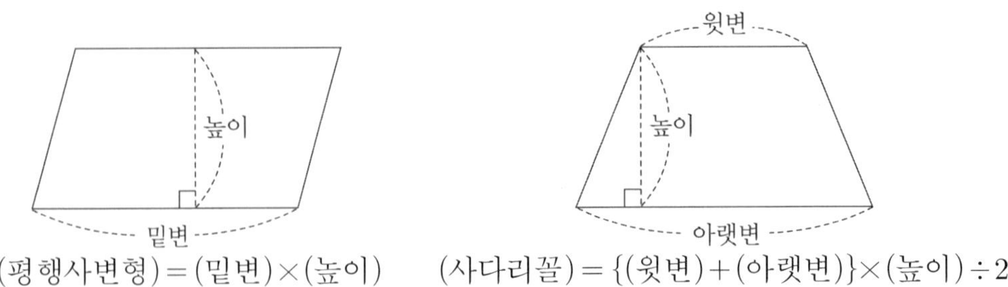

(평행사변형)=(밑변)×(높이)　　(사다리꼴)={(윗변)+(아랫변)}×(높이)÷2

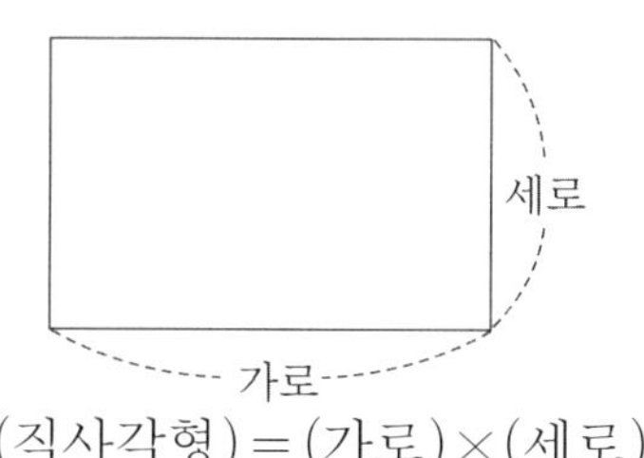

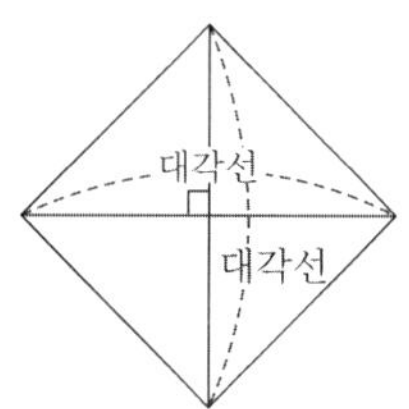

(직사각형) = (가로) × (세로)　　(마름모) = (한 대각선) × (다른 한 대각선) ÷ 2

03 다각형과 정다각형

(1) **다각형** : 선분으로만 둘러싸인 도형으로서 변의 개수에 따라 변이 3개이면 삼각형, 변이 4개이면 사각형, 변이 5개이면 오각형 등으로 부른다.

(2) **정다각형** : 변의 길이가 모두 같고 각의 크기가 모두 같은 다각형을 정다각형이라 한다.

04 원

(1) 원의 중심과 반지름

① **원의 중심 O** : 원을 그릴 때에 누름 못이 꽂혔던 점

② **원의 반지름** : 원의 중심과 원 위의 한 점을 이은 거리[한 원에서 반지름은 모두 같다.]

③ **원의 지름** : 원의 중심을 지나는 선분[한 원에서 지름은 반지름의 2배이다.]

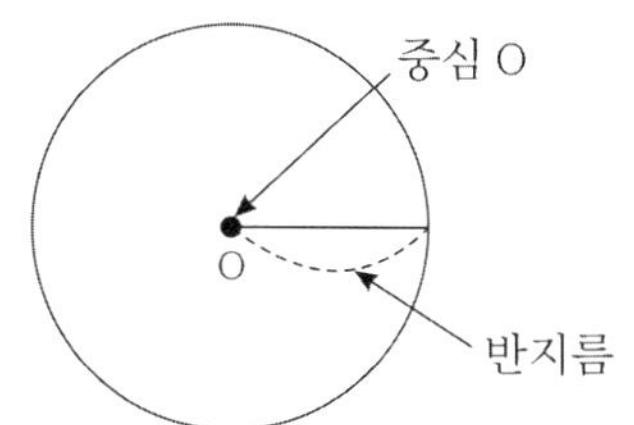

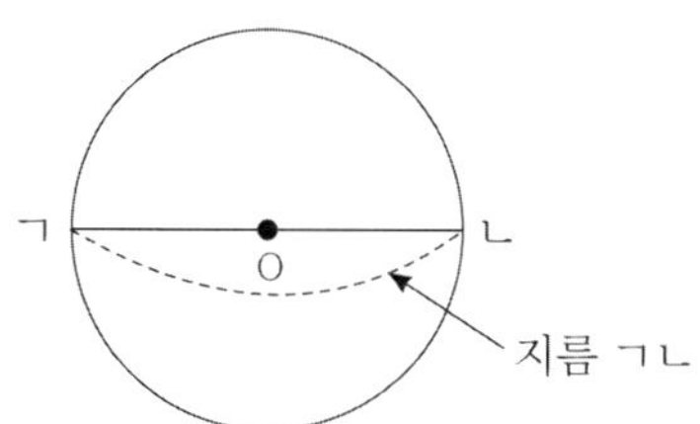

(2) 원주와 원주율

① **원주** : 원의 둘레의 길이

② **원주율** : 원의 지름의 길이에 대한 원주의 비율

(원주율) = (원주) ÷ (지름)

원주율을 정확히 계산하면 3.1415926535…이지만 간단히 3.14로 쓴다.

③ 원주율은 원의 크기에 관계없이 일정하다.

(3) 원주(원의 둘레의 길이)

$$(\text{원주}) = (\text{지름}) \times (\text{원주율}) = (\text{지름}) \times 3.14$$
$$= (\text{반지름}) \times 2 \times 3.14$$

(4) 원의 넓이

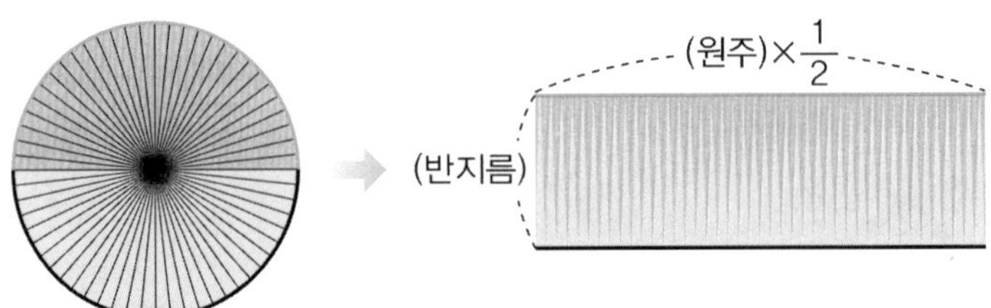

$$(\text{원의 넓이}) = (\text{원주의 } \frac{1}{2}) \times (\text{반지름})$$
$$= (\text{반지름}) \times (\text{반지름}) \times 3.14$$

간단 예제

다음 원의 넓이를 구하여라. (반지름은 3cm, 원주율은 3.14)

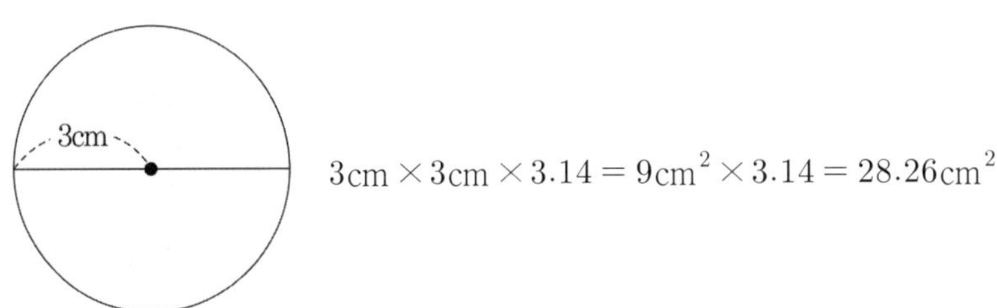

$3\text{cm} \times 3\text{cm} \times 3.14 = 9\text{cm}^2 \times 3.14 = 28.26\text{cm}^2$

05 장 기출문제로 유형 잡기

01 그림에서 둔각삼각형은?

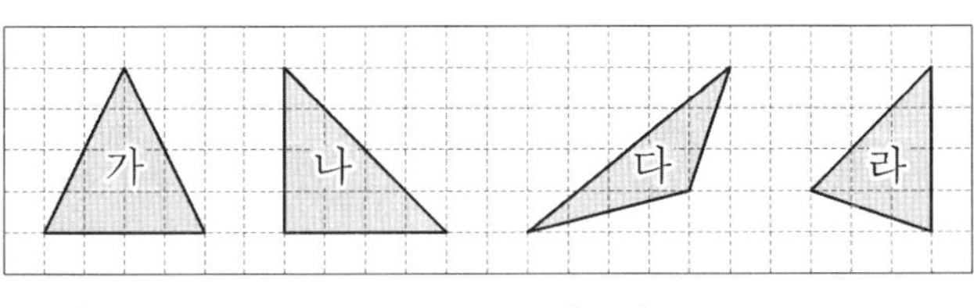

① 가　　② 나
③ 다　　④ 라

정답잡기
① 가 : 세 각이 모두 예각인 예각삼각형
② 나 : 한 각이 직각, 두 각이 예각인 직각삼각형
③ 다 : 한 각이 둔각, 두 각이 예각인 둔각삼각형
④ 라 : 세 각이 모두 예각인 예각삼각형
※ 둔각 ⇒ 90°보다 크고 180°보다 작은 각

02 마름모에 대한 설명으로 옳지 않은 것은?

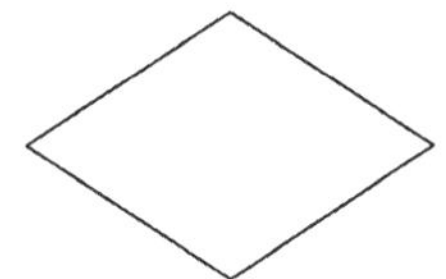

① 네 변의 길이가 모두 같다.
② 네 각의 크기의 합은 360°이다.
③ 마주 보는 두 각의 크기가 다르다.
④ 마주 보는 두 쌍의 변이 서로 평행하다.

정답잡기 마름모 ⇒ 네 변의 길이가 같은 사각형
① 마름모, 정사각형은 네 변의 길이가 모두 같다. (○)
② 모든 사각형의 네 각의 크기의 합은 360°이다. (○)
③ 평행사변형, 마름모 ⇒ 마주 보는 두 각의 크기가 같다.
직사각형, 정사각형 ⇒ 모든 각의 크기가 같다. (×)
④ 평행사변형, 직사각형, 마름모, 정사각형은 마주 보는 두 쌍의 변이 서로 평행하다. (○)

03 삼각형의 세 각의 크기의 합을 알아보는 과정이다. ㉠에 알맞은 각도는?

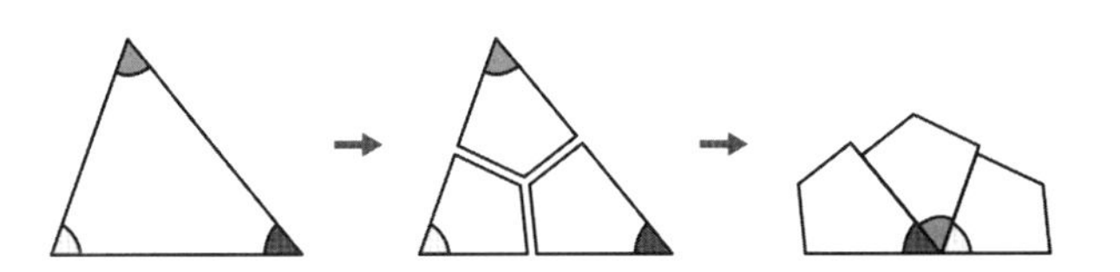

삼각형을 잘라서 세 꼭짓점이 한 점에 모이도록 이어 붙였더니 삼각형의 세 각의 크기의 합이 ㉠ 가 되네.

① 90°　　② 180°
③ 270°　　④ 360°

정답잡기 삼각형을 잘라서 세 꼭짓점이 한 점에 모이도록 이어 붙이면, 그림과 같이 이어붙인 세 각이 직선 위에 꼭 맞추어지므로 세 각의 크기의 합은 180°이다.

정답 01 ③ 02 ③ 03 ②

04 다음 중 다각형이 아닌 것은?

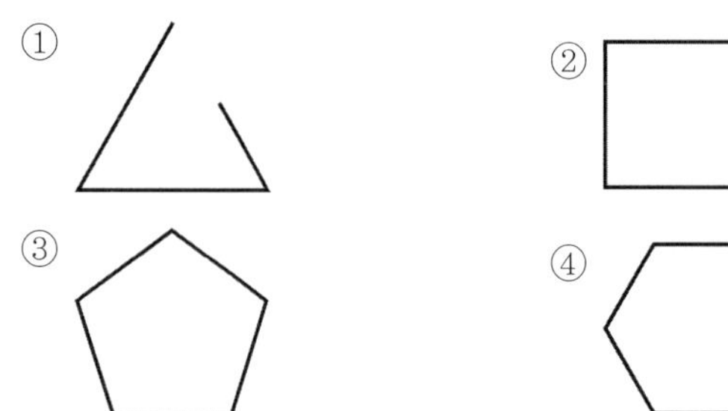

정답잡기 다각형이란 세 개 이상의 선분으로 둘러싸인 평면 도형을 말하며, 선분의 개수에 따라 삼각형, 사각형, 오각형…이라 한다.
①의 도형은 선분으로 둘러싸여 있지 않으므로 다각형이 아니다.
②의 도형은 4개의 선분으로 둘러싸여 있으므로 사각형, ③의 도형은 5개의 선분으로 둘러싸여 있으므로 오각형, ④의 도형은 6개의 선분으로 둘러싸여 있으므로 육각형이다.
따라서 정답은 ①이다.

05 다음 정다각형은 모두 한 변의 길이가 3㎝이다. 둘레가 가장 짧은 것은?

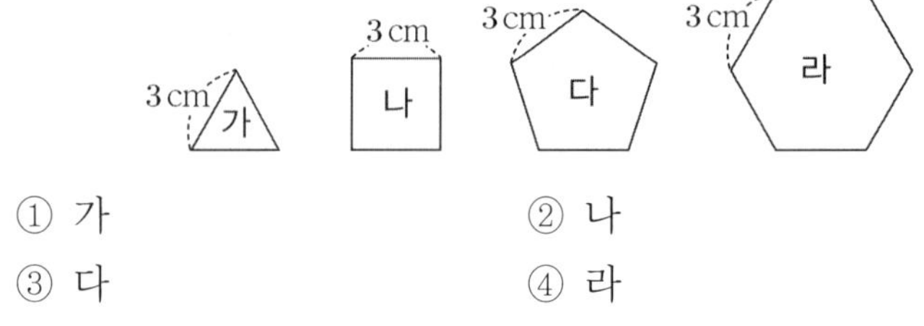

① 가　　② 나
③ 다　　④ 라

정답잡기
가 : 정삼각형이므로 둘레의 길이는 3×3＝9㎝
나 : 정사각형이므로 둘레의 길이는 3×4＝12㎝
다 : 정오각형이므로 둘레의 길이는 3×5＝15㎝
라 : 정육각형이므로 둘레의 길이는 3×6＝18㎝
그러므로 둘레가 가장 짧은 것은 가. 이다.
[다른 풀이]
모든 정다각형의 한 변의 길이가 3㎝로 같으므로 둘레를 직접 구하지 않더라도 변의 개수가 가장 적은 정삼각형의 둘레가 가장 짧음을 예상할 수 있다.

06 다음 도형의 둘레의 길이는?

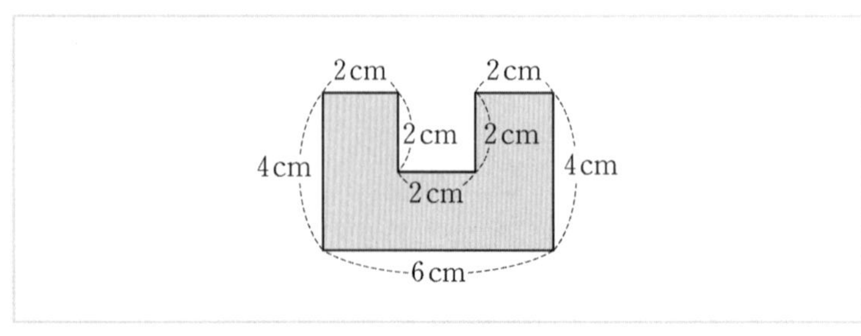

① 24㎝　　② 26㎝
③ 28㎝　　④ 30㎝

정답잡기 평면도형의 둘레의 길이는 각 변의 모든 길이를 더하여 구하면 된다. 모든 변의 길이를 더하면
방법 1 4㎝＋6㎝＋4㎝＋2㎝＋2㎝＋2㎝＋2㎝＋2㎝＝24㎝
방법 2 2㎝가 5개, 4㎝가 2개, 6㎝가 1개이므로,
2㎝×5＋4㎝×2＋6㎝×1＝10㎝＋8㎝＋6㎝＝24㎝
그러므로 도형의 둘레의 길이는 24㎝이다.

정답 04 ①　05 ①　06 ①

07 다음 도형의 넓이는?

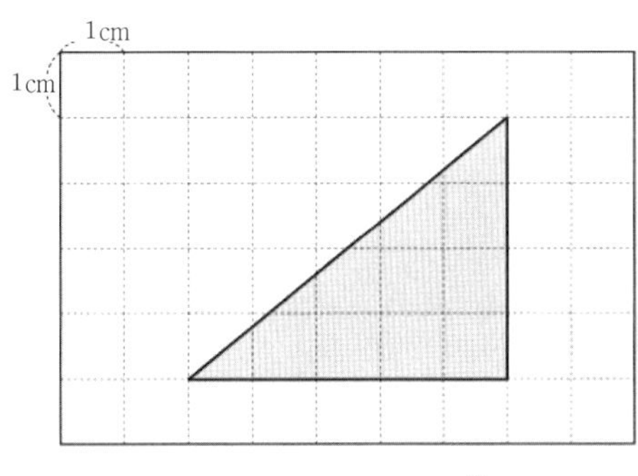

① $10cm^2$ ② $12cm^2$
③ $14cm^2$ ④ $16cm^2$

정답잡기 1칸의 길이가 1㎝이므로 도형은 밑변이 5㎝, 높이가 4㎝인 삼각형이다.
(삼각형의 넓이)
= (밑변)×(높이)÷2
= 5㎝×4㎝÷2 = $10cm^2$

08 다음 중 직사각형의 넓이가 다른 것은?

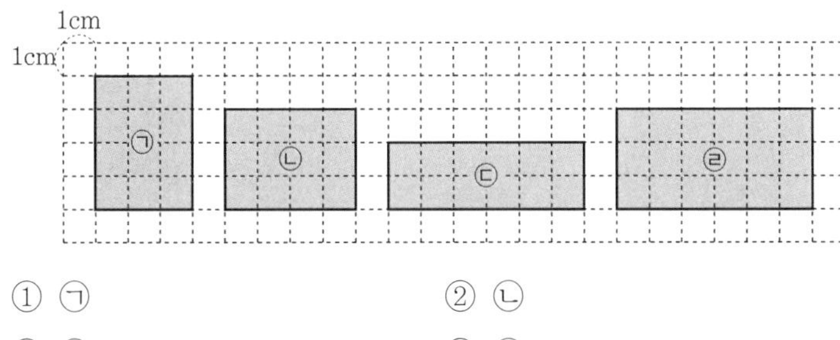

① ㉠ ② ㉡
③ ㉢ ④ ㉣

정답잡기 주어진 직사각형을 이루고 있는 작은 정사각형의 개수를 세어보면,
ㄱ의 가로는 작은 정사각형 3개, 세로는 작은 정사각형 4개로 이루어져 있으므로,
3×4 = 12의 총 12개이다.
이때, 작은 정사각형 하나의 넓이는 $1cm^2$이므로 (ㄱ)의 넓이는
$3 \times 4 = 12(cm^2)$가 된다.
같은 방법으로 ㄴ, ㄷ, ㄹ 의 넓이를 구하면,
(ㄴ)의 넓이는 $4 \times 3 = 12(cm^2)$
(ㄷ)의 넓이는 $6 \times 2 = 12(cm^2)$
(ㄹ)의 넓이는 $6 \times 3 = 18(cm^2)$
따라서 정답은 ④이다.

정답 07 ① 08 ④

09 다음 평행사변형과 넓이가 같은 것은?

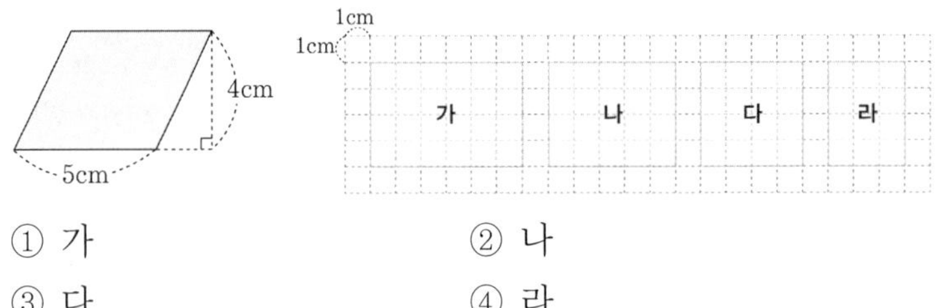

① 가 ② 나
③ 다 ④ 라

정답잡기 평행사변형의 넓이는 가로×높이이고, 그림의 직사각형은 모두 평행사변형과 높이가 같은 4cm이다.
따라서, 가로의 길이가 같으면 두 도형의 넓이는 같으므로, 그림에서 가로가 5cm인 직사각형을 찾으면 나이므로 나와 넓이가 같다. 그러므로 답은 ②번이다.

10 원에 대한 설명으로 옳은 것만을 〈보기〉에서 모두 고른 것은?

[보기]
ㄱ. 원의 둘레를 원주라고 한다.
ㄴ. 원의 크기에 따라 원주율이 다르다.
ㄷ. 원의 지름에 대한 원주의 비율을 원주율이라고 한다.

① ㄱ ② ㄴ
③ ㄱ, ㄴ ④ ㄱ, ㄷ

정답잡기
ㄱ. 원주란 원의 둘레를 말한다. 그러므로 맞는 설명이다.
ㄴ. 원주율이란 원의 지름의 길이에 대한 원주의 비율이며, 원의 크기에 관계없이 원주율은 모두 동일하다. 그러므로 틀린 설명이다.
ㄷ. ㄴ의 설명과 같이 맞는 설명이다.
그러므로 옳은 설명은 ㄱ, ㄷ이다. 따라서 정답은 ④이다.

11 다음은 원을 한없이 잘라 이어 붙여서 직사각형을 만드는 과정이다. □ 안에 들어갈 알맞은 수는? (원주율 : 3)

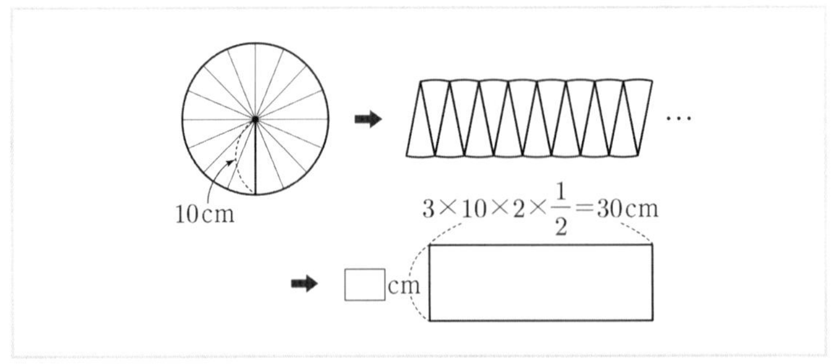

① 3 ② 5
③ 6 ④ 10

정답잡기 주어진 그림은 원의 둘레의 길이와 넓이를 구하는 과정을 표현한 그림으로, 직사각형의 세로는 원의 중심에서 원 위의 한 점을 이은 선분의 길이이기 때문에 원의 반지름의 길이와 같다. 그러므로 10cm가 된다.

정답 09 ② 10 ④ 11 ④

05장 예상문제로 실력 잡기

01 정사각형의 성질이 <u>아닌</u> 것은?

① 네 변의 길이가 같다.
② 네 각의 크기의 합은 180°이다.
③ 네 각이 모두 직각이다.
④ 마주 보는 변이 서로 평행하다.

02 사각형 사이의 관계에 대한 설명 중 옳지 <u>않은</u> 것은?

① 직사각형은 정사각형이다.
② 정사각형은 마름모이다.
③ 평행사변형은 사다리꼴이다.
④ 마름모는 사다리꼴이다.

03 직사각형과 정사각형의 공통점이 <u>아닌</u> 것은?

① 네 각이 모두 직각이다.
② 네 변의 길이가 모두 같다.
③ 마주 보는 두 쌍의 변이 서로 평행이다.
④ 평행사변형이라고 할 수 있다.

04 다음 마름모에서 □안에 알맞은 수는?

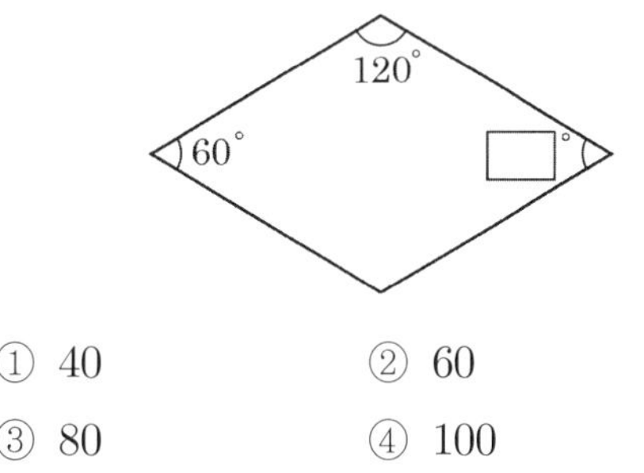

① 40 ② 60
③ 80 ④ 100

05 다음 도형 중 평행사변형인 것은?

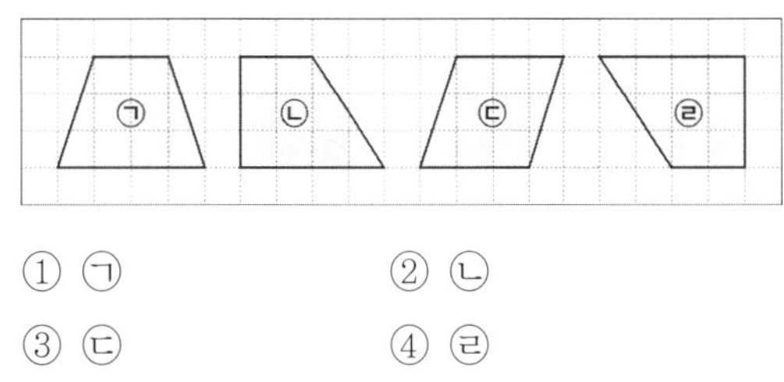

① ㉠ ② ㉡
③ ㉢ ④ ㉣

06 5개의 선분으로 둘러싸인 도형은?

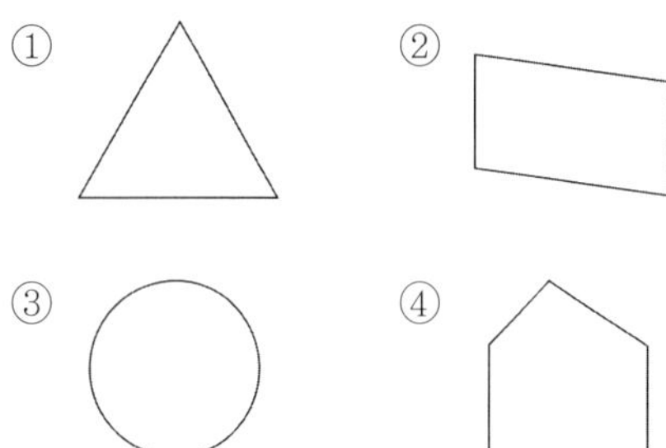

07 다음 그림의 도형이 정다각형이 아닌 이유이다. 옳지 않은 것은?

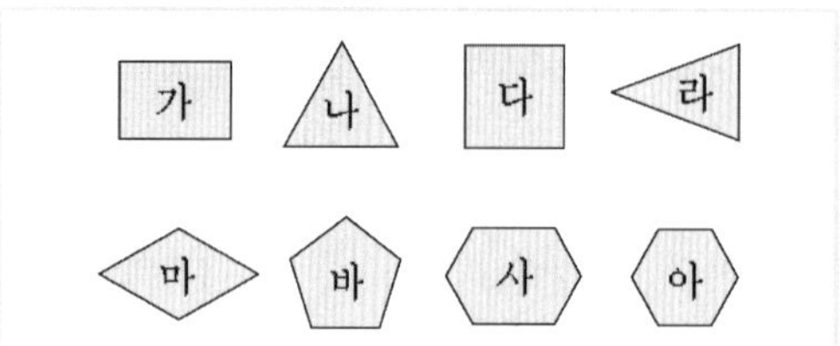

① 가 : 네 변의 길이가 같지 않다.
② 라 : 선분으로 둘러싸여 있지 않다.
③ 마 : 네 각의 크기가 같지 않다.
④ 사 : 여섯 변의 길이가 같지 않다.

08 대각선을 그을 수 없는 것은?

① 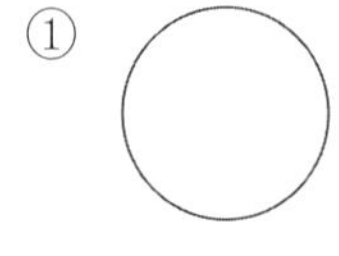
② 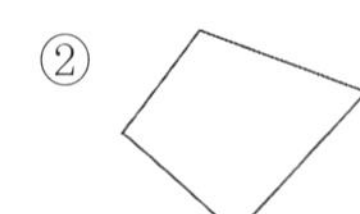
③ 
④

09 한 변의 길이가 5cm인 정삼각형의 둘레의 길이는?

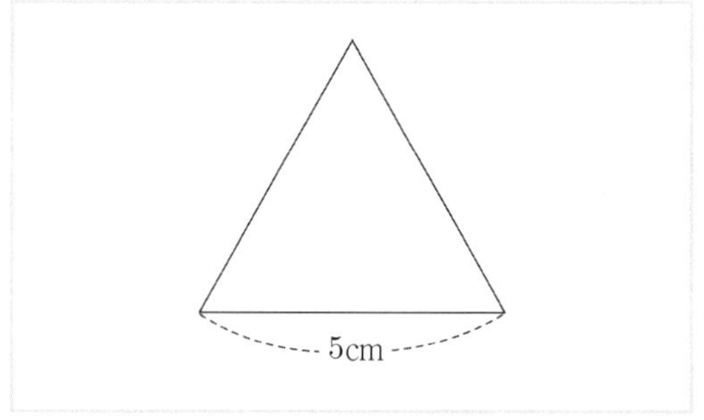

① 10cm ② 15cm
③ 20cm ④ 25cm

10 한 변의 길이가 8cm인 정사각형의 둘레는?

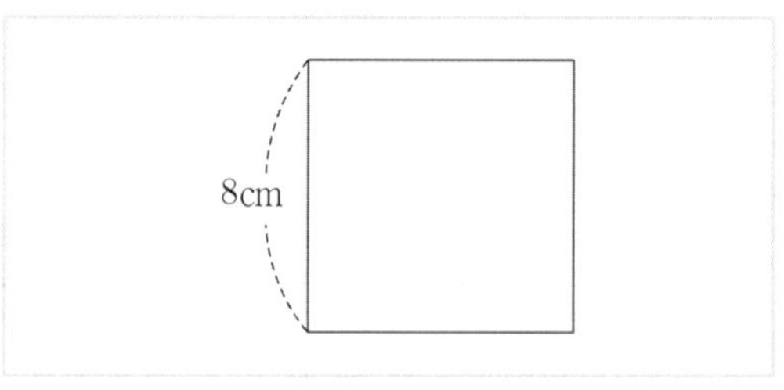

① 16cm ② 24cm
③ 32cm ④ 40cm

11 다음 삼각형의 넓이를 구하는 식으로 옳은 것은?

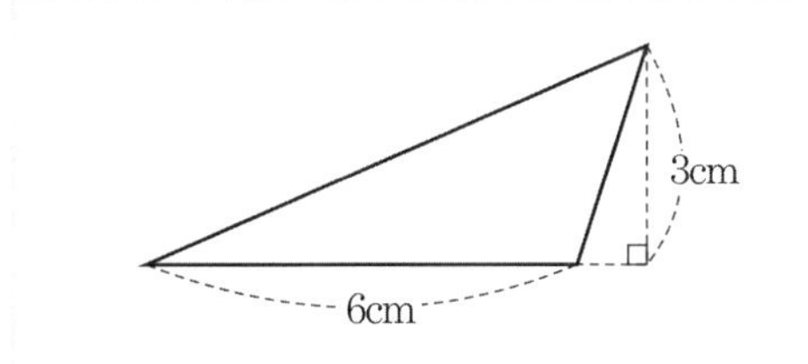

① 6cm × 3cm
② 6cm × 3cm × 2
③ 6cm × 3cm ÷ 2
④ 6cm ÷ 3cm

12 평행사변형의 둘레의 길이는?

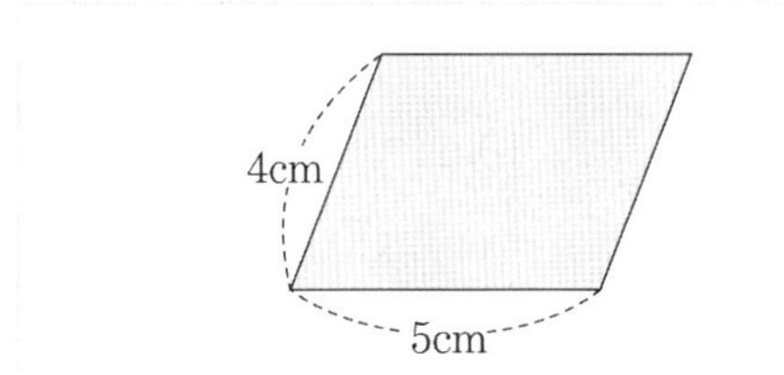

① 15cm ② 16cm
③ 17cm ④ 18cm

13 선분 ㄱㄹ의 길이는 선분 ㄱㄴ의 길이의 2 배이다. 직사각형 ㄱㄴㄷㄹ의 둘레의 길이는?

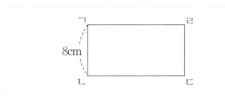

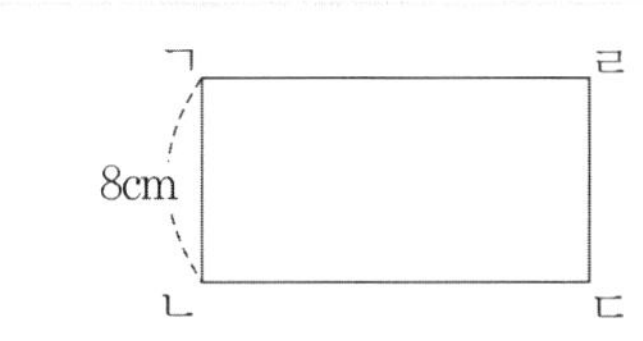

① 32cm ② 40cm
③ 48cm ④ 56cm

14 다음 마름모의 넓이는?

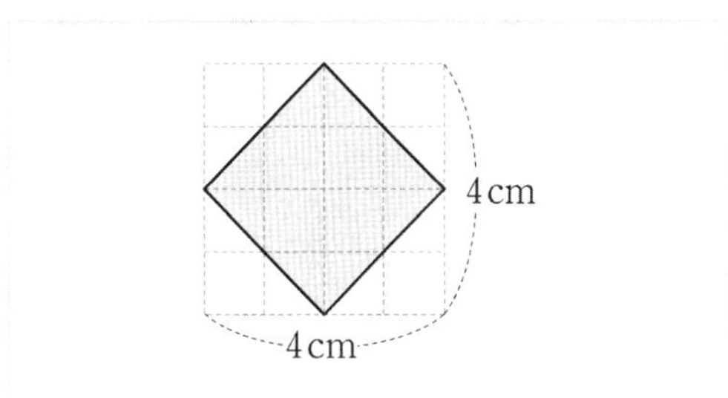

① 5cm^2 ② 6cm^2
③ 7cm^2 ④ 8cm^2

15 다음 사다리꼴의 넓이는?

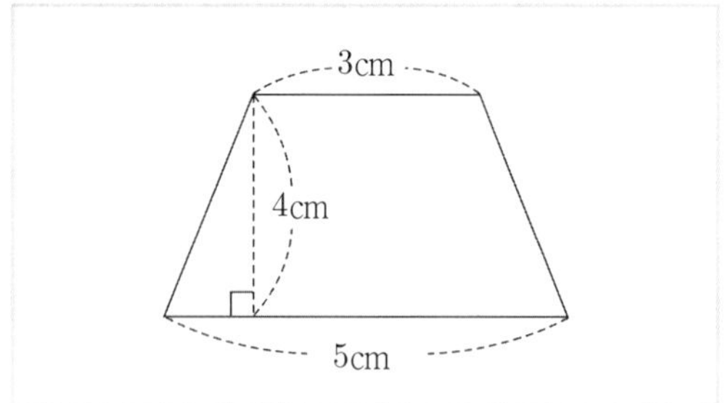

① $12cm^2$　　② $16cm^2$

③ $32cm^2$　　④ $60cm^2$

16 다음 직사각형 (가)의 넓이를 구하는 식으로 알맞은 것은?

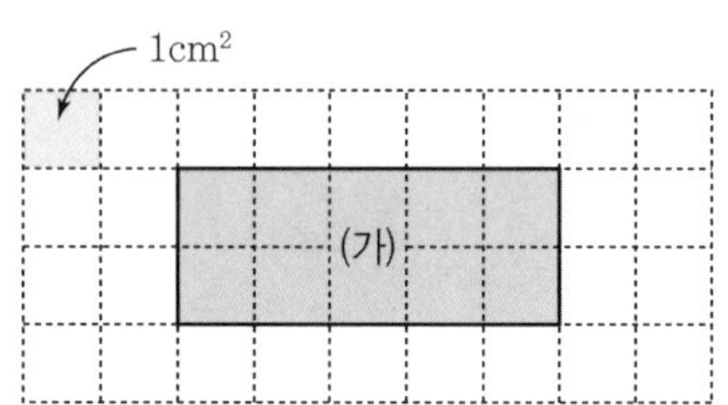

① $5\times2=10(cm^2)$

② $5\times3=15(cm^2)$

③ $5\times4=20(cm^2)$

④ $5\times5=25(cm^2)$

17 길이가 30cm인 철사를 겹치지 않게 이어 붙여서 원을 만들었다. 만들어진 원의 원주는?

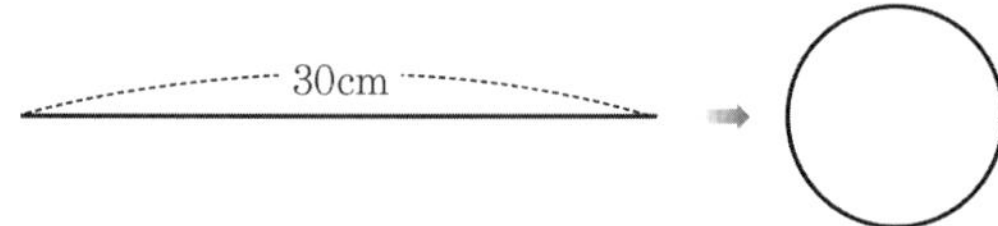

① 20cm　　② 30cm

③ 40cm　　④ 50cm

18 다음 원에 대한 설명으로 옳은 것은?

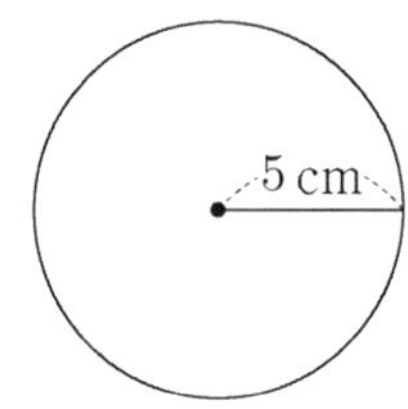

① 지름은 5cm이다.

② 반지름은 10cm이다.

③ 원주는 5cm×(원주율)이다.

④ 반지름을 무수히 많이 그을 수 있다.

19 다음의 원 (가)와 원 (나)에 대한 설명으로 알맞은 것은?

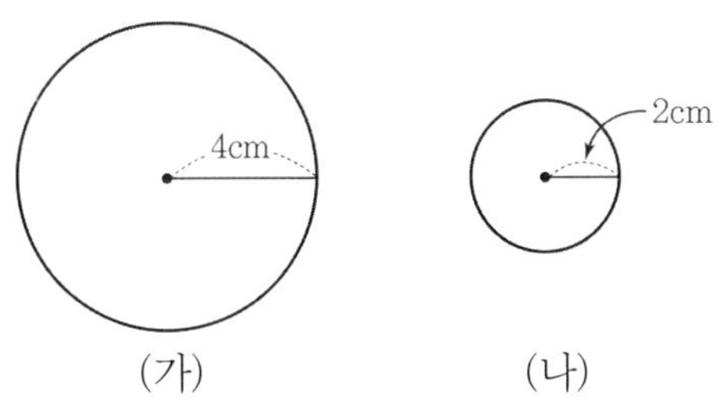

① 두 원의 지름은 같다.
② 두 원의 원주는 같다.
③ 두 원의 넓이는 같다.
④ 두 원의 원주율은 같다.

20 반지름이 5cm인 원의 넓이를 구하는 식은? (단, 원주율은 3.14로 계산한다.)

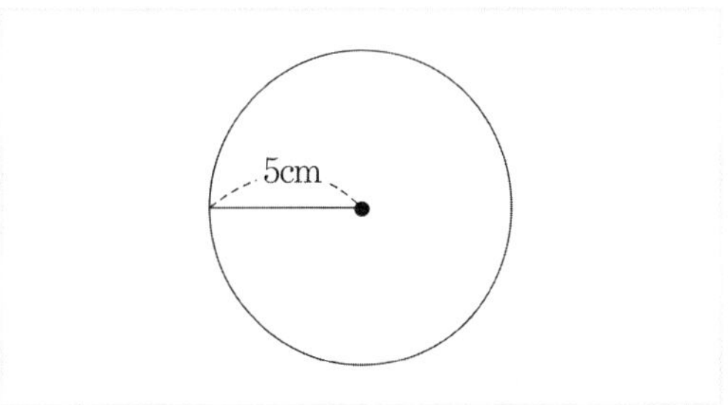

① 2cm×5cm×3.14
② 3cm×5cm×3.14
③ 4cm×5cm×3.14
④ 5cm×5cm×3.14

06장 입체도형

01 직육면체와 정육면체

(1) 면, 모서리, 꼭짓점

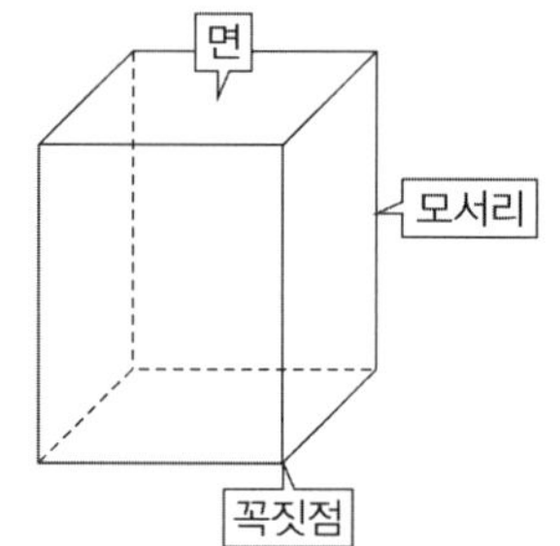

① 면 : 평면도형으로 둘러싸인 부분
② 모서리 : 면과 면이 만나는 선분
③ 꼭짓점 : 모서리와 모서리가 만나는 점

(2) 직육면체 : 직사각형 모양의 면 6개로 둘러싸인 도형을 직육면체라고 한다.

① 계속 늘려도 만나지 않는 두 면을 서로 평행이라 하고, 이 두 면을 직육면체의 **밑면**이라고 한다. 평행한 면이 3쌍 있다.
② 직각으로 만나는 두 면을 서로 수직이라 하고, 밑면과 수직인 면을 **옆면**이라 한다. 한 면에 수직인 면은 4개이다.

(3) 정육면체 : 정사각형 모양의 면 6개로 둘러싸인 도형을 정육면체라고 한다.

(4) 겨냥도 : 직육면체 모양을 잘 알 수 있도록 하기 위하여 보이는 모서리는 실선으로, 보이지 않는 모서리는 점선으로 그린 그림을 겨냥도라고 한다.

(5) 전개도

① 직육면체를 펼쳐서 그린 그림을 **직육면체의 전개도**라고 한다.
② 서로 마주 보는 면은 모양과 크기를 같게 그리고, 서로 맞닿는 변의 길이도 같게 그린다.

겨냥도

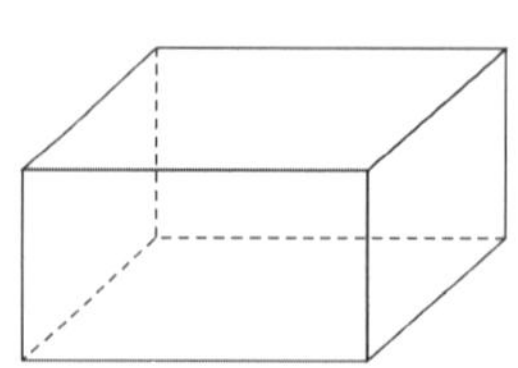

전개도

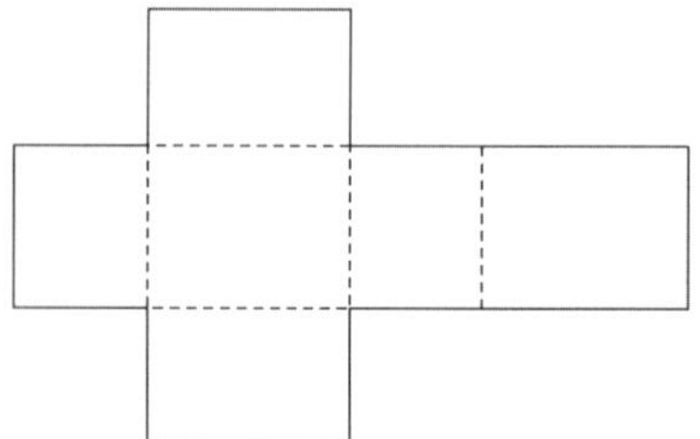

(6) 겉넓이와 부피

① 직육면체의 겉넓이 : 여섯 면의 넓이의 합
② 정육면체의 겉넓이 : (한 면의 넓이) × 6

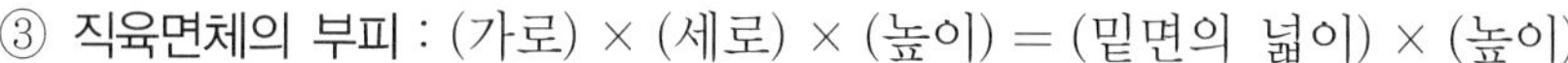

③ 직육면체의 부피 : (가로) × (세로) × (높이) = (밑면의 넓이) × (높이)
④ 정육면체의 부피 : (한 모서리) × (한 모서리) × (한 모서리)

간단 예제

㉮와 ㉯에 알맞은 수를 각각 쓰고 부피와 겉넓이를 구하여라.

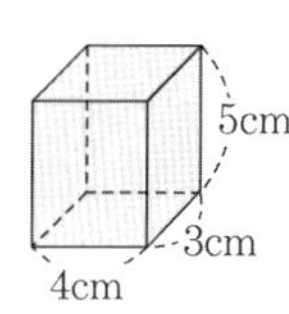

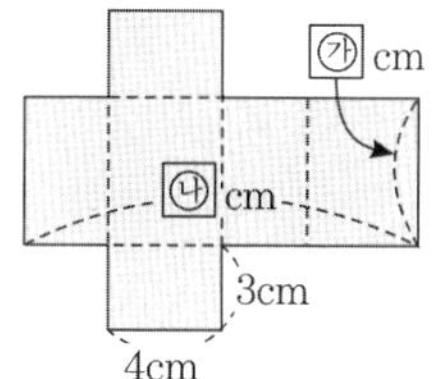

㉮ = 5cm

㉯ = 3cm + 4cm + 3cm + 4cm = 14cm

부피 : $4\text{cm} \times 3\text{cm} \times 5\text{cm} = 60\text{cm}^3$

겉넓이 : $(12\text{cm}^2 + 15\text{cm}^2 + 20\text{cm}^2) \times 2 = 94\text{cm}^2$

02 각기둥과 각뿔

(1) 각기둥

① 위아래 면이 서로 평행하고 합동인 다각형으로 이루어진 기둥 모양의 입체도형
② 서로 평행인 두 면을 밑면이라 하고, 밑면에 수직인 면을 옆면이라 한다.
③ 각기둥은 밑면의 모양에 따라 삼각기둥, 사각기둥, 오각기둥, …이라 한다.

구분	삼각기둥	사각기둥	오각기둥	육각기둥	□각기둥
꼭짓점	6개	8개	10개	12개	□ ×2개
면	5개	6개	7개	8개	□ +2개
모서리	9개	12개	15개	18개	□ ×3개

(2) 각뿔

① 밑면은 다각형이고, 옆면이 삼각형인 뿔 모양의 입체도형을 각뿔이라 한다.
② 맨 아랫면을 밑면이라 하고, 옆으로 둘러싸인 면을 옆면이라고 한다.

구분	삼각뿔	사각뿔	오각뿔	육각뿔	□각뿔
꼭짓점	4개	5개	6개	7개	□ +1개
면	4개	5개	6개	7개	□ +1개
모서리	6개	8개	10개	12개	□ ×2개

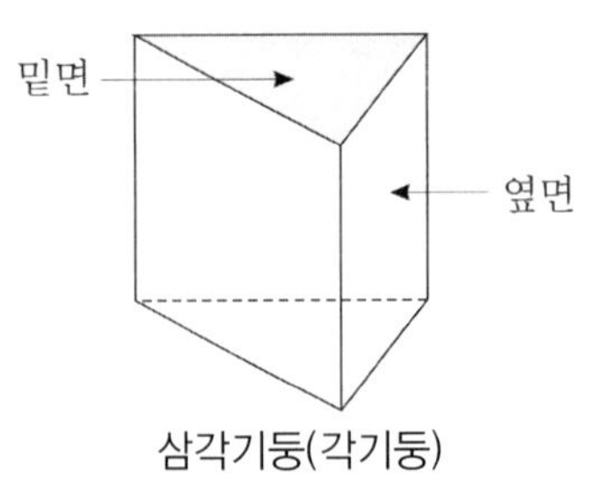

삼각기둥(각기둥)

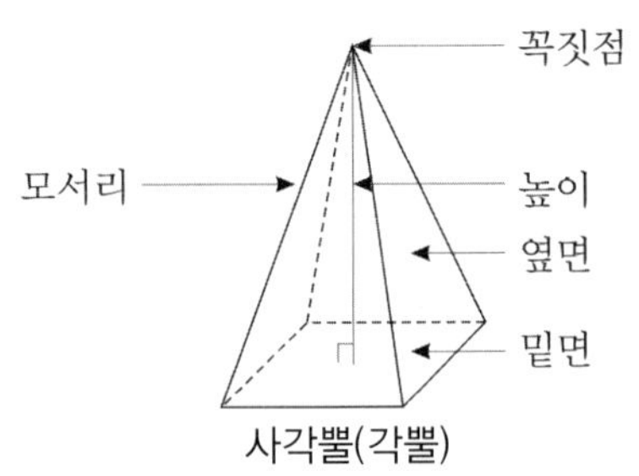

사각뿔(각뿔)

03 원기둥, 원뿔, 구

(1) **원기둥** : 두 면이 서로 평행하고 합동인 원으로 된 둥근 기둥 모양의 도형

① **밑면** : 원기둥에서 위아래에 있는 면
옆면 : 옆을 둘러싼 굽은 면

② **높이** : 두 밑면에 수직인 선분의 길이

(2) **원뿔** : 밑면이 원이고 옆면이 굽은 면인 둥근 뿔 모양의 도형

① **밑면** : 뿔의 반대쪽에 있는 면
옆면 : 옆을 둘러싼 면
꼭짓점 : 뾰족한 점

② **모선** : 원뿔의 꼭짓점과 밑면인 원 둘레의 한 점을 이은 선분

③ **높이** : 원뿔의 꼭짓점에서 밑면에 수직인 선분의 길이

(3) **구** : 반원의 지름을 회전축으로 하여 한 번 돌려 얻은 공 모양의 도형

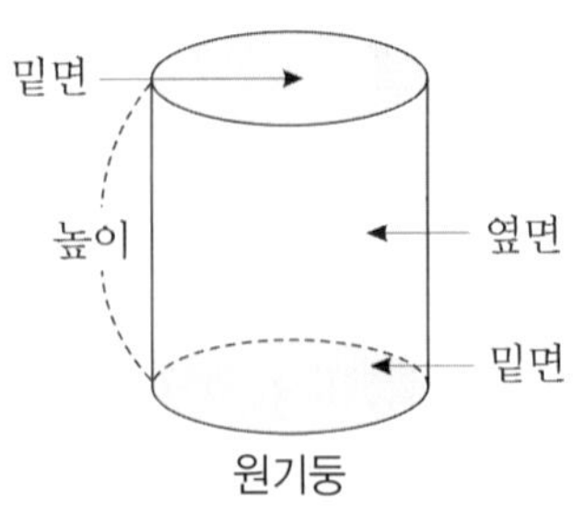

원기둥

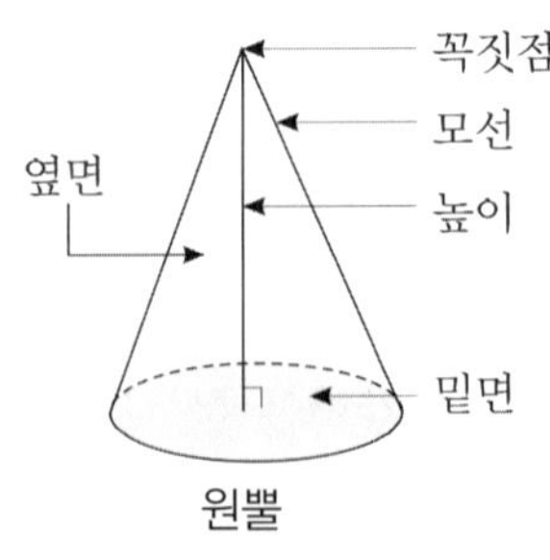

원뿔

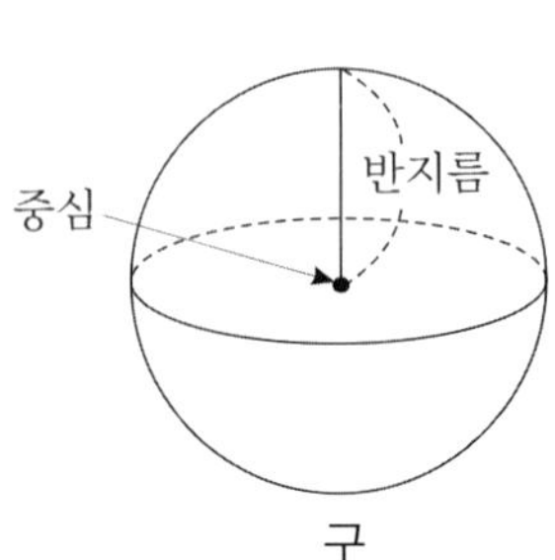

구

(4) **원기둥 전개도** : 옆면의 가로는 밑면의 원의 둘레, 옆면의 세로의 길이는 높이와 같다.

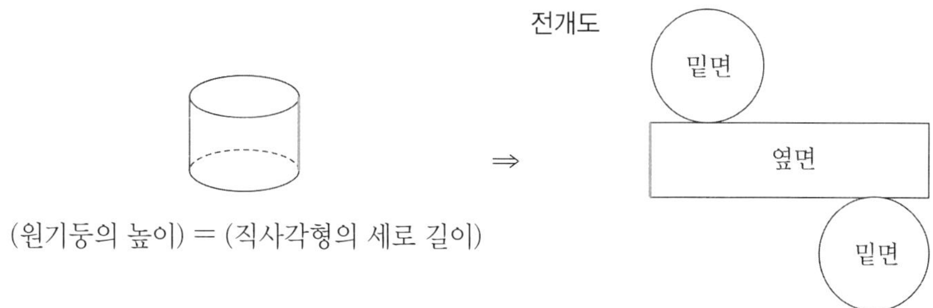

04 쌓기나무

(1) 쌓기나무의 개수 알아보기

① 층별로 나누어 세어 본다.
② 바닥에 닿은 면의 모양을 이용하여 세어 본다.
③ 쌓기나무의 일부분을 움직여서 세어 본다.

(2) 쌓기나무의 위, 앞, 옆에서 본 모양 그리기

① 위에서 본 모양은 바닥에 닿는 면의 모양과 같다.
② 앞과 옆에서 본 모양은 각 방향에서 가장 높은 층의 모양과 같다.

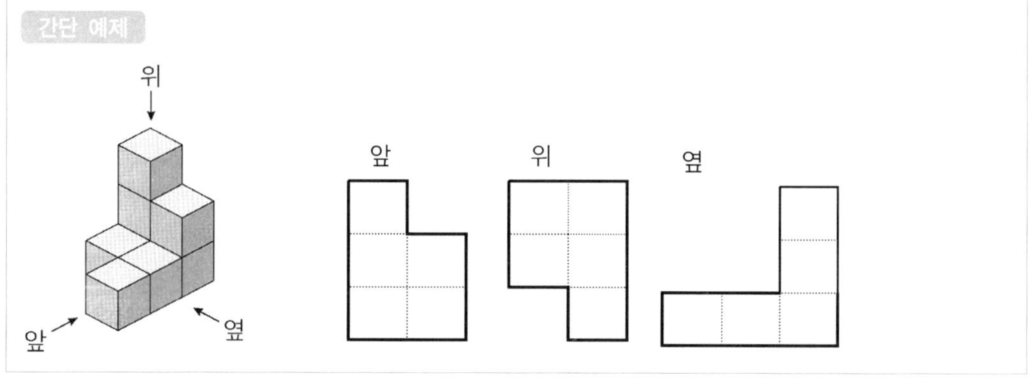

06장 기출문제로 유형 잡기

01 직육면체에 대한 설명으로 옳지 않은 것은?

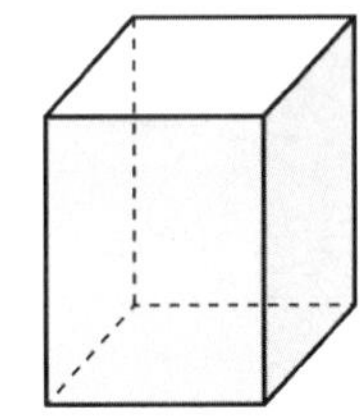

① 면의 수는 6개이다.
② 꼭짓점의 수는 8개이다.
③ 모서리의 수는 11개이다.
④ 마주 보는 면은 모두 3쌍이다.

정답잡기
① 면은 평면도형으로 둘러싸인 부분으로 6개이다.
② 꼭짓점은 모서리와 모서리가 만나는 점으로 8개이다.
③ 모서리는 면과 면이 만나는 선분으로 12개이다.
④ 마주 보는 면은 모두 3쌍이다.
따라서 정답은 ③이다.

02 다음은 직육면체에 대한 설명이다. ㉠에 알맞은 수는?

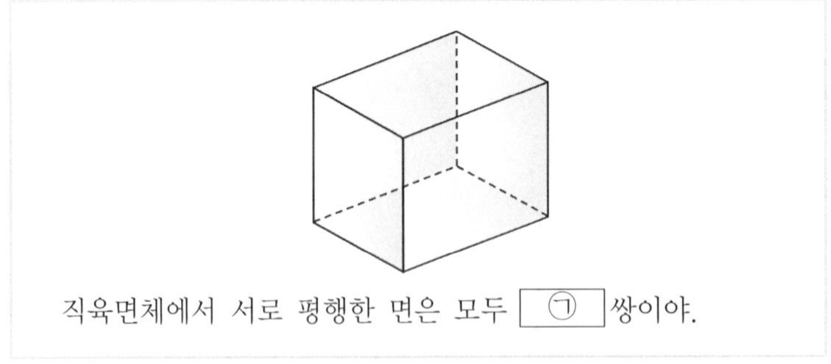

직육면체에서 서로 평행한 면은 모두 ㉠ 쌍이야.

① 1　　② 2
③ 3　　④ 4

정답잡기 직육면체란 직사각형 모양의 면 6개로 둘러싸인 도형을 말하며, 계속 늘려도 만나지 않는 두 면을 서로 평행한다고 말한다.
이때, 서로 평행한 면은 마주보는 면으로 모두 3쌍이다.

정답 01 ③ 02 ③

3 다음 전개도를 접었을 때, 만들어지는 입체 도형의 겉넓이는?

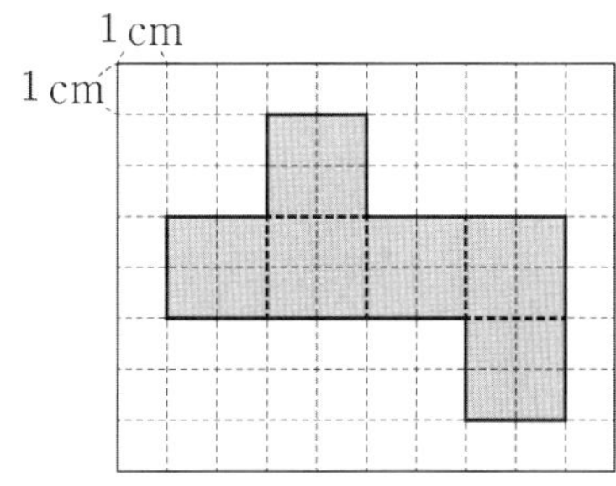

① 20cm^2 ② 22cm^2
③ 24cm^2 ④ 26cm^2

정답잡기 그림의 전개도는 모든 면이 정사각형으로 이루어진 사각기둥이고, 면의 개수는 모두 6개다. 그러므로 입체도형의 겉넓이는 6개의 면의 넓이의 합이다.
정사각형 하나의 넓이 $= 4\text{cm}^2$이므로, 겉넓이 $= 4\times6 = 24\text{cm}^2$

4 다음 직육면체의 부피를 구하는 식으로 옳은 것은?

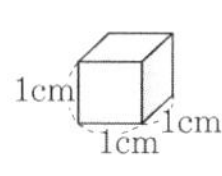

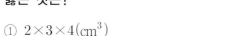

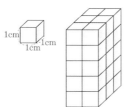

① $2\times3\times4(\text{cm}^3)$
② $2\times3\times5(\text{cm}^3)$
③ $3\times4\times5(\text{cm}^3)$
④ $3\times4\times6(\text{cm}^3)$

정답잡기 직육면체의 부피는 가로×세로×높이를 이용해서 구하며, 그림에 주어진 직육면체의 가로는 2 cm, 세로는 3 cm, 높이는 5 cm이므로 공식을 이용하여 부피를 구하면, $2\times3\times5(\text{cm}^3)$임을 알 수 있다. 따라서 정답은 ②이다.

5 그림에서 상자 안에 있는 입체도형의 이름은?

이 도형은
각기둥이네.
밑면의 모양이
△(삼각형)이야.

① 삼각기둥 ② 사각기둥
③ 오각기둥 ④ 육각기둥

정답잡기 각기둥은 위와 아래에 있는 면이 서로 평행하고 합동인 다각형으로 이루어진 입체도형이다.
이때, 각기둥의 이름은 밑면의 모양에 따라 정해진다.
밑면의 모양이 삼각형이므로 문제의 입체도형의 이름은 삼각기둥이다.

정답 03 ③ 04 ② 05 ①

06 다음 조건을 모두 만족하는 도형은?

- 서로 평행한 두 면이 있다.
- 두 밑면은 합동이고 다각형이다.
- 두 밑면은 나머지 면들과 모두 수직으로 만난다.

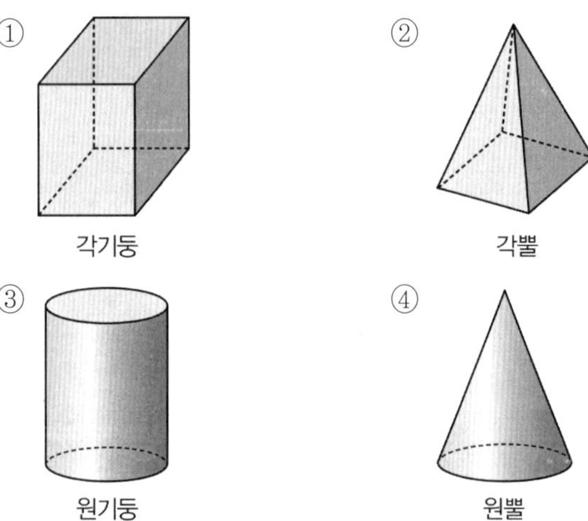

정답잡기) 다음 조건의 설명은 모두 각기둥에 대한 설명이다.
따라서 정답은 ①번이다.

오답잡기)
② 평행한 두 면이 존재하지 않는다.
③ 평행한 두 면이 존재하고 합동이지만 다각형이 아니다.
④ 평행한 두 면이 존재하지 않는다.

07 다음 전개도를 접어 만들 수 있는 입체도형은?

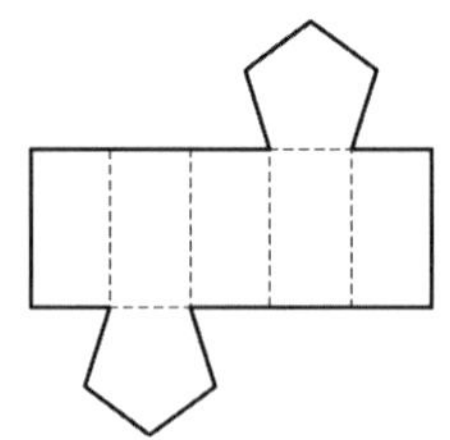

① 삼각기둥　② 사각기둥
③ 오각기둥　④ 육각기둥

정답잡기) 전개도를 살펴보면 위, 아래 도형은 서로 평행하며 합동인 다각형이고, 옆면은 합동인 다각형으로 각기둥의 전개도이다.
두 밑면이 오각형이므로 오각기둥이다.

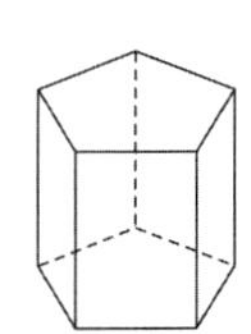

정답 06 ① 07 ③

8 **다음은 9개의 쌓기나무로 만든 모양이다. 이 모양을 위에서 보았을 때, 쌓기나무 개수를 바르게 나타낸 것은?**

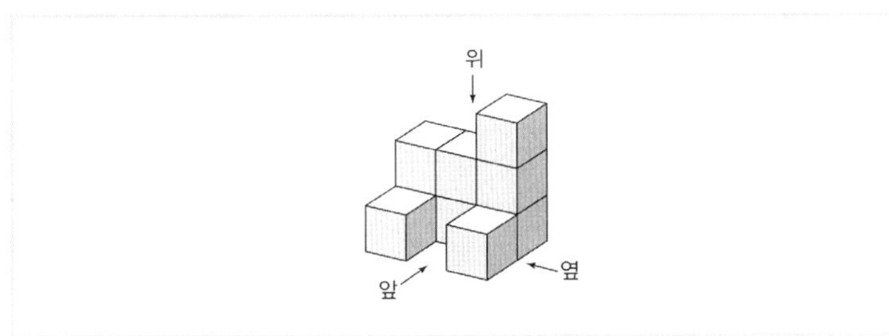

①

1	2	3
2		1

← 옆, ↑ 앞

②

2	2	3
1		1

← 옆, ↑ 앞

③

1	3	2
2		1

← 옆, ↑ 앞

④

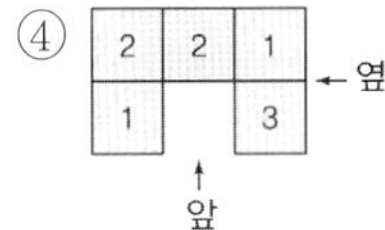

정답잡기 쌓기나무를 위에서 본 모양에 아래 그림과 같이 층의 수를 세어서 적어보면 다음과 같다.

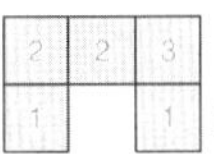

따라서 정답은 ②이다.

오답잡기

한번에 세기 어렵다면 문제의 그림에 다음과 같이 수를 적어보며 셀 수 있다.

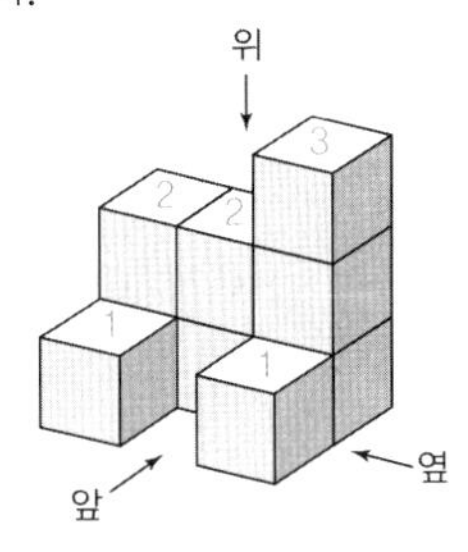

9 **그림과 똑같이 쌓을 때, 필요한 쌓기나무의 개수는?**

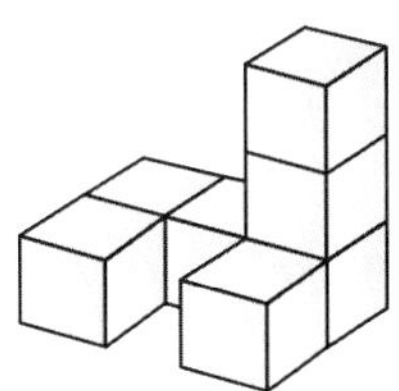

① 7개　② 8개

③ 9개　④ 10개

정답잡기 쌓기나무의 층별 개수를 세어서 합하면, 1층 5개, 2층 1개, 3층 1개이므로 총 7개의 쌓기나무가 필요하다.

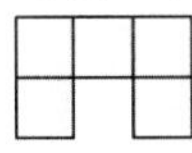
1층 그림

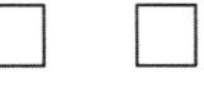
2층 그림　3층 그림

정 답 08 ② 09 ①

10 다음은 원뿔이다. 원뿔의 꼭짓점은?

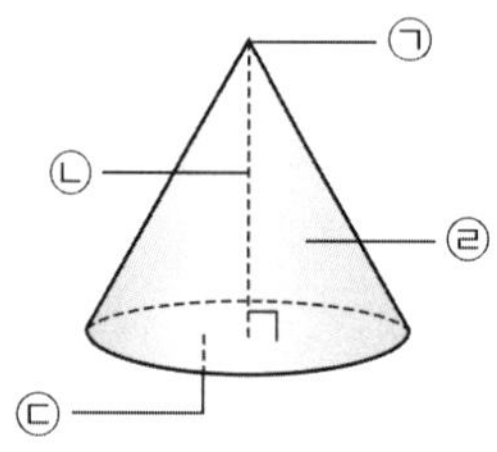

① ㉠ ② ㉡

③ ㉢ ④ ㉣

정답잡기

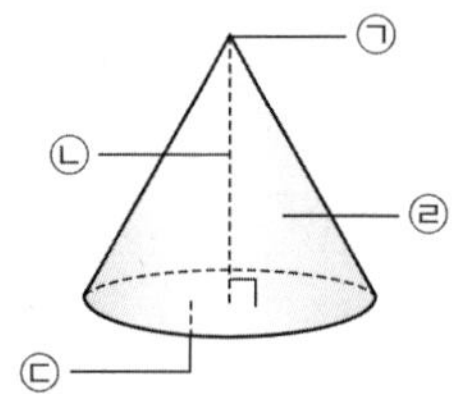

그림의 ㉠은 원뿔의 뾰족한 점으로 꼭짓점, ㉡은 원뿔의 꼭짓점에서 밑면에 수직인 선분의 길이로 높이, ㉢은 원뿔의 평평한 면으로 밑면, ㉣은 원뿔의 옆을 둘러싼 굽은 면으로 옆면이다.

따라서 정답은 ①이다.

11 그림과 같이 한 직선을 중심으로 직사각형을 한 바퀴 돌려 만들 수 있는 입체도형은?

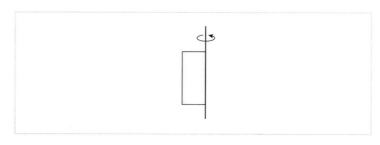

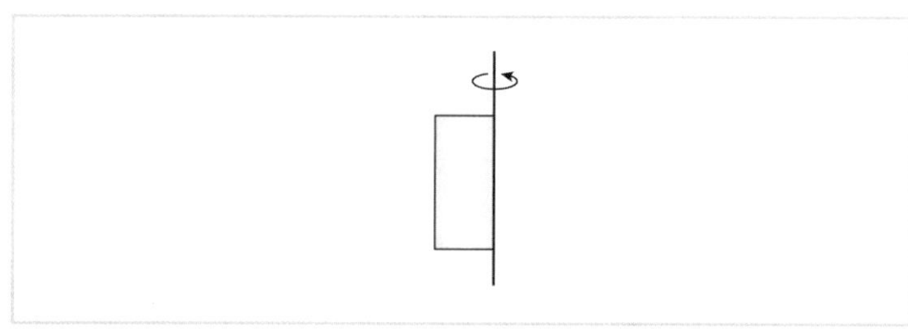

①

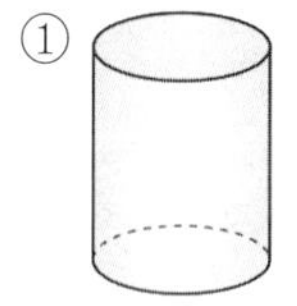

②

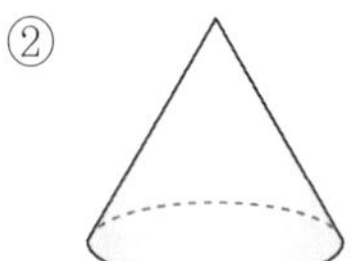

③

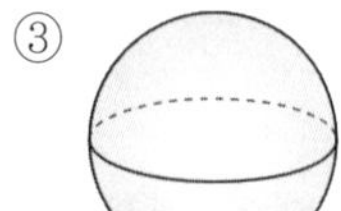

④

정답잡기 한 변을 기준으로 직사각형 모양의 종이를 한 바퀴 돌리면 원기둥이 만들어 진다.

이때 돌리기 전이 직사각형의 가로의 길이는 원기둥의 밑면의 반지름과 같고, 직사각형의 세로의 길이는 원기둥의 높이와 같다.

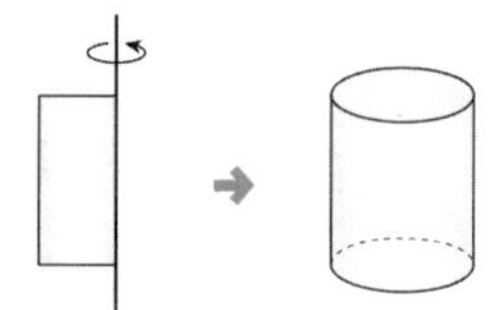

따라서 정답은 ①이다.

오답잡기

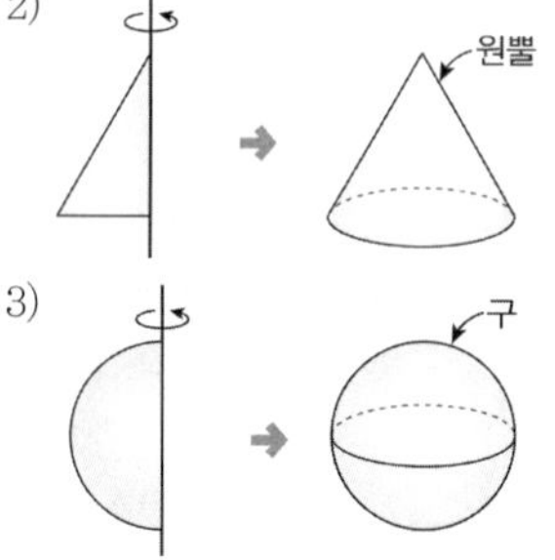

4) ④의 도형은 삼각뿔이며 삼각뿔은 회전으로 생기는 입체가 아니다.

정답 10 ① 20 ①

06장 예상문제로 실력 잡기

1 정육면체에 대한 설명으로 옳지 <u>않은</u> 것은?

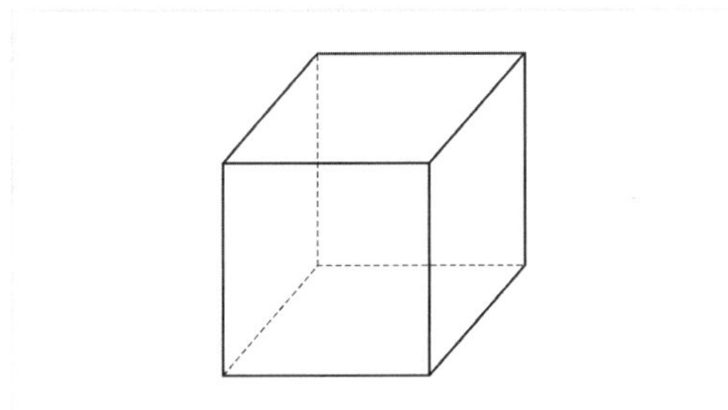

① 면의 개수는 6개이다.
② 꼭짓점의 개수는 8개이다.
③ 모서리의 개수는 10개이다.
④ 면의 모양이 모두 정사각형이다.

2 다음 정육면체와 직육면체의 공통점은?

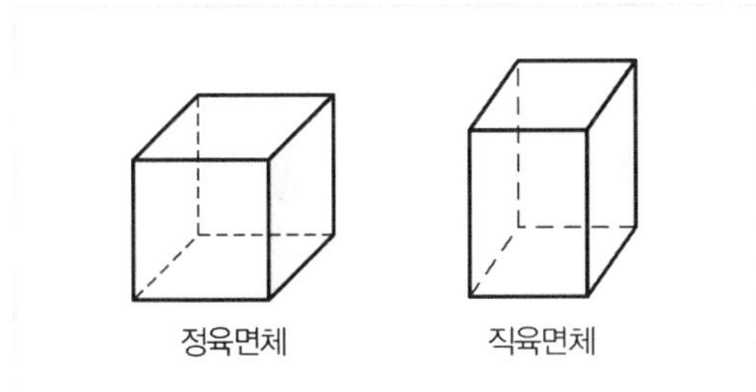

① 면은 6개이다.
② 꼭짓점은 10개이다.
③ 모서리는 14개이다.
④ 정사각형 8개로 둘러싸여 있다.

3 다음 전개도를 접어서 직육면체를 만들었을 때, 색칠한 면과 수직인 면의 개수는?

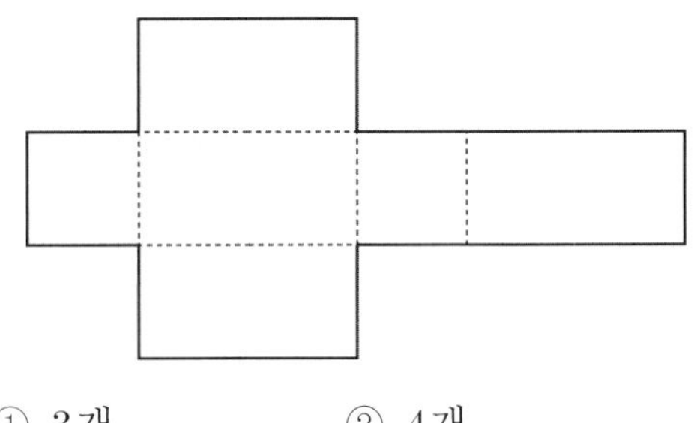

① 3개 ② 4개
③ 5개 ④ 6개

4 직육면체의 겨냥도로 알맞은 것은?

① 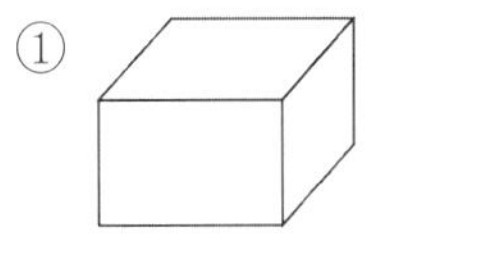 ② 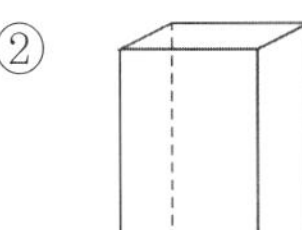

③ 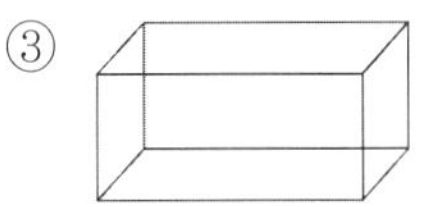 ④ 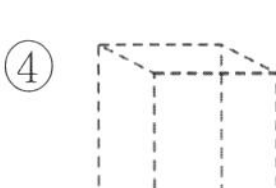

05 정육면체의 전개도가 아닌 것은?

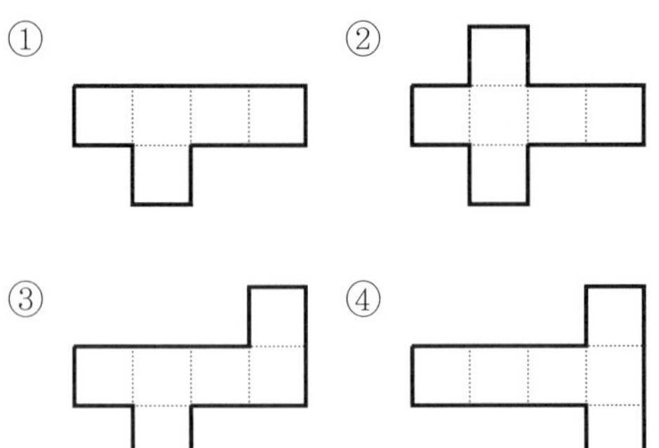

06 다음 전개도로 직육면체를 만들었을 때, 색칠한 면과 넓이가 같은 것은?

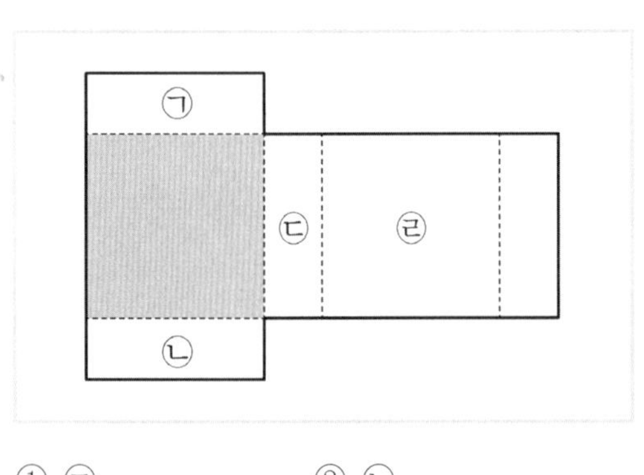

① ㉠ ② ㉡
③ ㉢ ④ ㉣

07 그림의 직육면체에서 색칠한 면 ㅁㅂㅅㅇ과 수직인 면의 개수는?

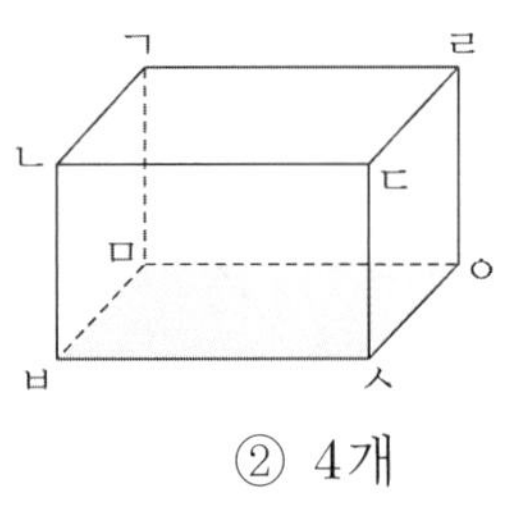

① 3개 ② 4개
③ 5개 ④ 6개

08 다음 전개도로 직육면체를 만들었을 때, 색칠한 면과 평행한 면은?

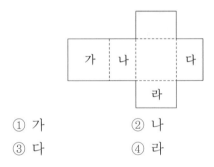

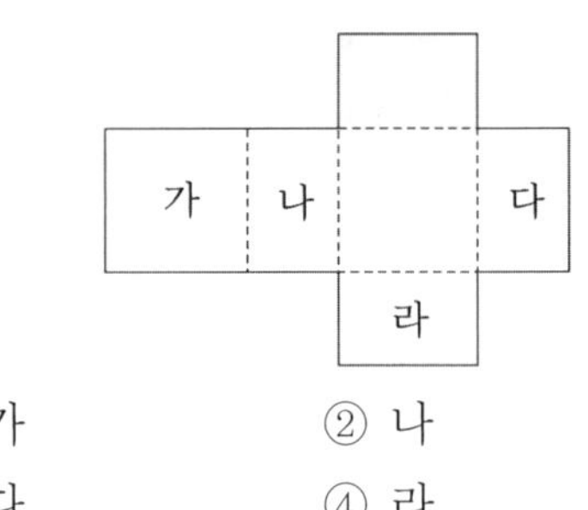

① 가 ② 나
③ 다 ④ 라

09 다음 정육면체의 겉넓이는?

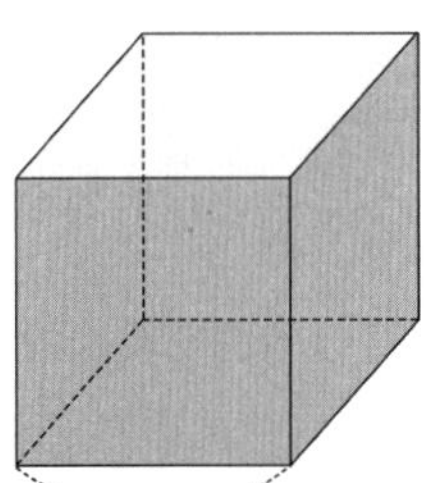

① $4cm^2$
② $10cm^2$
③ $12cm^2$
④ $24cm^2$

10 쌓기나무 1개의 부피가 $1cm^3$일 때, 쌓기나무로 만든 직육면체의 부피가 가장 큰 것은?

① 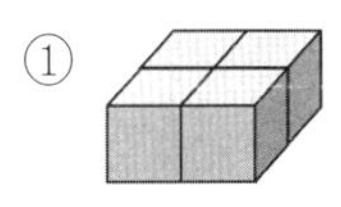

② 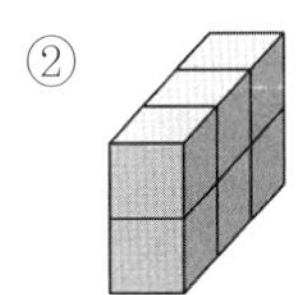

③ 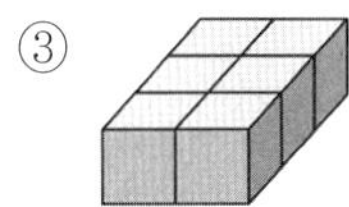

④ 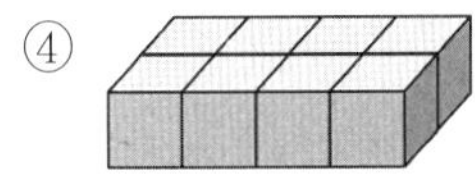

11 다음 직육면체의 부피는?

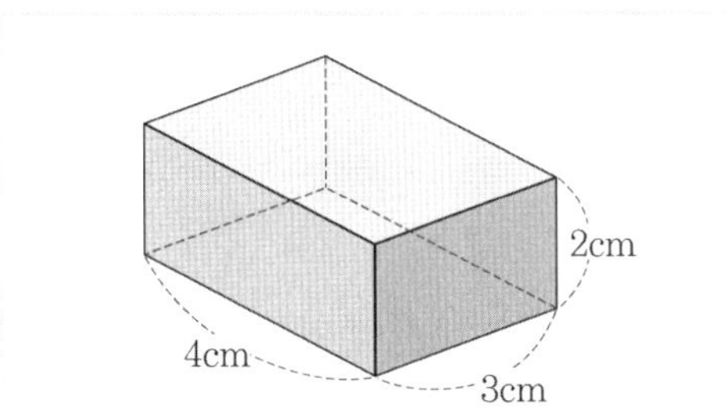

① $6cm^3$　　② $8cm^3$
③ $12cm^3$　　④ $24cm^3$

12 한 모서리의 길이가 5cm인 정육면체의 부피는?

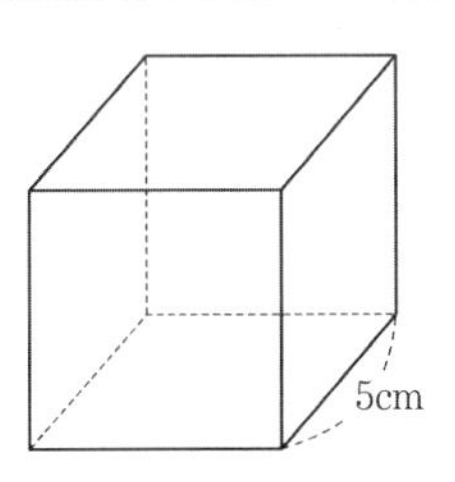

① $5cm^3$　　② $25cm^3$
③ $75cm^3$　　④ $125cm^3$

13 한 개의 부피가 $1cm^3$인 쌓기나무 8개를 정육면체 모양으로 쌓았다. 이 정육면체의 부피는?

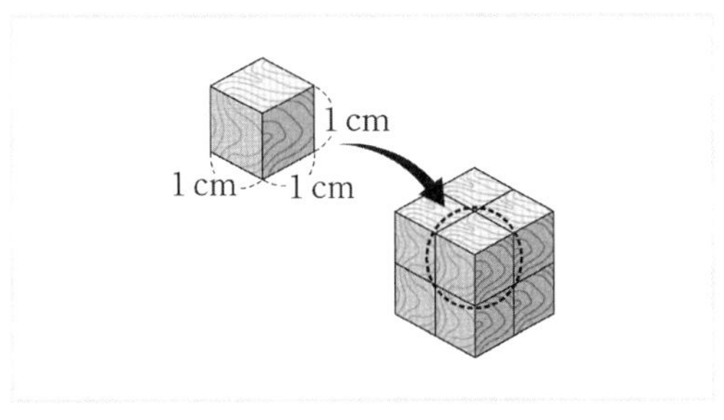

① $7cm^3$　　② $8cm^3$
③ $9cm^3$　　④ $10cm^3$

14 다음 입체도형에 대한 설명으로 옳은 것은?

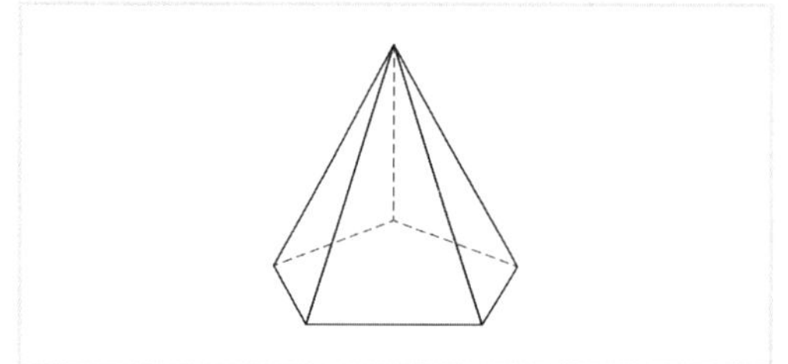

① 오각뿔이다.
② 면이 7개이다.
③ 꼭짓점은 8개이다.
④ 밑면은 육각형이다.

15 각기둥이 아닌 것은?

①
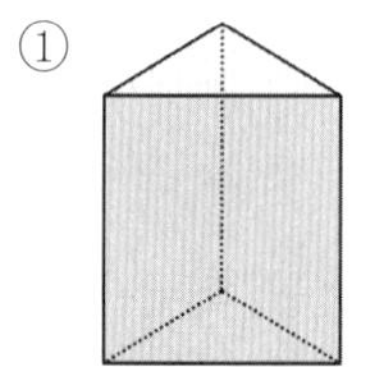
②
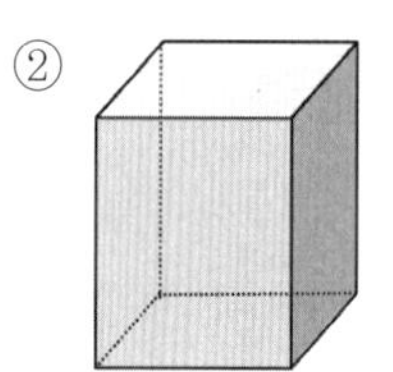
③
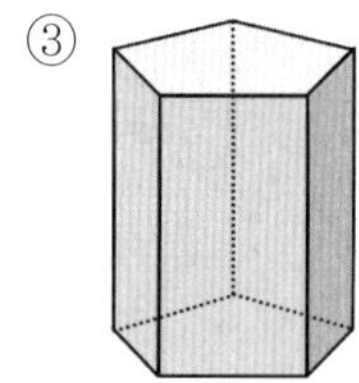
④
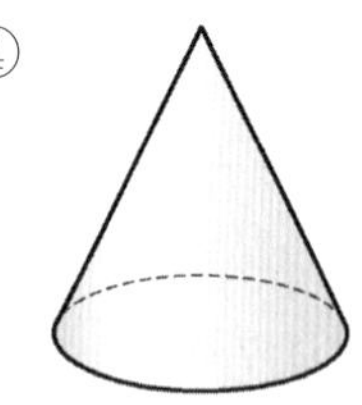

16 삼각뿔의 꼭짓점과 면의 수로 옳은 것은?

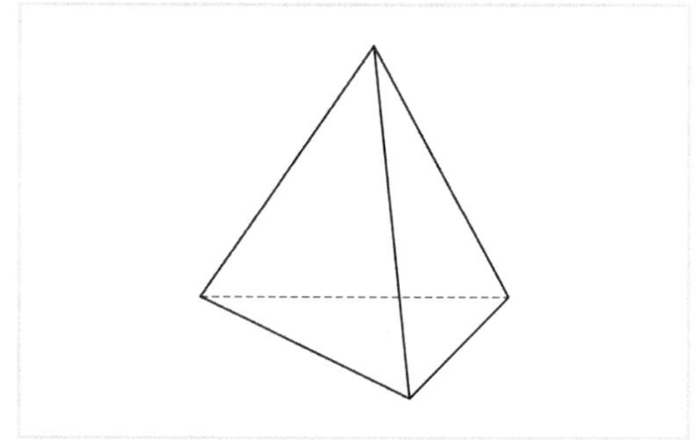

	꼭짓점의 수	면의 수
①	4	4
②	5	5
③	6	6
④	7	7

17 삼각기둥에 대한 설명으로 옳지 않은 것은?

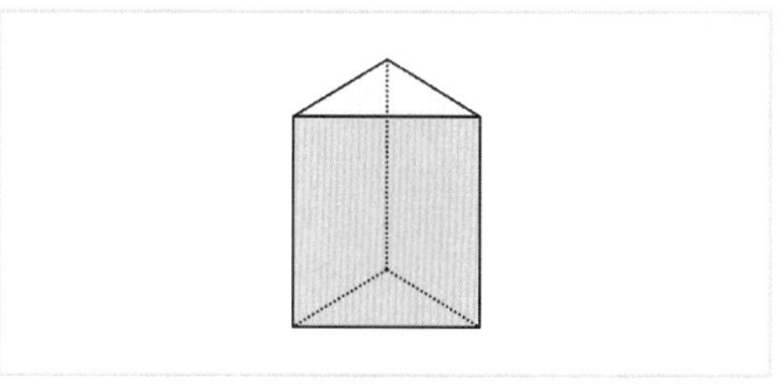

① 꼭짓점은 6개이다.
② 모서리는 9개이다.
③ 밑면은 삼각형이다.
④ 서로 평행한 면이 없다.

18 다음은 어떤 입체도형의 전개도인가?

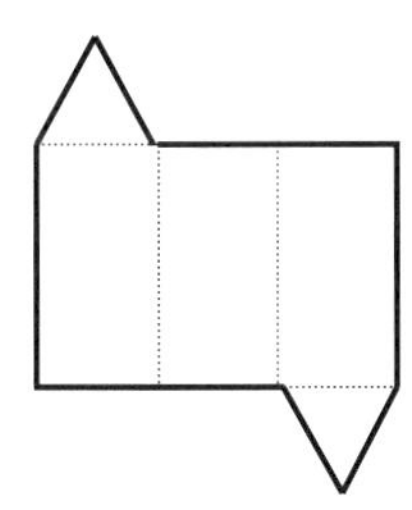

① 삼각뿔　　② 사각뿔
③ 삼각기둥　　④ 사각기둥

19 사각뿔에 대한 성질로 옳은 것은?

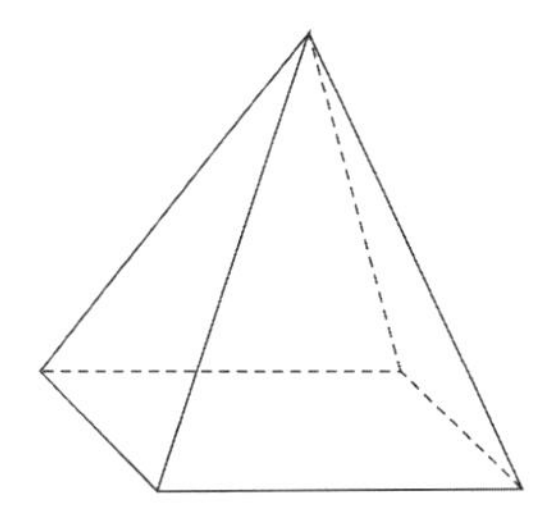

① 밑면의 모양은 사각형이다.
② 옆면의 모양은 사각형이다.
③ 밑면의 변의 수는 6개이다.
④ 모서리의 수는 10개이다.

20 표는 어느 입체 도형의 구성 요소를 나타낸 것이다. 이 입체 도형에 해당하는 것은?

면의 수(개)	모서리의 수(개)	꼭짓점의 수(개)
5	9	6

①
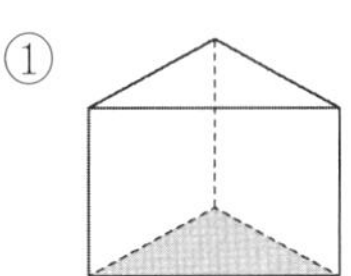

②
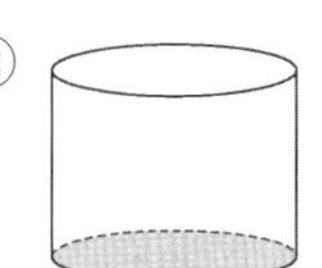

③
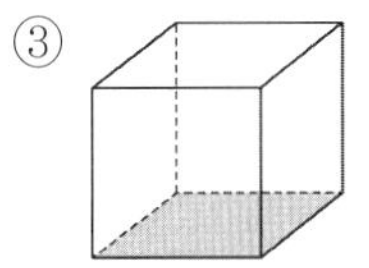

④
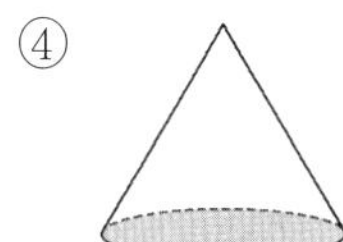

21 모두 8개의 쌓기나무를 그림과 같이 쌓았을 때, 옆에서 본 모양은?

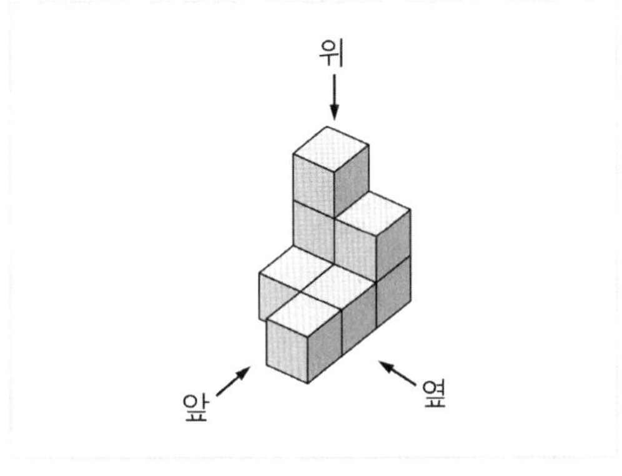

①
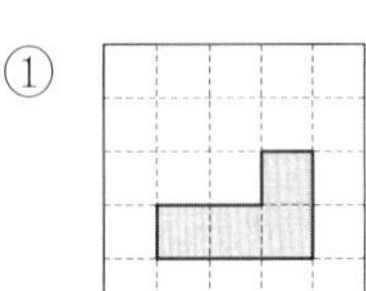

②
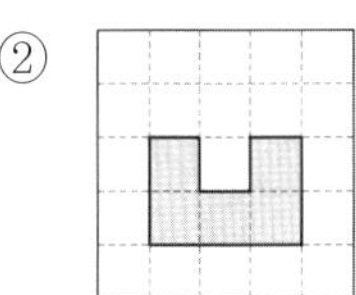

③
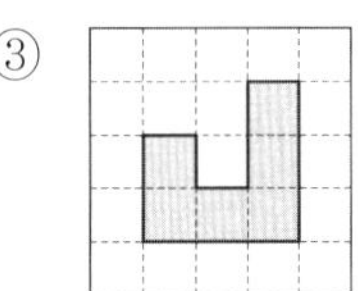

④
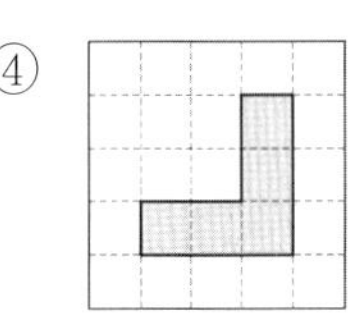

22 다음과 같은 모양을 만들기 위해서 사용한 쌓기나무의 개수는?

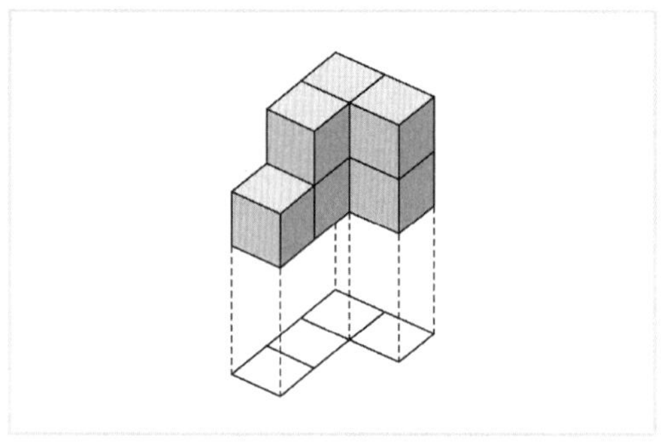

① 3개　　② 5개

③ 7개　　④ 9개

23 다음은 쌓기나무로 쌓은 모양과 이를 위에서 본 모양이다. 똑같은 모양으로 쌓는 데 필요한 쌓기나무의 개수는?

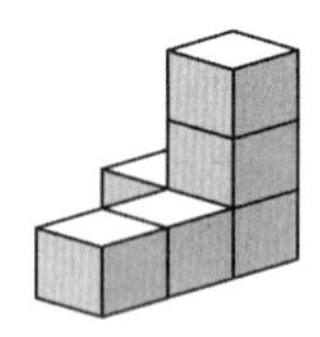

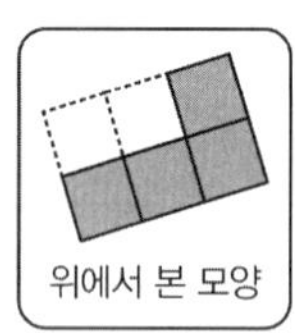

① 6개　　② 7개

③ 8개　　④ 9개

24 그림과 같이 쌓기나무 5개를 쌓았을 때, 앞에서 본 모양은?

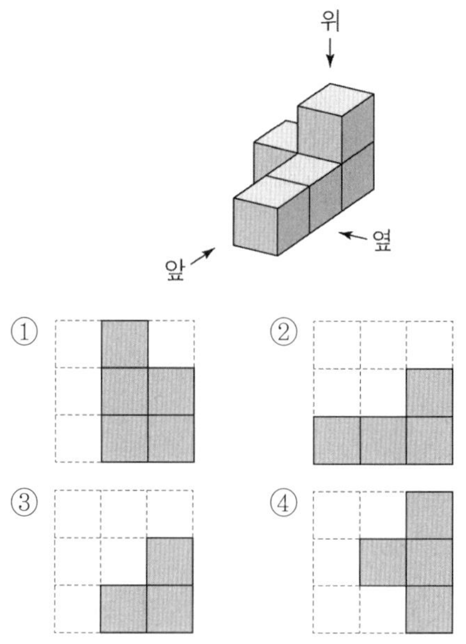

25 다음은 원뿔의 각 부분의 이름을 나타낸 것이다. 이름을 잘못 말한 것은?

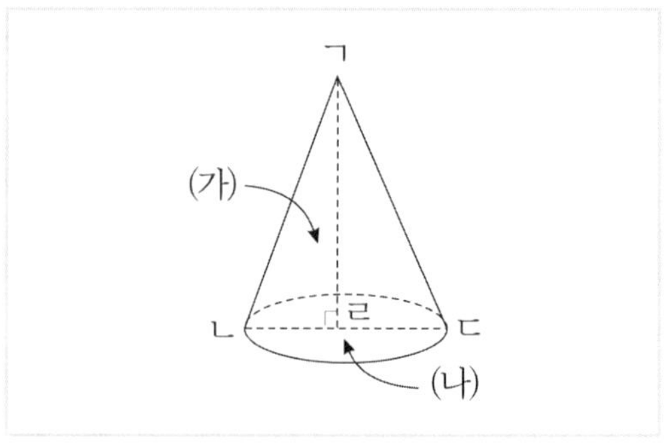

① (가) ⇒ 옆면

② (나) ⇒ 밑면

③ 선분 ㄱㄹ ⇒ 높이

④ 선분 ㄱㄴ ⇒ 모서리

26 원뿔에서 모선의 길이는?

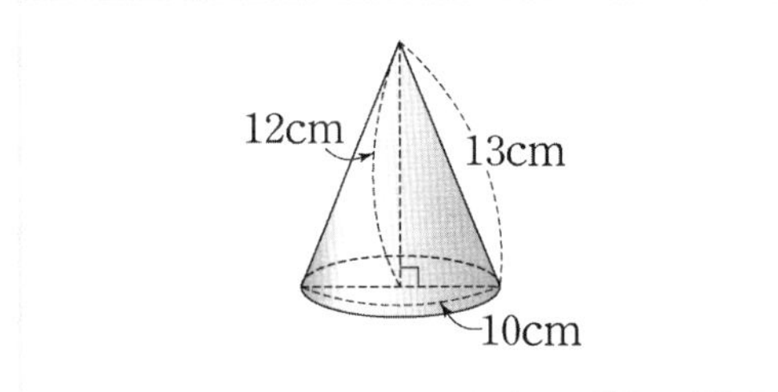

① 10cm ② 12cm
③ 13cm ④ 15cm

27 직각삼각형을 직선을 축으로 하여 한 번 회전시켰을 때, 얻어지는 입체도형은?

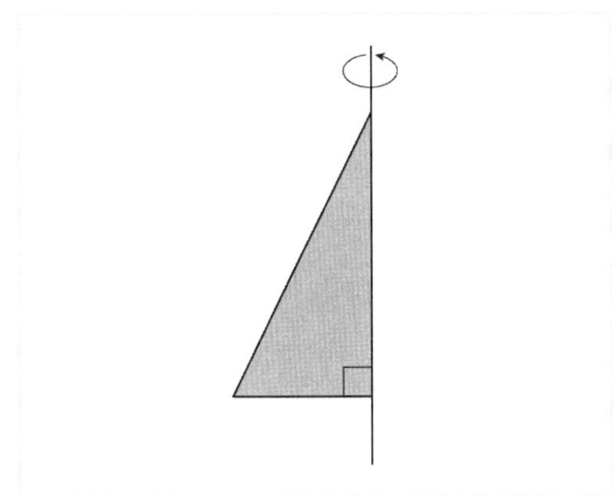

① 각뿔 ② 원뿔
③ 각기둥 ④ 원기둥

28 다음 원기둥의 전개도에서 □ 안에 알맞은 수는?

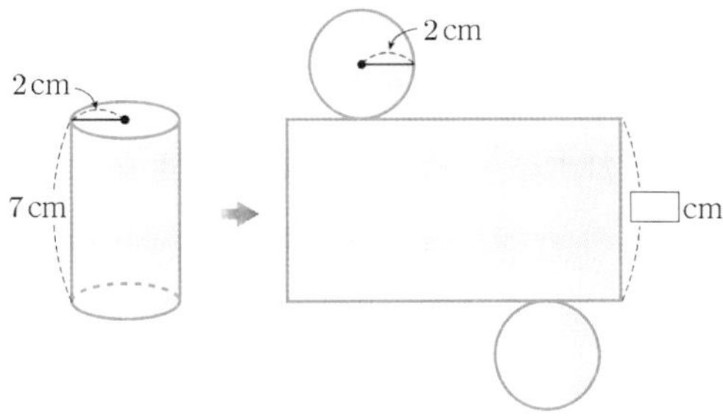

① 2 ② 5
③ 7 ④ 9

07 장 비와 비례

01 비와 비율

(1) 비

① 어떤 두 수를 비교할 때 사용하며 기호 ':'으로 나타낸다.

② 한 모둠의 남학생이 3명, 여학생이 4명일 때, 남학생과 여학생의 수의 비를 **3 : 4라 쓰고 '3대 4'라 읽는다.**

> 간단 예제
>
> **비 3 : 5를 읽는 여러가지 방법은 다음과 같다.**
>
> ① 3 대 5
>
> ② 3과 5의 비
>
> ③ 5에 대한 3의 비
>
> ④ 3의 5에 대한 비

(2) 비율

① 비 3 : 4에서 왼쪽의 3은 비교하는 양, 오른쪽 4는 기준량이다.

② 비율은 비교하는 양을 기준량으로 나눈 것

$$(\text{비율})=\frac{(\text{비교하는 양})}{(\text{기준량})}$$

> 간단 예제
>
> 비 3 : 4를 비율로 나타내면 ⇒ ($\frac{3}{4}$) 또는 (0.75)이다.

(3) 백분율

비율에 100을 곱한 값으로 기호 %를 사용하여 나타내고 퍼센트라 읽는다.

> 간단 예제
>
> 비율 $\frac{1}{4}$을 백분율로 나타내면 ⇒ ($\frac{1}{4}\times 100 = 25\%$)이다.

02 비례식

(1) 비례식

비율이 같은 두 비를 등식으로 나타낸 식 ⇒ 1 : 2 = 2 : 4

① 비 1 : 2에서 앞에 있는 1은 **전항**, 뒤에 있는 2는 **후항**이라 한다.

② 비례식 1 : 2 = 2 : 4에서 바깥에 있는 1과 4는 **외항**, 안에 있는 2와 2는 **내항**이라 한다.

(2) 비의 성질

① 전항과 후항에 0이 아닌 같은 수를 곱하여도 비율은 같다.

② 전항과 후항에 0이 아닌 같은 수로 나누어도 비율은 같다.

> **간단 예제**
>
> 1. $2:3=(2\times 2):(3\times 2)=4:6$
> 2. $4:6=(4\div 2):(6\div 2)=2:3$

(3) **비례식의 성질** : 비례식에서 외항의 곱과 내항의 곱은 같다.

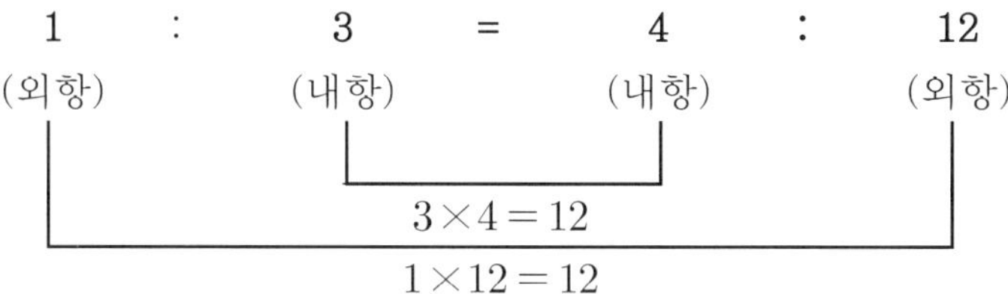

03 비례배분

① 전체를 주어진 비로 배분하는 것을 비례배분이라 한다.

② ■를 가 : 나 = ★ : ●로 비례배분하는 방법

$$가=■\times\frac{★}{★+●} \qquad 나=■\times\frac{●}{★+●}$$

> **간단 예제**
>
> 사탕 10개를 나 : 동생 = 2 : 3의 비로 나누어 가지려면
>
> $나=10\times\frac{2}{(2+3)}=10\times\frac{2}{5}=4,\quad 동생=10\times\frac{3}{(2+3)}=10\times\frac{3}{5}=6$
>
> 나는 4개, 동생은 6개씩 나누어 가지면 된다.

07장 기출문제로 유형 잡기

01 다음은 가위의 수와 풀의 수의 비를 알아보는 과정이다. □에 알맞은 것은?

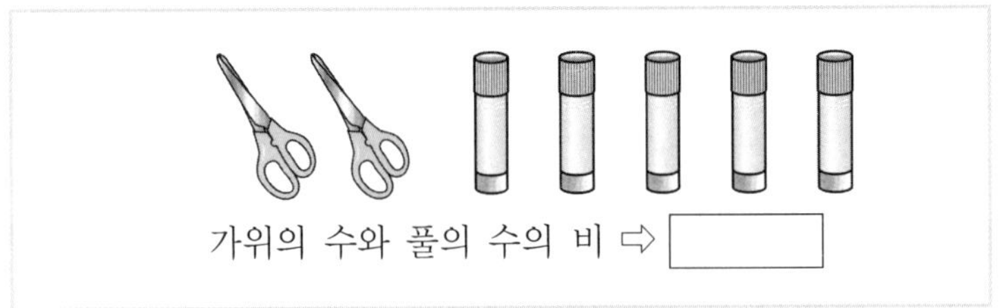

가위의 수와 풀의 수의 비 ⇨ □

① 2 : 5　　② 2 : 7
③ 3 : 5　　④ 3 : 7

정답 잡기 가위의 수와 풀의 수의 비는 (가위의 수) : (풀의 수)라 쓴다. 가위는 2개이고, 풀은 5개이므로, 2 : 5이다.
따라서 정답은 ①이다.

02 다음 비를 바르게 읽은 것은?

2 : 3

① 3 대 2　　② 2와 3의 비
③ 3의 2에 대한 비　　④ 2에 대한 3의 비

정답 잡기 어떤 두 수를 비교할 때, 비의 기호 : 를 이용하며,
주어진 2: 3을 읽는 방법은
1) 2 대 3
2) 2와 3의 비
3) 3에 대한 2의 비
4) 2의 3에 대한 비
와 같이 다양한 방법이 있다.
따라서 정답은 ②이다.

오답 잡기
2: 3에서 앞의 수를 비교하는 양, 뒤의 수를 기준량이라 하며, 따라서 기준이 되는 뒤의 수에 '~에 대한' 이라는 표현을 써서 2의 3에 대한 비 또는 3에 대한 2의 비라 읽는다.

정답 01 ① 02 ②

3 다음 정다각형 중 전체에 대한 색칠된 부분의 비율이 가장 큰 것은?

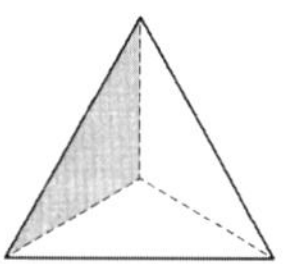
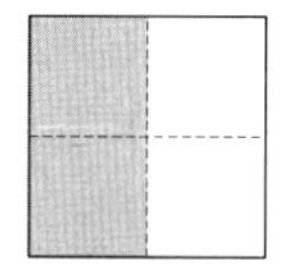

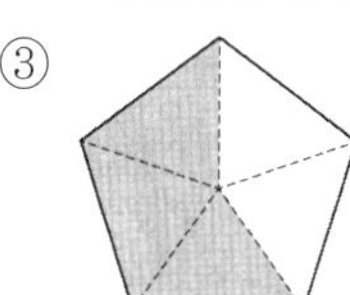

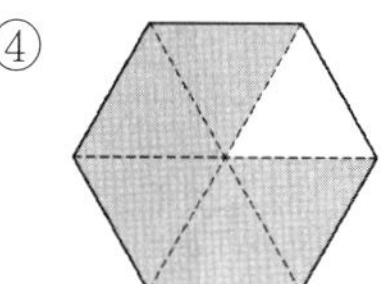

정답잡기 전체에 대한 색칠된 부분의 비율을 구하면,
① 전체 : 3칸, 색칠된 부분 : 1칸 이므로 $\frac{1}{3}$
② 전체 : 4칸, 색칠된 부분 : 2칸 이므로 $\frac{2}{4}$
③ 전체 : 5칸, 색칠된 부분 : 3칸 이므로 $\frac{3}{5}$
④ 전체 : 6칸, 색칠된 부분 : 5칸 이므로 $\frac{5}{6}$
그러므로 가장 큰 분수를 구하면, $\frac{5}{6}$이다.

4 그림에서 색칠한 부분과 전체의 비를 백분율로 나타낸 것은?

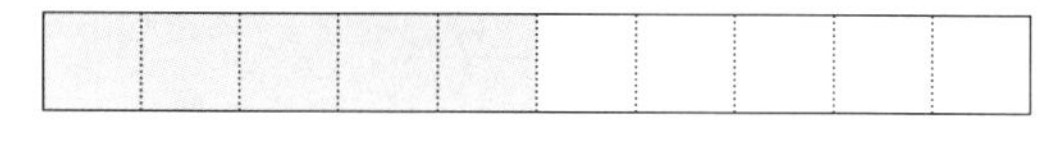

① 50% ② 60%
③ 70% ④ 80%

정답잡기 전체는 10칸이고, 색칠한 부분은 5칸이므로,
색칠한 부분과 전체의 비를 백분율로 나타내면,
$\frac{\text{색칠한 부분}}{\text{전체}} \times 100 = \frac{5}{10} \times 100$ (%)가 된다.
따라서, 답은 50%이므로 ①번이다.

정답 03 ④ 04 ①

05 어느 가게에서 과자를 다음과 같이 할인하여 판매하고 있다. □에 들어갈 과자의 할인율은?

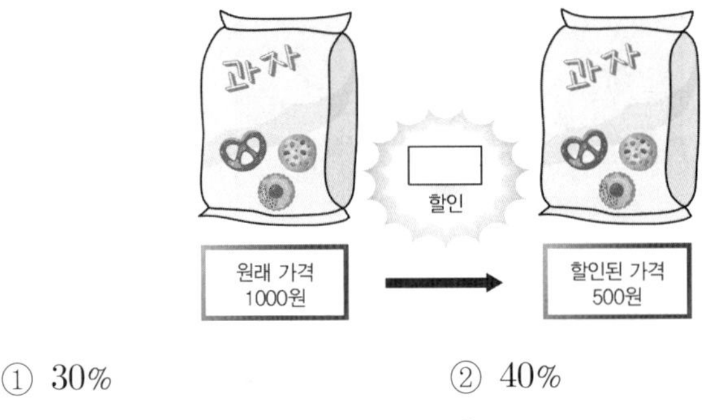

① 30%　　② 40%
③ 50%　　④ 60%

정답잡기) 과자의 할인율을 백분율로 나타내는 문제이다.
$\frac{\text{비교하는 양}}{\text{기준량}}$을 비율이라 하고, 백분율은 기준량을 100으로 할 때 비교하는 양의 비율을 백분율이라 한다.
따라서 문제의 비교하는 양은 할인된 가격이고, 기준량은 원래의 가격이므로, 비율을 구하면 $\frac{500}{1000}$이고, 기준량을 100으로 나타내면 $\frac{50}{100}$이므로,
백분율은 50%가 된다.
[다른 풀이]
간단하게 백분율은 비율×100으로 계산하며, 단위는 %로 나타낸다. 그러므로 위의 풀이를 참고하여 비율을 계산한 후 백분율을 구하면, $\frac{500}{1000}\times 100 = 50$%로 계산할 수도 있다.

06 그림의 직사각형은 가로와 세로의 길이의 비가 3 : 2이다. 가로의 길이가 30cm일 때, □ 안에 들어갈 알맞은 수는?

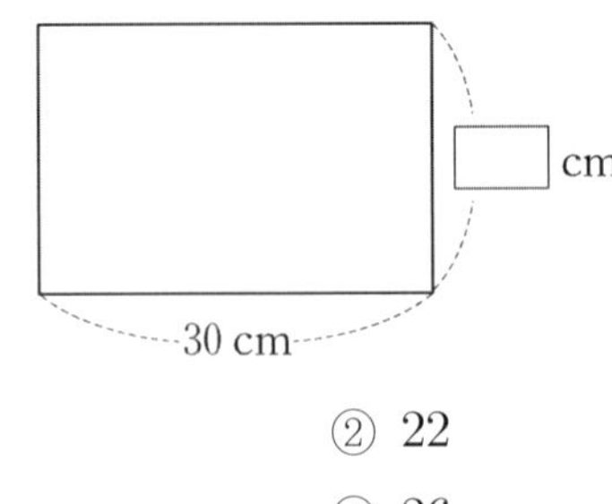

① 20　　② 22
③ 24　　④ 26

정답잡기) 그림에서 가로와 세로의 비는 3 : 2이고 가로의 길이가 30cm일 때, 비례식의 성질을 이용해 세로의 길이를 구하면
3 : 2 = 30cm : □cm
3×□ = 30×2
(내항의 곱 = 외항의 곱)
3×□ = 60(좌변과 우변을 3으로 나누어도 등식은 성립)
∴ □ = 20

정답 05 ③ 06 ①

7 꽃병 2개를 만들려면 찰흙 6개가 필요하다. 꽃병 4개를 만들기 위해 필요한 찰흙의 수는?

① 6　② 8
③ 10　④ 12

정답잡기 꽃병과 찰흙의 수에 대하여 규칙을 만들어보면 꽃병 2개당 찰흙이 6개 필요하므로
꽃병 1개당 찰흙이 3개 필요함을 알 수 있고, 이 관계를 식으로 만들어보면 (꽃병의 개수)×3=(찰흙의 개수)가 된다.
따라서 꽃병 4개를 만들기 위해서는 찰흙이 4×3인 12개가 필요하다.
따라서 정답은 ④번이다.
[다른 풀이]
비례식을 이용하여 문제를 해결할 수 있다.
꽃병 2개를 만들기 위해 찰흙이 6개 필요하다는 조건을 꽃병의 개수에 대한 찰흙의 개수의 비로 나타내면 6 : 2가 되고, 꽃병 4개를 만들기 위해 필요한 찰흙의 개수를 □라 하여 비로 나타내면, □ : 4이므로,
6 : 2 = □ : 4가 된다.
내항의 곱과 외항의 곱이 같음을 이용하면,
2×□ = 6×4
2×□ = 24이므로,
□ = 24 ÷ 2 = 12가 되어, 필요한 찰흙의 개수는 12개임을 알 수 있다.

정답 07 ④

08 용돈 1000원을 누나와 동생이 3 : 7로 나누어 가질 때, 두 사람이 각각 가지게 되는 금액은?

	누나의 용돈	동생의 용돈
①	200원	800원
②	300원	700원
③	400원	600원
④	500원	500원

정답잡기 비례배분이란 전체를 주어진 비로 배분하는 것을 말한다. 비례배분을 할 때에는 주어진 비의 전항과 후항의 합을 분모로 하는 분수의 비로 고쳐서 계산하면 편리하다.
용돈 1000원을 3 : 7로 나누어 가진다고 하였으므로, 전항과 후항의 합을 분모로 하면, 3+7이다.
그러므로 누나의 용돈
$=1000\times\frac{3}{3+7}$
$=1000\times\frac{3}{10}=300$,
동생의 용돈
$=1000\times\frac{7}{3+7}$
$=1000\times\frac{7}{10}=700$이다.
따라서 정답은 ②이다.

참고 ■를 가 : 나=★ : ●로 비례배분하는 방법
가=■×$\frac{★}{★+●}$
나=■×$\frac{●}{★+●}$

09 슬기와 연수가 빵 10개를 3 : 2로 나누어 가지려고 할 때, □ 안에 공통으로 들어갈 알맞은 식은?

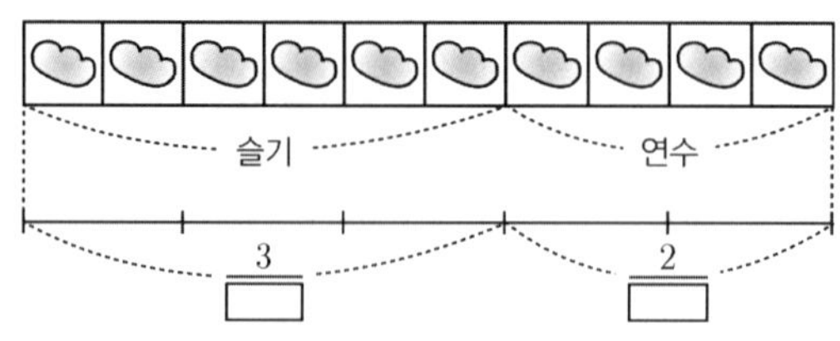

① 1+1　② 2+1
③ 2+2　④ 3+2

정답잡기 비례배분이란 전체를 주어진 비로 배분하는 것을 말한다. 비례배분을 할 때에는 주어진 비의 전항과 후항의 합을 분모로 하는 분수의 비로 고쳐서 계산하면 편리하다.
빵 10개를 3 : 2로 나누어 가진다고 하였으므로, 전항과 후항의 합을 분모로 하면, 3+2이다.
그러므로 $\frac{3}{3+2}$와 $\frac{2}{3+2}$이다.

정답 08 ② 09 ④

07장 예상문제로 실력 잡기

1 다음 비를 가장 간단한 자연수의 비로 나타낸 것은?

2.4 : 3.2

① 3 : 4 ② 6 : 8
③ 12 : 16 ④ 24 : 32

2 다음 비와 비율이 같은 것은?

3 : 4

① 0.4 : 0.3 ② 8 : 6
③ $\frac{1}{3}$: $\frac{1}{4}$ ④ 30 : 40

3 다음 분수를 백분율로 나타낸 것은?

$$\frac{1}{4}$$

① 0.4% ② 1.4%
③ 41% ④ 25%

4 과수원에는 사과나무 55그루, 감나무 45그루로 모두 100그루의 나무가 심어져 있다. 과수원에 있는 감나무는 전체의 몇 %인가?

① 35% ② 45%
③ 55% ④ 65%

5 정사각형을 똑같이 100칸으로 나누었을 때, 전체에 대한 색칠한 부분의 비율을 백분율로 나타낸 것은?

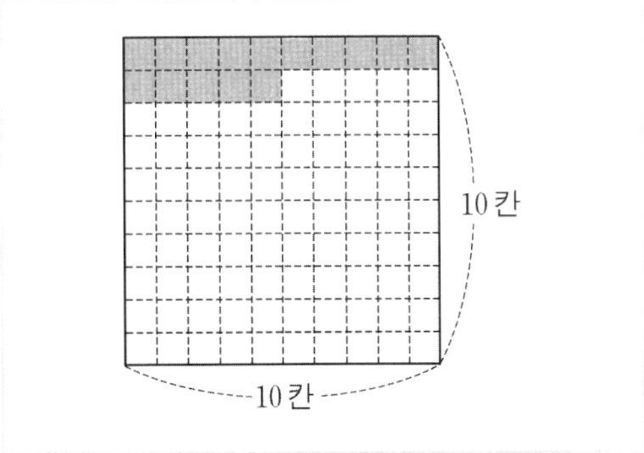

① 5% ② 10%
③ 15% ④ 20%

6 □ 안에 알맞은 수는?

2 : 3 = 6 : □

① 4 ② 7
③ 9 ④ 18

07 다음 비례식에서 ㉠에 들어갈 수는?

$3 : 2 = 9 : $ ㉠

① 2　② 4
③ 6　④ 8

08 다음 비례식에 대한 설명으로 옳지 않은 것은?

$2 : 3 = 4 : 6$

① 등식이 성립하는 비례식이다.
② 외항은 2와 6이다.
③ 내항은 3과 4이다.
④ 3 : 5와 비율이 같다.

09 사탕 6개를 슬기와 연수가 2 : 1로 나누어 가지려고 한다. 연수가 가지게 될 사탕의 개수는?

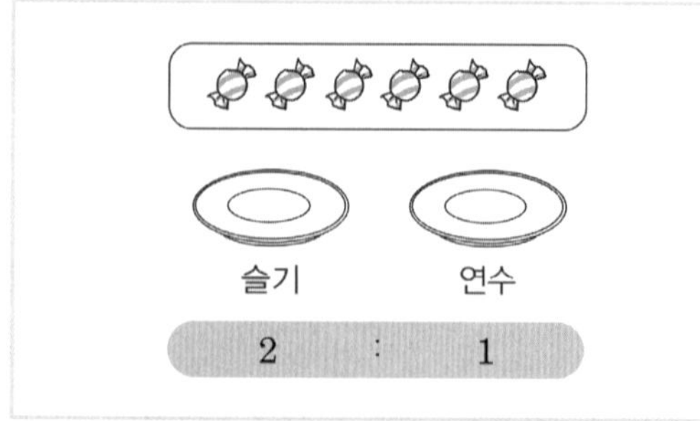

① 1개　② 2개
③ 3개　④ 4개

10 귤 54개를 할아버지 댁과 이모 댁에 5 : 4의 비율로 나누어 드리려면 각각 몇 개씩 드리면 되는지 □ 안에 알맞은 수를 차례대로 나열한 것은?

(할아버지 댁) $= 54 \times \dfrac{\square}{(5+4)} = \square$(개)

(이모 댁) $= 54 \times \dfrac{\square}{(5+4)} = \square$(개)

① 5, 20, 4, 24
② 5, 30, 4, 24
③ 4, 24, 5, 20
④ 5, 24, 4, 30

11 지혜와 예슬이는 길이가 40cm인 테이프를 2 : 3의 비로 비례배분하여 가졌다. 지혜가 가진 색 테이프의 길이는?

① 15cm　② 16cm
③ 17cm　④ 18cm

12 민지네 반의 전체 학생 수는 36명이고, 여학생과 남학생 수의 비는 5 : 7이다. 여학생 수와 남학생 수를 각각 구하면?

① 여학생 10명, 남학생 20명
② 여학생 15명, 남학생 20명
③ 여학생 15명, 남학생 21명
④ 여학생 20명, 남학생 21명

08장 자료의 관찰과 표현

01 평균

(1) **평균** : 주어진 자료에서 전체를 더한 합계를 자료의 개수로 나눈 값

$$(\text{평균}) = \frac{(\text{자료의 합계})}{(\text{자료의 개수})}$$

간단 예제

7, 8, 12, 13의 평균을 구하시오.

방법 1 (자료 값의 합) = 7 + 8 + 12 + 13 = 40

(평균) = 40 ÷ 4 = 10

방법 2 합 20이 되도록 두 개씩 묶으면 (7, 13), (8, 12)

(평균) = (20 + 20) ÷ 4 = 10

(2) **평균을 이용하여 문제 해결하기**

아래 표를 예로 들어보면,

	1회	2회	3회
슬기의 기록(개)	10	6	8
민지의 기록(개)	7	9	5

① 슬기의 횟수의 평균 기록은

(10 + 6 + 8) ÷ 3 = 24 ÷ 3 = 8(개)

② 민지의 횟수의 평균 기록은

(7 + 9 + 5) ÷ 3 = 21 ÷ 3 = 7(개)

③ 둘의 평균 기록을 비교하면 8개 > 7개이므로 슬기가 민지보다 더 기록이 좋다.

02 사건이 일어날 가능성

(1) **가능성 :** 어떠한 상황에서 특정한 상황이 일어나길 기대할 수 있는 정도

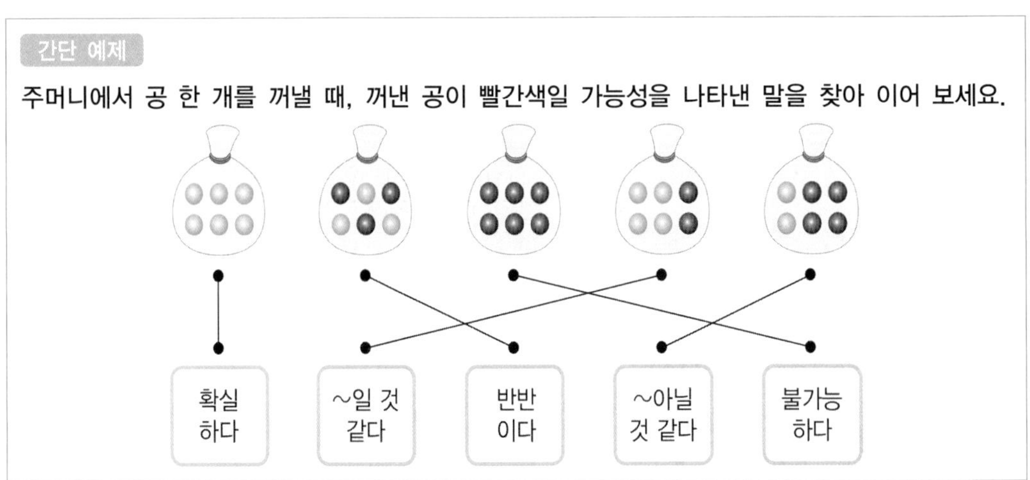

(2) **일이 일어날 가능성을 수로 나타내기**

일이 일어날 가능성을 수로 나타내면 다음과 같다.

① 확실하다 : 1

② 반반이다 : $\frac{1}{2}$

③ 불가능하다 : 0

03 그래프

(1) **목적에 알맞은 그래프를 나타내기**

① 그림그래프 : 한눈에 비교하기 쉽게 그림으로 나타낸 그래프

예 쌀 생산량, 쓰레기 배출량

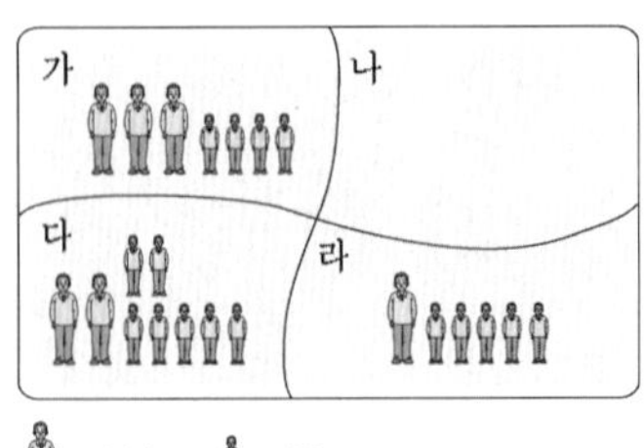

그림그래프

② **막대그래프** : 막대로 자료의 양의 많고 적음을 쉽게 비교하는 그래프

예 혈액형별 학생 수

③ **꺾은선그래프** : 연속적으로 변하는 값을 점으로 찍은 후 그 점을 선으로 연결한 그래프로 자료의 변화 정도를 알아볼 때 사용한다.

예 식물의 길이 변화, 실내 온도의 변화

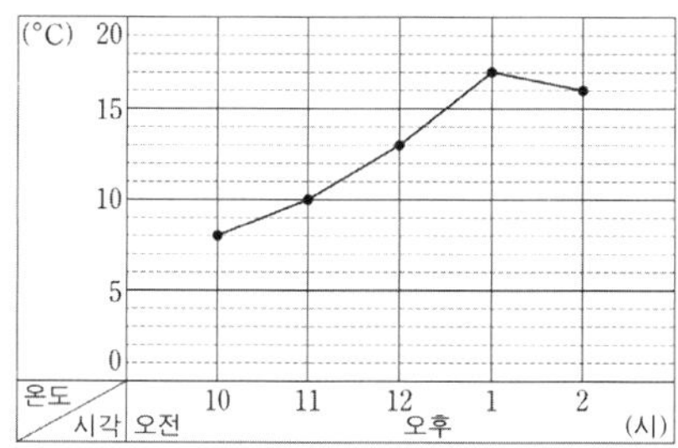

꺾은선그래프

막대그래프	꺾은선그래프
・각 부분의 크기를 비교하기 쉽다. ・수치의 크기를 정확히 나타낼 수 있다. ・전체 자료의 모습을 한눈에 확인할 수 있다.	・연속적 변화 모양을 한눈에 알 수 있다. ・늘어나고 줄어드는 변화를 알기 쉽다. ・조사하지 않은 중간 값을 예상할 수 있다.

(2) 비율 그래프

① **띠그래프** : 전체에 대한 각 항목의 비율을 띠 모양으로 나타낸 비율 그래프로서 항목의 면적이 넓을수록 높은 비율을 차지한다.

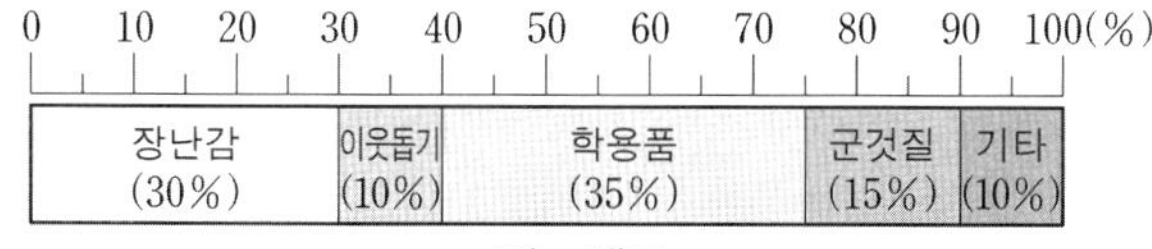

띠그래프

② **원그래프** : 전체에 대한 각 부분의 비율을 원 모양으로 나타낸 비율 그래프로서 각 항목 간 비율을 비교하기 쉽고, 각 항목이 차지하는 면적이 넓을수록 높은 비율을 차지한다.

※ 전체 학생 수가 20명일 때,

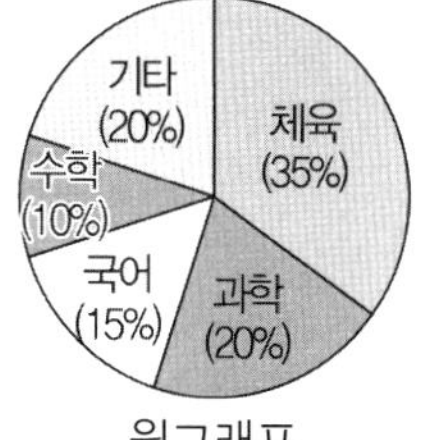

원그래프

→

과목	체육	과학	국어	수학	기타
학생 수(명)	7	4	3	2	4
백분율(%)	35	20	15	10	20

04 규칙과 대응

① 규칙이 있는 두 수 사이의 대응 관계

② 대응 관계를 식으로 나타내기

자동차의 수(■)	1	2	3	4
바퀴의 수(▲)	4	8	12	16

자동차의 수×4=바퀴의 수 ⇒ ■×4=▲

08장 기출문제로 유형 잡기

01 표는 은서네 모둠 학생 4명이 한 달 동안 대출한 도서 수를 나타낸 것이다. 한 달 동안 은서네 모둠 학생 4명이 대출한 도서 수의 평균을 구하는 식으로 알맞은 것은?

〈대출한 도서 수〉

이름	은서	수일	지혜	도영
도서 수(권)	6	4	6	8

① 6+4+6+8　② 6×4×6×8
③ (6+4+6+8)÷4　④ (6×4×6×8)÷5

정답잡기 4명이 대출한 도서 수의 평균은 (4명의 도서 수의 합)÷4로 계산할 수 있다.
그러므로 평균 =(6+4+6+8)÷4이다.

02 표는 어떤 학생의 과목별 점수이다. ㉠에 들어갈 알맞은 수는?

과목	국어	사회	수학	과학	합계	평균
점수(점)	㉠	85	95	85	360	90

① 80　② 85
③ 90　④ 95

정답잡기 합계가 360이므로 국어, 사회, 수학, 과학을 모두 더하면
㉠+85+95+85=360
㉠+265=360
㉠=360−265
∴ ㉠=95

03 회전판의 화살을 돌렸을 때, 화살이 색칠한 부분에 멈출 가능성은?

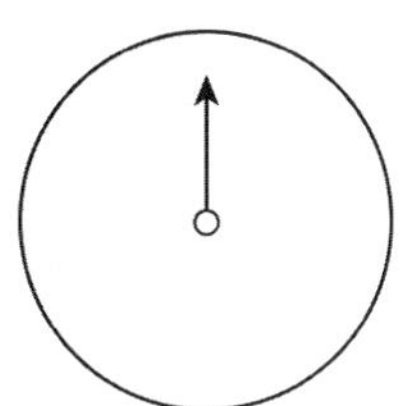

① 불가능하다　② ~아닐 것 같다
③ 반반이다　④ 확실하다

정답잡기 회전판의 색칠한 부분은 절반이므로, 화살이 색칠한 부분에 멈출 가능성은 반이다.

정답 01 ③ 02 ④ 03 ③

04 다음과 같은 일이 일어날 가능성을 가장 적절하게 표현한 것은?

- 3과 5를 곱하면 20이다.
- 내년에는 8월이 3월보다 빨리 온다.

① 확실하다.
② ~일 것 같다.
③ ~아닐 것 같다.
④ 불가능하다.

정답잡기 3과 5를 곱하면 15가 나오고, 8월은 항상 3월보다 늦게 오기 때문에 주어진 문장이 일어날 가능성은 조금도 존재하지 않는다.

참고 일이 일어날 가능성을 표현하는 방법은 다음의 다섯 가지와 같다.
- 확실하다 : 반드시 일어난다.
- ~일 것 같다 : 반드시는 아니지만, 일이 일어날 가능성이 반보다 높다.
- 반반이다 : 일이 일어날 가능성이 반, 일어나지 않을 가능성이 반이다.
- ~아닐 것 같다 : 일이 일어날 가능성이 반보다 낮다.
- 불가능하다 : 절대 일어나지 않는다.

05 그래프는 필통 안에 들어 있는 학용품의 수를 나타낸 것이다. 이에 대한 설명으로 옳지 않은 것은?

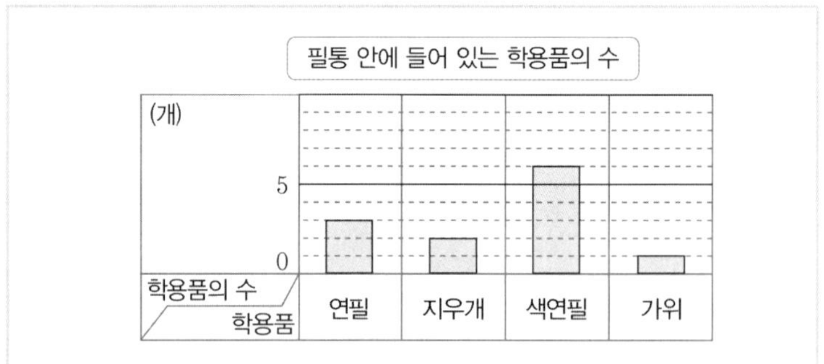

① 연필은 3개이다.
② 지우개는 2개이다.
③ 지우개와 가위의 개수는 같다.
④ 색연필의 개수는 지우개의 개수보다 많다.

정답잡기 주어진 막대그래프의 세로 눈금 한 칸의 크기는 1(개)를 뜻하므로 필통 안에 들어 있는 학용품의 수를 구하면, 연필은 3개, 지우개는 2개, 색연필은 6개, 가위는 1개이다. 이때, 지우개와 가위의 개수는 같지 않으므로, 정답은 ③이다.

정답 04 ④ 05 ③

06 다음은 학생들이 좋아하는 간식을 조사하여 막대그래프로 나타낸 것이다. 그래프에서 알 수 있는 사실로 옳은 것은?

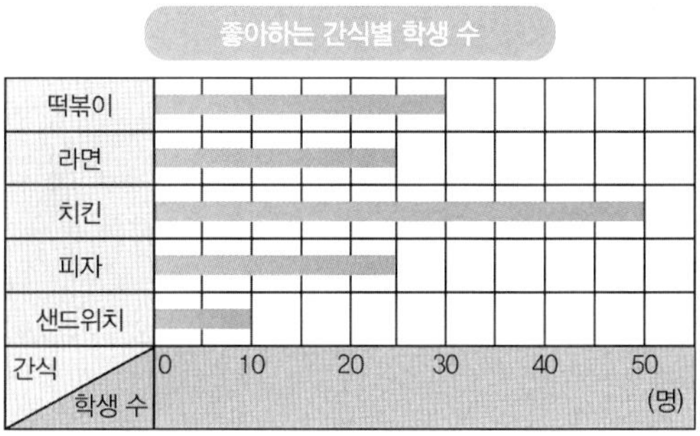

좋아하는 간식별 학생 수

간식	학생 수 (명)
떡볶이	30
라면	25
치킨	50
피자	25
샌드위치	10

① 라면을 좋아하는 학생의 수는 30명이다.

② 학생들이 가장 좋아하는 간식은 치킨이다.

③ 피자를 좋아하는 학생은 떡볶이를 좋아하는 학생보다 많다.

④ 떡볶이를 좋아하는 학생의 수는 샌드위치를 좋아하는 학생의 수의 2배이다.

정답잡기 막대그래프의 가로 눈금 한 칸이 몇을 나타내는지를 먼저 파악하면,
10명당 2칸인 것으로 보아, 가로 눈금 한 칸이 5명을 나타냄을 알 수 있다.
② 막대그래프의 길이가 가장 긴 항목은 치킨이므로 옳은 설명이다.

오답잡기
① 라면을 좋아하는 학생의 수는 가로눈금 5칸이므로 25명임을 알 수 있다. 틀린 설명이다.
③ 피자와 떡볶이의 막대그래프의 길이를 비교하면, 떡볶이의 길이가 더 길기 때문에 틀린 설명이다.
④ 떡볶이를 좋아하는 학생 수는 6칸이고, 샌드위치를 좋아하는 학생 수는 2칸이므로, 떡볶이를 좋아하는 학생의 수는 샌드위치를 좋아하는 학생의 수의 3배이므로 틀린 설명이다.

정답 06 ②

07 다음 그래프는 어느 지역의 하루 중 기온 변화를 조사하여 나타낸 것이다. 설명이 옳은 것은?

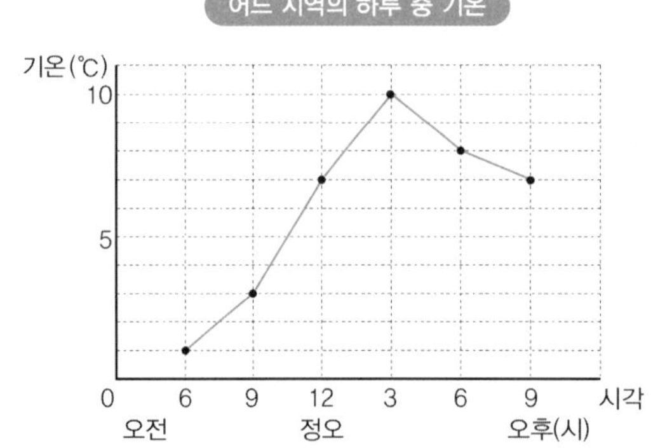

① 막대그래프이다.

② 오전 9시에 기온이 가장 높다.

③ 오후 3시에 기온이 가장 낮다.

④ 오후 6시보다 오후 9시에 기온이 더 낮아졌다.

정답잡기) 주어진 그래프는 꺾은선 그래프이다.
가로는 시각을, 세로는 기온을 뜻하며, 세로의 한 칸의 크기는 1℃를 나타낸다.
그래프를 읽어보면 기온은 오전 6시 1℃에서 9시까지 3℃로 높아지고, 정오에는 7℃로 높아진다. 계속 높아져서 오후 3시의 기온은 10℃이며, 그 이후 기온이 낮아져서 오후 6시에는 8℃, 오후 9시에는 7℃이다. 그러므로 알맞은 설명은 ④임을 알 수 있다.

오답잡기)

① 주어진 그래프는 꺾은선 그래프이다.
막대그래프는 아래와 같은 그래프를 말한다.

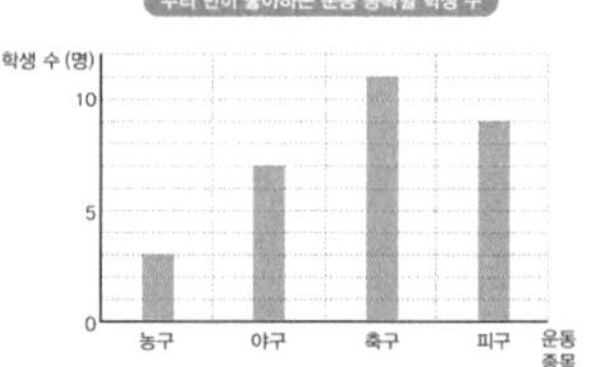

② 기온이 가장 높은 시각은 오후 3시이다. 그래프에서 가장 높은 부분을 찾으면 된다.

③ 기온이 가장 낮은 시각은 오전 6시이다. 그래프에서 가장 낮은 부분을 찾으면 된다.

08 다음은 어느 초등학교 학생들이 여름방학 동안 읽은 책의 종류를 조사하여 나타낸 띠그래프이다. 가장 많이 읽은 책의 종류는?

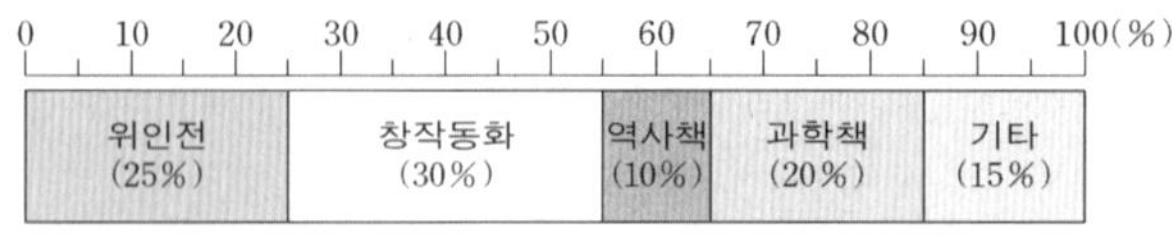

① 위인전 ② 창작동화

③ 역사책 ④ 과학책

정답잡기) 띠그래프는 항목의 면적이 넓을수록 높은 비율을 차지하므로 가장 많이 읽은 책의 종류는 면적이 가장 넓은 창작동화(30%)가 가장 많이 읽은 책이다.

※ 띠그래프 : 전체에 대한 각 항목의 비율을 띠 모양으로 나타낸 비율 그래프

정답 07 ④ 08 ②

09 다음은 슬기네 반 전체 학생들이 좋아하는 운동을 조사하여 표와 원그래프로 나타낸 것이다. ㉠에 알맞은 수는?

학생들이 좋아하는 운동

운동	피구	축구	야구	기타	합계
학생 수(명)	8	6	3	3	20
백분율(%)	㉠	30	15	15	100

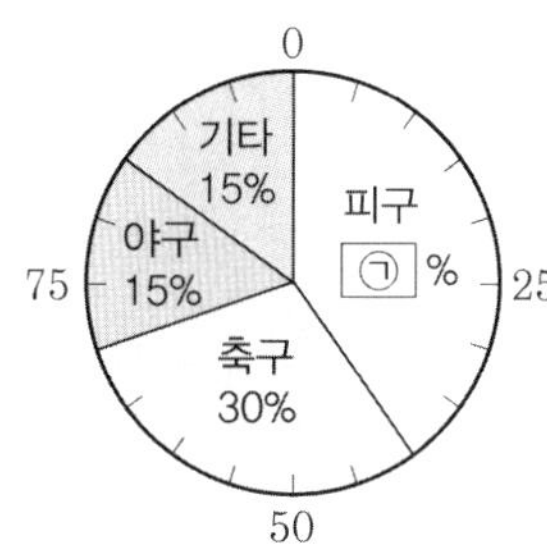

① 10 ② 20
③ 30 ④ 40

정답잡기 원그래프는 백분율을 구하고, 각 항목이 차지하는 비율만큼 나누어 그린 그래프이다. 따라서 모든 항목의 백분율을 더하면 100%가 나옴을 이용하여, ㉠에 알맞은 수를 구할 수 있다.
㉠ = 100 − 15 − 15 − 30 = 40이다.
따라서 정답은 ④이다.
[다른 풀이]
백분율을 직접 구하여 ㉠에 알맞은 수를 구할 수 있다.
먼저 전체 학생 중 피구를 좋아하는 학생의 비율을 구하면 피구를 좋아하는 학생 수는 8명이고, 전체 학생의 수는 20명이므로, 전체 학생 중 피구를 좋아하는 학생의 비율은 $\frac{8}{20}$이고, 백분율을 구하면,
$\frac{8}{20} = \frac{40}{100}$이므로, 40%이다.
그러므로 ㉠에 알맞은 수는 40이다.
따라서 정답은 ④이다.

10 표의 대응 관계를 식으로 알맞게 나타낸 것은?

□	1	2	3	4	5	…
△	3	4	5	6	7	…

① □ + 2 = △ ② □ + 3 = △
③ □ + 4 = △ ④ □ + 5 = △

정답잡기 표의 대응관계를 살펴보면, 윗줄의 수에 2를 더한 수가 아랫줄의 수임을 알 수 있다.
그러므로 □와 △의 관계는 □ + 2 = △이다.

정답 09 ④ 10 ①

11 그림과 같이 규칙에 따라 바둑돌을 놓을 때, ㉠에 놓일 바둑돌의 개수는?

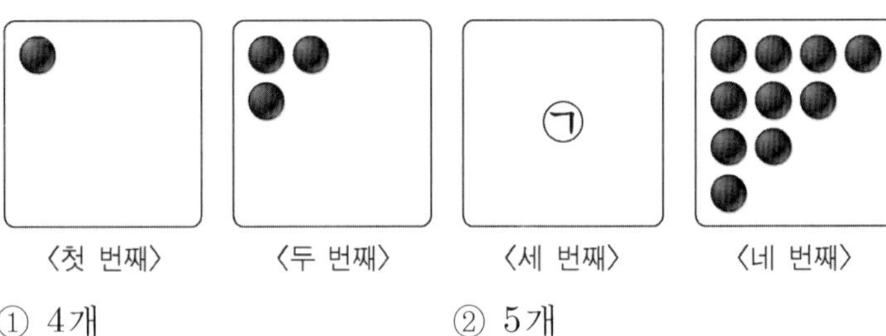

① 4개 ② 5개
③ 6개 ④ 7개

정답잡기 첫 번째 그림에서 두 번째 그림으로 변하는 규칙
⇒ 바둑돌의 개수를 한 개씩 늘려가며 원래 있던 바둑돌의 대각선 방향으로 바둑돌을 놓고 있다.
$1 \Rightarrow 1+2 \Rightarrow 1+2+3$
$\Rightarrow 1+2+3+4$

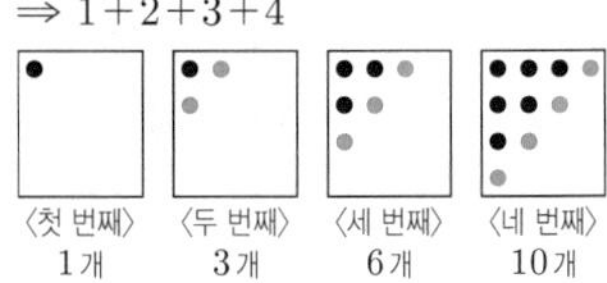

12 다음 삼각형 안의 수 배열에는 일정한 규칙이 있다. ㉠에 알맞은 수는?

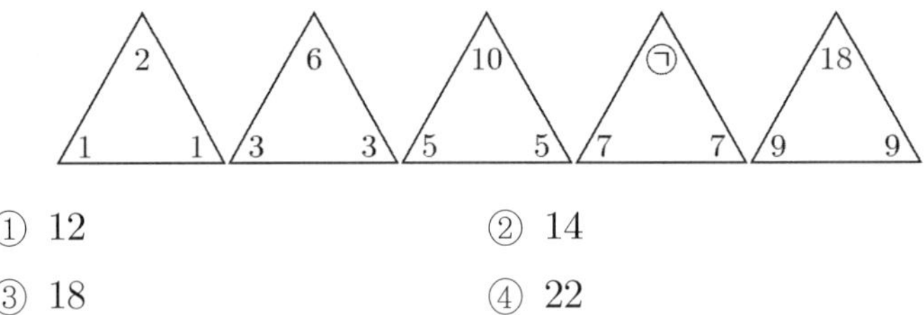

① 12 ② 14
③ 18 ④ 22

정답잡기 삼각형의 윗 부분의 수를 나열하면, 2, 6, 10, ㉠, 18이고, 이 수들의 규칙은 계속하여 4씩 커진다.
그러므로 ㉠에 알맞은 수는 $10+4=14$임을 알 수 있다.
[다른 풀이]
각 삼각형의 아래 두 숫자의 합이 위의 수와 같다.
$1+1=2$
$3+3=6$
$5+5=10$
$7+7=(14)$
$9+9=18$

정답 11 ③ 12 ②

08장 예상문제로 실력 잡기

1 다음은 어느 초등학교 6학년의 전체 학생 수를 조사한 표이다. 6학년 학생 수의 평균은?

〈6학년 학생 수〉

반	1	2	3	4	5	합계
학생 수 (명)	18	22	21	19	20	100

① 18명　② 19명
③ 20명　④ 21명

2 표는 어느 농구 팀이 경기를 3번 했을 때 얻은 점수를 나타낸 것이다.

경기	첫 번째	두 번째	세 번째
점수(점)	60	80	70

얻은 점수의 평균을 구하는 과정에서 □에 알맞은 수는?

(얻은 점수의 평균)
$= (60+80+70) \div \square = 70$

① 1　② 2
③ 3　④ 4

3 기말고사 성적표에서 수학 점수는?

〈기말고사 성적표〉

과목	국어	사회	수학	과학	총점
점수 (점)	100	80		90	360

① 70　② 80
③ 90　④ 100

4 표는 어느 학생이 5일 동안 독서한 시간을 나타낸 것이다. 이 학생의 하루 독서 시간 평균이 50분일 때, ㉠에 들어갈 수는?

요일	월	화	수	목	금
시간(분)	30	40	㉠	70	60

① 50　② 55
③ 60　④ 65

5 2개의 주사위를 동시에 던질 때, 두 눈의 수의 합이 1이 될 가능성은?

① 0　② $\frac{1}{2}$
③ $\frac{1}{3}$　④ 1

06 다음은 학생 4명의 줄넘기 횟수를 막대그래프로 나타낸 것이다. 지혜의 줄넘기 횟수는?

① 9회 ② 10회
③ 11회 ④ 12회

07 다음은 우리 반 학생 30명이 좋아하는 운동 종목을 조사하여 막대그래프로 나타낸 것이다. 가장 많은 학생들이 좋아하는 종목은?

〈우리 반이 좋아하는 운동 종목별 학생 수〉

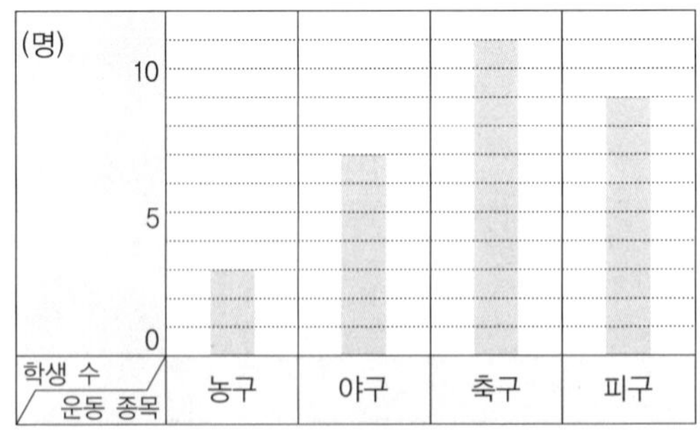

① 농구 ② 야구
③ 축구 ④ 피구

08 그래프는 운동장의 기온을 측정하여 나타낸 것이다. 설명이 옳지 않은 것은?

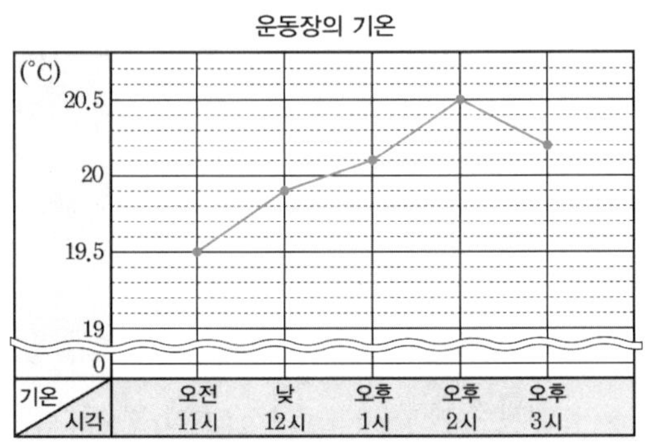

① 오전 11시의 기온이 가장 낮다.
② 낮 12시의 기온은 19.9℃이다.
③ 오후 1시의 기온은 오후 2시의 기온보다 높다.
④ 오후 2시와 오후 3시 사이에는 기온이 낮아진다.

09 다음은 어느 초등학교 학생들이 좋아하는 계절을 나타낸 그래프이다. 가장 많은 학생들이 좋아하는 계절은?

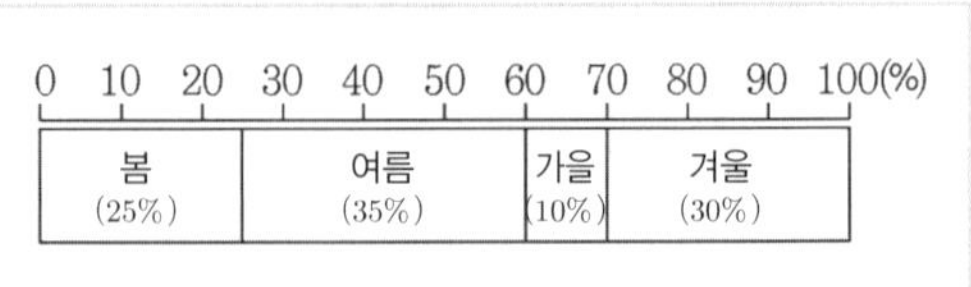

① 봄 ② 여름
③ 가을 ④ 겨울

10 다음은 학생들이 좋아하는 과목을 조사한 것이다. 원 그래프에서 가장 많은 학생들이 좋아하는 과목은?

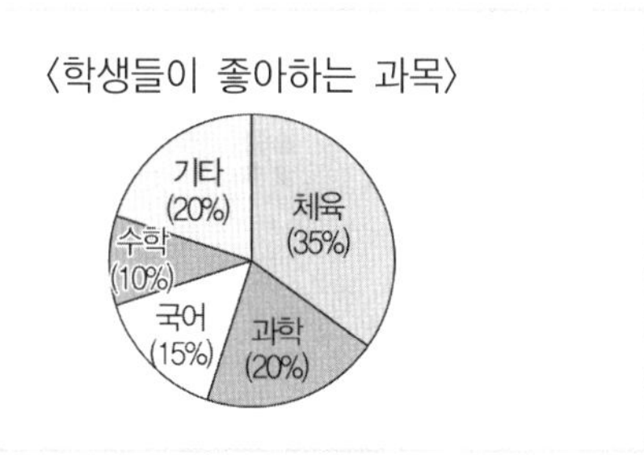

① 국어 ② 수학
③ 과학 ④ 체육

11 다음은 지영이네 반 학생 20명이 좋아하는 과일을 조사하여 표와 원그래프로 나타낸 것이다. ㉠에 해당하는 과일은?

과일	사과	딸기	포도	수박
학생 수(명)	4	8	6	2
백분율(%)	20	40	30	10

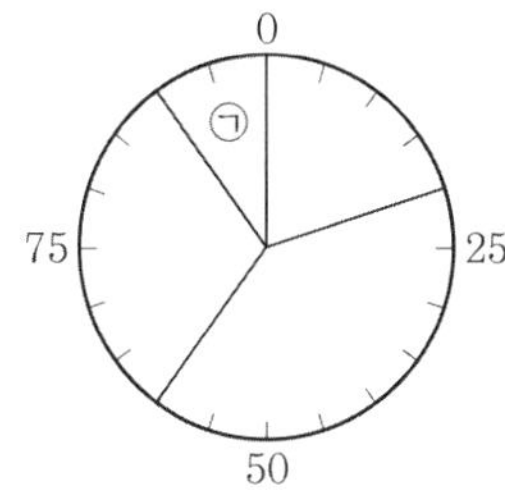

① 사과 ② 딸기
③ 포도 ④ 수박

12 다음은 학생 100명의 통학 방법을 나타낸 원 그래프이다. 이 그래프에 대한 해석으로 옳지 않은 것은?

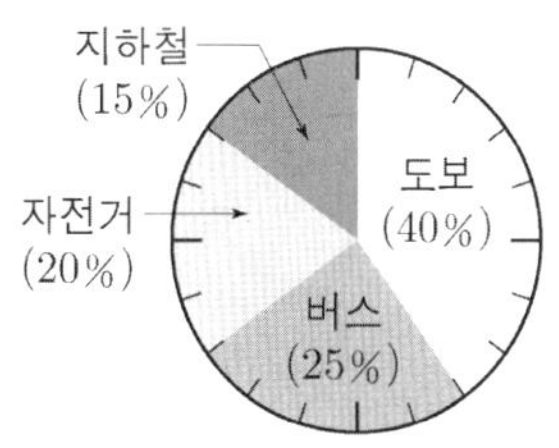

① 도보로 통학하는 학생이 가장 많다.
② 자전거로 통학하는 학생은 20명이다.
③ 지하철로 통학하는 학생은 전체의 15%이다.
④ 버스 또는 자전거로 통학하는 학생은 전체의 55%이다.

13 다음 중 △와 □ 사이의 대응 관계를 식으로 알맞게 나타낸 것은?

△	1	2	3	4	5	……
□	3	6	9	12	15	……

① □ = △ × 2
② □ = △ × 3
③ □ = △ × 4
④ □ = △ × 5

14 표와 같이 △와 □ 사이의 대응 관계가 □＝△＋5일 때, ㉠에 알맞은 수는?

△	5	10	15	20	……
□	10	15	㉠	25	……

① 20　② 21
③ 22　④ 23

15 다음은 일정한 규칙에 따라 나열한 계산식이다. ㉠에 알맞은 식은?

순서	계산식
첫째	2× 10＝ 20
둘째	2× 20＝ 40
셋째	2× 30＝ 60
넷째	㉠

① 2× 40＝ 80
② 2× 50＝ 100
③ 2× 60＝ 120
④ 2× 70＝ 140

16 그림과 같이 규칙에 따라 바둑돌을 놓을 때, 3번째 □에 놓이게 될 바둑돌의 개수는?

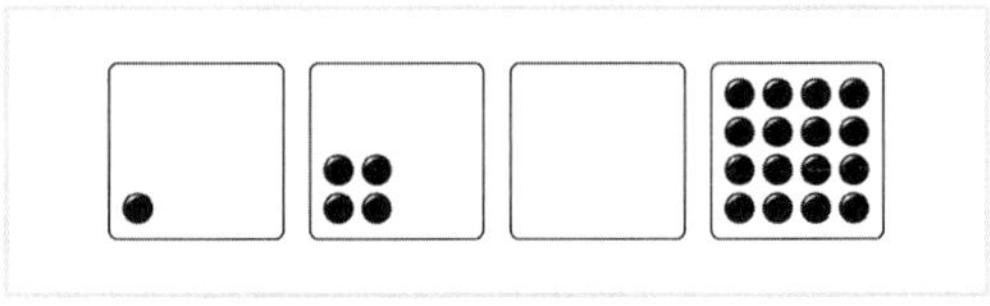

① 6개　② 9개
③ 12개　④ 15개

17 아래의 표와 같은 모양으로 규칙에 따라 바둑돌을 순서대로 늘어놓으려 한다. 3번째에 놓이는 바둑돌의 개수는?

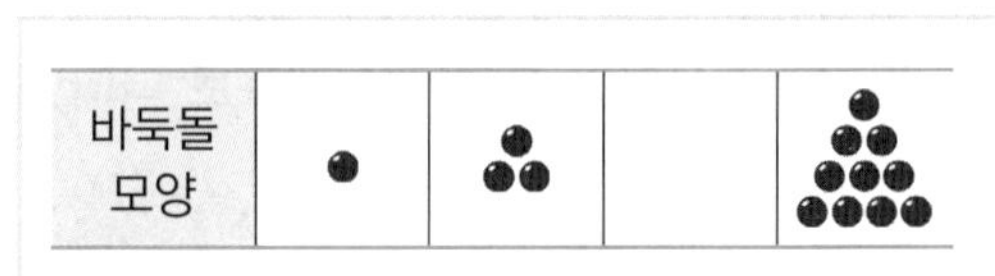

① 6개　② 7개
③ 8개　④ 9개

수학 정답 및 해설

1장 자연수와 계산

예상문제로 실력 잡기

01 ②	02 ②	03 ③	04 ②	05 ④
06 ①	07 ②	08 ④	09 ①	10 ①
11 ④	12 ②	13 ③	14 ②	15 ④
16 ②	17 ②	18 ①	19 ③	20 ②
21 ②	22 ④	23 ④	24 ②	25 ④

1 정답 ②

덧셈, 뺄셈, 곱셈, 나눗셈이 섞여 있는 식은 곱셈과 나눗셈을 먼저 계산해야 하므로
② $118-7\times6+11$은 7×6을 먼저 계산해야 한다.

2 정답 ②

32005는 10000이 3개, 1000이 2개, 100이 0개, 10이 0개, 1이 5개이므로 '삼만이천오'로 읽는다.

3 정답 ③

주어진 카드를 큰 수부터 나열하면 $8>6>5>2>0$이다.
그러므로 한 번씩만 나열하여 만들 수 있는 가장 큰 수는 86520이고, 천의 자리의 숫자는 끝에서부터 4번째 있는 수이다.

86420 →

8	6	4	2	0
만	천	백	십	일

이므로

천의 자리 숫자는 6이다.

4 정답 ②

$60000+8000+300+0+7=68307$

5 정답 ④

34257은 10000이 3개
1000이 4개
100이 2개
10이 5개
1이 7개로 이루어진 수로 삼만사천이백오십칠이라 읽는다.
이때, 밑줄 친 3이 나타내는 값은 10000이 3개이므로 30000이 된다.

6 정답 ①

3934373에서 ㉠, ㉡, ㉢, ㉣의 숫자 3이 나타내는 값을 각각 구해보면,
㉠의 3은 100만 자리의 숫자이므로, 300만을 나타낸다.
㉡의 3은 1만 자리의 숫자이므로, 3만을 나타낸다.
㉢의 3은 100의 숫자이므로, 300을 나타낸다.
㉣의 3은 1의 자리의 숫자이므로, 3을 나타낸다.
그러므로, ㉠의 숫자 3이 나타내는 값이 가장 크다.

7 정답 ②

만의 자리가 2, 천의 자리가 4, 백의 자리가 3, 십의 자리가 5, 일의 자리가 1인 수는
$20000+4000+300+50+1$이므로,
빈칸에 알맞은 수는 20000이다.

8 정답 ④

가의 인구는 146377, 나의 인구는 247523, 다의 인구는 150222, 라의 인구는 294854명으로 모두 6자리의 수이므로 높은 자리의 숫자가 클수록 큰 수이다.
나와 라는 10만의 자리의 숫자가 2로 같으므로 그 다음 자리의 수인 만의 자리의 숫자를 비교하면 라가 9로 더 크므로 라는 나보다 인구가 더 많다.
또한 가와 다의 10만의 자리의 숫자가 1로 같으므로 그 다음 자리의 수인 만의 자리의 숫자를 비교하면 다가 5로 더 크므로 다는 가보다 인구가 더 많다.
따라서 인구의 수가 가장 많은 지역부터 나열하면, 라, 나, 다, 가이므로 답은 라가 된다.
따라서 답은 ④번이다.

09 정답 ①

23000부터 1000씩 뛰어 세기를 했으므로 앞의 수에 계속하여 1000을 더해주면 된다.
25000에 1000을 더하면 26000이므로 빈칸에 알맞은 수는 26000이다.
따라서 정답은 ①번이다.

오답피하기

몇 씩 뛰어 세기를 하는지 꼼꼼히 인지한 후 문제를 풀어야 한다.

10 정답 ①

30개 × 200봉지 = 6000개

11 정답 ④

□ ÷ 5 = 15, 15 × 3 = 45이므로
□ ÷ 5 = 15 ⇒ □ = 15 × 5 = 75

12 정답 ②

자연수의 혼합계산은 괄호를 가장 먼저 계산하고, 그 다음 곱셈과 나눗셈을 계산한 후 덧셈과 빼셈 순으로 계산하여야 한다.
계산 순서를 번호로 나타내어 순서대로 계산하면 다음과 같다.

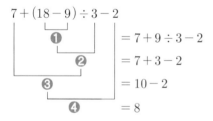

7 + (18 − 9) ÷ 3 − 2
(❶ 18 − 9, ❷ 9 ÷ 3, ❸ 7 + 3, ❹ 10 − 2)
= 7 + 9 ÷ 3 − 2
= 7 + 3 − 2
= 10 − 2
= 8

그러므로 가장먼저 계산해야 하는 것은 괄호안의 18 − 9이다.
따라서 정답은 ②이다.

참고 자연수의 혼합계산 순서

괄호 안 계산 → 나눗셈, 곱셈 → 덧셈, 뺄셈
* 같은 단계의 혼합계산만 존재한다면 앞에서부터 순서대로 풀어준다.

13 정답 ③

자연수의 혼합계산은 괄호를 가장 먼저 계산하고, 그 다음 곱셈과 나눗셈을 계산한 후 덧셈과 빼셈 순으로 계산하여야 한다.
주어진 식의 계산 순서는 ㉢ → ㉡ → ㉣ → ㉠이다.
그러므로 가장 먼저 계산해야할 식은 ㉢이 된다.

오답피하기

앞에서부터 계산한다고 생각하여 ㉠을 고르지 않도록 주의해야 한다. 또한, 곱셈과 괄호가 섞인 식에서는 괄호 안의 수를 먼저 계산한다.

14 정답 ②

자연수의 혼합 계산은 괄호를 가장 먼저 계산하고, 그 다음 곱셈과 나눗셈을 계산한 후 덧셈과 빼셈 순으로 계산하여야 한다.
문제에는 곱셈과 나눗셈이 없으므로 괄호를 가장 먼저 계산한 후 앞에서부터 계산하면 된다.
계산 순서를 번호로 나타내어 순서대로 계산하면 다음과 같다.

32 − (3 + 7) = 32 − 10 = 22
(❶ 3 + 7, ❷ 32 − 10)

참고 자연수의 혼합계산 순서

괄호 안 계산 → 나눗셈, 곱셈 → 덧셈, 뺄셈
* 같은 단계의 혼합계산만 존재한다면 앞에서부터 순서대로 풀어준다.

15 정답 ④

두 가지 맛의 사탕을 모두 합친 후 2명이 나누어 가져야 하는 문제로 먼저 사탕의 개수의 합을 구해야 한다.
이것을 식으로 나타내면, 사탕의 개수를 합한 후에 2명이 나누어 가져야 하므로 나눗셈보다 덧셈이 먼저 이루어져야 함을 뜻한다. 즉, 덧셈식을 괄호로 묶어 먼저 계산할 수 있도록 해주어야 함에 따라 혼합계산식은 (34+26)÷2가 된다.
따라서 정답은 ④번이다.

오답피하기

괄호를 뺀 34+26÷2가 보기에 있더라도 선택하지 않을 수 있도록 주의한다.

더 알고 가기 자연수의 혼합계산 순서

괄호 안 계산 → 나눗셈, 곱셈 → 덧셈, 뺄셈

* 같은 단계의 혼합계산만 존재한다면 앞에서부터 차근차근 풀어준다.

16 정답 ②

세호가 가지고 있는 구슬의 개수는 34+16개이고, 동생에게 9개를 주었으므로, 가지고 있던 구슬에서 9개를 빼면 34+16−9가 된다.

따라서 정답은 ②번이다.

17 정답 ②

4봉지를 사면 40개가 되어 2명에게 줄 수 없으므로 5봉지를 사야 한다.

18 정답 ①

이상, 이하와 같이 해당 숫자까지 포함하는 범위를 나타낼 때에는 꽉 찬 동그라미를 사용하여 나타내고, 초과, 미만과 같이 해당 숫자를 포함하지 않는 범위를 나타낼 때에는 속이 빈 동그라미를 사용하여 수직선에 나타낸다.

수직선은 12에 꽉 찬 동그라미가 있고, 12를 기준으로 오른쪽에 표시되어 있으므로, 12 이상의 수를 표현한 것이다.

따라서 정답은 ①이다.

오답피하기

꽉 찬 동그라미 표시인 것을 확인하여야 한다.

19 정답 ③

4 이상은 4와 같거나 4보다 큰 수(4가 포함되며 4보다 큰 수로 ●로 표시)이고, 7 미만은 7보다 작은 수(7이 포함되지 않으며 7보다 작은 수로 ○로 표시)이므로 4 이상 7 미만인 수를 수직선에 바르게 나타낸 것은 ③이다.

20 정답 ②

태백급의 기준인 40 이하는 40kg보다 작거나 같은 수를 의미한다.

설악급의 기준인 40 초과 45 이하는 40kg보다 크고, 45kg보다는 작거나 같은 수를 의미한다.

지리급의 기준인 45 초과 50 이하는 45kg보다 크고, 50kg보다는 작거나 같은 수를 의미한다.

한라급의 기준인 50 초과 55 이하는 50kg보다 크고, 55kg보다는 작거나 같은 수를 의미한다.

백두급의 기준인 55 초과는 몸무게가 55kg보다 큰 수를 의미한다.

연수의 몸무게는 42kg이므로, 알맞은 체급은 설악급임을 알 수 있다.

21 정답 ②

버림은 구하려는 자리의 아래 수를 버리는 것이다.

① 259 ⇒ 250　② 269 ⇒ 260

③ 270 ⇒ 270　④ 255 ⇒ 250

22 정답 ④

올림은 구하려는 자리의 아래 수를 올리는 것이다.

① 752 ⇒ 800　② 5284 ⇒ 5300

③ 1400 ⇒ 1400　④ 26701 ⇒ 26800

23 정답 ④

④ 1435 ⇒ 1400

24 정답 ②

반올림은 구하려는 자리의 한 자리 아래 숫자가 0, 1, 2, 3, 4이면 0으로 버리고 5, 6, 7, 8, 9이면 10으로 올리는 방법이므로 ② 4481 ⇒ 4500이다.

25 정답 ④

나눗셈의 몫은 2.571⋯이고, 몫을 반올림하여 소수 둘째 자리까지 나타내기 위해서는 소수 셋째 자리에서 반올림하여 나타내어야 한다.

이때, 소수 셋째 자리의 숫자는 1이므로 버리면 2.57

이 된다.
따라서 정답은 ④이다.

오답피하기

반올림하여 소수 둘째 자리까지 나타내기 위해서는 바로 아랫자리인 소수 셋째 자리에서 반올림해야 한다. 소수 둘째 자리에서 반올림하여 나타내는 것으로 생각하여 틀리지 않도록 주의해야 한다.

2장 약수와 배수

예상문제로 실력 잡기

01 ②	02 ④	03 ③	04 ④	05 ②
06 ②	07 ④	08 ④	09 ④	10 ③
11 ④	12 ②	13 ④	14 ①	

01 정답 ②

어떤 수를 나누었을 때 나누어떨어지게 하는 수를 어떤 수의 약수라고 한다.

02 정답 ④

16을 나머지가 없도록 나눌 수 있는 수는 16의 약수인 1, 2, 4, 8, 16이다.
10은 16의 약수가 아니므로 똑같이 나누어 줄 수 있는 사람 수가 아니다.

03 정답 ③

8의 약수는 1, 2, 4, 8이므로 모든 약수들의 합은 $1+2+4+8=15$

04 정답 ④

① 14의 약수 : 1, 2, 7, 14의 4개
② 15의 약수 : 1, 3, 5, 15의 4개
③ 16의 약수 : 1, 2, 4, 8, 16의 5개
④ 18의 약수 : 1, 2, 3, 6, 9, 18의 6개

05 정답 ②

6의 배수 : 6, 12, 18, 24, 30, 36, 42, 48, 54, 60, …
50보다 작은 6의 배수는 8개이다.

06 정답 ②

7의 배수는 7을 1배, 2배, 3배, … 한 수이므로 7의 배수 중 8번째 수는 7을 8배한 수인 56이다.

07 정답 ④

3을 1배, 2배, 3배, … 한 수를 3의 배수라고 한다.

8 정답 ④

6의 약수 : 1, 2, 3, 6
15의 약수 : 1, 3, 5, 15
그러므로 공약수는 1과 3이고 합은 4이다.

9 정답 ④

21의 배수 : 21, 42, 63, 84, …
14의 배수 : 14, 28, 42, 56, …
21과 14의 최소공배수는 42이다.

10 정답 ③

두 수의 공약수는 두 수의 최대공약수의 약수와 같다. 24의 약수는 1, 2, 3, 4, 6, 8, 12, 24이므로 두 수의 공약수가 아닌 수는 5이다.

11 정답 ④

최소공배수가 9인 두 수의 공배수는 9의 배수가 된다.
9의 배수 : 9, 18, 27, 36, 45, …

12 정답 ②

두 수를 같이 나눌 수 있는 수는 공약수이므로 36과 48의 공약수는 1, 2, 3, 4, 6, 12이므로 나누어 줄 수 있는 학생 수는 12명이다.

13 정답 ④

① 2의 배수 : 2, 4, 6, 8, 10, 12, …(2의 배수 10)
② 15의 약수 : 1, 3, 5, 15(15의 약수 3)
③ 4의 배수 : 4, 8, 12, 16, 20, 24, 28, …(4의 배수 24)

14 정답 ①

① 어떤 수를 나누었을 때 나누어 떨어지는 수를 약수라 한다.
54의 약수는 1, 2, 3, 6, 9, 12, 27, 54이므로 6은 54의 약수이다.
② 공배수는 2개 이상의 자연수에서 공통인 배수이다.
54 한 개의 숫자에서는 공배수를 구할 수가 없다.
③ 최소공배수는 두 수의 공배수 중에서 가장 작은 수이다.
6의 배수는 6, 12, 18, 24, 30, 36, 42 …
9의 배수는 9, 18, 27, 36, 45, 54 …이므로
6과 9의 최소공배수는 18이다.
④ 최대공약수는 두 수의 공약수 중에서 1을 제외하고 가장 큰 수이다.
6의 약수는 1, 2, 3, 6 이고, 9의 약수는 1, 3, 9이므로
6과 9의 최대공약수는 3이다.

❶ 공약수 → 2개 이상의 자연수에서 공통인 약수
❷ 최대공약수 → 공약수 중에서 가장 큰 수
❸ 공배수 → 2개 이상의 자연수에서 공통인 배수
❹ 최소공배수 → 두 수의 공배수 중에서 가장 작은 수

3장 분수와 소수

예상문제로 실력 잡기

01 ①	02 ④	03 ②	04 ③	05 ②
06 ①	07 ④	08 ④	09 ④	10 ④
11 ①	12 ②	13 ③	14 ③	15 ②
16 ①	17 ④	18 ④	19 ①	20 ①
21 ①	22 ②	23 ③	24 ②	25 ③
26 ②	27 ④	28 ④	29 ①	30 ③
31 ②	32 ④	33 ①	34 ③	

01 정답 ①

$4 \div 6 = 4 \times \frac{1}{6} = \frac{4}{6}$, $9 \div 11 = 9 \times \frac{1}{11} = \frac{9}{11}$

02 정답 ④

$9\text{L} \div 13\text{명} = 9 \div 13 = \frac{9}{1} \times \frac{1}{13} = \frac{9}{13}(\text{L})$

03 정답 ②

집 → 약국 → 우체국 → 도서관으로 가는 거리를 모두 더하면

$\frac{5}{9} + 1\frac{6}{9} + \frac{8}{9} = 2\frac{2}{9} + \frac{8}{9} = 3\frac{1}{9}(\text{km})$

04 정답 ③

통분은 분수의 분모와 분자에 같은 수를 곱하여, 두 개 이상의 분수의 분모를 같게 해주는 것을 의미한다. 첫 번째 분수의 분자가 3이 된 것으로 보아 $\frac{1}{2}$의 분모와 분자에 똑같이 3을 곱한 것을 알 수 있다.

$\left(\frac{1}{2} = \frac{1 \times 3}{2 \times 3} = \frac{3}{6}\right)$

분모에도 3을 곱해 6이 된다.

또한, 두 번째 분수의 분자가 2인 것으로 보아 분모에 2를 곱한 것을 알 수 있다.

$\frac{1}{3} = \frac{1 \times 2}{3 \times 2} = \frac{2}{6}$가 된다. 그러므로 빈칸에 알맞은 수는 6이 됨을 알 수 있다.

오답피하기

분모와 분자에 0이 아닌 같은 수를 곱해도 값이 같은 성질을 이용하여 통분하므로 분모와 분자는 해당 수의 배수가 될 것이다.

여기서 통분은 분모를 같게 해주는 것을 의미하므로 각 분모의 배수가 같아지려면 공통분모는 항상 분모의 공배수이다. 2, 4, 8은 2와 3의 공배수가 될 수 없으므로 답이 될 수 없다.

05 정답 ②

왼쪽의 그림은 크기가 같은 4칸 중 1칸에 색칠되어 있으므로 색칠된 칸의 크기는 $\frac{1}{4}$이고,

오른쪽의 그림은 크기가 같은 8칸 중 2칸에 색칠되어 있으므로 색칠된 칸의 크기는 $\frac{2}{8}$이다.

두 그림의 색칠된 부분의 크기가 같으므로 두 분수는 크기가 같고, □에 알맞은 수는 $\frac{2}{8}$이다.

따라서 정답은 ②이다.

06 정답 ①

분모가 다른 분수의 덧셈을 하기 위해서는 분모를 통일시켜주는 통분의 과정을 거쳐야 한다. 통분은 분수의 분모와 분자에 같은 수를 곱하거나 나누어서 분모를 두 분수의 최소공배수로 같게 해주는 것을 말한다.

주어진 식의 두 번째 부분을 통해 $\frac{2}{3}$의 분자에 4를 곱한 것을 알 수 있다. 이때 분모에도 분자에 곱한 것과 같은 수를 곱하여 크기가 같은 분수로 통분해야 하므로, 빈칸에 알맞은 수는 4이다.

07 정답 ④

$\frac{1}{3}$과 $\frac{3}{5}$을 15로 통분하면

$\frac{1}{3} = \frac{1 \times 5}{3 \times 5} = \frac{5}{15}$, $\frac{3}{5} = \frac{3 \times 3}{5 \times 3} = \frac{9}{15}$

$\therefore \frac{1}{3} + \frac{3}{5} = \frac{5}{15} + \frac{9}{15} = \frac{14}{15}$

08 정답 ④

분모가 서로 다른 두 분수의 분모를 같게 만들기 위해 두 분수의 분모를 곱하거나 두 분수의 분모의 최소공배수를 사용하여 공통분모를 구한다.

$\frac{2}{3}$, $\frac{3}{4}$의 공통분모는 분모 3과 4를 곱하면

$\frac{2}{3}=\frac{2\times4}{3\times4}=\frac{8}{12}$, $\frac{3}{4}=\frac{3\times3}{4\times3}=\frac{9}{12}$

09 정답 ④

학교에서 $\frac{1}{3}$L, 집에서 $\frac{2}{5}$L이므로

$$\frac{1}{3}\text{L}+\frac{2}{5}\text{L}=\frac{1\times5}{3\times5}\text{L}+\frac{2\times3}{5\times3}\text{L}$$
$$=\frac{5}{15}\text{L}+\frac{6}{15}\text{L}=\frac{5+6}{15}\text{L}=\frac{11}{15}\text{L}$$

10 정답 ④

$$\frac{3}{4}+\frac{3}{4}+\frac{3}{4}+\frac{3}{4}+\frac{3}{4}=\frac{3+3+3+3+3}{4}$$
$$=\frac{3\times5}{4}=\frac{3}{4}\times5$$

11 정답 ①

두 분수의 곱은 분모는 분모끼리, 분자는 분자끼리 곱하여 계산한다.
그러므로

① $\frac{1}{2}\times\frac{1}{3}=\frac{1}{6}$

② $\frac{1}{3}\times\frac{1}{4}=\frac{1}{12}$

③ $\frac{1}{4}\times\frac{1}{5}=\frac{1}{20}$

④ $\frac{1}{5}\times\frac{1}{6}=\frac{1}{30}$

이고, 두 분수의 곱이 $\frac{1}{6}$인 보기는 ①번이다.

12 정답 ②

분수의 나눗셈을 곱셈으로 바꿀 때엔 나누는 분수를 역수로 바꾼다.

$5\div7=5\times\frac{1}{7}$ ⇒ $\div\frac{7}{1}\Leftrightarrow\times\frac{1}{7}$

참고 역수는 분자와 분모의 자리를 바꾸어 주는 것

13 정답 ③

$6\text{kg}\div\frac{3}{5}\text{kg}=6\times\frac{5}{3}=\frac{30}{3}=10$이므로 모두 10덩이가 된다.

14 정답 ③

분모가 같은 분수의 나눗셈은 자연수의 나눗셈을 이용하여 계산할 수 있다.
분모가 같으므로 몫을 구하려면 분자끼리만 계산을 해도 된다.
따라서, $\frac{6}{7}\div\frac{3}{7}=6\div3$과 같다. 그러므로 빈칸에 알맞은 수는 6이다.

15 정답 ②

분수 ÷ 자연수의 계산방법 중 분자가 자연수의 배수이므로 분자를 자연수로 나누어 계산한다. 그러므로 $\frac{8}{9}=\frac{8\div4}{9}=\frac{2}{9}$이다.

[다른 풀이]

$\frac{8}{9}\div4$는 $\frac{8}{9}$를 똑같이 4로 나눈 것 중의 하나이다.

이것은 $\frac{8}{9}$의 $\frac{1}{4}$이므로 $\frac{8}{9}\times\frac{1}{4}=\frac{2}{9}$이다.

16 정답 ①

방법 1 $2538\div10=2538\times\frac{1}{10}=253.8$

방법 2 ÷10이므로 2538의 소수점을 왼쪽으로 한 자리 이동 253.8

17 정답 ④

① $\frac{1}{10}=0.1$

② 1의 $\frac{1}{10}$ ⇒ $\frac{1}{10}=0.1$

③ 0.01의 10배 ⇒ 0.1

④ 1의 $\frac{1}{100}$ ⇒ $\frac{1}{100}=0.01\neq0.1$

18 정답 ④

㉠이 나타내는 수는 7, ㉡이 나타내는 수는 0.007 이므로 ㉠은 ㉡의 1000 배이다.

19 정답 ①

1000kg의 무게를 1t이라 쓰고 "1톤"이라고 읽는다. (1000kg = 1t)

1kg —1000배→ 1t, 1t —$\frac{1}{1000}$배→ 1kg	1kg	10kg	100kg	1000kg
	$\frac{1}{1000}$t =0.001t	$\frac{10}{1000}$t =0.01t	$\frac{100}{1000}$t =0.1t	$\frac{1000}{1000}$t =1t

20 정답 ①

9.346보다 0.01 작은 수

→ $9.346-0.01=9.336$

9.336보다 0.1 큰 수

→ $9.336+0.1=9.436$

21 정답 ①

곱해지는 숫자가 같을 경우, 곱하는 수의 값이 10배씩 커지면 계산 결과도 10배씩 커진다.

275.46 > 27.546 > 2.7546 > 0.27546

그러므로 ① 275.46 × 92의 값이 가장 크다.

22 정답 ②

$0.4=\frac{4}{10}$, $0.08=\frac{8}{100}$이므로

$\frac{4}{10}\times\frac{8}{100}=\frac{4\times8}{10\times100}=\frac{32}{1000}=0.032$

23 정답 ③

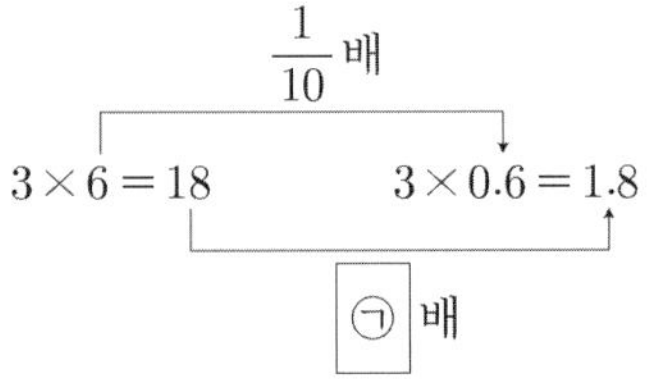

소수의 곱셈은 자연수의 곱셈을 이용하여 계산할 수 있다. 곱하는 수를 $\frac{1}{10}$배 하면, 결과도 $\frac{1}{10}$배 되므로, ㉠에 알맞은 수는 $\frac{1}{10}$이다.

따라서 답은 ③번이다.

24 정답 ②

곱셈의 원리는 덧셈으로부터 비롯된다.

즉 1.4×3은 1.4를 세 번 더함을 의미하므로 1.4+1.4+1.4로 대신하여 쓸 수 있다.

따라서 정답은 ②번이다.

더 알고 가기

2×3=2+2+2와 같이 표현할 수 있는 것처럼, 소수의 곱셈 역시 자연수의 곱셈처럼 덧셈을 이용하여 나타낼 수 있다.

25 정답 ③

7.45 보다 0.15 작은 수는 7.3 이므로 7.3 의 $\frac{1}{100}$인 수는 0.073 이다.

26 정답 ②

(소수) ÷ (자연수)는 자연수의 나눗셈을 한 후 몫의 소수점은 나눠지는 소수점의 자리에 맞춰서 찍는다.

$1540\div4=385$이므로 $15.40\div4=3.85$

(15.4는 15.40으로 바꿔서 계산하는 게 좋다.)

27 정답 ④

소수의 나눗셈을 하는 방법은 여러가지가 있으나 주어진 방법은 소수의 나눗셈을 분수의 나눗셈으로 바꾸어 계산한 것이다.

4.8을 분수로 나타내면 $\frac{48}{10}$이 되고, 0.4를 분수로 나타내면 $\frac{4}{10}$이므로,

$4.8 \div 0.4 = \frac{48}{10} \div \frac{4}{10}$가 된다.

이때, 분모가 같은 분수의 나눗셈은 분자끼리의 나눗셈과 같기 때문에,

$4.8 \div 0.4 = \frac{48}{10} \div \frac{4}{10} = 48 \div 4$와 같다. 그러므로 □ 안에 들어갈 수는 48이다.

따라서 정답은 ④번이다.

28 정답 ④

나눗셈은 어떠한 양을 똑같이 나누는 셈이므로 12.8을 4명이 똑같이 나누어 가지려면, $12.8 \div 4$를 하면 된다.

따라서, 한 명이 가질 수 있는 끈의 길이는 $12.8 \div 4$로 계산하면 된다.

따라서 답은 ④번이다.

29 정답 ①

$5 \div 1.25$을 분수로 나타내면, $\frac{500}{100} \div \frac{125}{100}$와 같다.

$5 \div 1.25 = \frac{500}{100} \div \frac{125}{100} = 500 \div 125$이 되어, ㉠에 알맞은 수는 4이다.

30 정답 ③

음료수 2L를 0.4L의 컵에 나눈다고 하였으므로,

$2 \div 0.4$를 계산하면, 필요한 컵의 수를 구할 수 있다.

소수를 분수로 바꾸고, 분수의 나눗셈의 계산을 이용하여 계산하면,

$2 \div 0.4 = 2 \div \frac{4}{10} = 2 \times \frac{10}{4} = \frac{10}{2} = 5$

그러므로 필요한 컵의 수는 5개이다.

문제에서 원하는 답은 컵의 수를 구하는 식이므로 식은 $2 \div 0.4$

[다른 풀이]

음료수 2L를 0.4L의 컵에 나눈다고 하였으므로,

$2 \div 0.4$를 계산하면, 필요한 컵의 수를 구할 수 있다.

나눗셈의 성질을 이용하면,

$2 \div 0.4 = 20 \div 4$와 같으므로,

$2 \div 0.4 = 20 \div 4 = 5$

그러므로 필요한 컵의 수는 5개이다.

문제에서 원하는 답은 컵의 수를 구하는 식이므로 식은 $2 \div 0.4$

31 정답 ②

자연수의 나눗셈을 이용하여 소수의 나눗셈을 계산하는 방법으로 ①부터 ④까지의 식을 계산할 수 있다.

따라서 모두 자연수의 나눗셈으로 바꾸어 〈보기〉와 같은 식을 찾으면 된다.

① $2.7 \div 3 = 27 \div 30$
  [나누는 수와 나누어지는 수에 똑같이 10배]

② $2.7 \div 0.3 = 27 \div 3$
  [나누는 수와 나누어지는 수에 똑같이 10배]

③ $270 \div 3$

④ $270 \div 0.3 = 2700 \div 3$
  [나누는 수와 나누어지는 수에 똑같이 10배]

참고 소수의 나눗셈

소수의 나눗셈은 나누는 수와 나누어지는 수를 똑같이 10배 또는 100배 하여 자연수의 나눗셈으로 바꾸어 계산할 수 있다.

32 정답 ④

높은 자릿수의 숫자가 클수록 수가 크므로

④ $5.21 > 5.204$

33 정답 ①

분자가 같을 경우 분모가 클수록 값이 작으므로

$\frac{1}{2} > \frac{1}{3} > \frac{1}{4} > \frac{1}{5}$

34 정답 ③

분수와 소수의 크기 비교는 분수를 소수로 바꾸어 비

교하거나 소수를 분수로 바꾸어 비교할 수 있다.

[방법1] 분수를 소수로 바꾸어 비교

① $0.2 > 0.1$ (○)

② $0.3 = 0.3$ (○)

③ $0.6 < 0.6$ (×)

④ $0.8 < 0.9$ (○)

[방법2] 소수를 분수로 바꾸어 비교

① $\frac{2}{10} > \frac{1}{10}$ (○)

② $\frac{3}{10} = \frac{3}{10}$ (○)

③ $\frac{6}{10} < \frac{6}{10}$ (×)

④ $\frac{8}{10} < \frac{9}{10}$ (○)

따라서 정답은 ③번이다.

더 알고 가기

분수와 소수는 형태가 다르므로 분수를 소수로 고치거나, 소수를 분수로 고쳐 크기 비교를 한다. 이때, 분수를 소수로 고칠 때, 계속하여 나누어 떨어지지 않는 분수가 있을 수 있으므로, 소수를 분수로 고치는 것이 조금 더 일반적인 방법이다.

4장 기본 도형

예상문제로 실력 잡기

01 ③	02 ①	03 ②	04 ④	05 ①
06 ②	07 ③	08 ②	09 ③	10 ②
11 ③	12 ③	13 ③	14 ①	

01 정답 ③

1직각을 똑같이 90으로 나눈 하나를 1도라 하고, 1°라고 쓰며, 1직각은 90°이다.

02 정답 ①

각도란 두 변이 벌어진 정도로, 그림의 각도를 읽는 방법은 시작점이 0도로 시작하는 눈금을 따라 읽으면 된다. 따라서 안쪽 눈금을 따라 읽어주면 각도는 50°임을 알 수 있다.

정답은 ①번이다.

03 정답 ②

일반적으로 수학에서 '차'는 큰 수에서 작은 수를 빼는 것을 의미하므로 두 각도 중 더 큰 각도인 40°에서 20°를 빼면 두 각도의 차를 구할 수 있다.

또한 각도의 계산은 자연수의 계산과 같이 할 수 있음을 이용하면, $40° - 20° = 20°$이다.

따라서 정답은 ②번이다.

04 정답 ④

둔각은 90° 보다 크고, 180° 보다 작은 각이므로 ㉣이 둔각이다.

또한 ㉠과 ㉡은 예각, ㉢은 직각이다.

따라서 답은 ④번이다.

참고

- 예각 : 0° 보다 크고 90° 보다 작은 각
- 직각 : 90°
- 둔각 : 90° 보다 크고, 180° 보다 작은 각

05 정답 ①

평행한 직선은 서로 만나지 않으므로 직선 가와 만나

지 않는 직선은 다, 마, 사의 3개이다.

06 정답 ②

평행선 사이의 수선의 길이가 평행선 사이의 거리이므로 선분 ㄱㄴ의 길이는 4cm 이다.

07 정답 ③

두 직선이 만나서 이루는 각이 직각일 때, 다른 직선에 대한 수선이라고 하므로 수선은 선분 ㄱㅁ이다.

08 정답 ②

(각 ㄱㄴㄷ) $= 90°$ 이므로

(각 ㄱㄴㄹ) $= 180° - 90° - 55° = 35°$

09 정답 ③

두 직선 사이의 거리는 두 직선을 연결한 선분 중 가장 짧은 선분의 길이이므로 $5\text{cm} + 7\text{cm} = 12\text{cm}$

10 정답 ②

두 도형이 합동이므로 각 ㅁㄹㅂ과 포개어지는 대응각을 찾아보면 각 ㄷㄱㄴ이다. 합동인 도형의 대응각의 크기는 같으므로 각 ㅁㄹㅂ의 크기는 80° 이다.

11 정답 ③

합동인 두 도형을 완전히 포개었을 때, 겹쳐지는 꼭짓점을 대응점이라 하므로 점 ㄴ의 대응점은 점 ㅁ이다.

12 정답 ③

모양과 크기가 같아, 포개었을 때, 완전히 겹쳐지는 두 도형을 합동이라 한다.

합동인 두 도형은 모양과 크기가 같기 때문에, 대응변의 길이가 서로 같다.

ㄱㄴ의 대응변은 ㅇㅅ이므로 변 ㄱㄴ의 길이는 12cm 임을 알 수 있다.

13 정답 ③

어떤 선(대칭축)을 중심으로 접었을 때 완전히 겹치는 도형을 선대칭도형이라 하므로 반으로 접었을 때 완전히 겹쳐지는 도형은 ③이다.

14 정답 ①

대칭축이란 선대칭도형에서 도형이 완전히 겹치도록 접은 직선을 의미한다. 또한 선대칭도형에서 대칭축을 기준으로 나누어진 두 도형은 합동이어야 한다.

오답피하기

㉡, ㉢, ㉣을 기준으로 도형을 접어보았을 때 완전히 겹쳐지지도 않고, 대칭축에 의해 나뉘어진 두 도형이 합동이 아니기 때문에 대칭축이 아님을 알 수 있다.

5장 평면도형

예상문제로 실력 잡기

01 ②	02 ①	03 ②	04 ②	05 ③
06 ④	07 ②	08 ①	09 ②	10 ③
11 ③	12 ④	13 ③	14 ④	15 ②
16 ①	17 ②	18 ④	19 ④	20 ④

01 정답 ②

정사각형은 네 변의 길이가 모두 같고, 네 각의 크기도 모두 같은 사각형이므로 네 각의 합은 $90° \times 4 = 360°$(모든 사각형의 네 각의 합은 360°이다.)

02 정답 ①

직사각형은 네 각이 모두 직각이지만 네 변의 길이가 같지 않을 수도 있으므로 정사각형이라고 할 수 없다.

03 정답 ②

직사각형은 네 각의 크기(= 90°)는 모두 같지만 네 변의 길이는 다를 수 있다.

04 정답 ②

마름모는 네 변의 길이가 같은 사각형이다.
또한 마주보는 두 쌍의 변이 서로 평행하므로 평행사변형이다.
따라서 마름모의 마주보는 두 각의 크기가 서로 같다.
이때 $\square$°와 마주보는 각은 60°이므로, $\square = 60$임을 알 수 있다.

05 정답 ③

평행사변형은 두 쌍의 마주보는 변이 각각 평행한 사각형이므로 ㉢이 평행사변형이다.

오답피하기

㉠, ㉡, ㉣은 모두 한 쌍의 마주보는 변이 평행하므로 사다리꼴이다.

06 정답 ④

선분 3개로 둘러싸인 도형은 삼각형, 선분 4개로 둘러싸인 도형은 사각형, 선분 5개로 둘러싸인 도형은 오각형, …이므로 ① 삼각형, ② 사각형, ③ 원, ④ 오각형이다.

07 정답 ②

정다각형은 모든 변의 길이와 각의 크기가 같아야 한다.
도형 라 ⇒ 세 변의 길이가 같지 않다.
도형 마 ⇒ 네 각의 크기가 같지 않다.
도형 사 ⇒ 여섯 변의 길이가 같지 않다.

08 정답 ①

이웃하지 않은 두 꼭짓점을 이은 선분이 대각선인데 원은 꼭짓점이 없으므로 대각선을 그을 수 없다.

09 정답 ②

정삼각형은 세 변의 길이가 같으므로 길이는 모두 5cm이다. $5\text{cm} + 5\text{cm} + 5\text{cm} = 15\text{cm}$

10 정답 ③

정사각형은 네 변의 길이가 모두 같고, 네 각의 크기도 모두 같은 사각형이다.
네 변의 길이가 모두 같으므로
(정사각형의 둘레) = (한 변의 길이)×4
$= 8\text{cm} \times 4 = 32\text{cm}$

11 정답 ③

(삼각형의 넓이) = (밑변)×(높이)÷2이므로
밑변 6cm, 높이 3cm인 삼각형의 넓이는
$6\text{cm} \times 3\text{cm} \div 2$

12 정답 ④

평행사변형은 두 쌍의 마주 보는 변의 길이가 같다.
$(4\text{cm} + 5\text{cm}) \times 2 = 9\text{cm} \times 2 = 18\text{cm}$

13 정답 ③

선분 ㄱㄹ의 길이는 선분 ㄱㄴ의 길이의 2배이므로

(선분 ㄱㄹ의 길이) $= 8 \times 2 = 16$(cm)
직사각형 ㄱㄴㄷㄹ의 둘레의 길이는
$8 + 16 + 8 + 16 = 48$(cm)

14 정답 ④
(마름모의 넓이)
= (한 대각선의 길이)×(다른 대각선의 길이) ÷ 2
마름모의 두 대각선의 길이는 모두 4cm이므로 마름모의 넓이는 $4\text{cm} \times 4\text{cm} \div 2 = 8\text{cm}^2$

15 정답 ②
사다리꼴의 넓이는
{(윗변)+(아랫변)}×(높이)÷2
이므로
$(3\text{cm} + 5\text{cm}) \times 4\text{cm} \div 2 = 8\text{cm} \times 4\text{cm} \div 2$
$= 32\text{cm}^2 \div 2 = 16\text{cm}^2$

16 정답 ①
주어진 직사각형 (가)를 이루고 있는 작은 정사각형의 개수를 세어 보면,
가로는 작은 정사각형 5개, 세로는 작은 정사각형 2개로 이루어져 있으므로,
$5 \times 2 = 10$의 총 10개이다.
이때, 작은 정사각형 하나의 넓이는 1cm^2이므로 (가)의 넓이는 $5 \times 2 = 10(\text{cm}^2)$이 된다.

17 정답 ②
길이가 30cm인 철사를 겹치지 않게끔 이어 붙여 원을 만들었기 때문에 그 철사의 길이가 원의 둘레 즉, 원주가 되므로, 만들어진 원의 원주는 30cm임을 알 수 있다.
따라서 정답은 ②번이다.

18 정답 ④
한 점으로부터 길이가 같은 점으로 이루어진 도형이 원이다.
① 원의 중심과 원위의 점을 연결하면 원의 반지름이므로, 반지름은 5cm이다.
② 지름은 2×반지름이므로 10cm이다.
③ 원주는 지름×원주율이므로 10×원주율이다.
④ 원의 반지름은 무수히 많이 그을 수 있다.
그러므로 답은 ④번이다.

19 정답 ④
원주율은 (원주)÷(지름)으로 원의 크기에 상관없이 일정하다. 그러므로 옳은 설명이다.

오답피하기
① 원의 지름은 반지름의 2배이다. 원 (가)의 지름은 8cm, 원 (나)의 지름은 4cm이므로 틀린 설명이다.
② 원주는 원의 둘레로 반지름의 길이가 같은 두 원의 원주는 같다. 그러나 두 원의 반지름의 길이가 다르므로 틀린 설명이다.
③ 원의 넓이는 (반지름)×(반지름)×(원주율)로 구하며, 반지름의 길이가 같은 두 원의 넓이는 같다. 두 원의 반지름의 길이가 다르므로 원의 넓이 또한 다르다.

20 정답 ④
반지름이 5cm인 원의 넓이는 $5\text{cm} \times 5\text{cm} \times 3.14$
(원의 넓이 = 반지름 × 반지름 × 원주율[3.14])

6장 입체도형

예상문제로 실력 잡기

01 ③	02 ①	03 ②	04 ②	05 ①
06 ④	07 ②	08 ④	09 ④	10 ④
11 ④	12 ④	13 ②	14 ①	15 ④
16 ①	17 ④	18 ③	19 ①	20 ①
21 ④	22 ③	23 ①	24 ③	25 ④
26 ③	27 ②	28 ③		

01 정답 ③
정육면체는 정사각형 모양의 면 6개로 둘러싸인 도형으로 면 6개, 모서리 12개, 꼭짓점 8개이다.

02 정답 ①
정육면체와 직육면체의 면은 6개로 이루어져 있다.

오답피하기

② 정육면체와 직육면체의 꼭짓점의 수는 각각 8개이다.
③ 정육면체와 직육면체의 모서리의 수는 12개이다.
④ 정육면체는 정사각형 6개로 둘러싸여 있으며 직육면체는 항상 정사각형인 것은 아니며, 8개가 아닌 6개로 둘러싸여 있다.

03 정답 ②
전개도를 접어 직육면체를 만들어 색칠된 면을 바닥에 오게 하면, 접혀지는 1, 2, 3, 4면이 모두 바닥에 놓인 면과 수직이 되고, 5는 바닥에 놓인 면과 평행한 면이 된다.

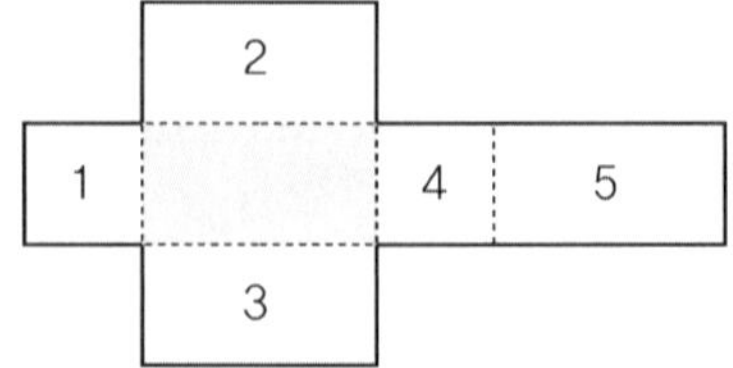

따라서 정답은 ②이다.

04 정답 ②
겨냥도는 보이는 모서리는 실선, 보이지 않는 모서리는 점선으로 그린 그림이므로 겨냥도로 알맞은 것은 ②이다.

05 정답 ①
정육면체는 면이 6개인 입체도형이다. ①은 면이 5개이므로 정육면체의 전개도가 아니다.

06 정답 ④
직육면체는 전개도를 접었을 때 마주보는 면이 합동이 되어야 하기 때문에 색칠된 면과 마주보는 ㉣은 넓이가 같다.

07 정답 ②
직육면체에서 색칠한 면과 만나는 면과는 수직이고, 만나지 않는 면과는 평행한 관계가 된다.
색칠한 면과 수직으로 만나는 면의 개수는 모두 4개이다.

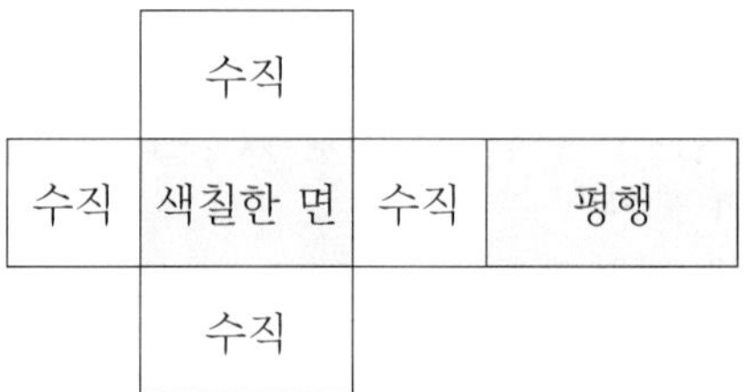

08 정답 ④

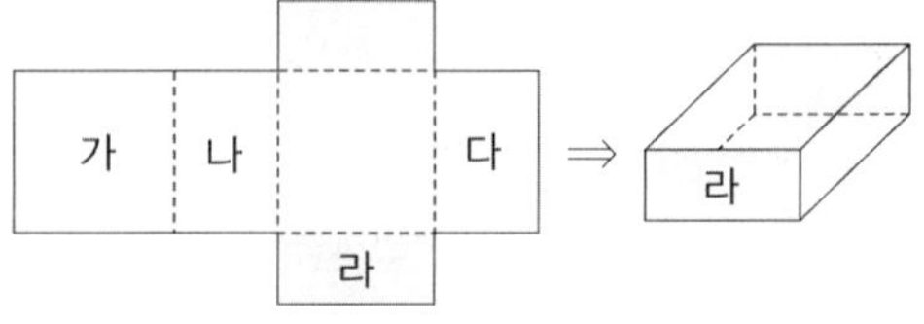

전개도를 접었을 때 만나지 않는 면끼리는 서로 평행하다.
색칠한 면과 만나지 않는 면 라가 평행한 면이다.

09 정답 ④
정육면체의 겉넓이는 모든 면의 넓이의 합을 구해주면 된다.
이 때, 정육면체는 모든 면의 넓이가 같기 때문에 (한 면의 넓이)×6으로 계산한다.

정육면체의 각 면은 정사각형이므로 한 면의 넓이는 $2 \times 2 = 4\ (\text{cm}^2)$이므로
정육면체의 겉넓이는 $4 \times 6 = 24\ \text{cm}^2$이다.
따라서 정답은 ④번이다.

10 정답 ④

쌓기나무 1개의 부피가 1cm^3인 쌓기나무로 만든 직육면체의 부피는 쌓기나무의 개수가 많을수록 부피가 더 크다. ①은 4개, ②, ③은 6개, ④는 8개이므로 ④의 부피가 가장 크다.

11 정답 ④

직육면체의 부피는 (가로)×(세로)×(높이) 또는 (한 밑면의 넓이)×(높이)이므로
가로 4cm, 세로 3cm, 높이 2cm인 직육면체의 부피는 $4\text{cm} \times 3\text{cm} \times 2\text{cm} = 24\text{cm}^3$

12 정답 ④

한 변의 길이가 5cm인 정육면체이므로 가로, 세로, 높이가 모두 5cm이다.
(정육면체의 부피) $= 5\text{cm} \times 5\text{cm} \times 5\text{cm} = 125\text{cm}^3$

13 정답 ②

한 개의 부피가 1cm^3인 쌓기나무 8개로 만들어진 정육면체의 부피는 $1\text{cm}^3 \times 8$개 $= 8\text{cm}^3$

14 정답 ①

그림은 밑면은 오각형이고 옆면은 삼각형인 오각뿔이다.
② 밑면 1개, 옆면 5개이므로 면은 모두 6개, ③ 꼭짓점은 6개, ④ 밑면은 오각형, 옆면은 삼각형

15 정답 ④

각기둥은 위와 아래에 있는 면이 서로 평행하고 합동인 다각형으로 이루어진 기둥 모양의 입체도형이다.
① 삼각기둥, ② 사각기둥, ③ 오각기둥, ④ 원뿔

16 정답 ①

삼각뿔은 밑면과 옆면이 모두 삼각형이므로 꼭짓점 4개, 면 4개(밑면 1개+옆면 3개), 모서리 6개이다.

17 정답 ④

삼각기둥의 위, 아래 삼각형(밑면)은 크기가 같고 평행하며 옆면은 직사각형이다.
삼각기둥의 면은 5개, 모서리 수는 9개, 꼭짓점은 6개이다.

18 정답 ③

옆면이 직사각형이므로 각기둥이고 밑면의 모양이 삼각형이므로 삼각기둥이다.

19 정답 ①

사각뿔은 밑면이 사각형, 옆면은 삼각형이고 면은 5개, 꼭짓점은 5개, 모서리는 8개이다.

20 정답 ①

이 도형은 삼각기둥으로 면의 수는 5개, 모서리의 수는 9개, 꼭짓점의 수는 6개로 이루어져 있다.
② 원기둥으로 모서리나 꼭짓점은 없다.
③ 사각기둥으로 면의 수는 6개, 모서리의 수는 12개, 꼭짓점의 수는 8개로 이루어져 있다.
④ 원뿔로 모서리나 꼭짓점이 없다.
그러므로 답은 ①번이다.

21 정답 ④

옆에서 본 모양은 각 줄의 가장 높은 층의 모양과 항상 같다.

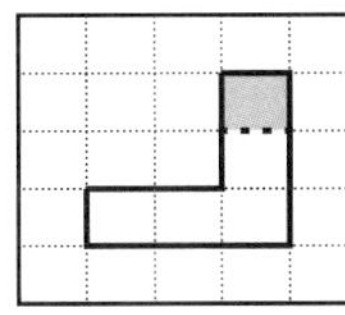

← 뒷부분 쌓기나무는 앞부분보다 높이 올라온 블록만 보인다.
← 옆 방향에서 보이는 앞줄 블록

22 정답 ③

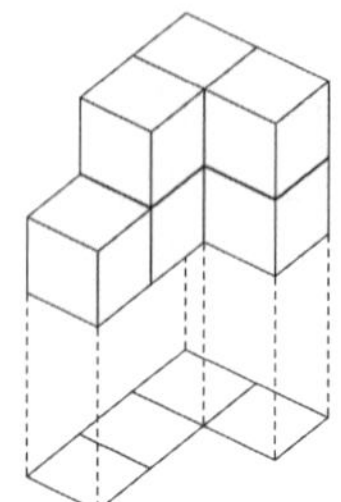

각 층별로 필요한 쌓기나무 개수를 구한다.
(1층) 4개+(2층) 3개 = 7개

23 정답 ①

우선 위에서 본 모양을 참고하면 1층의 쌓기나무의 개수는 4개임을 알 수 있다.
또한 2층의 쌓기나무의 개수는 1개, 3층의 쌓기나무의 개수도 1개이다.
이것들을 모두 더하면, 6개이다.

참고 필요한 쌓기나무의 수는 다음 그림처럼 세로로 세면 조금 더 쉽게 셀 수 있다.
그림처럼 세로의 쌓기나무의 개수를 적고, 모두 더해주면 된다.

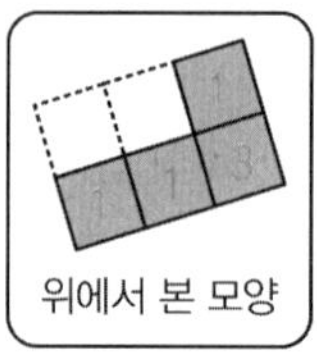

24 정답 ③

그림의 도형을 앞에서 보면 1층에 두 개의 쌓기나무가 있고, 2층에는 1개의 쌓기나무가 있다. 그러므로 답은 ③번이다.

25 정답 ④

원뿔은

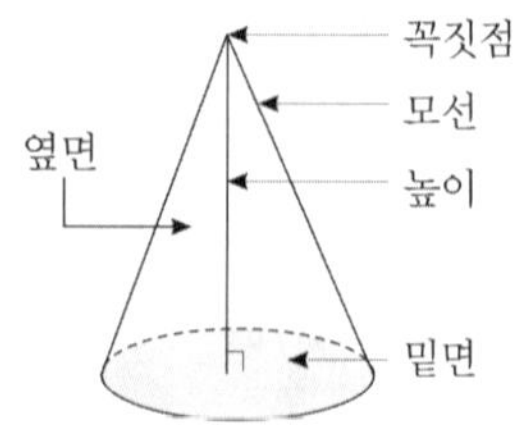

이므로 선분 ㄱㄴ은 모선이다.

26 정답 ③

원뿔은

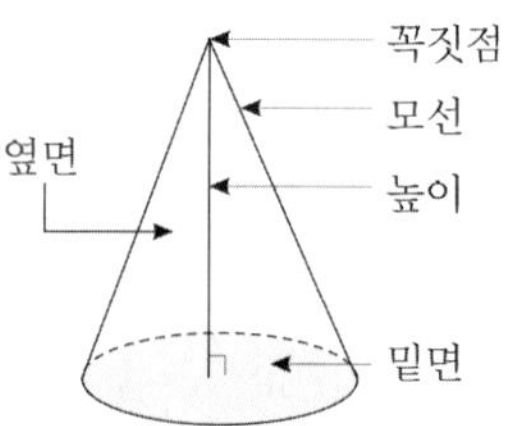

밑면의 지름은 10cm, 높이는 12cm, 모선은 13cm 이다.

27 정답 ②

직각삼각형을 한 직선을 축으로 하여 회전시키면 밑면은 원이고 옆면은 곡면인 뿔 모양의 원뿔이다.

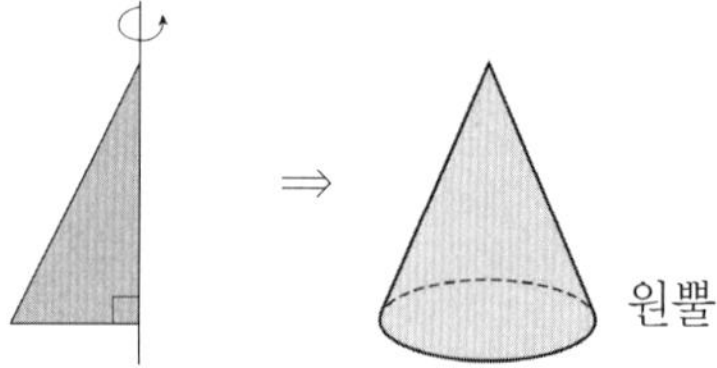

28 정답 ③

원기둥의 옆면의 가로는 밑면의 원의 둘레와 같고, 옆면의 세로의 길이는 높이와 같다. 그러므로 직사각형의 세로의 길이는 원기둥의 높이인 7cm와 같다.

7장 비와 비례

예상문제로 실력 잡기

01 ①	02 ④	03 ④	04 ②	05 ③
06 ③	07 ③	08 ④	09 ②	10 ②
11 ②	12 ③			

01 정답 ①

비례식은 항에 같은 수를 곱하거나 같은 수로 나누어도 비율은 항상 같으므로

$2.4 : 3.2 = 2.4\times10 : 3.2\times10 = 24 : 32$

$= 24\div8 : 32\div8 = 3 : 4$

02 정답 ④

양변에 같은 수를 곱하거나 같은 수로 나누어도 비율이 같으므로 $3:4 = 3\times10 : 4\times10 = 30:40$

03 정답 ④

백분율은 비율에 100을 곱한 값으로 기호 %를 사용하여 나타낸 것이다.

$\frac{1}{4}$의 백분율 ⇒ $\frac{1}{4}\times100 = 25\%$

04 정답 ②

$(\text{비율})\times100 = \frac{(\text{비교하는 양})}{(\text{기준량})}\times100$이고 과수원 전체 나무는 100그루, 감나무는 45그루이므로

$\text{감나무 백분율}(\%) = \frac{\text{감나무 수}}{\text{과수원 전체 나무 수}}\times100$

$= \frac{45}{100}\times100 = 45\%$

05 정답 ③

$(\text{비율}) = \frac{(\text{비교하는 양})}{(\text{기준량})}$이고 분수 또는 소수로 나타낼 수 있으므로 전체 100칸 중 색칠한 15칸의 비율을 백분율로 나타내면 $\frac{15}{100}\times100 = 15\%$이다.

06 정답 ③

외항과 내항의 곱은 항상 같으므로

$2:3 = 6:\square$

$2\times\square = 3\times6$

$2\times\square = 18 \quad \therefore \square = 9$

07 정답 ③

비례식에서 내항의 곱과 외항의 곱이 같으므로,

내항의 곱 : 2×9

외항의 곱 : $3\times$㉠

∴ $2\times9 = 3\times$㉠

$18 = 3\times$㉠

이므로 ㉠에 들어갈 수는 6이다.

[다른 풀이]

비의 전항과 후항에 0이 아닌 같은 수를 곱하여도 비율이 같다.

그러므로 각 항에 ×3을 하면,

$3:2 = 3\times3 : \underline{2\times3} = 9 : \underline{6}$이므로, ㉠=6이다.

08 정답 ④

2	:	3	=	4	:	6
(외항)		(내항)		(내항)		(외항)

$3\times4 = 12$

$2\times6 = 12$

09 정답 ②

슬기는 사탕 6개를 3으로 나눈 것 중에 2만큼을, 연수는 3으로 나눈 것 중에 1만큼을 가지게 된다.

비례배분을 이용하여 계산하면,

$(\text{슬기의 사탕의 수}) = 6\times\frac{2}{2+1} = 6\times\frac{2}{3} = 4$

$(\text{연수의 사탕의 수}) = 6\times\frac{1}{2+1} = 6\times\frac{1}{3} = 2$

정리하면, 슬기는 4개를, 연수는 2개를 받게 된다.

10 정답 ②

할아버지 댁 : $54\text{개}\times\frac{5}{(5+4)} = 54\text{개}\times\frac{5}{9} = 30\text{개}$

이모 댁 : 54개 $\times \frac{4}{(5+4)} =$ 54개 $\times \frac{4}{9} =$ 24개

11 정답 ②

$40\text{cm} \times \frac{2}{(2+3)} = 40\text{cm} \times \frac{2}{5} = 16\text{cm}$

12 정답 ③

여학생 : 36명 $\times \frac{5}{(5+7)} =$ 36명 $\times \frac{5}{12} =$ 15명

남학생 : 36명 $\times \frac{7}{(5+7)} =$ 36명 $\times \frac{7}{12} =$ 21명

8장 자료의 관찰과 표현

예상문제로 실력 잡기

01 ③	02 ③	03 ③	04 ①	05 ①
06 ③	07 ③	08 ③	09 ②	10 ④
11 ④	12 ④	13 ②	14 ①	15 ①
16 ②	17 ①			

01 정답 ③

6학년 평균 학생 수(명) $= \frac{\text{(전체 자료의 합계)}}{\text{(자료의 개수)}}$

$= \frac{\text{6학년 학생 수의 합}}{\text{6학년 반의 수}} = \frac{\text{100명}}{\text{5반}} =$ 20명

02 정답 ③

평균을 구하는 방법은 주어진 자료의 값을 모두 더한 후에 전체자료의 수로 나누는 것이다.

그러므로 평균을 구하면,

(얻은 점수의 평균) = (60+80+70) ÷ 3이 되므로,

□ 안에 들어갈 수는 3(전체자료의 수)이다.

따라서 정답은 ③번이다.

03 정답 ③

(총점) = (국어) + (사회) + (수학) + (과학)에서

(국어) + (사회) + (과학)의 점수를 빼면

(수학) = (총점) − (국어 + 사회 + 과학)

$= 360 - (100 + 80 + 90)$

$= 360 - 270 = 90$ 점

04 정답 ①

평균 $= \frac{30+40+㉠+70+60}{5} = \frac{200+㉠}{5}$ 이고,

독서시간의 평균이 50분이므로,

$200 + ㉠ = 50 \times 5$

$200 + ㉠ = 250$

그러므로 $㉠ = 50$이다.

5 정답 ①

두 눈의 수의 합이 1이 되는 경우는 없으므로 가능성은 0이다.

6 정답 ③

막대그래프의 세로눈금 한 칸이 몇을 나타내는지를 먼저 파악하면, 5회당 5칸인 것을 보아 세로눈금 한 칸이 1회를 나타냄을 알 수 있다.
이때, 지혜의 줄넘기 횟수를 구하면, 세로눈금이 11칸이므로 11회이다.
따라서 정답은 ③번이다.

7 정답 ③

막대그래프에서 세로 눈금의 개수를 읽어주면 해당 운동종목을 좋아하는 학생 수를 구할 수 있다. 농구는 세로 눈금이 3칸이므로 농구를 좋아하는 학생은 3명, 야구는 세로 눈금이 7칸이므로 야구를 좋아하는 학생은 7명, 축구는 세로 눈금이 11칸이므로 축구를 좋아하는 학생은 11명, 피구는 세로 눈금이 9칸이므로 피구를 좋아하는 학생은 9명이다. 따라서 가장 많은 학생들이 좋아하는 종목은 축구이다.
정답은 ③번이다.

8 정답 ③

① 오전 11시의 기온은 19.5℃로 가장 낮다.
② 낮 12시의 기온은 19.9℃이다.
③ 오후 1시의 기온 20.1℃이고 오후 2시의 기온은 20.5℃이므로 오후 2시의 기온이 오후 1시의 기온보다 높다.
④ 오후 2시의 기온은 20.5℃이고 오후 3시의 기온은 20.2℃이다. 그리고 2시에서 3시 사이에는 선이 내려가고 있으므로 기온이 낮아진다.
따라서 설명으로 옳지 않은 것은 ③이다.

9 정답 ②

항목의 면적이 넓을수록 높은 비율을 차지하므로 가장 많은 학생들이 좋아하는 계절은 여름이다.

10 정답 ④

원그래프에서 가장 면적이 넓거나, 가장 높은 비율을 찾으면 된다.
체육(35%) > 과학(20%) = 기타(20%) > 국어(15%) > 수학(10%)이므로 구하는 과목은 체육이다.

11 정답 ④

원그래프의 칸의 개수를 모두 세면, 20칸이므로
$100 \div 20 = 5$
즉, 한 칸은 5%를 뜻한다.
그러므로 ㉠은 $5 \times 2 = 10\%$에 해당하며, 표에서 백분율이 10%인 과일은 수박이다.
따라서 답은 ④번이다.

12 정답 ④

원그래프는 원의 중심을 따라 각을 100등분하여 원 모양에 그린 것이다.
그림의 원그래프를 해석하면,
① 도보로 통학하는 학생이 40%로 가장 많다.
② 자전거로 통학하는 학생은 20%이고, 전체 학생수가 100명이므로, 자전거로 통학하는 학생의 수는 $\frac{20}{100} \times 100 = 20$명이다.
③ 지하철로 통학하는 학생은 전체의 15%이다.
④ 버스 또는 자전거로 통학하는 학생은 버스 25%와 자전거 20%를 더하면, 45%이므로, 전체의 45%이다.
그러므로 답은 ④번이다.

13 정답 ②

$1 \times 3 = 3$
$2 \times 3 = 6$
$3 \times 3 = 9$
$4 \times 3 = 12$이므로
$\triangle \times 3 = \square$이다.

14 정답 ①

주어진 표의 위의 수는 △를, 아래의 수는 □를 의미하므로, 문제에서 제시한 규칙인 □ = △+5는 아래칸의 수가 위의 칸의 수에 5를 더한 수가 됨을 뜻한다.
따라서 ㉠ = 15+5이므로 ㉠ = 20이다.
따라서 정답은 ①번이다.

15 정답 ①

계산식의 규칙을 보면 앞에는 2를 공통으로 쓰고 곱해지는 수가 10, 20, 30 ……으로 일정하게 10씩 더해지고 있으므로
넷째에는 2에 40을 곱하면 된다.
따라서 ㉠에 알맞은 식은 $2\times 40=80$이다.

16 정답 ②

바둑돌의 윗줄과 오른쪽을 감싸는 규칙

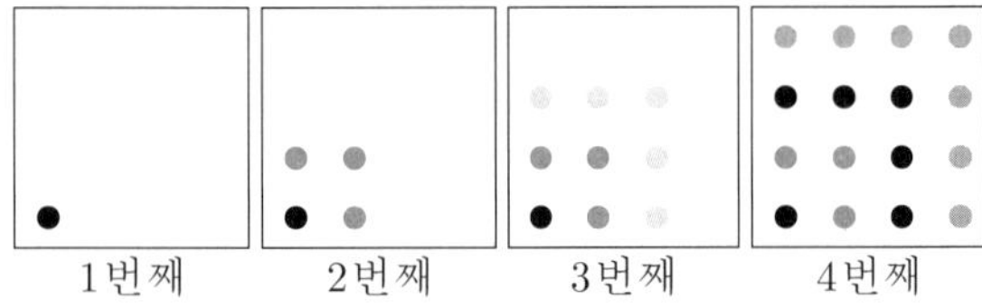

따라서 3번째에 놓이는 바둑돌은 9개이다.

17 정답 ①

맨 밑 줄의 바둑돌의 개수에 1개씩 더하여 한 줄씩 늘려 가는 규칙

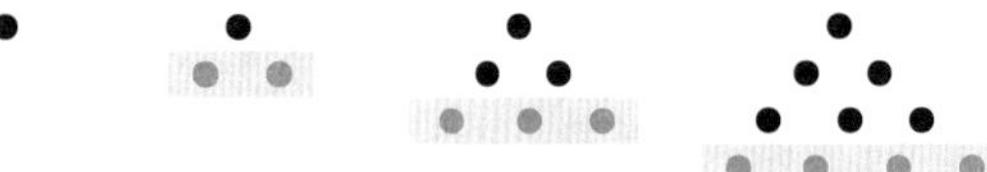

따라서 3번째에 놓이는 바둑돌은 6개이다.

최신 2015 개정 교육과정 완벽 반영!

초졸 검정고시

한권으로 합격하기!

핵심 총정리

제4과목 과학

01 물질

02 생명

03 운동과 에너지

04 지구와 별

구성 및 출제 경향 분석

1 구성

2 출제 경향 분석

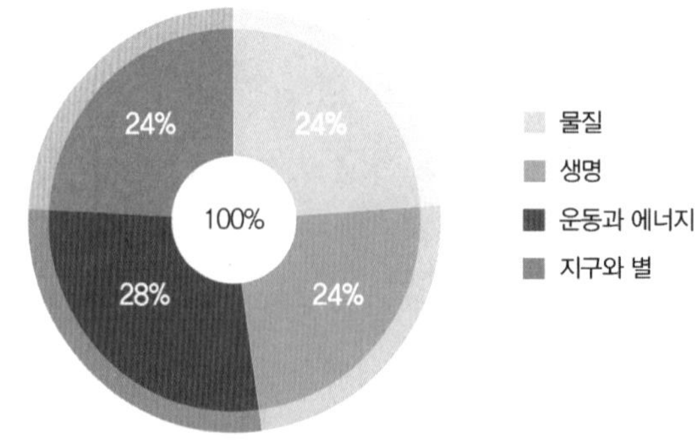

기출 분석에 따른 학습 포인트

① 물질

용해와 용액, 산과 염기, 여러 가지 기체 단원은 매회 꾸준히 출제되고 있다. 용해와 용액에서는 용해 현상을 이해하고 용해가 잘 일어날 조건들에 대해 확인하여야 하고, 산과 염기에서는 실생활과 연관된 산과 염기의 중화 반응에 대해 학습하여야 하며, 여러 가지 기체에서는 산소와 이산화탄소에 대해 반드시 숙지하여야 한다. 또, 물의 상태 변화와 관련된 현상들과 혼합물을 분리하는 원리에 대하여 이해하는 문제가 주로 출제되었다.

② 생명

식물의 구조와 기능, 우리 몸의 구조와 기능, 생물과 환경, 생물과 우리 생활 단원은 매회 꾸준히 출제되고 있다. 식물의 구조와 기능에서는 식물의 구조 중 특히 꽃에 대해 자주 물어 보았고, 우리 몸의 구조와 기능에서는 소화 기관, 생물과 환경에서는 분해자인 곰팡이 또는 세균, 생물과 우리 생활에서는 먹이 연쇄의 빈칸에 해당하는 생물 찾기 문제가 주로 출제되었다. 또, 식물의 한살이에 대한 문제도 꾸준히 출제되었다.

③ 운동과 에너지

무게 재기, 온도와 열, 물체의 빠르기, 전기의 작용 단원은 매회 꾸준히 출제되고 있다. 무게 재기에서는 저울 위에 올려진 물체의 무게 측정하기, 온도와 열에서는 열의 전도, 물체의 빠르기에서는 빠르기의 비교와 빠르기의 단위 나타내기, 전기의 작용에서는 도체와 부도체의 구분 등이 주로 출제되었다. 그리고 렌즈의 이용에서는 볼록 렌즈와 오목 렌즈의 특성에 대해서 출제되었다.

④ 지구와 별

지구와 달, 태양계와 별, 날씨와 우리 생활, 지구와 달의 운동, 계절의 변화 단원은 매회 꾸준히 출제되고 있다. 특히, 태양계와 별에서 태양계의 행성 크기 비교, 날씨와 우리 생활에서 습도의 측정 등은 매우 빈번하게 출제되고 있다. 지구와 달에서는 지구와 달의 특징 비교, 지구와 달의 운동에서는 달의 모양 변화, 계절의 변화에서는 태양의 고도와 기온의 관계 등이 출제되고 있다. 마지막으로 화산과 지진 단원에서는 화강암과 현무암의 특징에 대해 물어보는 문제가 출제되었다.

01 장 물질

01 우리 생활과 물질

(1) **물체와 물질** : 모양을 가지고 공간을 차지하고 있는 것은 물체이고, 물체를 구성하는 재료는 물질이다. 예 쇠못은 물체이고, 쇠못을 구성하는 재료인 철은 물질이다.

① **물체의 분류** : 쓰임새, 모양, 색깔, 크기, 이루는 재료의 종류 등

② **물체를 이루는 물질에 따른 분류**

물질	나무	종이	유리	고무	금속
물체	연필	공책	구슬	지우개	가위

(2) **물질의 성질**

① **물질의 고유한 성질** : 색깔, 촉감, 단단한 정도, 구부러지는 정도, 물에 뜨는 정도

㉠ **단단한 정도** : 각 물질을 서로 긁어서 단단한 정도를 비교함

㉡ **구부러지는 정도** : 각 물질을 휘어 보면서 구부러지는 정도를 비교함

㉢ **물에 뜨는 정도** : 물질을 물에 든 수조에 넣어서 비교함

② **물질의 쓰임** : 물질의 성질에 따라 쓰임이 달라짐

물질	성질	쓰임
철	다른 물질보다 단단함	장도리, 망치, 못, 송곳, 가위 등
고무	유연하고 잘 끊어지지 않음	고무장갑, 고무줄, 타이어, 호스 등
나무	철보다 무르나 단단하고 가벼움	연필, 나무젓가락, 책상, 의자 등
플라스틱	가공하기 쉽고, 부식되지 않음	필통, 장난감, 볼펜, 자 등
유리	투명하여 속이 보임	컵, 음료수병, 안경알 등

(3) **물질의 상태**

① **고체** : 일정한 모양과 크기를 가지며, 담는 그릇이 바뀌어도 모양이나 크기가 변하지 않는다(가루 물질도 고체임).

예 나무, 철, 플라스틱 등

② **액체** : 눈으로 볼 수 있고 담는 그릇에 따라 모양은 변하지만 양은 변하지 않는다.

예 음료수, 우유, 수돗물, 간장, 식초 등

③ **기체** : 담는 그릇에 따라 모양이 변하고, 담긴 그릇을 항상 가득 채운다.

예 산소, 이산화 탄소, 헬륨, 수소 등

02 액체와 기체

(1) 액체의 부피 측정

① 액체의 부피 측정

㉠ 액체의 특징 : 담는 그릇에 따라 액체의 모양이 변한다.

㉡ 액체의 부피 측정에 적당한 용기 : 좁은 원통 모양의 긴 용기

㉢ 액체의 부피 측정 : 모양이 같은 그릇에 담아서 액체의 높이가 높을수록 부피가 크다.

② 부피 : 물질이 차지하는 공간의 크기이다.

㉠ 부피 측정 도구 : 눈금실린더

㉡ 단위 : mL, L

③ 생활 속에서 액체의 부피를 측정하는 경우

㉠ 가정에서 밥을 짓거나 요리할 때, 빨래할 때

㉡ 병원에서 물약을 먹거나 주사를 맞을 때

㉢ 주유소에서 자동차에 기름을 넣을 때

(2) 기체의 부피와 무게

① 기체의 부피

㉠ 공기(기체)는 일정한 공간을 차지하며, 부피가 있다.

㉡ 생활 속에서 기체가 공간을 차지하는 성질을 이용하는 예

ⓐ 풍선에 기체를 많이 넣으면 풍선이 크게 부풀어 오른다.

ⓑ 기체를 넣어 과자 봉지가 팽팽해지면 충격을 받아도 과자가 덜 부서진다.

ⓒ 물놀이용 튜브나 자전거 바퀴 타이어에 공기를 넣는다.

② 기체의 무게

㉠ 공기(기체)는 무게가 있다.

㉡ 공기가 무게가 있기 때문에 나타나는 현상

ⓐ 놀이공원에서 헬륨 풍선은 공기 중에서 뜬다.

ⓑ 가스가 누출되었을 때 LPG 가스는 아래쪽에, LNG 가스는 위쪽에 경보기를 설치한다.

03 혼합물의 분리

(1) **혼합물** : 두 가지 이상의 물질이 서로 섞여 있는 것

① 생활 속에서 볼 수 있는 혼합물 : 재활용품이 섞여 있는 쓰레기, 바닷물 등

② 혼합물을 분리하는 이유

㉠ 쓰레기의 분리배출 : 분리배출한 물품을 재활용할 수 있어 자원을 절약할 수 있다.

㉡ 자연에서 순수한 구리를 얻기 위하여 구리 광석에서 구리를 분리한다.

㉢ 광산에서 분리한 금으로 반지나 목걸이 등을 만들 수 있다.

(2) **혼합물의 분리**

① 크기가 다른 고체 혼합물의 분리 : 알갱이의 크기 차이로 분리한다.

㉠ 크기가 다른 고체 혼합물을 분리할 때 체를 사용하면 훨씬 빠르게 분리할 수 있다.

㉡ 분리 예 : 콩과 좁쌀의 분리, 바다 쓰레기 수거 장비, 공사장에서 모래와 자갈을 분리

② 자석을 이용한 혼합물의 분리 : 자석에 붙는 것과 붙지 않는 것을 분리한다.

㉠ 자석에 붙는 성질을 이용하여 금속 물질을 분리한다.

㉡ 분리 예 : 재활용품 속에서 철과 알루미늄 캔을 분리, 식품 속의 철 성분을 분리

③ 물에 녹는 성질을 이용한 혼합물의 분리 : 물에 녹지 않는 물질을 걸러서 분리한다.

㉠ 거름 : 거름종이를 이용하여 물에 녹는 물질과 녹지 않는 물질을 분리하는 방법

예 녹차 여과기 내부의 거름망, 녹즙기 내부의 거름망, 간장과 된장을 만들 때의 체

㉡ 증발 장치 : 걸러진 용액을 증발 접시에 붓고 가열하여 물을 모두 증발시키면 물에 녹아 있는 물질이 가루 물질로 남게 된다.

예 염전에서 소금을 얻는 과정

④ 물과 기름의 분리 : 물과 식용유를 섞으면 식용유는 위쪽, 물은 아래쪽에 두 층으로 분리

㉠ 스포이트를 사용하여 식용유 분리 : 위쪽의 식용유를 스포이트로 뽑아낸다.

㉡ 흡착포를 사용하여 식용유 분리 : 물 위에 얇게 퍼진 식용유를 흡착포로 모두 흡수

㉢ 분리 예 : 기름 유출 사고 시 흡착포를 사용하여 기름 제거

(3) **두부 만들기**

① 가열한 콩물 헝겊으로 거르기 : 콩물을 붓고 끓이다가 끓기 시작하면 물을 조금 붓고 약한 불에 한 번 더 끓인 후 체와 헝겊으로 끓은 콩물을 거른다.

② 간수를 넣은 콩물 헝겊으로 거르기 : 거른 콩물에 간수를 넣고 약한 불로 가열하면서 천천히 저은 후 헝겊으로 다시 거른다.

③ 두부를 만드는 과정에서 위 ①, ②의 과정은 알갱이의 크기 차이를 이용하여 혼합물을 분리하는 방법이다.

04 물의 상태 변화

(1) 물의 상태 변화

① 물의 세 가지 상태

㉠ **고체 상태의 물** : 얼음, 눈, 서리, 냉장고 속에 생긴 성에

㉡ **액체 상태의 물** : 물, 물을 끓일 때 나오는 하얀색 김

㉢ **기체 상태의 물** : 수증기(색깔과 냄새가 없어 눈으로 볼 수 없음)

② 물과 얼음 사이에서의 변화

㉠ **물이 얼 때의 무게와 부피 변화** : 무게는 변화 없고, 부피는 증가한다.

예 추운 겨울날 수도관이 터진다. 냉동실에 넣어 둔 유리병이 깨진다.

㉡ **얼음이 녹을 때의 무게와 부피 변화** : 무게는 변화 없고, 부피는 감소한다.

예 얼음이 녹기 전보다 녹은 후 물의 높이가 낮아진다.

③ 물과 수증기 사이에서의 변화

㉠ **끓음** : 물을 가열하면 작은 기포가 발생하고 온도(100℃)가 충분히 높아지면 액체인 물이 모두 수증기로 변하여 공기 중으로 날아가므로 물의 수면이 낮아진다.

예 차를 끓인다. 빨래를 삶는다. 라면을 끓인다.

㉡ **증발** : 물의 표면에서 액체인 물이 기체인 수증기로 변하는 현상

예 젖은 빨래가 마른다. 어항의 물이 시간이 지나면 줄어든다.

㉢ **응결** : 공기 중의 수증기가 차가운 물체의 표면에서 온도가 내려가서 액체인 물방울로 맺히는 현상

예 유리창에 입김을 불면 김이 서린다. 공기 중의 나뭇잎에 이슬이 맺힌다.

주스와 얼음을 넣은 플라스틱병을 접시에 올려놓았을 때 일어나는 변화

- 플라스틱병 표면에 물방울이 맺힌다.
- 물방울이 흘러내려 접시에 물이 고인다.
- 표면에 맺힌 물방울은 투명하다.
- 물방울의 무게만큼 무게가 늘어난다.

(2) **지구에서 물이 있는 곳** : 지구에 있는 물 중에서 가장 많은 부분을 차지하는 것은 바닷물이다.

① 고체 상태의 얼음이나 눈 : 극지방

② 액체 상태의 물 : 바다, 강, 호수

③ 기체 상태의 수증기가 있는 곳 : 공기 중

④ 지구 표면에는 나타나지 않지만 물이 있는 곳 : 동물의 몸이나 식물의 속, 땅속, 저수지

(3) **물의 순환** : 물의 순환은 태양의 열에 의해 일어나며 이 과정에서 물의 양은 변화가 없고 단지 상태만 달라진다.

호수, 강, 바다 → (증발) → 구름 → (응결) → 비나 눈 → 호수, 강, 바다

05 용해와 용액

(1) **용해**

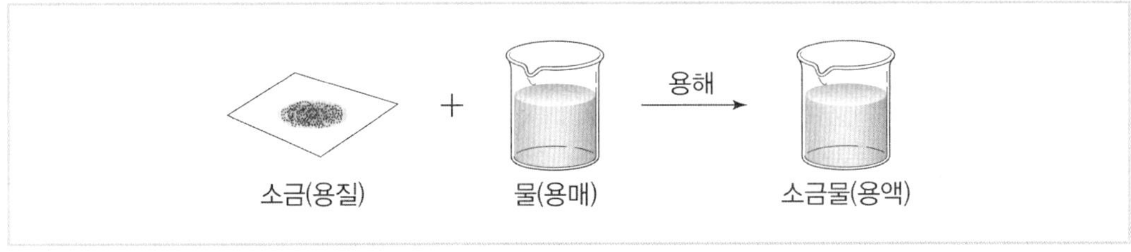

① 용해 : 소금이 물에 녹는 것처럼 어떤 물질이 다른 물질에 녹아 골고루 섞이는 현상

㉠ 용질 : 용해의 과정에서 소금과 같이 녹는 물질

㉡ 용매 : 용해의 과정에서 물과 같이 녹이는 물질

㉢ 용액 : 소금물과 같이 용질이 용매에 골고루 섞여 있는 것

② 용해 전후의 변화 : 소금은 용해되어 없어지는 것이 아니라 더 작은 입자로 나누어져 용매에 골고루 섞여 용액이 되므로 용해 전후의 무게는 같다.

③ 용질을 더 많이 녹이는 방법

㉠ 물(용매)의 양이 많을수록 용질이 더 많이 녹는다.

㉡ 물(용매)의 온도가 높을수록 용질이 더 많이 녹는다.

④ 용질을 더 빨리 녹이는 방법

㉠ 물을 빨리 저을수록 용질이 더 빨리 녹는다.

㉡ 물(용매)의 온도가 높을수록 용질이 더 빨리 녹는다.

㉢ 용질의 입자가 작을수록 더 빨리 녹는다.

(2) 용액

① 용액의 특징

㉠ 오래 두어도 가라앉거나 뜨는 것이 없다.

㉡ 거름종이에 걸러도 남는 것이 없고 어느 곳을 보더라도 물질이 섞인 정도가 같다.

② 용액의 진하기 비교하기

㉠ 맛으로 용액의 진하기 비교하기 : 용액의 맛이 진할수록 더 진한 용액이다.

㉡ 색깔로 용액의 진하기 비교하기 : 용액의 색깔이 진할수록 더 진한 용액이다.

㉢ 물체가 뜨는 정도로 용액의 진하기 비교하기 : 물체가 위로 떠오를수록 더 진한 용액이다.

㉣ 동일한 양의 물(용매)에 각각 다른 양의 용질을 녹였다면, 제일 많은 양이 녹은 물(용액)이 제일 진하다.

방울토마토를 이용한 설탕물의 진하기 비교

(가)

(나)

(다)

(라)

- 방울토마토가 위로 떠오를수록 더 진한 용액이다.
- 진하기 : (가) < (나) < (다) < (라)

06 산과 염기

(1) 용액의 분류

구분		특징
산성	식초, 레몬즙, 사이다, 묽은 염산	• 푸른색 리트머스 종이 : 붉은색 • 페놀프탈레인 용액 : 색깔 변화 없다. • 붉은 양배추 지시약 : 붉은색
염기성	유리 세정제, 빨랫비누 물, 석회수, 묽은 수산화 나트륨 용액	• 붉은색 리트머스 종이 : 푸른색 • 페놀프탈레인 용액 : 붉은색 • 붉은 양배추 지시약 : 푸른색이나 노란색

(2) 용액의 성질

① 산성 용액의 성질

㉠ 달걀 껍데기를 넣으면 기포가 발생하면서 녹는다.

㉡ 대리석 조각을 넣으면 기포가 발생하면서 녹는다.

② 염기성 용액의 성질

㉠ 머리카락을 넣으면 머리카락이 가늘어진다.

㉡ 달걀흰자가 흐물흐물하게 된다.

(3) 산성과 염기성 용액의 혼합 : 산성 용액에 염기성 용액을 떨어뜨릴수록 산성이 점점 약해지고, 염기성 용액에 산성 용액을 넣으면 염기성이 점점 약해진다.

(4) 산과 염기의 활용

① 김치가 시어졌을 때 김장독에 조개껍데기를 넣어 준다. → 신맛은 산성이므로 염기성인 조개껍데기를 넣어 김치의 신맛을 약하게 한다.

② 추수가 끝난 논이나 밭에 석회를 뿌린다. → 산성으로 변한 토양에 염기성인 석회를 뿌려 주면 토양의 산성이 약해진다.

③ 생선을 손질한 도마를 씻을 때 식초를 이용한다. → 생선 비린내는 염기성이므로 이를 약하게 하기 위하여 산성인 식초로 도마를 씻어 낸다.

④ 변기를 청소할 때 변기용 세제를 이용한다. → 변기의 때 성분은 염기성이므로 산성인 변기용 세정제를 이용하여 변기 청소를 한다.

⑤ 속이 쓰릴 때 제산제를 먹는다. → 염기성인 제산제를 먹어 위액의 산성을 약하게 한다.

(5) 지시약

① 지시약 : 어떤 용액을 만났을 때 그 용액의 성질에 따라 색깔 변화가 나타나는 물질

② 산성 용액과 염기성 용액을 분류할 때 많이 쓰인다.

③ 종류 : 리트머스 종이, 페놀프탈레인 용액, 붉은 양배추, 포도 껍질, 검은콩, 자주색 고구마, 자주색 양파, 색깔이 진한 꽃잎 등

07 여러 가지 기체

(1) 기체의 특징

① 헬륨을 넣은 고무풍선의 크기는 시간이 지남에 따라 작아진다.

㉠ 기체는 입자로 이루어져 있다.

㉡ 고무풍선에 있는 작은 틈으로 기체 입자들이 빠져나와 고무풍선의 크기가 줄어든다.

② **기체가 공간을 채우는 모습** : 기체는 공간 전체에 골고루 퍼져 공간을 가득 채운다.

㉠ 지퍼백 속에 들어 있던 드라이아이스가 기체로 변하면 드라이아이스 입자 사이의 거리가 멀어져 지퍼백이 부풀어 오른다.

㉡ 비치볼을 흔들면 비치볼 속에 들어 있는 작은 플라스틱 구슬은 서로 멀리 떨어져 자유롭게 움직인다.

(2) 압력에 따른 기체의 부피

① 기체에 가한 압력이 크면 기체의 부피는 작아지고, 기체에 가한 압력이 작아지면 기체의 부피는 커진다.

② 기체에 가한 압력을 없애면 기체의 부피는 본래대로 되돌아온다.

③ **기체의 부피가 쉽게 변하는 이유** : 압력을 가하면 기체 입자 사이의 거리가 가까워지고, 가한 압력을 없애면 입자 사이의 거리가 멀어지기 때문이다.

(3) 산소

① 산소의 성질

㉠ 철, 구리, 알루미늄과 같은 금속에 녹이 슬게 한다.

㉡ 스스로 타지 않지만 다른 물질들을 잘 타게 도와준다.

㉢ 전체 공기 부피의 약 1/5을 차지하는 기체로 모든 생명체에 꼭 필요한 기체이다.

㉣ 색깔이 없고 냄새가 나지 않는다.

㉤ 묽은 과산화 수소수와 이산화 망가니즈가 만나면 산소가 발생한다.

② **우리 생활에서 산소의 이용** : 산소 용접기, 용접용 가스, 우주선 추진 연료

(4) 이산화 탄소

① 이산화 탄소의 성질

㉠ 색과 냄새가 없다.

㉡ 물질이 타는 것을 막는다.

㉢ 석회수에 통과시키면 석회수가 뿌옇게 흐려진다.

② **우리 생활에서 이산화 탄소의 이용** : 소화기, 드라이아이스, 탄산음료 등

(5) 수소

① 수소의 성질

㉠ 색깔이 없고 냄새가 나지 않는다.

㉡ 매우 가볍다.

② 우리 생활에서 수소의 이용 : 친환경 자동차의 연료, 수소 발전소

(6) 헬륨

① 헬륨의 성질

㉠ 색깔이 없고 냄새가 나지 않는다.

㉡ 공기를 이루는 기체 중 가장 적게 존재한다.

② 우리 생활에서 헬륨의 이용 : 풍선이나 비행선 등

(7) 질소

① 질소의 성질

㉠ 색깔이 없고 냄새가 나지 않는다.

㉡ 공기의 대부분을 차지한다.

② 우리 생활에서 질소의 이용 : 과자 봉지의 충전재

08 연소와 소화

(1) **연소** : 탈 물질이 공기 중의 산소와 빠르게 반응하여 열과 빛을 내며 타는 현상

① 물질이 탈 때 공통적으로 나타나는 현상

㉠ 불을 붙이면 주변이 밝고 따뜻해진다.

㉡ 열과 빛이 발생한다.

② 연소의 세 가지 조건 : 탈 물질, 공기(산소), 발화점 이상의 온도

③ 물질이 연소할 때 생기는 생성물 : 물과 이산화 탄소

④ 연소 시 생성되는 물질 확인하는 방법

㉠ 물이 있는지 확인하는 방법 : 푸른색 염화 코발트 종이는 물에 닿으면 붉은색으로 변한다.

㉡ 이산화 탄소 확인하는 방법 : 석회수는 이산화 탄소를 통과시키면 뿌옇게 흐려진다.

(2) 탈 물질

① 탈 물질 : 연소의 조건 중 하나로, 태웠을 때 열과 빛을 발생하는 물질

② 탈 물질의 종류 : 나무, 석탄, 연탄, 경유, 휘발유, 액화 천연가스(LNG), 뷰테인 가스 등

(3) 공기(산소)

① 아크릴 통을 덮은 양초의 연소 : 양초에 불을 붙이고 아크릴 통으로 덮어 놓으면 아크릴 통이 찌그러지다가 양초가 꺼진다.

② 산소의 역할 : 양초가 계속해서 연소할 수 있도록 돕는 기체

(4) **발화점 이상의 온도** : 물질이 연소하기 시작하는 온도를 발화점이라고 하는데, 물질은 발화점이 서로 다르기 때문에 연소하기 시작하는 온도가 다르다.

(5) **소화**

① 소화 : 연소에 필요한 조건을 없애 줌으로써 불을 끄는 것을 의미한다.

② 연소 조건 : 물질이 연소하기 위해서는 탈 물질, 공기(산소), 발화점 이상의 온도가 필요하므로 이 세 가지 조건 중 한 가지라도 없을 경우 불이 꺼진다.

㉠ 탈 물질 제거 : 연료 조절 밸브 잠그기, 산불 주변의 나무 제거

㉡ 산소 차단 : 소화기로 불을 끄기, 담요로 덮기, 알코올램프 뚜껑 덮어서 불 끄기

㉢ 발화점 미만으로 온도 낮추기 : 물을 뿌려서 불 끄기

(6) **화재가 발생했을 때 대처 방법**

① 119에 신고한다.

② “불이야!”라고 큰 소리로 외치거나 비상벨을 눌러 주변에 알린다.

③ 젖은 수건으로 코와 입을 막고, 최대한 자세를 낮추고 대피한다.

④ 승강기 대신 계단으로 대피한다.

(7) **화재로 인한 피해를 줄이는 방법**

① 비상구나 소방 시설의 위치, 소화기 사용 방법 등을 알아 둔다.

② 공공시설이나 건물을 지을 때 불에 잘 타지 않는 물질을 사용하도록 한다.

01 장 기출문제로 유형 잡기

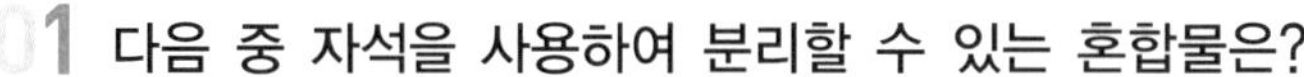

01 다음 중 자석을 사용하여 분리할 수 있는 혼합물은?

① 콩과 좁쌀　　② 팥과 자갈
③ 소금과 설탕　　④ 유리구슬과 철 구슬

정답잡기 자석은 쇠붙이나 자석을 끌어당기는 성질을 가지고 있다. 따라서 유리구슬과 철 구슬의 혼합물에 자석을 가까이 가져가면 철 구슬이 자석에 끌려와 유리구슬과 철 구슬을 분리할 수 있다.

02 그림과 같이 체를 이용하여 콩과 좁쌀의 혼합물을 분리할 수 있는 원리는?

① 콩이 좁쌀보다 가볍다.
② 콩이 좁쌀보다 알갱이가 크다.
③ 콩이 좁쌀보다 물에 잘 녹는다.
④ 콩이 좁쌀보다 자석에 잘 붙는다.

정답잡기 콩과 좁쌀은 알갱이의 크기가 다르다. 콩과 좁쌀이 섞여 있을 때 체로 치면 알갱이가 작은 좁쌀은 체의 아래쪽으로 통과하지만 알갱이가 큰 콩은 체 위에 그대로 남게 된다.

03 표는 물의 세 가지 상태를 나타낸 것이다. ㉠에 해당하는 것은?

고체	액체	기체
㉠	물	수증기

① 바람　　② 습도
③ 얼음　　④ 온도

정답잡기 물질의 세 가지 상태는 고체, 액체, 기체이고 물의 고체 상태는 ㉠ 얼음이다.

정답 01 ④ 02 ② 03 ③

4 물이 얼면서 부피가 변화되어 나타나는 현상이 아닌 것은?

① 물을 담아 얼린 페트병이 부풀었다.
② 겨울철에 물이 얼어 수도관이 터졌다.
③ 얼음물이 든 컵 표면에 물방울이 맺혔다.
④ 겨울철에 담아 둔 물이 얼어 장독이 깨졌다.

정답잡기 물이 얼어서 고체가 될 때 물 분자들이 육각형으로 일정하게 배열되므로 빈 공간이 증가하여 부피가 증가한다.
③의 현상은 얼음물의 온도가 너무 낮아서 공기 중의 기체인 수증기가 냉각되어 물방울로 변해 맺힌 것이다.

오답잡기
①, ②, ④는 물의 부피가 증가하여 일어나는 현상들이다.

5 다음 설명에 해당하는 것은?

- 물의 표면에서 물이 수증기로 변하는 것이다.
- 젖은 머리카락을 말릴 때 나타나는 현상이다.

① 용해 ② 응결
③ 증발 ④ 광합성

정답잡기 증발은 물의 표면에서 물이 수증기로 변하는 것으로, 젖은 머리카락을 말리거나 젖은 빨래가 마르는 것은 모두 증발에 해당한다.

오답잡기
① 용해 : 어떤 물질이 다른 물질에 녹아 골고루 섞이는 현상이다.
② 응결 : 수증기가 물방울이 되는 현상이다.
④ 광합성 : 녹색식물이 빛을 이용하여 이산화 탄소와 물로 영양분을 만드는 과정이다.

6 다음 설명에 해당하는 것은?

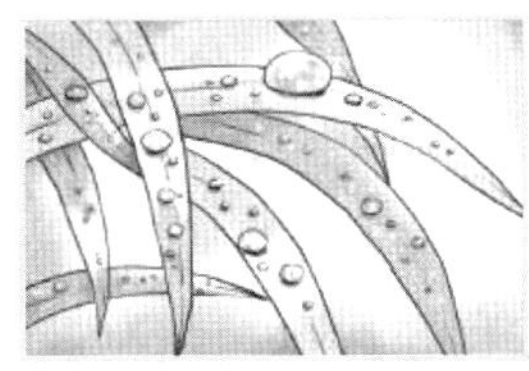

공기 중의 수증기가 응결하여 풀잎에 닿아 맺힌 물방울이다.

① 눈 ② 바람
③ 이슬 ④ 황사

정답잡기 공기 중의 수증기가 기온이 내려가거나 찬 물체에 부딪힐 때 응결하여 생기는 물방울은 '이슬'이다.

오답잡기
① 눈 : 구름 속의 수증기가 찬 기운을 만나면 얼게 되어 생기는 결정이다.
② 바람 : 온도나 기압 등의 차이 때문에 공기가 옆으로 이동하는 현상이다.
④ 황사 : 중국의 사막 지역에서 우리나라까지 불어오는 모래바람이다.

정답 04 ③ 05 ③ 06 ③

07 물 100g에 소금 10g을 완전히 녹이는 실험이다. 이 실험과 관련된 설명으로 옳지 <u>않은</u> 것은?

① 소금물은 용액이다.
② 소금물의 무게는 100g이 된다.
③ 소금은 물속에 골고루 섞여 있다.
④ 소금은 매우 작게 변하여 보이지 않는다.

정답잡기) 소금이 물에 녹는 것처럼 어떤 물질이 다른 물질에 녹아 골고루 섞이는 현상을 용해라고 하고, 소금과 같이 녹는 물질인 용질이 물과 같은 용매에 고르게 섞여 있는 것을 용액이라고 한다.
② 소금은 용해되어 없어지는 것이 아니라 더 작은 입자로 나누어져 용매에 골고루 섞여 용액이 되므로 용해 전후의 무게는 같다. 따라서 물 100g + 소금 10g = 소금물 110g이 된다.

08 그림은 각설탕을 물에 녹이기 전과 녹인 후의 무게를 비교하는 실험을 나타낸 것이다. ㉠에 해당하는 것은?

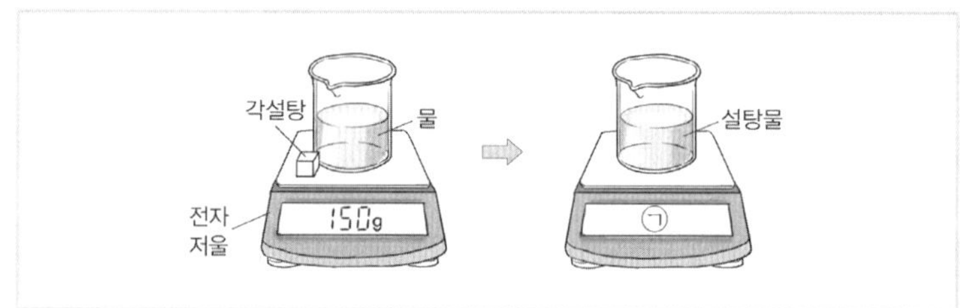

① 150g　　② 160g
③ 170g　　④ 180g

정답잡기) 각설탕을 물에 녹이기 전과 녹인 후의 무게는 같다. 각설탕이 물에 녹아도 없어지지 않고 물속에 남아 있기 때문이다. 따라서 ㉠은 녹이기 전과 같다.

09 그림의 상황에서 아무리 저어도 다 녹지 않고 남아 있는 설탕을 물에 더 녹이는 방법으로 가장 적절한 것은?

① 그대로 둔다.　　② 냉장고에 넣는다.
③ 설탕을 더 넣는다.　　④ 따뜻한 물을 더 넣는다.

정답잡기) 물에 설탕을 더 많이 녹이려면 온도를 높이거나 막대로 설탕물을 빠르게 저어 주어야 한다.

정답 07 ② 08 ① 09 ④

10 다음은 방울토마토를 띄워 설탕물의 진하기를 비교한 실험이다. 설탕물의 진하기가 가장 진한 것은? (단, 설탕의 양을 제외한 다른 조건은 모두 같다.)

① 
② 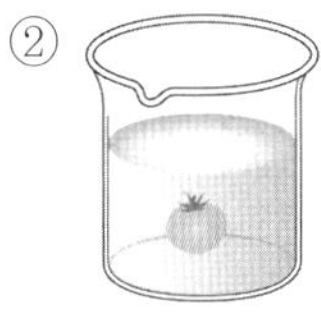
③ 
④ 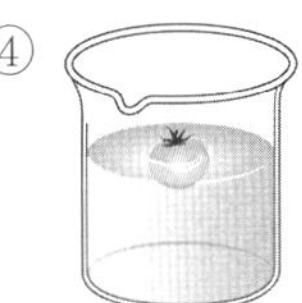

정답잡기 방울토마토를 서로 다른 진하기에 넣었을 때 방울토마토가 위로 떠오를수록 더 진한 용액이다.

11 500mL 물에 설탕을 녹여 용액을 만들었다. 다음 중 가장 진한 것은? (단, 설탕은 모두 용해되었다.)

① 설탕 5g을 녹인 용액
② 설탕 10g을 녹인 용액
③ 설탕 15g을 녹인 용액
④ 설탕 20g을 녹인 용액

정답잡기 용매인 물의 양이 같을 때 용질인 설탕을 많이 넣을수록 더 진한 용액이 된다. 따라서 설탕이 가장 많이 녹은 20g을 녹인 용액이 가장 진하다.

12 다음 중 우리 생활에서 산과 염기의 성질을 이용한 예로 옳은 것은?

① 햇볕에 빨래 말리기
② 설탕을 물에 녹이기
③ 물을 냉동실에 넣어 얼리기
④ 생선을 손질한 도마를 식초로 닦기

정답잡기 산성 용액은 염기성을 줄이는 데 사용할 수 있으므로 염기성을 띠는 비린내 성분을 줄이기 위해 생선 손질한 도마를 닦을 때 산성을 띠는 식초를 이용할 수 있다.

정답 10 ④ 11 ④ 12 ④

13 표는 지시약으로 용액의 성질을 알아보는 실험의 결과이다. 다음 중 염기성 용액은?

용액 / 지시약	식초	레몬즙	빨랫비누 물	묽은 염산
푸른색 리트머스 종이	붉은색	붉은색	변화 없음	붉은색
붉은색 리트머스 종이	변화 없음	변화 없음	푸른색	변화 없음

① 식초 ② 레몬즙
③ 빨랫비누 물 ④ 묽은 염산

정답잡기 염기성 용액은 붉은색 리트머스 종이를 푸른색으로 변화시킨다. 따라서 빨랫비누 물이 염기성 용액이다.

오답잡기
식초, 레몬즙, 묽은 염산은 푸른색 리트머스 종이를 붉은색으로 변화시켰으므로 산성 용액이다.

14 표는 여러 가지 용액에 페놀프탈레인 용액을 떨어뜨린 뒤의 색깔 변화를 나타낸 것이다. 다음 중 산성 용액은?

용액	레몬즙	석회수	빨랫 비누 물	유리 세정제
페놀프탈레인 용액	○	●	●	●

※ 색깔 변화가 없는 경우 : ○, 붉은색으로 변한 경우 : ●

① 레몬즙 ② 석회수
③ 빨랫비누 물 ④ 유리 세정제

정답잡기 페놀프탈레인 용액을 붉은색으로 변화시키는 것은 염기성 용액이다.
레몬즙은 염기성 용액이 아니다. 묽은 염산, 식초, 레몬즙, 사이다와 같은 용액은 산성 용액이다.

오답잡기
석회수, 빨랫비누 물, 유리 세정제는 페놀프탈레인 용액을 붉은색으로 변하게 하였으므로 염기성 용액이다.

정답 13 ③ 14 ①

15 그림에서 ㉠에 들어갈 말은?

① 비커　② 저울
③ 습도계　④ 지시약

정답잡기 지시약은 어떤 용액을 만났을 때 그 용액의 성질에 따라 눈에 띄는 변화가 나타나는 물질이다. 리트머스 종이, 페놀프탈레인 용액, 붉은 양배추 지시약 등의 지시약을 이용하면 여러 가지 용액을 산성 용액과 염기성 용액으로 분류할 수 있다.

지시약	산성 용액	염기성 용액
푸른색 리트머스 종이	붉은색으로 변함	변화 없음
붉은색 리트머스 종이	변화 없음	푸른색으로 변함
페놀프탈레인 용액	변화 없음	붉은색으로 변함
붉은 양배추 지시약	붉은색 계열로 변함	푸른색이나 노란색 계열로 변함

16 붉은색 리트머스 종이에 떨어뜨리면 푸른색으로 변하는 것은?

① 식초　② 레몬즙
③ 석회수　④ 묽은 염산

정답잡기 붉은색 리트머스 종이에 떨어뜨리면 푸른색으로 변하는 물질은 석회수와 같은 염기성 물질이다.

오답잡기
식초, 레몬즙, 묽은 염산 등은 산성 물질들로 푸른색 리트머스 종이를 붉은색으로 변화시킨다.

17 ㉠에 들어갈 말로 알맞은 것은?

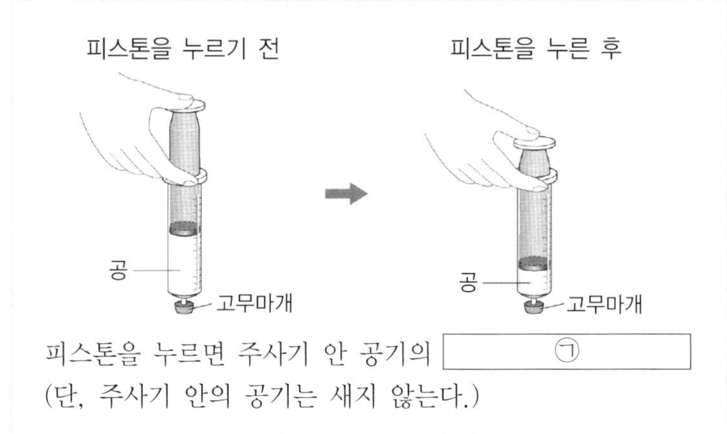

피스톤을 누르면 주사기 안 공기의 ㉠
(단, 주사기 안의 공기는 새지 않는다.)

① 무게가 줄어든다.　② 무게가 늘어난다.
③ 부피가 줄어든다.　④ 부피가 늘어난다.

정답잡기 기체 상태인 공기는 기체 분자들이 운동을 하면서 넓은 공간에 퍼져 있는 상태이므로 피스톤을 눌러 압축하면 분자들 사이의 공간이 줄어들어 부피가 감소한다. 이때 눌렀던 피스톤을 놓으면 기체 분자들의 운동은 처음과 그대로이므로 피스톤에 부딪혀서 밀어내어 원래의 부피로 되돌아간다.

정답 15 ④　16 ③　17 ③

18 그림은 산소의 성질을 알아보는 실험이다. 이 실험에서 알 수 있는 것은?

향불
〈산소가 들어 있는 집기병〉

① 산소는 색깔이 있다.
② 산소는 공간을 차지하지 않는다.
③ 집기병에 향불을 넣으면 불꽃이 더 커진다.
④ 산소는 불을 끄는 성질이 있다.

정답 잡기 산소는 스스로 타지 않지만 집기병에 들어 있는 물질이 잘 타게 도와주므로 향불을 넣으면 불꽃이 더 커진다.

오답 잡기
①, ② 산소는 무색으로 전체 공기 부피의 약 1/5을 차지하는 기체이다.
④ 이산화 탄소는 불을 끄는 성질이 있다.

19 다음 중 이산화 탄소의 성질에 해당하는 것은?

① 색깔이 있다.
② 고소한 냄새가 난다.
③ 다른 물질을 잘 타게 돕는다.
④ 석회수를 뿌옇게 변화시킨다.

정답 잡기 이산화 탄소는 색과 냄새가 없고, 물질이 타는 것을 막는다. 또한 석회수에 통과시키면 석회수가 뿌옇게 흐려진다.

20 다음 대화에서 설명하는 기체는?

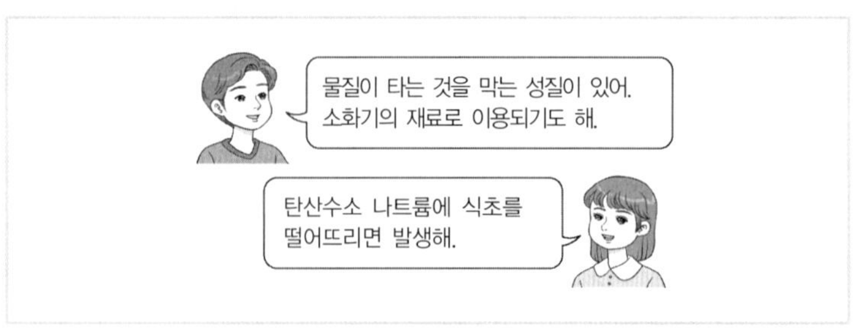
물질이 타는 것을 막는 성질이 있어.
소화기의 재료로 이용되기도 해.
탄산수소 나트륨에 식초를
떨어뜨리면 발생해.

① 산소 ② 수소
③ 헬륨 ④ 이산화 탄소

정답 잡기 탄산수소 나트륨에 식초를 떨어뜨리면 발생하는 기체는 이산화 탄소이다. 이산화 탄소는 불을 끄게 하는 성질이 있어 소화기의 재료에 이용된다.

정답 18 ③ 19 ④ 20 ④

21 다음 설명에 공통으로 해당하는 것은?

- 응급 환자의 호흡 장치에 이용된다.
- 철이나 구리와 같은 금속을 녹슬게 한다.
- 폐를 통해 흡수되어 몸속 기관이 일을 하는 데 사용된다.

① 산소　② 수소
③ 질소　④ 이산화 탄소

정답잡기 산소는 철, 구리와 같은 금속과 결합하여 녹슬게 하는 기체로, 생물의 호흡에 필요하다. 따라서 잠수부의 압축 공기통, 응급 환자의 산소 호흡 장치에 이용된다. 또한 산소는 물질의 연소에 반드시 필요하다.

22 그림의 대화 내용에 해당하는 기체는?

① 산소　② 수소
③ 질소　④ 이산화 탄소

정답잡기 이산화 탄소는 색깔과 냄새가 없고 석회수를 뿌옇게 만드는 성질이 있다. 탄산음료를 컵에 따르면 생기는 거품은 탄산음료에 녹아 있던 이산화 탄소가 나온 것이다.

오답잡기

① 산소는 다른 물질이 타는 것을 도와주는 기체로 잠수부의 압축 공기통, 산소 호흡 장치에 이용된다.
② 수소는 가장 가벼운 기체로 오염 물질이 나오지 않는 청정 연료로 전기를 만드는 데 이용된다.
③ 질소는 다른 물질과 잘 반응하지 않기 때문에 과일이나 과자 등을 포장할 때 이용된다.

23 그림의 실험 장치를 통해 발생하는 기체는?

① 산소　② 수소
③ 질소　④ 헬륨

정답잡기 기체 발생 장치에 묽은 과산화 수소수를 약간의 물과 이산화 망가니즈가 담긴 삼각 플라스크로 조금씩 흘려보내면 산소 기체가 발생한다.

더 알고 가기 **산소의 성질**

산소에는 색깔과 냄새가 없다.
산소는 스스로 타지 않지만 다른 물질이 타는 것을 돕기 때문에 산소가 들어 있는 집기병 속에 향불을 넣었을 때 향불의 불꽃이 커진다.

정답 21 ① 22 ④ 23 ①

24 다음과 같은 특징을 가진 기체는?

- 다른 물질을 잘 타게 돕는다.
- 응급 환자의 호흡 장치에 이용된다.

① 산소 ② 수소
③ 헬륨 ④ 이산화 탄소

정답잡기 다른 물질을 잘 타게 돕고 응급 환자의 호흡 장치에 이용되는 기체는 산소이다.

오답잡기
② 수소 : 가장 가벼운 기체로 불꽃과 반응하면 "펑" 소리를 내면서 매우 잘 탄다.
③ 헬륨 : 폭발성이 없고 가벼운 기체로 기구 등에 채워서 위로 떠오르게 한다.
④ 이산화 탄소 : 공기보다 무겁고, 불을 끄는 성질이 있으며, 광합성의 재료가 되는 기체이다.

25 ㉠에 공통으로 들어갈 말은?

- 탈 물질이 공기 중의 산소와 빠르게 반응하여 열과 빛을 내며 타는 현상을 (㉠)(이)라고 한다.
- (㉠)의 조건은 탈 물질 제공, 산소 공급, 발화점 이상의 온도이다.

① 소화 ② 연소
③ 응결 ④ 증발

정답잡기 탈 물질이 공기 중의 산소와 빠르게 반응하여 열과 빛을 내며 타는 현상을 연소라고 하며, 그 조건은 탈 물질 제공, 산소 공급, 발화점 이상의 온도이다.

오답잡기
① 소화 : 불을 끄는 것으로 연소의 반대 현상
③ 응결 : 수증기가 차가운 물체의 표면에서 액체 물방울로 맺히는 현상
④ 증발 : 물이 표면에서 기체인 수증기로 변하는 현상

26 ㉠에 공통으로 들어갈 말은?

- 물질이 연소하려면 (㉠)에 도달할 때까지 가열하거나 주변의 온도를 높여 주어야 한다.
- 불을 끄려면 타고 있는 물질의 온도를 (㉠) 아래로 낮추어야 한다.

① 수평 ② 그림자
③ 발화점 ④ 혼합물

정답잡기 물질의 연소에 필요한 세 가지 조건은 발화점 이상의 온도, 탈 물질, 공기(산소)이다. 문제에서 물질이 연소하려면 발화점에 도달할 때까지 가열하거나 주변의 온도를 높여야 하고, 불을 끄려면 타고 있는 물질의 온도를 발화점 아래로 낮추어야 한다. 즉, 물질이 타기 위한 온도를 발화점이라고 한다.

정답 24 ① 25 ② 26 ③

27 다음 설명에 해당하는 것은?

- 공기를 차단하여 불을 끈다.
- 초기 화재 진압 단계에서 주로 사용한다.

① 소화기　　② 전열기
③ 점화기　　④ 충전기

정답잡기 연소에 필요한 조건을 없애 줌으로써 불을 끄는 것으로 초기 화재 진압 단계에 소화기를 주로 사용한다. 소화기에서 분사되는 물질을 통해 공기(산소)가 차단되어 불을 끌 수 있다.

정 답 27 ①

01 장 예상문제로 실력 잡기

01 다음에서 설명하는 것은 무엇인가?

> • 모양이 있고 공간을 차지하고 있다.
> • 장난감, 옷, 책상, 의자 등이 있다.

① 도구 ② 물체
③ 물질 ④ 무게

02 다음 아령과 같은 물질로 만들어진 물체는 무엇인가?

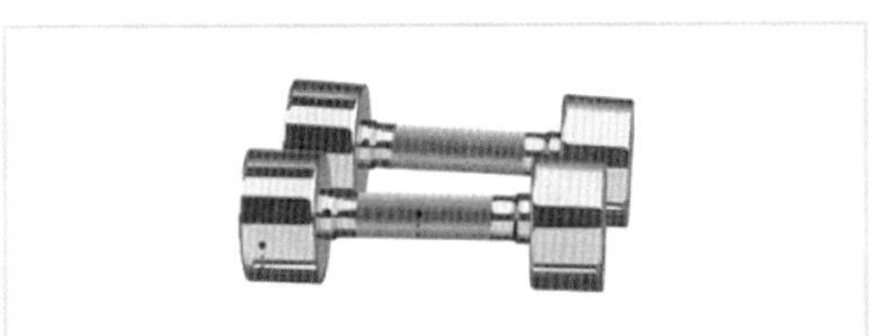

① 쇠못 ② 농구공
③ 지우개 ④ 운동복

03 다음 세 가지 물질의 공통적인 물질의 상태는 무엇인가?

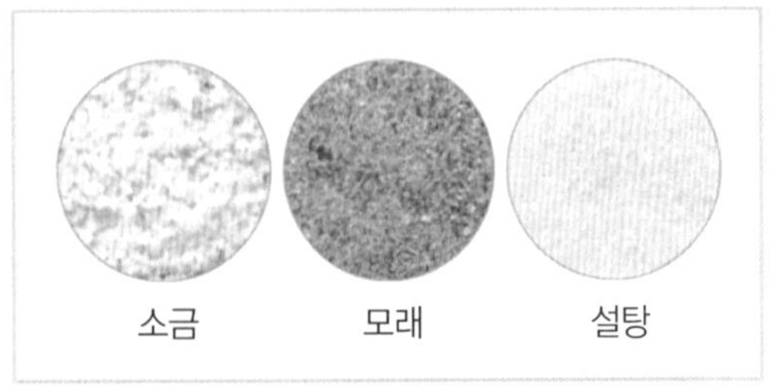

① 고체 ② 액체
③ 유체 ④ 기체

04 담긴 그릇을 항상 가득 채우는 상태인 것만으로 바르게 짝지은 것은?

① 얼음, 물, 수증기
② 주스, 필통, 지우개
③ 공기, 이산화 탄소, 수증기
④ 요구르트, 꿀, 간장

05 다음 그림과 같이 구멍을 뚫지 않은 컵을 거꾸로 물이 담긴 수조에 넣었을 때, 수조의 수면이 높아졌다. 이로부터 알 수 있는 사실은 무엇인가?

① 공기는 무게를 가지고 있다.
② 공기는 부피를 가지고 있다.
③ 공기는 기체 상태이다.
④ 공기는 흐르는 성질이 있다.

6 눈금실린더에 물을 넣었더니 물의 높이가 다음 그림과 같았다. 물의 부피는 얼마인가?

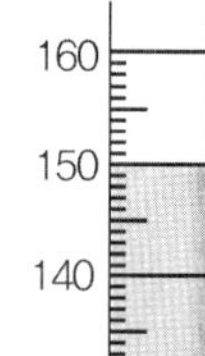

① 140mL
② 145mL
③ 150mL
④ 155mL

7 다음 중 스포이트를 이용하여 분리할 수 있는 혼합물은 어느 것인가?

① 소금과 물의 혼합물
② 물과 모래의 혼합물
③ 물과 알코올의 혼합물
④ 물과 식용유의 혼합물

8 체를 이용하여 콩과 좁쌀을 분리하려고 할 때 이용되는 혼합물의 분리 원리는 무엇인가?

① 알갱이의 크기 차이
② 물에 녹고 녹지 않는 차이
③ 자석에 붙고 붙지 않는 차이
④ 두 물질의 무게 차이

9 다음 현상과 관계있는 것은 무엇인가?

• 더운 여름날, 마당에 물을 뿌리면 곧 마른다.
• 소독용 알코올을 손등에 바르면 시원한 느낌이 든다.

① 승화 ② 가열
③ 증발 ④ 액화

10 추운 겨울철에 수도관이 터지는 이유는 무엇인가?

① 물이 기체 상태로 되기 때문에
② 수도관의 부피가 늘어나기 때문에
③ 수도관의 부피가 줄어들기 때문에
④ 물이 얼면서 부피가 늘어나기 때문에

11 다음 중 물을 절약하는 방법으로 알맞은 것은?

① 물을 틀어 놓고 사용한다.
② 수도꼭지를 잘 잠근다.
③ 한 번 사용한 물은 버린다.
④ 수도 주변에서 물놀이를 한다.

12 설탕이 물에 녹아 골고루 섞여 설탕물이 되었다. 이때 용질, 용매, 용액에 해당하는 것을 바르게 짝지은 것은?

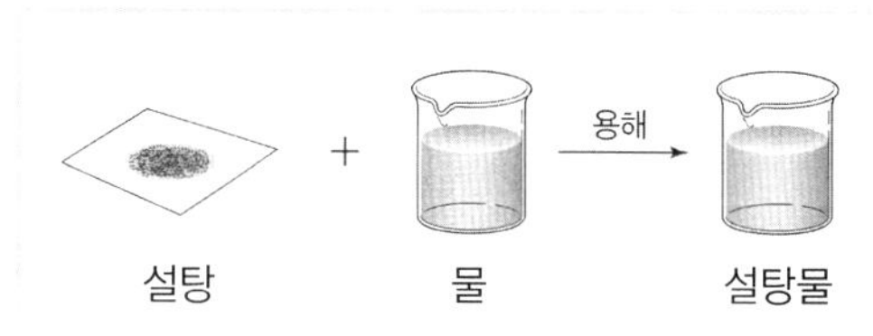

① 설탕 – 용매, 물 – 용질, 설탕물 – 용액
② 설탕 – 용질, 물 – 용액, 설탕물 – 용매
③ 설탕 – 용질, 물 – 용매, 설탕물 – 용액
④ 설탕 – 용액, 물 – 용질, 설탕물 – 용매

13 다음 ㉠에 알맞은 말은 무엇인가?

> 소금이 물에 녹는 것처럼 어떤 물질에 다른 물질이 녹아 골고루 섞이는 현상을 (㉠)(이)라고 한다.

① 승화 ② 용해
③ 증발 ④ 액화

14 설탕을 물에 녹이기 전과 녹인 후의 무게를 비교한 것으로 옳은 것은?

① 설탕 + 물 = 설탕물
② 설탕 + 물 < 설탕물
③ 설탕 + 물 > 설탕물
④ 위 자료만으로는 무게를 서로 비교할 수 없다.

15 100g의 물을 비커에 넣고 무게를 재었더니 125g이 되었다. 여기에 설탕을 넣고 녹였더니 155g이 되었다면, 이때 녹인 설탕의 양은 얼마인가?

① 20g ② 30g
③ 35g ④ 40g

16 백반이 물에 다 녹지 않고 바닥에 가라앉았을 때, 백반을 모두 녹일 수 있는 방법으로 옳은 것은?

① 물을 더 넣는다.
② 냉장고에 넣는다.
③ 백반을 더 넣는다.
④ 큰 비커로 바꾼다.

17 소금물에 방울토마토를 넣었을 때, (가)처럼 가라앉아 있는 방울토마토를 (나)처럼 떠오르게 할 수 있는 방법으로 옳은 것은?

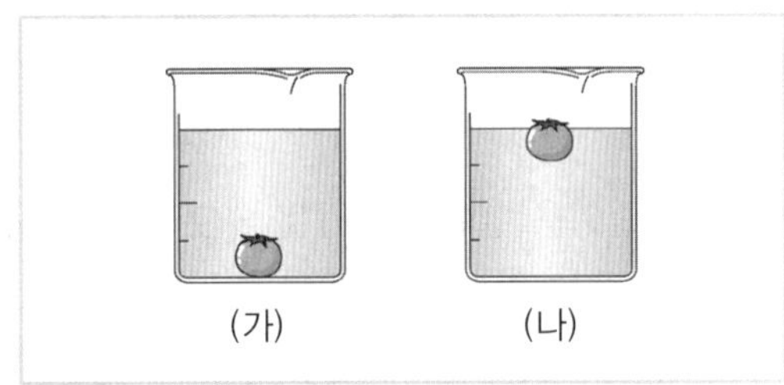

① 물을 더 넣는다.
② 온도를 높여 준다.
③ 소금을 더 넣어 녹여 준다.
④ 빠르게 저어 준다.

18 어떤 물질을 만났을 때, 그 물질의 성질에 따라 눈에 띄는 변화가 나타나는 물질을 무엇이라고 하는가?

① 지시약 ② 표준계
③ 투명도 ④ 용액

19 푸른색 리트머스 종이를 붉은색으로 변화시키는 물질이 아닌 것은?

① 식초 ② 레몬즙
③ 사이다 ④ 비눗물

20 투명한 페놀프탈레인 용액에 떨어뜨렸을 때 붉은색으로 변하는 물질이 아닌 것은?

① 석회수 ② 유리 세정제
③ 사이다 ④ 비눗물

21 논이나 밭에 석회 가루를 뿌리는 원리와 다른 것은?

① 땀이 많이 날 때 소금을 먹는 것
② 속이 쓰릴 때 제산제를 먹는 것
③ 생선 요리에 레몬즙을 뿌리는 것
④ 벌레 물린 곳에 묽은 암모니아수를 바르는 것

22 우리 주변에 공기가 있음을 알 수 있는 현상이 아닌 것은?

① 달려갈 때 바람이 분다.
② 물레방아가 돌아간다.
③ 연을 하늘 높이 날릴 수 있다.
④ 나뭇가지와 나뭇잎이 흔들린다.

23 힘에 의한 기체와 액체의 부피 변화에 대한 설명으로 옳은 것은?

① 기체에 힘을 가하면 부피가 줄어든다.
② 기체에 힘을 가하면 부피가 늘어난다.
③ 기체에 힘을 가하면 무게가 줄어든다.
④ 액체에 힘을 가하면 부피가 줄어든다.

24 다음은 공기와 산소가 든 집기병에 각각 불씨가 있는 물질을 넣은 모습이다. 이를 통해 알 수 있는 산소의 성질은 무엇인가?

공기가 든 집기병

산소가 든 집기병

① 검은색이다.
② 다른 물질이 잘 타게 도와준다.
③ 물에 잘 녹는다.
④ 시큼한 냄새가 난다.

25 다음 중 이산화 탄소가 이용되는 예가 아닌 것은?

① 소화기를 만드는 데
② 탄산음료를 만드는 데
③ 대기 오염을 정화시키는 데
④ 식물이 광합성을 하는 데

26 다음 중 이산화 탄소에 대한 설명으로 옳지 않은 것은?

① 색깔과 냄새가 없다.
② 불을 끄는 성질이 있다.
③ 석회수를 뿌옇게 흐리게 한다.
④ 마그네슘 조각과 묽은 염산을 반응시켜서 얻는다.

27 양팔저울의 양쪽에 수평이 되게 매단 컵의 한쪽에 이산화 탄소를 부으면 이산화 탄소를 부은 컵 쪽으로 양팔저울이 기울어진다. 이 실험의 결과로부터 알 수 있는 이산화 탄소의 성질은 무엇인가?

① 색깔과 냄새가 없다.
② 불을 끄는 성질이 있다.
③ 석회수를 뿌옇게 흐리게 한다.
④ 공기보다 무겁다.

28 다음 중 공기 오염을 줄이기 위한 방법으로 옳지 않은 것은?

① 나무를 많이 심는다.
② 쓰레기를 많이 태운다.
③ 무분별한 개발을 제한한다.
④ 천연가스를 많이 사용한다.

29 촛불이 타는 것과 같이 어떤 물질이 열과 빛을 내면서 타는 현상은 무엇인가?

① 점화 ② 소화
③ 연소 ④ 발화

30 그림 (가), (나)와 같이 크기가 다른 집기병으로 연소하고 있는 양초를 덮었을 때, 다음 설명 중 옳은 것은?

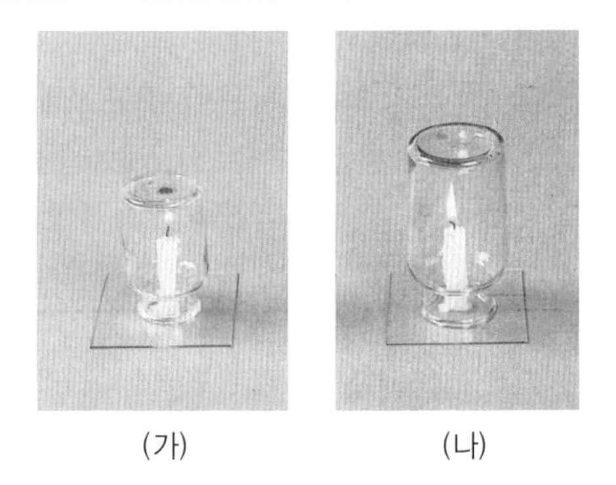
(가) (나)

① (가)는 촛불이 꺼지지 않는다.
② (가)와 (나)는 촛불이 동시에 꺼진다.
③ (가)와 (나)는 촛불이 모두 계속 탄다.
④ (가)의 촛불이 먼저 꺼진 후 (나)의 촛불이 꺼진다.

31 물질이 연소할 수 있는 조건에 해당하지 않는 것은?

① 탈 물질 ② 이산화 탄소
③ 산소 ④ 발화점 이상의 온도

32 다음 중 발화점에 대한 설명으로 옳은 것은?

① 불을 끌어당기며 타는 온도이다.
② 물질이 열과 빛을 내며 타는 현상이다.
③ 물질에 상관없이 타기 시작하는 온도이다.
④ 어떤 물질이 열을 받아 타기 시작하는 온도이다.

33 숯이 든 화로에 부채질을 하면 숯에 불이 더 잘 붙는다. 그 까닭을 바르게 설명한 것은?

① 탈 물질을 제거해 주어서
② 숯의 온도를 낮추어 주어서
③ 공기를 원활히 공급해 주어서
④ 발화점을 낮게 만들어 주어서

34 간이 소화기를 만들 때 식초와 탄산수소 나트륨을 이용하는데, 이것은 어떤 원리를 이용한 것인가?

① 식초는 불을 끄는 작용을 한다.
② 두 물질이 반응하면 물이 만들어진다.
③ 두 물질이 반응하면 산소가 발생된다.
④ 두 물질이 반응하면 이산화 탄소가 발생된다.

35 불을 끌 때 모래를 뿌리는 까닭으로 옳은 것은?

① 온도를 낮추기 위해서
② 수증기를 만들기 위해서
③ 발화점을 높이기 위해서
④ 공기의 공급을 차단하기 위해서

36 다음 중 초가 연소할 때 생기는 물질이 <u>아닌</u> 것은?

① 이산화 탄소 ② 그을음
③ 산소 ④ 물

37 소화기의 사용 방법과 관리 요령에 대한 설명으로 옳지 <u>않은</u> 것은?

① 소화기는 햇볕이 잘 드는 곳에 보관한다.
② 신속히 사용할 수 있도록 묶어 두지 않는다.
③ 소화기를 흔들어 약제가 굳는 것을 방지한다.
④ 바람을 등지고 서서 호스를 불 쪽으로 향하게 한다.

02 장 생명

01 동물의 한살이

(1) 배추흰나비의 한살이

① **한살이** : 동물이나 식물이 태어나서 어린 시절을 지나 성장하여 자손을 남기고 죽을 때까지의 과정

② **배추흰나비 관찰** : 한살이에서 나타나는 변화를 기록한다.

구분	모습	생김새	특징
알		• 연한 노랑이 도는 주황색 • 1mm 정도로 매우 작음	표면에 줄무늬가 있는 옥수수 모양
애벌레		• 초록색(보호색) • 긴 원통 모양, 마디가 있음	머리, 가슴, 배의 세 부분
번데기		• 초록 또는 갈색 • 25mm 정도로 자라지 않음	한 곳에 붙어서 움직이지 않음
배추흰나비		• 흰색이며 털이 있음 • 날개는 비늘로 덮여 있음	머리, 가슴, 배의 세 부분

③ **완전탈바꿈과 불완전탈바꿈**

㉠ **완전탈바꿈** : 번데기 단계를 거침 예 나비, 파리, 모기, 풍뎅이, 사슴벌레 등

㉡ **불완전탈바꿈** : 번데기 단계가 없음 예 사마귀, 노린재, 메뚜기, 매미, 잠자리 등

(2) 여러 가지 동물의 한살이

① **동물의 한살이** : 새끼를 낳는 동물도 있고, 땅에 알을 낳는 동물, 물에 알을 낳는 동물이 있는 것처럼 매우 다양하다.

㉠ **새끼를 낳는 동물** : 박쥐, 토끼, 말, 고래, 소, 고양이, 코끼리, 기린, 사자, 햄스터 등

㉡ **땅에 알을 낳는 동물** : 새, 뱀이나 도마뱀, 거북, 자라 등

㉢ **물에 알을 낳는 동물** : 붕어, 메기, 연어, 고등어, 두꺼비, 도롱뇽, 가재 등

② 동물의 암수

㉠ 암수 구별이 쉬운 동물 : 암수에 따라 몸의 크기, 색, 무늬 등이 뚜렷이 구분된다.

예 사자, 원앙, 사슴벌레, 꿩, 사슴, 거미 등

㉡ 암수 구별이 어려운 동물 : 암수에 따라 모습에 차이가 없다.

예 두루미, 다람쥐, 청개구리, 개, 살모사

㉢ 동물의 암수에 따라 하는 역할이 다양하다.

02 동물의 생활

(1) 주변의 동물

① 동물에 대해 조사하는 방법 : 인터넷 백과사전, 블로그, 동물도감, 전문 잡지 등을 찾아보거나, 전문가에게 물어본다.

② 동물 분류하기 : 각 동물들의 공통점과 차이점을 이용하여 분류 기준을 정한다.

㉠ 날개가 있는 것과 없는 것, 곤충인 것과 곤충이 아닌 것, 더듬이가 있는 것과 더듬이가 없는 것

㉡ 다리의 개수, 먹이의 종류, 탈바꿈을 하는 것과 하지 않는 것 등

(2) 사는 곳에 따른 동물의 생활

① 땅에 사는 동물

㉠ 다리가 있는 동물은 걷거나 뛰어서 이동한다. 예 고라니, 너구리, 소, 개미 등

㉡ 다리가 없는 동물은 기어서 이동한다. 예 뱀, 지렁이 등

㉢ 공통점 : 공기 중에서 숨을 쉰다.

② 물에 사는 동물

㉠ 물속에 사는 동물은 지느러미나 다리로 헤엄을 친다.

㉡ 빠르게 헤엄치는 동물의 몸은 대부분 유선형이다.

㉢ 공통점 : 물속에서 아가미로 숨을 쉰다.

③ 하늘을 나는 동물 : 날개가 있고, 몸의 균형이 잘 맞으며, 몸의 크기에 비해 가볍다.

④ 환경에 적응한 동물

㉠ 사막에 적응한 낙타

ⓐ 혹 : 물과 먹이가 부족할 때 혹에 저장된 지방을 에너지로 사용한다.

ⓑ 긴 눈썹과 여닫을 수 있는 콧구멍 : 모래가 들어가는 것을 막는다.

ⓒ 넓은 발 : 모래에 빠지는 것을 막는다.

㉡ 남극에 사는 펭귄 : 두꺼운 지방층이 있어 추위로부터 체온이 떨어지는 것을 막는다.

ⓒ 깊은 바다에 사는 바이퍼피시 : 낚싯대 모양의 빛을 내는 돌기로 먹이를 유인한다.
ⓓ 동굴에 사는 등줄굴노래기 : 촉각이 발달하고 먹이를 조금만 먹어도 살 수 있다.

03 식물의 한살이

(1) 씨의 싹트기

① 씨가 싹트는 데 필요한 조건 : 물, 공기, 햇빛, 양분, 적당한 온도

② 여러 가지 씨의 공통점과 차이점

ⓐ 공통점 : 단단하고, 껍질에 둘러싸여 있다.

ⓑ 차이점 : 색깔, 모양, 촉감, 크기 등이 다양하다.

③ 여러 가지 씨의 크기 비교

은행나무씨 > 강낭콩씨 > 옥수수씨 > 볍씨 > 봉숭아씨 > 채송화씨

(2) 식물의 자람

① 씨가 싹트는 모습 : 뿌리가 나온 뒤 껍질이 벗겨지면서 떡잎이나 떡잎싸개가 나온다.

② 식물이 자라면서 변화되는 모습

ⓐ 잎이 넓어지고 개수가 많아진다.

ⓑ 줄기가 길고 굵어지며, 줄기 끝부분에 새로운 잎이 자란다.

③ 꽃과 열매가 자라면서 변화되는 모습

ⓐ 꽃봉오리 수가 많아지고 꽃이 피기 시작한다.

ⓑ 꽃이 지면서 꼬투리가 생기고, 점점 커져서 열매가 된다.

(3) 식물의 한살이 : 식물이 싹 터서 자라 꽃이 피고, 열매를 맺기까지의 과정

① 한살이를 관찰하기 적합한 식물의 조건 : 한살이 기간이 짧고, 잎, 줄기, 꽃, 열매의 관찰이 쉬우며, 식물의 크기가 적당해야 한다.

② 여러 가지 식물의 한살이의 공통점과 차이점

구분	강낭콩, 봉숭아	옥수수, 벼
공통점	• 한살이 과정이 비슷하다(씨 → 싹이 틈 → 잎과 줄기 자람 → 꽃이 핌 → 열매 맺음). • 한살이 과정이 일 년 이내에 끝난다.	
차이점	떡잎 두 장이 밖으로 나온다.	떡잎이 없고 떡잎싸개가 나온다.

③ 식물의 한살이 구분

㉠ 한해살이 식물 : 한살이가 일 년 이내에 이루어진다.

예 강낭콩, 벼, 옥수수, 호박, 봉숭아, 해바라기, 강아지풀, 채송화, 코스모스 등

㉡ 여러해살이 식물 : 한살이 과정 중에서 새순이 나고 꽃이 피고 열매가 맺히는 과정이 여러 해 동안 반복해서 이루어진다.

예 민들레, 엉겅퀴, 쑥, 복숭아나무, 사과나무, 감나무, 개나리, 무궁화 등

04 식물의 생활

(1) 식물의 생김새

① 식물에 이름 붙이는 방법

㉠ 식물의 독특한 생김새에 따라 이름을 붙인다.

예 할미꽃(할머니 모습), 쥐똥나무(열매가 쥐똥 모양), 도깨비바늘(도깨비바늘 모양)

㉡ 식물의 다양한 특징에 따라 이름을 붙인다.

예 애기똥풀(노란 액체가 나옴), 무궁화(꽃이 오랜 시간 피어 있음), 생강나무(생강 냄새)

② 식물의 분류

㉠ 식물의 잎을 생김새(좁은 것과 넓은 것)에 따라 분류할 수 있다.

㉡ 잎의 분류 예 : 잎의 개수, 잎의 가장자리 모양, 잎의 전체적인 모양 등

(2) 식물이 사는 곳

① 들과 산에 사는 식물

㉠ 들에 사는 식물 : 나무도 있지만 비교적 키가 작고 줄기가 작은 풀이 많다.

예 민들레, 토끼풀, 명아주 등

㉡ 산에 사는 식물 : 풀도 있지만 비교적 키가 크고 줄기가 굵은 나무가 많다.

예 소나무, 단풍나무, 신갈나무 등

② 습지에 사는 식물 : 그늘지고 습기가 많은 곳에서 살며, 꽃이 피지 않는다.

예 솔이끼(병을 청소하는 솔 모양), 우산이끼(우산 모양의 잎사귀)

③ 연못이나 강가에 사는 식물 : 수생 식물들은 물속이나 물가에 사는 식물로 뿌리나 줄기에 공기가 드나들 수 있는 구조가 발달해 있다.

㉠ 물에 떠서 사는 식물 : 개구리밥, 부레옥잠, 생이가래

㉡ 물에 잠겨서 사는 식물 : 검정말, 나사말

㉢ 잎이 물에 떠서 사는 식물 : 수련, 마름

㉣ 잎이 물 위로 뻗어서 사는 식물 : 연꽃, 부들, 갈대

부레옥잠	• 잎이 둥글고 매끈하다. • 잎자루가 부풀어 있다. • 뿌리가 수염 모양이다.
개구리밥	• 잎이 작고 둥근 모양이다. • 뿌리가 수염 모양이다. • 잎 속에 공기주머니가 많이 있다.
검정말	• 잎이 작고 가늘며, 줄기도 가늘다. • 뿌리, 줄기, 잎 전체가 물속에 잠겨 있다.
마름	• 잎이 마름모 모양이다. • 뿌리가 물속의 땅에 있다.
연꽃	• 뿌리가 물속의 땅에 있다. • 뿌리줄기에서 잎자루가 길게 자라 그 끝에 둥글고 넓은 잎이 달려 있다.

④ **산 위에 사는 식물** : 줄기가 굵고 짧으며 뿌리를 땅속 깊이 뻗는다. 또, 줄기가 땅 위를 기어가듯이 자라거나 옆으로 자란다.

예 두메양귀비, 산솜다리, 눈잣나무, 구상나무 등

⑤ **사막과 같이 건조한 곳에 사는 식물** : 굵은 줄기와 긴 뿌리를 가지며 물의 증발을 막기 위해 뾰족한 잎을 가진다.

예 선인장, 바오바브나무, 용설란 등

05 식물의 구조와 기능

(1) 뿌리

① **뿌리의 구조** : 곧은뿌리와 수염뿌리로 구분

▲ 곧은뿌리 ▲ 수염뿌리

② **뿌리의 기능** : 지지 작용, 저장 작용, 흡수 작용

(2) 줄기

① **줄기의 기능** : 외부로부터 식물을 보호하고 지탱하며 물과 양분의 이동 통로이다.

② **물관** : 식물 줄기의 껍질 안에 있는 물이 이동하는 통로이다(식물에 따라 배열 형태가 다름).

③ **줄기의 형태**

㉠ **감는줄기** : 다른 물체를 감고 올라가는 줄기 예 나팔꽃, 등나무

㉡ **곧은줄기** : 줄기가 굵고, 위로 곧게 뻗어 자라는 것 예 느티나무, 봉선화

㉢ **기는줄기** : 줄기가 가늘고, 땅 위를 기며 마디에서 뿌리를 내리는 것 예 딸기, 고구마

㉣ **땅속줄기** : 줄기가 땅속에 있는 것 예 대나무, 잔디 등

㉤ **기어올라가는줄기** : 다른 물체에 의지해서 올라가는 줄기 예 담쟁이덩굴, 호박

(3) 잎

① **잎의 구조** : 잎자루, 잎맥, 잎몸으로 구성되며 잎의 뒷면에 기공이 있다.

㉠ **잎자루** : 잎몸과 줄기를 연결하는 부분으로, 잎몸이 햇빛을 많이 받을 수 있도록 비틀어져 있다.

㉡ **잎맥** : 양분이나 물이 지나가는 통로이다.

㉢ **잎몸** : 햇빛을 받기 쉽도록 평평한 모양이다.

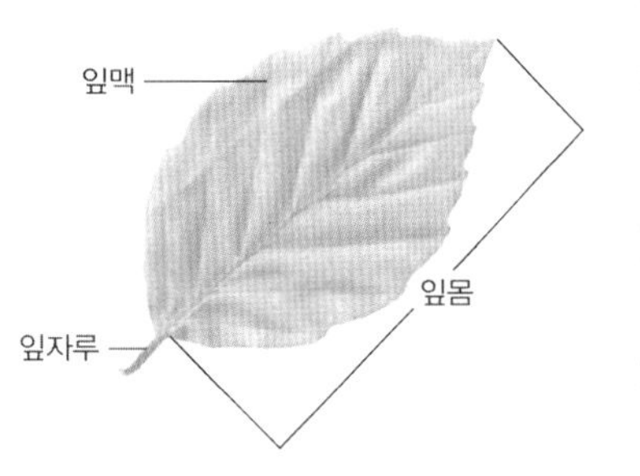

② **광합성** : 식물의 잎에서 햇빛, 물, 공기 중의 이산화 탄소를 이용하여 스스로 영양분을 만드는 작용(식물의 잎은 광합성 결과 녹말을 형성하여 아이오딘-아이오딘화 칼륨 용액을 넣으면 반응하여 청람색으로 변함)

③ **증산 작용** : 식물의 잎(기공)에서 물이 수증기가 되어 빠져나가는 현상

㉠ 뿌리에서 흡수한 물을 식물 꼭대기까지 올릴 수 있다.

㉡ 식물의 온도를 조절한다.

(4) 꽃

① **꽃의 구조** : 꽃은 기본적으로 암술, 수술, 꽃잎, 꽃받침으로 구성된다.

㉠ **암술** : 꽃가루받이를 거쳐 씨를 만든다.

㉡ **수술** : 꽃가루를 만든다.

㉢ **꽃잎** : 암술과 수술을 보호한다.

㉣ **꽃받침** : 꽃잎을 보호한다.

② **꽃의 기능** : 씨를 만들어 자손을 만든다.

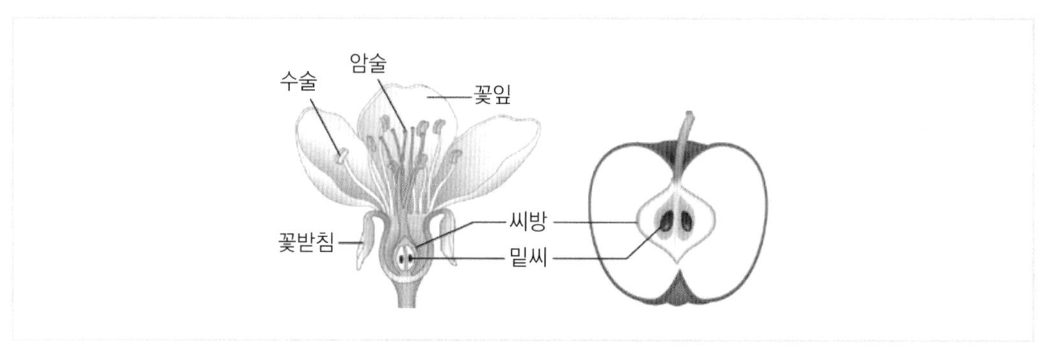

(5) **열매**

① **열매의 형성** : 꽃이 수정되면 씨가 만들어지고, 이 씨를 보호하고 자손을 멀리 퍼뜨리기 위해서 열매를 만든다.

② **열매의 기능** : 씨를 둘러싸서 보호하고 퍼트린다.

③ **씨가 퍼지는 방법**

씨가 퍼지는 방법	식물의 예
갈고리 모양의 가시가 있어 동물의 털이나 사람의 옷에 붙어서 퍼진다.	우엉, 도꼬마리, 도깨비바늘
씨에 날개나 솜털 등이 달려 있어 바람에 날려서 퍼진다.	민들레, 버드나무, 단풍나무
동물에게 먹혀서 퍼진다.	포도, 참외, 사과나무, 머루
씨가 물에 실려서 퍼진다.	야자나무, 연꽃

06 우리 몸의 구조와 기능

(1) **뼈와 근육**

① **뼈** : 몸을 지탱하고 몸속의 내부 기관을 보호하는 역할을 한다.

구분	기능	구분	기능
머리뼈	동그랗고 뇌를 보호	등뼈	여러 개의 마디, 몸을 지탱
갈비뼈	둥글게 연결, 내장 기관 보호	팔뼈, 다리뼈	긴 뼈로 구성, 굽히기와 펴기

② **근육** : 뼈에 연결되어 있어 근육의 길이가 줄어들거나 늘어나면서 뼈가 움직이게 한다.

(2) 소화 기관

① 소화 : 음식물을 잘게 쪼개어 우리 몸에 흡수될 수 있는 영양소 형태로 분해하는 과정

② 음식물이 소화되는 과정 : 입 → 식도 → 위 → 작은창자 → 큰창자 → 항문

㉠ 입 : 음식물을 이로 잘게 부수고 혀로 침과 섞어 삼킬 수 있도록 한다.

㉡ 식도 : 음식물이 위로 이동하는 통로이다.

㉢ 위 : 소화를 돕는 액체를 내보내 음식물과 섞고, 잘게 쪼개어 죽처럼 만든다.

㉣ 작은창자 : 소화를 돕는 액체를 내보내 음식물을 잘게 분해하고, 영양소를 흡수한다.

㉤ 큰창자 : 음식물 찌꺼기에서 수분을 흡수한다.

㉥ 항문 : 흡수되지 않은 음식물 찌꺼기를 배출한다.

(3) 순환 기관

① 순환 : 심장에서 나온 혈액이 혈관을 따라 온몸을 거친 다음 다시 심장으로 돌아오는 과정을 반복하는 것

② 순환 기관 : 심장, 혈관, 혈액

㉠ 심장 : 펌프 작용으로 혈액을 온몸으로 순환시킨다.

㉡ 혈관 : 몸 전체에 퍼져 있으며, 혈액이 이동하는 통로이다.

(4) 호흡 기관

① 호흡 : 우리 몸에서 숨을 들이마시고 내쉬는 활동

② 우리 몸에서 공기가 이동하는 과정 : 코 → 기관 → 기관지 → 폐

㉠ 코 : 공기가 들어오고 나간다.

㉡ 기관 : 공기가 이동하는 통로이다.

㉢ 기관지 : 기관과 폐를 연결하며, 공기가 이동하는 통로이다.

㉣ 폐 : 산소를 몸속으로 흡수하고, 이산화 탄소를 몸 밖으로 내보낸다.

(5) 배설 기관

① 배설 : 혈액으로 들어온 노폐물을 몸 밖으로 내보내는 것

② 배설 기관 : 콩팥, 오줌관, 방광, 요도, 땀샘

㉠ 콩팥 : 등허리 쪽에 두 개 있으며, 노폐물을 걸러 낸다.

㉡ 방광 : 콩팥에서 걸러 낸 노폐물을 몸 밖으로 내보낸다.

(6) 감각 기관

구분	하는 일	구분	하는 일
귀	소리를 들음	입(혀)	맛을 봄
코	냄새를 맡음	손(피부)	물체를 만지고 구분함
눈	물체를 보고 구분함		

07 생물과 환경

(1) 생태계와 그 구성 요소

① **환경** : 생물을 둘러싸고 있으며 생물이 살아가는 데 직・간접적으로 영향을 끼치는 모든 것

② **생태계** : 어떤 장소에서 살면서 환경을 구성하는 생물적 환경 요인과 이를 둘러싼 비생물적 환경 요인이 상호 작용하는 것

③ **생물적 환경** : 생태계 내의 모든 생물을 말하며 양분을 얻는 방법에 따라 구분된다.

㉠ **생산자** : 햇빛을 이용하여 양분을 스스로 만드는 식물

예 풀, 나무 등

㉡ **소비자** : 양분을 스스로 만들지 못하고 다른 생물을 먹이로 하여 살아가는 동물

예 다람쥐, 메뚜기, 호랑이 등

㉢ **분해자** : 죽은 생물을 분해하여 다른 생물이 이용할 수 있게 해 주는 생물

예 버섯, 곰팡이, 세균 등

④ **비생물적 환경 요인** : 생물을 둘러싼 햇빛, 물, 공기, 흙, 온도 등을 의미한다.

㉠ **햇빛** : 식물이 양분을 만들 때 필요하다. 꽃이 피는 시기와 동물의 번식 시기에 영향을 준다.

㉡ **물** : 생물이 생명을 유지하는 데 필요하다.

㉢ **공기** : 생물이 숨을 쉴 수 있게 해 준다.

㉣ **흙** : 생물이 살아가는 장소를 제공해 준다.

㉤ **온도** : 동물의 털갈이, 철새가 따뜻한 곳을 찾아 이동한다. 나뭇잎에 단풍이 들고 낙엽이 진다.

(2) 생태계 구성 요소 간의 상호 작용

생태계 구성 요소 간의 상호 작용 : 생태계에서 각 생물들은 서로 먹고 먹히는 관계로 복잡하게 연결되어 있고, 먹이 관계가 복잡하면 어떤 먹이가 부족해도 다른 먹이를 먹고 살아갈 수 있어 쉽게 멸종되지 않는다.

① **먹이 사슬** : 생물 사이의 먹고 먹히는 관계가 사슬처럼 연결되어 있는 것

예 벼 → 메뚜기 → 개구리 → 참매

② **먹이 그물** : 여러 개의 먹이 사슬이 서로 얽혀서 그물처럼 보이는 것

③ **생태 피라미드** : 생산자를 먹이로 하는 초식 동물을 1차 소비자, 1차 소비자를 먹이로 하는 육식 동물을 2차 소비자, 마지막 단계의 소비자를 최종 소비자라고 하며, 이러한 먹이 사슬에 따라 생물의 수를 표시하면 단계가 위로 갈수록 수가 줄어드는 피라미드 모양이 된다.

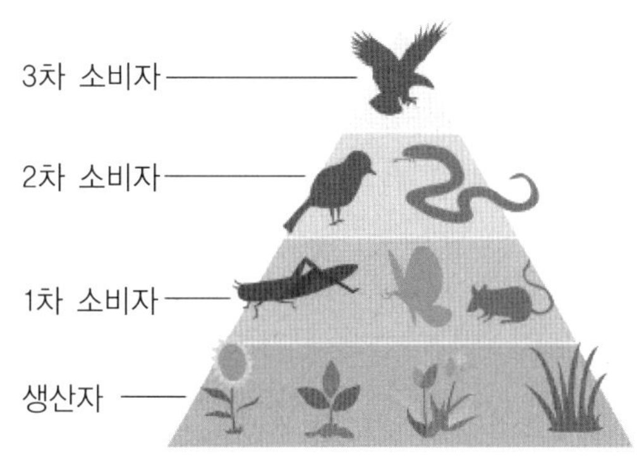

④ **생태계의 평형** : 생태계를 구성하는 생물의 종류와 수가 먹고 먹히는 관계를 통하여 일정하게 조절되어 생태계를 구성하는 생물의 종류와 수가 일정하게 유지되는 것

(3) 생물의 적응 : 생물이 오랜 시간이 지남에 따라 환경에 맞추어 살아가는 것

생물	적응	생물	적응
부엉이	빛에 민감한 시각(야간 활동)	사막여우	마른 몸과 큰 귀(사막)
선인장	잎이 변형된 형태인 가시(사막)	북극여우	작은 귀(극지방)

(4) 환경 오염과 생태계 보전

① **환경 오염** : 사람들의 활동으로 자연환경이나 생활 환경이 더럽혀지거나 훼손되는 것

② **환경 오염의 원인**

㉠ 무분별한 쓰레기 배출, 농약이나 비료의 지나친 사용(토양 오염)

㉡ 가정의 생활 하수나 공장의 폐수 배출(수질 오염)

㉢ 자동차나 공장의 매연(대기 오염)

③ **생태계 보전 방법** : 나무 심기, 생물의 서식지 보호하기, 자전거 이용하기, 일회용품 사용 줄이기, 등산로 이용하기, 야생 동물에게 먹이 주지 않기

08 생물과 우리 생활

(1) 생물의 특징

① **균류** : 축축하고 그늘진 곳, 나무 밑동과 같이 양분이 있는 곳에 서식한다.

㉠ **균류의 예** : 버섯, 곰팡이 등

㉡ **균류의 특징** : 광합성을 못 하고 포자로 번식한다. 균사로 이루어져 있다. 따뜻하거나 축축한 곳에서 잘 자란다.

② **해캄과 짚신벌레** : 유속이 느린 하천과 개울에 서식한다.

㉠ **해캄** : 초록색, 가늘고 긴 머리카락 모양이며 광합성을 하여 스스로 양분을 얻는다.

㉡ **짚신벌레** : 회색에 긴 타원 모양, 크기가 매우 작아 맨눈으로 보이지 않고, 광합성을 하지 못하여 다른 생물을 먹고 살아간다.

③ **세균** : 하나의 세포로 이루어져 있으며 동물이나 식물보다 단순한 형태의 생물이다.

㉠ 질병을 일으키고 음식물을 상하게 하기도 한다.

㉡ 스스로 양분을 만들지 못하여 땅, 물, 공기, 동식물의 몸속 등에서 양분을 얻어 살아간다.

㉢ 다양한 곳에 살고 있으며, 모양과 크기가 다양하다.

㉣ 세균을 이용한 첨단 생명 과학은 우리 생활에서 유용하게 활용된다.

(2) 생물이 우리 생활에 미치는 영향

① 우리 생활에 미치는 이로운 영향

㉠ 곰팡이, 세균 등의 생물 덕분에 낙엽과 죽은 동물 등이 썩어 자연으로 되돌아가 생태계가 유지된다.

㉡ 된장, 김치, 요구르트, 치즈 등과 같은 발효 음식을 만드는 데 도움을 준다.

㉢ 우리 몸에는 이로운 세균이 있어 해로운 세균으로부터 건강을 지켜 준다.

② 우리 생활에 미치는 해로운 영향

㉠ 세균과 바이러스는 우리 몸에서 여러 가지 질병을 일으킬 수 있다.

㉡ 곰팡이는 우리가 먹어야 할 음식을 상하게 하거나 물건을 망가뜨린다.

㉢ 어떤 종류의 버섯은 독이 있어 잘못 먹으면 위험하다.

(3) 첨단 생명 과학의 활용

① 병원

㉠ 푸른곰팡이가 세균을 없애는 성질을 활용한 항생제(페니실린)를 만들었다.

㉡ 세균을 활용하여 당뇨병 치료 약을 대량 생산한다.

㉢ 질병을 일으키는 세균을 죽이는 바이러스를 활용한다.

② 오염 물질 제거

㉠ 곰팡이, 세균 등이 오염 물질을 깨끗하게 하는 성질을 활용한 하수처리장을 만든다.

㉡ 바다에 유출된 석유를 정화한다.

㉢ 중금속 오염을 막는 데 곰팡이를 활용한다.

③ 해캄 등의 원생생물이 양분을 만드는 특성을 이용하여 생물 연료를 만든다.

④ 플라스틱 원료를 가진 세균을 이용하여 쉽게 분해되는 친환경 플라스틱 제품을 만든다.

⑤ 세균과 곰팡이가 해충만 없애는 특성을 이용하여 생물 농약을 만든다.

02장 기출문제로 유형 잡기

01 그림은 씨가 싹 트는 데 필요한 조건을 알아보는 실험을 나타낸 것이다. 다음 중 ㉠에 들어갈 말은?

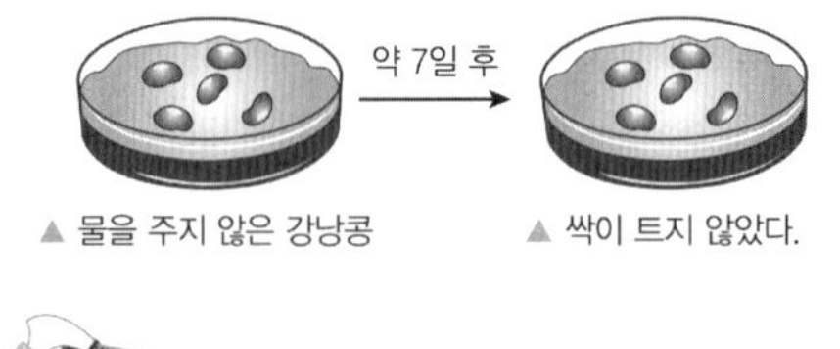

▲ 물을 주지 않은 강낭콩　▲ 싹이 트지 않았다.

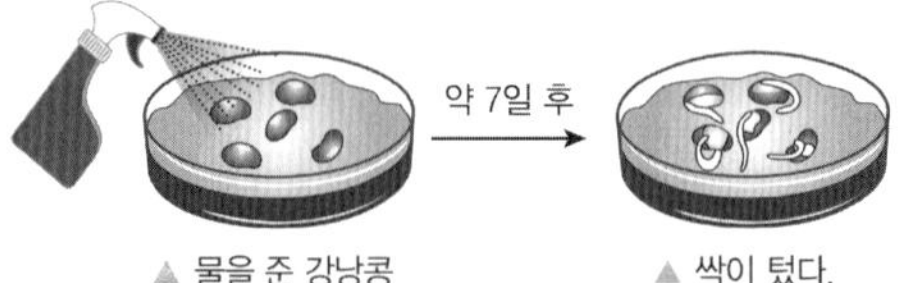

▲ 물을 준 강낭콩　▲ 싹이 텄다.

• 알게 된 점 : 씨가 싹 트는 데 (㉠)이 필요하다.

① 물　② 백반
③ 소금　④ 자갈

정답잡기 실험에서 물을 준 강낭콩과 물을 주지 않은 강낭콩을 비교했으므로 씨가 싹 트는 데 물이 필요한지를 알아보는 실험이다.

02 강낭콩의 한살이 과정이다. ㉠에 알맞은 것은?

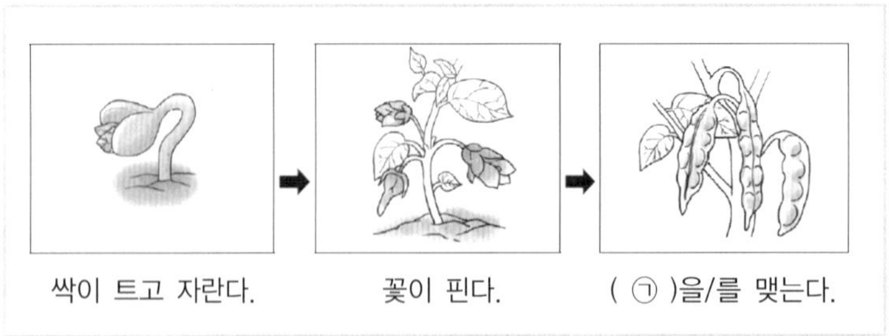

싹이 트고 자란다.　꽃이 핀다.　(㉠)을/를 맺는다.

① 떡잎　② 뿌리
③ 열매　④ 줄기

정답잡기 강낭콩의 한살이 과정은 다음과 같다.
싹이 트고 자란다. → 꽃이 핀다. → 열매가 맺히고 익는다.

정답 01 ①　02 ③

3 다음 설명에서 ㉠에 알맞은 말은?

씨가 싹트고 자라 꽃을 피운 다음, 열매를 맺어 다시 씨를 만들고 죽기까지의 과정을 식물의 (㉠)(이)라고 한다.

① 세포 ② 분류
③ 한살이 ④ 먹이 그물

정답잡기 씨가 싹트고 자라 꽃을 피운 다음 열매를 맺어 다시 씨를 만들고 죽기까지의 과정을 식물의 '한살이'라고 한다.

오답잡기
① 세포 : 생물을 구성하는 가장 기본이 되는 단위
② 분류 : 어떤 기준에 따라 나누는 것
④ 먹이 그물 : 여러 개의 먹이 사슬이 서로 얽혀서 그물처럼 보이는 것

4 다음 설명에 해당하는 식물은?

- 연못이나 호수에 산다.
- 물에 젖지 않는 잎 표면의 특징을 모방하여 방수 제품을 만들 수 있다.

① 연꽃 ② 민들레
③ 선인장 ④ 사과나무

정답잡기 연꽃은 연못이나 강가, 호수에 사는 식물로 잎이 물 위로 뻗어서 사는 식물이다. 연꽃 잎에 물에 젖지 않는 특징을 모방하여 방수 제품을 만들기도 한다.

5 다음 설명에 해당하는 것은?

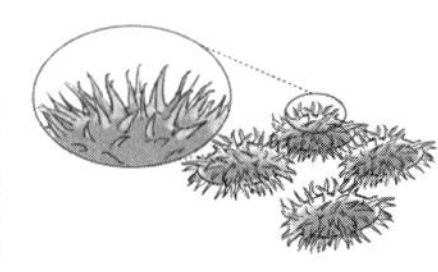

- 가시 끝부분이 갈고리처럼 굽어져 있다.
- 생김새를 활용하여 찍찍이 테이프를 만들었다.

① 은행잎 ② 부레옥잠
③ 단풍나무 열매 ④ 도꼬마리 열매

정답잡기 도꼬마리 열매는 갈고리가 있어 동물의 털이나 사람의 옷에 붙어 씨를 퍼트릴 수 있다. 이러한 생김새를 이용하여 찍찍이 테이프를 만들었다.

오답잡기
② 부레옥잠 : 넓은 잎과 줄기에 있는 부레 덕분에 물 위에 떠서 살 수 있다. 잎자루를 자르면 많은 구멍이 뚫려 있는데, 이 구멍은 부레옥잠이 뜨는 것을 도와준다.
③ 단풍나무 열매 : 날개가 있어 빙글빙글 돌며 멀리 날아간다.

정 답 03 ③ 04 ① 05 ④

06 다음 식물이 사는 곳은?

물상추, 개구리밥, 부레옥잠

① 갯벌　② 바다
③ 사막　④ 연못

정답잡기 물상추, 개구리밥, 부레옥잠은 모두 물에 사는 식물이다. 연못과 바다는 모두 물이 있는 서식지이지만 물상추, 개구리밥, 부레옥잠은 짜지 않은 물에 서식하므로 해당 생물이 사는 곳은 연못이다.

07 식물이 잎에서 빛, 이산화 탄소와 물을 이용하여 스스로 양분을 만드는 과정은?

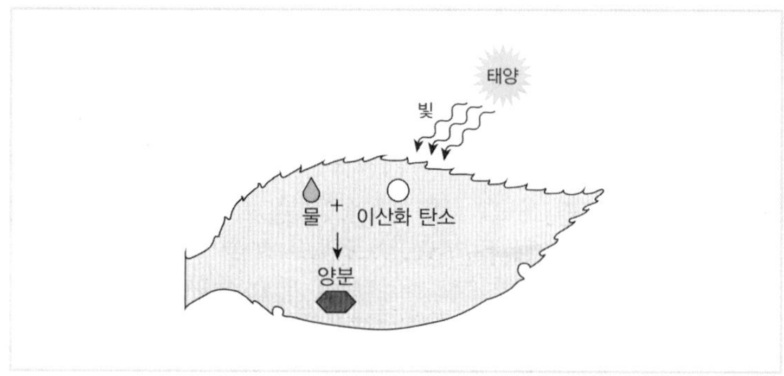

① 증산　② 흡수
③ 광합성　④ 꽃가루받이

정답잡기 식물이 잎에서 햇빛, 물, 공기 중의 이산화 탄소를 이용하여 스스로 영양분을 만드는 작용을 광합성이라고 한다.

오답잡기
① 증산 작용 : 식물의 잎(기공)에서 물이 수증기가 되어 빠져나가는 현상
④ 꽃가루받이 : 꽃가루가 암술머리에 부착하는 것으로 사람이 붓과 같은 도구를 이용하여 인공적으로 꽃가루받이가 이루어지도록 한다.

08 그림의 식물에서 뿌리에 해당하는 것은?

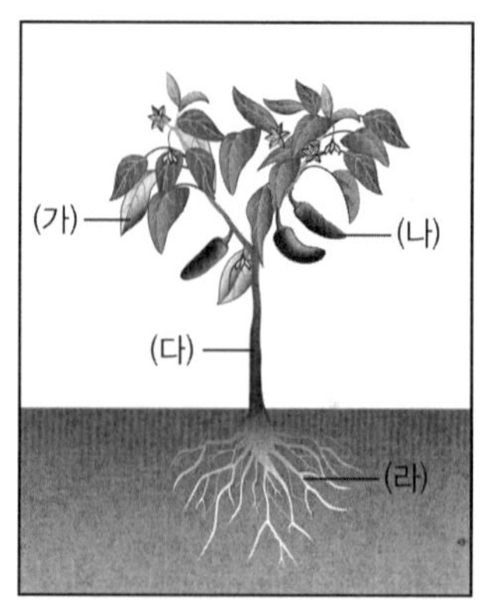

① (가)　② (나)
③ (다)　④ (라)

정답잡기 (라) 뿌리

오답잡기
① (가) 잎
② (나) 열매
③ (다) 줄기

정답 06 ④　07 ③　08 ④

09 그림은 꽃의 구조를 나타낸 것이다. 꽃잎을 받치고 보호하는 역할을 하는 것은?

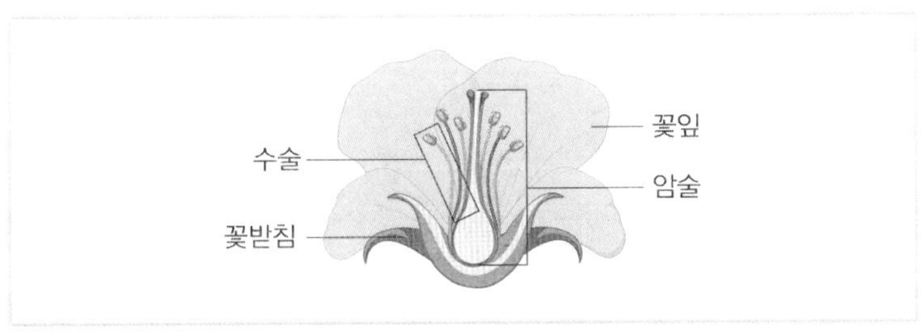

① 수술 ② 암술
③ 열매 ④ 꽃받침

정답잡기 꽃받침은 꽃의 밑에서 꽃을 받치고 있는 부분으로, 꽃이 눈에서 나올 때 꽃의 기관들과 꽃잎을 보호한다. 암술은 꽃의 가운데에 있는 긴 막대 같은 부분이며, 수술은 암술 주변을 둘러싸고 있는 여러 개의 작은 막대 같이 생긴 부분들이다.

10 그림에서 ㉠에 해당하는 것은?

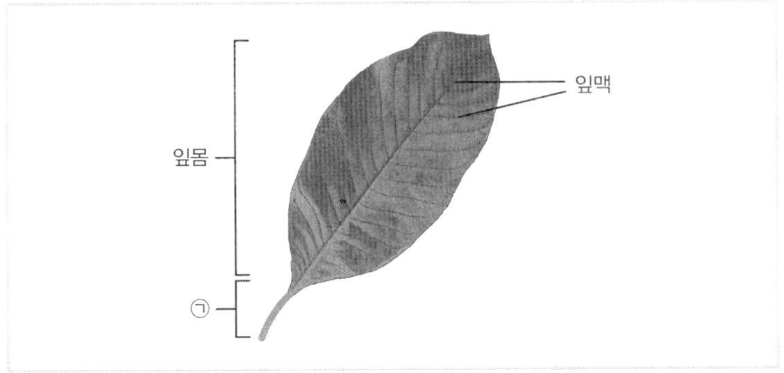

① 뿌리 ② 씨앗
③ 잎자루 ④ 꼬투리

정답잡기 잎자루(㉠)는 잎몸과 줄기를 연결하는 부분으로 잎몸이 햇빛을 많이 받을 수 있도록 비틀어져 있다.
잎몸은 햇빛을 받기 쉽도록 모양이 평평하다.
잎맥은 양분이나 물이 지나가는 통로이다.

11 그림은 나팔꽃의 모습이다. 나팔꽃의 줄기처럼 다른 물체를 감고 올라가는 줄기는?

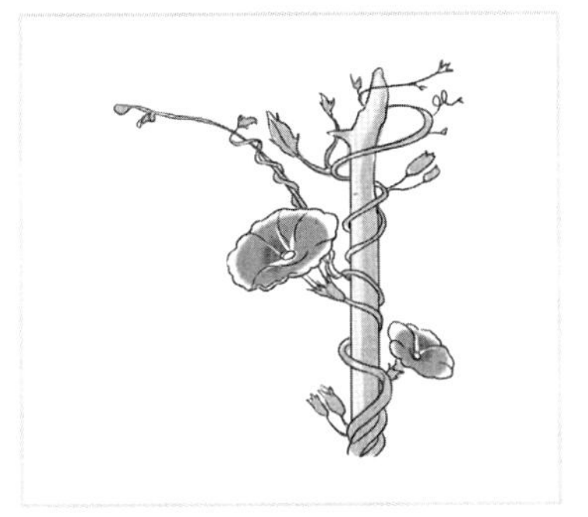

① 감는줄기
② 곧은줄기
③ 기는줄기
④ 땅속줄기

정답잡기 줄기는 식물의 종류에 따라 생김새가 다양한데, 나팔꽃처럼 가늘고 길어 다른 물체를 감으면서 올라가는 줄기를 감는줄기라고 한다.

오답잡기
② 곧은줄기 : 줄기가 굵고 곧은줄기로 느티나무가 해당된다.
③ 기는줄기 : 가늘고 긴 줄기가 땅 위를 기는 듯이 뻗는 줄기로 고구마가 해당된다.
④ 땅속줄기 : 식물의 줄기가 땅속에 있는 것으로 감자가 해당된다.

정답 09 ④ 10 ③ 11 ①

12 그림의 식물이 씨를 퍼트리는 방법으로 가장 적절한 것은?

〈도깨비바늘〉

① 물에 떠서
② 바람에 날려서
③ 동물에게 먹혀서
④ 동물의 몸에 달라붙어서

정답잡기) 식물이 씨를 퍼트리는 방법 중 도깨비바늘, 가막사리, 도꼬마리, 우엉 등은 갈고리가 있어 동물의 털이나 사람의 옷에 붙어서 퍼진다.

오답잡기)
① 연꽃, 수련, 코코야자 등은 물에 떠서 이동한다.
② 민들레, 버드나무 등은 가벼운 솜털이 있어 바람에 날려서 퍼진다.
③ 벚나무, 겨우살이, 참외 등은 동물에게 먹힌 뒤에 씨가 변과 함께 나와 퍼진다.

13 그림은 사과꽃의 해부도이다. ㉠에 해당하는 것은?

〈사과꽃의 해부도〉

① 꽃잎
② 수술
③ 암술
④ 열매

정답잡기) 사과꽃은 암술, 수술, 꽃잎, 꽃받침으로 구성되는데 ㉠ 부분은 꽃잎이다.

14 사람의 소화 기관에서 음식물이 이동하는 순서이다. ㉠에 들어갈 기관의 이름은?

입 → 식도 → (㉠) → 작은창자 → 큰창자 → 항문

① 위
② 방광
③ 혈관
④ 기관지

정답잡기) 음식물이 소화되는 과정은 '입 → 식도 → 위 → 작은창자 → 큰창자 → 항문'이다.

정답 12 ④ 13 ① 14 ①

15 다음 설명에 해당하는 기관은?

- 숨을 들이마실 때 산소를 받아들인다.
- 몸 안에서 생긴 이산화 탄소를 몸 밖으로 내보낸다.

① 간 ② 폐
③ 콩팥 ④ 큰창자

정답잡기) 사람이 호흡할 때 기체는 '코 → 기관 → 기관지 → 폐' 순서로 이동하며 이 기관들을 호흡 기관이라고 한다. 호흡 기관 중 폐에서 산소를 받아들이고 이산화 탄소를 몸 밖으로 내보낸다.

16 다음 대화에서 설명하는 소화 기관은?

작은창자와 연결되어 있고, 주머니 모양이야.

소화를 돕는 액체가 나와 음식물이 더 잘게 쪼개져.

① 위 ② 폐
③ 심장 ④ 콩팥

정답잡기) 소화 기관 중 위는 작은창자와 연결된 주머니 모양이다. 위에서는 위액이라는 소화를 돕는 액체가 나와 음식물이 잘게 쪼개진다.

오답잡기)
② 폐 : 공기가 드나드는 호흡 기관이다.
③ 심장 : 혈액을 온몸으로 보내 주는 순환 기관이다.
④ 콩팥 : 혈액 속 노폐물을 걸러 주는 배설 기관이다.

17 그림은 순환 기관이 하는 일을 알아보기 위한 실험을 나타낸 것이다. 펌프와 같이 혈액을 온몸으로 보내는 역할을 하는 우리 몸의 기관은?

① 간
② 심장
③ 콩팥
④ 큰창자

정답잡기) 심장은 펌프 작용으로 혈액을 온몸으로 보낸다. 심장에서 나온 혈액은 온몸을 거쳐 다시 심장으로 돌아오는 순환 과정을 반복한다.

오답잡기)
① 간 : 쓸개즙을 만들어 지방의 소화를 돕는다.
③ 콩팥 : 혈액에 있는 노폐물을 걸러 낸다.
④ 큰창자 : 굵은 관 모양으로, 음식물 찌꺼기의 수분을 흡수한다.

정답 15 ② 16 ① 17 ②

18 다음 설명에 해당하는 우리 몸의 기관은?

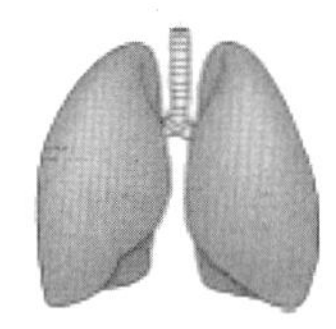

- 가슴 부분에 위치하며 좌우 한 쌍이다.
- 몸 밖의 산소를 받아들이고, 몸 안에서 생긴 이산화 탄소를 밖으로 내보낸다.

① 위 ② 폐
③ 심장 ④ 큰창자

정답잡기 호흡에 관여하는 코, 기관, 기관지, 폐 등을 호흡 기관이라고 한다. 이 중 폐는 좌우 한 쌍으로 부풀어 있는 모양이고, 몸 밖에서 들어온 산소를 받아들이고, 몸 안에서 생긴 이산화 탄소를 몸 밖으로 내보낸다.

오답잡기

① 위 : 주머니 모양으로, 소화를 돕는 액체가 나와 음식물과 섞고 음식물을 더 잘게 쪼갠다.
③ 심장 : 주먹 모양이다. 펌프 작용으로 혈액을 온몸으로 순환시킨다.
④ 큰창자 : 굵은 관 모양으로, 음식물 찌꺼기의 수분을 흡수한다.

19 다음은 숨을 들이마실 때 우리 몸속에 공기가 이동하는 경로를 순서대로 나타낸 것이다. ㉠에 해당하는 것은?

코 → 기관 → 기관지 → (㉠)

① 간 ② 눈
③ 폐 ④ 콩팥

정답잡기 사람이 호흡할 때 기체는 '코 → 기관 → 기관지 → 폐' 순서로 이동하며 이 기관들을 호흡 기관이라고 한다.

20 다음 설명에 해당하는 우리 몸의 뼈는?

- 가슴의 골격을 이루는 뼈이다.
- 심장과 폐 등의 장기를 보호하는 역할을 한다.

① 갈비뼈 ② 꼬리뼈
③ 다리뼈 ④ 머리뼈

정답잡기 가슴의 골격을 이루며 내부 장기를 보호하는 뼈는 갈비뼈이다.

오답잡기

② 꼬리뼈 : 척추의 끝부분에 있는 뼈
③ 다리뼈 : 다리를 지탱하는 뼈
④ 머리뼈 : 뇌를 둘러싸서 보호하는 뼈

정답 18 ② 19 ③ 20 ①

21 다음 설명에 해당하는 것은?

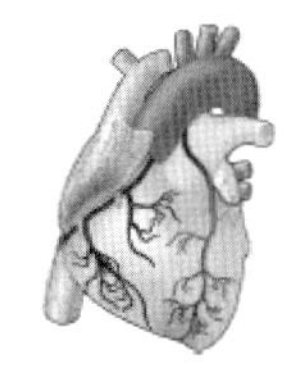

우리 몸에서 펌프 작용을 통하여 혈액을 온몸으로 순환시키는 기관

① 위　　② 폐
③ 심장　　④ 콩팥

정답잡기 우리 몸에서 펌프 작용을 통하여 혈액을 온몸으로 순환시키는 기관은 심장이다.

오답잡기
① 위 : 음식물을 분해하는 소화 기관이다.
② 폐 : 사람의 몸에 기체(공기)를 공급하는 호흡 기관이다.
④ 콩팥 : 혈액 중의 노폐물을 걸러 내는 배설 기관이다.

22 그림은 호흡 기관 모형이다. ㉠에 해당하는 우리 몸의 신체 기관은?

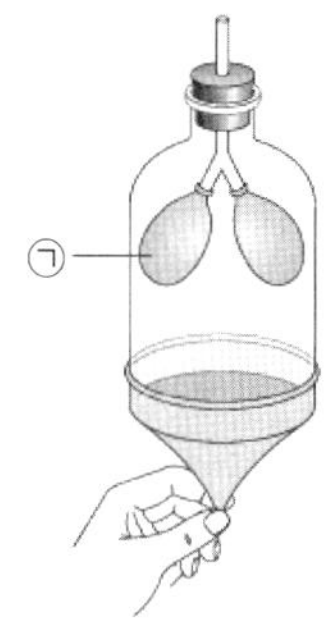

① 간
② 폐
③ 방광
④ 소장

정답잡기 호흡 기관 모형에서 ㉠에 해당하는 사람의 기관은 폐(허파)이다.

오답잡기
① 간 : 해독 작용을 하며 사람의 신체 기관들 중 가장 크다.
③ 방광 : 배설 기관으로 오줌을 저장한다.
④ 소장 : 소화 기관으로 영양소를 흡수한다.

23 다음 설명에 해당하는 것은?

생태계를 구성하는 생물 중에서 양분을 스스로 만들지 못하여 다른 식물이나 동물을 먹이로 하여 살아간다.

① 벼　　② 상추
③ 참새　　④ 민들레

정답잡기 생태계를 구성하는 생물 중에서 양분을 스스로 만들지 못하여 다른 식물이나 동물을 먹이로 하여 살아가는 생물은 생태계의 구성 요소 중 소비자에 해당한다.

오답잡기
벼, 상추, 민들레 등은 생산자로 광합성을 통해 스스로 양분을 합성하며 다른 동물들의 먹이가 된다.

정답 21 ③　22 ②　23 ③

24 ㉠에 알맞은 용어와 그 예를 옳게 짝지은 것은?

생태계를 구성하는 생물 중에서 살아가는 데 필요한 양분을 스스로 만드는 생물을 (㉠)라고 한다.

① 생산자 - 벼　② 생산자 - 메뚜기
③ 소비자 - 뱀　④ 소비자 - 민들레

정답잡기 생태계를 구성하는 생물 중에서 살아가는 데 필요한 양분을 스스로 만드는 생물을 생산자라고 한다. 이들은 대부분 녹색식물 또는 플랑크톤이다.

25 다음 현상에 공통으로 영향을 끼치는 비생물 요소는?

• 철새가 따뜻한 곳으로 이동한다.
• 식물의 잎에 단풍이 들거나 낙엽이 진다.

① 흙　② 온도
③ 지진　④ 홍수

정답잡기 비생물 요소는 생태계의 구성 요소 중 공기, 햇빛, 물, 흙, 온도와 같이 살아 있지 않은 것이다. 이 중 추운 계절에 개나 고양이가 털갈이를 하고, 철새는 먹이를 구하거나 새끼를 기르기에 적절한 장소를 찾아 먼 거리를 이동하는 것, 식물의 잎에 단풍이 드는 것은 비생물 요소 중 온도가 생물에게 주는 영향에 해당한다.

26 다음 설명에서 ㉠에 해당하는 것은?

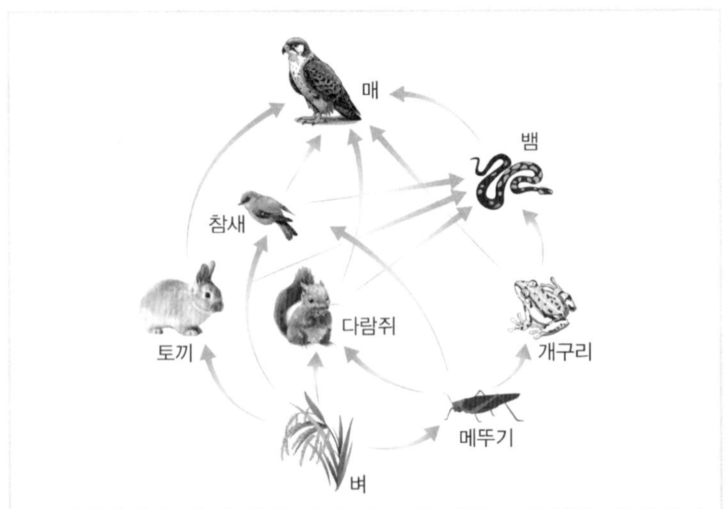

생태계에서 여러 개의 먹이 사슬이 얽혀 그물처럼 연결되어 있는 것을 (㉠)(이)라고 한다.

① 분해자　② 먹이 그물
③ 환경 오염　④ 비생물 요소

정답잡기 먹이 그물이란 생물 간에 먹고 먹히는 관계를 사슬 형태로 나타낸 먹이 사슬이 얽혀 그물처럼 연결되어 있는 것을 말한다.

정답 24 ① 25 ② 26 ②

27 다음 중 생태계 보전 방법으로 적절하지 않은 것은?

① 산에 나무 심기
② 생물의 서식지 보호하기
③ 일회용품 많이 사용하기
④ 자동차 대신 자전거 이용하기

정답잡기 생태계 보전을 위해 일회용품의 사용을 줄이고 생활용품을 재활용해야 한다. 또한 오염되거나 훼손된 환경과 멸종 위기에 처한 동식물을 복원하기 위해 노력하고 이를 위해 생태·경관 보전 지역이나 국립 공원을 지정하고 생태 공원 등을 만들어 생태계를 보전한다.
자전거를 이용하거나 생활 속에서 분리배출을 하여 이산화 탄소의 배출을 줄이는 것도 생태계 보전 방법이다.

28 다음 중 환경 오염의 원인으로 적절하지 않은 것은?

① 나무 심기
② 자동차의 매연
③ 공장의 폐수 배출
④ 농약의 지나친 사용

정답잡기 환경 오염은 사람의 활동으로 자연환경이나 생활 환경이 더럽혀지거나 훼손되는 현상으로 자동차의 매연, 공장의 폐수 배출, 농약의 지나친 사용은 환경 오염의 원인이 된다.
나무 심기는 환경 오염을 시키지 않는다.

29 다음 설명에 해당하는 원생생물은?

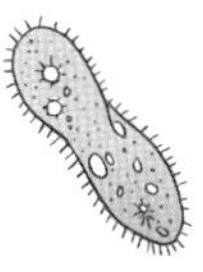

짚신 모양이며, 물이 고인 곳이나 물살이 느린 하천에 산다.

① 파리　② 다람쥐
③ 짚신벌레　④ 장수풍뎅이

정답잡기 유속이 느린 하천과 개울에 서식하는 짚신벌레는 회색에 긴 타원 모양으로 크기가 매우 작아 맨눈으로 보이지 않고, 광합성을 하지 못하여 다른 생물을 먹고 살아간다.

정답 27 ③ 28 ① 29 ③

30 다음 설명에 해당하는 것으로 가장 적절한 것은?

- 크기가 매우 작아 맨눈으로 보기 어렵다.
- 치아 표면을 썩게 하여 충치를 일으키기도 한다.

① 개미　　② 세균
③ 강아지풀　　④ 개구리밥

정답잡기 세균은 크기가 매우 작아 맨눈으로 보기 어렵고, 충치를 일으키는 세균에 의해 치아가 상할 수 있다.

오답잡기
① 개미는 맨눈으로 볼 수 있는 크기이고, 충치를 일으키지 않는다.
③, ④ 강아지풀과 개구리밥은 식물의 한 종류로 맨눈으로 볼 수 있고, 충치를 일으키지 않는다.

31 세균에 대한 설명으로 가장 적절한 것은?

① 다양한 곳에 살고 있다.
② 세균의 크기는 모두 같다.
③ 세균의 모양은 한 가지이다.
④ 모든 세균은 사람에게 해롭다.

정답잡기 세균은 종류가 매우 많으며 우리 주변에 있는 땅이나 물, 다른 생물의 몸, 컴퓨터 자판이나 연필 같은 물체 등 다양한 곳에서 산다.

오답잡기
② 세균은 종류가 매우 많아 모양과 크기가 다양하다.
③ 생김새에 따라 공 모양, 막대 모양, 나선 모양 등으로 구분하며, 꼬리가 있는 세균도 있다.
④ 유산균과 같은 우리 몸에 이로운 세균은 해로운 세균으로부터 건강을 지켜 준다.

32 곰팡이에 대한 설명으로 옳지 않은 것은?

① 광합성을 못 한다.
② 알을 낳아 번식한다.
③ 우리 몸에 질병을 일으키기도 한다.
④ 된장을 만드는 데 도움을 주기도 한다.

정답잡기 곰팡이는 죽은 생물을 분해하는 분해자로 광합성을 하지 못하고, 포자로 번식하며, 생물의 상처 부위에서 질병 등을 유발하기도 한다. 또 된장을 만드는 데 곰팡이의 발효 현상을 활용한다.

정답 30 ② 31 ① 32 ②

33 다음 설명에 해당하는 생물은?

- 꽃이 피지 않는다.
- 따뜻하고 축축한 곳에서 잘 자란다.

① 강낭콩 ② 곰팡이
③ 옥수수 ④ 토끼풀

정답잡기 곰팡이는 어둡고 습기가 찬 곳에서 자라는 균들이다. 곰팡이는 꽃이 피지 않는다.

오답잡기
① 강낭콩 : 꽃이 지면 가늘고 긴 꼬투리로 된 열매가 열리는데 그 속에 씨(강낭콩)가 들어 있다.
③ 옥수수 : 한해살이 식물로 꽃은 7~8월에 핀다.
④ 토끼풀 : 여러해살이풀로 꽃은 6~7월에 흰색으로 둥글게 모여 핀다.

34 균류와 세균을 우리 생활에 이용한 예가 <u>아닌</u> 것은?

① 곰팡이를 이용한 질병 치료
② 세균을 이용한 오염 물질 분해
③ 곰팡이를 이용한 친환경 생물 농약
④ 단풍나무 열매를 모방한 선풍기 날개

정답잡기 균류는 버섯, 곰팡이와 같은 생물로 광합성을 못하고 포자로 번식한다. 세균은 하나의 세포로 이루어져 있으며 동물이나 식물보다 단순한 형태의 생물이다. 곰팡이와 세균은 질병을 일으키거나, 물건을 망가뜨리는 것과 같은 해로운 영향이 있지만 낙엽, 죽은 동물을 분해하는 분해자의 역할과 발효 음식 만들기 등 이로운 영향도 있다.
④ 단풍나무 열매를 모방한 선풍기 날개는 생물의 형태를 모방하여 아이디어를 얻는 예이다.

오답잡기
① 푸른곰팡이 : 항생제
② 곰팡이, 세균 등이 오염 물질을 깨끗하게 하는 성질 : 하수처리장
③ 곰팡이와 세균을 이용 : 생물 농약

정 답 33 ② 34 ④

02장 예상문제로 실력 잡기

01 다음 그림과 같이 알이 부화하여 병아리가 되고, 자라서 어린 닭이 되는 과정을 통틀어서 무엇이라고 하는가?

① 탈바꿈 ② 한살이
③ 변화 ④ 적응

02 다음은 배추흰나비의 한살이 과정을 순서대로 나타낸 것이다. ㉠에 알맞은 말은?

> 알 → 애벌레 → (㉠) → 성충

① 번데기 ② 씨앗
③ 몸체 ④ 대롱

03 낙타가 사막에 적응하여 살아가는 모습에 대한 설명으로 ㉠에 들어갈 알맞은 말은?

> 낙타는 물과 먹이가 부족할 때 (㉠)에 저장된 지방을 사용하여 사막에서도 오랫동안 살 수 있다.

① 혹 ② 발
③ 배 ④ 목

04 다음 중 식물이 가장 잘 자라는 화분은 어느 것인가?

① ②

③ ④

5 식물이 사는 환경과 대표적인 식물의 연결이 바르지 않은 것은?

① 건조한 사막에 사는 식물 - 선인장
② 바닷가에 사는 식물 - 통보리사초
③ 물에 떠서 사는 식물 - 연꽃
④ 물속에 잠겨서 사는 식물 - 검정말

6 다음 중 뿌리가 하는 일이 아닌 것은?

① 증산 작용　② 흡수 작용
③ 지지 작용　④ 저장 작용

7 다음은 무꽃의 구조이다. 그림에서 ㉠과 ㉡은 무엇인지 바르게 짝지은 것은?

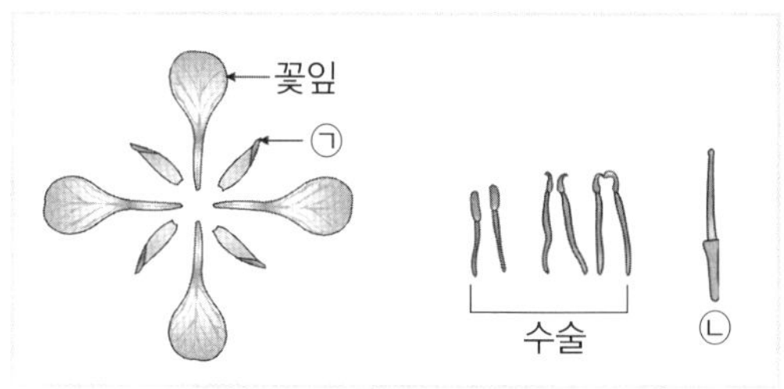

① ㉠ - 꽃받침, ㉡ - 씨받이
② ㉠ - 꽃받침, ㉡ - 암술
③ ㉠ - 암술, ㉡ - 꽃받침
④ ㉠ - 꽃가루, ㉡ - 꽃대

8 다음은 무엇에 대한 설명인가?

- 과일나무나 원예 식물의 열매를 잘 맺게 하기 위해서 이용한다.
- 사람이 붓과 같은 도구를 이용하여 인공적으로 수분이 이루어지도록 한다.

① 꽃가루받이　② 수정
③ 조합　④ 유전자 변형

9 식물의 잎이 햇빛을 받아 스스로 양분을 만들어 내는 작용을 무엇이라고 하는가?

① 지지 작용　② 증산 작용
③ 저장 작용　④ 광합성 작용

10 다음에서 설명하는 것은 무엇인가?

- 뿌리에서 흡수한 물의 일부가 수증기 상태로 잎을 통해 공기 중으로 나가는 현상이다.
- 빛, 바람 등의 환경 조건과 잎의 수에 따라 달라진다.

① 호흡 작용　② 흡수 작용
③ 증산 작용　④ 지지 작용

11 다음은 우리 몸의 뼈를 나타낸 것이다. 몸을 지탱하고 척수를 보호하는 뼈의 기호와 이름을 바르게 연결한 것은?

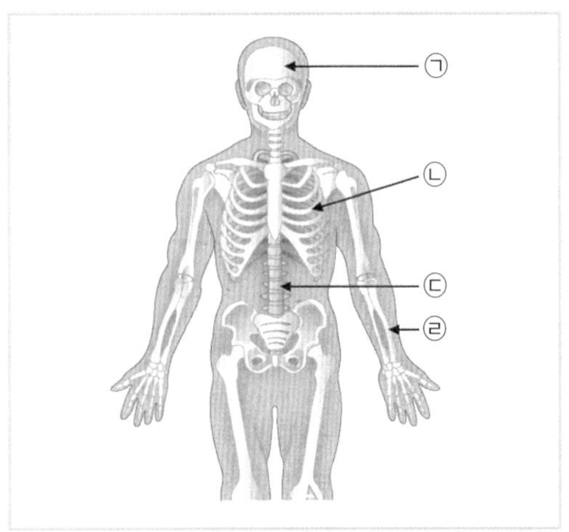

① ㉠ – 머리뼈　　② ㉡ – 갈비뼈
③ ㉢ – 척추뼈　　④ ㉣ – 팔뼈

12 다음은 우리 몸의 소화 기관을 나타낸 것이다. 그림에 제시된 소화 기관의 기호와 소화 기관의 이름이 바르게 연결된 것이 <u>아닌</u> 것은?

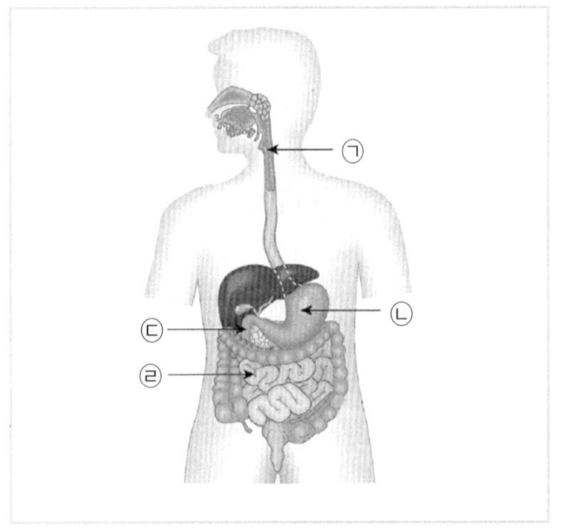

① ㉠ – 식도　　② ㉡ – 위
③ ㉢ – 쓸개　　④ ㉣ – 작은창자

13 우리 몸에서 음식물이 소화되어 배출되기까지의 과정을 옳게 나타낸 것은?

① 입 → 위 → 십이지장 → 작은창자 → 식도 → 큰창자 → 항문
② 입 → 큰창자 → 작은창자 → 십이지장 → 위 → 식도 → 항문
③ 입 → 십이지장 → 식도 → 위 → 작은창자 → 큰창자 → 항문
④ 입 → 식도 → 위 → 십이지장 → 작은창자 → 큰창자 → 항문

14 다음 중 배설에 대한 설명으로 옳지 <u>않은</u> 것은?

① 배설물은 땀과 오줌이다.
② 신장과 땀샘이 관여한다.
③ 우리 몸속의 노폐물을 몸 밖으로 내보내는 과정이다.
④ 땀구멍에서 혈액 속의 노폐물을 걸러 땀으로 배설한다.

15 다음의 ㉠과 ㉡에 들어갈 말로 바르게 짝지어진 것은?

> 생물이 살아가는 데 필요한 것 중 주로 다른 생물의 먹잇감이 되거나 번식, 생존을 도와주는 요소를 (㉠), 햇빛, 물, 공기, 흙, 온도와 같은 환경적 요소를 (㉡)라고 한다.

① ㉠ 비생물 요소, ㉡ 생물 요소
② ㉠ 생물 요소, ㉡ 비생물 요소
③ ㉠ 생물 요소, ㉡ 환경 요소
④ ㉠ 비생물 요소, ㉡ 환경 요소

16 여러 개의 먹이 연쇄가 복잡하게 연결된 것을 무엇이라고 하는가?

① 먹이 그물 ② 먹이 피라미드
③ 먹이 흐름 ④ 먹이 창고

17 다음은 작은 연못에서의 먹이 연쇄를 나타낸 것이다. ㉠에 알맞은 동물이 아닌 것은?

> 물풀 → 물벼룩 → (㉠) → 메기

① 올챙이 ② 민물가재
③ 송사리 ④ 두루미

18 자연에서 죽은 생물을 작은 물질로 분해하는 일을 하는 생물은 어느 것인가?

① 쥐 ② 고래
③ 세균 ④ 나무

19 다음 ㉠에 알맞은 말은?

> 일정한 장소에서 생물적 요소와 비생물적 요소가 상호 작용을 하면서 균형을 이루고 있는 것을 (㉠)(이)라고 한다.

① 생태계 조화 ② 생태계 평형
③ 녹색 환경 ④ 환경 파괴

20 생태계에서 먹고 먹히는 관계가 복잡하게 얽혀 있어서 좋은 점은 무엇인가?

① 생태계가 쉽게 파괴된다.
② 생산자가 많이 늘어난다.
③ 한 종류의 생물이 없어지면 여러 생물이 죽는다.
④ 한 종류의 먹이가 줄어들어도 생물이 쉽게 멸종하지 않는다.

21 다음의 먹이 피라미드에서 ㉣은 생태계 구성 요소 중 무엇인가?

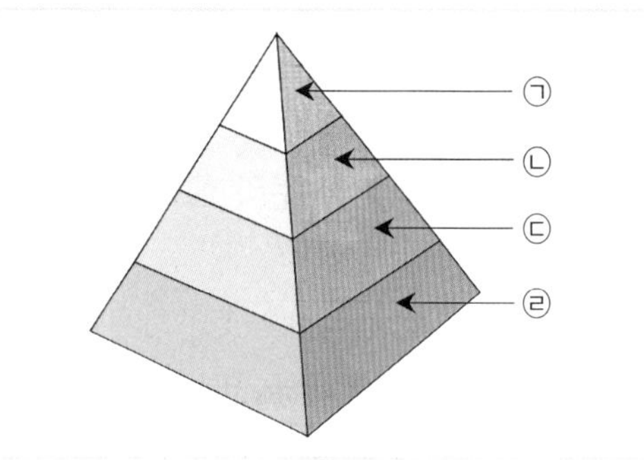

① 생산자 ② 1차 소비자
③ 2차 소비자 ④ 분해자

22 다음과 같은 해캄을 채집하기에 알맞은 곳은 어디인가?

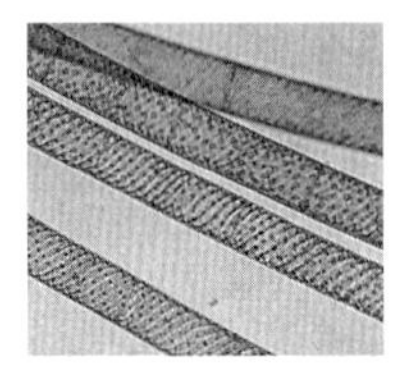

① 따뜻하고 건조한 풀밭
② 그늘지고 축축한 땅 위
③ 개울가의 흐르지 않는 물속
④ 햇빛이 잘 비치는 나무껍질

23 해캄과 짚신벌레가 주로 사는 환경으로 적당하지 않은 곳은?

① 늪　　② 바다
③ 논　　④ 도랑

24 첨단 생명 과학이 우리 생활에 활용되는 예로 옳지 않은 것은?

① 푸른곰팡이를 이용하여 항생제를 만든다.
② 오염 물질을 분해하는 세균을 먹는다.
③ 해충에게만 질병을 일으키는 세균을 활용하여 농사를 짓는다.
④ 생물을 이용하여 친환경 에너지를 얻는다.

25 다음은 주형이의 일기이다. 밑줄 친 부분의 세균의 역할로 알맞은 것은?

> 오늘은 식중독에 걸려서 병원에 다녀왔다. 식중독은 세균이 몸에 들어와서 생긴다고 한다. 그런데 엄마가 유산균과 같이 몸에 이로운 세균도 있다고 하셨다. 유산균은 김치를 발효시킬 때 많이 발생하고, 요구르트나 치즈를 만들 때에도 사용된다고 한다.

① 독을 만든다.
② 음식을 상하게 한다.
③ 해로운 세균을 물리친다.
④ 여러 가지 질병을 일으킨다.

03 장 운동과 에너지

01 자석의 이용

(1) 자석과 물체

① **자석** : 철을 끌어당기는 성질이 있는 물체

자석에 붙는 물체	자석에 붙지 않는 물체
못, 가위, 칠판, 클립, 자석 등 철로 이루어진 물체	동전, 책상, 공책, 플라스틱 자, 지우개, 거울 등 철이 아닌 물체

② **자석이 물체를 잡아당기는 모습** : 자석과 물체 사이에 작용하는 힘은 종이, 유리 같은 물질을 통과하여 작용한다.

③ **자석의 극** : 자석에서 클립이 많이 붙는 부분으로 자석의 바깥쪽에 존재한다.

㉠ **종류** : 자석의 양극에는 N극(빨간색)과 S극(파란색)이 존재한다.

㉡ **자석의 세기** : 자석에 붙은 클립의 수가 많을수록 자석의 세기가 더 세다.

(2) 자석의 이용

① 자석이 가리키는 방향

㉠ **물에 띄운 자석이 가리키는 방향** : N극은 북쪽, S극은 남쪽을 가리킨다.

㉡ **나침반** : 자석이 일정한 방향을 가리키는 성질을 이용하여 방향을 찾는 도구

② **자기화** : 자석이 아닌 물체가 자석의 성질을 띠게 되는 것

㉠ 자석에 붙는 물체를 자석으로 문지르면 그 물체도 자석의 성질을 띠게 된다.

㉡ 물체가 자기화되면 자석처럼 N극과 S극을 가진다.

③ 자석과 자석 사이에 작용하는 힘

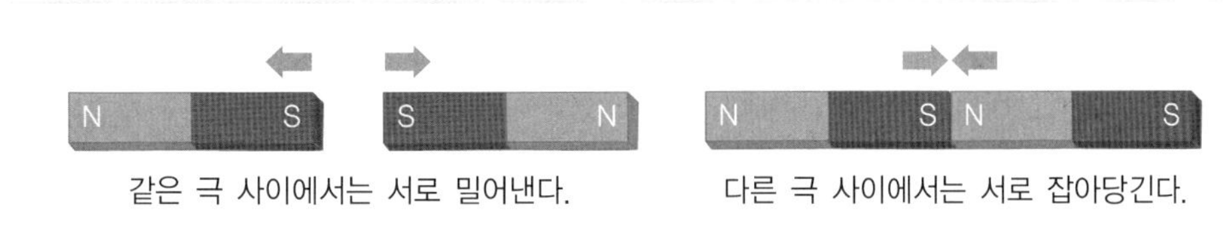

같은 극 사이에서는 서로 밀어낸다. 다른 극 사이에서는 서로 잡아당긴다.

④ **자석 주변에 나침반을 놓았을 때** : 위치에 따라 나침반 바늘의 방향이 달라진다.

02 소리의 성질

(1) 소리 내기

① 소리를 내는 방법

㉠ 여러 가지 물체나 악기를 사용하여 다양한 소리를 낼 수 있다.

㉡ 입으로 불기, 손으로 치기, 숟가락 등으로 두드리기, 물을 넣은 유리잔을 문지르기, 고무줄을 뚱기기 등의 방법으로 소리를 낼 수 있다.

② 소리의 발생

㉠ 물체가 떨면 소리가 난다.

㉡ 악기의 떨림이 주변의 공기를 떨게 하여 소리가 난다.

③ 소리의 세기와 소리의 높낮이

소리의 세기	소리의 높낮이
• 소리의 크고 작은 정도 • 소리의 세기를 다르게 하는 방법 : 줄을 뚱기거나 치는 세기를 다르게 함	• 소리의 높고 낮은 정도 • 소리의 높낮이를 다르게 하는 방법 : 줄의 길이, 팽팽한 정도, 굵기를 다르게 함

(2) 소리 전달하기

① 소리가 전달되는 과정 : 물체의 떨림 → 주위의 공기에 전달 → 공기의 떨림이 귀로 전달

② 소리를 전달하는 물질

㉠ 우리가 듣는 대부분의 소리는 공기를 통하여 전달된다.

㉡ 소리는 공기 외에도 나무나 물 같은 물질을 통해서도 전달된다.

㉢ 우주에서는 공기가 없어서 소리가 들리지 않는다.

③ 소리를 멀리까지 전달하기

㉠ 옛날에는 봉수대에서 불이나 연기로 신호를 보냈으며, 전신기로 신호를 보냈다.

㉡ 전화기나 휴대폰을 이용하여 멀리까지 전달할 수 있다.

④ 실 전화기로 소리 전달하기

㉠ 실 전화기의 원리 : 실의 떨림이 소리를 전달한다.

㉡ 실을 느슨하게 할 때보다 팽팽하게 할 때 소리가 더 잘 전달된다.

⑤ 작은 소리를 잘 듣는 방법

㉠ 작은 소리를 잘 들으려면 소리를 모아서 들어야 한다.

㉡ 소리를 모으는 도구 : 보청기, 청진기

03 무게 재기

(1) 용수철로 무게 재기

① 용수철저울

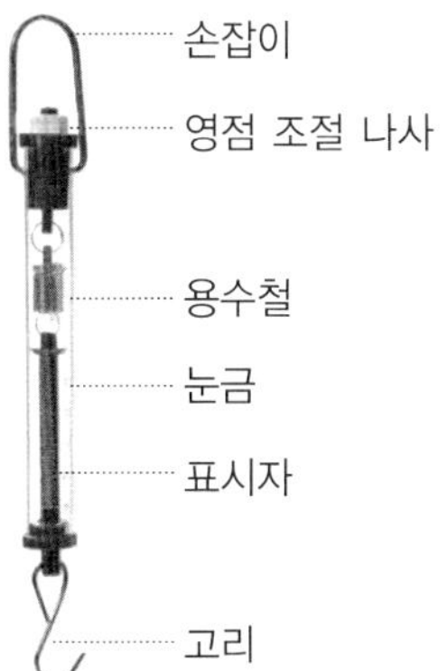

㉠ **영점 조절 나사** : 아무것도 매달지 않았을 때 저울의 눈금이 '0'을 가리키도록 조정한다.

㉡ **표시자** : 물체의 무게에 해당하는 숫자를 가리킨다.

② 용수철저울 사용법

㉠ 영점 조절 나사로 '0'에 맞춘다.

㉡ 물체를 고리에 매단다.

㉢ 눈과 수평이 되는 위치에서 표시자의 눈금을 읽는다.

③ 무게 측정 원리

㉠ 물체의 무게가 무거울수록 용수철이 늘어난 길이가 더 길다.

㉡ 물체의 무게를 재기 전에 용수철저울이 잴 수 있는 무게의 범위를 확인한다.

(2) 수평 잡기 : 어느 한쪽으로 기울어지지 않고 평형을 이루도록 하는 것

① 수평 잡기의 원리

㉠ **양쪽 무게가 같은 경우** : 받침점에서 같은 거리에 두 물체가 놓인다.

㉡ **양쪽 무게가 다른 경우** : 무거운 물체를 받침점에 가깝게 놓는다.

② **윗접시 저울** : 수평 잡기의 원리로 저울이 수평이 되었을 때 양쪽 물체의 무게가 같다는 원리를 이용한 도구이다.

㉠ 윗접시 저울 사용 방법

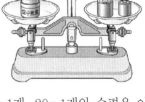

ⓐ 윗접시 저울을 평평한 곳에 놓고, 영점 조절을 한다.

ⓑ 주로 사용하지 않는 손 쪽의 접시에 물체, 주로 사용하는 손 쪽의 접시에 분동을 올려서 수평을 맞춘다.

ⓒ 수평이 잡히면 분동의 무게를 모두 합하여 물체의 무게를 구한다.

㉡ **윗접시 저울로 무게 재기** : 그림과 같이 요구르트는 분동 40g 1개, 20g 1개와 수평을 이루고 있으므로 요구르트의 무게는 40 + 20 = 60g이다.

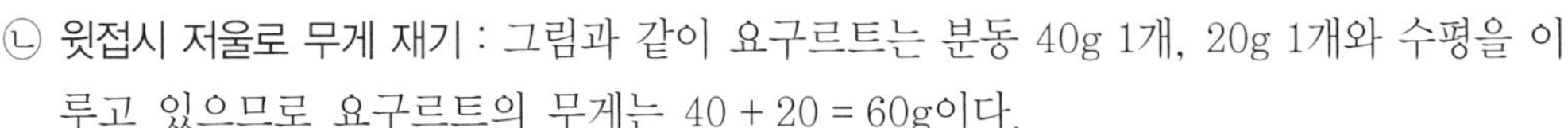

③ 양팔저울

㉠ **양팔저울 사용 방법** : 여러 가지 물체의 무게를 비교할 때에 한쪽 저울접시에 물체를 올려놓고, 다른 쪽 저울접시에 무게가 일정한 물체를 올려놓으면서 수평을 잡은 다음 그 물체의 개수를 세어 비교한다.

㉡ 양쪽 저울접시에 물체를 각각 올려놓고 무게를 비교할 때에는 저울대가 기울어진 쪽에 있는 물체가 더 무겁다.

04 거울과 그림자

(1) 빛

① 물체를 보기 위해 필요한 것 : 빛, 눈, 물체

㉠ 어둠상자를 닫았을 때 : 빛이 없어서 물체를 볼 수 없다.

㉡ 어둠상자를 열었을 때 : 빛의 양이 많아져서 물체를 볼 수 있다.

② 광원 : 스스로 빛을 내는 물체

㉠ 광원인 것 : 태양, 전등, 신호등, 반딧불이

㉡ 물체를 보는 원리 : 광원에서 나온 빛이 물체에 부딪혀 반사된 빛이 눈에 들어오면 물체가 보이게 된다.

③ 빛의 직진 : 공기 중에서 빛은 직진한다.

㉠ 빛이 직진하므로 눈과 물체 사이에 불투명한 물체가 있으면 물체를 볼 수 없다.

㉡ 예 : 레이저 쇼, 등대의 불빛, 구름 사이로 비치는 햇빛

(2) 거울

① 거울

㉠ 거울에 비친 모습 : 거울에 비친 모습은 원래의 물체와 좌우가 바뀌어 보인다.

㉡ 거울의 편리한 점 : 거울이 향하는 방향에 따라 보이는 모습이 달라지는 성질을 이용하여 가려지거나 뒤쪽의 안 보이는 모습을 볼 수 있다.

② 빛의 반사 : 빛이 물체의 매끄러운 표면에 부딪혀 나아가는 방향이 바뀌는 현상

㉠ 표면이 매끄러운 물체는 빛을 일정한 방향으로 반사하기 때문에 주변의 모습이 비친다.

㉡ 종이와 같이 울퉁불퉁한 물체의 표면에서는 물체가 비치지 않는다.

(3) 그림자

① 물체에 따른 빛의 통과 정도

구분	투명	반투명	불투명
빛의 통과	빛을 대부분 통과	빛을 조금만 통과	빛을 통과시키지 않음
물체	무색 유리, OHP 필름	한지, 젖빛 유리, 투사지	나무, 두꺼운 종이

② 그림자 : 빛이 직진할 때 물체의 뒷부분에는 빛이 통과할 수 없어서 어두운 부분이 생긴다.

㉠ 그림자가 생기는 조건 : 빛과 물체가 있어야 한다.

㉡ 물체가 빛을 통과시키는 정도에 따라 그림자의 진하기가 달라진다.

③ 그림자의 크기 변화

㉠ 손전등을 물체 가까이하면 그림자의 크기가 커진다.

㉡ 손전등을 물체에서 멀리하면 그림자의 크기가 작아진다.

05 온도와 열

(1) **온도** : 차갑고 따뜻한 정도를 숫자로 나타낸 것으로 섭씨 온도(℃)를 널리 사용한다.

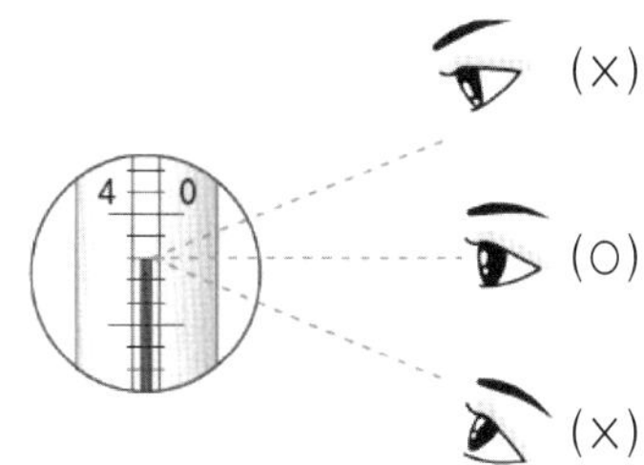

① **온도계로 온도 측정하기** : 온도계의 액체가 더 이상 움직이지 않을 때 액체 기둥의 윗부분과 눈높이를 맞추어 눈금을 읽는다.

② 온도 변화

㉠ **차가운 물체** : 시간이 지나면 온도가 높아진다.

㉡ **뜨거운 물체** : 시간이 지나면 온도가 낮아진다.

㉢ **차가운 물이 든 컵을 뜨거운 물이 든 수조에 넣었을 때** : 수조 속 뜨거운 물은 온도가 낮아지고 컵 속 차가운 물은 온도가 높아지는 것으로 보아 따뜻한 물의 열이 차가운 물로 이동하였음을 알 수 있다.

(2) **열의 이동**

① **고체에서 열의 이동**(전도) : 고체(금속)에서 열이 전달될 때, 온도가 높은 곳에서 낮은 곳으로 열이 차례차례 전달된다. 그림과 같이 쇠막대의 끝을 가열(쇠막대의 ㉠, ㉡, ㉢, ㉣ 위치에 열 변색 물감을 올려놓고 가열)하면 ㉠ → ㉡ → ㉢ → ㉣의 순서로 색깔이 변한다.

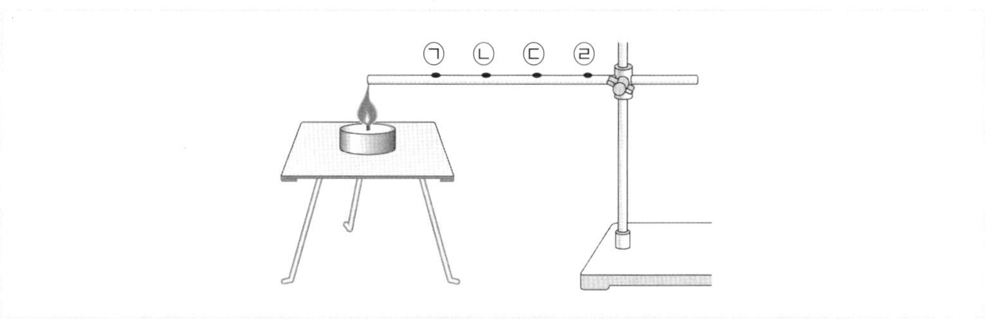

② 액체에서의 열의 이동(대류) : 주위보다 온도가 높은 액체가 위로 이동하면서 열이 이동한다.

예 물과 열 변색 잉크를 섞은 액체 시험관의 아래쪽을 가열하면 물 전체가 색깔이 변하지만 위쪽을 가열하면 가열한 위치의 아래쪽 시험관 물의 색은 변하지 않는다.

③ 기체에서의 열의 이동(대류) : 주위보다 온도가 높아진 기체가 위로 이동하고 차가운 공기는 아래로 내려가면서 열이 이동한다.

예 간이 열기구의 아래쪽을 가열하면 주머니 속에 채워진 따뜻한 공기가 위로 이동하면서 간이 열기구가 위로 움직인다.

06 물체의 빠르기

(1) **물체의 위치 표현** : 기준점을 정한 다음 기준점으로부터의 방향과 거리로 나타낸다.

① 기준점 : 물체의 위치를 말하기 위하여 기준으로 정하여 둔 점

② 방향 : 흔히 동서남북을 사용하여 표현한다.

③ 거리 : 기준점으로부터 물체의 위치까지 떨어진 길이 단위로는 센티미터(cm), 미터(m), 킬로미터(km) 등을 사용한다.

④ 위치 표현하기 예 : 민지네 집은 네거리 중앙으로부터 서쪽으로 160m, 북쪽으로 40m인 위치에 있다.

(2) **물체의 운동 표현** : 물체가 운동하면 시간이 지남에 따라 위치가 변하므로 물체의 운동은 걸린 시간과 위치 변화로 나타낸다.

예 버스는 10초 동안 네거리 중앙으로부터 서쪽으로 80m, 남쪽으로 10m인 위치에서 네거리 중앙으로부터 동쪽으로 180m, 남쪽으로 10m인 위치로 운동한다.

(3) **물체의 빠르기 비교**

① 일정한 거리를 이동한 물체의 빠르기 비교하기

㉠ 일정한 거리를 이동한 물체의 빠르기 비교하는 방법 : 일정한 거리를 이동한 물체의 빠르기는 물체가 이동하는 데 걸린 시간으로 비교한다.

㉡ 빠르기 비교 : 일정한 거리를 이동하는 데 시간이 적게 걸린 물체가 시간이 많이 걸린 물체보다 빠르다.

㉢ 일정한 거리를 이동할 때에 걸린 시간을 재어 빠르기를 비교하는 운동 경기 종목 : 달리기, 마라톤, 스키, 수영, 스피드 스케이트 등

② 일정한 시간에 이동한 물체의 빠르기 비교하기

㉠ 일정한 시간 동안 이동한 물체의 빠르기 비교하는 방법 : 일정한 시간에 이동한 물체의 빠르기는 일정한 시간에 이동한 거리로 비교한다.

㉡ 빠르기 비교 : 일정한 시간에 더 먼 거리를 이동한 물체가 짧은 거리를 이동한 물체보다 빠르다.

(4) 속력을 구하여 물체의 빠르기 비교하기

① 속력을 구하는 공식 : 속력 $= \frac{\text{거리}}{\text{시간}}$

② 속력(빠르기)의 단위 : km/h, m/s, m/min 등

07 렌즈의 이용

(1) 렌즈를 통하여 보이는 물체의 모습

① 오목 렌즈 : 가운데 부분이 가장자리 부분보다 얇은 모양의 렌즈

㉠ 오목 렌즈로 물체 보기 : 물체가 작고 똑바로 보인다.

㉡ 오목 렌즈와 같은 역할을 하는 것 : 물이 들어 있는 투명한 물병의 오목한 옆면, 유리컵의 오목한 밑면 등

㉢ 근시의 교정 : 오목 렌즈를 이용하여 교정한다.

▲ 양면 오목 렌즈

② 볼록 렌즈 : 가운데 부분이 가장자리 부분보다 두꺼운 모양의 렌즈

㉠ 볼록 렌즈로 물체 보기 : 가까이 있는 물체는 크고 똑바로 보이지만 멀리 있는 물체는 작고 거꾸로 보인다.

㉡ 볼록 렌즈와 같은 역할을 하는 것 : 유리 막대, 물방울, 물이 들어 있는 유리병의 볼록한 부분, 물이 들어 있는 볼록한 모양의 어항 등

㉢ 원시의 교정 : 볼록 렌즈를 이용하여 교정한다.

▲ 양면 볼록 렌즈

(2) **빛의 굴절** : 빛이 한 물질에서 나아가다가 다른 물질을 만날 때 물질의 경계면에서 빛이 나아가는 방향이 꺾이는 현상

① 렌즈와 빛의 굴절 : 볼록 렌즈는 빛을 한 점에 모으고, 오목 렌즈는 빛을 넓게 퍼뜨린다.

② 생활 속의 굴절 현상 : 물속의 빨대가 꺾여 보이는 현상, 물속의 돌이나 생물이 실제 위치보다 얕은 곳에 있는 것처럼 보이는 현상, 물속에 있는 다리가 짧아 보이는 현상 등

③ 빛을 공기에서 물로 비스듬하게 비추면 빛이 공기와 물의 경계에서 꺾여 나아간다.

④ 빛을 공기에서 유리로 비스듬하게 비추면 빛이 공기와 유리의 경계에서 꺾여 나아간다.

(3) 렌즈의 이용

① 렌즈를 이용한 기구

구분	용도	사용된 렌즈
망원경	먼 곳에 있는 물체를 크고 선명하게 보여 준다.	볼록 렌즈 두 개 또는 볼록 렌즈 한 개와 오목 렌즈 한 개
루페	물체의 모습을 크게 보여 준다.	볼록 렌즈

② 간이 사진기로 물체 관찰하기 : 실제 물체의 모습에서 상하좌우가 바뀌어 보인다.

㉠ 가까이 있는 물체 보기 : 렌즈와 스크린 사이의 거리를 멀게 한다.

㉡ 멀리 있는 물체 보기 : 렌즈와 스크린 사이의 거리를 가깝게 한다.

▲ 실제 글자 ▲ 간이 사진기로 본 글자

08 전기의 작용

(1) 전지, 전구, 전선의 연결

① 도체와 부도체

㉠ **도체** : 전기가 잘 흐르는 물질 예 철, 구리, 알루미늄 등

㉡ **부도체** : 전기가 잘 흐르지 않는 물질 예 종이, 유리, 비닐, 나무 등

② **전기 회로** : 전지, 전구, 전선과 같은 여러 가지 전기 부품을 서로 연결하여 전기가 흐를 수 있게 한 것을 의미한다.

③ **전류가 흐르는 방향** : 전지의 (+)극에서 나온 전류는 전구의 꼭지, 필라멘트, 꼭지쇠를 지나 전지의 (−)극으로 들어간다.

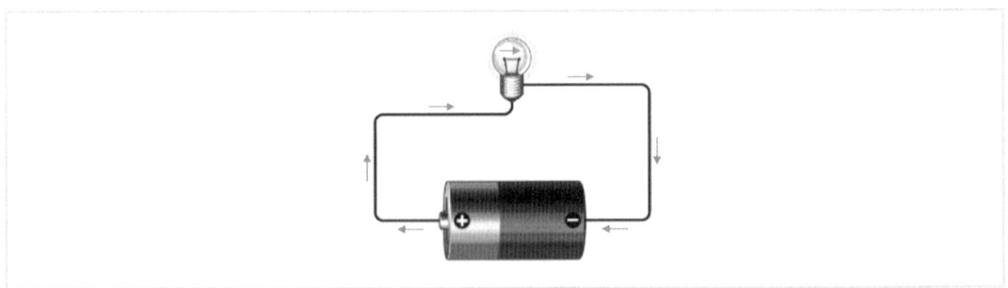

(2) **전기 회로에서 전구의 밝기 비교** : 전지 두 개 이상을 다른 극끼리 연결하면 직렬, 서로 같은 극끼리 연결하면 병렬연결이다. 이때 직렬연결이 병렬연결보다 전구의 밝기가 더 밝다.

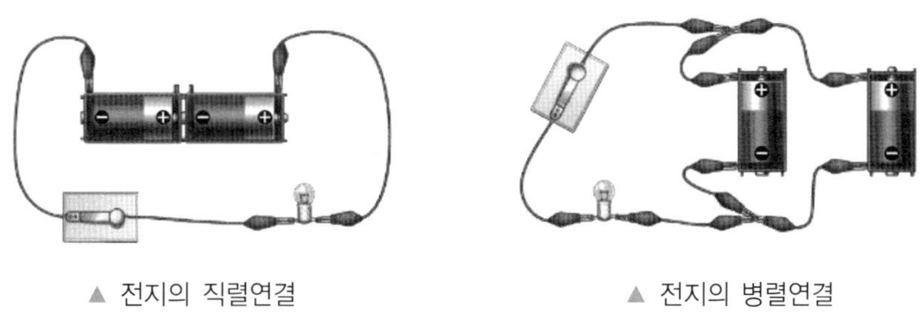

▲ 전지의 직렬연결　　▲ 전지의 병렬연결

(3) 막대자석, 전류가 흐르는 전선 주위에서의 나침반 바늘의 움직임

① **나침반 바늘의 움직임** : 나침반 바늘은 자석의 N극에서 나와서 둥글게 돌아 자석의 S극으로 들어가는 방향으로 늘어선다.

② **전류가 흐르는 전선 주위에서의 나침반 바늘의 움직임**

(4) 전자석

① 전류가 흐르면 자석의 성질을 나타내고, 전류가 흐르지 않으면 자석의 성질을 나타내지 않는 자석

② 전류가 셀수록, 코일을 감은 수가 많을수록 전자석의 세기가 세다.

③ 전기를 절약하는 방법

㉠ 냉장고 문을 자주 여닫지 않는다.

㉡ 외출할 때 전등이 켜져 있는지 확인한다.

㉢ 컴퓨터나 텔레비전을 사용하는 시간을 줄인다.

㉣ 효율이 높은 전기 제품을 사용한다.

09 에너지와 생활

(1) 에너지의 필요성

① 식물이 자라고 열매를 맺는 데 에너지가 필요하다.
② 동물이 자라고 살아가려면 에너지가 필요하다.
③ 사람이 일상생활을 할 때 에너지가 필요하다.

(2) 에너지의 형태 : 열에너지, 전기 에너지, 빛에너지, 화학 에너지, 위치 에너지, 운동 에너지

(3) 에너지의 전환 : 에너지의 형태가 바뀌는 것

① 전기난로는 전기 에너지를 열에너지로 바꾼다.
② 가로등이 켜질 때 전기 에너지가 빛에너지로 바뀐다.
③ 폭포에서 물이 떨어질 때 위치 에너지가 운동 에너지로 바뀐다.
④ 롤러코스터에서 열차가 이동할 때 운동 에너지가 위치 에너지로 바뀐다.

(4) 효율적인 에너지 활용 방법

① 에너지 절약 표시 제품, 에너지 소비 효율 등급이 높은 제품을 사용한다.
② 태양의 빛에너지나 열에너지를 이용하는 장치를 사용한다.
③ 이중창, 단열재 등을 사용한다.
④ 동물의 겨울잠

03 장 기출문제로 유형 잡기

01 다음 설명에 해당하는 것은?

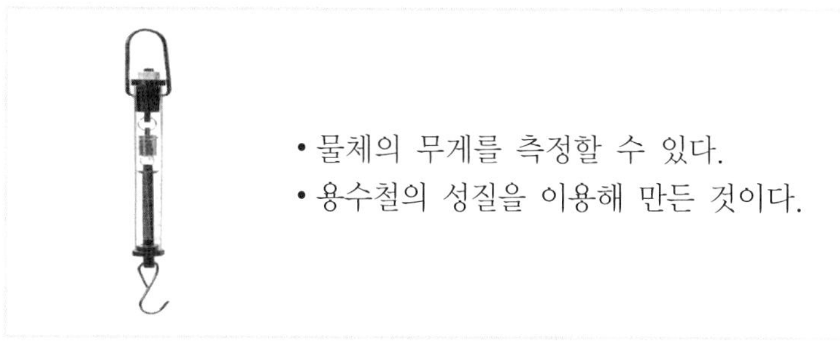

• 물체의 무게를 측정할 수 있다.
• 용수철의 성질을 이용해 만든 것이다.

① 시소　　② 수평대
③ 양팔저울　　④ 용수철저울

정답잡기 용수철저울은 물체의 무게가 증가함에 따라 용수철이 늘어나는 정도가 증가하는 성질을 활용하여 물체의 무게를 측정한다.

02 수평을 이루고 있는 (가)의 수평 잡기 판에서, 한쪽 끝에 클립 하나를 걸면 (나)와 같이 클립을 건 쪽으로 기울어진다. (나)에서 다시 수평을 잡으려고 할 때, 남은 클립을 걸어야 할 곳은? (단, 클립의 무게는 같다.)

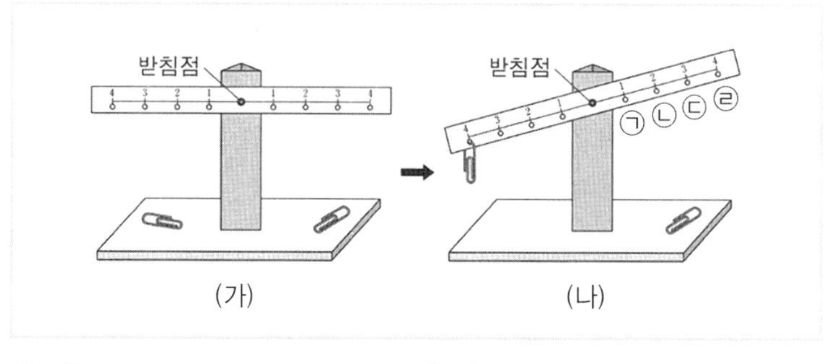

① ㉠　　② ㉡
③ ㉢　　④ ㉣

정답잡기 클립으로 수평을 잡기 위해서는 걸려 있는 클립과 같은 거리에 클립을 걸어야 한다. ㉣ 위치에 클립을 걸어야 수평을 잡을 수 있다.

정답 01 ④　02 ④

03 다음과 같이 저울이 수평을 이루었을 때, ㉠에 알맞은 것은?

① 10 ② 30
③ 50 ④ 80

> 정답잡기 저울에 요구르트를 올려놓았을 때 수평을 유지하는 분동의 질량이 요구르트의 질량이 된다. 따라서 요구르트의 질량은 50g + 30g = 80g이다.

04 양팔저울로 물체의 무게를 비교하는 실험이다. 가장 무거운 물체는?

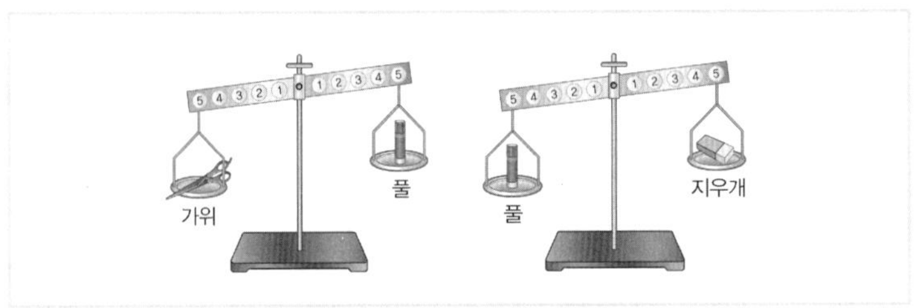

① 풀 ② 가위
③ 지우개 ④ 무게가 모두 같다.

> 정답잡기 양팔저울로 물체의 무게를 비교할 때 양쪽 무게가 다른 경우 무게가 무거운 쪽으로 기울어진다. 따라서 가위는 풀보다 무겁고, 풀은 지우개보다 무거움을 알 수 있다. 따라서 물체의 무게는 가위 > 풀 > 지우개 순으로 가위가 가장 무겁고 지우개가 가장 가볍다.

05 그림은 평면거울에 비친 글자의 모양을 나타낸 것이다. 종이에 적힌 실제 글자의 모양으로 옳은 것은?

① 사랑 ② [illegible]
③ 랑사 ④ [illegible]

> 정답잡기 평면거울에 비친 물체의 모습은 물체의 오른쪽과 왼쪽이 바뀌어 보인다. 따라서 거울에 비친 모습에서 오른쪽과 왼쪽이 바뀐 모습이 종이에 적힌 실제 글자의 모습이 된다.

정답 03 ④ 04 ② 05 ①

6 **그림은 손전등으로 물체를 비추었을 때 그림자가 스크린에 생기는 모습을 나타낸 것이다. 다음 중 그림자의 크기를 더 크게 하는 방법은?**

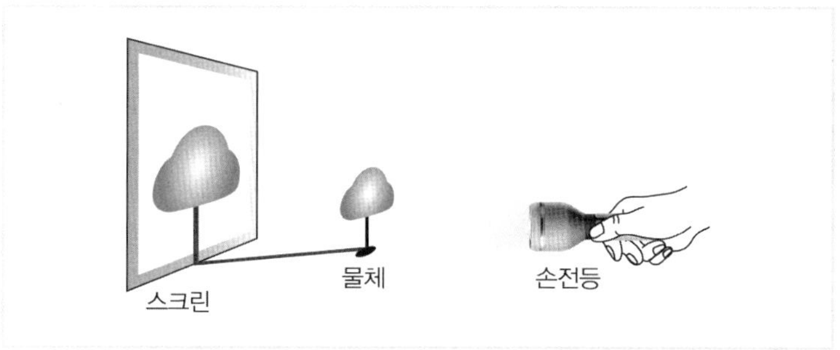

① 물체를 거꾸로 뒤집는다.
② 스크린의 크기를 크게 한다.
③ 물체를 스크린 쪽으로 이동한다.
④ 물체를 손전등 쪽으로 이동한다.

정답잡기 물체와 손전등 사이의 거리가 가까워지면 그림자의 크기가 커지고, 물체와 손전등 사이의 거리가 멀어지면 그림자의 크기가 작아진다. 따라서 물체를 손전등 쪽으로 이동시킨다.

7 **그림에서 열이 가장 빨리 전달되는 막대는? (단, 막대의 두께와 길이는 같다.)**

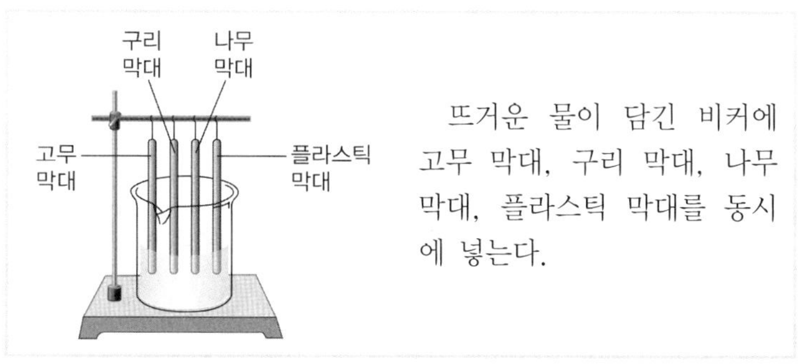

뜨거운 물이 담긴 비커에 고무 막대, 구리 막대, 나무 막대, 플라스틱 막대를 동시에 넣는다.

① 고무 막대　　② 구리 막대
③ 나무 막대　　④ 플라스틱 막대

정답잡기 고체에서 열의 이동 방법을 전도라고 하고 열이 전도는 금속이 빠르다. 따라서 고무 막대, 나무 막대, 플라스틱 막대보다 금속인 구리 막대의 열이 빨리 전달된다.

정답 06 ④ 07 ②

08 그림의 대화 내용에 해당하는 것은?

물질의 차갑거나 따뜻한 정도를 정확하게 나타낼 수 있을까?
숫자에 단위 ℃(섭씨도)를 붙여 나타낼 수 있어.

① 길이　　② 소리
③ 시간　　④ 온도

정답잡기 물체의 차갑고 뜨거운 정도를 숫자로 나타낸 것을 온도라고 한다. 온도의 단위로 ℃(섭씨도)를 사용할 수 있다.

오답잡기
① 길이의 단위는 cm(센티미터), m(미터) 등을 사용한다.
② 소리는 물체의 진동으로 인해 발생하며 귀에 들리는 것을 말한다.
③ 시간의 단위는 초, 분, 시간 등이 있다.

09 그림은 물이 담긴 주전자를 가열했을 때 열의 이동을 나타낸 것이다. ㉠에 들어갈 말은?

온도가 높아진 물은 위로 올라가고, 위에 있던 물은 아래로 밀려 내려오는 과정을 (㉠)(이)라고 한다.

① 대류　　② 바람
③ 안개　　④ 광합성

정답잡기 대류는 온도가 높아진 물질이 위로 올라가고, 위에 있던 물질이 아래로 밀려 내려오는 과정을 말한다. 액체에서는 대류를 통해 열이 이동한다.

10 열 변색 붙임 딱지가 붙은 구리판을 그림과 같이 가열할 때 가장 늦게 색이 변하는 위치는?

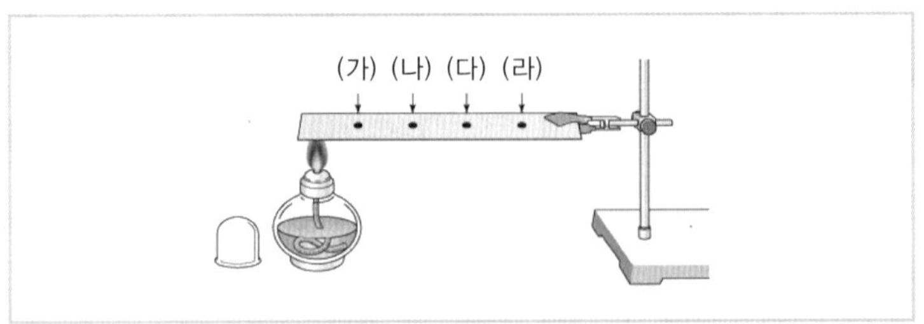

① (가)　　② (나)
③ (다)　　④ (라)

정답잡기 열 변색 붙임 딱지는 온도가 높아지면 색이 변한다. 구리판의 온도는 알코올램프로 가열할 때, 열의 전도 현상으로 인해 왼쪽부터 높아져 오른쪽으로 열이 전달된다. 따라서 가장 늦게 색이 변하는 지점은 (라)이다.

정답 08 ④　09 ①　10 ④

11 표는 학생 (가)~(라)가 같은 시간 동안 각각 이동한 거리를 나타낸 것이다. 가장 느리게 이동한 학생은?

학생	(가)	(나)	(다)	(라)
이동한 거리	30m	50m	70m	90m

① (가) ② (나)
③ (다) ④ (라)

정답잡기 운동하는 물체의 빠르기는 같은 시간 동안 이동하는 거리가 길수록, 같은 거리를 이동하는 데 걸리는 시간이 짧을수록 빠르다. 문제는 시간을 같게 두었으므로 이동하는 거리가 가장 짧은 학생이 가장 느리게 이동한 것이다.

12 다음은 어떤 학생이 집에서 박물관까지 이동한 거리와 걸린 시간을 나타낸 것이다. 이 학생의 속력은?

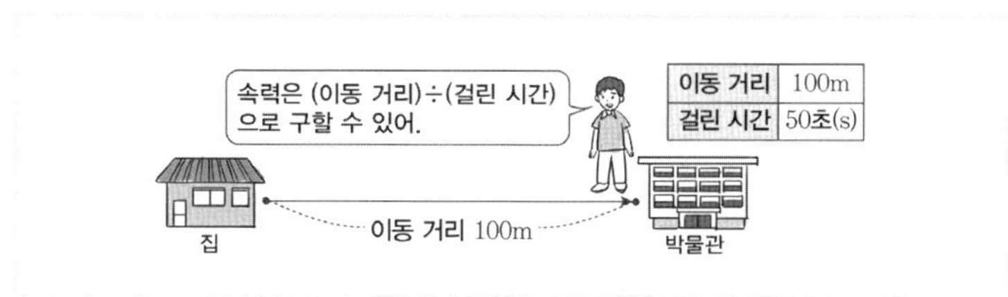

① 2m/s ② 20m/s
③ 50m/s ④ 100m/s

정답잡기 속력은 물체가 이동한 거리를 걸린 시간으로 나누어 구한다. 따라서
속력 = (이동 거리)÷(걸린 시간)
= (100m) ÷ (50초) = 2m/s
가 된다.

13 그림은 학생들이 출발선에서 동시에 출발하여 20초 동안 달린 거리를 나타낸 것이다. (가)~(라) 중 가장 빨리 달린 학생은?

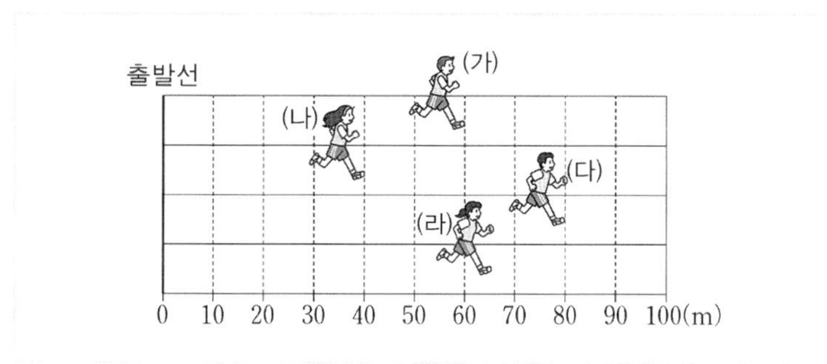

① (가) ② (나)
③ (다) ④ (라)

정답잡기 물체의 빠르기(속력)는 $\text{속력} = \dfrac{\text{이동 거리}}{\text{걸린 시간}}$의 식으로 구할 수 있는데, 시간이 20초로 모두 같으므로 이동 거리가 가장 긴 학생의 빠르기가 가장 빠르다. 따라서 (다) 학생이 가장 빠르다.

정답 11 ① 12 ① 13 ③

14 그림은 풍선 자동차가 4초 동안 직선으로 이동한 거리를 나타낸 것이다. ㉠에 들어갈 단위로 알맞은 것은?

① m^2　　② ℃
③ cm/s　　④ mL

정답잡기 풍선 자동차가 160cm를 4초 동안 이동하였을 때의 빠르기를 속력이라고 하고, (속력) = (이동 거리) ÷ (시간)으로 계산할 수 있다. 이때, 속력의 단위는 이동 거리의 단위를 cm, 시간의 단위를 초(s)라고 하면 cm/s로 나타낸다.

오답잡기
① m^2 : 면적(넓이)을 나타내는 단위
② ℃ : 온도를 나타내는 단위
④ mL : 액체의 부피를 나타내는 단위

15 다음 중 볼록 렌즈 역할을 할 수 있는 것은?

① 헝겊
② 종이컵
③ 나무 책상
④ 물이 담긴 투명한 둥근 어항

정답잡기 볼록 렌즈는 가운데 부분이 가장자리 부분보다 두꺼운 모양의 렌즈로 유리 막대, 물방울, 물이 들어 있는 볼록한 모양의 어항 등이 볼록 렌즈의 역할을 한다.

16 다음 설명에 공통으로 해당하는 것은?

- 유리나 플라스틱 등으로 만든 투명한 삼각기둥 모양의 기구이다.
- 햇빛을 이 기구에 통과시키면 다양한 색을 관찰할 수 있다.

① 프리즘　　② 막자사발
③ 약숟가락　　④ 증발 접시

정답잡기 프리즘은 유리나 플라스틱 등으로 만든 투명한 삼각기둥 모양의 기구로, 프리즘을 통과한 햇빛은 여러 가지 빛으로 나뉘어 다양한 색을 관찰할 수 있다.

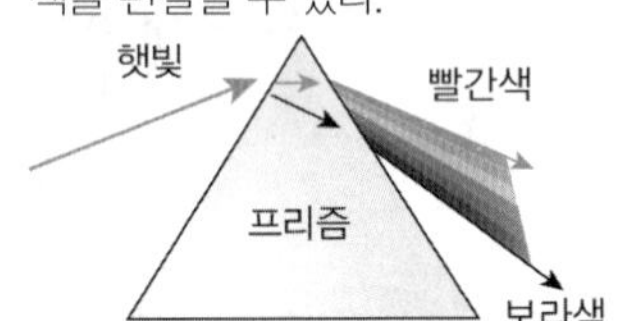

정답 14 ③ 15 ④ 16 ①

17 다음 중 레이저 지시기의 빛이 진행하는 방향으로 옳은 것은?

①
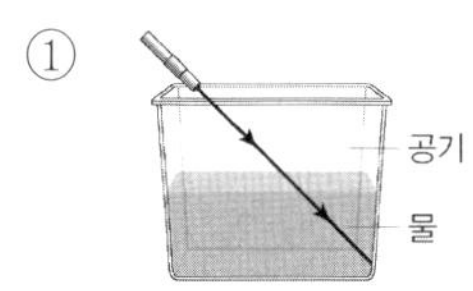

②
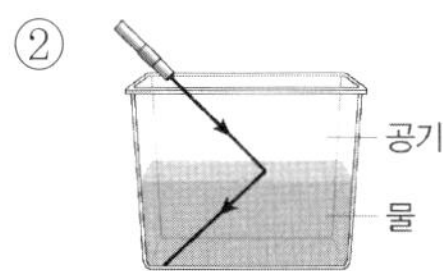

③
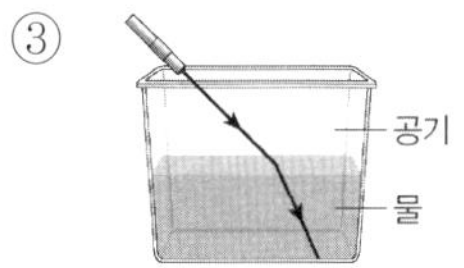

④
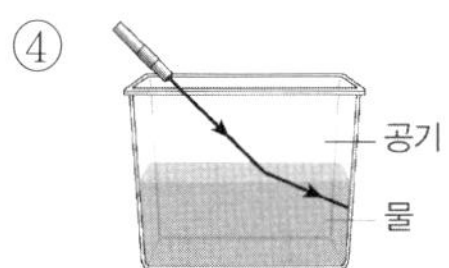

정답잡기 서로 다른 물질의 경계에서 빛이 꺾여 나아가는 현상을 빛의 굴절이라고 한다. 빛은 공기 중에서 물로 비스듬히 나아가다 공기와 물의 경계에서 아래쪽 방향으로 꺾여 나아간다.

더 알고 가기

레이저 지시기의 빛을 수조 위쪽에서 아래쪽으로 비출 때

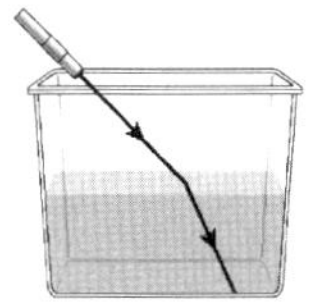

빛을 수면에 비스듬하게 비추면 빛이 공기와 물의 경계에서 꺾여 나아간다.

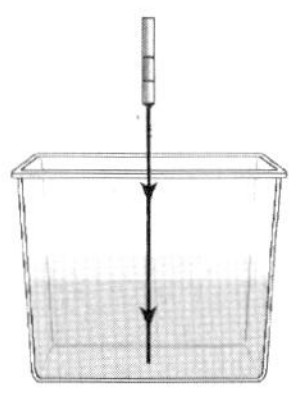

빛을 수면에 수직으로 비추면 빛이 공기와 물의 경계에서 꺾이지 않고 그대로 나아간다.

18 ㉠의 기구에 대한 설명 중 옳지 않은 것은?

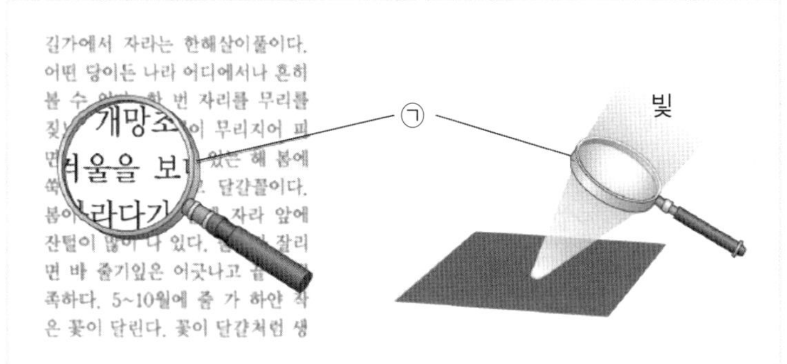

① 돋보기이다.

② 평면거울이다.

③ 빛을 모을 수 있다.

④ 작은 글자를 크게 볼 수 있다.

정답잡기 빛을 모으고 글자를 크게 확대하는 도구는 볼록 렌즈를 활용한 돋보기이다.

정답 17 ③ 18 ②

19 다음 설명에 해당하는 것은?

- 빛이 통과하는 투명한 물체이다.
- 물체가 작고 똑바로 보인다.
- 가운데가 가장자리 부분보다 얇다.

① 돋보기 ② 오목 렌즈

③ 볼록 렌즈 ④ 둥근 유리 막대

정답잡기 빛이 통과하는 투명한 물체로 제작하며 가운데가 가장자리보다 얇아 물체가 작고 똑바로 보이는 도구는 오목 렌즈이다.

오답잡기

볼록 렌즈는 빛을 모으며 가운데가 가장자리보다 두껍다.

20 전기 회로에서 전구에 불을 켤 때 필요하지 않은 것은?

① 전구 ② 전선

③ 전지 ④ 나침반

정답잡기 전기 회로는 전지, 전구, 전선과 같은 여러 가지 전기 부품을 서로 연결하여 전기가 흐를 수 있게 한 것이다.

④ 나침반은 자침이 남북을 가리키는 특성을 이용하여 만든 방향 지시 계기로 전구에 불을 켤 때 필요하지 않다.

21 다음 중 전구에 불이 켜지도록 연결한 것은?

① 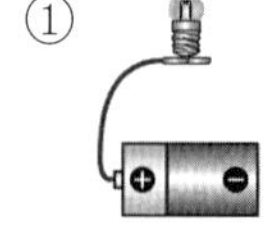

② 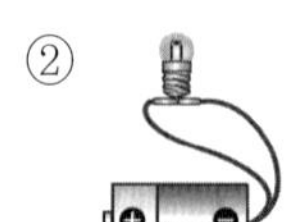

③ 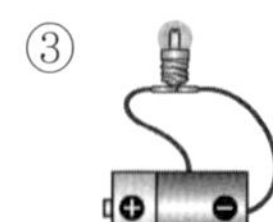

④ 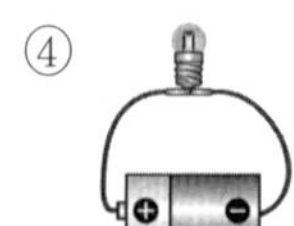

정답잡기 전지의 (+)극과 (−)극이 전구와 모두 연결된 경우 전구에 불이 들어온다.

정답 19 ② 20 ④ 21 ④

22 그림의 전기 회로에서 전지의 연결 방법은?

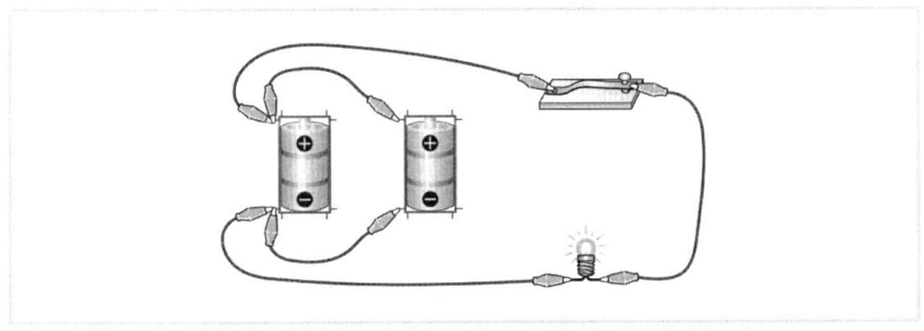

① 대류　　② 전도
③ 병렬연결　　④ 직렬연결

정답잡기 전지의 병렬연결은 전지의 (+)극은 (+)극끼리, (−)극은 (−)극끼리 연결하는 방법으로 전지를 연결한 수만큼 오래 사용할 수 있다.

23 다음의 전기 회로 중 전구 두 개가 직렬로 연결된 것은?

①
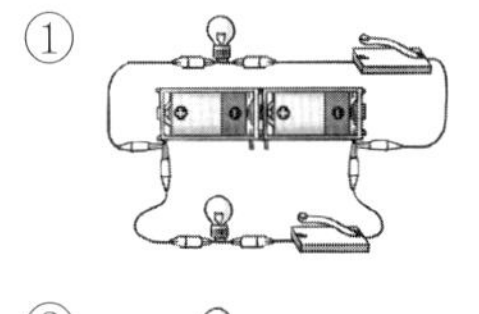

②
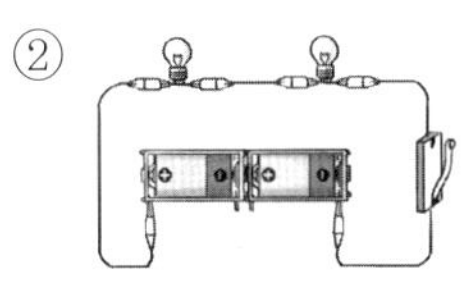

③
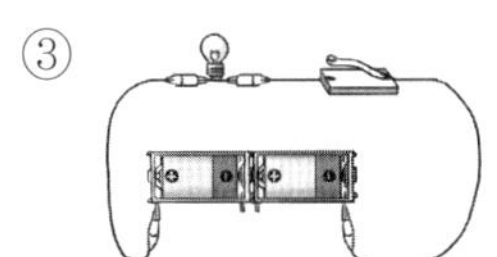

④
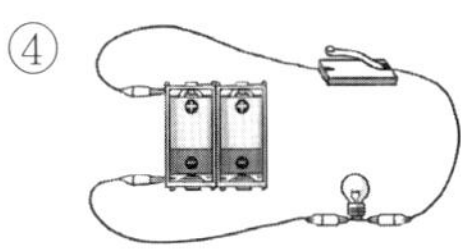

정답잡기 전구의 직렬연결이란 전기 회로에서 전구 두 개 이상을 한 줄로 연결하는 방법이다.
② 전구와 전지 모두 직렬로 연결되어 있다.

오답잡기
① 전지는 직렬, 전구는 병렬로 연결되어 있다.
③ 전지는 직렬로 연결되어 있고, 전구는 1개만 연결되어 있다.
④ 전지는 병렬로 연결되어 있고, 전구는 1개만 연결되어 있다.

24 ㉠에 공통으로 들어갈 말은?

- 전지, 전선, 전구 등을 서로 연결해 전기가 흐르도록 한 것을 (㉠)(이)라고 한다.
- (㉠)에 흐르는 전기를 전류라고 한다.

① 고무　　② 나무
③ 비닐　　④ 전기 회로

정답잡기 전기 회로는 전지, 전선, 전구 등 전기 부품을 서로 연결해 전기가 흐르도록 한 것으로 전기 회로에 흐르는 전기를 전류라고 하며, 전류는 전지의 (+)극에서 (−)극으로 흐른다.

25 ㉠에 알맞은 용어와 그 예를 옳게 짝지은 것은?

전기가 잘 흐르는 물질을 (㉠)라고 한다.

① 도체 − 구리　　② 도체 − 유리
③ 부도체 − 철　　④ 부도체 − 비닐

정답잡기 전기가 잘 흐르는 물체를 도체라고 하며 대부분의 금속 물질이 이에 해당한다. 또 전기가 흐르지 않는 물체를 부도체 또는 절연체라고 하며 금속을 제외한 물질들이 해당된다.

정답 22 ③ 23 ② 24 ④ 25 ①

26 다음 중 전구에 불이 켜지는 것은?

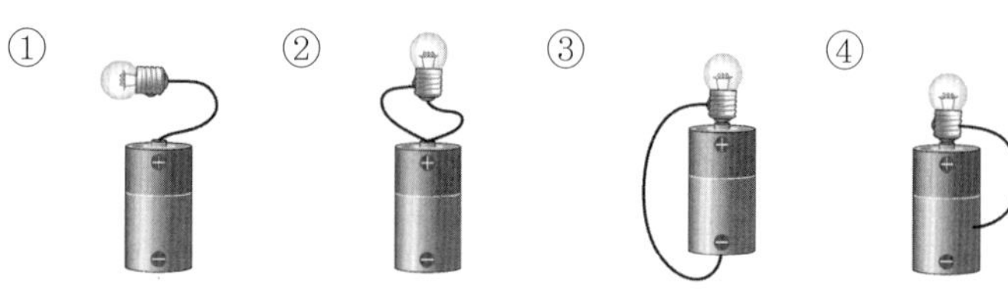

정답잡기 불이 들어오는 경우는 전지의 (+)극과 (−)극이 전구와 연결된 경우이다.

27 다음 중 전기가 잘 흐르지 않는 물체는?

① 쇠못
② 철사
③ 구리선
④ 유리 막대

정답잡기 전기가 잘 통하는 물체를 도체라고 하는데 일반적으로 도체들은 철이나 구리 등의 금속으로 구성된다.

④ 유리 막대와 같이 전기가 잘 통하지 않는 물체는 부도체라고 한다.

28 다음 중 전기를 절약하는 방법으로 가장 적절한 것은?

① 아무도 없는 방에 전등을 켜 놓는다.
② 에어컨을 켤 때에는 문을 열어 둔다.
③ 냉장고 문을 열어 놓고 물을 마신다.
④ 사용하지 않는 전기 제품의 플러그를 뽑아 놓는다.

정답잡기 전기를 절약하기 위해 사용하지 않는 전기 제품의 플러그는 뽑아 놓는 것이 좋다.

오답잡기

① 사용하지 않는 전등은 끈다.
② 에어컨을 켤 때에는 문을 닫고, 에어컨보다는 선풍기나 부채를 사용한다.
③ 냉장고 문을 닫고, 냉장고에 음식물을 가득 채우지 않는다.

29 다음 설명에서 ㉠에 해당하는 것은?

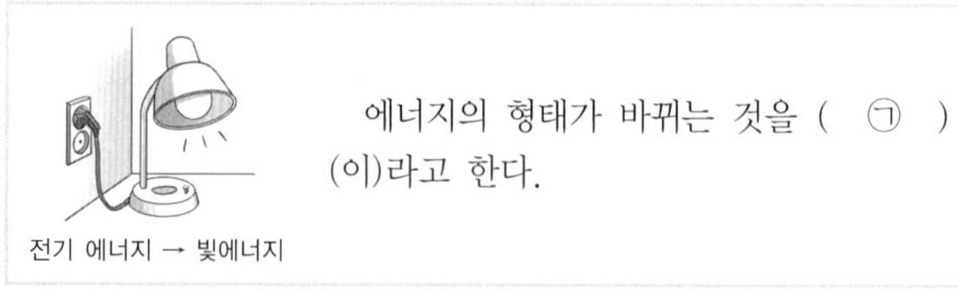

에너지의 형태가 바뀌는 것을 (㉠)(이)라고 한다.

① 대류
② 물의 순환
③ 증산 작용
④ 에너지 전환

정답잡기 전등은 전기 에너지를 빛에너지로 전환하여 사용한다. 이처럼 에너지의 형태가 바뀌는 것을 에너지 전환이라고 한다.

오답잡기

① 대류 : 따뜻한 물질은 주위보다 가벼워서 위로 올라가고, 차가운 물질은 주위보다 무거워서 아래로 이동하면서 순환하는 것이다.
② 물의 순환 : 물이 증발하여 수증기 형태로 되었다가 수증기가 구름이 되어 비나 눈이 내리고 물이 강, 호수로 이동하는 것처럼 지구를 순환하는 것이다.
③ 증산 작용 : 잎에 도달한 물이 잎의 표면에 있는 기공을 통해 식물 밖으로 빠져나가는 것이다.

정답 26 ③ 27 ④ 28 ④ 29 ④

03 장 예상문제로 실력 잡기

1 철을 끌어당기는 성질이 있는 물체를 무엇이라고 하는가?

① 자석 ② 나침반
③ 반도체 ④ 도체

2 다음은 자석에 클립이 붙어 있는 모습을 나타낸 것이다. 자석의 힘이 가장 센 것은 어느 것인가?

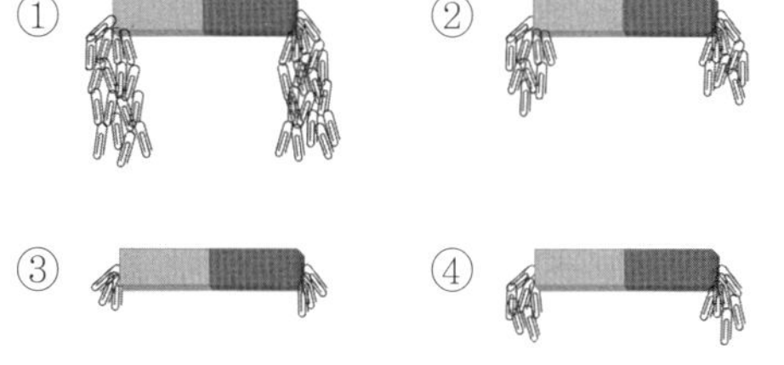

3 다음은 소리가 전달되는 과정을 나타낸 것이다. ㉠에 알맞은 것은?

> 물체의 떨림 → 주위의 (㉠)에 전달 → (㉠)의 떨림이 귀로 전달

① 온도 ② 공기
③ 열 ④ 빛

4 다음 중 소리가 전달되지 않는 상황은?

① 도로 위의 자동차 경적 소리
② 운동장에서 친구를 부르는 소리
③ 달 표면에서 야호 하고 외치는 소리
④ 물속에서 두 개의 구슬을 서로 부딪히는 소리

5 다음은 여러 가지 물체를 같은 용수철에 매달았을 때 용수철의 늘어난 길이를 잰 것이다. 가장 무거운 것부터 순서대로 나열한 것은?

물체	지우개	연필	가위	필통
늘어난 길이(cm)	4	2	6	10

① 지우개 - 연필 - 가위 - 필통
② 연필 - 지우개 - 가위 - 필통
③ 필통 - 가위 - 지우개 - 연필
④ 필통 - 가위 - 연필 - 지우개

6 용수철저울로 여러 가지 물체의 무게를 잴 때, 가장 먼저 해야 할 일은?

① 물체를 용수철에 매단다.
② 용수철이 튼튼한지 당겨 본다.
③ 물체의 크기가 큰 것부터 순서대로 늘어 놓는다.
④ 용수철저울의 바늘이 '0'을 가리키는지 확인한다.

07 다음 중 오른쪽으로 기우는 것은 어느 것인가? (단, 나무토막의 무게는 같다.)

①

②
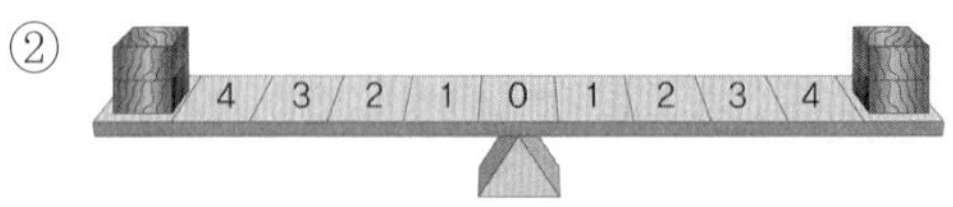

③
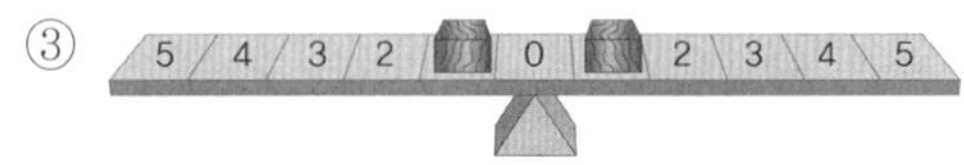

④

08 철수가 분동으로 무게를 잰 결과는 다음 표와 같다. 이에 대한 설명의 ㉠, ㉡에 알맞은 말을 바르게 짝지은 것은?

물체	연필	지우개	자
무게(질량)	55g	142g	115g

> 가장 무거운 물체는 (㉠)이며, 이 물체는 가장 가벼운 물체보다 (㉡)g이 더 무겁다.

① ㉠ 지우개, ㉡ 87
② ㉠ 지우개, ㉡ 27
③ ㉠ 자, ㉡ 60
④ ㉠ 연필, ㉡ 87

09 평면거울에 비친 물체의 모습에 대한 설명으로 옳지 <u>않은</u> 것은?

① 물체의 좌우가 바뀌어 보인다.
② 실제 물체의 모습보다 크게 보인다.
③ 거울과 물체 사이의 거리만큼 떨어져 보인다.
④ 물체의 상하는 바뀌지 않고 그대로 보인다.

10 다음 중 광원이 <u>아닌</u> 것은?

① 태양　　② 반딧불이
③ 달　　④ 형광등

11 다음과 같이 거울 앞에 서 있을 때, 민호가 거울로 볼 수 있는 사람은 누구인가?

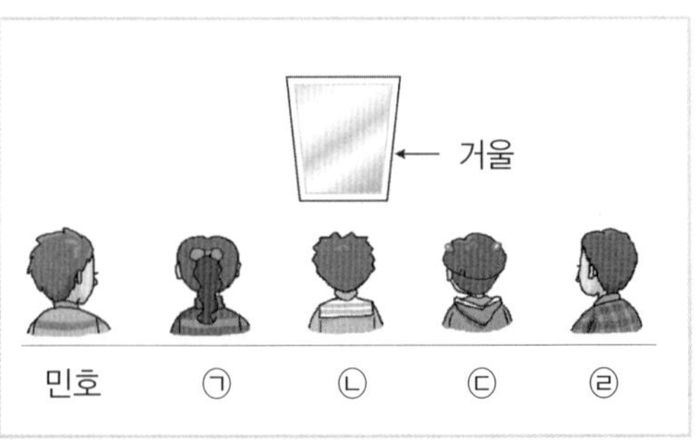

① ㉠　　② ㉡
③ ㉢　　④ ㉣

12 그림은 얼굴에 난 상처를 보기 위해서 오목 거울을 사용한 모습이다. 이때, 오목 거울을 사용하는 이유는 무엇인가?

① 빛을 퍼지게 하므로
② 물체를 작게 보이게 하므로
③ 물체를 크게 보이게 하므로
④ 물체를 거꾸로 보이게 하므로

13 열의 이동에 관한 설명으로 옳지 않은 것은?

① 열을 얻거나 잃으면 온도가 변한다.
② 물체가 열을 얻으면 온도가 올라간다.
③ 열의 많고 적음은 온도계로 잴 수 있다.
④ 열은 온도가 낮은 쪽에서 높은 쪽으로 이동한다.

14 다음 중 열이 잘 이동해야 편리한 것은?

① 냄비의 바닥 ② 튀김 젓가락
③ 국자 손잡이 ④ 냄비 받침대

15 다음 그림과 같이 촛농으로 이쑤시개를 여러 개 붙인 쇠막대의 한쪽을 가열하였을 때 가장 먼저 떨어지는 이쑤시개는?

① ㉠ ② ㉡
③ ㉢ ④ ㉣

16 다음 중 열이 가장 빨리 이동하는 물질은?

① 플라스틱 ② 나무
③ 금속 ④ 유리

17 다음은 100m를 달리는 데 걸린 시간을 재어 표로 나타낸 것이다. 결승선에 가장 먼저 도착한 사람과 가장 늦게 도착한 사람을 순서대로 바르게 짝지은 것은?

이름	명순	창호	경수	연경	민정
걸린 시간 (초)	20	18	21	19	25

① 민정, 창호 ② 창호, 민정
③ 창호, 경수 ④ 명순, 민정

18 다음은 동시에 출발하여 10초 동안에 이동한 거리를 표로 나타낸 것이다. 이 중 속력이 가장 빠른 사람과 그 사람의 속력을 바르게 짝지은 것은?

이름	현석	슬기	영준	지수
이동 거리(m)	20	23	27	22

① 현석, 2m/초
② 슬기, 2.3m/초
③ 지수, 2.2m/초
④ 영준, 2.7m/초

19 다음에서 설명하는 도구는 무엇인가?

- 렌즈의 가운데가 두껍다.
- 렌즈를 통과한 빛이 한 점에 모인다.
- 가까이 있는 물체가 실제보다 크게 보인다.

① 평면거울 ② 볼록 렌즈
③ 오목 렌즈 ④ 볼록 거울

20 다음 중 렌즈를 통과한 빛이 나아가는 모습을 바르게 나타낸 것은?

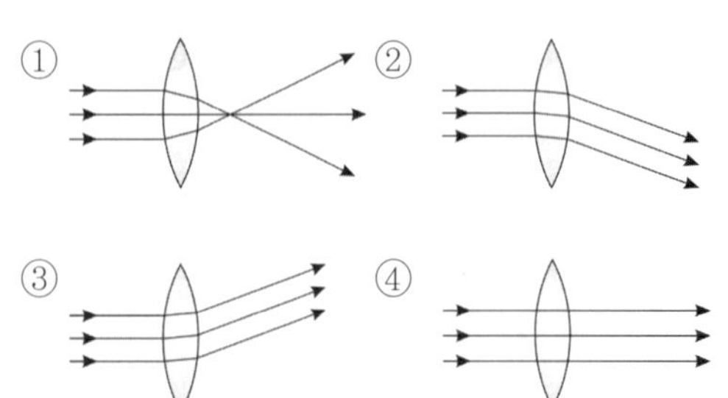

21 다음 중 오목 렌즈에 대한 설명으로 옳지 않은 것은?

① 빛을 퍼지게 한다.
② 종이를 태울 수 있다.
③ 렌즈의 가운데가 얇다.
④ 친구들이 사용하는 안경에 쓰인다.

22 간이 사진기로 물체를 보았을 때, 물체는 어떻게 보이는가?

① 원래 모습 그대로 보인다.
② 좌우 반대로 보인다.
③ 상하좌우 반대로 보인다.
④ 상하 반대로 보인다.

23 다음과 같이 연결했더니 전구에 불이 켜지지 않는다. 전구에 불이 켜지게 하려면 어떻게 해야 하는지 바르게 설명한 것은?

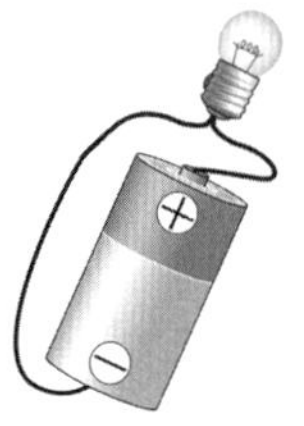

① 전선을 모두 전지의 (+)극에 연결한다.
② 전선을 모두 전지의 (−)극에 연결한다.
③ 전선을 모두 전구의 꼭지쇠에 연결한다.
④ 전구의 꼭지에 연결된 전선 하나를 전구의 꼭지쇠에 연결한다.

24 그림과 같은 전지 연결 방법에 대한 설명으로 옳은 것은?

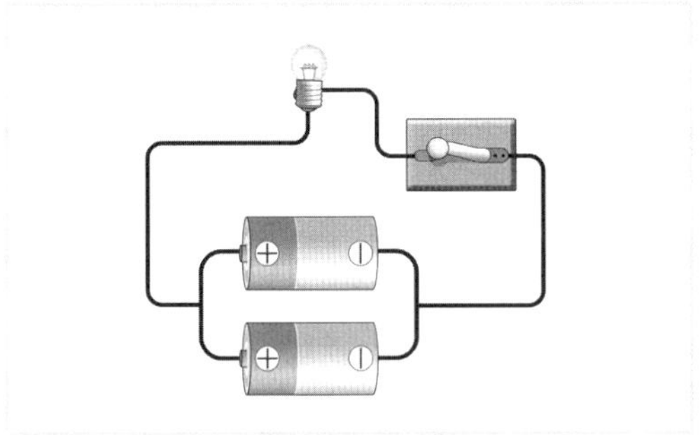

① 전지를 오래 사용할 수 없다.
② 전지의 병렬연결이라고 한다.
③ 모든 전지가 한 길로 연결되어 있다.
④ 전지를 많이 연결할수록 전구의 밝기는 밝아진다.

25 그림에서 나침반 N극이 가리키는 방향으로 알맞은 것은?

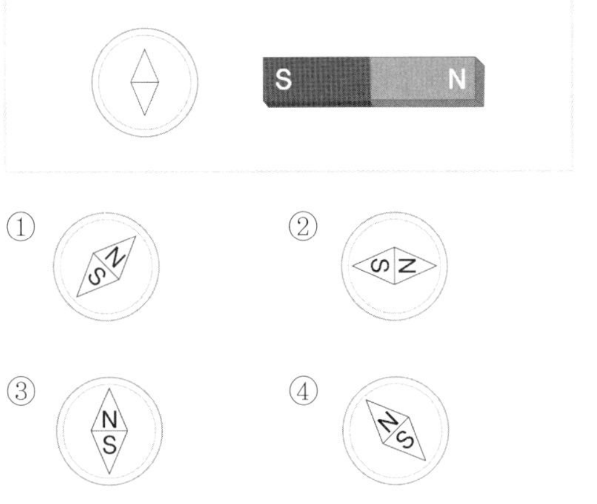

26 전기가 흐를 때만 자석의 성질을 띠는 것을 무엇이라고 하는가?

① 전도체　② 전자석
③ 영구 자석　④ 막대자석

27 전자석이 보통 자석보다 좋은 점은 무엇인가?

① 극이 항상 2개이다.
② 모든 물체를 붙일 수 있다.
③ 물속에서도 힘이 작용한다.
④ 원할 때에만 자석이 되도록 할 수 있다.

28 쇠못에 에나멜선을 감아 전자석을 만들 때, 전자석의 세기가 가장 센 것은? (감은 횟수를 제외한 조건은 모두 동일하다.)

① 에나멜선을 10회 감은 것
② 에나멜선을 30회 감은 것
③ 에나멜선을 50회 감은 것
④ 에나멜선을 100회 감은 것

04장 지구와 별

01 지표의 변화

(1) 여러 가지 흙

① 여러 곳의 흙

㉠ 모래가 많이 섞인 흙 : 잘 뭉쳐지지 않고 물 빠짐이 빠르다.

㉡ 진흙이 많이 섞인 흙 : 잘 뭉쳐지고 물 빠짐이 느리다.

② 식물이 잘 자라는 흙

㉠ 특징 : 식물의 뿌리, 나뭇잎, 죽은 곤충과 같이 물에 잘 뜨는 부유물이 많다.

㉡ 부유물 : 생물이 썩어서 생긴 물질은 식물이 잘 자라게 하는 양분이 된다.

③ 흙이 만들어지는 원리

㉠ 풍화 작용 : 오랜 시간에 걸쳐 바위나 돌이 햇빛, 공기, 물에 의해 부서지거나 녹거나 색깔이 변하는 것

㉡ 흙의 생성 : 바위나 돌은 풍화 작용에 의해 부서지거나 녹아 흙이 된다.

(2) 변화하는 땅

① 물의 작용에 의한 지표의 변화 : 흐르는 물은 지표의 모습을 변화시킨다.

㉠ 침식 작용 : 지표의 바위, 돌, 흙을 깎아 낸다.

㉡ 퇴적 작용 : 깎이거나 부서진 알갱이들을 운반한 후 쌓아 놓는다.

② 강의 상류, 중류, 하류의 지형

㉠ 강의 상류 : 물길의 폭이 좁고, 경사가 급하여 침식 작용이 활발하다.

㉡ 강의 중류 : 경사가 완만해져 강물이 구불구불해진다.

㉢ 강의 하류 : 강폭이 넓어지고 퇴적 작용이 활발해진다.

③ 바닷가의 지형

㉠ 침식 지형 : 파도로 인해 육지가 깎여 나가 생긴 절벽, 동굴

㉡ 퇴적 지형 : 흙이나 모래가 쌓여 넓은 땅이 펼쳐진 모래사장이나 갯벌

02 지층과 화석

(1) **지층** : 자갈, 모래, 진흙 등이 쌓여 층을 이루고 있는 것

① **지층의 모양** : 습곡(휘어짐), 단층(지층이 끊어짐)

② **지층의 생성 순서** : 지각 변동이 없었다면 아래쪽 지층이 먼저 형성되었다.

③ **지층을 이루는 암석** : 퇴적물이 굳어진 퇴적암

④ **지층의 특징** : 모양이 다양하다. 줄무늬가 보이며, 각 층은 두께나 색깔 등이 다르다.

암석		색과 알갱이 크기	특징
이암		연한 갈색으로 알갱이가 매우 작다.	충격을 주면 덩어리 모양으로 깨진다.
사암		연한 회색으로 알갱이가 모래 알갱이 크기이다.	겉모양이 모가 나고 울퉁불퉁하다.
역암		진한 회색으로 크고 작은 알갱이가 섞여 있다.	굵은 자갈이 보인다.
석회암		연한 회색으로 알갱이가 매우 작다.	묽은 염산을 떨어뜨리면 거품이 생긴다.

(2) **화석** : 옛날에 살았던 동식물의 몸체나 흔적이 암석이나 지층 속에 남아 있는 것

① 여러 가지 화석

▲ 암모나이트 ▲ 삼엽충 ▲ 공룡알화석

② 화석이 만들어지는 조건

㉠ 동물이나 식물이 퇴적물 속에 빨리 묻혀야 한다.

㉡ 뼈나 이빨과 같은 단단한 부분이 있어야 한다.

㉢ 생물의 수가 많을수록 화석이 될 가능성이 높다.

③ 화석을 통해 알 수 있는 것

㉠ 옛날 생물의 모양과 진화 과정을 알 수 있다.

㉡ 동식물이 살았던 장소와 그 환경을 알 수 있다.

03 화산과 지진

(1) **화산** : 땅속 깊은 곳에서 암석이 높은 열에 의하여 녹은 마그마가 분출하여 생긴 지형

① 화산이 분출할 때 나오는 물질

㉠ 고체 상태 : 화산재, 화산 암석 조각

㉡ 액체 상태 : 용암(땅속의 마그마가 지표를 뚫고 나와 흐르는 것)

㉢ 기체 상태 : 화산 가스(대부분이 수증기이고 여러 기체가 섞여 있음)

② 화성암 : 화산과 마그마 활동으로 만들어진 암석

구분	현무암	화강암
모습		
색깔	어두운색	밝은색(회색)
알갱이 크기	매우 작음	대체로 큼
생성 장소	지표에서 빠르게 식어서 형성	땅속에서 서서히 식어서 형성

③ 화산의 이로운 점

㉠ 온천이나 지열 발전에 이용된다.

㉡ 화산 활동으로 인한 다양한 지형과 암석들은 관광 상품이 된다.

㉢ 화산재는 땅을 비옥하게 하여 농작물이 잘 자란다.

(2) **지진** : 여러 가지 원인에 의해 땅이 흔들리는 현상

① 지진의 규모에 따른 피해 정도 : 지진의 규모가 클수록 피해 정도가 크다.

② 지진이 발생하는 지역 : 전 세계적으로 볼 때 특정 지역을 따라 띠 모양을 이룬다. 육지뿐만 아니라 바다에서도 발생한다.

③ 지진이 발생하는 원인 : 땅속의 지층이 지구 내부에서 생기는 큰 힘을 오랫동안 받아 휘어지다가 끊어지기 때문이다.

④ 지진 발생 전에 할 일

㉠ 내진 설계에 의하여 건물을 짓는다.

㉡ 무거운 물건은 아래쪽으로 내려놓는다.

ⓒ 구급약품, 비상식량, 손전등, 소화기, 라디오 등을 사전에 준비한다.

⑤ 지진 발생 시 대처 방법

㉠ 교실 안에 있을 때 책상 아래로 들어간다.

㉡ 운동장이나 공원 등 넓은 공간으로 대피한다.

㉢ 건물 밖에 있는 경우 건물로부터 멀리 대피한다.

㉣ 전기와 가스를 차단한다.

㉤ 승강기 대신 계단을 이용한다.

04 지구와 달

(1) 지구의 모양

① 지구가 둥글다는 증거

㉠ 인공위성에서 찍은 지구의 사진이 둥글다(가장 확실한 증거).

㉡ 한 방향으로 계속 가면 제자리로 돌아온다(마젤란의 세계 일주).

㉢ 월식 때 달에 비친 그림자가 둥근 모양이다.

㉣ 항구로 들어오는 배는 돛대부터 보이고 나가는 배는 아랫부분부터 안 보인다.

㉤ 높은 곳으로 갈수록 더 멀리 볼 수 있다.

㉥ 동쪽으로 갈수록 해가 더 빨리 뜬다.

② 지구의 모습

㉠ **표면** : 물과 관련된 지형(강, 호수, 계곡, 바다 등)과 땅과 관련된 지형(산, 들, 골짜기)

㉡ **바닷속 지형** : 육지와 같이 산처럼 높은 곳, 편평한 곳, 골짜기처럼 움푹 들어간 곳

㉢ **지구 주위** : 공기가 지구 주위를 둘러싸고 있다.

③ 공기가 지구를 둘러싸고 있어 이로운 점

㉠ 사람과 동식물이 숨을 쉴 수 있다.

㉡ 날씨의 변화가 생기고 비행기와 새들이 날 수 있다.

㉢ 우주에서 들어오는 해로운 것으로부터 지구를 보호한다.

(2) 달의 모양

① 달의 표면

㉠ **육지와 바다** : 달 표면의 밝은 부분을 육지, 어두운 부분을 바다라고 한다.

㉡ **운석 구덩이** : 달 표면의 움푹 파인 곳

㉢ **달의 산맥** : 달의 표면에서 지구의 산맥과 같이 높이 솟은 곳

② 지구와 달의 비교

구분	지구	달
비슷한 점	둥근 모양이고, 표면에 돌과 흙이 있다.	
다른 점	• 물과 공기가 있다. • 다양한 생물이 산다. • 운석 구덩이가 없다.	• 물과 공기가 없다. • 생물이 살지 않는다. • 운석 구덩이가 있다.

③ 달에서 생물이 살지 못하는 이유 : 물과 공기가 없기 때문이다.

05 태양계와 별

(1) 태양계의 구성

① 태양계 구성원 : 태양계에서 유일하게 스스로 빛을 내는 태양, 태양 주위를 돌고 있는 여덟 개의 행성, 위성, 소행성, 혜성

② 태양계 행성

행성	특징
수성	태양계에서 가장 작고 대기가 없고 표면 온도가 높다.
금성	지구에서 가장 가깝고 이산화 탄소의 두꺼운 대기를 가진다.
지구	물과 공기가 있어 생명체가 살고 있다.
화성	붉은색이며 화산과 협곡이 발달해 있다.
목성	가장 큰 행성으로 가로 줄무늬가 있고 많은 위성이 있다.
토성	두 번째로 큰 행성으로 고리가 있고 많은 위성이 있다.
천왕성	고리가 있으며 거의 누워서 자전한다.
해왕성	푸른색으로 보이고 여러 개의 고리와 위성이 있다.

③ 태양계 행성 크기 비교 : 목성 > 토성 > 천왕성 > 해왕성 > 지구 > 금성 > 화성 > 수성

구분	태양	수성	금성	지구	화성	목성	토성	천왕성	해왕성
반지름	109	0.4	0.9	1	0.5	11.2	9.4	4	3.9

▲ 지구의 반지름을 1이라고 보았을 때 태양계 행성들의 반지름 비교

(2) 별자리

① 별자리 : 밤하늘의 별을 쉽게 찾기 위해서 동물이나 인물 등의 이름을 붙여 놓은 것이다.

② 북쪽 하늘의 별자리 : 북두칠성, 카시오페이아, 북극성

③ 북극성 찾기

㉠ 카시오페이아 방향으로 북두칠성의 ㉮-㉯ 거리의 5배가 되는 곳에 위치

㉡ 북두칠성 방향으로 카시오페이아의 ⓐ-ⓑ 거리의 5배가 되는 곳에 위치

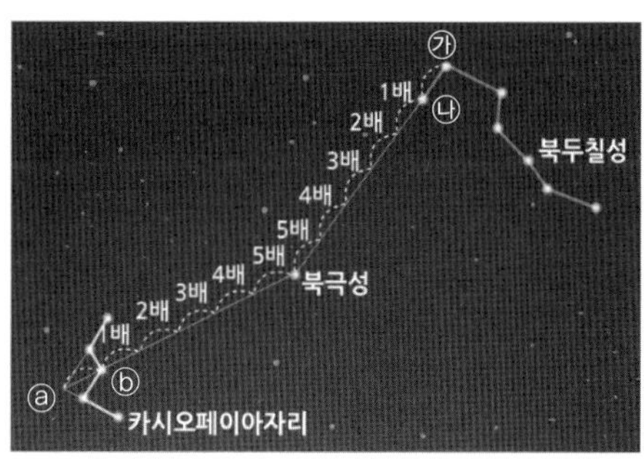

06 날씨와 우리 생활

(1) 날씨 현상

① 이슬과 안개 : 공기 중의 수증기가 응결하여 나타나는 현상

② 구름, 비, 눈의 발생

따뜻한 공기가 위로 올라가면 압력과 기온이 낮아지면서 공기 중의 수증기가 응결

공기 중의 수증기가 응결하여 작은 물방울이나 얼음 알갱이 상태로 하늘 높이 떠 있음(구름 형성)

구름 속의 작은 물방울이나 얼음 알갱이가 점차 커지고 무거워져서 지표면으로 떨어짐(눈 또는 비)

(2) 날씨 요소

① 습도의 측정 : 습도는 공기 중에 수증기가 포함된 정도를 나타내며, 다음과 같이 구한다.

㉠ 건구 온도를 세로줄에서 찾아 표시한다.

㉡ 건구 온도와 습구 온도의 차를 구하여 가로줄에서 찾아 표시한다.

㉢ ㉠과 ㉡이 만나는 점이 현재 습도이다.

(단위 : %)

건구 온도 (℃)	건구 온도와 습구 온도의 차			
	0	1	2 ㉡	3
27	100	92	84	77
26 ㉠	100	92	84 ㉢	76
25	100	92	84	76

② 바람 : 지표의 공기가 많은 곳에서 공기가 적은 곳으로 공기가 이동하는 것

㉠ 해풍 : 낮에 육지가 더워서 공기가 위로 상승하므로 바람이 바다에서 육지로 분다.

㉡ 육풍 : 밤에 육지가 추워서 공기가 아래로 하강하므로 바람이 육지에서 바다로 분다.

(3) 우리나라의 계절별 날씨

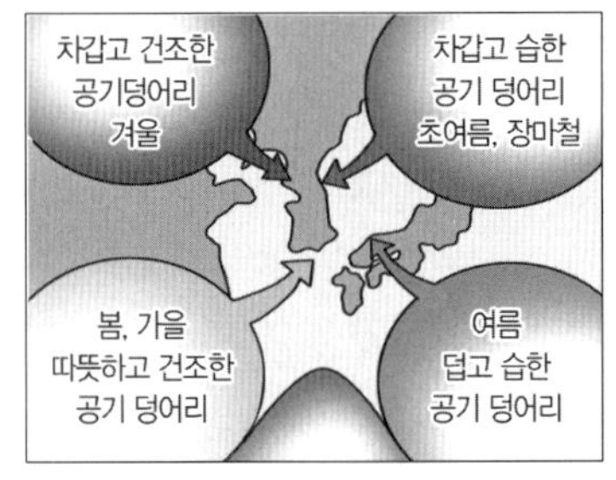

① 봄 : 따뜻하고 건조하다.

② 여름 : 덥고 습하다.

③ 가을 : 맑고 건조하다.

④ 겨울 : 차갑고 건조하다.

07 지구와 달의 운동

(1) 지구의 자전 : 지구는 한 시간에 15°씩 서쪽에서 동쪽으로 자전한다.

① 하루 동안 달의 위치가 변한다(하루 중에 동쪽에서 서쪽으로 이동하는 것으로 보임).

② 하루 동안 별의 위치가 변한다(하루 중에 동쪽에서 서쪽으로 이동하는 것으로 보임).

③ 낮과 밤이 생긴다.

(2) 지구의 공전 : 지구는 태양을 중심으로 서쪽에서 동쪽으로 공전한다(반시계 방향).

① 지구의 공전으로 인한 현상 : 계절에 따라 보이는 별자리의 종류가 다르다.

② 계절 별자리

계절	별자리
봄	처녀자리, 사자자리, 목자(목동)자리
여름	전갈자리, 백조자리, 거문고자리, 독수리자리
가을	페가수스자리, 안드로메다자리, 물고기자리
겨울	오리온자리, 쌍둥이자리, 큰개자리

(3) 달의 공전 : 달이 지구를 중심으로 회전한다.

달의 모양 변화 : 달이 공전하기 때문에 여러 날 관찰한 달의 모양이 달라진다.

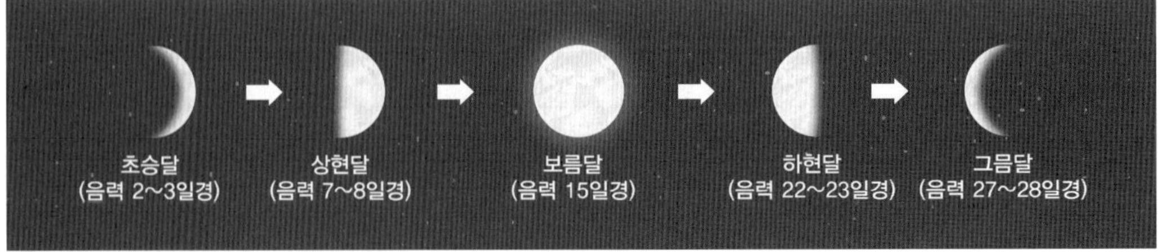

08 계절의 변화

(1) 태양의 고도와 기온

① 태양의 고도 : 태양의 높이를 나타내기 위한 것으로 태양과 지표면이 이루는 각이다.

② 태양의 고도와 기온의 관계

㉠ 태양의 고도는 점점 높아지기 시작하여 12시 30분경에 가장 높고, 그 이후 낮아진다.

㉡ 기온은 점점 높아지기 시작하여 14시 30분경에 가장 높고, 그 이후 낮아진다.

㉢ 그림자의 길이는 점점 짧아지기 시작하여 12시 30분경에 가장 짧고, 그 이후 길어진다.

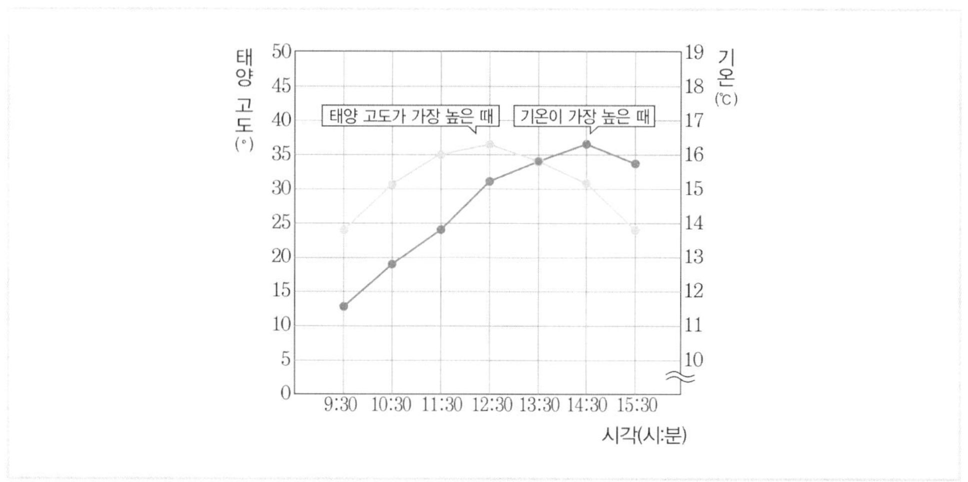

(2) 계절의 변화

① 계절 변화의 원인 : 지구의 자전축이 기울어진 채 태양의 주위를 공전하면 지구의 위치에 따라 태양의 남중 고도가 달라진다.

② 계절에 따른 태양의 남중 고도

㉠ 겨울 : 남중 고도가 낮아 낮의 길이가 가장 짧고 기온이 낮다.

㉡ 여름 : 남중 고도가 높아 낮의 길이가 가장 길고 기온이 높다.

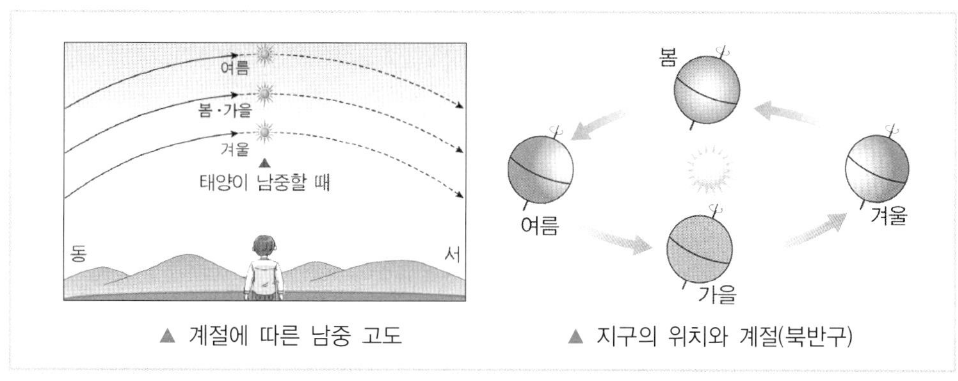

▲ 계절에 따른 남중 고도

▲ 지구의 위치와 계절(북반구)

04장 기출문제로 유형 잡기

01 그림은 투명한 플라스틱 원통에 물을 넣은 후 자갈, 모래, 진흙을 차례대로 넣어 만든 지층 모형이다. 이것이 실제 지층이라면 가장 먼저 만들어진 층은?

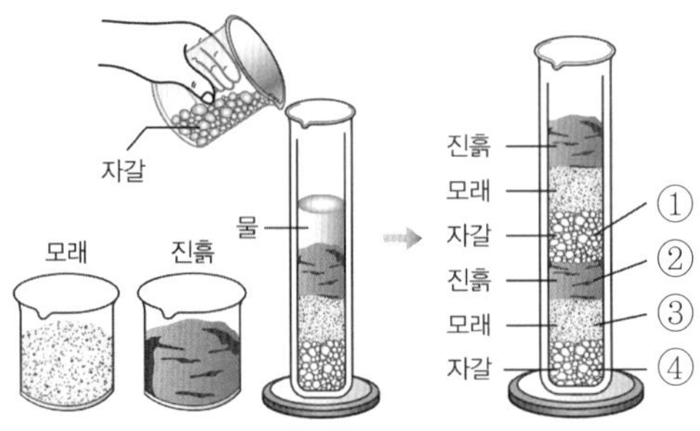

정답잡기 지층은 자갈, 모래, 진흙 등이 쌓여 층을 이루고 있는 것으로 지각 변동이 없었다면 아래쪽 지층이 먼저 형성된 것이다. 따라서 가장 아래쪽에 위치한 자갈이 가장 먼저 만들어진 층이다.

02 다음 중 지층에 관한 설명으로 옳지 않은 것은?

① 지층에는 줄무늬가 보인다.
② 모든 지층은 수평 모양이다.
③ 지층의 두께나 색깔은 다양하다.
④ 지층은 만들어지는 데 오랜 시간이 걸린다.

정답잡기 지층이란 암석의 여러 층으로, 땅속에서 작용하는 힘의 세기에 따라 지층의 모양이 달라진다.

오답잡기
① 지층에는 층마다 경계를 짓는 '층리'라는 줄무늬가 보인다.
③ 지층을 이루는 암석의 종류가 각각 다르기 때문에 지층의 색깔, 두께 등이 다르다.
④ 지층은 자갈, 모래, 진흙 등이 흐르는 물에 운반되어 오랫동안 계속 쌓이고 무거운 압력을 받아 만들어진다.

03 다음 중 퇴적물이 굳어져 만들어진 암석은?

① 퇴적암 ② 화강암
③ 화성암 ④ 현무암

정답잡기 퇴적물이 굳어져서 만들어진 암석을 퇴적암이라고 한다.

오답잡기
② 화강암은 화성암의 한 종류로 밝은색을 띠고 맨눈으로 구별할 수 있을 정도로 알갱이가 크다.
③ 화성암은 마그마의 활동으로 만들어진 암석을 말한다.
④ 현무암은 화성암의 한 종류로 색이 어둡고 알갱이가 매우 작다. 표면에는 크고 작은 구멍이 있는 것도 있고 없는 것도 있다.

정답 01 ④ 02 ② 03 ①

04 다음 설명에 해당하는 것은?

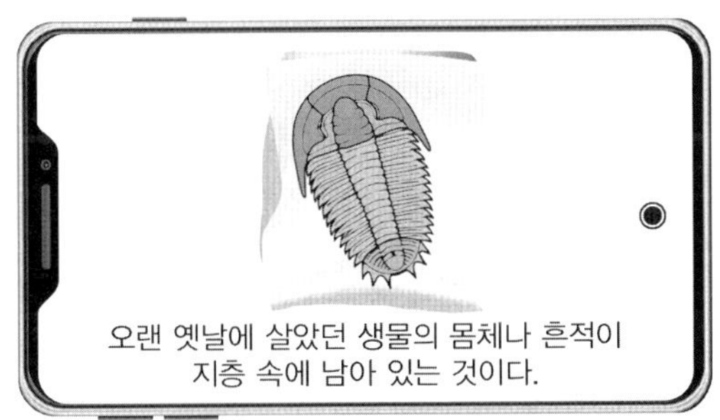
오랜 옛날에 살았던 생물의 몸체나 흔적이
지층 속에 남아 있는 것이다.

① 공기　　② 용암
③ 화석　　④ 화산재

정답잡기 화석은 옛날에 살았던 동식물의 몸체나 흔적이 암석이나 지층 속에 남아 있는 것으로 옛날 생물의 모양과 진화 과정 및 동식물이 살았던 장소와 그 환경을 알 수 있다.

05 화산 분출물에 대한 설명으로 옳은 것은?

① 용암은 액체 상태이다.
② 화산재는 기체 상태이다.
③ 화산 암석 조각의 크기는 모두 같다.
④ 화산 가스는 한 가지 기체로만 되어 있다.

정답잡기 화산 분출물은 화산 활동이 일어나면서 나오는 물질을 말한다. 화산 분출물에는 기체 상태의 화산 가스, 액체 상태의 용암, 고체 상태의 화산재와 화산 암석 등이 있다.

오답잡기
② 화산재는 고체 상태이다.
③ 화산 암석은 고체 상태의 화산 분출물로 크기가 다양하다.
④ 화산 가스는 여러 가지 기체로 되어 있고 대부분 수증기이다.

06 다음 설명에 해당하는 암석은?

- 암석을 이루는 알갱이의 크기가 크다.
- 마그마가 땅속 깊은 곳에서 서서히 식어서 만들어진다.

① 사암　　② 이암
③ 석회암　　④ 화강암

정답잡기 마그마가 땅속 깊은 곳에서 서서히 식어서 만들어진 화성암은 화강암이다.

오답잡기
① 사암 : 모래가 굳어져서 이루어진 암석
② 이암 : 점토와 같은 미세한 입자들이 뭉쳐서 만들어진 암석
③ 석회암 : 석회질 물질들이 굳어서 이루어진 암석

정답 04 ③　05 ①　06 ④

07 다음 중 달에 대한 설명으로 옳은 것은?

① 운석 구덩이가 있다.
② 지구보다 물이 많다.
③ 지구보다 공기가 많다.
④ 다양한 생물이 발견되었다.

정답잡기 달에는 대기가 없어서 기상 현상이나 침식 작용이 일어나지 않으므로 운석 구덩이가 많다.

오답잡기
② 달에는 물이 전혀 없다.
③ 달에는 공기도 없다.
④ 달에는 물과 공기가 없어서 생물이 살지 못한다.

08 다음 설명에 해당하는 것은?

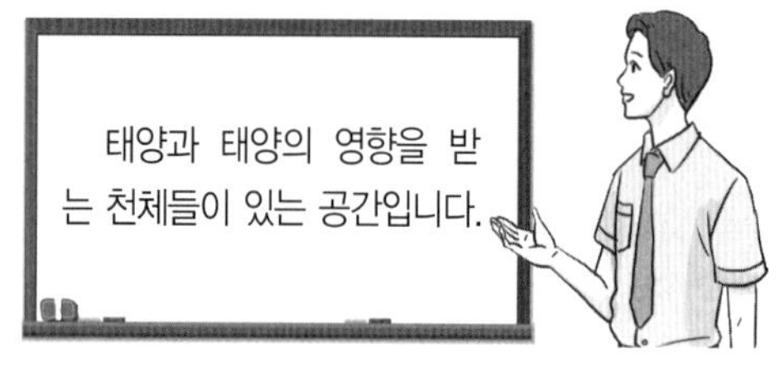
태양과 태양의 영향을 받는 천체들이 있는 공간입니다.

① 생태계 ② 온도계
③ 태양계 ④ 풍속계

정답잡기 태양, 태양 주위를 돌고 있는 여덟 개의 행성, 위성, 소행성, 혜성 등이 있는 공간을 태양계라고 한다.

09 표는 지구의 크기를 1로 하여 태양계 행성의 상대적인 크기를 나타낸 것이다. 다음 중 지구와 크기가 가장 비슷한 행성은?

행성	수성	금성	지구	화성	목성
상대적인 크기	0.4	0.9	1.0	0.5	11.2

① 수성 ② 금성
③ 화성 ④ 목성

정답잡기 지구의 크기를 1로 하였기 때문에 1과 숫자가 가까운 행성인 금성이 지구와 크기가 가장 비슷하다.
행성의 크기 비교 : 목성 > 지구 > 금성 > 화성 > 수성

정답 07 ① 08 ③ 09 ②

10 다음 설명에 해당하는 천체는?

> 태양계의 중심에 있으며 스스로 빛을 낸다.

① 달 ② 지구
③ 태양 ④ 화성

정답잡기 태양계는 태양과 태양의 영향을 받는 천체인 행성, 위성들과 공간을 말한다. 태양은 태양계의 중심에 있으며 태양계에서 유일하게 스스로 빛을 내는 천체이다.

오답잡기
① 달은 지구 주위를 도는 위성으로, 위성은 행성의 주위를 도는 천체를 말한다.
②, ④ 지구와 화성은 행성으로, 행성은 태양 주위를 도는 둥근 천체를 말한다.

11 그림은 지구의 반지름을 1이라고 할 때, 행성의 상대적인 크기를 나타낸 것이다. 다음 중 가장 작은 행성은?

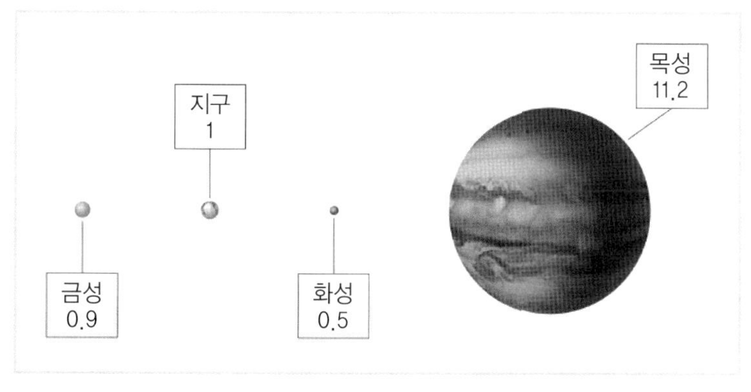

① 금성 ② 지구
③ 화성 ④ 목성

정답잡기 상대적인 반지름이 작을수록 크기가 작은 행성이므로 화성이 가장 작은 행성이다.

정답 10 ③ 11 ③

12 그림에 해당하는 별자리는?

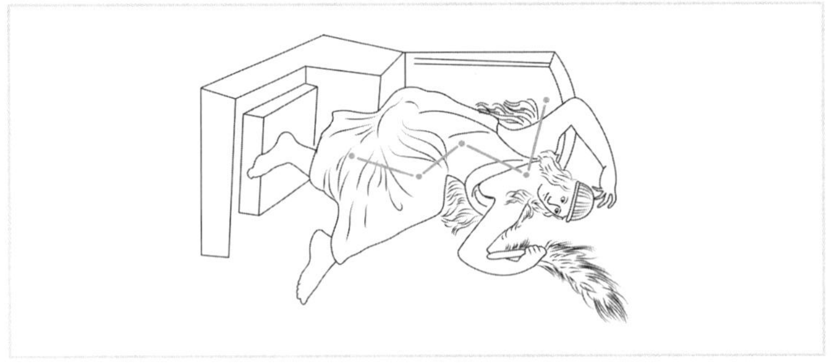

① 북두칠성　　② 사자자리
③ 작은곰자리　　④ 카시오페이아자리

정답잡기 카시오페이아자리는 M자나 W자 모양의 별자리이다.

13 다음에서 설명하는 천체 ㉠은?

우리나라 북쪽 하늘

• 카시오페이아자리와 북두칠성 사이에 위치한다.
• 작은곰자리의 가장 밝은 별로 위치가 거의 변하지 않는다.
• 밤하늘에 북쪽을 찾는 데 이용할 수 있다.

① 달　　② 금성
③ 화성　　④ 북극성

정답잡기 우리나라의 북쪽 하늘에서 작은곰자리의 가장 밝은 별로 카시오페이아와 북두칠성 사이에 위치하는 별은 북극성이다. 옛날에 북극성은 방향을 찾기 힘든 배에서 선원들이 방향을 찾을 수 있도록 해 주는 길잡이 별이다.

14 표는 건습구 습도계의 습도표의 일부이다. 건구 온도가 26℃이고, 습구 온도가 24℃일 때, 습도는?

(단위 : %)

건구 온도 (℃)	건구 온도와 습구 온도의 차			
	0	1	2	3
27	100	92	84	77
26	100	92	84	76
25	100	92	84	76

① 76%　　② 84%
③ 92%　　④ 100%

정답잡기 건구 온도가 26℃이고, 습구 온도가 24℃이므로 온도 차이는 2℃이다. 따라서 습도는 표의 세로줄에서 건구 온도 26℃를 찾고, 건구 온도와 습구 온도의 차 2℃를 가로줄에서 찾아 만나는 숫자인 84%이다.

정답 12 ④　13 ④　14 ②

15 다음 설명에 해당하는 것은?

- 기압 차에 의해 생기는 공기의 이동이다.
- 고기압에서 저기압으로 이동한다.

① 눈　② 비
③ 바람　④ 이슬

정답잡기 공기는 기압이 높은 곳에서 기압이 낮은 곳으로 이동하고, 이같이 기압의 차이에 의해 고기압에서 저기압으로 이동하는 공기의 흐름을 바람이라고 한다.

오답잡기
① 눈 : 구름 속 얼음 알갱이의 크기가 커지면서 무거워져 떨어질 때 녹지 않은 채로 떨어지는 것이다.
② 비 : 구름 속 작은 물방울이 합쳐지면서 무거워져 떨어지거나, 크기가 커진 얼음 알갱이가 무거워져 떨어지면서 녹은 것이다.
④ 이슬 : 차가워진 나뭇가지나 풀잎 표면 등에 수증기가 물방울로 맺히는 것이다.

16 바닷가에서 낮과 밤에 주로 부는 바람의 방향을 (가)와 (나)에 바르게 나타낸 것은?

시기	낮	밤
바람의 방향	육지 (가) 바다	육지 (나) 바다

	(가)	(나)
①	⇦	⇨
②	⇦	⇦
③	⇨	⇦
④	⇨	⇨

정답잡기 바닷가에서 낮에는 바다가 온도가 더 낮아 바람이 바다에서 육지로 부는 해풍이 불고, 밤에는 육지가 온도가 더 낮아 육지에서 바다로 부는 육풍이 분다.

17 다음 설명에 해당하는 공기 덩어리의 성질은?

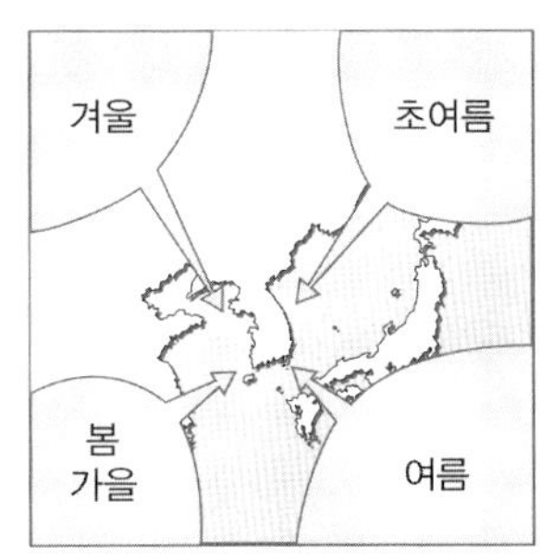

- 우리나라 남동쪽 바다에 위치한다.
- 우리나라 여름 날씨에 주로 영향을 준다.

① 차갑고 습하다.　② 차갑고 건조하다.
③ 따뜻하고 습하다.　④ 따뜻하고 건조하다.

정답잡기 여름철의 날씨에는 남동쪽에서 이동해 오는 따뜻하고 습한 공기 덩어리가 영향을 준다.

오답잡기
- 봄, 가을 : 남서쪽에서 이동해 오는 따뜻하고 건조한 공기 덩어리
- 초여름 : 북동쪽에서 이동해 오는 차갑고 습한 공기 덩어리
- 겨울 : 북서쪽에서 이동해 오는 차갑고 건조한 공기 덩어리

정답 15 ③ 16 ① 17 ③

18 그림의 (가)는 차갑고 건조한 공기 덩어리를 나타낸 것이다. (가)의 영향을 주로 받는 우리나라의 계절은?

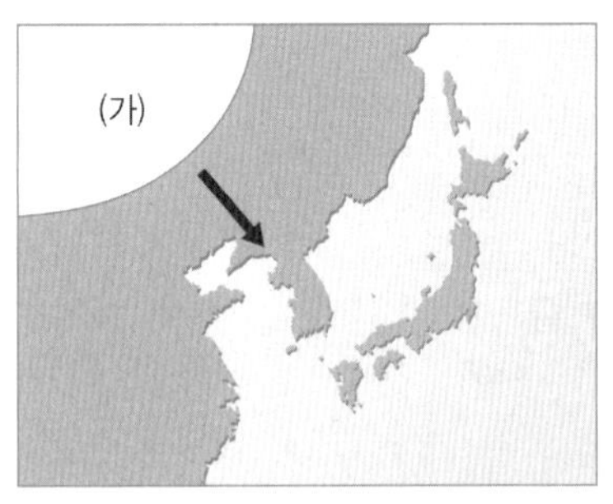

① 봄 ② 여름
③ 가을 ④ 겨울

정답잡기 겨울에는 북서쪽 육지에서 발달한 차갑고 건조한 공기 덩어리의 영향을 받는다. 차갑고 건조한 공기 덩어리가 우리나라에 영향을 주어 겨울은 춥고 건조한 날씨가 나타난다.
반대로 여름에는 남동쪽 바다에서 온도와 습도가 높은 공기 덩어리가 이동하여 오기 때문에 덥고 습하다.

19 그림은 같은 장소에서 하루 동안 관측한 달의 위치를 나타낸 것이다. 다음 중 시간에 따라 달의 위치가 다르게 보이는 까닭은?

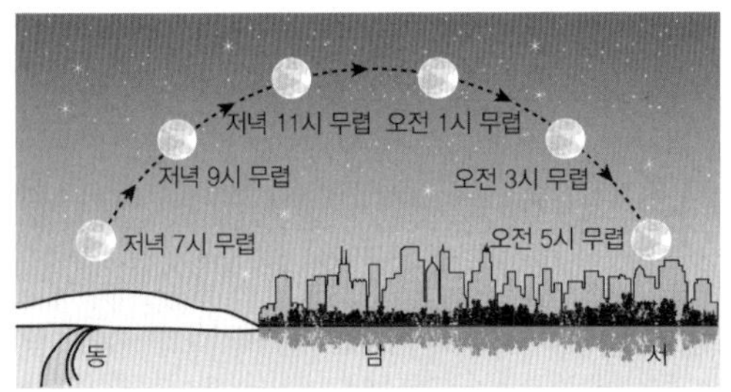

① 달의 밝기 ② 달의 모양
③ 지구의 자전 ④ 지구의 크기

정답잡기 지구는 자전축을 중심으로 하루에 한 바퀴 도는 자전을 한다. 지구 자전에 의해 하루 동안 달의 위치가 동쪽에서 남쪽을 지나 서쪽으로 움직이는 것처럼 보인다.

20 다음 중 지구가 자전하기 때문에 나타나는 현상은?

① 낮과 밤이 생긴다.
② 달의 모양이 변한다.
③ 봄, 여름, 가을, 겨울이 생긴다.
④ 계절에 따라 보이는 별자리가 달라진다.

정답잡기 지구가 자전축을 중심으로 서에서 동으로 하루에 한 바퀴씩 도는 현상을 자전이라고 하며, 이 때문에 낮과 밤이 생긴다.

오답잡기
② 달이 지구 주위를 공전하기 때문에 발생한다.
③ 지구가 자전축이 기울어진 채로 태양 주위를 공전하기 때문에 발생한다.
④ 지구가 태양 주위를 공전하기 때문에 발생한다.

정답 18 ④ 19 ③ 20 ①

21 지구의 공전으로 우리나라에 나타나는 현상은?

① 낮과 밤이 생긴다.
② 계절에 따라 별자리가 달라진다.
③ 물이 높은 곳에서 낮은 곳으로 흐른다.
④ 태양이 동쪽에서 서쪽으로 움직이는 것처럼 보인다.

정답잡기 지구가 태양 주위를 1년에 한 바퀴씩 도는 공전으로 인해 계절마다 별자리가 달라진다.
오답잡기
①, ④ 지구의 자전, ③ 지구의 중력으로 인한 현상이다.

22 그림은 달의 모양 변화를 나타낸 것이다. 다음 중 음력 27~28일 무렵에 볼 수 있는 달은?

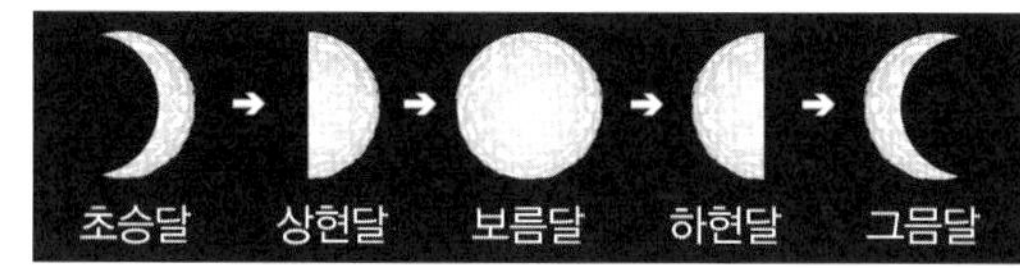

① 초승달 ② 상현달
③ 보름달 ④ 그믐달

정답잡기 음력 27~28일경에 볼 수 있는 달은 그믐달이다.
오답잡기
달은 음력 2~3일 무렵에는 초승달, 음력 7~8일 무렵에는 상현달, 음력 15일 무렵에는 보름달, 음력 22~23일 무렵에는 하현달, 음력 27~28일 무렵에는 그믐달을 순서대로 볼 수 있다.

23 다음 중 음력 15일 무렵에 보이는 달은?

① 초승달 ② 상현달
③ 보름달 ④ 하현달

정답잡기 음력 15일 무렵에 보이는 달은 보름달이다.

24 하루 동안 태양 고도와 기온을 측정한 그래프이다. 태양 고도가 가장 높은 때와 기온이 가장 높은 때의 시간 차이는?

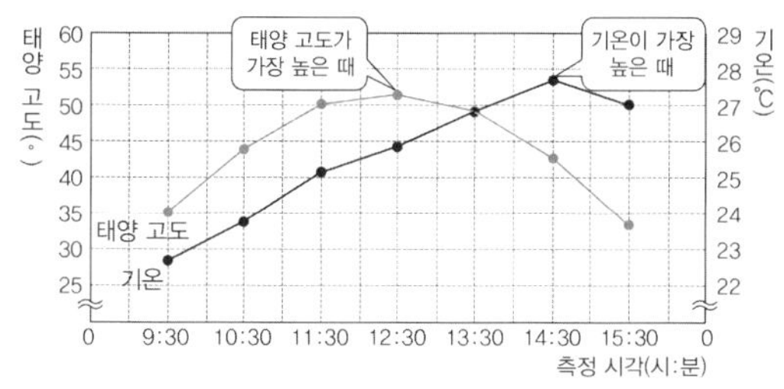

① 1시간 ② 2시간
③ 3시간 ④ 4시간

정답잡기 태양 고도가 가장 높은 때는 12시 30분이고, 기온이 가장 높은 때는 14시 30분이므로 2시간의 시간 차이가 난다. 이는 지표면이 데워지고, 데워진 지표면에 의해 공기의 온도가 높아지는 데 시간이 걸리기 때문에 이 같은 시간 차가 발생한다.

정답 21 ② 22 ④ 23 ③ 24 ②

25 그림은 우리나라에서 계절별 태양의 위치 변화를 나타낸 것이다. 이에 대한 설명으로 옳은 것은?

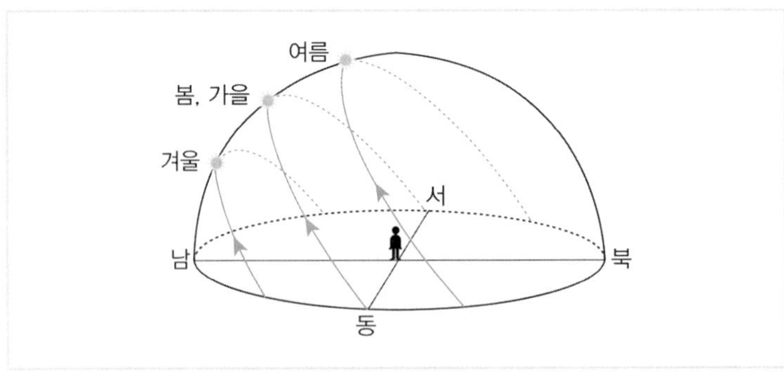

① 태양은 항상 서쪽에서 뜬다.
② 여름철 태양의 남중 고도가 가장 높다.
③ 낮의 길이가 가장 긴 계절은 겨울이다.
④ 계절에 따른 달의 움직임을 나타낸 것이다.

정답잡기 태양이 정남쪽에 위치하는 남중 시 고도를 남중 고도라고 한다. 여름철 남중 고도가 가장 높다.

오답잡기
① 태양은 항상 동쪽에서 떠서 서쪽으로 진다.
③ 낮의 길이가 가장 긴 계절은 여름이고, 밤의 길이가 가장 긴 계절은 겨울이다.
④ 계절에 따른 태양의 움직임을 나타낸 것이다.

26 그림은 태양 고도를 측정한 것이다. 이때 태양 고도는?

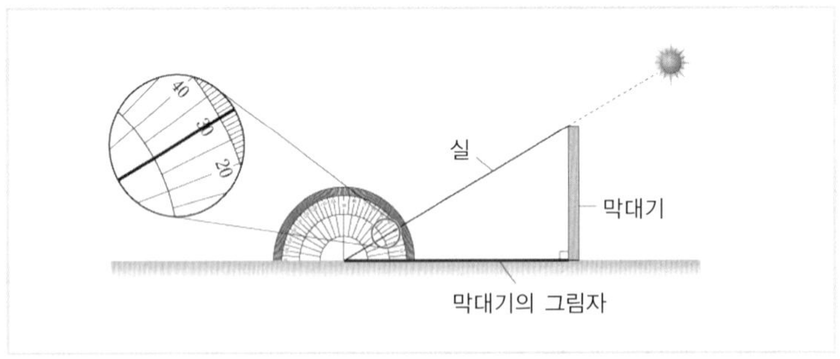

① 30° ② 45°
③ 60° ④ 90°

정답잡기 태양의 남중 고도는 관측자가 서 있는 지표면과 태양이 이루는 각을 나타내므로 그림에서 각도기의 눈금을 읽으면 된다. 따라서 태양의 고도는 30°이다.

정답 25 ② 26 ①

27 그래프는 일 년 동안 우리나라의 낮의 길이를 나타낸 것이다. 낮의 길이가 가장 짧은 계절은?

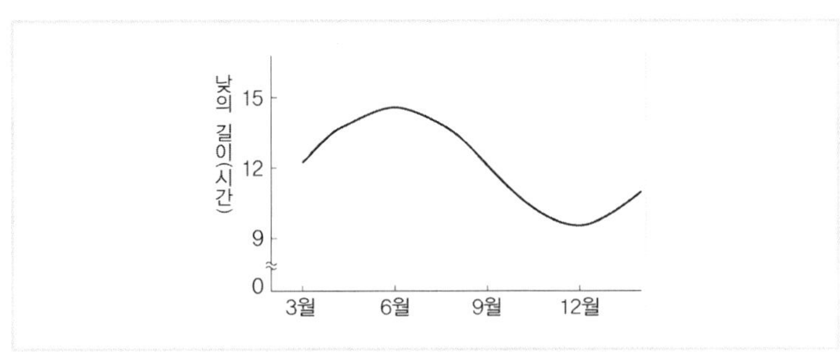

① 봄 ② 여름
③ 가을 ④ 겨울

정답잡기 태양의 남중 고도가 가장 높은 때는 하지(여름)이고, 가장 낮은 때는 동지(겨울)이다. 남중 고도가 낮을수록 낮의 길이가 짧아지므로 일 년 중 낮이 가장 짧은 계절은 겨울이다.
문제의 그래프에서 보듯이 낮의 길이가 가장 짧은 때는 12월이다. 그러므로 계절로는 겨울이 된다. 또 월별 낮의 길이 그래프와 월별 태양의 남중 고도 그래프는 비슷하다.

정답 27 ④

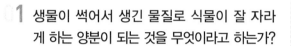

04 장 예상문제로 실력 잡기

01 생물이 썩어서 생긴 물질로 식물이 잘 자라게 하는 양분이 되는 것을 무엇이라고 하는가?

① 흙 ② 부식물
③ 영양분 ④ 점토

02 오랜 시간에 걸쳐 바위나 돌이 햇빛, 공기, 물에 의해 부서지거나 녹거나 색깔이 변하는 작용으로 흙이 만들어지는 원인이 되는 작용은?

① 풍화 작용 ② 화학 작용
③ 결합 작용 ④ 연소 작용

03 다음 지층에서 가장 먼저 쌓인 층과 가장 나중에 쌓인 층을 순서대로 바르게 묶은 것은? (단, 지각 변동으로 지층의 뒤집힘은 없다.)

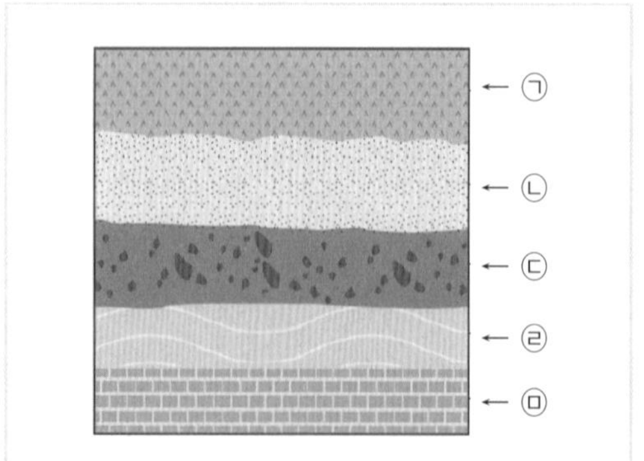

① ㉠, ㉡ ② ㉠, ㉤
③ ㉤, ㉠ ④ ㉣, ㉤

04 다음 중 퇴적물이 굳어져서 만들어진 암석이 아닌 것은?

① 이암 ② 사암
③ 역암 ④ 화강암

05 그림과 같이 수평으로 쌓인 지층이 옆으로 작용하는 힘을 받아 물결처럼 휘어진 지층을 무엇이라고 하는가?

① 정단층 ② 습곡
③ 역단층 ④ 부정합

06 화산이 발생했을 때, 분출되어 나오는 물질들 중 액체 상태인 것은?

① 화산재 ② 화산 가스
③ 용암 ④ 수증기

07 다음에서 설명하는 암석은?

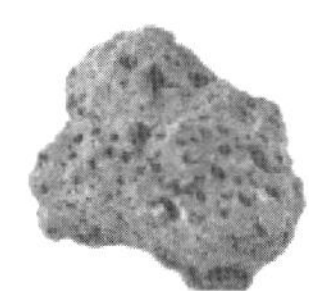

마그마가 땅 위로 분출하거나 지표 부근에서 빠르게 식어서 만들어진 것으로 제주도에서 많이 볼 수 있다.

① 이암 ② 사암
③ 현무암 ④ 석회암

08 지구 표면을 구성하는 요소가 아닌 것은?

① 산과 계곡 ② 맨틀
③ 바다 ④ 대기

09 지구와 달의 공통점에 해당하는 것은?

① 물과 공기가 있다.
② 다양한 생물이 산다.
③ 운석 구덩이가 없다.
④ 둥근 모양이고, 표면에 돌과 흙이 있다.

10 다음에서 설명하고 있는 행성은?

- 태양계에서 가장 큰 행성이다.
- 수소와 헬륨의 기체로 구성된다.
- 가로 줄무늬와 붉은 반점이 존재한다.

① 수성 ② 금성
③ 목성 ④ 토성

11 다음은 태양계 행성을 태양에서 거리가 가까운 순서대로 나열한 것이다. ㉠에 해당하는 행성은?

수성 → (㉠) → 지구 → 화성

① 금성 ② 토성
③ 천왕성 ④ 목성

12 다음은 지구의 상대적인 반지름을 1로 했을 때, 다른 행성들의 상대적인 반지름을 나타낸 것이다. 가장 큰 행성과 가장 작은 행성을 순서대로 바르게 짝지은 것은?

구분	금성	화성	목성	토성
상대 반지름	0.9	0.5	11.2	9.4

① 목성, 토성 ② 토성, 화성
③ 목성, 금성 ④ 목성, 화성

13 물이 있으며, 유일하게 생명체가 있고, 한 개의 위성을 가지는 행성은?

① 목성 ② 수성
③ 천왕성 ④ 지구

14 태양계 행성 중 지구보다 큰 행성이 아닌 것은?

① 금성 ② 토성
③ 천왕성 ④ 목성

15 하늘의 별을 무리지어 신화에 나오는 동물이나 인물 등의 이름을 붙여 놓은 것을 무엇이라고 하는가?

① 은하수 ② 별자리
③ 우리 은하 ④ 성운

16 다음 그림은 북쪽 하늘에서 북극성을 찾기 위한 방법을 나타낸 것이다. ㉠, ㉡에 해당하는 별자리를 바르게 짝지은 것은?

① ㉠ 카시오페이아, ㉡ 안드로메다
② ㉠ 페가수스, ㉡ 세페우스
③ ㉠ 북두칠성, ㉡ 카시오페이아
④ ㉠ 카시오페이아, ㉡ 북두칠성

17 기압과 공기의 움직임 사이의 관계를 바르게 설명한 것은?

① 바람은 저기압에서 고기압으로 분다.
② 기압은 공기의 움직임에 영향을 주지 않는다.
③ 공기는 기압이 낮은 곳에서는 움직이지 않는다.
④ 공기는 기압이 높은 곳에서 낮은 곳으로 움직인다.

18 다음은 건구 온도계와 습구 온도계를 이용하여 습도를 측정할 수 있는 표이다. 건구 온도가 27℃이고 습구 온도가 24℃일 때, 습도를 구하면?

(단위: %)

건구 온도 (℃)	건구 온도와 습구 온도의 차(℃)				
	0	1	2	3	4
28	100	92	85	77	70
27	100	92	84	77	70
26	100	92	84	76	69
25	100	92	84	76	68
24	100	91	83	75	68

① 77% ② 76%
③ 75% ④ 70%

19 기압의 차이에 의해 공기가 흐르는 것을 무엇이라고 하는가?

① 습도 ② 바람
③ 태풍 ④ 날씨

20 우리나라의 여름철 날씨에 영향을 미치는 기단은 무엇인가?

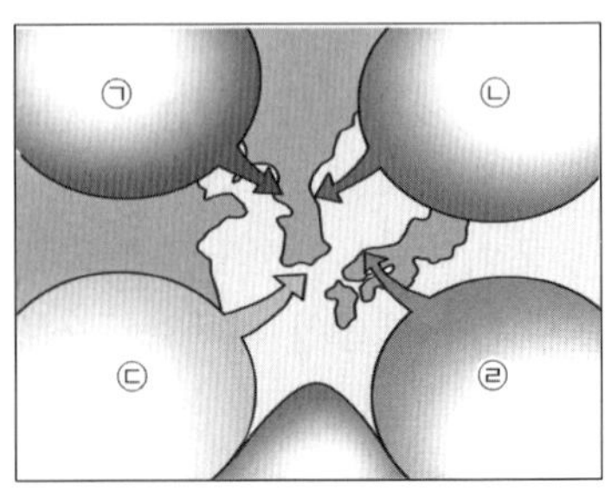

① ㉠ ② ㉡
③ ㉢ ④ ㉣

21 얼음을 올려놓은 유리 집기병 표면에 물방울이 맺히는 현상을 응결이라고 한다. 이 현상과 관련이 <u>없는</u> 날씨 현상은?

① 이슬　② 서리
③ 안개　④ 구름

22 낮에 바다에서 육지로 부는 바람을 무엇이라고 하는가?

① 육풍　② 해풍
③ 곡풍　④ 산풍

23 지구의 자전에 대한 설명으로 옳지 <u>않은</u> 것은?

① 지구가 자전축을 중심으로 하루에 한 바퀴씩 도는 것이다.
② 자전 방향은 동에서 서 방향이다.
③ 한 시간에 15도씩 돈다.
④ 매일 자전 속도는 변하지 않는다.

24 지구의 자전으로 인해 일어나는 현상이 <u>아닌</u> 것은?

① 낮과 밤이 생긴다.
② 해가 동쪽에서 떠서 서쪽으로 진다.
③ 계절마다 별자리가 다르다.
④ 하루 동안 별자리의 위치가 변한다.

25 지구가 태양을 중심으로 둘레를 회전하는 것을 무엇이라고 하는가?

① 자전　② 공전
③ 직진　④ 연직 운동

26 지구에서 계절마다 볼 수 있는 별자리가 변한다. 그 이유로 옳은 것은?

① 태양이 지구 주위를 공전하기 때문
② 태양계가 별들 사이를 빠르게 이동하고 있기 때문
③ 지구가 태양을 중심으로 일 년에 한 바퀴씩 공전하기 때문
④ 지구가 자전축을 중심으로 하루에 한 바퀴식 자전하기 때문

27 다음 중 봄철에 볼 수 있는 별자리가 <u>아닌</u> 것은?

① 북두칠성　② 처녀자리
③ 사자자리　④ 오리온자리

28 다음 그림은 매일 밤 9시 남쪽 하늘에서 관측한 달의 모양이다. ㉠~㉣에 대한 설명으로 옳지 않은 것은?

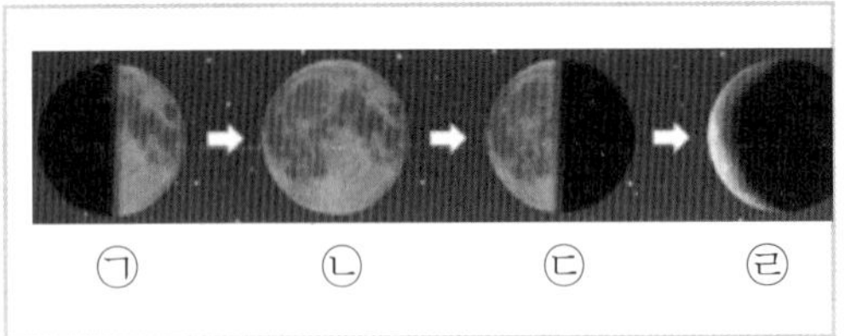

① ㉠은 초승달이다.
② ㉡은 음력 15일경에 관찰된다.
③ ㉢은 달의 왼쪽의 반이 지구에서 관찰된다.
④ ㉣은 달이 태양 빛을 거의 받지 못하여 형태가 거의 보이지 않는다.

29 매일 밤에 관측하는 달의 모양이 변하는 이유로 옳은 것은?

① 지구가 자전하기 때문
② 지구가 공전하기 때문
③ 달이 자전하기 때문
④ 달이 공전하기 때문

30 그림과 같이 음력 2~3일경에 관측되는 달을 무엇이라고 하는가?

① 초승달
② 상현달
③ 보름달
④ 하현달

[31~32] 다음 그림은 우리나라에서 절기에 따라 태양이 지나는 길을 나타낸 것이다.

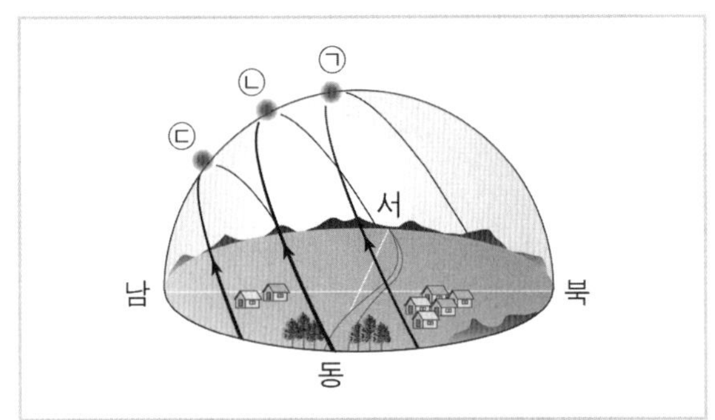

31 그림에서 ㉠~㉢의 절기가 바르게 짝지어진 것은?

① ㉠ – 동지 ② ㉠ – 추분
③ ㉡ – 하지 ④ ㉢ – 동지

32 위의 그림에서 낮의 길이가 가장 긴 절기에 태양의 남중 고도 위치는?

① ㉠ ② ㉡
③ ㉢ ④ 모두 같다.

33 다음 그림에서 태양의 고도는 무엇인가?

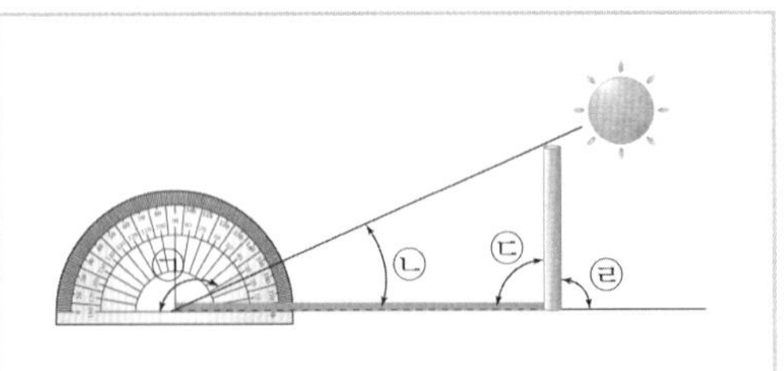

① ㉠ ② ㉡
③ ㉢ ④ ㉣

34 다음 중 계절이 변하는 까닭을 바르게 설명한 것은?

① 지구가 자전하기 때문에
② 지구의 자전축이 수직이기 때문에
③ 달이 지구 둘레를 공전하기 때문에
④ 지구의 자전축이 기울어진 채 공전하기 때문에

35 다음 중 여름에 기온이 높은 이유는?

① 태양의 고도가 낮기 때문에
② 태양의 고도가 높아 낮이 짧아지기 때문에
③ 태양의 고도가 낮아 낮이 길어지기 때문에
④ 태양의 고도가 높아 태양 에너지를 많이 받기 때문에

36 다음은 태양의 고도와 그림자의 관계를 나타낸 그래프이다. 태양의 고도가 가장 높을 때와 그림자의 길이가 가장 짧을 때가 순서대로 바르게 짝지어진 것은?

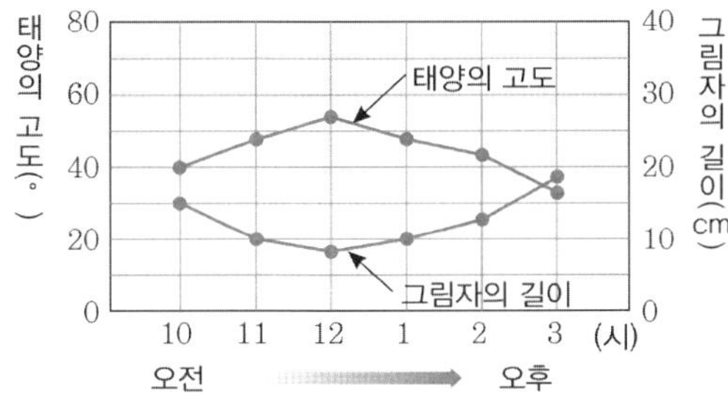

① 10시, 2시
② 12시, 12시
③ 12시, 3시
④ 2시, 12시

과학 정답 및 해설

1장 물질

예상문제로 실력 잡기

01 ②	02 ①	03 ①	04 ③	05 ②
06 ③	07 ④	08 ①	09 ③	10 ④
11 ②	12 ③	13 ②	14 ①	15 ②
16 ①	17 ③	18 ①	19 ④	20 ③
21 ①	22 ②	23 ①	24 ②	25 ③
26 ④	27 ④	28 ②	29 ③	30 ④
31 ②	32 ④	33 ③	34 ④	35 ④
36 ③	37 ①			

01 정답 ②

모양이 있고 공간을 차지하고 있는 것을 물체라고 한다.

오답피하기

③ 물질 : 물체를 구성하는 재료로 쇠못은 물체이고 철은 물질이 된다.

02 정답 ①

아령은 금속으로 만들어진 물체이며, 못도 같은 물질인 금속으로 만들어졌다.

03 정답 ①

제시된 소금, 모래, 설탕 가루 물질들은 모두 고체 상태이다.

04 정답 ③

담긴 그릇을 항상 가득 채우는 물질의 상태는 기체 상태이다.

05 정답 ②

기체는 부피가 있으므로 그 부피만큼 수조 속의 물을 밀어낸다.

06 정답 ③

물의 높이에 해당하는 눈금을 읽으면 150mL이다.

07 정답 ④

서로 섞이지 않는 액체 혼합물은 스포이트를 이용하여 분리할 수 있다.

08 정답 ①

콩과 좁쌀은 알갱이의 크기 차이로 체로 거르면 알갱이 크기가 작은 좁쌀만 아래로 통과한다.

09 정답 ③

물이 마르거나 알코올을 바르면 시원해지는 것은 액체가 기체로 변하는 증발 현상이다.

10 정답 ④

물이 얼 때 부피가 증가하므로 수도관이 터지게 된다.

11 정답 ②

물을 절약하는 방법으로 수도꼭지를 잘 잠그고, 물장난을 하지 않는 방법 등이 있다.

12 정답 ③

설탕은 용질, 물은 용매, 설탕물은 용액이 된다.

13 정답 ②

어떤 물질에 다른 물질이 녹아 골고루 섞이는 현상을 용해라고 한다.

14 정답 ①

설탕을 물에 녹여 설탕물을 만들어도 입자의 수는 변화가 없으므로 무게는 서로 같다.

15 정답 ②

용해 전후의 무게는 같으므로 155g − 125g = 30g이다.

16 정답 ①
백반을 더 녹이려면 물을 더 넣거나 온도를 높여야 한다.

17 정답 ③
소금물에 소금을 더 녹여 주면 소금물이 더 진해져 방울토마토가 위로 떠오르게 된다.

18 정답 ①
용액의 성질을 알려 주는 물질을 지시약이라고 한다.

19 정답 ④
푸른색 리트머스 종이를 붉은색으로 변화시키는 물질은 산성 물질로, 식초, 레몬즙, 사이다, 묽은 염산 등이다.
④ 비눗물은 염기성이다.

20 정답 ③
페놀프탈레인 용액을 붉은색으로 변화시키는 물질은 염기성 물질이다.
③ 사이다는 산성이다.

21 정답 ①
밭에 석회 가루를 뿌리는 것은 산성과 염기성의 중화 반응이다. 땀이 날 때 소금을 먹는 것과는 관련이 없다.

22 정답 ②
물레방아가 도는 것은 물이 높은 곳에서 낮은 곳으로 떨어지는 중력을 이용한 것이다.

23 정답 ①
기체는 힘을 가하면 부피가 줄어들지만 액체는 그렇지 않다.

24 정답 ②
산소는 다른 물질이 타는 것을 도와준다.

25 정답 ③
대기 오염을 정화시키기 위해서는 물에 녹는 기체는 물을 뿌려서 녹이고, 그렇지 않은 기체는 전기에 달라붙는 성질 등을 이용한다. 이산화 탄소는 대기 오염을 정화시키는 데 사용되지 않는다.

오답피하기

① 이산화 탄소는 불을 끄는 성질이 있어 소화기에 이용된다.
② 탄산음료 속의 이산화 탄소는 톡 쏘는 맛이 있다.
④ 이산화 탄소는 광합성의 재료로 사용된다.

26 정답 ④
이산화 탄소는 색과 냄새가 없고 공기보다 무거우며 불을 끄는 성질이 있고, 석회수와 반응하면 뿌옇게 흐려진다.
④ 마그네슘과 염산을 반응시키면 수소 기체가 발생한다.

27 정답 ④
이산화 탄소는 공기보다 무거워 기울어진다.

28 정답 ②
쓰레기를 많이 태우면 공기를 오염시키는 물질이 발생한다.

29 정답 ③
연소란 물질이 열과 빛을 내며 타는 현상이다.

30 정답 ④
물질이 연소하는 데 필요한 공기의 양이 많을수록 연소 시간이 길어진다. 따라서 집기병의 크기가 큰 (나)에서 연소가 더 오랫동안 지속된다.

31 정답 ②
물질이 연소할 수 있는 조건은 탈 물질, 산소, 발화점 이상의 온도이다.

32 정답 ④
발화점은 어떤 물질이 열을 받아 타기 시작하는 온도로 물질의 종류에 따라 다르다.

33 정답 ③
부채질을 해 주면 공기가 빠르게 공급되므로 숯에 불이 잘 붙을 수 있다.

34 정답 ④
식초와 탄산수소 나트륨이 반응하면 이산화 탄소가 발생하여 불을 끄는 작용을 한다.

35 정답 ④
모래를 뿌리면 불과 공기(산소)와의 접촉을 막아서 불을 끌 수 있다.

36 정답 ③
초가 연소하면 물과 이산화 탄소, 그리고 그을음이 생긴다.

37 정답 ①
소화기는 습기나 직사광선을 피하여 눈에 잘 띄는 곳에 둔다.

2장 생명

예상문제로 실력 잡기

01 ②	02 ①	03 ①	04 ④	05 ③
06 ①	07 ②	08 ①	09 ④	10 ③
11 ③	12 ③	13 ④	14 ④	15 ②
16 ①	17 ④	18 ③	19 ②	20 ④
21 ①	22 ③	23 ②	24 ②	25 ③

01 정답 ②
'알 → 병아리 → 닭'의 과정은 동물의 한살이를 나타낸 것이다.

02 정답 ①
배추흰나비의 한살이 과정은 '알 → 애벌레 → 번데기 → 성충'이다.

03 정답 ①
낙타의 혹에 저장된 지방은 물과 먹이가 부족할 때 에너지원으로 사용된다.

04 정답 ④
식물이 잘 자라려면 햇빛, 물, 양분, 토양, 공기가 모두 있어야 한다.

05 정답 ③
연꽃은 뿌리는 물 아래 땅에 박혀 있고 줄기와 잎이 물 위로 뻗어서 사는 식물이다. 물에 떠서 사는 식물은 부레옥잠과 같이 뿌리가 물에 노출되어 있어 잎과 꽃이 물가를 떠다닌다.

06 정답 ①
증산 작용은 식물의 잎의 기공에서 일어나는 작용이다.

07 정답 ②
무꽃에서 ㉠은 꽃받침, ㉡은 암술이다.

8 정답 ①
꽃가루가 암술머리에 옮겨지는 현상을 꽃가루받이라고 한다.

9 정답 ④
식물이 살아가는 데 필요한 양분을 얻는 작용을 광합성이라고 한다.

오답피하기

① **지지 작용** : 식물의 뿌리나 줄기가 식물이 넘어지지 않도록 지탱하는 작용
② **증산 작용** : 식물의 체내의 물의 양을 조절하기 위해 식물의 뒷면 기공을 통해 수증기를 내보내는 작용
③ **저장 작용** : 식물이 사는 데 필요한 양분을 뿌리나 줄기에 저장하는 작용

10 정답 ③
식물체 내의 물의 양을 조절하는 작용을 증산 작용이라고 한다.

오답피하기

① **호흡 작용** : 식물이 양분과 산소를 이용하여 살아가는 데 필요한 에너지를 만드는 작용
② **흡수 작용** : 식물이 살아가는 데 필요한 물과 양분을 식물체의 몸 안으로 끌어들이는 작용
④ **지지 작용** : 식물의 뿌리나 줄기가 식물이 넘어지지 않도록 지탱하는 작용

11 정답 ③
척추뼈는 신경 다발인 척수를 보호하고 몸을 지탱하는 역할을 한다.

12 정답 ③
㉢은 위와 작은창자가 연결되는 십이지장이다.

13 정답 ④
음식물이 이동하는 과정은 '입 → 식도 → 위 → 십이지장 → 작은창자 → 큰창자 → 항문' 순이다.

14 정답 ④
혈액 속의 노폐물을 걸러 땀으로 배설하는 기관은 땀샘이다.

15 정답 ②
번식, 생존을 도와주는 ㉠ 생물 요소와 환경을 포함하는 ㉡ 비생물 요소이다.

16 정답 ①
먹이 연쇄가 그물처럼 복잡하게 얽힌 것을 먹이 그물이라고 한다.

17 정답 ④
㉠ 생물은 물벼룩을 먹고 살며 메기의 먹이가 될 수 있어야 한다. 두루미는 메기를 잡아먹는다.

18 정답 ③
죽은 생물을 분해하는 분해자는 세균이다.

19 정답 ②
생물 요소와 비생물 요소가 균형을 이루는 것을 생태계 평형이라고 한다.

20 정답 ④
먹이 그물이 복잡하면 소비자가 여러 종류의 먹이를 먹을 수 있으므로 한 종류의 먹이가 줄어들어도 생물이 쉽게 멸종하지 않는다.

21 정답 ①
먹이 피라미드에서 ㉠은 ㉡이나 ㉢을 먹고 사는 3차 소비자, ㉡은 ㉢을 먹고 사는 2차 소비자, ㉢은 ㉣을 먹고 사는 1차 소비자, ㉣은 생산자인 식물이다.

22 정답 ③
해캄은 개울가의 흐르지 않는 물속에서 산다.

23 정답 ②

해캄, 짚신벌레는 민물에 사는 생물로 바다에서는 살 수가 없다.

24 정답 ②

오염 물질을 제거하는 세균을 직접 먹으면 안 된다.

25 정답 ③

세균의 이로운 작용은 해로운 세균을 물리치는 것이다.

3장 운동과 에너지

예상문제로 실력 잡기

01 ①	02 ①	03 ②	04 ③	05 ③
06 ④	07 ④	08 ①	09 ②	10 ③
11 ④	12 ③	13 ④	14 ①	15 ①
16 ③	17 ②	18 ④	19 ②	20 ①
21 ②	22 ③	23 ④	24 ②	25 ②
26 ②	27 ④	28 ④		

01 정답 ①

철을 끌어당기는 성질이 있는 물체를 자석이라고 한다.

02 정답 ①

자석에 붙어 있는 클립의 개수가 많을수록 자석의 세기가 강한 것이다.

03 정답 ②

대기 중에서 소리를 전달해 주는 것은 공기이다. 따라서 물체의 떨림 → 주위의 공기에 전달 → 공기의 떨림이 귀로 전달된다. 공기가 없는 달에서는 아무리 큰 소리를 내도 그 소리를 들을 수 없다.

04 정답 ③

달에서는 공기가 없으므로 소리가 전달되지 않는다.

05 정답 ③

용수철의 늘어난 길이가 길수록 무거우므로 '필통 – 가위 – 지우개 – 연필' 순으로 무겁다.

06 정답 ④

용수철저울을 사용할 때 제일 먼저 용수철저울의 바늘이 '0'을 가리키는지 확인한다.

07 정답 ④

받침점을 기준으로 오른쪽 먼 곳에 물체가 많을수록 수평은 오른쪽으로 기울어진다.

8 정답 ①
가장 무거운 물체는 지우개(142g)이고, 가장 가벼운 연필(55g)보다 87g이 무겁다.

9 정답 ②
거울에 비친 모습은 좌우 반대로 보이지만 크기는 변하지 않는다.

10 정답 ③
광원은 스스로 빛을 내는 물체로 달은 태양의 빛을 반사하므로 광원이 아니다.

11 정답 ④
거울에서 보이는 사람은 거울을 중심으로 정반대쪽에 있는 사람이므로 ㉣이 정답이다.

12 정답 ③
오목 거울은 가까운 물체를 크게 보이게 하여 상처를 정확히 확인할 수 있다.

13 정답 ④
열은 온도가 높은 쪽에서 낮은 쪽으로 이동한다.

14 정답 ①
냄비의 바닥은 열이 잘 전달되어야 음식을 조리할 수 있다.

15 정답 ①
쇠막대에서는 열의 전도로 알코올램프가 가까운 쪽에서 먼 쪽으로 열이 전달된다.

16 정답 ③
열이 잘 전달되는 물질을 도체라고 하는데 대부분의 금속이 이에 해당한다. 따라서 부도체인 플라스틱, 나무, 유리보다 도체인 금속에서 열이 이동하는 속도가 빠르다.

17 정답 ②
일정한 거리를 이동할 때 빠르기는 걸린 시간이 짧을수록 빠르므로 창호가 가장 빠르고, 민정이 가장 느리다.

18 정답 ④
속력은 (이동 거리)÷(걸린 시간)으로 구하고 단위는 m/초이다.

④ 영준 : $\frac{27}{10}=2.7$m/초

오답피하기

① 현석 : $\frac{20}{10}=2$m/초

② 슬기 : $\frac{23}{10}=2.3$m/초

③ 지수 : $\frac{22}{10}=2.2$m/초

19 정답 ②
빛을 한 점에 모으고 가운데 부분이 두꺼운 것은 볼록 렌즈이다.

20 정답 ①
볼록 렌즈를 통과한 빛은 한 점에서 모인다.

21 정답 ②
빛을 모아 종이를 태울 수 있는 것은 볼록 렌즈이다.

22 정답 ③
간이 사진기로 물체를 관찰하면 물체의 모습은 상하좌우 반대로 보인다.

23 정답 ④
전구에 불이 들어오게 하기 위해서는 전지의 (+)극과 전지의 (−)극이 각각 전구의 꼭지와 꼭지쇠에 연결되어야 한다.

24 정답 ②
문제에 주어진 회로에서 전지의 연결은 병렬연결이

다. 전지의 병렬연결은 회로가 두 길로 나누어진 것이고, 연결된 전지의 개수만큼 오래 사용할 수 있다. 그러나 전지를 아무리 많이 연결해도 전구의 밝기는 한 개일 때와 같다.

25 정답 ②
나침반의 N극(빨간색)은 자석의 S극을 향한다.

26 정답 ②
전기가 흐를 때 자석이 되는 것을 전자석이라고 한다.

27 정답 ④
전자석은 전기가 흐를 때만 자석의 성질을 띠므로 원하는 경우에만 사용할 수 있다.

28 정답 ④
에나멜선을 감은 횟수가 많을수록 전자석의 세기는 더 세진다.

4장 지구와 별

예상문제로 실력 잡기

01 ②	02 ①	03 ③	04 ④	05 ②
06 ③	07 ③	08 ②	09 ④	10 ③
11 ①	12 ④	13 ④	14 ①	15 ②
16 ④	17 ④	18 ①	19 ②	20 ④
21 ②	22 ②	23 ②	24 ③	25 ②
26 ③	27 ④	28 ①	29 ④	30 ①
31 ④	32 ①	33 ②	34 ④	35 ④
36 ②				

01 정답 ②
생물이 썩어서 생긴 물질로 식물이 잘 자라게 하는 양분이 되는 것을 부식물이라고 한다.

02 정답 ①
오랜 시간에 걸쳐 바위나 돌이 햇빛, 공기, 물에 의해 부서지거나 녹거나 색깔이 변하는 작용을 풍화 작용이라고 한다.

03 정답 ③
지층의 아래쪽으로 갈수록 먼저 쌓인 지층이다. 따라서 ㉤이 제일 먼저 형성된 지층이고, ㉠이 가장 나중에 형성된 지층이다.

04 정답 ④
화강암은 마그마가 식어서 굳어진 암석이다.

05 정답 ②
그림과 같이 지층이 힘을 받아 휘어진 구조를 습곡이라고 한다.

06 정답 ③
땅속에 녹아 있던 마그마가 화산 폭발로 인해 지표로 흐르는 액체 상태 물질을 용암이라고 한다.

오답피하기

화산재는 고체 상태이고, 화산 가스와 수증기는 기체

상태이다.

07 정답 ③
마그마가 땅 위로 분출하여 빨리 식어서 형성되어 구멍이 많은 암석은 현무암이다. 현무암은 제주도에서 많이 볼 수 있고 돌하르방의 재료로 사용된다.

08 정답 ②
맨틀은 지구 내부의 구조이다.

09 정답 ④
지구와 달은 모두 둥근 모양이고 표면에 돌과 흙이 있다.

오답피하기
①, ②, ③은 지구에 대한 설명이다.

10 정답 ③
수소와 헬륨으로 구성되며 태양계에서 가장 큰 행성은 목성이다.

오답피하기
① **수성** : 태양계에서 가장 작은 행성으로 중력이 약해 대기가 없고 운석 구덩이가 많다.
② **금성** : 이산화 탄소의 두꺼운 대기로 인해 표면 온도가 매우 높다.
④ **토성** : 수소와 헬륨으로 구성되며 뚜렷한 고리가 있고, 많은 위성이 있다.

11 정답 ①
태양계 행성들이 태양에서 가까운 순서는 '수성 → 금성 → 지구 → 화성' 순이다.

12 정답 ④
상대반지름이 클수록 큰 행성이고, 작을수록 작은 행성이다.

13 정답 ④
물이 있고 생명체가 존재하는 태양계의 행성은 지구이다.

14 정답 ①
금성은 지구보다 작고 목성, 토성, 천왕성은 지구보다 크다.

15 정답 ②
하늘의 별을 무리지어 신화에 나오는 동물이나 인물 등의 이름을 붙여 놓은 것을 별자리라고 한다.

16 정답 ④
북극성을 찾을 때 기준이 되는 별자리는 ㉠ 카시오페이아, ㉡ 북두칠성이다.

17 정답 ④
공기는 기압이 높은 곳(고기압)에서 기압이 낮은 곳(저기압)으로 분다.

18 정답 ①
건구 온도 27℃를 세로줄에서 찾아 표시한다. 건구 온도와 습구 온도의 차 3℃를 가로줄에서 찾아 표시하면 이 둘이 교차하는 곳이 77%이다.

19 정답 ②
기압의 차이에 의해 공기가 흐르는 것을 바람이라고 한다.

20 정답 ④
우리나라 여름철에는 북태평양 기단의 영향을 받는다.
㉠ 시베리아 기단(겨울), ㉡ 오호츠크해 기단(초여름)
㉢ 양쯔강 기단(봄・가을), ㉣ 북태평양 기단(여름)

21 정답 ②
서리는 수증기가 얼어서 형성된 얼음 알갱이로 응결 현상이 아니다.

22 정답 ②
낮에 바다에서 육지로 부는 바람은 해풍이다.

오답피하기

육풍은 밤에 육지가 추워서 공기가 아래로 하강하고, 바람이 육지에서 바다로 부는 것이다.

23 **정답** ②

지구의 자전 방향은 서에서 동 방향이다.

24 **정답** ③

계절마다 별자리가 다른 이유는 지구가 공전하기 때문이다.

25 **정답** ②

지구가 태양을 중심으로 일 년에 한 바퀴 도는 것을 공전이라고 한다.

26 **정답** ③

지구가 공전하기 때문에 계절마다 볼 수 있는 별자리가 달라진다.

27 **정답** ④

오리온자리는 겨울철에 볼 수 있는 별자리이다.

오답피하기

처녀자리, 사자자리는 봄에 볼 수 있다. 북두칠성은 사계절 내내 볼 수 있다.

28 **정답** ①

㉠은 음력 7~8일경에 보이는 상현달이다.

오답피하기

② ㉡은 음력 15일경에 관찰되는 보름달이다.

③ ㉢은 달의 왼쪽의 반이 지구에서 관찰되며 이때를 하현달이라고 한다.

④ ㉣은 음력 27~28일경의 그믐달로 태양 빛이 반사된 달의 밝은 부분이 거의 없어서, 달의 모양이 거의 보이지 않는다.

29 **정답** ④

달의 모양이 변하는 이유는 달이 공전하기 때문이다.

30 **정답** ①

음력 2~3일경에 관측되는 달은 초승달이다.

31 **정답** ④

㉠ – 하지, ㉡ – 춘분 또는 추분, ㉢ – 동지이다.

32 **정답** ①

㉠ 하지 때의 낮의 길이가 가장 길다.

33 **정답** ②

태양의 고도는 지표면과 태양이 이루는 각이므로 ㉡이 답이다.

34 **정답** ④

지구는 자전축이 기울어진 상태에서 태양 주위를 공전하기 때문에 계절의 변화가 생긴다.

35 **정답** ④

여름철에는 태양의 고도가 높아 태양 에너지를 많이 받으므로 기온이 높다.

36 **정답** ②

태양의 고도가 높을수록 그림자의 길이는 짧아진다. 따라서 12시이다.

최신 2015 개정 교육과정 완벽 반영!

초졸 검정고시

한권으로 합격하기!

핵심 총정리

제5과목 도덕

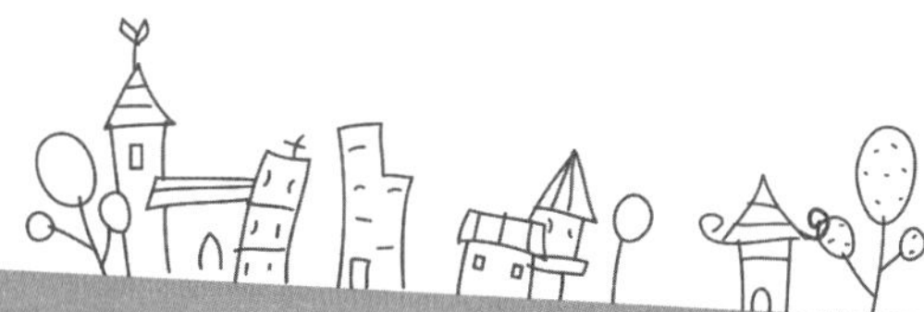

구성 및 출제 경향 분석

1 구성

2 출제 경향 분석

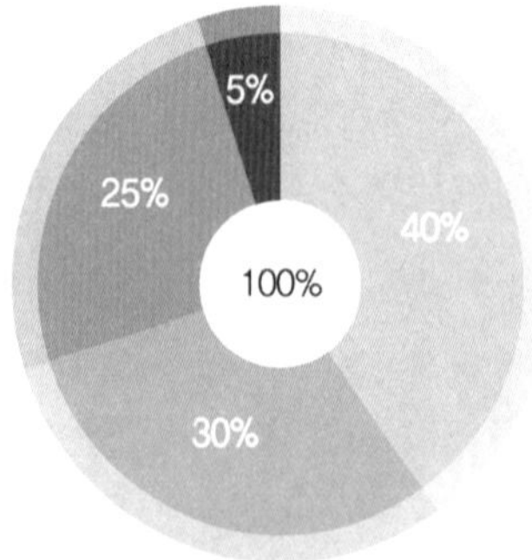

기출 분석에 따른 학습 포인트

❶ 자신과의 관계(성실)

성실, 정직, 자긍심, 절제 등의 내용에서 지속적으로 출제되고 있다. 다만, 최근 횟차에서는 전통적인 출제 영역에서 벗어나 감정, 반성적 사고, 공감, 책임을 다하는 삶 등의 영역에서도 출제가 되고 있어 전반적으로 학습할 필요가 있는 단원이다.

❷ 타인과의 관계(배려)

인터넷 예절, 선플 달기, 인터넷 중독, 정보 사회의 긍정적인 면과 부정적인 면, 개인 정보와 저작권 등의 주제가 자주 출제되고 있다. 이웃 간의 예절과 전통 사회의 협동 사례, 공경의 의미, 갈등을 해결하는 방법 등의 내용도 잘 알아 두어야 한다.

❸ 사회・공동체와의 관계(정의)

통일의 장단점과 통일 이후 달라질 우리의 모습, 통일을 위한 노력, 법과 규칙 등의 내용이 자주 출제되고 있다. 최근에는 이러한 주제들 이외에도 다문화 사회, 공정의 의미와 공익, 편견과 차별 등의 새로운 주제들에서도 자주 출제되고 있으므로 주의를 기울여야 한다.

❹ 자연과 생명(책임)

출제의 비중은 그다지 높지 않으나 환경 오염과 환경 보호, 아름다움의 의미와 종류, 성인들의 아름다운 사랑, 인류애를 위한 노력 등의 내용들이 여전히 출제되고 있다. 최근에는 평화의 의미와 실천 영역에서도 출제되었다.

01 장 자신과의 관계(성실)

01 최선을 다하는 생활

(1) 성실한 생활

① 성실이란 자신의 일에 정성(최선)을 다해 노력하는 것이다.

② 관련 속담 : '티끌 모아 태산, 공든 탑이 무너지랴, 낙숫물이 댓돌을 뚫는다, 일찍 일어나는 새가 벌레를 잡는다, 무쇠도 갈면 바늘이 된다, 정성이 지극하면 돌부처도 움직인다' 등

③ 성실한 최선을 다하는 삶의 중요성

㉠ 자신에게 떳떳할 수 있다.

㉡ 자신이 한 일에 보람과 긍지를 느낄 수 있다.

㉢ 사람들을 기쁘게 해 주고, 주변 사람들에게 칭찬받을 수 있다.

㉣ 자신의 꿈을 이룰 수 있다.

④ 인내하며 최선을 다하는 삶

㉠ 인내 : 괴로움이나 어려움을 참고 견디는 것을 뜻한다.

㉡ 최선을 다하는 사람들이 지닌 공통점 : 자신의 목표를 이루기 위해 어려움을 참고 이겨 내며 최선을 다한다.

㉢ 인내하며 최선을 다하는 사람들의 노력

ⓐ 청소부는 아침부터 길을 청소하며 거리를 깨끗하게 만들어 주고 있다.

ⓑ 아기 엄마는 피곤함을 참고 아기를 돌보고 있다.

㉣ 인내하며 최선을 다하는 사람들이 겪을 수 있는 어려움

ⓐ 소방관은 위험한 화재 현장에서 불을 끄고 사람을 구하느라 다칠 수도 있다.

ⓑ 병원에서는 위급한 환자들을 위해 의사와 간호사가 24시간 일하고 있다.

㉤ 어려움을 이겨 내기 위한 노력

ⓐ 노력을 하여 얻어질 귀중한 결과를 생각하며 순간 겪는 어려움을 기쁘게 받아넘길 줄 알아야 한다.

ⓑ 자기 자리에서 최선을 다하여 보람을 찾아야 한다.

(2) 정직한 생활

① 정직이란 거짓이나 꾸밈이 없는 바르고 곧은 마음이다.

② 정직한 생활의 중요성

㉠ 마음이 편안해지고, 떳떳한 삶을 살 수 있다.

㉡ 정직하기 위해서는 바르지 못한 마음이나 잘못된 유혹을 이겨 내려는 용기가 필요하다.

㉢ 정직하기 위해서는 마땅히 해야 할 일에 거짓됨 없이 정성과 최선을 다하는 성실한 자세가 필요하다.

(3) 근면한 생활

① 근면의 의미

㉠ 부지런히 일하고 힘쓰는 것이다.

㉡ 오늘 해야 할 일을 내일로 미루지 않는 것이다.

㉢ 놀고 먹지 않고 잠시도 한가한 시간이 없도록 하는 것이다.

② 근면 성실하고 정직한 생활 실천하기

㉠ 하루만 반짝 열심히 하는 것이 아니라 매일 꾸준히 노력해야 한다.

㉡ 중요한 일을 먼저 하는 습관을 가진다.

㉢ 자신이 계획한 대로 실천하는 자신과의 약속을 잘 지켜야 한다.

㉣ 하기 싫은 일에 핑계를 대며 중요한 일을 미루지 않는다.

02 나를 돌아보는 생활

(1) 반성의 의미

① 자기 자신이 과거에 한 생각, 말, 행동에 대하여 잘못한 점, 모자람은 없었는지를 돌이켜 생각해 보는 일을 가리킨다.

② 반성은 자신의 잘못을 깨달아 그것을 개선해 나가는 과정으로 이어질 수도 있고, 자신의 잘된 점을 발견하여 그것을 더욱 발전시키려는 노력으로 이어질 수도 있다.

③ **좌우명** : 늘 자리 옆에 갖추어 두고 가르침으로 삼는 말이나 문구를 말한다.

(2) 후회의 의미

① 후회는 어떤 일을 한 후에 자기 잘못을 스스로 깨닫고 자기 자신을 꾸짖고 나무라는 일을 가리킨다.

② 반성과 후회의 관계

㉠ 반성을 하여 잘못을 깨달았을 때 후회가 뒤따를 수도 있지만, 인정을 한다고 해서 무조건 후회가 뒤따라오는 것은 아니다.

㉡ 후회에만 머물러 있다면 진정한 반성을 실천했다고 보기 어렵다.

㉢ 후회를 극복하고 자기 개선의 의지를 통해 보다 나은 삶을 지향하게 되었을 때 진정한 반성이 이루어졌다고 말할 수 있다.

(3) 반성적 사고

① 반성적 사고란 자신이 한 행위를 돌이켜 보고 잘못된 점을 깨달아 그것을 고쳐 나가려고 하는 지혜이다.

② 반성의 다양한 방법

㉠ 수시로 실천할 수 있는 방법 : 잘못한 점 짚어 보기

㉡ 날마다 실천할 수 있는 방법 : 반성 일기 쓰기

㉢ 1주일 단위로 실천할 수 있는 방법 : 반성 카드 이용하기

㉣ 한 달 단위로 실천할 수 있는 방법 : 목표와 계획 세우기

(4) 올바른 삶과 도덕적 성찰

① 올바르게 산다는 것의 의미와 중요성

㉠ 올바르게 산다는 것 : 말이나 생각, 행동 등이 잘못되거나 벗어남 없이 옳고 바르게 살아 간다는 것이다.

㉡ 올바르게 살아가는 것의 중요성

ⓐ 올바르게 살아야 행복하기 때문이다.

ⓑ 올바르게 살아야 인간답기 때문이다.

② 성찰과 올바른 삶

㉠ 성찰 : 자신의 삶을 돌아보고 깊이 살피는 것이다.

㉡ 성찰과 올바른 삶의 관련성 : 성찰은 내가 올바른 삶을 살아가고 있는지, 앞으로 올바르게 살아가기 위해서는 어떻게 해야 하는지를 생각해 보게 한다.

㉢ 도덕적 성찰 : 자신의 마음이나 생활을 반성하고 살피는 것이다.

㉣ 우리 삶 속에서 성찰이 필요한 이유

ⓐ 자신의 삶을 반성하는 과정을 거치면 더욱 인간다워질 수 있기 때문이다.

ⓑ 성찰의 과정을 거치면 올바른 생각을 할 수 있으므로 필요하다.

ⓒ 인격적으로 훌륭한 사람이 되기 위해 필요하다.

③ 노벨과 같이 성찰의 자세를 바탕으로 올바른 삶을 산 노벨상 수상자

㉠ 마리 퀴리 : 방사성 원소를 최초로 발견

㉡ 넬슨 만델라 : 흑인 인권 운동에 앞장섰던 남아프리카 공화국 대통령

03 감정, 내 안의 소중한 친구

(1) 감정의 의미와 종류

① 감정의 의미 : 우리가 살아가며 어떤 대상이나 일에 대해 느끼는 기분이나 마음의 움직임이다.

② 감정의 종류 : 희(기쁨, 행복함), 노(화남), 애(슬픔, 외로움), 락(즐거움, 신남)

(2) 감정의 중요성과 표현

① 감정의 중요성

㉠ 자신을 솔직하게 바라볼 수 있도록 도와준다.

㉡ 친구와의 관계 등 대인관계를 좋게 해 준다.

② 감정을 표현할 때 고려할 점

㉠ 자신의 감정을 지나치게 감추는 것보다는 솔직하게 표현하는 것이 필요하다.

㉡ 감정을 표현할 때에는 상황에 맞게 표현하고, 상대가 누구인가에 따라 적절하게 표현하는 것이 중요하다.

㉢ 자신의 감정을 감추거나 왜곡시키지 않는다.

㉣ 감정과 욕구대로 행동하게 되면 다른 사람과 다툼이 많아지고 피해를 주게 되며 결국 자신도 힘들어진다.

(3) 바람직한 감정의 중요성

① 공감

㉠ 다른 사람의 입장에서 상황을 바라보는 것으로 상대방의 아픔, 슬픔, 기쁨 등의 감정을 그대로 느끼는 것이다.

㉡ 상대방의 기쁨과 슬픔을 공감할 때 그 사람에게 진정한 격려와 위로가 된다.

② 부끄러움을 바르게 표현하는 방법

㉠ 부끄러움을 통해 자신의 잘못을 인정하고 보다 나은 자기를 만들 수 있다.

㉡ 부끄러움을 긍정적으로 다루기 위해 마음이 속삭이는 말에 정직하게 귀를 기울여야 한다.

③ 도덕적 자기 존중감

㉠ 자신에 대해 긍정적인 관심과 존중의 마음이 들게 한다.

㉡ “좋은 일이 있을 거야.”, “포기하지 않을 거야.”라는 스스로에게 하는 긍정적인 말들은 자신의 삶을 소중하게 여기고 어려운 일들을 이겨 낼 수 있는 힘이 될 수 있다.

㉢ 자아 존중은 자신이 사랑받을 만한 가치가 있는 소중한 존재이고 어떤 성과를 이루어 낼 만한 유능한 사람이라고 믿는 마음이 중요하다.

④ 도덕적 대화를 하기 위한 '멈 · 숨 · 듣 · 반' 익히기

㉠ 멈추기(Stop)

ⓐ 친구가 무엇인가 공유하고 싶을 때, 그것이 자신을 화나게 하는 것이든지 혹은 그저 하고 싶은 이야기이든지 자신이 하던 일을 멈추는 것을 말한다.

ⓑ 문자를 보내고 있었거나 음악을 듣고 있었거나 혹은 컴퓨터를 하고 있었더라도 일단 멈춘다.

㉡ 숨쉬기(심호흡하기, Breathe)

ⓐ 마음에 여유를 가지고 친구와의 대화에 집중할 수 있는 장소를 찾는 것이다.

ⓑ 컴퓨터를 끄거나, 친구에게 가까이 다가감으로써 더 잘 들을 수 있게 준비한다.

㉢ 듣기(Listen)

ⓐ 친구가 마음에 담아 둔 이야기라면 무엇이든 털어놓을 수 있도록 하는 것을 의미한다.

ⓑ 때로는 이야기를 듣던 중에 조언하거나 문제를 해결하고 싶어지기도 하겠지만, '듣기'의 단계에서 가장 효과적인 것은 정말로 그냥 듣는 것이다.

㉣ 반응하기(Respond)

ⓐ 따뜻하고 배려심 있는 태도로 반응하는 것을 말한다.

ⓑ '기분이 어땠어?', '내가 어떻게 도와주면 좋을까?', '어떻게 하는 편이 좋을 것 같니?' 등의 맞장구를 치거나 좋은 질문을 할 수 있다.

(4) 도덕적 감정들이 중요한 까닭

① 인간을 인간답게 만든다.

② 바람직한 사람으로 자라나는 데 필요한 감정들이다.

③ 다른 사람과 잘 지낼 수 있게 해 주는 감정들이다.

④ 창피한 것과 잘못한 것을 알 수 있어서 바르게 살 수 있도록 도와주기 때문이다.

04 책임을 다하는 삶

(1) 책임의 의미와 중요성

① 책임의 의미

㉠ 맡아서 해야 할 의무나 임무를 말한다.

㉡ 내가 약속한 일을 지키는 것이다.

② 책임의 중요성

㉠ 책임을 다하면 나와 다른 사람이 함께 발전할 수 있다.

㉡ 책임을 다하지 않으면 다른 사람이 피해를 입는다.
㉢ 일에 대한 보람과 긍지를 느낄 수 있다.
㉣ 책임 있게 행동하면 일의 결과가 더 좋다.
㉤ 공동체의 발전에 도움이 된다.
㉥ 다른 사람들에게 피해를 주지 않는다.
㉦ 한 사람의 노력이 다른 사람들에게 희망이나 용기를 준다.

(2) 책임의 종류

종류	설명	사례
자신이 한 행동에 대한 책임	내가 한 행동의 결과를 받아들이고, 그것이 잘 되도록 노력하는 것	• 급식을 먹고 뒷정리하기 • 밥을 먹은 후 설거지하기 • 자고 일어나서 이부자리 정리하기
자신이 할 행동에 대한 책임	내가 할 역할에 관심을 가지고 충실히 하는 것	• 학예회 연습을 열심히 하기 • 전교 회장으로서 학교를 위해 봉사하기
자신이 하지 않은 행동에 대한 책임	내가 하지는 않았지만 마땅히 해야 하는 일에 관심을 가지고 노력하는 것	• 준비물을 가져오지 않은 친구에게 나의 준비물을 빌려주기 • 교통사고 현장에서 위험에 처한 사람 돕기(선한 사마리아인의 법)

(3) 책임을 다하는 사람의 마음가짐

① 맡은 일을 즐거운 마음으로 한다.
② 맡은 일을 스스로 한다.
③ 맡은 일을 남에게 미루지 않는다.
④ 오늘 할 일을 내일로 미루지 않는다.

(4) 책임을 실천하는 모습

① 생활 주변(가정, 학교, 이웃)에 대한 책임 : 노인정 방문하기, 학교 환경 정화하기, 집안일 돕기, 웃어른 공경하기, 소외된 친구에게 관심 갖기 등
② 사회 또는 나라에 대한 책임 : 공공질서 지키기, 독도 바로 알기, 문화유산 보호하기 등
③ 인류 공동체에 대한 책임 : 다른 나라의 어려운 친구 돕기, 공정 무역 상품 사용하기, 다른 나라 친구와 결연 맺기, 세계 평화에 관심 갖기 등
④ 자연에 대한 책임 : 전기 아껴 쓰기, 음식물 쓰레기 줄이기, 물 아껴 쓰기, 일회용품 사용 줄이기 등

(5) 공동체 책임

① 공동체 책임 : 국가, 자연, 인류 공동체 등에 대한 책임이다.

② 나라에 대한 책임을 다한 사람 : 전형필, 이순신 장군, 유관순 열사

③ 인류에 대한 책임을 다한 사람 : 노벨, 테레사 수녀, 슈바이처 박사

④ 구체적 사례

㉠ 이종욱 박사 : 편안한 삶을 뒤로 한 채 의료 봉사 활동과 백신을 개발하여 인류 공동체를 위해 책임을 다하는 삶을 살았다.

㉡ 간송 전형필 : 나라에 대한 책임을 지고 일제 강점기의 어려운 시기에 우리나라의 문화재를 지키기 위해 자신의 처지에서 최선의 노력을 다하는 책임을 보여 주었다.

05 소중한 나, 참다운 꿈

(1) 자긍심의 뜻과 중요성

① 자긍심의 뜻

㉠ 스스로 자랑스럽게 여기는 마음이다.

㉡ 자신을 사랑하고 존중하며 자신을 가치 있는 존재로 여기는 마음이다.

㉢ 참된 자긍심을 위해서는 성실, 자기 사랑, 용기 등의 가치가 필요하다.

㉣ 자긍심을 갖기 위해서는 자신의 재능과 장점은 더 키우고 단점은 고치려고 노력해야 한다.

② 자긍심의 중요성

㉠ 자신을 바르게 이해할 수 있다.

㉡ 자신을 사랑하고 존중하게 된다.

㉢ 자기 확신이 생겨 학습이나 과제, 일 등을 성공적으로 수행할 수 있다.

㉣ 바르게 생활하려고 노력하게 되어 어떤 어려움이 닥치더라도 잘 견디고 책임감 있게 행동할 수 있다.

(2) 자긍심이 높은 사람과 낮은 사람의 특징

① 자긍심이 높은 사람의 특징

㉠ 자신의 삶에 확신이 있다.

㉡ 자신을 유능하다고 여긴다.

㉢ 다른 사람을 배려할 줄 안다.

㉣ 현실을 인정하고 바람직한 일을 위해 꾸준히 노력한다.

② 자긍심이 낮은 사람의 특징
㉠ 공격적인 행동을 자주한다.
㉡ 다른 사람을 비판적인 태도로 평가한다.
㉢ 다른 사람의 평판에 관심이 많다.
㉣ 다른 사람의 감정을 자기 방식대로 부정적으로 해석한다.

(3) 자긍심을 갖고 꿈을 이루기 위해 노력하기

① 자신의 꿈을 실현하기 위해서는 실패를 두려워하지 말고 노력해야 한다.
② 자신의 꿈을 생각하며 차근차근 단계를 밟아야 한다.

(4) 꿈을 이루기 위한 5단계 활동

① 1단계 : 내가 바라는 것 생각하기
② 2단계 : 목표 세우기
③ 3단계 : 목표를 이루는 방법 생각하기
④ 4단계 : 열심히 노력하기
⑤ 5단계 : 꿈을 이루고 함께 나누기

06 알맞은 행동으로

(1) 절제의 의미

① 절제의 사전적 의미는 '정도를 넘지 아니하도록 알맞게 조절하여 제한함'이다.
② 모든 것을 분에 넘치지 않도록 조정한다는 뜻이다.
③ 과유불급(過猶不及) : '지나친 것은 미치지 못한 것과 같다.'라는 의미로 무절제의 문제점을 강조한 말이다.

(2) 절제의 중요성

① 과소비를 하면 필요 없는 물건을 사게 되고 돈을 필요 이상으로 지출하게 된다.
② 감정 절제를 바르게 하면 자신과 타인에게 긍정적인 영향을 준다.
③ 절제하는 생활을 하면 기분이 좋고 즐겁다.
④ 절제하지 않으면 어려움이 생길 수 있다.

(3) 절제하는 생활 실천하기

① 아침에 졸리지만 자명종이 울리면 바로 일어난다.
② 텔레비전을 오래 시청하고 싶지만 정해진 프로그램이 끝나면 바로 텔레비전을 끈다.

③ 사고 싶어도 바로 사지 않고, 산 뒤에는 가계부에 적는다.
④ 밥그릇의 크기를 줄여 음식을 알맞게 먹는다.
⑤ 기분 나쁜 일이 있어도 참는다.
⑥ 분수에 맞는 복장을 한다.
⑦ 컴퓨터 게임을 자제하고 컴퓨터는 건전한 정보를 얻는 데 이용한다.
⑧ 멀지 않은 거리는 차를 이용하지 않고 걷는다.

(4) **분노의 감정을 다스리는 방법** : 규칙 세우기, 주위 사람들에게 도움받기, 빨리 걷기, 음악 듣기, 그림 그리기, 운동하기, 스트레칭하기, 노래하기 등

(5) **아껴 쓰는 우리**

① 물건을 함부로 다루어서 못 쓰게 만들거나 낭비하는 결과
㉠ 물건이 필요할 때 쓸 수 없게 된다.
㉡ 소중한 자원이 낭비된다.
㉢ 쓰레기가 많아져 환경이 오염된다.

② 버려진 물건을 다시 쓸 수 있는 방법
㉠ 자원 재활용 코너를 만들어 필요한 사람이 가져다 쓸 수 있게 한다.
㉡ 알뜰 시장을 열어 물물 교환을 한다.
㉢ 아나바다 운동 : '아껴 쓰고 나눠 쓰고 바꿔 쓰고 다시 쓰자'의 줄임말로 물건을 아껴 쓰고 재활용하자는 운동
ⓐ 학용품을 소중히 여기며 아껴 쓴다.
ⓑ 자신에게 필요 없거나 남는 물건을 필요한 친구와 함께 나누어 쓴다.
ⓒ 친구와 서로 필요한 학용품을 바꾸어 쓴다.
ⓓ 다 쓴 병을 예쁘게 꾸며 연필꽂이로 다시 쓴다.
ⓔ 샤워하거나 설거지할 때 물을 아껴 쓴다.
ⓕ 작아진 옷을 동생이나 이웃에게 물려준다.

07 내 힘으로 잘해요

(1) **자주적인 생활의 의미**

① 자기 삶의 주인으로 스스로 행동하며 살아가는 것이다.
② 내 일을 스스로 선택하고 책임을 지는 것을 말한다.
③ 자주적인 생활의 모습은 자신의 일을 스스로 하는 모습이다.

④ 자신의 힘으로, 자신의 생각에 따라 생활하는 것이다.
⑤ 자신의 문제를 창의적으로 해결하며 생활하는 것이다.

(2) 자주적인 생활의 중요성

① 자주적인 생활을 실천하면 내 일은 내가 할 수 있다는 자신감이 생긴다.
② 자주적인 생활은 자신의 일을 스스로 하는 보람을 느낄 수 있다.
③ 자주적인 생활은 다른 사람에게 부탁하거나 의지하지 않아도 된다.
④ 스스로 내 삶의 주인이 되는 것이기 때문이다.
⑤ 자주적으로 살아가야 자기 발전을 이루고 미래를 개척해 나갈 수 있기 때문이다.

(3) 자주적인 생활의 내용

① 남이 시켜서 하기보다는 스스로 해야 한다.
② 남에게 의지하기보다는 자신의 힘으로 하려고 해야 한다.
③ 남을 따라 하기보다는 자신의 생각에 따라 행동해야 한다.
④ 아는 방법으로만 하기보다는 새로운 방법으로 해야 한다.

(4) 자신을 잘 이해하고 존중하는 자세가 필요한 까닭

① 다른 사람과 비교하여 자신을 스스로 낮추지 않게 된다.
② 어려움에 쉽게 좌절하지 않게 된다.
③ 자신을 존중하면 다른 사람도 존중하게 된다.

(5) 자주적인 사람과 자주적이지 못한 사람의 특징

① 자주적인 사람들의 행동 방식
㉠ 자신을 믿는다.
㉡ 성실하다.
㉢ 책임감이 있다.
㉣ 끈기 있게 노력한다.
㉤ 어려움을 스스로 헤쳐 나간다.
㉥ 창의적으로 문제를 해결한다.

② 자주적이지 못한 사람들의 특징
㉠ 쉽게 포기한다.
㉡ 남에게 의지하려고 한다.
㉢ 해야 할 일을 미룬다.
㉣ 남이 하는 것을 무조건 따라 하려고 한다.

01 장 기출문제로 유형 잡기

01 다음 내용이 설명하는 것은?

> • 속담 : 백지장도 맞들면 낫다.
> • 의미 : 힘을 모으고 마음을 하나로 한다.

① 검소　　② 준법
③ 협동　　④ 효도

정답잡기 제시된 속담은 아무리 가벼운 백지장이라도 서로 맞들면 더 할 나위 없이 가벼워질 수 있다는 말로, 힘을 모으는 일의 중요성을 나타낸 것이다. 협동이란 서로 좋은 결과를 얻기 위해 함께 마음과 힘을 하나로 합하는 작업이다. 협동을 하면 많은 사람들이 편하고 즐거우며 힘든 일을 덜 힘들게 할 수 있다.

02 두 상황에서 공통적으로 필요한 덕목은?

① 방종　　② 교만
③ 편견　　④ 절제

정답잡기 정도에 넘지 아니하도록 알맞게 조절하여 제한하는 것을 절제라 한다. 맛있는 음식을 먹거나 게임을 할 때 정도에 넘지 않도록 조절하는 절제가 필요하다.

오답잡기
① 제멋대로 행동하여 거리낌이 없음을 방종이라 한다.
② 잘난 체하며 뽐내고 건방짐을 교만이라 한다.
③ 공정하지 못하고 한쪽으로 치우친 생각이 편견이다.

03 참된 반성의 자세로 알맞지 <u>않은</u> 것은?

① 무엇을 잘못했는지 분명하게 짚어 본다.
② 모든 잘못이 다 남의 탓이라고 생각한다.
③ 같은 잘못이 반복되지 않도록 스스로 되돌아본다.
④ 잘못한 일뿐만 아니라 잘한 일도 함께 돌이켜 생각한다.

정답잡기 반성은 자기 자신이 과거에 한 생각, 말, 행동에 대하여 잘못한 점, 모자람은 없었는지를 돌이켜 생각해 보는 일을 말한다. 따라서 반성은 자신의 잘못을 깨달아 그것을 개선해 나가는 과정으로 이어질 수도 있고, 자신의 잘된 점을 발견하여 그것을 더욱 발전시키려는 노력으로 이어질 수도 있다. 그리고 잘못을 남의 탓으로 생각하는 것은 참된 반성의 자세가 아니다.

정답 01 ③　02 ④　03 ②

4 다른 사람의 감정을 이해하고 공감하는 바람직한 방법만을 〈보기〉에서 모두 고른 것은?

보기

ㄱ. 다른 사람의 이야기를 잘 들어 준다.
ㄴ. 다른 사람과 입장을 바꿔 생각해 본다.
ㄷ. 나와 생각이 다른 상대방의 행동을 비난한다.

① ㄱ, ㄴ　② ㄱ, ㄷ
③ ㄴ, ㄷ　④ ㄱ, ㄴ, ㄷ

정답잡기 공감은 다른 사람의 상황에서 바라볼 수 있는 능력이다. 공감은 타인의 느낌에 대한 느낌으로 다른 사람의 느낌에 대해 함께 느끼고 이해해 주는 것이다. 상대방의 기쁨과 슬픔을 공감할 때 그 사람에게 진정한 격려와 위로가 된다.

오답잡기
ㄷ. 나와 생각이 다르다고 해서 함부로 무시하거나 비난하지 않는다.

5 자긍심을 갖춘 모습이 아닌 것은?

① 자신을 자랑스럽게 생각한다.
② 자신을 긍정적으로 바라본다.
③ 자신을 소중히 여기고 사랑한다.
④ 자신보다 못한 사람은 무시해도 된다고 생각한다.

정답잡기 자긍심이란 자신을 사랑하고 존중하며 자신을 가치 있는 존재로 여기는 마음이다. 자긍심을 갖기 위해서는 자신의 재능과 장점은 더 키우고 단점은 고치려고 노력해야 한다.
④ 다른 친구를 무시하는 것은 잘못된 행동이다.

6 절제하는 생활을 실천한 모습은?

① 필요하지 않은 물건을 충동적으로 샀다.
② 배가 부른데도 음식을 더 먹어 배탈이 났다.
③ 게임을 계속하고 싶었지만 참고 공부를 했다.
④ 친구의 작은 실수에도 큰 소리로 화를 내었다.

정답잡기 절제는 모든 것을 분에 넘치지 않도록 조정한다는 뜻이다. 절제는 자신에게 필요한 만큼 알맞게 조절하여 적당한 때에 스스로 멈추는 것이다. 절제하는 생활을 하면 기분이 좋고 즐겁다.
③ 게임에 지나치게 빠져들다 보면 성적이 떨어지는 것뿐만 아니라 자신의 몸과 마음도 병들 수 있다.

정답 04 ① 05 ④ 06 ③

01 장 예상문제로 실력 잡기

1 최선을 다하는 생활

01 다음 내용과 가장 관련 있는 덕목은?

> 나는 남을 속이지 않고, 나 자신도 속이지 않는다.

① 정직 ② 무지
③ 검소 ④ 자만

02 다음 일기의 밑줄 친 부분과 가장 관련 있는 덕목은?

> 20○○년 ○○월 ○○일(○요일) 날씨 : ☀
>
> 글쓰기 숙제
>
> 글쓰기 숙제를 하는 것이 너무 귀찮아서 인터넷을 검색하여 내용을 그대로 베꼈다. <u>다음부터는 내 자신에게 떳떳하고 거짓 없이 행동하도록 노력해야겠다</u>.

① 공경 ② 우애
③ 절약 ④ 정직

03 다음에서 나타내는 삶의 모습은?

매일 이른 아침마다
청소하니까 사람들이
깨끗한 모습을 보며
즐거워할 거야.

① 정직한 삶 ② 성실한 삶
③ 용서하는 삶 ④ 용기 있는 삶

04 다음 글에서 강조하고 있는 것은?

> 큰 나무는 가느다란 가지에서 시작되고, 10층의 탑도 작은 벽돌을 하나씩 쌓아 올리는 데에서 시작된다. 마지막에 이르기까지 처음과 마찬가지로 정성을 기울이면 어떤 일도 해낼 수 있다. – 노자 –

① 절제 ② 성실
③ 봉사 ④ 정직

05 성실한 생활을 실천하기 위한 방법으로 알맞지 <u>않은</u> 것은?

① 성실에 관한 글 암송하기
② 성실한 친구 칭찬하기
③ 성실하게 살면 손해라고 생각하기
④ 성실한 사람들 찾아보기

06 **최선을 다하는 성실한 생활의 좋은 점이 아닌 것은?**

① 불가능하다고 생각하는 일을 해낼 수 있다.
② 게으름을 피웠을 때보다 일의 결과가 좋다.
③ 일에 대한 보람과 긍지를 느낄 수 없다.
④ 많은 사람에게 희망과 용기를 줄 수 있다.

07 **다음과 같은 생활을 실천하는 어린이는?**

> 줄넘기 대회에 참가하기 위해 아침, 저녁으로 시간을 정해 놓고 꾸준히 연습을 한다.

① 친절한 어린이
② 성실한 어린이
③ 정직한 어린이
④ 예절 바른 어린이

08 **다음 중 정직하지 않았을 때 생길 수 있는 일로 틀린 것은?**

① 진실한 행동으로부터 멀어지게 된다.
② 다른 사람에게 더 정성을 다하게 된다.
③ 노력보다는 요령 있는 행동을 선택하게 된다.
④ 옳고 그름을 판단하고 다스리는 능력을 잃게 된다.

09 **정직한 행동이라고 할 수 없는 것은?**

① 거스름돈을 더 많이 받은 것을 알고 다시 가서 돌려준 일
② 어머니께 준비물 살 돈보다 더 많이 받아서 게임한 일
③ 길에서 주운 돈을 파출소에 신고한 일
④ 잘못을 솔직히 말해서 용서받는 일

10 **다음 중 정직한 행동을 해야 하는 이유로 틀린 것은?**

① 다른 사람이 자신을 믿지 않게 되므로
② 성실하게 살 수 없으므로
③ 자신만 이익을 보게 되므로
④ 명랑한 사회가 될 수 없으므로

11 **성실한 생활과 관련 있는 속담으로 틀린 것은?**

① 티끌 모아 태산
② 공든 탑이 무너지랴.
③ 무쇠도 갈면 바늘이 된다.
④ 벼는 익을수록 고개를 숙인다.

12 다음 중 근면한 생활과 거리가 먼 내용은?

① 아침에 꾸준히 독서를 한다.
② 친구의 숙제를 베껴서 낸다.
③ 학교 앞을 깨끗이 청소한다.
④ 매일 꾸준하게 운동을 한다.

13 다음 중 근면 성실하고 정직한 사람이 되기 위한 행동으로 틀린 것은?

① 하루만 반짝 열심히 하는 것이 아니라 매일 꾸준히 노력해야 한다.
② 하기 싫은 일에 핑계를 대며 중요한 일을 미루지 않는다.
③ 중요한 일을 먼저 하는 습관을 가진다.
④ 어려운 목표부터 세우고 점차 쉬운 목표를 세워 간다.

2 나를 돌아보는 생활

14 ㉠에 들어갈 말로 가장 적절한 것은?

나의 [㉠] 실천 계획
- 나만의 좌우명 만들어 보기
- 하루를 돌아보고 반성 일기 쓰기
- 도덕적 지혜가 담긴 위인들의 가르침 찾기

① 비난　　② 성찰
③ 차별　　④ 포기

15 ㉠에 들어갈 내용으로 가장 적절한 것은?

20○○년 ○○월 ○○일(○요일) 날씨 : ☀

오늘의 반성

나는 철수가 싫어하는 행동을 지속적으로 하였다. 그래서 철수에게 진심을 담아 사과하고 싶다. "철수야, 미안해. 앞으로 내가 (㉠)."

① 너를 괴롭히는 친구를 때려 줄게
② 다른 친구의 용돈을 빼앗아 너에게 줄게
③ 학급 누리집에 너의 단점을 계속 퍼뜨릴게
④ 네가 싫어하는 행동은 하지 않도록 약속할게

16 다음 중 반성하는 생활이 중요한 이유는?

① 자기 개선의 의지를 통해 보다 나은 삶을 지향할 수 있다.
② 나의 잘못했던 경험이 없었던 것이 된다.
③ 같은 내용의 반성을 여러 번 할 수 있다.
④ 다른 사람의 잘잘못을 판단할 수 있다.

3 감정, 내 안의 소중한 친구

17 ㉠에 들어갈 말로 가장 적절한 것은?

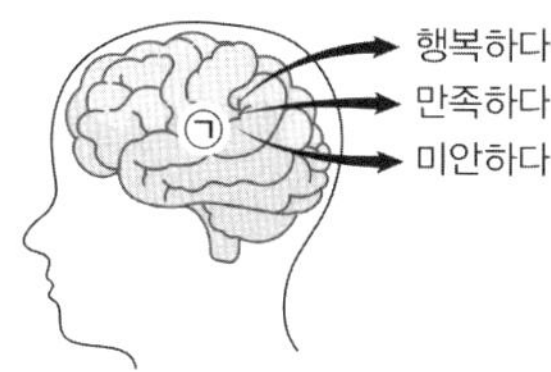

① 감정 ② 무지
③ 오감 ④ 에너지

18 ㉠에 들어갈 내용으로 가장 적절한 것은?

〈마음 신호등 3단계〉

빨강	1단계	멈추기	㉠
노랑	2단계	생각하기	감정과 욕구대로 행동하면 어떤 일이 벌어질지 생각하기
초록	3단계	표현하기	상대방의 입장을 존중하며 내 입장을 성숙하게 표현하기

① 상대 약 올리기
② 상대 탓으로 돌리기
③ 화나는 대로 행동하기
④ 감정 가라앉히고 진정하기

4 책임을 다하는 삶

19 다음 중 우리 생활 속에서 지구촌 이웃을 도울 수 있는 행동을 〈보기〉에서 고른 것은?

> 보기
> ㄱ. 물 아끼지 않기
> ㄴ. 지구촌 이웃에게 무관심하기
> ㄷ. 용돈을 모아 국제 구호 단체에 기부하기
> ㄹ. 지구촌의 어려움을 알리는 캠페인에 참여하기

① ㄱ, ㄴ ② ㄱ, ㄹ
③ ㄴ, ㄷ ④ ㄷ, ㄹ

20 다음 중 책임 있는 행동의 모습은?

① 내 방은 내가 치운다.
② 청소 시간에 장난만 친다.
③ 수돗물을 쓰고 잠그지 않는다.
④ 숙제는 하지 않고 게임만 한다.

21 다음의 내용이 속하는 책임의 종류는?

> 다른 나라의 어려운 친구 돕기, 공정 무역 상품 사용하기, 다른 나라 친구와 결연 맺기, 세계 평화에 관심 갖기 등

① 인류 공동체에 대한 책임
② 생활 주변(가정, 이웃, 학교)에 대한 책임
③ 사회 또는 나라에 대한 책임
④ 자연에 대한 책임

22 **독도를 지킨 독도 의용 수비대원들에게서 본받을 점은?**

> 1953년 4월 홍순칠 대장이 중심이 되어 33명의 청년들이 순수 민간 조직인 독도 의용 수비대를 결성하였습니다. 이들은 독도에 무단 상륙한 일본인들을 몰아내고 일본 영토 표시를 철거했으며, 일본 순시선과 여러 차례 총격전을 벌였습니다.

① 나라를 사랑하는 마음
② 친구를 사랑하는 마음
③ 자연을 사랑하는 마음
④ 자신만을 사랑하는 마음

23 **다음 〈보기〉와 같이 나라에 대한 책임을 다한 인물은?**

> [보기]
> 우리의 소중한 문화재가 일본인에게 가는 것을 막기 위해 『훈민정음 해례본』을 비롯하여 많은 문화재를 수집하는 데 힘썼다.

① 간송 전형필　② 이종욱 박사
③ 이태석 신부　④ 안중근 열사

5 소중한 나, 참다운 꿈

24 **다음에서 설명하고 있는 것은?**

> • 스스로를 격려한다.
> • 나를 사랑하는 법을 배운다.
> • 내 마음의 소리에 귀를 기울인다.

① 경고　② 무시
③ 준법　④ 자아 존중

25 **다음 〈보기〉의 설명에 해당하는 내용은?**

> [보기]
> • 자기 자신을 자랑스럽게 여기는 마음
> • 자신감을 가지고 당당한 자세로 말하고 행동하려는 마음

① 자긍심　② 자만심
③ 자부심　④ 우월감

26 **다음 중 자긍심을 갖기 위해 필요한 것이 아닌 것은?**

① 자기 스스로 자랑하며 뽐내는 마음
② 분명한 목표와 삶에 대한 확신
③ 남에 대한 배려와 적극적인 자세
④ 바람직한 가치관과 긍정적인 생각

6 알맞은 행동으로

27 다음 글에서 강조하는 것은 무엇인가?

> 한때의 분함을 참으면 백 날의 근심을 면할 수 있다. —『명심보감』—

① 평등 ② 효도
③ 절제 ④ 애국

28 다음 〈보기〉의 내용에 해당하는 용어는?

보기
- 지나친 욕심을 부리지 않는다.
- 계획을 세워 규칙적인 생활을 한다.
- 화나는 일이 있을 때, 다시 한번 생각해 본다.

① 절제 ② 정직
③ 봉사 ④ 성실

29 다음 중 절제된 생활의 사례로 옳지 않은 것은?

① 텔레비전을 오래 시청하지 않기
② 알맞은 양의 음식을 골고루 먹기
③ 남의 말을 듣지 않고 고집을 부리기
④ 분수에 맞는 복장하기

30 다음 중 밤늦게까지 컴퓨터 게임을 자주하는 어린이에게 필요한 생활 태도는?

① 절제 ② 친절
③ 정직 ④ 우애

31 다음 중 절제하는 생활이 주는 바른 결과로 옳은 것은?

① 친구들과 사이좋게 지낼 수 있는 시간이 없어지게 된다.
② 많은 돈과 재산을 모을 수 있게 된다.
③ 시간에 쫓기는 생활을 하게 된다.
④ 자신의 삶에 기쁨과 보람이 넘치게 된다.

32 물건을 낭비한 결과로 옳지 않은 것은?

① 소중한 자원이 낭비된다.
② 쓰레기가 많아져 환경이 오염된다.
③ 물건이 필요할 때 쓸 수 없게 된다.
④ 매일 새 물건을 사서 인기가 많아진다.

33 다음 중 '절제'와 관련 있는 속담으로 맞는 것은?

① 넘치는 것은 차라리 부족한 것만 못하다.
② 공든 탑이 무너지랴.
③ 낙숫물이 댓돌을 뚫는다.
④ 무쇠도 갈면 바늘이 된다.

34 다음 중 작은 일에도 쉽게 분노하는 행동을 고칠 수 있는 방법으로 <u>틀린</u> 것은?

① 남이 생각하는 나의 단점은 없나 생각해 본다.
② 동생이나 형에게 좋은 옷을 양보한다.
③ 남의 말을 잘 듣고 이해하려고 노력한다.
④ 다른 사람과 입장이 다를 때 자신의 주장만 내세운다.

35 다음 중 분노를 다스리는 방법으로 옳지 <u>않은</u> 것은?

① 주위 사람들에게 도움받기
② 빨리 걷기
③ 스트레칭하기
④ 다른 사람과 싸우기

7 내 힘으로 잘해요

36 ㉠에 공통으로 들어갈 말로 가장 적절한 것은?

(㉠)(이)란 자신의 삶에서 스스로 주인이 되는 것입니다. 그래서 (㉠)적인 사람은 스스로 판단하고 결정하며 자율적으로 실천합니다.

① 수동　② 자주
③ 포용　④ 폭력

37 ㉠에 들어갈 내용으로 가장 적절한 것은?

① 나의 단점을 찾아 보완하기
② 부모님이 하라는 일만 하기
③ 어려운 일은 무조건 포기하기
④ 내 숙제를 동생에게 대신 시키기

38 ㉠에 들어갈 말로 가장 적절한 것은?

제목 : ㉠

〈실천할 일〉
• 아침에 스스로 일어나기
• 스스로 책상 정리하기
• 스스로 공부 계획 세우기

① 통일로 가는 길
② 환경 보호는 나부터
③ 내 삶의 주인공은 나
④ 내가 지키는 교통안전

39 그림에서 ㉠에 들어갈 말로 적절한 것은?

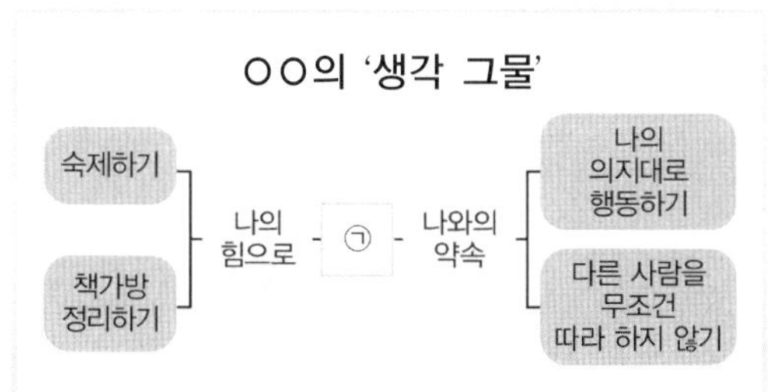

① 자주　② 타율
③ 인류애　④ 통일 의지

40 다음 중 자주적인 생활에 해당하지 않는 것은?

① 엄마가 시키면 방 청소하기
② 자신의 힘으로 1인 1역 하기
③ 스스로 자신의 책상 정리하기
④ 내가 읽고 싶은 책을 찾아 읽기

02장 타인과의 관계(배려)

01 밝고 건전한 사이버 생활

(1) 사이버 세상의 특징

① 인터넷 예절의 의미

㉠ 사이버 공간이란 인터넷을 사용할 때 만나게 되는 세상을 말한다. 사이버 공간도 현실 공간처럼 사람들이 만나서 대화하고 함께 활동하는 장소인 만큼 사람들 사이에 지켜야 할 예절이 있다.

㉡ 인터넷 예절은 인터넷을 이용하는 중에 지켜야 할 예절을 뜻한다.

② 사이버 공간의 긍정적인 면과 부정적인 면

㉠ **긍정적인 면** : 언제 어디서나 원하는 정보를 빠르게 얻을 수 있음, 다양한 활동에 누구나 참여 가능함 등

㉡ **부정적인 면** : 사이버 공간에서의 괴롭힘, 온라인 중독, 저작권 침해 등

③ 사이버 공간에서 지켜야 할 도덕적 가치

㉠ **절제** : 온라인 이용 시간, 온라인 이용 태도

㉡ **정직** : 거짓 없는 정보 생산 및 공유

㉢ **존중, 배려, 예절, 이해, 친절** : 사이버 공간에서의 인간관계의 기본

㉣ **용기** : 거짓 정보 및 불합리한 정보를 접했을 때 필요한 태도

㉤ **신중** : 사이버 공간에서 말하거나 글을 쓸 때 다시 한번 생각하고 행동하는 태도

㉥ **책임** : 사이버 공간에서 자기 말과 행동에 대한 책임

㉦ **약속** : 사이버 공간 이용 시간 또는 규칙 준수에 대한 스스로의 다짐

㉧ **준법** : 사이버 공간에서의 법과 예절 준수

㉨ **나눔** : 좋은 정보와 소식을 함께 공유

(2) 바른 인터넷 예절

① 문법에 맞는 표현과 올바른 맞춤법을 사용한다.

② 다른 사람을 욕하거나 비난하는 글을 올리지 않는다.

③ 사실과 다른 내용을 올리지 않고, 같은 글을 여러 번 반복해서 올리지 않아야 한다.

④ 모르는 사람이라고 함부로 대하지 않는다.

⑤ 다른 사람의 창작물을 이용할 때는 저작권자의 허락을 받아야 하며, 허락 없이 복사하거나 불법으로 내려받아서는 안 된다.

⑥ 다른 사람의 아이디를 몰래 쓰거나 악성 바이러스를 퍼뜨려서는 안 된다.

⑦ 상대방의 허락 없이 개인 정보를 함부로 이용해서는 안 된다.

⑧ 채팅방에서는 말을 함부로 하지 않고 친절하게 대답하여야 한다.
⑨ 자신의 이름을 숨기지 않고 떳떳하게 쓴다.

(3) 인터넷 예절이 중요한 이유

① 인터넷에 거짓된 정보가 퍼지면 잘못된 정보로 인하여 피해를 보거나 틀린 내용으로 인하여 곤란해지는 상황이 생길 수 있다.
② 인터넷상의 정보는 매우 빠르게 퍼지며 수습이 힘들기 때문에 더욱 조심하여야 한다.

(4) 함께여서 행복한 인터넷 세상 만들기

① 감동을 줄 수 있는 나만의 누리집 만들기
② 선플 달기 운동
㉠ 선(善)+리플(Reply)의 합성어이다.
㉡ 악플(악성 댓글)의 반대어라는 착한 댓글의 의미와 먼저 하는 댓글이라는 의미를 가진다.
㉢ 악플이 당사자들에게 얼마나 큰 피해를 주는지 인터넷 이용자들이 깨닫게 하면서, 동시에 아름다운 인터넷 문화, 아름다운 사회를 가꾸어 나가자는 것이다.
㉣ 악플이 급기야 인간의 생명까지 위협하는 상황에 이르게 된 것을 심각한 사회 현상으로 받아들이고 이를 개선하자는 뜻에서 만들어졌다.

(5) 인터넷 중독

① 의미 : 인터넷 게임, 채팅, 웹서핑 등을 지나치게 많이 하여 사회, 가정, 일상생활에서 실제로 어려움이 생겨 자신이나 주변 사람들이 문제가 있다고 인식하게 되는 경우이다.
② 인터넷 중독의 해결 방법
㉠ 컴퓨터의 사용 시간을 정하고 어기지 않는다.
㉡ 인터넷보다 재미있는 일을 만들어 집중하거나 인터넷 사용 시간에 관해서 일간, 주간 일정표를 만드는 것이 도움이 된다.
㉢ 부모님을 통해 컴퓨터에 비밀번호(Password)를 걸어 놓거나 인터넷 사용을 제한하는 프로그램을 사용한다.
㉣ 중독 증세는 혼자 해결하기 어렵기 때문에 가족, 선생님, 그 밖의 전문센터의 도움을 받을 수도 있다.
㉤ 공공장소(도서관, 학교)에서만 컴퓨터를 이용한다.

02 정보 사회에서의 올바른 생활

(1) 정보 사회의 의미

① 정보가 사회를 움직이는 힘이 되는 사회이다.

② 정보 기기의 발달로 시간과 공간을 초월하여 다양한 정보를 접할 수 있는 사회이다.

(2) 정보 사회의 긍정적인 면과 부정적인 면

긍정적인 면	• 전자 우편(e-mail)을 이용하여 외국에 있는 친구와 소식을 주고받을 수 있다. • 정보를 쉽고 빠르게 찾을 수 있다. • 다른 나라의 일을 쉽게 알 수 있다. • 음악이나 영화를 자유롭게 감상할 수 있다. • 친구들과 대화하기가 쉽다. • 인터넷으로 쇼핑할 수 있어 생활이 편리하다.
부정적인 면	• 게임에 중독될 수 있다. • 개인 정보가 유출될 수 있다. • 사이버 세상과 현실을 구분하지 못할 수 있다. • 악성 댓글이나 비방 글이 나타날 수 있다.

(3) 개인 정보와 저작권

① 개인 정보

㉠ 개인 정보는 이름, 주민등록번호, 아이디와 비밀번호, 주소나 거주지, 전화번호, 생년월일과 같은 내용을 말한다.

㉡ 개인 정보를 보호하는 방법 : 정기적인 비밀번호 변경, 누리집 로그인하여 사용 후 로그아웃하는 습관, 아이디와 비밀번호의 철저한 관리 등

② 저작권

㉠ 인간의 정신적 창작물에 대한 보호 권리로 음악, 사진, 동영상, 그림, 시, 소설 등과 같은 무형의 재산을 보호하기 위한 약속이다.

㉡ 다른 사람의 자료를 베끼는 행동은 저작권을 해치며 나의 양심을 속이는 행동으로 자료를 사용할 때는 허락을 받거나 출처를 밝히고 사용해야 한다.

03 더불어 나누는 이웃 사랑

(1) 이웃과 이웃사촌의 의미

① 이웃 : 서로 가까이에 인접하여 사는 집 또는 사람

② 이웃사촌 : 비록 남남끼리라도 서로 이웃하여 다정하게 지내면 사촌과 같이 가깝게 됨을 이르는 말

(2) 이웃이 소중한 이유

① 서로 도움을 주고받기 때문이다.
② 사람은 근본적으로 혼자서 살아갈 수 없기 때문이다.

(3) 다양한 이웃의 종류

① 고마운 이웃 : 가까이에서 항상 도움을 주는 사람으로 의사, 경찰, 환경미화원 등
② 가상 공간에서의 이웃 : 가까이에서 볼 수는 없지만 온라인이나 모바일 등을 통해 만나는 이웃
③ 지구촌 이웃 : 지구 전체가 한 마을처럼 가깝게 지내는 것

(4) 이웃과 화목하게 지내기 위한 마음가짐

① 존중과 배려의 태도로 이해한다.
② 작은 도움에도 감사하는 마음을 갖는다.
③ 서로 나누고 양보하며 사이좋게 지낸다.

(5) 이웃 간에 지켜야 할 도리와 예절

① 기본 예절
㉠ 공손하고 반갑게 인사한다.
㉡ 이웃에게 피해가 되는 행동들은 하지 않도록 노력한다.
㉢ 다른 사람의 처지를 생각하며 서로 배려한다.

② 방문 예절
㉠ 방문의 목적과 일정을 미리 알린다.
㉡ 웃어른께 먼저 인사를 한 다음 친구와 논다.
㉢ 음식 대접을 받은 경우에는 감사의 인사를 드린다.

③ 질서와 준법
㉠ 마을 앞 버스 정류장에서 차례 지키기, 재활용품은 분리하여 배출하기 등의 질서와 규칙을 잘 지켜야 한다.
㉡ 애완동물과 공공장소를 산책할 때에는 배설물을 잘 치운다.
㉢ 밤늦은 시간에 악기를 연주하거나 큰 소리를 내지 않는다.
㉣ 높은 층에서 아래로 물건을 떨어뜨리지 않는다.

④ 상부상조
㉠ 공동으로 해야 할 일은 도와서 함께 한다.

㉡ 어려운 일은 함께 힘을 합쳐 해결한다.
㉢ 이웃의 기쁨과 슬픔을 함께 나눈다.

04 힘과 마음을 모아서

(1) 협동의 의미

① 공통의 목적과 목표의 달성을 촉진하기 위하여 조직적인 방법으로 개인 또는 집단이 활동을 결합하고 서로 도우며 같이 일하는 것이다.
② 서로 좋은 결과를 얻기 위해 함께 마음과 힘을 하나로 합하는 작업이다.
③ 서로의 힘을 모아 더 큰 힘을 발휘하는 것이다.

(2) 협동의 장점

① 협동을 하면 많은 사람들이 편하고 즐거우며 힘든 일도 덜 힘들게 할 수 있다.
② 다른 사람과 힘을 모으면 더 큰 일을 할 수 있다.
③ 다른 사람과 친해질 수 있으며 함께 하는 즐거움을 느낄 수 있다.

(3) 협동을 하기 위한 태도

① 공동체 의식을 고취시키고 공동의 목표를 달성하기 위해 역할을 분담하고 맡은 역할에 책임을 다한다.
② 의사소통을 통해 서로 배려하고 구성원을 신뢰하도록 한다.
③ 타인을 믿고, 존중하며 서로 돕고 의지해야 한다.

(4) 조상들의 협동 사례

① **농악** : 농악은 우리 고유의 대표적인 민속놀이로 풍물놀이라고도 한다.
② **두레** : 농촌에서 농사일을 공동으로 하기 위하여 마을 단위로 둔 조직이다.
③ **품앗이** : 서로의 노동을 교환하는 것으로 일의 시기와 계절에 관계없이 마음이 맞는 사람끼리 한다.
④ **계** : 회원 간에 친목을 유지하고 형편이 어려운 회원에게 경제적인 도움을 주기 위해 만든 조직이다.
⑤ **향약** : 향촌 사회에서 좋은 것은 서로 권하고 악한 것은 바로잡아 주며 상부상조를 목적으로 만든 향촌의 자치 규약이다.

(5) 협동에 대한 속담

① 종이도 네 귀를 들어야 바르다.
② 두 손뼉이 맞아야 소리가 난다.
③ 손이 많으면 일도 쉽다.
④ 개미가 절구통을 물어 간다.

05 웃어른을 공경해요

(1) 공경의 의미

① 공과 경이 모여서 만들어진 말로 공(恭)은 '공손하다, 조심하다, 섬기다'라는 뜻이 담겨 있고, 경(敬)은 '정중하다, 예의 바르다'라는 뜻이 담겨 있다.
② 웃어른을 존경하고 정성을 다해 받들어 모시는 것이다.
③ 우리 생활 속에서 공경은 공경하는 마음과 예절 바른 행동으로 표현된다.

(2) 고령화 사회와 고령 사회

① **고령화 사회** : 전체 인구에서 65세 이상의 비율이 7% 이상을 차지하는 사회이다.
② **고령 사회** : 전체 인구에서 65세 이상의 비율이 14% 이상을 차지하는 사회이다.

(3) 웃어른들이 겪는 어려움

① 혼자 사시는 분들의 외로움
② 수입이 없어 겪는 가난
③ 젊은 사람들의 공경하는 마음 부족
④ 몸이 쇠약해짐에 따라 생기는 질병

(4) 웃어른에 대한 공경의 방법

① 웃어른과 함께 시간을 보내며 대화와 활동을 함께하기
② 대중교통을 이용할 때 자리를 양보하기
③ 존경의 마음을 담아 공손히 인사하기
④ 어른의 물건을 들어 드리기
⑤ 모르시는 것이 있으면 친절하게 가르쳐 드리기

(5) 자애와 효도

① **자애** : 자녀에 대하여 헌신적으로 쏟는 부모의 사랑

② **효도** : 부모를 잘 섬기는 도리 또는 부모를 정성껏 모시는 일

06 갈등을 대화로 풀어 가는 생활

(1) 갈등의 의미

① 칡을 의미하는 '갈(葛)'과 등나무를 의미하는 '등(藤)'이라는 글자가 합쳐진 글자이다.

② 개인이나 집단 사이에 목표나 이해관계가 달라 서로 적대시하거나 충돌함, 또는 그런 상태이다.

③ 갈등을 평화롭게 해결하기 위한 노력과 좋은 점

㉠ 갈등을 평화롭게 해결하기 위한 노력

ⓐ 주위 사람에게 나의 마음과 상황을 전달하고 상대의 마음과 상황을 이해한다.

ⓑ 부드러운 표현으로 이야기한다.

㉡ 갈등을 평화롭게 해결하기 위한 좋은 점

ⓐ 이전보다 더 바람직한 미래를 맞이할 수 있다.

ⓑ 갈등을 해결하고 마음이 더욱 편해진다.

(2) 대화를 통한 해결 방법

① 대화는 서로의 생각과 마음을 드러내어 말하면서 상대를 깊이 이해할 수 있어 갈등의 원인을 해결할 수 있다.

② 대화를 하지 않았을 경우에는 계속 다툼의 상태로 남아 있게 된다.

③ 올바른 대화의 방법

㉠ 상대방을 존중하기

㉡ 상대방의 말을 끝까지 듣기

㉢ 내 감정을 솔직하게 표현하기

㉣ 상대방의 입장에서 생각해 보기

㉤ 나와 상대방이 원하는 것을 함께 이루는 방법 찾아보기

㉥ 상대방이 놓인 상황 또는 처지를 객관적으로 평가해 보기

(3) 또래 중재 활동

① **중재** : 다툰 상대들 사이에 끼어들어 서로 화해시키는 것

② **또래 중재자** : 또래의 친구가 객관적인 입장에서 다른 친구들의 갈등을 해결하도록 도와주는 것

③ **또래 중재 활동 순서** : 중재에 동의하기 → 생각 모으기 → 갈등을 분석하고 해결 방법 생각

하기 → 해결 방안을 평가하고 선택하기 → 합의하기

(4) 학교 폭력의 의미와 종류

① 학교 폭력의 의미 : 학교 안팎에서 학생을 대상으로 발생하는 폭력

② 학교 폭력의 종류 : 신체 폭력, 언어 폭력, 사이버 폭력, 집단 따돌림 등

07 사랑이 가득한 우리 집

(1) 가족의 소중함

① 다양한 가족의 모습

㉠ 다문화 가정 : 부모 중 한 분이 다른 나라에서 태어난 경우

㉡ 조손 가정 : 조부모와 손자가 단둘이 살아가는 경우

㉢ 한 부모 가정 : 부모님 중 한 분과 자녀로 구성된 경우

㉣ 입양 가정 : 혈연관계가 아니라 입양을 거쳐 가족이 된 경우

② 다양한 가족의 차이점

㉠ 가족 구성원의 수가 다르다.

㉡ 가정이 만들어진 까닭이 다르다.

③ 다양한 가족의 공통점

㉠ 가족이 서로 사랑하고 소중히 여기고 있다.

㉡ 흔히 볼 수 있는 가족의 모습이 아니더라도 부끄러워하지 않는다.

(2) 화목한 가정의 모습

① 가족과의 약속을 잘 지킨다.

② 가족이 아플 때 잘 보살핀다.

③ 집안일이 있으면 기꺼이 돕는다.

④ 가족의 실수를 들추어내지 않는다.

⑤ 가족에게 고맙다는 말을 자주 한다.

⑥ 즐거운 마음으로 가족과 식사를 한다.

⑦ 가족이 충고하면 기꺼이 받아들인다.

⑧ 가족이 물어보면 성의 있게 대답한다.

⑨ 가족의 물건을 빌릴 때는 허락을 받는다.

⑩ 가족에게 양보할 일이 있으면 기꺼이 양보한다.

⑪ 가족이 고민이 있을 때는 함께 고민하고 의논한다.

⑫ 집에서 나갈 때나 들어올 때 가족에게 공손히 인사한다.
⑬ 내가 실수했을 때는 언제나 가족에게 미안하다고 말한다.

(3) 가족 간의 갈등

① 가족은 친밀한 사이지만 때로 갈등이 생긴다.
② 가족 간의 갈등은 주로 가치관 차이, 이해와 배려 부족, 대화와 소통 부족, 오해 등이 원인이 되어 발생한다.
③ 가족 간의 갈등이 나타났을 때에는 경청의 자세가 필요하다.

08 배려하고 봉사하는 우리

(1) 배려와 봉사의 의미

① 배려의 의미
㉠ 나, 다른 사람 그리고 주변에 관심을 가지고 마음을 다해 보살피는 것이다.
㉡ 상대방의 입장에서 생각하고 이해해야 하며 그 사람들이 바라는 것을 해 주는 것이다.
② 봉사
㉠ 자발적인 의도에서 사회나 다른 사람을 위하여 힘을 다해 애쓰는 것이다.
㉡ 우리가 실천할 수 있는 봉사 활동 : 학교 폭력 예방 캠페인 활동, 안전사고 예방법 홍보, 주변의 쓰레기 줍고 청소하기 등
㉢ 봉사의 중요성
ⓐ 봉사는 사람을 바꾸는 것이다.
ⓑ 봉사는 세상을 좋은 방향으로 바꿀 수 있다.
ⓒ 사람은 혼자 살 수 없기 때문에 서로 도와야 한다.
㉣ 학교에서 실천할 수 있는 봉사
ⓐ 친구가 수학 문제 푸는 것을 도와준다.
ⓑ 친구가 힘든 상황에 처했을 때 격려해 준다.
ⓒ 교실을 청소하거나 화분에 물을 준다.
ⓓ 학교생활과 관련된 다양한 홍보 활동을 한다.
㉤ 이웃이나 사회를 위해 실천할 수 있는 봉사
ⓐ 노인정에 방문하여 어르신들의 어깨를 주물러 드리거나 발을 씻겨 드린다.
ⓑ 마을에 벽화를 그리거나 공원에서 환경 미화를 한다.
ⓒ 대가를 바라지 않고 자신의 재능을 통해 다른 누군가를 돕는 행위인 재능 나눔을 한다.

(2) 배려와 봉사를 실천하기 위한 마음가짐

① 주변에 계속 관심을 갖는 태도가 필요하다.

② 타인의 상황과 입장에서 이해하고 그의 감정을 소중히 여기는 마음이 필요하다.

③ 도움이 필요하다고 생각했다면 용기 있게 실천하려는 마음이 필요하다.

④ 다른 사람의 어려움을 절실히 느끼고 상대방이 당황하거나 부끄러워하지 않도록 신경 쓰는 마음이 중요하다.

⑤ 어떤 도움이 필요한지 정확하게 파악하여 도와주려고 노력하는 것이 좋다.

⑥ 오랜 시간 봉사할 경우에는 처음에 가졌던 마음을 잃지 말아야 한다.

(3) 마중물과 그 의미

① **마중물** : 펌프로 물을 퍼 올리려면 먼저 물 한 바가지를 펌프 안에 넣어야 하는데 그 물 한 바가지를 마중물이라고 한다.

② **마중물의 의미**

㉠ 작은 배려와 봉사를 하게 되면 나중에 더 큰 배려와 봉사로 퍼져 나간다는 뜻이다.

㉡ 작은 배려와 봉사만으로도 누군가는 커다란 행복을 느끼게 된다는 뜻이다.

02 장 기출문제로 유형 잡기

01 인터넷을 이용할 때 지켜야 할 예절은?

① 불법으로 영화나 음악을 내려받는다.
② 욕설, 비방을 하지 않고 바른 말을 사용한다.
③ 사실이 아닌 정보이지만 재미 삼아 올려 본다.
④ 게임을 할 때 내가 질 것 같으면 그냥 퇴장한다.

정답잡기 인터넷 예절은 인터넷을 이용하는 중에 지켜야 할 예절을 뜻한다. 불법 다운로드를 하지 않는 것, 악성 댓글을 달지 않는 것, 게시글에 선한 댓글을 다는 것, 욕설이나 비방을 하지 않고 올바른 언어 사용을 하는 것 등은 건전한 인터넷 문화를 이루기 위한 노력들이다.

02 다음 내용과 관련 있는 것은?

20××년 8월 ○일 ○요일 날씨: 맑음

친구 집에서 놀던 중 깜짝 놀랐다. 왜냐하면 친구가 인터넷에서 음악 파일을 불법으로 내려받고 있었기 때문이다.

① 저작권 ② 악성 댓글
③ 전자우편 ④ 스마트폰 중독

정답잡기 저작권은 인간의 정신적 창작물에 대한 보호 권리로 음악, 사진, 동영상, 그림, 시, 소설 등과 같은 무형의 재산을 보호하기 위한 약속이다. 상대방의 허락 없이 저작권을 함부로 이용해서는 안 되며, 불법 복제나 불법 다운로드를 하지 않아야 한다.

03 개인 정보를 보호하기 위한 방법을 〈보기〉에서 고른 것은?

보기

ㄱ. 개인 비밀번호를 자주 바꾸기
ㄴ. 친구 사진을 마음대로 퍼뜨리기
ㄷ. 남의 휴대 전화를 몰래 살펴보기
ㄹ. 개인 아이디를 함부로 가르쳐 주지 않기

① ㄱ, ㄴ ② ㄱ, ㄹ
③ ㄴ, ㄷ ④ ㄷ, ㄹ

정답잡기 개인 정보 보호를 위해서는 개인 비밀번호를 주기적으로 변경하며, 타인에게 개인 정보를 함부로 가르쳐 주지 않아야 한다.

오답잡기

ㄴ. 친구 사진을 마음대로 퍼뜨리는 것은 개인의 정보를 유출시키는 행위이다.
ㄷ. 남의 휴대 전화를 몰래 살펴보는 것은 사생활 침해에 해당한다.

정답 01 ② 02 ① 03 ②

04 다음의 가르침에 어울리는 것은?

〈사자소학〉

• 웃어른은 어린이를 사랑하고, 어린이는 웃어른을 공경하라.
• 웃어른 앞에서 나아가거나 물러날 때는 반드시 공손하라.

① 웃어른을 만나면 공손히 인사한다.
② 부모님께는 존댓말을 사용하지 않는다.
③ 세대 차이가 나므로 웃어른의 말은 무시한다.
④ 버스에서 어르신이 타면 자리를 양보할 필요가 없다.

정답잡기 『사자소학』은 웃어른에 대한 공경의 중요성을 나타내고 있다. 웃어른은 경험과 지혜가 풍부하여 우리가 본받을 점이 많기 때문에 항상 관심과 존경으로 웃어른을 대해야 한다. 공경은 윗사람에 대한 나의 마음가짐으로, 선생님이나 웃어른께 공손히 인사하는 것은 바른 몸가짐이다.

오답잡기

②, ③, ④ 버스나 지하철에서 노약자에게 자리 양보하기, 웃어른께 알맞은 존대어 사용하기 등을 실천한다. 웃어른들의 말씀을 무시하는 행동은 공경하는 행동이 아니다.

05 갈등을 해결하는 모습으로 바람직하지 않은 것은?

① 다른 사람에게 큰 소리로 화내기
② 다른 사람 입장에서 생각해 보기
③ 다른 사람 의견을 귀 기울여 듣기
④ 다른 사람에게 양보하고 타협하는 자세로 대화하기

정답잡기 갈등을 해결하는 가장 좋은 방법은 대화이다. 대화를 하기 위해서는 큰 소리를 내지 않고 다른 사람의 말을 그 사람의 입장에서 들어주는 것이 중요하다. 하지만 상황에 따라 대화를 통해 갈등을 해결해 가더라도 양쪽에 모두 공평한 해결책을 제시하지는 못하는 경우가 있다. 이때 양보하고 타협하는 과정이 있어야 갈등이 최종적으로 마무리된다.

06 다음이 설명하는 덕목을 잘 실천한 행동은?

• 상대방의 입장을 이해하고 받아들여 주는 것
• 나와 다른 사람, 주변에 대해 관심을 가지고 보살피는 것

① 학교 도서관 벽에 친구의 별명을 적었다.
② 다리가 불편한 친구의 가방을 들어 주었다.
③ 소리를 크게 질러 공부하는 친구를 방해하였다.
④ 내가 하고 싶지 않은 심부름을 동생에게 시켰다.

정답잡기 배려는 자신을 소중히 여기는 마음에서 시작하여 나의 욕구와 남의 욕구를 이해하고 공감하는 태도로, 타인을 보살피는 마음이다.
② 다리가 불편한 친구의 가방을 들어 주는 행동은 타인의 필요와 행복에 책임을 느껴 보살피고 돕는 배려의 모습이라 볼 수 있다.

정답 04 ① 05 ① 06 ②

07 다음 중 가족의 인권을 존중하는 방법은?

① 동생 괴롭히기
② 누나 의견 무시하기
③ 고운 말로 대화하기
④ 할머니에게 버릇없이 행동하기

정답잡기 가족 구성원은 서로를 존중하고 서로 예의를 지키며 생활해야 한다.
오답잡기
①, ②, ④는 가족의 인권을 존중하지 않는 행동이다.

08 다음 일기를 쓴 학생이 실천한 것은?

> 20○○년 ○월 ○일(○요일) 날씨 : ☼
>
> *요양원에 방문한 날*
>
> 가족과 함께 요양원에 다녀왔다. 요양원에 도착하여 먼저 할머니, 할아버지들께서 계시는 방을 청소했다.
>
> 그리고 할머니들께 책을 읽어 드렸다. 기뻐하시는 할머니들의 모습을 생각하니 다음 주가 기다려진다.

① 봉사 ② 우애
③ 준법 ④ 편견

정답잡기 제시문은 가족과 함께 요양원에서 봉사를 한 학생의 일기이다.

09 진정한 봉사 활동에 해당하지 <u>않는</u> 것은?

① 공원에 있는 쓰레기 줍기
② 보상을 바라고 교실 청소하기
③ 동전을 모아 어려운 이웃 돕기
④ 재해가 일어난 곳에 도움 주기

정답잡기 봉사란 개인이나 집단이 자발적으로 타인을 돕거나 사회에 기여하는 무보수의 계획적이고 지속적인 활동을 뜻한다.

정답 07 ③ 08 ① 09 ②

02장 예상문제로 실력 잡기

1 밝고 건전한 사이버 생활

01 다음 중 사이버 공간의 특징으로 적절하지 않은 것은?

① 다양한 정보가 있다.
② 인터넷으로 연결된 가상 공간이다.
③ 온라인 중독의 위험성이 존재한다.
④ 직접 만나야만 의사소통을 할 수 있다.

02 사이버 공간의 긍정적인 면으로 적절한 것은?

① 정보 선택의 어려움
② 사이버 폭력 및 따돌림
③ 온라인 게임 중독의 위험
④ 멀리 있는 사람과의 편리한 의사소통

03 다음에서 설명하는 것은?

• 사이버 공간에서 악의적인 댓글 때문에 고통받는 사람들에게 용기와 희망을 주기 위한 운동
• 칭찬과 격려가 담긴 좋은 댓글을 먼저 달아 주자는 운동

① 아나바다 운동
② 선플 달기 운동
③ 환경 보호 운동
④ 에너지 절약 운동

04 다음 대화에서 휴대 전화와 관련된 갈등의 원인은?

휴대 전화 사용 시간이 너무 부족해요.

한 시간이면 충분하지 않니?

아니에요. 친구들과 대화하고 과제 하기에도 시간이 부족해요.

① 사용 시간　② 사용 장소
③ 장식품 선택　④ 신제품 구입

05 다음 중 인터넷을 사용할 때 바른 태도로 옳은 것은?

① 남을 비방하거나 헛소문을 낸다.
② 남의 이름을 몰래 사용한다.
③ 다른 사람의 정보를 유출시킨다.
④ 공손하고 어법에 맞는 말을 사용한다.

06 다음 중 인터넷 중독의 해결 방안으로 틀린 것은?

① 인터넷 사용을 제한하는 프로그램을 사용한다.
② 인터넷보다 재미있는 일을 만들어 집중한다.
③ 혼자 해결하기 위해 비밀로 한다.
④ 전문센터의 도움을 받는다.

2 정보 사회에서의 올바른 생활

07 사이버 예절로 옳은 것을 〈보기〉에서 고른 것은?

[보기]
ㄱ. 상대방이 올린 글에 선플 달기
ㄴ. 상대방을 존중하는 언어 사용하기
ㄷ. 상대에 대한 근거 없는 소문 퍼뜨리기
ㄹ. 상대를 기분 나쁘게 놀리고 욕설 사용하기

① ㄱ, ㄴ
② ㄱ, ㄹ
③ ㄴ, ㄷ
④ ㄷ, ㄹ

08 다음 중 정보 사회의 특징으로 거리가 먼 것은?

① SNS를 통해 시간과 장소에 따라 제한적으로 의견을 주고받는다.
② 영화, 음악, 게임 등을 함께 즐길 수 있다.
③ 정보가 사회를 움직이는 힘이 되는 사회이다.
④ 여러 가지 소식을 빨리 접할 수 있으며, 인터넷으로 쉽게 자료를 찾을 수 있다.

09 다음 중 정보 사회의 긍정적인 점은?

① 사이버 세상과 현실을 구분하지 못할 수 있다.
② 악성 댓글이나 비방 글이 나타날 수 있다.
③ 언제 어디서나 정보를 얻을 수 있다.
④ 인터넷과 게임에 중독이 되어 생활에 지장을 받을 수 있다.

10 다음의 설명에 해당하는 용어는?

다른 사람의 창작물, 무형의 재산을 지키기 위한 것으로 쉽게 도용될 수 있는 것을 보호해 주기 위한 약속

① 보호권
② 저작권
③ 특허권
④ 개인 정보

3 더불어 나누는 이웃 사랑

11 다음 중 우리 이웃에 해당되지 않는 사람은?

① 같은 유치원을 다니는 친구
② 지나가는 행인
③ 옆집에 사는 할아버지
④ 놀이터에서 같이 노는 형

12 다음 중 이웃 생활에 필요한 예절의 기본 정신으로 옳은 것은?

① 다른 사람의 처지를 생각하며 서로 배려한다.
② 다른 사람의 일보다 내 일을 우선으로 생각한다.
③ 친한 사이의 경우 남의 집을 아무 때나 방문한다.
④ 이웃의 힘든 일은 모른 척 한다.

13 다음 중 이웃 간에 지켜야 할 예절로 옳은 것은?

① 이웃의 처지를 생각하며 모른 체한다.
② 반갑게 대하며 시끄럽게 떠든다.
③ 소음이 있어도 무관심하게 지낸다.
④ 공손하게 인사한다.

14 이웃과 화목하게 지내는 방법으로 틀린 것은?

① 자신과 관련 없는 일에는 무관심하기
② 서로 양보하기
③ 존중하고 피해 주지 않기
④ 이웃을 배려하고 도와주기

15 이웃과 더불어 살아가는 태도로 틀린 것은?

① 높은 층에서 아래로 물건을 떨어뜨리지 않는다.
② 이웃은 친밀한 사이이므로 격없이 알리지 않고도 방문할 수 있다.
③ 이웃에게 피해를 주는 일은 하지 않는다.
④ 공동으로 해야 할 일은 서로 협조한다.

16 다음 중 이웃 간에 지켜야 할 질서와 준법의 실천 방법으로 옳은 것은?

① 어려운 일이 있을 때 도와주기
② 재활용품은 분리하여 배출하기
③ 기쁜 일이 있을 때 축하해 주기
④ 밝은 표정으로 격식에 맞게 인사하기

17 다음 중 이웃 간에 지켜야 할 도리 중 '상부상조'에 해당하지 않는 것은?

① 공동으로 해야 할 일은 도와서 함께 한다.
② 이웃의 기쁨과 슬픔을 함께 나눈다.
③ 어려운 일은 함께 힘을 합쳐 해결한다.
④ 밤늦은 시간에 악기를 연주하거나 큰 소리를 내지 않는다.

4 힘과 마음을 모아서

18 다음 그림과 관련 있는 덕목으로 가장 적절한 것은?

모내기

벼 베기

① 거짓 ② 위법
③ 조롱 ④ 협동

19 다음 중 협동의 긍정적 측면으로 틀린 것은?

① 다른 사람과 함께 행동해야 하므로 피곤하다.
② 힘든 일을 덜 힘들게 할 수 있다.
③ 타인에 대한 믿음이 생길 수 있다.
④ 다른 사람과 친해질 수 있다.

20 다음 중 협동을 하기 위한 생활 태도에 대한 설명으로 옳은 것은?

① 서로 경쟁한다.
② 서로 배려하고 구성원을 신뢰하도록 한다.
③ 다른 사람을 믿지 않는다.
④ 다른 사람보다 항상 내가 우선이다.

21 다음 〈보기〉와 같은 조상들의 생활 모습에서 공통적으로 본받을 점은?

보기
품앗이, 두레, 계, 향약

① 성실　② 근면
③ 공경　④ 협동

22 다음 중 협동과 관련된 속담으로 틀린 것은?

① 종이도 네 귀를 들어야 바르다.
② 개미가 절구통을 물어 간다.
③ 낮말은 새가 듣고 밤말은 쥐가 듣는다.
④ 백지장도 맞들면 낫다.

5 웃어른을 공경해요

23 다음 대화에 나타난 덕목은?

맛있게 먹으렴.
어머니, 감사히 잘 먹겠습니다.

① 불평　② 예절
③ 절약　④ 참견

24 다음 중 웃어른을 공경하는 마음을 생활 속에서 실천하는 경우에 해당되지 않는 것은?

① 버스나 지하철에서 노약자에게 자리를 양보한다.
② 어른의 물건을 들어 드린다.
③ 함께 시간을 보내며 대화와 활동을 함께한다.
④ 동생이 모르는 것은 잘 가르쳐 준다.

25 다음 중 공경의 방법으로 옳은 것은?

① 선생님과 마주치면 그냥 지나간다.
② 동네에서 길을 몰라 헤매는 웃어른 도와주지 않고 피한다.
③ 부모님을 위해 어깨를 주물러 드리고 안마를 해 준다.
④ 버스에서 서 계신 노약자에게 자리를 양보하지 않고 모른 체한다.

26 다음 중 용어에 대한 설명이 옳게 연결된 것은?

① 존중 - 웃어른을 받들어 모시는 것
② 자애 - 부모님을 정성껏 잘 섬기는 것
③ 효도 - 높이어 귀중하게 대하는 것
④ 자애 - 아랫사람에게 사랑을 베푸는 것

6 갈등을 대화로 풀어 가는 생활

27 층간 소음 갈등을 해결하기 위한 자세로 적절하지 않은 것은?

① 위협적인 말로 대화하기
② 상대방을 배려하며 대화하기
③ 상대방을 공감하며 대화하기
④ 상대방의 말을 경청하며 대화하기

28 학교에서 실천할 수 있는 나눔과 봉사로 적절하지 않은 것은?

① 화단에 쓰레기 버리기
② 후배에게 학교생활 안내하기
③ 내가 가진 재능을 친구와 나누기
④ 학교 폭력 예방 홍보 활동 참여하기

29 ㉠에 들어갈 내용으로 가장 적절한 것은?

① 개인 정보를 마음대로 공유하자!
② 음악 파일을 불법으로 내려받지 말자!
③ 학급 누리집에 친구가 올린 과제를 베끼자!
④ 친구의 아이디와 비밀번호를 허락 없이 사용하자!

30 다음 중 학교에서 할 수 있는 봉사 활동으로 적절한 것은?

① 체육관 운동 기구 부수기
② 교통안전 캠페인 활동하기
③ 친구 물건 함부로 사용하기
④ 운동장에 쓰레기 몰래 버리기

31 갈등을 평화롭게 해결하는 방법으로 옳은 것을 〈보기〉에서 고른 것은?

보기
ㄱ. 상대방을 존중하기
ㄴ. 상대방을 비난하기
ㄷ. 상대방의 마음에 공감하기
ㄹ. 상대방의 허락 없이 대화 도중 끼어들기

① ㄱ, ㄴ　② ㄱ, ㄷ
③ ㄴ, ㄷ　④ ㄴ, ㄹ

32 두 사람이 실천한 삶의 태도로 적절한 것은?

- 형편이 어려운 학생들을 무료로 가르치는 교사
- 어르신들의 머리카락을 무료로 잘라 주는 이발사

① 언어 파괴　② 종교 갈등
③ 나눔과 봉사　④ 생태계 오염

33 진정한 봉사 활동에 해당하지 않는 것은?

① 공원에 있는 쓰레기 줍기
② 보상을 바라고 교실 청소하기
③ 동전을 모아 어려운 이웃 돕기
④ 재해가 일어난 곳에 도움 주기

34 다음 중 생활 속에서 실천할 수 있는 봉사 활동에 해당하지 않는 것은?

① 마을 도서관 책 정리하기
② 놀이터 환경 미화 활동하기
③ 용돈을 받기 위해 심부름하기
④ 동네 어르신들을 위한 위문 활동 참여하기

35 다음 중 갈등을 해결하기 위한 바른 방법은?

① 입장을 바꿔 생각해 본다.
② 상대방의 말은 무시한다.
③ 무조건 힘으로 해결한다.
④ 나의 욕심만을 생각한다.

36 대화에 대한 설명으로 틀린 것은?

① 갈등의 원인을 해결할 수 있다.
② 대화를 하지 않았을 경우 계속 다툼 상태로 남아 있게 된다.
③ 내 의견만 옳다고 우겨야 좋은 대화가 된다.
④ 내 입장을 솔직하게 이야기해야 내 마음을 잘 전달할 수 있다.

37 **다음 중 또래 중재자로 적당하지 않은 사람은?**

① 자기 생각만 하는 친구
② 신의와 책임을 다하는 친구
③ 진솔하게 마음을 나누는 친구
④ 기쁨과 슬픔을 함께 나누는 친구

38 **다음 〈보기〉의 설명에 해당하는 규범으로 맞는 것은?**

보기
- 남의 뜻을 받들어 섬기고 국가나 사회를 위하여 헌신적으로 일하는 것
- 자신에게 이익이 돌아오지 않더라도 남에게 도움을 베푸는 것

① 봉사 ② 성실
③ 친절 ④ 충성

39 **다음 중 봉사할 때의 마음가짐으로 옳은 것은?**

① 책임감을 가지고 최선을 다한다.
② 언짢은 일이 생기면 짜증을 낸다.
③ 상대방의 자존심은 생각하지 않아도 된다.
④ 도움을 줄 때는 내 입장을 먼저 생각한다.

03장 사회 · 공동체와의 관계(정의)

01 둘이 아닌 하나 되기

(1) 남한과 북한의 분단으로 인한 아픔과 어려움

① 이산가족이 생겨난 이유
   ㉠ 이산가족 : 분단으로 인해 가족과 헤어져서 만나지 못하는 사람들
   ㉡ 해방 후 남한과 북한이 분단되었기 때문이다.
   ㉢ 한국전쟁(6 · 25 전쟁)이 일어났기 때문이다.

② 분단으로 인한 아픔과 어려움
   ㉠ 남한과 북한의 뛰어난 선수들이 서로 다른 편이 되어 겨루어야 한다.
   ㉡ 많은 사람들이 전쟁의 위험 속에 살고 있다.
   ㉢ 이산가족들이 만날 수 없어 그리워하며 살고 있다.
   ㉣ 남북이 서로 자유롭게 오고 가지 못하고 있다.
   ㉤ 남한과 북한의 말이 달라져 가고 있다.

③ 남북한 분단을 상징하는 것 : 철조망, 판문점, 군사 분계선 등

(2) 통일이 주는 좋은 점

① 이산가족의 슬픔이 해소된다.
② 전쟁의 위협이 사라진다.
③ 남한과 북한이 자유롭게 오갈 수 있다.
④ 국방비 지출이 감소한다.
⑤ 국토 면적이 확대되고 인구가 증가한다.
⑥ 남한의 자본과 기술이 북한의 노동력, 지하자원과 결합하여 나라가 부강해진다.

(3) 통일을 이루기 위해 가져야 할 마음가짐

① 남과 북이 서로 아끼고 이해하는 마음 갖기
② 주인 정신 기르기
③ 평화 통일을 이루기 위한 튼튼한 안보 갖추기

02 평화 통일을 위한 발걸음

(1) 통일 이후 달라질 우리의 생활 모습

① 이산가족들이 만나서 함께 살 수 있다.
② 남한과 북한의 주민들이 자유롭게 왕래할 수 있다.
③ 휴전선이 없어지면 시베리아 철도를 이용하여 유럽 여행을 할 수 있다.
④ 우수한 전통문화를 서로 교류하며 지켜 나갈 수 있다.
⑤ 전쟁이 일어날 위험이 사라진다.
⑥ 서로 믿고 존중하며 행복하게 생활할 수 있다.
⑦ 국토가 넓어지고 인구가 증가하여 국가 경쟁력이 높아진다.
⑧ 육지를 통해 아시아와 유럽 대륙으로 사람과 물자가 더 빠르게 이동할 수 있다.

(2) 통일 이후에 겪을 수 있는 문제점

문제점	극복
가치관과 생활 방식의 차이	나부터 남한과 북한 사람을 구분하지 않기, 남한과 북한 사람들이 함께 모여 공부나 운동하기 등
경제적 차이	남한의 기술과 북한의 자원으로 통일 한국 경제 살리기, 북한 지역에 필요한 경제적 환경을 아낌없이 지원해 주기, 통일 이전부터 통일 비용 모으기 등
언어의 차이	북한 방언 수업 시간에 공부하기, 표준어와 평양말을 연구하여 통일된 언어 만들기 등

(3) 통일을 위한 노력

① 개인적 노력
㉠ 김구는 남과 북이 서로 정부를 세우려 할 때 조국의 분열을 막고자 노력하였다.
㉡ 사업가 정주영은 소 천여 마리를 몰고 북한을 방문하여 경제 협력을 이끌어 냈다.
② 사회적 노력 : 개성 공단에서 북한 노동력과 남한의 기술을 합친 경제 협력이 이루어지도록 한다.
③ 국가적 노력
㉠ 지속적인 회담을 통해 남북한의 의견을 맞추어 간다.
㉡ 이산가족 상봉 등과 같은 행사를 추진한다.
④ 국제적 노력 : 국제 연합(UN)은 국제 평화 유지를 위한 단체이므로 남북한의 평화 통일을 위해서도 노력한다.

03 다양한 문화, 조화로운 세상

(1) 문화의 의미와 다양성

① 문화의 의미 : 사람들이 살아가는 생활 모습을 이르는 말로 지역, 전통, 종교 등에 따라 각각 가지고 있는 고유의 생활 방식이다.

② 문화의 다양성 : 전 세계에 수많은 민족과 나라가 있고, 사람마다 좋아하는 음식과 예술이 다르기 때문에 서로 다른 문화가 나타난다.

(2) 다른 문화를 존중해야 하는 이유

① 우리 문화를 존중받으려면 다른 문화를 존중해 주어야 하며 그래야 서로 갈등이 생기지 않는다.

② 각각의 문화마다 고유하고 독특한 정신이 깃들어져 있고 이를 존중해 주어야 사이좋게 잘 지낼 수 있다.

③ 우리 주위의 다양한 문화를 인정할 수 있어야 다른 문화를 자연스럽게 배울 수 있다.

(3) 다른 문화를 이해하는 태도

① 서로 다른 문화와 어울려 살기 위해서는 다른 문화를 이해하고 인정하며 존중하고 배려해야 한다.

② 우수한 문화는 자기 사회의 문화라는 자문화 중심주의를 버린다.

③ 다른 나라의 문화를 무시하는 태도를 버리고 다양한 문화가 있다는 것을 알아야 한다.

④ 우리 문화를 부끄러워하기보다는 우리나라 문화에 대해 자랑스럽게 여기고, 각 나라의 문화를 개성 있고 독특한 문화로 인정하고 받아들여야 한다.

(4) 편견과 차별

① 편견

㉠ 나와 다르고 익숙하지 않은 것에 대하여 공정하지 못하고 한쪽으로 치우친 생각을 갖는 것이다.

㉡ 어떤 특정의 집단이나 개인에 대해 충분한 지식이나 경험을 갖기 전에 형성된 나쁜 감정, 부정적인 평가, 적대적인 말과 행동을 뜻한다.

② 차별

㉠ 둘 또는 여럿 사이에 차등을 두어 구별하는 것을 뜻하는 것으로 편견으로 인해 생길 수 있다.

㉡ 특정의 개인이나 집단에 대해 그들이 가지고 있는 고유한 특징을 고려하지 않고 그들을 이질자로 취급하며 그들이 바라고 있는 평등 대우를 거부하는 행동이다.

(5) 우리 사회 속의 편견과 차별

① 인종이나 종교, 피부색 등의 이유로 좋고 싫음을 행동으로 표현하는 것은 문화적 차별이다.

② 장애인, 다문화 가정, 북한 이탈 주민, 외국인 근로자들은 다수와 다르다는 이유로 주변에서 차별을 받거나 부당한 대우를 받기도 한다.

③ 성에 따른 차별

㉠ 남자인지 여자인지에 따라 다른 대우를 하는 것은 성에 따른 차별이다.

㉡ 성 역할에 관한 고정 관념은 성차별로 이어질 수 있다.

㉢ 성별을 이유로 취업이나 승진 등에서 차별하거나, 가정이나 사회에서 성별에 따라 특정한 역할이나 행동을 강요하는 것 등을 성차별이라고 할 수 있다.

④ 우리 문화를 부끄럽게 여기거나 다른 문화를 무시하는 것은 문화적 편견과 차별에 해당한다.

(6) 다문화 사회

① 다문화 사회의 의미

㉠ 다문화 사회란 여러 모습을 가진 다양한 나라의 문화가 한 사회 안에서 서로 존중하며 어울림으로써 더불어 사는 사회를 말한다.

㉡ 존중과 관용, 공존의 의미

ⓐ **존중** : 타인을 높여 귀중하게 대하는 것

ⓑ **관용** : 자기와 다른 생각, 종교 등을 가진 사람의 입장과 권리를 이해하고 인정하는 것

ⓒ **공존** : 서로 도우며 함께 존재하는 것

② 다문화 사회에서의 존중과 관용

㉠ 다문화 사회에서는 서로가 처한 환경과 문화를 이해하고 존중하는 태도가 필수적이다.

㉡ 자기와 다른 생각, 종교 등을 가진 사람의 입장과 권리를 이해하고 인정해 주어야 함께 어울려 살아갈 수 있는 토대가 마련된다.

㉢ 다문화 사회에서의 존중과 관용은 다문화 사회를 살아가는 가장 기본이 되는 태도이다.

③ 다문화 사회에서 가져야 할 태도

㉠ 다양한 생활 방식을 서로 존중한다.

㉡ 다른 문화를 가진 사람도 열린 마음으로 받아들여야 한다.

㉢ 우리의 좋은 문화를 지켜 가면서 다른 문화를 인정하고 포용하여야 한다.

04 인권을 존중하며 함께 사는 우리

(1) 인권의 의미와 필요성

① 인권의 의미

㉠ 사람으로서 누구나 마땅히 누려야 할 소중한 권리를 인권이라고 한다.

㉡ 인권은 성별, 국적, 종교, 재산, 인종 등에 관계없이 인간이기에 태어날 때부터 개개인에게 주어진 권리이다.

㉢ 세계 인권 선언은 인권 문제를 국가 단위를 넘어 세계적 차원에서 보편적 원칙으로 확장시켰다는 점에서 의의가 있다.

㉣ 양보, 배려, 사랑, 절제, 책임, 평등, 나눔 등은 인권 존중을 위해 필요한 마음이다.

② 인권 존중의 필요성

㉠ 인권 존중은 서로의 차이(다름)를 인정하는 데서 시작한다.

㉡ 각기 다른 사람들이 모두 편안하고 행복한 삶을 살기 위해 필요하다.

㉢ 인권은 존엄하게 살 수 있는 우리의 권리를 보호해 주기 때문이다.

㉣ 인권은 인간을 폭력과 학대에서 보호하는 도구이다.

㉤ 인권은 사람들 사이의 상호 존중을 키우고 다른 사람의 권리를 침해하지 않도록 우리가 의식적이면서 책임 있는 행동을 하게 한다.

㉥ **인권을 존중하는 모습** : 다른 사람을 배려하고 양보하거나 살색을 살구색으로 바꿔 부르기, 대중교통의 약자를 위한 배려석, 시각 장애인을 위한 점자 블록, 양손 가위를 사용하는 것 등

③ 인권 존중의 필요성

㉠ 인권을 존중하지 않으면 나타나는 결과

ⓐ 인간답게 살기 어렵게 된다.

ⓑ 장애인이나 노약자가 대중교통을 마음껏 이용하기 힘들게 된다.

㉡ 인권 존중의 필요성

ⓐ 인간은 존엄하기 때문이다.

ⓑ 인간으로 태어난 모든 사람이 편안하고 행복한 삶을 살기 위해 필요하다.

(2) 인권 존중과 인권 보호를 실천하는 방법

① 경제적 어려움이나 곤경에 처한 다른 사람의 마음을 살피고 부족한 것을 도와준다.

② 나의 인권이 존중받기 위해서는 상대방의 인권도 똑같이 존중해야 하며, 편견을 없애고 열린 마음으로 대해야 한다.

③ 다른 사람들의 성격이나 외모 등을 가지고 놀리지 않는다.

(3) 가족과 인권

① 가족의 공간에 들어갈 때 방문을 가볍게 두드려야 하는 이유 : 가족을 배려하는 마음, 사랑하는 마음, 존중하는 마음으로 대해야 하기 때문

② 가족의 인권을 존중하는 방법 : 상대방의 입장에서 생각하고 도와준다.

③ 내가 보호하고 싶은 자신의 권리가 있는 것처럼 가족 사이에도 보호받고 싶은 권리가 있다.

05 모두 함께 지켜요

(1) 규칙의 의미

① 규칙은 어떤 일을 할 때 다 같이 지키기로 한 질서나 표준을 말한다.

② 규칙은 우리가 더 좋은 환경에서 살기 위해서 만들어진 것이다.

③ 교실에서의 규칙도 다양한 상황을 생각하고 질서, 안전, 모두의 행복 등을 생각해서 만들어진 것이다.

④ 규칙은 법보다 덜 엄격하지만 다 같이 지키기로 한 행동 약속이다.

(2) 공공장소와 규칙

① 공공장소 : 여러 사람이 함께 이용하는 곳

② 규칙을 지켜야 하는 공공장소 : 놀이공원, 영화관, 도서관, 버스 터미널, 지하철, 학교 급식실, 야구장, 고속 도로 휴게소 등

③ 공공장소에서 규칙을 지켜야 하는 까닭

㉠ 모든 사람이 함께 편리하기 위해서이다.

㉡ 사람들 사이에 다툼이 일어나지 않도록 하기 위해서이다.

④ 공공장소에서 지켜야 할 규칙

㉠ 놀이공원에서는 쓰레기를 함부로 버리지 않는다.

㉡ 영화관에서는 휴대 전화를 끄거나 진동으로 한다.

㉢ 도서관에서는 뛰거나 장난을 치지 않는다.

㉣ 버스 터미널에서는 줄을 설 때 끼어들지 않는다.

(3) 도덕과 법

① 도덕은 인간 내면의 양심에 바탕을 둔 것으로 자율적으로 실천해야 하는 것이다.

② 법은 질서를 유지하고 정의를 실현함을 목적으로 하는 사회 규범이다.

③ 법의 밑바탕에는 도덕이 자리하고 있기 때문에 흔히 법은 최소한의 도덕이라고 말한다.

④ 도덕을 지키지 않을 경우에는 양심의 가책을 느끼고 사회적으로 비난을 받는다.
⑤ 법은 강제성을 지니고 있으며 만약 이것을 지키지 않는다면 처벌을 받을 수 있다.
⑥ 세상이 바뀌면 법도 새로 만들어지므로 새로 생겨나는 법에도 관심을 가져야 한다.

(4) 법과 규칙을 지키는 바른 태도

① 법과 규칙을 잘 지키는 사람은 법과 규칙을 존중하고 지키기 위해 끊임없이 노력한다.
② 다른 사람의 입장에서 생각하며 늘 자기 마음속의 양심의 소리에 귀를 기울인다.
③ 법과 규칙에 앞서 옳고 좋은 일이 무엇인지를 잘 생각하여 판단하고 행동한다.

06 공정한 생활

(1) 공정의 의미

① 모두에게 동등한 기회를 주는 것이다.
② 각자에게 그에 맞는 몫으로 나누는 것이다.
③ 가치에 맞게 알맞은 대우를 하는 것이다.

(2) 공정한 생활의 의미

① 공정한 생활을 하기 위해서는 다른 사람을 존중하고 상대의 입장에서 생각한다.
② 불공정한 일이 계속된다면 서로 불신하고 다툼이 많은 사회가 될 것이다.
③ 공정한 생활은 사람들 사이에 균형과 조화를 이루어 세상을 보다 바르고 아름다운 곳으로 만들어 준다.
④ **공정한 생활을 위한 원리** : 정당한 몫 받기, 존중하기, 다른 사람의 입장 생각하기, 경청하기, 약자 보호하기 등
⑤ 공정한 세상을 만들기 위해서는 누구나 제 몫을 받을 수 있어야 하고 개인적인 노력과 사회적인 노력이 함께 어우러져야 한다. 따라서 학교에서는 학급의 규칙을 잘 지키고 내 일을 미루지 않으면서 일상생활 속 공정하고 정의로운 일들을 실천해야 한다.

07 우리 모두를 위하여

(1) 공동체와 공동체 의식

① 공동체 : 다른 사람들과 생활이나 행동, 목적을 같이하는 집단

② 공동체 의식 : 나와 공동체가 떼려야 뗄 수 없는 밀접한 관계를 맺고 있으며 공동 운명을 지닌 존재라고 느끼고 생각하는 것

(2) 사익과 공익

① 사익 : 개인의 이익

② 공익 : 사회 전체의 이익

③ 공익과 사익이 충돌을 할 때 : 무조건적으로 공익만을 위해서 사익을 억누르는 것은 건전한 사회를 형성함에 있어 바람직하지 않고, 개인의 이익은 공동체의 이익과 조화를 이뤄야 한다.

(3) 공익을 추구해야 하는 까닭

① 우리는 공동체를 이루며 살아가기 때문에 자신의 이익뿐만 아니라 공공의 이익도 중요하다.

② 자기 혼자만이 아닌 다 함께 행복하게 살아야 하기 때문이다.

(4) 공익을 실천하기 위한 마음과 태도

① 다른 사람을 배려하는 마음을 가져야 한다.

② 서로 협동하는 마음을 가져야 한다.

③ 나라를 사랑하는 마음을 지녀야 한다.

④ 공공의 일에 관심을 가지고 참여해야 한다.

⑤ 개인의 다양성을 존중해야 한다.

⑥ 자원을 절약하는 습관을 가져야 한다.

(5) 생활 속에서 공익을 실천하는 방법

① 에너지를 절약한다.

② 주변의 이웃들에 대해서 무관심하지 않는다.

③ 어려운 처지의 이웃을 돕는다.

④ 국민으로서 해야 할 의무를 다한다.

⑤ 개인의 이익과 더불어 공동의 이익에도 관심을 기울인다.

03장 기출문제로 유형 잡기

01 바람직한 통일 한국의 모습이 아닌 것은?

① 남북한 모두가 주인이다.
② 남북한이 더불어 잘 산다.
③ 이산가족이 만나 서로 행복하게 살 수 있다.
④ 남북한 사람들이 서로 자유롭게 왕래하지 못한다.

정답잡기 통일이 되면 이산가족들이 만나서 함께 살 수 있고, 남한과 북한 주민은 자유롭게 왕래하며 만날 수 있다. 휴전선이 없어지면 시베리아 횡단 철도를 이용해서 유럽 여행을 갈 수 있다. 전쟁이 일어날 위험이 사라지고 모든 사람이 평화를 누리며 살 수 있다.

02 다른 문화를 이해하고 존중하는 태도로 바른 것은?

① 편견과 차별 없이 어울린다.
② 다른 문화는 무조건 받아들인다.
③ 다른 문화에 대해 관심을 갖지 않는다.
④ 피부색이 다른 친구를 이상하게 쳐다본다.

정답잡기 다른 문화를 이해하고 존중하는 태도는 자신의 문화를 중심으로 다른 문화를 이해하는 것이 아니라 상대방의 입장에서 편견과 차별 없이 문화를 이해하는 태도가 바른 문화 이해 태도이다.

03 인권 존중의 예로 적당하지 않은 것은?

① 버스 안의 노약자석
② 휠체어로 이동하기 어려운 계단
③ 가로로 낮게 설치된 어린이용 승강기 버튼
④ 살색에서 살구색으로 이름을 바꾼 크레파스

정답잡기 인권은 노약자나 장애인, 피부색에 상관없이 똑같이 존중을 받아야 한다. 이러한 예로는 대중교통의 노약자석이나 임산부석, 장애인이 휠체어를 이용하여 편하게 이동할 수 있는 통로, 살색을 살구색으로 바꿔 부르기, 양손 가위를 사용하는 것, 어린이를 배려한 승강기 버튼 등이 있다.

정답 01 ④ 02 ① 03 ②

04 다음에서 설명한 덕목을 실천한 사람은?

> 도덕 중에서 국가에 의해 누구나 지켜야 할 행동 규범이며, 지키지 않으면 처벌을 받는다.

① 학교에서 친구를 때리거나 따돌리는 사람
② 차가 출발하기 전에 안전띠를 착용한 사람
③ 다른 사람의 저작물을 허락 없이 내려받는 사람
④ 신호등이 빨간 불일 때 횡단보도를 건너가는 사람

정답잡기 법은 질서 유지와 정의 실현을 목적으로 하고 국가가 강제적으로 행사할 수 있는 사회 규범이고, 규칙은 여러 사람이 다 같이 지키기로 약속한 법칙을 말한다.
법은 지키지 않으면 처벌을 받고 규칙은 처벌받지 않는다는 차이가 있지만, 둘 다 사회의 질서와 안전을 유지하기 위해 만들어졌다는 공통점이 있다.
② 도로교통법에는 전 좌석 안전띠 매기에 대한 것을 정해 놓았다.

05 다음 (   )에 공통으로 들어갈 적절한 말은?

> (   )은 다른 사람을 공평하게 대하는 것입니다.
> (   )이란 모두에게 동등한 기회를 주는 것입니다.

① 공정　　② 근검
③ 선입견　　④ 녹색 성장

정답잡기 공정은 지위, 성별, 재산 등에 관계없이 동등한 기회를 주는 것이다. 차별 없이 모두에게 공평하게 기회를 주는 것이 공정한 생활의 첫걸음이다. 편견 없이 다른 사람을 존중하기, 부당한 대우를 받는 사람이나 사회적 약자들을 보호하기, 판단하기 전에 열린 자세로 모든 편의 이야기를 경청하기 등은 공정한 생활을 위한 원칙이다.

06 공익을 실천한 모습은?

① 도서관 책을 훼손하였다.
② 공원에 핀 예쁜 꽃을 꺾어서 가져왔다.
③ 아무도 보지 않아서 분리수거를 하지 않았다.
④ 학교 주변 정화 활동에 자발적으로 참여하였다.

정답잡기 공익이란 사회 전체의 이익을 말하고 사익이란 개인의 이익을 말한다. 공익을 위해 내가 할 수 있는 일에는 학교 주변의 정화를 위해 쓰레기 줍기, 에너지 절약하기, 다른 친구 돕기 등이 있다.

정답 04 ② 05 ① 06 ④

03 장 예상문제로 실력 잡기

1 둘이 아닌 하나 되기

01 다음 중 남북한이 평화 통일을 위해서 노력해야 할 점으로 적절하지 않은 것은?

① 경제 협력을 위한 제도를 만든다.
② 무기를 개발하여 서로를 위협한다.
③ 달라진 언어문화 차이를 이해하고 인정한다.
④ 예술 단체가 교류할 수 있는 기구를 운영한다.

02 다음 중 남북이 통일을 해야 하는 이유로 틀린 것은?

① 분단으로 인해 가족과 헤어져서 만나지 못하는 사람들을 위해서
② 많은 사람들이 전쟁의 위험 속에 살고 있기 때문에
③ 남북이 서로 자유롭게 오고 가지 못하고 있기 때문에
④ 우리나라 국토의 균형 발전과 부동산 발전을 위해서

03 평화 통일이 이루어지면 좋은 점은?

① 국토가 황폐화된다.
② 군사 비용이 늘어난다.
③ 전쟁의 공포가 심해진다.
④ 나라가 안정이 되어 더욱 발전한다.

04 통일을 위해 가져야 할 바람직한 태도는?

① 관심을 갖지 않는다.
② 무조건 남한만 잘 살면 된다.
③ 미워하지 말고 서로 화합한다.
④ 다른 나라가 하자는 대로 한다.

05 평화 통일을 준비하는 자세로 바르지 않은 것은?

① 이산가족을 위로한다.
② 탈북자와는 거리를 둔다.
③ 북한의 말을 이해한다.
④ 북한 동포를 돕는 일에 참여한다.

2 평화 통일을 위한 발걸음

06 평화 통일 이후에 기대되는 한국의 모습으로 가장 적절한 것은?

① 우수한 전통문화가 사라진다.
② 우리나라의 국토가 작아진다.
③ 우리말 대신 다른 언어를 사용한다.
④ 아시아와 유럽 대륙을 육로로 이동할 수 있다.

07 다음 중 통일이 되면 좋은 점과 거리가 <u>먼</u> 것은?

① 핵무기를 보유하는 등 군사력이 강해진다.
② 국토 면적이 확대되고 인구가 증가한다.
③ 이산가족의 슬픔이 해소된다.
④ 남한과 북한이 자유롭게 오갈 수 있다.

08 다음 중 통일 이후 달라질 모습과 거리가 <u>먼</u> 것은?

① 전통문화를 서로 교류하며 지켜 나갈 수 있다.
② 남한과 북한의 주민들이 자유롭게 왕래할 수 있다.
③ 남북 간의 경쟁이 깊어진다.
④ 시베리아 철도를 이용하여 유럽 여행을 할 수 있다.

09 다음 중 남북한의 평화적인 통일을 위한 노력으로 바람직한 것은?

① 남북이 서로 적대감을 갖는다.
② 서로 왕래하고 교류하는 일을 중단한다.
③ 대립보다는 이해와 협력으로 신뢰를 회복한다.
④ 남북한이 서로 문화가 다르다고만 주장한다.

3 다양한 문화, 조화로운 세상

10 다음 상황에서 한국 학생이 지녀야 할 자세로 가장 적절한 것은?

어떻게 처음 만난 사람과
껴안으며 인사하지?
〈외국인 학생〉
〈한국 학생〉

① 낯선 문화는 무시한다.
② 우리나라 인사법을 강요한다.
③ 다른 문화를 이해하고 존중한다.
④ 어색한 표정으로 뒤돌아서 외면한다.

11 ㉠에 공통으로 들어갈 말로 적절한 것은?

(㉠)(이)란 사람이 살아가는 다양한 생활 방식을 말합니다. 우리와 다른 (㉠)을/를 가진 사람을 이해하고 존중하는 것은 아름다운 일입니다.

① 갈등 ② 문화
③ 욕심 ④ 선입견

12 서로 다른 문화를 존중하는 자세로 적절한 것을 〈보기〉에서 고른 것은?

보기

ㄱ. 나와 다른 문화는 무조건 멀리한다.
ㄴ. 나와 종교가 다른 사람에게 편견을 갖는다.
ㄷ. 생김새나 생활 방식이 다른 사람을 이해한다.
ㄹ. 우리 주위에 다양한 문화가 존재함을 받아들인다.

① ㄱ, ㄴ ② ㄱ, ㄷ
③ ㄴ, ㄹ ④ ㄷ, ㄹ

13 다음의 상황에서 지우에게 필요한 태도로 알맞은 것은?

① 서로 다른 음식 문화를 존중한다.
② 식사 예절을 모르는 사람을 무시한다.
③ 수저의 사용을 다른 사람에게 강요한다.
④ 맨손으로 음식을 먹는 것에 대해 화를 낸다.

14 다음 〈보기〉에서 설명하는 용어는?

보기

- 공정하지 못하고 한쪽으로 치우친 사고나 견해이다.
- 나와 다르기 때문에 틀렸다는 생각이다.

① 자긍심 ② 차별
③ 관용 ④ 편견

15 다음 중 우리 생활에서 장애인에게 배려해야 할 내용으로 옳은 것은?

① 정상인과 다른 특별한 사람으로 대한다.
② 모든 일을 장애인 옆에서 대신해 준다.
③ 일반인과 같은 시설을 함께 사용하도록 유도한다.
④ 장애인이 일할 수 있는 시설을 갖추어 준다.

16 다음 중 다문화 사회에 필요한 태도로 옳지 않은 생각은?

① 문화가 다른 친구들이 자랑스러운 한국인으로 적응할 수 있도록 도와준다.
② 한국에 왔으면 외국인이라도 자신의 문화를 버리고 한국 문화에 적응해야 한다.
③ 얼굴이나 생활 방식이 다른 사람들도 이해하고 살아야 한다.
④ 우리와 다른 나라의 문화라도 존중하고 받아들여야 한다.

4 인권을 존중하며 함께 사는 우리

17 친구의 인권을 존중하는 태도로 옳은 것을 〈보기〉에서 고른 것은?

보기

ㄱ. 친구를 때리고 협박하기
ㄴ. 친구끼리 차별하지 않고 같이 놀기
ㄷ. 친구의 외모를 가지고 놀리지 않기
ㄹ. 친구의 돈을 빼앗고 집단으로 따돌리기

① ㄱ, ㄷ ② ㄱ, ㄹ
③ ㄴ, ㄷ ④ ㄴ, ㄹ

18 ㉠에 들어갈 말로 가장 적절한 것은?

○○초등학교 (㉠) 선언문

- 내 권리가 소중한 만큼 친구의 권리도 소중하다.
- 우리 모두는 자유롭고, 존엄하며, 평등하다.

① 인권 ② 청렴
③ 금연 ④ 절약

19 다음 중 가족의 인권을 존중하는 방법으로 적절한 것은?

① 가장 어린 동생의 말은 듣지 않는다.
② 누나의 방은 항상 노크 없이 들어간다.
③ 가족회의를 통해서 중요한 일을 결정한다.
④ 부모의 생각대로 자녀에게 공부를 강요한다.

20 다음에서 설명하고 있는 것은?

- 인간으로서 당연히 가지는 기본적인 권리이다.
- 인간은 누구나 평등하게 태어났으며 모든 사람은 존엄하게 대우받을 권리가 있다.

① 법 ② 국가
③ 규범 ④ 인권

21 다음 중 친구의 인권을 존중하는 실천 방법으로 적절한 것은?

① 친구의 잘못을 소문내기
② 도움을 요청한 친구 돕기
③ 친구가 싫어하는 말로 놀리기
④ 친구의 물건을 허락 없이 사용하기

5 모두 함께 지켜요

22 다음 중 규칙에 해당하지 <u>않는</u> 것은?

① 학교에서 복도를 걸을 때는 왼쪽으로 다닌다.
② 도둑질을 하는 사람은 벌을 받는다.
③ 놀이를 할 때는 정해진 방법에 따라 논다.
④ 횡단보도에서는 초록 불이 켜졌을 때 건넌다.

23 다음과 같은 경우는 무엇이 없을 때 일어나는 현상인가?

> • 혼란과 무질서가 만연한다.
> • 권력자나 부자들 마음대로 하게 된다.
> • 약삭빠르고 힘센 사람만 이익을 보게 된다.

① 돈　　② 법과 규칙
③ 신문　　④ 방송

24 다음 중 법과 규칙이 필요한 까닭은?

① 사람들의 권리를 보장해 주고, 책임과 의무를 다하도록 하기 위해서
② 사람들로 하여금 자기만 잘 살도록 부추기기 위해서
③ 사람과 사람 사이의 갈등을 일으키기 위해서
④ 사람들로 하여금 무질서하게 살도록 하기 위해서

25 법과 규칙이 하는 역할로 옳은 것은?

① 자기의 의무를 다하도록 한다.
② 사람들의 권리를 보장해 주지 않는다.
③ 사람과 사람 사이의 갈등을 일으킨다.
④ 무질서하고 불안한 사회를 만든다.

26 다음 중 법이나 규칙을 바르게 지킨 경우에 해당하는 것은?

① 도서관에서 뛰어놀기
② 박물관에서 조용히 하기
③ 마시고 난 음료수 병을 아무 데나 버리기
④ 차가 다니지 않을 때 무단횡단하기

27 다음 중 법을 지키지 않을 경우 나타나는 결과로 옳은 것은?

① 공정한 사회가 된다.
② 개인이 자유롭고 편안한 사회가 된다.
③ 사회가 불안하고 무질서해진다.
④ 서로 양보하고 이해해 줄 수 있는 분위기가 형성된다.

28 다음 중 법에 대한 설명으로 옳은 것은?

① 세상이 바뀌어도 법은 절대 바뀌지 않는다.
② 새로 생겨나는 법에 관심을 갖지 않는다.
③ 법은 지키지 않아도 처벌을 받지 않는다.
④ 조화로운 사회를 위해 만들어지며 법은 강제성이 있다.

29 다음 중 법과 규칙을 지키는 바른 태도로 옳은 것은?

① 교통 신호를 무시한다.
② 바쁠 때는 지키지 않아도 된다.
③ 자신에게 불리한 규칙은 지킬 필요가 없다.
④ 사소한 것이라도 지키려고 노력한다.

30 법과 규칙을 지키는 태도로 바른 것은?

① 누가 보고 있을 때만 지킨다.
② 사소한 규칙이라도 반드시 지킨다.
③ 법을 잘 알면 지키지 않아도 된다.
④ 모든 사람이 법을 지킬 필요는 없다.

31 교통 규칙과 관련하여 지녀야 할 바른 태도는?

① 벌금을 내지 않기 위해서 지킨다.
② 횡단보도가 아닌 곳으로 다닌다.
③ 사소한 규칙도 안전과 직결됨을 안다.
④ 차가 다니지 않을 경우 교통 신호를 무시한다.

6 공정한 생활

32 다음 중 공정한 생활로 가장 적절한 것은?

① 공연장에 새치기하며 입장한다.
② 학급 회의 시간에 골고루 발표 기회를 준다.
③ 체육 시간에 심판이 무조건 여학생 편만 든다.
④ 피구 경기에서 나와 친한 친구에게만 공을 준다.

33 다음에서 전달하고자 하는 내용으로 가장 적절한 것은?

① 공정한 세상을 만들자.
② 부패한 세상을 만들자.
③ 경쟁하는 세상을 만들자.
④ 불성실한 세상을 만들자.

34 공정한 행동에 해당하는 것은?

① 규칙을 지켜 축구하기
② 급식을 받을 때 순서를 무시하고 끼어들기
③ 내가 하기 싫은 일을 다른 친구에게 시키기
④ 학급 회의에서 친한 친구에게만 발표 기회 주기

35 다음 글에 나타난 문제로 가장 적절한 것은?

> 점심시간에 친구들과 함께 운동장에서 줄넘기 연습을 했다. 그런데 내가 줄넘기 줄에 자꾸 걸리자 한 친구가 "여자라면 몰라도 남자는 운동을 잘해야지."라며 놀렸다.
> '남자는 운동을 무조건 잘해야 하는 건가?'
> 그 이후로는 운동할 때 자신감이 떨어지고 친구들의 눈치를 보게 되었다.

① 성차별　　② 외모 차별
③ 인종 차별　　④ 종교 차별

36 다음 내용과 가장 관련 있는 것은?

> • 토론 시간에 공평하게 발표할 기회를 주는 사회자
> • 한쪽 편만 들지 않고 정확하게 판단하며 경기를 운영하는 심판

① 검소　　② 공정
③ 우정　　④ 애국심

37 다음의 설명에 해당되는 규범은?

> 우리가 무슨 일을 할 때, 어떤 사람이 특별히 억울한 일을 당하거나 부당하게 이익을 얻지 않도록 올바르게 판단하고, 이를 실천하는 것을 말한다.

① 친절　　② 봉사
③ 공정　　④ 질서

38 다음의 마음가짐은 어떤 생활을 위한 것인가?

> • 누구나 평등한 기회를 누릴 수 있도록 도와주겠다.
> • 나의 생각이나 행동이 어느 한쪽에 치우치지 않도록 하겠다.

① 공정한 생활
② 성실한 생활
③ 봉사하는 생활
④ 협동하는 생활

39 다음 사람들이 가져야 할 바람직한 태도는?

> • 판사
> • 축구 경기 심판
> • 미술 대회 심사위원

① 봉사심　　② 공정심
③ 애국심　　④ 인류애

40 다음 중 가장 공정한 행동을 한 사람은?

① 사람들의 이야기를 경청한다.
② 자기 마음대로 규칙을 바꾼다.
③ 나와 가족의 이익을 먼저 챙긴다.
④ 나와 친한 사람은 무조건 편든다.

7 우리 모두를 위하여

41 다음의 설명은 어떤 생활을 위한 다짐인가?

- 우리 반에서 친구들을 위하는 일을 하겠다.
- 우리 동네를 위하는 일을 하겠다.
- 나에게 이익되는 일이 혹시 다른 사람들에게 손해를 끼치지 않을지 생각해 보겠다.

① 정직한 생활
② 절제하는 생활
③ 민주적 절차 준수
④ 공익을 추구하는 생활

42 다음 중 학교에서 할 수 있는 공익 생활에 해당되지 않는 것은?

① 교실에 떨어진 쓰레기를 줍는다.
② 복도에서 질서를 지켜 조용히 걷는다.
③ 교실의 전등을 꺼 에너지를 절약한다.
④ 마을 회관을 깨끗이 한다.

43 다음과 같이 공공의 이익을 위한 생활을 실천한 인물은?

과학자의 연구 결과는 개인의 명예나 부를 위한 수단으로 이용되어서는 안 된다는 생각을 갖고 아무런 대가 없이 라듐 제조법을 과학계에 발표하여 공공의 이익을 위한 생활을 실천하였다.

① 공병우　　② 슈바이처
③ 퀴리 부부　　④ 아인슈타인

04 장 자연과 생명(책임)

01 내가 가꾸는 아름다운 세상

(1) 자연과 함께 하는 우리

① 인간과 자연과의 관계

㉠ 인간과 자연은 절대 떨어져서 존재할 수 없다.

㉡ 인간과 자연은 서로에게 영향을 미치는 관계이다.

㉢ 인간과 자연은 서로 도움을 주고받는 밀접한 관계이다.

② 자연이 인간에게 주는 고마운 것들

㉠ 살아갈 장소를 제공한다.

㉡ 깨끗한 공기를 제공한다.

㉢ 마시고 쓸 물을 제공한다.

③ 환경을 보호해야 하는 이유

㉠ 환경 오염은 기상 이변을 일으켜 사람들이 피해를 입는다.

㉡ 환경이 오염되면 동식물이 멸종될 것이다.

㉢ 지구가 점점 뜨거워지는 지구 온난화 현상이 나타나 물이 부족해지고 땅이 말라서 식량을 얻을 수 없게 된다.

㉣ 한번 파괴된 자연이 원래의 모습으로 돌아오기까지는 오랜 시간이 걸린다.

㉤ 환경이 오염되면 인간도 살아갈 수 없기 때문이다.

㉥ 자연과 조화를 이루며 살기 위해서이다.

(2) 환경 오염과 보호

① 음식물 쓰레기와 환경 오염

㉠ 음식물 쓰레기의 뜻

ⓐ 식품의 생산·유통·가공·조리 과정에서 발생하는 농·수·축산물 쓰레기

ⓑ 먹고 남은 음식 찌꺼기

㉡ 음식물 쓰레기가 증가하는 원인

ⓐ 푸짐한 상차림과 국물 음식을 즐기는 음식 문화

ⓑ 생활 수준의 향상과 식생활의 고급화로 외식의 증가

ⓒ 인구 및 세대수의 증가

㉢ 음식물 쓰레기의 문제점

ⓐ 환경 훼손

• 음식물 쓰레기에서 흘러나오는 오염 물질로 인해 토양을 오염시킴.

• 음식물 쓰레기 수거 시 악취 발생

• 폐수로 인해 수질 오염의 발생

• 음식물 쓰레기를 태울 경우 에너지 낭비 및 온실가스를 배출

ⓑ 경제적 낭비

• 식량 자원 가치 연간 약 18조 원(2005년 기준)

• 처리 비용 6천억 원 이상

ⓒ 사회적 문제

• 불필요하게 많은 반찬은 낭비적인 음식 문화로 인식하여 한식 세계화에 걸림돌

• 식량, 곡물 자급률이 낮아져 농·축·수산물 수입 증가

㉣ 가정에서 음식물 쓰레기를 줄이는 방법

ⓐ 1주일 단위로 식단을 구성한다.

ⓑ 장보기 전에 필요한 품목을 메모하여 구입한다.

ⓒ 낱개 포장 제품을 구입한다.

ⓓ 제철에 나오는 음식을 구매한다.

ⓔ 냉장고를 정기적으로 정리한다.

ⓕ 음식물 쓰레기를 재활용한다.

ⓖ 먹을 만큼만 음식물을 담고 남기지 않도록 한다.

(3) 환경 보호

① 환경 보호를 위한 실천 방법

㉠ 물과 관련된 환경 보호

ⓐ 양치질할 때 컵 이용하기

ⓑ 남은 음식 함부로 물에 흘려보내지 않기

ⓒ 세수할 때 세면대에 물을 받아 사용하기

ⓓ 샴푸, 린스 등 합성 세제는 적당량만 사용하기

ⓔ 기름이 묻은 그릇은 휴지로 닦아 낸 후 씻기

ⓕ 샤워 시간은 줄이고, 빨래는 모아서 하기

㉡ 에너지와 관련된 환경 보호

ⓐ 에어컨이나 난방기는 여름에는 26~28℃, 겨울에는 18~20℃로 유지하기

ⓑ 사용하지 않는 가전제품 플러그 뽑기

ⓒ 필요 없는 전등을 끄고, 절전형 전등으로 교체하기

ⓓ 4층 이하는 계단을 이용하기
ⓔ 냉장고 문을 자주 여닫지 않기
ⓕ 대중교통 이용하기
㉢ 기타
ⓐ 일회용품 사용 줄이기
ⓑ 빈 병과 캔은 보이는 대로 분리수거하기
ⓒ 급식은 적당량을 담아 먹고 남기지 않기
ⓓ 친환경 제품을 구매하기

② 친환경 제품과 환경 마크
㉠ **친환경 제품** : 만들 때 좋지 않은 재료가 적게 드는 제품, 사람과 자연에 나쁜 영향을 적게 주는 제품, 에너지를 적게 사용하는 제품
㉡ **환경 마크** : 환경 친화적인 상품에 대한 정부나 공인 기관의 인증 표시

(4) 녹색 생활

① 녹색 성장
㉠ 경제 성장과 환경을 함께 생각하면서 조화로운 발전을 위해 노력하는 것이다.
㉡ 에너지 소비와 환경 오염을 최소화하는 녹색 기술과 녹색 산업을 성장의 원동력으로 한다.
㉢ 자연재해를 일으키는 현상을 줄일 수 있다.
② **녹색 생활** : 에너지와 자원을 친환경적으로 이용하여 환경 오염을 줄이는 습관이다.
③ **녹색 소비** : 물건을 살 때 재활용이 가능한 제품으로 선택하여 구매하는 '환경'을 생각하는 소비 습관이다.

02 아름다운 사람이 되는 길

(1) 아름다움의 의미와 종류

① **아름다움의 의미** : 감동과 즐거움을 주어 우리를 행복하게 만들어 주는 것이다.
② 아름다움의 종류
㉠ 외면적 아름다움
ⓐ 외모에서 드러나는 아름다움으로 다른 사람의 관심을 받는다.
ⓑ 외면적 아름다움의 기준은 시대, 문화, 사람마다 다르다.
ⓒ **외면적 아름다움의 예** : 연예인(배우·기수·모델), 환하게 웃는 아기의 얼굴, 노을이 지는 풍경 등

ⓛ 내면적 아름다움
ⓐ 고귀하고 사랑스러운 것을 통해 느끼는 마음속의 아름다움이다.
ⓑ 내면적 아름다움은 노력하는 자세를 지니면 성공할 수 있고, 긍정적인 생활을 하며 어려운 일도 이겨 낼 수 있다.
ⓒ 내면적 아름다움의 예 : 책을 많이 읽은 사람이나 경험이 많은 사람에게서 느껴지는 교양이나 지성을 비롯하여 순수한 마음, 따뜻한 마음, 긍정적인 마음 등
ⓓ 내면적 아름다움을 갖춘 신사임당은 교양과 학문을 갖춘 예술인으로 율곡 이이의 어머니이다.

ⓒ 도덕적 삶의 아름다움
ⓐ 선하고 바른 생활에서 드러나는 아름다움이다.
ⓑ 도덕적으로 아름다운 삶을 살아가는 사람들이 많을수록 세상은 행복한 곳이 된다.
ⓒ 도덕적 아름다움의 예 : 매주 봉사 활동을 하는 이웃집 아저씨, 질서를 잘 지키는 내 친구 등

(2) 참된 아름다움

① **의미** : 참된 아름다운 사람이란 외면적 · 내면적 · 도덕적 삶의 아름다움을 고루 갖춘 사람이다.
② **참된 아름다운 사람의 예** : 밝은 웃음과 따뜻한 마음을 지니고 있고 이웃을 위해 꾸준히 봉사하는 사람

(3) 아름다운 사람이 되는 길

① **외면적 아름다움** : 유행을 따라가기보다 자신만의 개성이 돋보이게 옷 입기, 바른 자세로 앉기와 걷기, 1주일에 세 번 30분 이상 운동하기, 패스트푸드나 군것질 줄이기 등
② **내면적 아름다움** : 긍정적으로 생각하기, 1주일에 한 번씩 명상하기, 다양한 종류의 책 읽기, 좋은 음악을 1주일에 3일, 30분 이상 듣기 등
③ **도덕적 삶의 아름다움** : 한 달에 한 번 봉사 활동하기, 내가 맡은 1인 1역 완수하기, 내 실수와 잘못을 인정하고 사과하기, 옳은 가치의 신념이라면 타협하지 않고 지키기 등

03 크고 아름다운 사랑

(1) 사랑의 뜻

① 애틋하게 여겨 아끼고 위하는 마음이다.
② 윗사람이 아랫사람을 위해 정신적 또는 물질적으로 베푸는 마음이다.

③ 작은 잘못을 너그럽게 용서하고 감싸 주려는 마음이다.

(2) 성인들의 아름다운 사랑

① **예수의 사랑** : 무조건적으로 다른 사람에게 사랑을 베푸는 것을 말한다.

② **공자의 인(仁)**

㉠ 어질고 사람을 사랑하는 마음인 '인(仁)'은 공자의 중심 사상으로 자신의 사적인 욕심을 이겨 예로 돌아가는 것을 의미한다.

㉡ '예(禮)'란 인간의 도리와 예절을 의미한다.

㉢ 인(仁)은 공손하고 너그러우며 믿음이 있고 맡은 일을 잘하며 은혜로움이 있는 것이다.

③ **부처의 자비** : 남을 가엾게 여겨 사랑을 베풀고 기쁨과 평안함을 주는 것이다.

(3) 사랑, 인, 자비를 실천하는 것이 중요한 이유

① 세상에는 힘들고 도움을 필요로 하는 사람들이 많다.

② 어려운 사람들에게 조건 없이 사랑을 베푼다면 세상은 더욱 살 만한 세상이 될 것이다.

04 모두가 사랑받는 평화로운 세상

(1) 평화의 의미와 실천

① **평화의 의미** : '평화'는 폭력, 차별, 따돌림과는 반대 개념으로 전쟁과 싸움이 없는 상태이다.

② **평화의 중요성** : 전쟁이 일어나게 되면 많은 사람이 죽고 공공시설 및 산업 기반이 파괴되어 전기, 물 공급이 원활하게 되지 않을 것이다.

③ **세계 평화를 위해 학생으로서 할 수 있는 일** : 인권 운동에 동참하여 서명하기, 후원 단체를 찾아 용돈을 기부하기

(2) 인류애의 실천을 위한 노력

① **굿 네이버스** : 굶주림 없는 세상, 더불어 사는 세상을 만들기 위해 세계 여러 나라에서 전문 사회 복지 사업과 국제 구호 개발 사업을 벌이고 있다.

② **유니세프(UNICEF)** : 국제 연합 아동 기금으로 국적과 인종, 이념, 종교, 성별 등과 상관없이 도움을 필요로 하는 어린이가 있는 곳이면 어디든지 달려가 도움을 주고 있다.

③ **국경 없는 의사회** : 귀중한 인간의 생명을 지키고자 1971년 설립한 국제 민간 의료 기구 단체이다. 분쟁, 질병, 자연재해 등으로 고통받는 사람들과 의료 혜택을 받지 못하는 사람들에게 도움을 주고 있다.

④ **세계 보건 기구(WHO)** : 질병을 예방하여 세계인의 건강 증진을 위해 애쓰고 있다.

⑤ 한국 국제 협력단 : 원조를 받는 개발도상국이 필요로 하는 것을 파악하고 우리나라가 가장 효과적으로 도움을 줄 수 있는 방법을 찾아 인류애를 실천하고 있는 단체이다.

05 생명을 존중하는 우리

(1) 생명 존중의 의미

① 생명이 있는 존재를 아끼고 도와주고 사랑하는 것이다.

② 생명은 이 세상의 무엇보다도 소중하고 한 번 잃으면 다시 찾을 수 없으며 다른 것으로 대신할 수 없다.

(2) 생명을 존중하는 사람이 가져야 할 마음가짐

걱정해 주는 마음, 소중히 여기는 마음, 아끼려는 마음, 고마워하는 마음, 모든 생명을 소중히 여기는 마음 등

(3) 마음 신호등 3단계

① 빨간불

㉠ 멈추는 단계이다.

㉡ 자신이 하고 있는 말과 행동 또는 생각을 우선 멈추어야 한다.

② 노란불

㉠ 생각하는 단계이다.

㉡ 생명 존중의 관점에서 나의 말, 행동, 생각이 올바른 것인지 판단하고 어떻게 하는 것이 도덕적으로 바람직한 실천 방법이 될 수 있을지 모색하여 선택하는 과정까지를 포함한다.

③ 초록불

㉠ 실천하는 단계이다.

㉡ 생명 존중의 방법을 생각하고 바르게 판단한 것을 자발적인 행동으로 실천해야 한다.

06 도덕 공부와 행복한 우리

(1) 도덕 공부의 시작

① 도덕적인 생활의 좋은 점

㉠ 사람들과 사이좋게 지낼 수 있다.

㉡ 훌륭한 사람이 될 수 있다.

② 도덕적인 생활과 행복한 삶의 관계

㉠ 도덕적인 생활을 하면 나를 통해 다른 사람들이 행복해질 수 있다.

㉡ 도덕적인 생활은 세상을 당당하고 떳떳하게 살아갈 수 있는 힘을 길러 주어 행복해질 수 있다.

③ '바르고 착한 마음' 기르기

㉠ '바르고 착한 마음'은 저절로 길러지지 않는다.

㉡ 바르게 행동하고 바른 마음을 지니려는 노력을 통해 기를 수 있다.

④ 도덕 공부를 하는 까닭

㉠ 자기 자신의 행복과 발전을 위해서 도덕 공부가 필요하다.

㉡ 도덕 공부를 통해 훌륭한 사람이 될 수 있기 때문이다.

㉢ 많은 유혹이 거짓과 게으름으로 바르게 살아가는 것을 방해하기 때문에 도덕 공부를 통해 바르고 착한 마음을 꾸준히 지켜 가야 한다.

(2) 도덕 공부의 방법

① 도덕 공부의 내용

㉠ 바른 행동 규칙이나 사람의 도리를 깨치기

㉡ 깊이 생각하고 바르게 판단하기

㉢ 마음의 힘을 기르기

㉣ 규칙이나 도리를 실천하기

② 도덕 공부의 방법

㉠ 배우거나 스스로 깨치면서 아는 힘 기르기

㉡ 바르게 판단하고 결정하면서 생각하는 힘 기르기

㉢ 모범을 본받고 자신을 돌아보며 마음의 힘 기르기

㉣ 직접 실천하면서 행동의 힘 기르기

③ 정약용과 근면

㉠ 정약용이 공부할 때 근면해야 한다고 강조한 까닭

ⓐ 근면하면 공부를 파고들 수 있다.

ⓑ 근면하면 어려운 것을 갈고닦을 수 있다.

ⓒ 근면하면 실력을 갈고닦을 수 있기 때문이다.

㉡ 정약용이 말한 근면할 수 있는 방법

ⓐ 마음가짐을 굳건히 하고 줄기차게 노력해야 한다.

ⓑ 계획을 세우고 실천하도록 노력한다.

㉢ 도덕 공부를 하는 사람에게 근면함이 필요한 까닭

ⓐ 근면하지 않으면 무엇이든지 제대로 되지 않기 때문이다.

ⓑ 우리의 생활이 바로 도덕이기 때문에 항상 노력해야 한다.

ⓒ 한 번이라도 나쁜 일을 하면 도덕 공부를 한다고 말할 수 없기 때문에 항상 노력해야 한다.

④ 근면할 수 있는 방법

㉠ 마음가짐을 굳건히 하고 줄기차게 노력한다.

㉡ 계획을 세우고 실천하도록 노력한다.

04장 기출문제로 유형 잡기

01 (가)에 들어갈 질문지의 제목으로 적절한 것은?

나의 (가)	잘함 (3점)	보통 (2점)	부족 (1점)
1. 일회용품의 사용을 줄이려고 노력합니까?	√		
2. 샴푸와 세제의 사용을 줄이려고 노력합니까?	√		
3. 쓰레기를 분류하여 배출하고 있습니까?	√		

① 건강 지수 ② 하루 독서량
③ 친환경적 태도 ④ 인터넷 중독 지수

정답잡기 환경 보호와 녹색 성장을 위해서는 친환경 생활을 하여야 한다. 쓰레기 분리배출, 분리수거, 재사용(리폼)만 잘 지켜도 우리나라 쓰레기는 절반 가까이 줄어들 수 있을 것이다. 샴푸나 린스 등 합성 세제는 적당량만 사용하고 일회용품은 되도록 사용하지 않는 것이 좋다.

02 자연을 보호하는 모습이 아닌 것은?

① 쓰레기를 함부로 버린다.
② 물을 아껴 쓰고 깨끗하게 보존한다.
③ 일회용품을 무분별하게 사용하지 않는다.
④ 음식은 적당한 양을 담고 되도록 남기지 않는다.

정답잡기 환경 보호를 위해 우리가 할 수 있는 일들에는 친환경 제품 이용하기, 재활용 쓰레기 분리배출하기, 가까운 거리는 걷거나 자전거 이용하기, 냉장고 문 자주 여닫지 않기, 세수할 때 세면대에 물을 받아 사용하기, 사용하지 않는 전자 제품 플러그 뽑기, 일회용품은 되도록 사용하지 않기 등이 있다.

03 참된 아름다운 삶을 실천하는 행동이 아닌 것은?

① 약한 친구 괴롭히기
② 불우 이웃 돕기 성금 내기
③ 교내 봉사 활동에 참여하기
④ 다친 친구의 가방 들어 주기

정답잡기 약한 친구는 돕고, 친구를 차별하지 않는 것이 인권을 존중하는 참된 아름다운 자세이다.

정답 01 ③ 02 ① 03 ①

04 ㉠에 공통으로 들어갈 것은?

- ㉠ 은/는 공자의 중심 사상이다.
- ㉠ 은/는 사람을 어질게 대하는 것이다.

① 인 ② 책임
③ 자비 ④ 지식

정답잡기) 공자는 중국 춘추 시대의 인물이다. 어질고 사람을 사랑하는 마음인 '인(仁)'은 공자의 중심 사상으로 자신의 사적인 욕심을 이겨 예로 돌아가는 것을 의미한다. 인(仁)은 공손하고 너그러우며 믿음이 있고 맡은 일을 잘하며 사람을 어질게 대하는 것이다.

05 인류애를 실천하는 모습으로 바람직하지 않은 것은?

① 의료 혜택을 받지 못하는 사람들을 도와준다.
② 기아와 질병으로 고통받는 사람들을 외면한다.
③ 지진이 일어난 지역에 가서 구호 활동에 참여한다.
④ 교육 혜택을 받지 못하는 아이들을 위해 성금을 보낸다.

정답잡기) 인류애는 인종, 민족, 국적, 종교 등의 차이를 초월한 모든 인류에 대한 사랑을 말한다. 인류애의 실천은 명예와 부를 바라고 하는 일이 아니다. 기아와 질병 등 도움이 필요한 사람들을 적극적으로 도와 인류애를 실천하여야 한다.

06 다음에서 설명하는 단체는?

- 국제 의료 구호 단체
- 1999년에는 노벨평화상을 수상
- 전쟁, 기아, 질병, 자연재해 등으로 고통받는 사람들을 돕기 위해 만든 단체

① 그린피스 ② 국제 통화 기금
③ 국경 없는 의사회 ④ 국제 환경 운동 연합

정답잡기) 국경 없는 의사회는 귀중한 인간의 생명을 지키고자 1971년 설립한 국제 민간 의료 기구 단체이다. 분쟁, 질병, 영양실조, 자연재해, 인재로 고통받는 사람들과 의료 혜택을 받지 못하는 사람들을 찾아다니며 도움을 주는 단체로 1999년에는 노벨평화상을 수상하였다.

정답 04 ① 05 ② 06 ③

04 장 예상문제로 실력 잡기

1 내가 가꾸는 아름다운 세상

01 다양한 지구촌 문제를 해결하려는 자세로 적절하지 <u>않은</u> 것은?

① 인종 차별을 하지 않기
② 국제 구호 단체에 기부하기
③ 나와 다른 종교를 존중하기
④ 환경 문제에 관심을 가지지 않기

02 다음에 해당하는 지구촌 문제로 가장 적절한 것은?

〈녹고 있는 빙하〉 〈높아지는 해수면〉

① 층간 소음 ② 교통 체증
③ 빈부 격차 ④ 지구 온난화

03 지구촌이 겪고 있는 문제점이 <u>아닌</u> 것은?

① 전쟁과 난민
② 전염성 강한 질병
③ 국제 구호 단체 활동
④ 지구 온난화로 인한 이상 기후

04 다음 중 지구촌 문제가 <u>아닌</u> 것은?

① 전쟁으로 인한 굶주림
② 기후의 변화로 인한 가뭄
③ 환경 오염으로 높아지는 해수면
④ 서로에 대한 존중으로 더불어 행복한 지구촌

05 다음 중 자연을 사랑하는 태도를 가진 사람은?

① 샴푸를 많이 사용한다.
② 포장이 많은 선물을 산다.
③ 쓰고 난 식용유로 비누를 만든다.
④ 환경 마크가 표시된 상품은 사지 않는다.

06 다음 중 자연이 우리에게 주는 좋은 점으로 <u>틀린</u> 것은?

① 온도와 바람의 세기를 조절한다.
② 나무가 있어 공기를 깨끗하게 해 준다.
③ 도시의 소음을 증가시킨다.
④ 살균, 살충 작용을 한다.

07 다음 중 환경 보호를 위한 바른 태도는?

① 음식을 많이 남긴다.
② 쓰레기를 아무 데나 버린다.
③ 가까운 곳도 자동차로 간다.
④ 사용하지 않는 전등은 끈다.

08 **환경을 보호하고 아끼면 좋은 점은?**

① 홍수나 산사태가 자주 일어난다.
② 사람에게 필요한 맑은 물을 얻는다.
③ 공기가 오염되고 동식물이 멸종된다.
④ 기상 이변이 일어나 사람들이 피해를 입는다.

09 **다음 중 지구 환경의 오염으로 나타나는 현상이 아닌 것은?**

① 지구의 온도가 높아져 극지방의 빙하가 녹는다.
② 반딧불이가 많아져 운전에 방해가 된다.
③ 산성비가 내린다.
④ 스모그 현상이 발생해 눈병이나 호흡기 질환을 일으킨다.

10 **다음 중 환경 오염을 줄이기 위해 우리가 할 수 있는 일은?**

① 가까운 거리는 걸어 다닌다.
② 샴푸를 많이 쓴다.
③ 일회용품을 많이 쓴다.
④ 물건을 살 때 꼭 포장한다.

11 **다음 중 환경 보호를 위한 노력의 사례로 틀린 것은?**

① 자연 보호 운동을 한다.
② 농약을 많이 사용한다.
③ 환경 감시 활동을 한다.
④ 산림 보호를 위해 노력한다.

12 **다음 중 환경 보호를 위해 우리가 실천할 수 있는 사례로 틀린 것은?**

① 샤워 시간은 줄이고, 빨래는 모아서 한다.
② 기름이 묻은 그릇은 휴지로 닦아 낸 후 씻는다.
③ 사용한 건전지는 쓰레기통에 함께 버린다.
④ 냉장고 문을 자주 여닫지 않는다.

13 **다음에서 설명하는 내용으로 옳은 것은?**

> 환경을 생각하는 소비로, 물건을 살 때부터 재활용 제품, 포장을 많이 하지 않은 제품, 재활용이 가능한 제품 등을 선택하는 친환경적인 소비를 실천하는 것

① 녹색 교통 ② 친환경 마크
③ 녹색 소비 ④ 자원 재활용

2 아름다운 사람이 되는 길

14 **도덕적 삶의 아름다움을 실천하는 방법으로 적절하지 않은 것은?**

① 친구 배려하기
② 재능 기부하기
③ 다른 사람 무시하기
④ 바르고 고운 말 쓰기

15 **도덕 공부가 필요한 이유로 적절하지 않은 것은?**

① 도덕적 삶을 살기 위해서이다.
② 제멋대로 행동하기 위해서이다.
③ 올바른 마음을 기르기 위해서이다.
④ 바르게 판단하고 결정하기 위해서이다.

16 **내면적으로 아름다운 사람이 되기 위한 행동으로 적절하지 않은 것은?**

① 위인들의 본받을 점을 찾아본다.
② 매일 일기를 쓰며 나를 되돌아본다.
③ 나와 생각이 다른 친구의 의견을 무시한다.
④ 꿈을 이루는 데 도움이 되는 책을 꾸준히 읽는다.

17 **다음 중 도덕을 공부하는 방법으로 알맞지 않은 것은?**

① 바르게 판단하고 결정하기
② 가르침을 받거나 스스로 깨치기
③ 모범을 본받고 자신을 돌아보기
④ 깊이 생각하지 않고 감정에 따라 말하기

18 **다음 중 아름다운 사람이 되기 위해서 실천할 일을 〈보기〉에서 고른 것은?**

보기
ㄱ. 고운 말 사용하기 ㄴ. 실수한 친구 놀리기 ㄷ. 예의 바르게 행동하기 ㄹ. 쓰레기 함부로 버리기

① ㄱ, ㄴ　　② ㄱ, ㄷ
③ ㄴ, ㄹ　　④ ㄷ, ㄹ

19 **다음 중 내면적 아름다움에 해당되지 않는 것은?**

① 불쌍한 사람을 도와주려는 따뜻한 마음
② 긴 머리와 같이 외모에서 드러나는 아름다움
③ 불우한 환경을 이겨 낸 사람이 지닌 용기
④ 자신의 꿈을 이루기 위해 노력하는 성실한 마음

20 다음 중 참된 아름다움에 대한 설명으로 옳은 것은?

① 외모만 예쁘면 된다.
② 그림과 같은 예술 작품에만 아름다움이 있다.
③ 아름다움은 타고나는 것이다.
④ 겉모습과 내면의 아름다움이 모두 중요하다.

21 다음 중 다른 사람의 아름다움을 평가하는 올바른 방법은?

① 부정적이고 객관적인 시각으로 바라본다.
② 얼굴과 같은 첫인상이 중요하다.
③ 다른 사람의 다양한 모습을 인정한다.
④ 내면적 아름다움보다 외적인 아름다움을 찾는다.

22 다음 중 도덕적 삶의 아름다움과 관련된 사례는?

① 헬스장에서 매일 규칙적인 운동을 한다.
② 다양하고 많은 책을 읽기 위해 노력한다.
③ 유행에 따라 옷을 입는다.
④ 매주 봉사 활동을 한다.

3 크고 아름다운 사랑

23 다음 중 내가 사랑을 실천할 수 있는 방법으로 틀린 것은?

① 사회 복지 시설 늘리기
② 후원 단체를 찾아 용돈 기부하기
③ 아프리카 아기들을 위한 모자 뜨기
④ 인권 운동에 동참하여 서명하기

4 모두가 사랑받는 평화로운 세상

24 다음 중 평화로운 세상을 만들기 위한 태도로 옳은 것은?

① 힘없는 나라를 무시한다.
② 무기를 만들어 수출한다.
③ 잘사는 나라를 부러워한다.
④ 폭력을 쓰지 않고 서로 사랑한다.

25 다음 중 평화로운 세상을 만들기 위한 노력으로 바른 것은?

① 강대국의 입장을 따른다.
② 인간의 생명을 존중한다.
③ 피부색이 다르면 차별한다.
④ 나보다 약한 사람은 따돌린다.

26 다음 중 인류가 평화롭게 살아가는 방법이 아닌 것은?

① 자기 나라의 문화만이 최고라고 생각한다.
② 서로 다른 문화를 이해한다.
③ 어려운 일을 당하면 서로 돕는다.
④ 피부색은 달라도 똑같은 인간으로 생각한다.

5 생명을 존중하는 우리

27 다음 중 생명을 소중히 여기는 마음의 사례로 옳은 것은?

① 자신이 키우는 동물과 식물의 생명만 소중히 여긴다.
② 생명이 있는 모든 것을 소중히 여긴다.
③ 다른 사람의 생명을 소중히 여기지 않는다.
④ 동식물의 생명을 소중히 여기지 않는다.

28 다음 사람들의 공통점은?

- 의료 봉사 활동에 참여한 민아 아빠
- 동물 보호 활동에 참여한 민아 엄마
- ARS로 이웃 돕기를 실천한 민아
- 하굣길에 헌혈을 한 민아 오빠

① 생명 존중을 실천한 사람들
② 생명을 함부로 대하는 사람들
③ 자연 보호 활동에 참여한 사람들
④ 자신만의 이익을 추구하는 사람들

도덕 정답 및 해설

1장 자신과의 관계(성실)

예상문제로 실력 잡기

01 ①	02 ④	03 ②	04 ②	05 ③
06 ③	07 ②	08 ②	09 ②	10 ③
11 ④	12 ②	13 ④	14 ②	15 ④
16 ①	17 ①	18 ④	19 ④	20 ①
21 ①	22 ①	23 ①	24 ④	25 ①
26 ①	27 ③	28 ①	29 ③	30 ①
31 ④	32 ④	33 ①	34 ④	35 ④
36 ②	37 ①	38 ③	39 ①	40 ①

01 정답 ①
정직은 마음에 거짓이나 꾸밈이 없이 바르고 곧음을 의미한다.

오답피하기
② 무지 : 아는 것이 없음.
③ 검소 : 사치하지 않고 꾸밈없이 수수함.
④ 자만 : 자신이나 자신과 관련 있는 것을 스스로 자랑하며 뽐냄.

02 정답 ④
일기에서 나타난 마음은 마음에 거짓이나 꾸밈이 없이 바르고 곧음을 의미하는 정직과 관련 있다.

03 정답 ②
'성실'은 정성을 기울이는 마음, 최선을 다하는 자세를 뜻하는 '성'과 열매나 결실, 실속 있는 것을 뜻하는 '실'이 합쳐진 말이다. 청소를 열심히 하고 나면 보람을 느낄 수 있다.

04 정답 ②
성실이란 참으로 가치 있고 의미 있는 것들을 이루기 위해 거짓됨이 없이 정성과 최선을 다해서 노력하는 것을 뜻한다. '노자'는 모든 일은 기초를 튼튼하게 해야 하며, 어떤 일을 끝낼 때까지 인내심을 갖고 정성과 노력을 기울여야 큰일을 해낼 수 있다고 강조하였다.

05 정답 ③
성실이란 자신의 일에 정성(최선)을 다해 노력하는 것이다. 성실한 생활을 하기 위해서는 책임감, 인내심, 직업의식 같은 덕을 지녀야 한다.

06 정답 ③
성실한 생활은 자신에게 떳떳할 수 있으며, 보람과 긍지를 느낄 수 있다. 사람들을 기쁘게 해 주고, 주변 사람들에게 칭찬받을 수 있다.

07 정답 ②
성실한 나를 만들어 가기 위해서는 계획하고 실천하기, 그날 해야 할 중요한 일이나 하고 싶은 일을 생각해 보고 순서를 정하기, 세운 계획에 따라 최선을 다해 실천하기 등이 필요하다.

08 정답 ②
정직하지 않다면 마음이 불안해지고, 떳떳한 삶을 살 수 없다. 잘못된 유혹에 빠지면 진실로부터 멀어지고 요령을 택하게 된다.

09 정답 ②
정직한 행동은 숨김없이 행동하는 것으로 잘못을 솔직하게 말하는 것이다. 거짓말을 하지 않는 것이 정직한 행동이다.

10 정답 ③
정직한 행동을 해야 하는 이유는 정직하지 못하면 다른 사람이 나를 믿어 주지 않기 때문이다. 다른 사람이 자신을 믿지 않게 되면 외톨이가 되고, 결국에는 즐겁고 행복하게 살아갈 수 없다. 그리고 믿음은 한

번 깨지면 회복하기가 쉽지 않으며, 명랑한 세상이 만들어지지 않는다.

11 **정답** ④

'티끌 모아 태산, 공든 탑이 무너지랴, 무쇠도 갈면 바늘이 된다'는 성실과 관련된 속담이다.

④ '벼는 익을수록 고개를 숙인다.'는 '겸손'과 관련된 속담이다.

12 **정답** ②

근면 성실하고 정직한 사람이 되기 위해서는 하루만 반짝 열심히 하는 것이 아니라 매일 꾸준히 노력해야 한다. 또 중요한 일을 먼저 하는 습관을 가지며 자신이 계획한 대로 실천하는 자신과의 약속을 잘 지켜야 한다. 하기 싫은 일에 핑계를 대고 중요한 일을 미루게 되면 어느새 내가 원하는 일을 할 수 있는 기회를 잃게 된다.

② 다른 사람의 숙제를 베끼는 것은 성실한 생활과 거리가 멀다.

13 **정답** ④

근면 성실하고 정직한 사람이 되기 위해서는 무리하지 않고 중요한 일부터 먼저 하도록 해야 한다. 또 쉬운 목표부터 천천히 세워 나가는 것이 좋다.

14 **정답** ②

성찰(반성)은 자기 자신이 과거에 한 생각, 말, 행동에 대하여 잘못한 점, 모자람은 없었는지를 돌이켜 생각해보는 일을 의미한다.

오답피하기

① **비난** : 남의 잘못이나 결점을 책잡아서 나쁘게 말함.
③ **차별** : 둘 이상의 대상을 각각 등급이나 수준 따위의 차이를 두어서 구별함.
④ **포기** : 하려던 일을 도중에 그만두어 버림.

15 **정답** ④

반성은 자신의 잘못을 깨달아 그것을 개선해 나가는 과정으로 이어질 수도 있고, 자신의 장점을 발견하여 그것을 더욱 발전시키려는 노력으로 이어질 수도 있다.

16 **정답** ①

반성하는 생활을 통해 잘못된 점을 고쳐 더 나은 사람으로 발전할 수 있고, 잘한 점은 더욱 발전시켜 꿈을 이룰 수 있다.

17 **정답** ①

감정은 우리가 살아가며 어떤 대상이나 일에 대해 느끼는 기분이나 마음의 움직임이다. 감정의 종류에는 희(기쁨, 행복함), 노(화남), 애(슬픔, 외로움), 락(즐거움, 신남) 등이 있다.

18 **정답** ④

만일 우리 마음이 분노나 증오와 같은 부정적 감정으로 가득 차 있으면 마음의 평화를 얻을 수 없다. 마음의 평화를 추구하기 위해서는 부정적 감정을 잘 다스려야 한다.

19 **정답** ④

지구촌 이웃을 돕기 위해 실천할 수 있는 방법으로 기부나 모금하기, 지구촌 이웃의 어려움을 알리는 캠페인을 하기, 가까운 거리는 버스를 타지 않고 걸어가기 등이 있다.

20 **정답** ①

책임은 맡아서 해야 할 의무나 임무를 말한다. 내가 약속한 일을 지키는 것이다. 자신이 한 행동에 대한 책임은 내 방은 내가 치우기, 급식을 먹고 뒷정리하기, 밥을 먹은 후 설거지하기, 자고 일어나서 이부자리 정리하기 등이 있다.

21 **정답** ①

- **인류 공동체에 대한 책임** : 다른 나라의 어려운 친구 돕기, 공정 무역 상품 사용하기, 다른 나라 친구와 결연 맺기, 세계 평화에 관심 갖기 등
- **사회·나라에 대한 책임** : 공공질서 지키기, 독도

바로 알기, 문화유산 보호하기 등

- **생활 주변(가정, 학교, 이웃)에 대한 책임** : 노인정 방문하기, 학교 환경 정화하기, 집안일 돕기, 웃어른 공경하기, 소외된 친구에게 관심 갖기 등

22 정답 ①

독도를 지키기 위한 노력은 우리나라를 사랑하는 방법이다. 우리나라의 역사를 바르게 아는 것이 나라를 사랑하는 방법 중 하나이다.

23 정답 ①

간송 전형필은 나라에 대한 책임을 지고 일제 강점기의 어려운 시기에 우리나라의 문화재를 지키기 위해서 최선의 노력을 다하는 책임을 보여 주었다.

24 정답 ④

자아 존중은 자신이 사랑받을 만한 가치가 있는 소중한 존재이고 어떤 성과를 이루어 낼 만한 유능한 사람이라고 믿는 마음이 중요하다.

25 정답 ①

자긍심이란 자기 자신을 자랑스럽게 여기는 마음, 자신감을 가지고 당당한 자세로 말하고 행동하려는 마음을 말한다.

26 정답 ①

자긍심을 갖기 위해서는 긍정적인 생각, 적극성, 노력, 실천 의지, 분명한 목표, 나 자신을 사랑할 줄 아는 마음을 가져야 한다.

① 자만심이란 자신이나 자신과 관련 있는 것을 스스로 자랑하며 뽐내는 것이다. 이는 남에게 피해를 줄 수도 있다.

27 정답 ③

『명심보감』은 고려 충렬왕 때 문신 추적이 어린이들의 교육을 위하여 중국의 고전에 나온 성현들의 '좋은 말씀'과 '좋은 문장'들을 편집하여 만든 책이다.

절제의 사전적 의미는 '정도를 넘지 아니하도록 알맞게 조절하여 제한함'이다. 다시 말해, 모든 것을 분에 넘치지 않도록 조정한다는 뜻이다.

28 정답 ①

절제는 자신에게 필요한 만큼 알맞게 조절하여 적당한 때에 스스로 멈추는 것이다. 모든 것을 분에 넘치지 않도록 알맞게 조절한다는 뜻이다.

29 정답 ③

절제하는 생활을 하면 기분이 좋고 즐겁다. 절제된 생활의 사례에는 사고 싶어도 바로 사지 않고, 산 뒤에는 가계부에 적기, 기분 나쁜 일이 있어도 참기 등이 있다.

30 정답 ①

절제하는 생활을 실천하기 위해서는 텔레비전을 오래 시청하지 않고 자신이 정한 프로그램만 보고, 컴퓨터 게임도 정해진 시간만 이용한다.

31 정답 ④

절제하는 생활을 하면 기분이 좋고 즐겁다. 감정 절제를 바르게 하면 자신과 타인에게 긍정적인 영향을 준다.

32 정답 ④

물건을 낭비하면 돈과 소중한 자원이 낭비된다. 그리고 쓰레기가 많아져서 환경이 오염되고 정작 필요할 때 물건을 사용할 수 없게 된다.

④ 물건을 낭비하면 인기가 많아지는 것은 아니다.

33 정답 ①

'과유불급(過猶不及)'은 지나친 것은 미치지 못한 것과 같다라는 의미로, 무절제의 문제점을 강조한 말이다.

오답피하기

②, ③, ④는 성실한 생활과 관련된 속담이다.

34 정답 ④

분노하는 감정을 다스릴 때에는 남들의 생각이나 행

동도 살피고 스스로도 분노의 마음을 진정시키기 위해서 다양한 방법으로 노력한다.

④ 자신과의 의견이나 입장이 다르더라도 다른 사람의 의견이나 입장을 듣고 이해하는 자세가 필요하고, 자신의 주장만을 내세우는 일은 하지 않아야 한다.

35 정답 ④

분노를 다스리는 방법으로는 규칙 세우기, 주위 사람들에게 도움받기, 빨리 걷기, 음악 듣기, 그림 그리기, 운동하기, 스트레칭하기, 노래하기 등이 있다.

36 정답 ②

자주란 남의 보호나 간섭을 받지 아니하고 자기 일을 스스로 처리하는 것을 의미한다.

오답피하기

① **수동** : 스스로 움직이지 않고 다른 것의 작용을 받아 움직임

③ **포용** : 남을 너그럽게 감싸 주거나 받아들임

④ **폭력** : 남을 거칠고 사납게 제압할 때에 쓰는, 주먹이나 발 또는 몽둥이 따위의 수단이나 힘

37 정답 ①

자주적인 생활을 실천하기 위해서는 적극적인 생활 태도, 노력, 열정, 도덕적인 마음, 실천 의지 등이 필요하다.

38 정답 ③

내 삶의 주인공이 되기 위해서는 내가 진정 원하는 것과 내가 할 수 있는 것이 무엇인지 알고, 이에 맞는 삶의 목적을 스스로 설정해야 한다.

39 정답 ①

자주(自主)는 남의 보호나 간섭을 받지 않고 자기 일을 스스로 처리하는 것을 의미한다.

40 정답 ①

자주적인 생활을 실천하기 위해서는 할 일을 미루지 않고 또 친구에게 의지하기보다는 스스로 해낼 수 있는 힘을 길러야 한다.

2장 타인과의 관계(배려)

예상문제로 실력 잡기

01 ④	02 ④	03 ②	04 ①	05 ④
06 ③	07 ①	08 ①	09 ③	10 ②
11 ②	12 ①	13 ④	14 ①	15 ②
16 ②	17 ④	18 ④	19 ①	20 ②
21 ④	22 ③	23 ②	24 ④	25 ③
26 ④	27 ①	28 ①	29 ②	30 ②
31 ②	32 ③	33 ②	34 ③	35 ①
36 ③	37 ①	38 ①	39 ①	

01 정답 ④
사이버 공간에서는 멀리 떨어진 다른 나라에 사는 사람과도 자유롭게 교류할 수 있다.

02 정답 ④
사이버 공간의 긍정적인 면은 시간과 공간의 제약을 극복할 수 있다는 것이다. 가상 공간을 통해 멀리 있는 사람과의 의사소통이 편리하다.

03 정답 ②
'선플 달기 운동'은 사람들에게 큰 고통과 피해를 주는 악플 대신 격려와 용기를 주는 선플을 달아 주자는 것이다.

04 정답 ①
제시된 상황에서 발생한 갈등의 원인은 휴대 전화 사용 시간과 관련 있다.

05 정답 ④
인터넷 사용시에는 문법에 맞는 표현과 올바른 맞춤법을 사용한다. 사실과 다른 내용을 올리지 않고, 같은 글을 여러 번 반복해서 올리지 않아야 한다. 또 상대방의 허락 없이 개인 정보를 함부로 이용해서는 안 된다.

06 정답 ③
중독 증세는 혼자 해결하기 어렵기 때문에 가족, 선생님, 그 밖의 전문센터의 도움을 받아야 한다.

07 정답 ①
사이버 예절이 중요한 이유는 인터넷에 거짓된 정보가 퍼지면 잘못된 정보로 인하여 피해를 보거나 틀린 내용으로 인하여 곤란해지는 상황이 생길 수 있고, 정보가 매우 빠르게 퍼지며 수습이 힘들어서 더욱 조심하여야 한다.

08 정답 ①
정보 사회는 다양한 의견과 정보를 시간과 공간의 제약 없이 주고받을 수 있는 장점을 가지고 있다.

09 정답 ③
정보를 쉽고 빠르게 찾을 수 있으며, 다른 나라에서 일어난 일도 빠르게 알 수 있다. 그러나 정보 사회는 사이버 폭력이나 게임 중독과 같은 나쁜 점을 가지고 있다.

10 정답 ②
저작권은 사람들이 만든 창작물에 대한 보호 권리를 뜻한다. 사진, 동영상, 음악, 그림, 시, 소설 등 자신의 창의적인 생각을 담아 만든 무형의 재산이 쉽게 도용되기 때문에 이를 보호해 주기 위한 약속이다.

11 정답 ②
'이웃'이란 공동체 구성원으로서 나와 서로 영향을 주고받으며 함께 살아가는 우리 주변의 사람들을 말한다.

12 정답 ①
이웃 간에 지켜야 할 기본 예절로는 이웃을 존중하며, 공손하고 반갑게 인사를 한다. 이웃에게 피해가 되는 행동들은 하지 않도록 노력하며, 다른 사람의 처지를 생각하며 서로 배려한다.

13 정답 ④

이웃 간에는 공손하고 상냥하게 인사한다. 그리고 이웃에게 피해가 되는 행동들은 하지 않도록 노력한다. 또 다른 사람의 처지를 생각하며 서로 배려한다.

14 정답 ①

이웃과 화목한 생활을 하기 위해서는 최대한 피해를 주지 않도록 서로 노력해야 한다. 이웃과 화목하게 지내기 위해서는 이웃을 아끼고 사랑하며, 이웃의 처지를 생각할 줄 아는 마음을 가져야 하고, 이웃 간에 배려하며 도와주어야 한다.

15 정답 ②

이웃에는 방문의 목적과 일정을 미리 알린 후 웃어른께 먼저 인사를 한 다음 목적을 수행한다. 음식 대접을 받은 경우에는 감사의 말씀을 드린다.

16 정답 ②

마을 앞 버스 정류장에서 차례 지키기, 재활용품 분리배출하기 등은 이웃과의 질서를 지키기 위한 하나의 약속이다.

오답피하기

어려운 일이 있을 때 도와주거나 기쁜 일이 있을 때 축하해 주는 것은 상부상조의 실천 방법이다.

17 정답 ④

상부상조(相扶相助)는 서로 의지하고 서로 돕는다는 뜻이다. 밤늦은 시간에 악기를 연주하거나 큰 소리를 내지 않기, 애완동물과 공공장소를 산책할 때에는 배설물을 잘 치우기 등은 질서와 준법정신에 대한 내용이다.

18 정답 ④

모내기와 벼 베기에는 많은 노동력이 필요하므로 우리 조상의 협동 사례라고 할 수 있다.

오답피하기

① 거짓 : 사실과 어긋난 것 또는 사실이 아닌 것을 사실처럼 꾸민 것
② 위법 : 법률이나 명령 따위를 어김
③ 조롱 : 비웃거나 깔보면서 놀림

19 정답 ①

협동은 많은 사람들이 편하고 즐겁게 힘든 일도 덜 힘들게 할 수 있다. 다른 사람과 힘을 모으면 더 큰 일을 할 수 있으며 다른 사람과 친해질 수 있어 함께 하는 즐거움이 더 커진다.

20 정답 ②

협동을 하기 위해서는 공동체 의식을 고취시키고 공동의 목표를 달성하기 위해 역할을 분담하고 맡은 역할에 책임을 다한다. 그리고 의사소통을 통해 서로 배려하고 구성원을 신뢰하도록 한다. 또 타인을 믿고, 존중하며 서로 돕고 의지해야 한다.

21 정답 ④

조상들의 협동 사례로 계는 회원 간에 친목을 유지하고 어려운 회원에게 경제적인 도움을 주기 위해 만든 조직이다. 그리고 품앗이는 이웃끼리 서로 힘든 일을 돌아가면서 함께 도와주던 것을 말한다. 또 두레란 농촌에서 농사일을 공동으로 하기 위하여 마을 단위로 둔 조직이며, 향약은 향촌 규약이다.

22 정답 ③

협동에 대한 속담에는 '종이도 네 귀를 들어야 바르다', '두 손뼉이 맞아야 소리가 난다', '손이 많으면 일도 쉽다', '개미가 절구통을 물어 간다' 등이 있다.

③ '낮말은 새가 듣고 밤 말은 쥐고 듣는다.'는 말은 말조심을 해야 한다는 뜻이다.

23 정답 ②

예절이란 사람들이 서로 존중하며 더불어 살아가는 데 필요한 마음가짐과 몸가짐을 표현하는 것이다.

오답피하기

① 불평 : 마음에 들지 아니하여 못마땅하게 여김
③ 절약 : 함부로 쓰지 아니하고 꼭 필요한 데에만 써서 아낌

④ 참견 : 자기와 별로 관계없는 일이나 말 따위에 끼어들어 쓸데없이 아는 체하거나 이래라저래라함

24 정답 ④

웃어른에 대한 공경의 방법에는 대중교통을 이용할 때 자리를 양보하기, 존경의 마음을 담아 공손히 인사하기, 웃어른과 함께 시간을 보내며 대화와 활동을 함께하기, 어른의 물건을 들어 드리기, 모르시는 것이 있으면 친절하게 가르쳐 드리기 등이 있다.

25 정답 ③

공과 경이 모여서 만들어진 말로 공(恭)은 '공손하다, 조심하다, 섬기다'라는 뜻이 담겨 있고, 경(敬)은 '정중하다, 예의 바르다'라는 뜻이 담겨 있다. 선생님을 마주치게 되면 공손하게 인사를 하고, 길을 모르고 헤매는 웃어른을 보면 피하지 말고 내가 알고 있는 곳이면 알려 드리고 모르는 곳이면 주위의 어른들께 도움을 청한다. 버스나 지하철에서 노약자를 만나게 되면 자리를 양보하는 것이 공경을 실천하는 일이다.

26 정답 ④

- 공경 – 웃어른을 받들어 모시는 것
- 효도 – 부모님을 정성껏 잘 섬기는 것
- 자애 – 아랫사람에게 사랑을 베푸는 것
- 존중 – 높이어 귀중하게 대하는 것

27 정답 ①

갈등을 평화적으로 해결하기 위해서는 공감, 존중, 도덕적 대화 방법 등이 있다.

28 정답 ①

나눔과 봉사는 자발적인 의도에서 사회나 다른 사람을 위하여 힘을 다해 애쓰는 것이다.

29 정답 ②

사이버 공간에서는 타인에 대한 배려와 사생활을 보호하고 책임 있는 행동을 해야 한다.

② 음악 파일을 불법으로 내려받는 행동은 타인의 지적 재산권을 침해하여 창작자의 인격을 훼손하고 창작 동기를 저하시킨다.

30 정답 ②

이웃을 향한 관심과 배려를 더욱 적극적으로 실천하는 방법의 하나가 바로 '봉사'이다.

31 정답 ②

갈등을 평화롭게 해결하려면 먼저 합리적으로 의사소통하려는 자세를 지녀야 한다. 갈등 상황에서는 감정을 앞세우기보다 이성적으로 판단하고 대화를 통해 바람직한 해결책을 찾도록 노력해야 한다.

32 정답 ③

나눔과 봉사는 우리가 어려운 이웃을 도울 수 있는 좋은 방법이다. 우리 한 사람 한 사람이 십시일반의 마음으로 봉사에 나선다면, 더 많은 이웃에게 따뜻한 위로와 실질적인 도움을 전할 수 있다.

33 정답 ②

봉사란 개인이나 집단이 자발적으로 타인을 돕거나 사회에 기여하는 무보수의 계획적이고 지속적인 활동을 뜻한다.

34 정답 ③

봉사란 개인이나 집단이 자발적으로 타인을 돕거나 사회에 기여하는 무보수의 계획적이고 지속적인 활동을 뜻한다.

35 정답 ①

갈등은 개인이나 집단 사이에 목표나 이해관계가 달라 서로 적대시하거나 충돌함, 또는 그런 상태를 의미한다. 갈등을 해결하기 위해서는 자기중심적인 태도를 버리고 입장을 바꾸어 다른 사람의 입장을 이해하여야 한다.

36 정답 ③

대화는 서로의 생각과 마음을 드러내어 말하면서 상

대를 깊이 이해할 수 있어 갈등의 원인을 해결할 수 있다. 올바른 대화의 방법은 상대방의 감정을 이해하려고 노력하고, 서로 양보하는 방법에 대해 함께 이야기하는 것이다.

37 정답 ①

또래 중재자란 갈등이 발생했을 때 또래의 친구가 객관적인 입장에서 다른 친구들과의 갈등을 해결하도록 도와주는 사람이다.

38 정답 ①

봉사는 자발적으로 사회나 다른 사람을 위하여 힘을 다해 애쓰는 것이다. 봉사는 스스로 하는 활동이므로 책임감을 가지고 맡은 일에 최선을 다한다. 또 도움을 받는 사람의 자존심이 상하지 않게 친절하게 대한다.

39 정답 ①

봉사할 때는 어떤 도움이 필요한지 정확하게 파악하여 도와주려고 노력하는 것이 좋다. 책임감을 가져야 하며, 오랜 시간 봉사할 경우에는 처음에 가졌던 마음을 잃지 말아야 한다.

3장 사회 · 공동체와의 관계(정의)

예상문제로 실력 잡기

01 ②	02 ④	03 ④	04 ③	05 ②
06 ④	07 ①	08 ③	09 ③	10 ③
11 ②	12 ④	13 ①	14 ④	15 ④
16 ②	17 ③	18 ①	19 ③	20 ④
21 ②	22 ②	23 ②	24 ①	25 ①
26 ②	27 ③	28 ④	29 ④	30 ②
31 ③	32 ②	33 ①	34 ①	35 ①
36 ②	37 ③	38 ①	39 ②	40 ①
41 ④	42 ④	43 ③		

01 정답 ②

통일 한국은 자유, 평등 등 보편적 가치를 추구하고, 자유 민주주의 체제에서 자유로운 경제 활동을 하며, 민족 문화를 발전시키고, 주변 국가와 평화로운 관계를 만들어 나가야 한다.

02 정답 ④

많은 사람들이 전쟁의 위험 속에 살고 있으며, 이산가족들이 만날 수 없어 그리워하며 살고 있다. 또 남북이 서로 자유롭게 오고 가지 못하고 있으므로 통일을 이루어야 한다.

④ 땅값과 관련된 부동산 문제는 통일과 관련이 없다.

03 정답 ④

통일이 주는 좋은 점은 국방비 지출이 감소하고, 전쟁의 위협이 사라진다는 점이다. 그리고 남한의 자본과 기술이 북한의 노동력, 지하자원과 결합하여 나라가 더욱더 부강해진다.

04 정답 ③

통일을 위해서는 우리만 생각하거나 미워하지 말고 끊임없이 교류하고 평화적인 대화의 장을 마련해야 한다.

5 정답 ②

평화 통일을 위해서는 북한에서 온 사람들을 이해하고 배려해 주는 자세가 필요하다. 남한과 북한이 서로 아끼고 이해하는 마음을 갖추고 튼튼한 안보 의식을 갖추어야 한다.

6 정답 ④

평화 통일 이후 우리는 우수한 전통문화를 서로 교류하며 지켜나갈 수 있고, 시베리아 철도를 이용하여 유럽 여행을 할 수 있다.

7 정답 ①

통일이 되면 이산가족의 슬픔이 해소되며, 전쟁의 위협이 사라진다. 그리고 남한과 북한이 자유롭게 오갈 수 있고, 국방비 지출이 감소한다. 국토 면적이 확대되고 인구가 증가하며, 남한의 자본과 기술이 북한의 노동력, 지하자원과 결합하여 나라가 부강해진다.

8 정답 ③

통일이 되면 이산가족들이 만나서 함께 살 수 있고, 남한과 북한의 주민들이 자유롭게 왕래할 수 있다. 휴전선이 없어지면 시베리아 철도를 이용하여 유럽 여행을 할 수 있으며, 우수한 전통문화를 서로 교류하며 지켜 나갈 수 있다.

9 정답 ③

통일을 위해서는 남북한이 대립 관계를 넘어 서로를 인정하고 함께 발전하기 위해 여러 가지 교류와 협력을 하여야 한다. 그리고 남북한이 서로에 대한 믿음을 바탕으로 평화로운 관계를 맺으며 하나의 공동체를 이루기 위한 여러 가지 제도와 기구를 만들어 운영하여야 한다.

10 정답 ③

서로 다른 문화와 어울려 살기 위해서는 다른 문화를 이해하고 인정하며 존중하고 배려해야 한다.

11 정답 ②

문화란 한 인간 집단의 생활양식을 의미한다. 그 결과 우리는 다양한 문화적 배경을 가진 사람들이 함께 살아가는 다문화 사회에 살고 있다.

오답피하기

① **갈등** : 생각이나 입장이 달라서 서로 대립하거나 다투는 상태

④ **선입견** : 미리 보거나 들은 것으로 생각이 고정되어 다른 의견은 받아들이지 않는 것

12 정답 ④

ㄱ, ㄴ은 문화 간 갈등을 일으키는 원인으로 다른 문화에 관한 지식이 부족해서 생기는 오해나 편견으로 갈등이 일어나기도 하고, 자기 문화를 기준으로 다른 문화를 판단할 때에도 갈등이 일어날 수 있다.

13 정답 ①

문화는 서로 존중해야 하며 우리 문화를 기준으로 다른 나라의 문화를 수준이 낮다고 비난하거나 이상하다고 평가해서는 안 된다. 우리나라의 문화만이 최고라고 생각하기보다는 각각의 문화가 고유한 가치가 있으므로 있는 그대로 이해하고 존중해야 한다.

14 정답 ④

편견이란 공정하지 못하고 한쪽으로 치우친 사고나 견해를 말한다. 어떤 특정의 집단이나 개인에 대해 충분한 지식이나 경험을 갖기 전에 형성된 나쁜 감정, 부정적인 평가, 적대적인 말과 행동을 뜻한다.

15 정답 ④

특별한 사람으로 대하기보다는 장애인은 정상인과 똑같이 생각하고 대해 주는 것을 가장 원한다. 장애인의 신체적 조건에 맞는 시설을 갖추어 주면 정상인과 같은 활동을 할 수 있다.

16 정답 ②

다양성의 시대에 살고 있으며, 많은 배경 속에서 생겨난 이러한 다양함을 인정하는 것이야말로 지구촌

시대를 살아가는 구성원으로 가져야 할 필수 덕목이다. 또한 일상생활 속의 작은 편견과 차별부터 고쳐 나가도록 해야 한다.

17 정답 ③
인권은 인간의 존엄성을 유지하며 인간답게 살 기본적 권리로 친구의 인권을 존중하고 인권을 보장하기 위해 함께 노력해야 한다.

18 정답 ①
인권은 모든 인간이 존엄하게 살아가는 데 필요한 권리이다. 인권은 우리가 인간이기에 가지는 도덕적 권리로, 누구도 함부로 빼앗을 수 없으며 스스로 포기할 수도 없는 권리이다.

19 정답 ③
가족의 인권을 존중하기 위해서는 가족들과 대화를 나누기 위해 노력하고 그 과정에서 가족의 마음을 이해하려는 자세를 지녀야 한다.

20 정답 ④
인권은 성별, 인종, 종교, 민족, 사회적 신분 등에 관계없이 인간이라면 누구에게나 적용되어야 하는 보편적 가치로, 인간이 태어나면서부터 지니는 권리라는 의미에서 천부 인권이라고 한다.

21 정답 ②
친구 간에도 배려하는 마음, 사랑하는 마음, 존중하는 마음, 상대방의 입장을 생각하는 마음으로 예의를 지켜야 한다.

22 정답 ②
규칙은 여러 사람이 다 같이 지키기로 약속한 법칙을 말한다. 법은 지키지 않으면 처벌을 받고 규칙은 처벌받지 않는다는 차이가 있지만, 둘 다 사회의 질서와 안전을 유지하기 위해 만들어졌다는 공통점이 있다. ② 도둑질하는 행위에 대한 처벌은 법에 해당된다.

23 정답 ②
법과 규칙은 우리가 지켜야 할 의무에 해당한다. 법과 규칙을 잘 지키면 모두에게 이익이 되며 안정되고 질서 있는 사회를 만들 수 있다. 법과 규칙은 사람이나 집단 사이의 갈등과 다툼을 해소한다.

24 정답 ①
법과 규칙은 우리가 지켜야 할 책임과 의무에 해당한다. 법과 규칙을 잘 지키면 사람들의 권리를 보장해 줄 수 있고, 안정되고 질서 있는 사회를 만들 수 있다.

25 정답 ①
법과 규칙은 모두의 생명과 안전을 지키며, 개인과 집단 간의 갈등을 해소하여 질서 있는 사회를 만들어 준다. 법과 규칙은 우리가 지켜야 할 책임과 의무에 해당한다.

26 정답 ②
사회와 나라에서 지켜야 할 약속에는 공공장소에서의 질서와 규칙이 있다. 공공장소에서 지켜야 할 질서와 규칙을 공중도덕이라고 한다. 공공장소에서 지켜야 할 공중도덕에는 횡단보도로 길 건너기, 대중교통 이용할 때 질서 지키기, 도서관이나 박물관에서 큰 소리로 떠들거나 뛰어다니지 않기 등이 있다.

27 정답 ③
법은 무질서한 사회를 바로잡고 누구든지 자기의 의무를 다하도록 하며, 질서 있고 안전한 사회를 만든다.

28 정답 ④
법은 강제성을 지니고 있으며 만약 이것을 지키지 않는다면 처벌을 받을 수 있다. 또한, 세상이 바뀌면 법도 새로 만들어지므로 새로 생겨나는 법에 관심을 가져야 한다.

29 정답 ④
법과 규칙은 작고 사소한 것이라도 항상 지켜야 한다는 마음을 갖는다. 또 법과 규칙을 잘 지키는 사람은 법과 규칙을 생각하며 다른 사람의 처지에서 생각한다. 법과 규칙을 잘 지키면 서로를 배려하고 다툼이 사라진다.

30 정답 ②
법과 규칙을 잘 지키는 사람은 법과 규칙을 존중하고 지키기 위해 끊임없이 노력한다. 사소한 규칙이라도 반드시 지키며, 다른 사람의 입장에서 생각하고 늘 자기 마음속의 양심의 소리에 귀를 기울인다.

31 정답 ③
법과 규칙은 사람이나 집단 사이의 갈등과 다툼을 해소한다. 법과 규칙은 작고 사소한 것이라도 항상 지켜야 한다는 마음을 가져야 한다.

32 정답 ②
공정한 생활은 각자의 존재를 인정하며 차별 없이 대하고 다른 사람을 차별하지 않도록 적극적으로 노력하는 생활이다.

33 정답 ①
정의로운 사회는 사회 정의를 실현한 사회로, 공정한 사회 규칙이나 제도를 마련하여 사회 구성원을 공평하고 차별 없이 대우하는 사회이다.

34 정답 ①
공정은 어느 쪽으로도 치우치지 않고 고르고 올바름을 의미한다.
②, ③, ④는 공정하지 못한 행동이다.

35 정답 ①
성 역할에 관한 고정 관념은 성차별로 이어질 수 있다. 성차별이란 성별에 따라 부당하게 차별하는 것이다. 성별을 이유로 취업이나 승진 등에서 차별하거나, 가정이나 사회에서 성별에 따라 특정한 역할이나 행동을 강요하는 것 등을 성차별이라고 할 수 있다.

36 정답 ②
공정한 세상을 만들기 위해서는 누구나 제 몫을 받을 수 있어야 하고 개인적인 노력과 사회적인 노력이 함께 어우러져야 한다. 따라서 학교에서는 학급의 규칙을 잘 지키고 내 일을 미루지 않으면서 일상생활 속 공정하고 정의로운 일들을 실천해야 한다.

37 정답 ③
공정은 가치에 맞게 알맞은 대우를 하는 것이다. 공정한 생활을 하기 위해서는 다른 사람을 존중하고 상대의 입장에서 생각한다. 공정한 생활은 사람들 사이에 균형과 조화를 이루어 세상을 보다 바르고 아름다운 곳으로 만들어 준다.

38 정답 ①
공정은 지위, 성별, 재산 등에 관계없이 동등한 기회를 주는 것이다. 차별 없이 모두에게 동등하게 기회를 주는 것이 공정한 생활의 첫걸음이다. 편견 없이 다른 사람을 존중하기, 부당한 대우를 받는 사람이나 사회적 약자들을 보호하기, 열린 자세로 모든 편의 이야기를 경청하기 등은 공정한 생활을 위한 원칙이다.

39 정답 ②
축구 경기 심판이 공정하지 않으면 선수들이 항의하고 다투면서 경기가 엉망이 될 것이다. 판사는 공정한 재판을, 대회의 심사위원은 공정한 심사를 해야 한다.

40 정답 ①
공정한 생활을 하기 위해서는 다른 사람들의 이야기를 경청하고 상대의 입장에서 생각한다.

41 정답 ④
우리는 공동체를 이루며 살아가기 때문에 자신의 이익뿐만 아니라 공공의 이익도 중요하다. 자기 혼자만이 아닌 다 함께 행복하게 살아야 하기 때문이다.

42 정답 ④

공익이란 사회 전체의 이익을 말하고 사익이란 개인의 이익을 말한다. 공익을 위해 내가 할 수 있는 일에는 쓰레기 줍기, 에너지 절약하기, 다른 친구 돕기 등이 있다.

43 정답 ③

퀴리 부부는 라듐을 발견하였지만, 특허 신청을 하지 않고 공익을 실천하기 위해 라듐 제조법을 대가 없이 발표하였다.

4장 자연과 생명(책임)

예상문제로 실력 잡기

01 ④	02 ④	03 ③	04 ④	05 ③
06 ③	07 ④	08 ②	09 ②	10 ①
11 ②	12 ③	13 ③	14 ③	15 ②
16 ③	17 ④	18 ②	19 ②	20 ④
21 ③	22 ④	23 ①	24 ④	25 ②
26 ①	27 ②	28 ①		

01 정답 ④

지구촌 문제는 한 사람이나 한 나라의 힘으로는 해결할 수 없기에 우리 모두 관심을 갖고 함께 해결해야 한다.

02 정답 ④

지구 온난화에 따른 해수면 상승으로 피지, 투발루, 키리바시 등의 섬나라들이 바닷속에 잠길 위기에 처했다.

03 정답 ③

①, ②, ④는 지구촌 사회가 겪고 있는 문제점에 해당하지만, 국제 구호 단체 활동은 지구촌 문제를 해결하고자 노력하는 모습이다.

04 정답 ④

지구촌 문제에는 전쟁, 환경 파괴, 질병, 굶주림, 차별 등이 있다. 전쟁으로 인해 피난을 가고 굶주리는 아이들이 있으며 영토 분쟁, 종교 분쟁 등이 있다.

05 정답 ③

환경 보호를 위해 우리가 할 수 있는 일들에는 환경마크가 표시된 친환경 제품 이용하기, 가까운 거리는 걷거나 자전거 이용하기, 냉장고 문 자주 여닫지 않기, 냉장고에 뜨거운 음식 넣지 않기, 남은 음식 함부로 물에 흘려보내지 않기, 세수할 때 세면대에 물을 받아 사용하기, 일회용품은 되도록 사용하지 않기, 기름이 묻은 그릇은 휴지로 닦아 낸 후 씻기 등이 있다.

③ 쓰고 난 식용유는 비누로 재활용을 할 수 있다.

06 정답 ③
자연은 인간에게 살아갈 장소, 깨끗한 공기, 마시고 쓸 물을 제공한다. 가로수와 같은 자연은 도시의 소음을 줄여 준다.

07 정답 ④
환경 보호를 위해서는 불필요한 전등을 끄고, 대중교통을 이용하며 재활용이 가능한 쓰레기는 따로 종류별로 분리하여 버린다.

08 정답 ②
자연 환경이 파괴되면 사람은 살 수 없게 된다. 자연을 잘 보호해야 맑은 공기와 맑은 물을 마시며 건강하게 살 수 있다.

09 정답 ②
지구 온난화로 인한 해수면 상승은 환경 파괴에 해당한다. 또 공장이나 자동차에서 배출되는 배기가스는 대기를 오염시키고 산성비와 스모그 현상을 일으키기도 한다.

② 반딧불이가 많은 것은 환경 오염이 없을 때 나타난다.

10 정답 ①
환경 보호를 위한 실천 방법에는 일회용품 사용 줄이기, 대중교통 이용하기, 샴푸와 린스 등 합성 세제는 적당량만 사용하기, 양치질할 때 컵 이용하기, 재활용이 되는 빈 병과 캔은 분리수거하기 등이 있다.

11 정답 ②
농・축산물을 생산할 때 사용하는 농약, 화학 비료 그리고 온실의 난방 장치를 가동하고 농기계를 사용할 때 발생하는 이산화 탄소, 가축 분뇨 등은 환경을 오염시킬 수 있다.

12 정답 ③
사용한 건전지는 일반 쓰레기가 아니라 분리수거하여야 한다. 에어컨이나 난방기는 여름에는 26~28도, 겨울에는 18~20도로 유지하며, 사용하지 않는 가전제품의 플러그는 뽑아야 한다.

13 정답 ③
녹색 소비란 환경을 생각하는 소비로 물건을 살 때부터 재활용 제품, 포장을 많이 하지 않는 제품, 재활용이 가능한 제품 등을 선택하는 친환경적인 소비를 의미한다.

14 정답 ③
다른 사람을 배려하는 도덕적인 행동을 적극적으로 실천하는 사람이 사람다운 사람이다.

15 정답 ②
도덕 공부가 필요한 이유는 올바른 마음의 힘을 키워 훌륭한 사람이 될 수 있고, 바르게 생각하고 행동하는 힘을 키울 수 있다.

16 정답 ③
아름다운 사람이 되기 위해서는 나와 생각이 다른 친구의 의견도 존중할 수 있는 태도를 가져야 한다.

17 정답 ④
도덕 공부는 꾸준히 해야 하며 실천 계획을 세우고 실천하고 꼭 돌아보는 단계를 거쳐서 내가 잘한 것, 부족한 것을 돌아보면서 더 잘 실천할 수 있도록 해야 한다. 그리고 어려울 땐 주변의 어른, 친구들의 도움을 받는 것이 좋다.

18 정답 ②
아름다운 사람이 되기 위해서는 외면적, 내면적, 도덕적 삶의 아름다움 중 어느 한쪽에 치우치지 않고 균형을 이룰 수 있게 노력해야 한다.

19 정답 ②

내면적 아름다움은 사람이 지닌 마음속의 아름다움으로 책을 많이 읽은 사람이나 경험이 많은 사람에게서 느껴지는 교양이나 지성을 비롯하여 순수한 마음, 따뜻한 마음, 긍정적인 마음 등이 이에 속한다.

20 정답 ④

참된 아름다운 사람이란 외면적·내면적·도덕적 삶의 아름다움을 고루 갖춘 사람으로 이런 사람이 많아질수록 모두가 살기 좋은 세상이 만들어진다.

21 정답 ③

다른 사람의 아름다움을 보기 위한 노력으로는 외모나 겉모습으로만 판단하지 않으며, 친구들의 다양한 모습들을 인정한다. 다른 사람을 긍정적이고 따뜻한 눈으로 바라보고, 내면이나 도덕적 아름다움을 찾아본다.

22 정답 ④

도덕적 삶의 아름다움은 밖으로 드러나는 실천적 행동에서 나타난다. 신념을 지니고 있는 나의 행동이나 봉사 활동 등으로 보이게 된다.

23 정답 ①

사회 복지 시설을 늘리는 것은 내가 할 수 있는 방법이 아니다.

24 정답 ④

'평화'는 폭력, 차별, 따돌림과는 반대 개념으로 전쟁과 싸움이 없는 상태이다. 적극적 평화는 가난, 차별, 환경 파괴와 같이 눈에 잘 보이지 않는 폭력이 없는 상태를 뜻한다.

25 정답 ②

생명은 단 하나뿐이고 물건처럼 만들 수 없으며 돈으로 살 수도 없으므로 소중하다. 생명 존중과 같은 주위의 작은 일부터 평화를 실천하려는 마음을 가져야 한다.

26 정답 ①

자기 나라의 문화만이 최고라고 생각하는 태도는 자기 문화에 대한 자긍심을 고취할 수 있고, 자기 집단에 대한 구성원의 결속력을 강화한다는 장점이 있다. 그러나 국가 간 교류의 중요성이 높아지고 있는 현대 사회에서 국제적 고립을 초래할 수 있기 때문에 올바른 문화 이해 태도로 보기 어렵다.

27 정답 ②

생명은 사람뿐만 아니라 동물이나 식물에게도 있다. 동물이나 식물 등 다른 생명을 기를 때에는 끝까지 책임을 지고 사랑하는 마음을 가져야 한다.

28 정답 ①

생명이 있는 존재를 아끼고 도와주고 사랑하는 것이 생명 존중이다. 생명은 이 세상의 무엇보다도 소중하고 한 번 잃으면 다시 찾을 수 없으며 다른 것으로 대신할 수 없다. 따라서 의료 봉사, 동물 보호, 이웃 돕기 성금, 헌혈 등의 생명 존중 활동은 매우 중요하다.

최신 2015 개정 교육과정 완벽 반영!

초졸 검정고시

한권으로 합격하기!

핵심 총정리

제6과목 실과

01 가정생활

02 기술의 세계

구성 및 출제 경향 분석

1 구성

2 출제 경향 분석

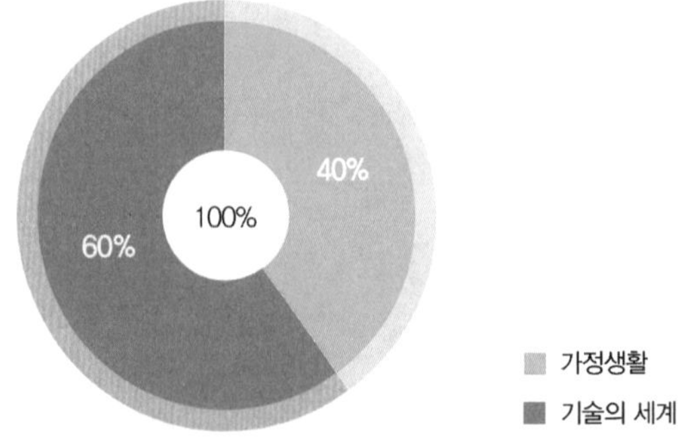

기출 분석에 따른 학습 포인트

❶ 가정생활

1. 아동기 발달과 성

아동의 발달 특징, 발달의 개인차, 성적 발달(초경, 몽정 등)과 관련된 자기 관리 방법, 건강한 발달을 위해 필요한 조건, 나와 가족의 관계 및 역할, 다양한 가족의 가정생활 공통점, 가정생활의 중요성, 배려와 돌봄의 필요성 등을 중점적으로 학습할 필요가 있다.

2. 가정생활과 안전

영양소의 종류와 기능, 조리 기구의 종류, 간식의 중요성, 간식의 선택과 조리, 식생활 예절, 생활 안전사고의 종류와 예방 등을 중점적으로 학습할 필요가 있다.

3. 자원 관리와 자립

청소 도구나 쓰레기의 분리 처리 방법, 용돈 기입장, 바람직한 옷 관리 등의 내용 등에서 다수 출제되었다. 합리적인 소비, 시간 자원의 특성, 시간 관리 방법 등을 중점적으로 학습할 필요가 있다.

4. 건강한 우리 가족

가족의 유형이나 가정일, 가족원의 역할, 가정생활에 미치는 영향 등을 중점적으로 학습할 필요가 있다.

5. 의생활과 식생활의 실천

바느질의 기초, 간단한 수선, 생활 소품의 제작, 건강하고 안전한 식생활 등의 내용을 중점적으로 학습할 필요가 있다. 식품 표시제도 등에서도 출제되었다.

❷ 기술의 세계

1. 생명 기술 시스템과 동식물

채소의 이용 유형, 경제 동물의 종류와 특징, 식물 가꾸기 도구, 생활 속의 동물 기르기 등 여러 주제들에서 지속적으로 출제가 많이 되었다.

2. 수송 기술과 우리 생활

수송 수단의 기본 요소, 자전거의 구성요소와 안전 관리 등의 내용을 중점적으로 학습할 필요가 있다.

3. 일과 직업 탐색

진로 탐색에 중요한 요소와 직업 정보를 얻을 수 있는 방법 등에서 출제가 되고 있다.

4. 생활 속 소프트웨어

소프트웨어가 생활에 미치는 영향, 기초 프로그래밍, 절차적 사고, 사칙 연산・순차・선택・반복 명령 등의 내용을 중점적으로 학습할 필요가 있다.

5. 발명과 로봇

발명 기법의 종류를 묻는 문항들이 지속적으로 출제되고 있다. 로봇의 기능과 종류, 사이버 중독 예방, 개인정보 및 지식재산보호 등의 내용을 중점적으로 학습할 필요가 있다.

6. 지속 가능한 미래 농업

친환경 농업의 정의와 종류, 지속가능한 발전 등의 내용을 중점적으로 학습할 필요가 있다.

01 장 가정생활

01 아동기 발달과 성

(1) 아동기 발달의 특징

① 아동기의 발달

㉠ 신체적 발달 : 키가 크고 몸무게가 늚, 운동 능력이 발달, 남녀의 신체 차이가 나타남

㉡ 인지적 발달 : 다양한 관점에서 생각할 수 있음, 창의력・집중력・기억력이 좋아짐

㉢ 정서적 발달 : 감정 표현이 다양하게 나타남, 다른 사람의 마음을 이해할 수 있음

㉣ 사회적 발달 : 친구와의 관계가 끈끈해지고 협동심을 보임, 다른 사람을 배려함

② 발달의 개인차

㉠ 아동기에는 개인에 따라 발달이 나타나는 시기가 다르고, 발달하는 속도와 정도가 다르다.

㉡ 발달의 개인차에 영향을 주는 요인 : 유전, 환경(운동, 식습관, 가족의 보살핌, 사회적 환경 등)

㉢ 발달의 개인차 이해하기

ⓐ 발달의 개인차는 자연스러운 것이므로 걱정하거나 조바심을 낼 필요가 없음

ⓑ 발달에 따른 자신의 모습을 소중하게 여기고 나만의 장점을 가꿔야 함

ⓒ 친구들의 서로 다른 모습을 존중해 주는 태도를 가져야 함

③ 건강한 발달을 위해 필요한 조건

구분	발달을 위한 노력
신체적 발달	골고루 먹기, 건강을 위해 운동하기, 잠을 충분히 자기
인지적 발달	다양한 책 읽기, 깊이 생각하기, 공부 이외의 다양한 분야에 관심 갖기
정서적 발달	마음의 여유를 갖기, 다양한 체험 활동하기
사회적 발달	다양한 친구들을 사귀기, 입장을 바꾸어 생각해 보기

(2) 건강한 성

① 아동기에 나타나는 성적 발달 변화

㉠ 성호르몬 : 우리 몸을 더 남자답게 또는 여자답게 만드는 물질

㉡ 남자의 성적 변화

ⓐ 근육이 발달한다.

ⓑ 목소리가 굵어진다.

ⓒ 고환과 음경이 커진다.

ⓓ 생식기와 겨드랑이에 털이 난다.

ⓔ 몽정이 시작된다.

㉢ 여자의 성적 변화

ⓐ 유방이 커진다.

ⓑ 생식기와 겨드랑이에 털이 난다.

ⓒ 골반이 커지고, 초경을 한다.

ⓓ 피부밑 지방이 늘어나 몸이 전체적으로 둥글어진다.

㉣ 사정과 몽정

ⓐ 사정 : 고환에서 만들어진 정자가 음경을 통해 몸 밖으로 나오는 것

ⓑ 몽정 : 잠을 자는 동안 자기도 모르게 이루어지는 사정

㉤ 월경과 초경

ⓐ 월경 : 여자의 몸에서 한 달에 한 번씩 난자를 내보내는데, 난자가 정자를 만나지 못하면 피와 함께 몸 밖으로 흘러나오는 것

ⓑ 초경 : 처음하는 월경

② 생명의 탄생

㉠ 정자와 난자

ⓐ 정자 : 남성의 생식 세포로 고환에서 만들어져 부고환에서 저장되고 성숙한다.

ⓑ 난자 : 여성의 생식 세포로 태어날 때부터 여성의 난소에 미성숙한 상태로 들어 있다가 성적 성숙 시기가 되면 한 달에 한 개씩 배출된다.

㉡ 정자와 난자가 만나는 과정

ⓐ 정자가 여성의 몸속으로 들어와 자궁을 지나 수란관까지 올라가면 난소에서 배출된 난자를 만나며, 두 세포가 결합하여 수정란이 된다.

ⓑ 수정란은 세포 분열을 하면서 자궁 내막에 자리 잡게 된다.

㉢ 수정란이 아기로 자라는 과정 : 착상된 수정란은 산소와 영양소를 공급받으면서 태아로 성장한다.

(3) 성적 발달과 관련된 자기 관리 방법

① 성적 발달에 대한 올바른 태도

㉠ 성적 발달은 남자와 여자 모두에게 일어나는 자연스러운 현상이다.

㉡ 건강한 어른이 되어 가는 과정이자, 미래에 부모가 되기 위한 준비를 하는 과정이다.

㉢ 남녀 각각 실천해야 하는 자기 관리 방법이 있으며, 바른 몸가짐을 해야 한다.

② 성적 발달과 변화

㉠ 몽정은 미래에 아이를 낳을 수 있다는 것을 의미한다.

㉡ 몽정을 하면 팬티 등이 젖게 된다.

㉢ 성에 관심이 생긴다.

㉣ 몽정은 언제 할지 미리 알 수 없다.
㉤ 냉이 나오고 6~12개월 이내에 초경을 한다.
㉥ 허리나 배가 아프거나 소화가 안 되는 등의 월경통이 나타난다.
㉦ 아기가 나오는 길인 질은 스스로 깨끗한 상태를 유지하는 능력이 있다.
㉧ 월경의 양은 스스로 조절할 수 없으므로 옷에 월경혈이 묻을 수 있다.

③ 성적 발달과 변화에 따른 자기 관리 방법

㉠ 남자 어린이의 관리 방법
ⓐ 몽정이 시작된 이후에는 티슈 등을 미리 준비해 놓기
ⓑ 몽정을 하면 몸을 깨끗이 씻고, 속옷을 갈아입기
ⓒ 음경 포피에 피지가 자주 끼므로 깨끗하게 씻기
ⓓ 고환은 체온을 낮게 유지하기
ⓔ 몽정을 하면 팬티 등이 젖게 되는데 보호자께 말씀드리고 의논하기

㉡ 여자 어린이의 관리 방법
ⓐ 냉이 나오거나 초경이 시작되면 보호자께 말씀드리고 함께 준비하기
ⓑ 여성의 성기와 질에서 분비물이 나오기 시작하므로 청결하게 유지하기
ⓒ 질 감염을 막기 위해 대변을 본 후에는 앞에서 뒤쪽으로 닦기
ⓓ 월경 중에 생리대를 자주 갈아 주고, 월경통이 있을 때 심한 운동은 하지 않고 충분히 쉬기
ⓔ 사용한 생리대는 청결하게 정리하여 휴지통에 버리기
ⓕ 냉이 나오면 생리대와 속옷을 작은 주머니에 넣어 가지고 다니기

㉢ 성적 발달과 관련된 궁금증이 생겼을 때
ⓐ 선생님이나 부모님과의 대화로 해결하기
ⓑ 발달에 맞는 성교육 관련 책 읽기
ⓒ 음란물을 보지 않고 운동을 하며 성적 욕구나 호기심을 조절하기
ⓓ 몸을 자주 씻고 더러운 손으로 생식기를 만지지 않기

02 가정생활과 안전

(1) 균형 잡힌 식생활

① 건강한 식사

㉠ 건강 : 몸이 아프지 않고 튼튼하며, 마음이 즐겁고, 다른 사람들과 원만하게 지낼 수 있는 상태

㉡ 건강을 유지하기 위한 방법
ⓐ 하루 세끼 균형 잡힌 식사를 규칙적으로 하기
ⓑ 적당한 운동을 꾸준히 하기
ⓒ 잘 자고 충분히 쉬기
㉢ 균형 잡힌 식사
ⓐ 우리 몸에 필요한 영양소를 골고루 섭취하는 것
ⓑ 너무 많이 먹거나 적게 먹지 않고 알맞게 먹는 것
ⓒ 좋아하는 것만 먹지 않고 골고루 먹는 것
ⓓ 아무 때나 먹지 않고 정해진 시간에 먹는 것
② 영양소의 종류와 역할
㉠ 영양소
ⓐ 음식 속에 들어 있으며, 몸속에서 여러 가지 중요한 일을 하는 역할
ⓑ 우리 몸에 소화・흡수되어 에너지를 내고, 몸을 구성하며, 몸의 기능을 조절하는 역할을 한다.
ⓒ 생명 유지와 성장에 필요한 성분으로, 식품을 섭취함으로써 얻을 수 있다.
ⓓ 종류 : 탄수화물, 지방, 단백질, 무기질, 비타민, 물 등
㉡ 영양소의 종류와 기능
ⓐ 에너지를 내어 활동에 필요한 힘을 냄 → 탄수화물, 단백질, 지방
ⓑ 근육, 혈액, 뼈 등 몸을 구성 → 단백질, 지방, 물
ⓒ 몸의 기능을 조절함 → 단백질, 비타민, 무기질, 물
③ 여섯 가지 식품군 : 식품을 영양소 성분이 비슷한 것끼리 묶어서 여섯 가지로 나눈 것

식품군	내용
탄수화물	• 활동하는 데 힘을 주는 탄수화물이 많음 • 매일 2~4회 정도 먹음 • 함유 식품 : 밥, 떡, 국수, 감자, 옥수수, 고구마 등
고기・생선・달걀・콩류	• 몸을 구성하는 단백질이 많음 • 매일 3~4회 정도 먹음 • 함유 식품 : 쇠고기, 돼지고기, 생선, 달걀, 두부, 닭고기, 오징어, 콩 등
채소류	• 비타민과 무기질이 많음 • 매끼 2가지 이상 먹음 • 함유 식품 : 당근, 오이, 버섯, 미역, 콩나물, 배추, 고추 등
과일류	• 비타민과 무기질이 많음 • 매일 1~2개를 먹음 • 함유 식품 : 수박, 감, 딸기, 귤, 사과, 복숭아, 바나나, 포도 등

우유 · 유제품류	• 뼈와 이를 튼튼하게 해 주는 칼슘 섭취를 위해 매일 1~2잔 정도 먹음 • 함유 식품 : 우유, 요구르트, 치즈 등
유지 · 견과 및 당류	지방과 당분을 함유하고 있음

④ 식품 구성 자전거

㉠ 우리 몸에 필요한 양과 기능에 따라 식품군의 면적을 달리하여 나타내어 균형 잡힌 식사를 하는 데 도움을 주고자 만든 것

㉡ 자전거 뒷바퀴 면적의 크기만큼 나누어 먹으면 균형 잡힌 식사를 할 수 있고, 이와 함께 물을 충분히 섭취하고 적절한 운동을 해야 한다.

(2) 음식의 맛과 조리

① 음식의 맛

㉠ 음식을 먹을 때 다섯 가지 감각(오감)

ⓐ 오감 : 보고, 만지고, 듣고, 냄새 맡고, 맛을 보아 느낄 수 있는 감각

ⓑ 시각(눈), 후각(코), 청각(귀), 미각(혀), 촉각(입안, 손)

㉡ 친환경 식생활 : 식품의 생산 → 유통 → 소비 → 폐기에 이르는 전 과정에서 환경 오염을 최소화하는 것

㉢ 다양한 식품의 맛

ⓐ 지역 식품 : 장거리 운송을 거치지 않기 때문에 환경에 도움이 되고, 신선하고 안전하며, 지역 경제에도 도움이 된다.

ⓑ 제철 식품 : 특정한 시기나 계절에만 얻을 수 있으며, 맛과 영양이 풍부하고, 신선하며 값이 싸서 경제적이다.

② 올바른 식습관

㉠ 균형 잡힌 성장과 질병 예방에 도움이 되므로 평생 건강을 유지하는 데 매우 중요하다.

㉡ 어린이를 위한 식생활 지침

ⓐ 음식은 골고루 다양하게

ⓑ 많이 움직이고, 먹는 양은 알맞게

ⓒ 식사는 제때에, 싱겁게

ⓓ 간식은 안전하고, 슬기롭게

ⓔ 식사는 가족과 함께 예의 바르게

㉢ 올바른 간식

ⓐ 간식의 기능 : 식사에서 부족한 영양소를 보충할 수 있고, 즐거움을 느끼며, 활기차게 생활할 수 있다.

ⓑ 올바른 간식 습관

• 하루 1~2회 정도, 식사 2~3시간 전에 먹는다.

• 먹기 전에 손을 씻고, 먹은 다음 꼭 양치질을 한다.
• 불량 식품을 사 먹지 않는다.
• 밤늦은 시간에는 간식을 먹지 않고, 너무 자주 먹지 않는다.

ⓒ 올바른 간식의 선택

• 건강에 좋은 간식 : 곡류, 과일과 채소, 견과류, 우유 등
• 피해야 할 간식 : 너무 달고 짠 음식, 기름기가 많은 음식

③ 간단한 조리

㉠ 조리의 순서 : 계획하기 → 준비하기 → 조리하기 → 시식하기 → 뒷정리하기 → 평가하기

㉡ 계량 용구와 조리 용구의 쓰임새

계량 용구	쓰임새
계량컵과 계량스푼	식품의 부피를 잴 때
조리용 저울	식품의 무게를 잴 때

조리 용구	쓰임새
칼과 도마	식품을 썰 때
큰 그릇	재료를 씻거나 무칠 때, 섞을 때
프라이팬	재료를 볶거나 부칠 때
냄비	재료를 끓이거나 삶을 때

㉢ 가열 기구 사용 시 주의할 점

ⓐ 전자레인지 : 마이크로파(전자기파)를 이용하여 음식물을 뜨겁게 하는 기기로 유리, 도자기 등 전자레인지용 그릇을 사용하고, 금속 그릇은 사용해서는 안 된다.

ⓑ 전기레인지 : 전기로 열판을 뜨겁게 달구어 사용하는 것으로, 불꽃이 없어도 뜨거우니 조심해야 한다.

ⓒ 가스레인지 : 중간 밸브를 열고 콕을 돌려 불을 켠다. 사용한 후에는 콕을 돌려 불을 끄고, 중간 밸브를 잠근다.

㉣ 조리법의 종류

ⓐ 삶기 : 식품을 끓는 물에 익힌 후 건져 내는 방법으로, 국수, 삶은 감자 등이 있음
ⓑ 찌기 : 수증기의 열로 식품을 익히는 방법으로, 찐만두, 떡 등이 있음
ⓒ 다지기 : 고기, 채소를 여러 번 칼질하여 잘게 만드는 일
ⓓ 굽기 : 음식을 열에 직접 익히는 방식
ⓔ 부치기 : 프라이팬에 기름을 두르고 지지는 조리법
ⓕ 튀기기 : 다량의 기름에서 고온으로 가열하는 조리법

㉤ 다양한 썰기 방법

ⓐ 통썰기 : 호박, 무 같은 둥근 채소를 가로로 놓고 둥근 모양대로 써는 방법이다.
ⓑ 어슷썰기 : 당근, 대파 같은 긴 채소를 가로로 놓고 비스듬히 써는 방법이다.
ⓒ 채썰기 : 통썰기나 어슷썰기 한 채소를 가늘고 길쭉하게 써는 방법이다.

ⓓ 깍둑썰기 : 깍두기처럼 네모반듯한 모양으로 써는 것이다.

ⓔ 반달썰기 : 무, 감자, 고구마 등을 세로 가운데를 가르고 다시 가로 썰어 반달 모양으로 써는 것이다.

ⓑ 달걀 조리 방법 순서 : 냄비에 달걀과 물을 넣는다. → 젓가락으로 굴리며 달걀을 삶는다. → 삶아진 달걀을 체로 건져 껍데기를 잘 벗겨 내기 위해 찬물에 식힌다.

④ 식사 예절과 건강에 좋은 간식

㉠ 서로를 배려하는 식사 예절

ⓐ 어른이 먼저 드시기 시작한 다음 먹기

ⓑ 음식을 씹을 때는 입을 다물고 큰 소리를 내지 않기

ⓒ 먹는 중에 자리를 뜨거나 돌아다니지 않기

ⓓ 음식을 뒤적거리지 않고, 깨끗이 먹기

㉡ 건강에 좋은 간식

ⓐ 곡류 : 활동하는 데 필요한 힘을 내게 함

ⓑ 채소류, 과일류 : 비타민, 무기질, 식이 섬유가 풍부함

ⓒ 우유·유제품류 : 칼슘이 많아 뼈와 이를 튼튼하게 함

(3) 옷 입기와 의생활 예절

① 옷의 기능

보호 및 능률 향상의 기능	• 체온 유지 : 모자, 목도리, 장갑 등 • 피부 청결 : 팬티, 러닝셔츠 등 • 신체 보호 : 소방복, 우주복, 헬멧 등 • 능률 향상 : 운동복, 작업복 등
표현의 기능	• 예의 표현 : 정장, 한복, 넥타이 등 • 개성 표현 : 모자, 장신구 등 • 직업 표현 : 경찰복, 군복, 교복 등

② 때와 장소, 상황에 맞는 옷차림

때 (계절과 날씨)	체온을 유지해 주거나, 땀을 흡수하여 몸을 청결하게 해 주는 옷차림
장소	예절을 갖추고 품위를 나타내기 위한 옷차림
옷차림의 예	• 비 올 때 : 비옷이나 잘 젖지 않고 빨리 마르는 옷 • 체험 학습 갈 때 : 소지품 넣을 가방, 활동하기 편한 옷 • 조리할 때 : 앞치마, 머릿수건 • 결혼식장에 갈 때 : 단정하고 깨끗한 옷

③ 안전한 옷차림

㉠ 조리 실습을 할 때 : 소매가 나풀거리지 않는 옷을 입고 위생을 위해 앞치마, 머릿수건 등을 착용한다.

㉡ 운동이나 작업을 할 때 : 위험으로부터 몸을 보호하기 위한 안전한 옷차림을 한다.

㉢ 실험·실습을 할 때 : 단순한 형태의 옷을 입고, 실험·실습에 알맞은 복장을 한다.

㉣ 밤이나 비가 올 때 : 밝은 색깔의 옷, 가방, 신발 등을 착용한다.

㉤ 미세 먼지, 황사가 심할 때 : 미세 먼지를 잘 흡수하지 않는 재질의 옷을 입고 보건용 마스크와 모자를 쓴다.

(4) 생활 안전사고의 예방

① 가정에서의 안전사고 예방

㉠ 날카롭고 위험한 주방 기구는 어른과 함께 조심하여 사용한다.

㉡ 전자레인지를 사용할 때는 전자레인지용 그릇만 사용한다.

㉢ 가스 사용 전 창문을 열어 환기하고, 가스레인지는 사용 후 밸브를 잠그고 정기적으로 점검한다.

㉣ 물 묻은 손으로 전기 제품을 만지지 않는다.

㉤ 욕실 바닥에 미끄럼 방지 처리를 한다.

㉥ 하나의 콘센트에 여러 가지 전열 기구를 꽂지 않는다.

㉦ 떨어져 다칠 염려가 있으므로 베란다 난간에 올라가지 않도록 한다.

㉧ 뜨거운 물건을 옮길 때에는 주방용 장갑을 사용한다.

㉨ 테이블 모서리 등에 부딪히지 않도록 주의한다.

㉩ 베란다의 난간에 기대지 않는다.

㉪ 문을 여닫을 때 손가락을 다치지 않도록 주의한다.

㉫ 가전제품 사용 후 플러그를 빼고, 사용하지 않는 콘센트는 덮개로 막는다.

㉬ 가구나 선반 위에 무거운 물건을 보관하지 않는다.

② 학교 안팎에서 일어날 수 있는 안전사고 예방

장소	예방법
교실	• 날카로운 학용품이나 도구는 안전한 곳에 보관하기 • 뛰거나 위험한 장난을 하지 않기
실험실, 실습실	• 안전 장비를 착용하기 • 안전 수칙을 잘 지키기 • 주변을 잘 정리하고 살피며 실습하기
급식 시간	• 배식을 받은 후 주위를 살피며 이동하기 • 식사 도구로 장난하지 않고, 제자리에 앉아 식사하기

복도, 계단	• 뛰지 않고 조용하게 걷기 • 위험한 장난을 하지 않기
청소 시간	• 청소 도구로 장난하지 않기 • 책상은 두 명이 들어 옮기기
놀이 활동	• 놀이와 관련 없는 장난은 하지 않기 • 놀이기구의 안전 수칙을 잘 지키며 이용하기
등하굣길	• 휴대 전화를 보거나 이어폰을 끼고 다니지 않기 • 횡단보도에서는 일단 멈추고, 좌우를 살핀 뒤 차가 멈췄는지 확인한 후 운전자와 눈을 마주치면서 천천히 건너기 • 자전거, 바퀴 달린 신발류 등은 보호 장구를 착용하고 주의를 기울여 타기

③ 체험 학습 중 안전사고 예방 방법

㉠ 체험 학습 가는 버스에서는 반드시 안전띠를 맨다.

㉡ 위험한 상황이 생기면 선생님이나 안전 요원의 지시에 따라 대피한다.

㉢ 잘 알지 못하는 식물을 함부로 만지지 않고, 벌집을 건드리지 않는다.

㉣ 인솔 선생님의 지시를 잘 따른다.

㉤ 길을 걷거나 이동할 때 휴대 전화나 이어폰을 사용하지 않는다.

㉥ 물놀이 전에 준비 운동을 충분히 한다.

④ 안전사고 발생 시 대처 방법

상황	대처 방법
상처가 났을 때	상처 부위를 잘 씻고 지혈한 후 소독함
화상을 입었을 때	화상 부위를 흐르는 차가운 물로 15분 정도 지속적으로 식혀 줌
감전된 사람이 있을 때	전원을 차단하고 감전자를 편안하게 눕힌 뒤 119 안전신고센터에 구조 요청을 함

03 자원 관리와 자립

(1) 올바른 시간 관리

① 생활 자원 : 생활을 유지하고 풍요롭게 하기 위해 사용하는 모든 것

② 생활 자원의 종류

㉠ 형태가 있는 자원 : 옷, 음식, 집, 돈 등

㉡ 형태가 없는 자원 : 시간, 지식, 기술 등

③ 시간 자원의 특성

㉠ 시간은 모든 사람에게 똑같이 주어진다.

㉡ 시간은 저장하거나 정지할 수 없고 지나가면 되돌릴 수 없다.

㉢ 우리의 모든 활동에 시간 자원이 함께 사용된다.

㉣ 같은 시간이라도 어떻게 사용하느냐에 따라 시간의 가치는 달라진다.

④ **시간 관리의 중요성** : 생활 시간은 유한하고 돈을 주고도 살 수 없는 귀한 것이므로 자신의 생활 시간을 효과적으로 활용하기 위해 시간을 관리하는 것이 필요하다.

⑤ **시간 관리 방법**

㉠ **〈1단계〉 목표 세우기** : 구체적이고 이룰 수 있는 목표를 세우기

㉡ **〈2단계〉 계획하기** : 일의 중요도에 따라 할 일을 정하여 계획표를 작성하기

㉢ **〈3단계〉 실천하기** : 계획한 것을 실천하기

㉣ **〈4단계〉 평가하기** : 계획한 대로 잘 실천했는지 평가하기

(2) 용돈 관리와 합리적 소비

① **용돈** : 나의 책임하에 쓸 수 있는 돈

② **합리적인 소비**

㉠ **필요성** : 용돈이 충분하지 않기 때문에 계획 없이 쓰다 보면 꼭 필요한 곳에 사용하지 못할 수 있다.

㉡ **합리적인 소비 방법** : 계획을 세워 합리적으로 소비하기, 중요하고 필요한 순서에 따라 우선순위를 정하기, 용돈 사용 계획을 세워 필요한 곳에 필요한 만큼만 쓰기, 용돈 기입장 사용하기

③ **환경과 안전을 생각하는 소비**

㉠ **물건을 살 때** : 물건의 가격과 품질을 비교해 가격이 적당하고 품질이 좋은 것 고르기, 중요하고 꼭 필요한 것부터 순서를 정해서 사기, 환경친화적이고 안전한 제품 사기

㉡ **물건을 사용할 때** : 물건을 다른 사람과 나누거나 바꾸어 사용하기, 물건을 아껴 쓰고 고쳐 쓰기, 사용 수칙을 잘 지켜 물건을 안전하게 사용하기

㉢ **물건을 폐기할 때** : 올바르게 처분하여 자원 낭비와 환경 오염을 줄이기, 버려지는 자원을 줄이도록 노력하기

④ **용돈 기입장 쓰기**

㉠ **용돈 기입장 작성 사항**

ⓐ **날짜** : 용돈이 들어온 날이나 사용한 날

ⓑ **내용** : 용돈이 들어온 곳이나 사용한 곳

ⓒ **수입** : 용돈이 들어왔을 때 그 액수

ⓓ **지출** : 용돈을 사용했을 때 그 액수

ⓔ **잔액** : 수입에서 지출을 뺀 금액

㉡ 용돈 기입장 작성 요령

ⓐ 날짜별로 차례로 작성한다.

ⓑ 들어온 돈은 수입 칸에, 나간 돈은 지출 칸에 기록한다.

ⓒ 이번 달에 남은 돈은 다음 달로 넘긴다.

ⓓ 들어오고 나간 내용을 내용 칸에 적는다.

ⓔ 이번 달에 지출한 금액과 다음 달로 넘기는 금액의 합은 이번 달의 수입 금액과 같아야 한다.

(3) 옷의 정리와 보관

① 옷의 관리 : 옷을 깨끗하게 세탁하거나 종류와 용도에 맞게 정리하고 보관하는 것

② 옷 관리의 필요성

㉠ 위생적이고 청결한 옷차림을 할 수 있다.

㉡ 단정한 옷차림을 할 수 있다.

㉢ 자원을 절약하고 환경을 보호할 수 있다.

③ 옷의 생산 · 소비 · 폐기와 환경과의 관계

생산	• 옷을 만들고 포장하여 운반하는 데 물, 전기, 석유 등 많은 자원이 사용됨 • 가공제, 염료 등은 환경 오염을 일으킴

⬇

구입 및 사용	• 필요 이상의 옷을 사면 버려지는 옷이 많아짐 • 옷을 세탁하면서 세제, 전기가 사용되고 물이 오염됨 • 세탁, 수선 등 관리를 잘하지 못하면 옷의 수명이 짧아짐

⬇

폐기	재활용
• 옷을 땅에 묻거나 태우면 토양과 공기가 오염됨 • 옷을 폐기하는 과정에서도 석유, 석탄, 전기 등의 자원이 사용됨	자원을 절약할 수 있고, 환경 오염을 줄일 수 있음

④ 옷의 정리와 보관 방법 : 구겨지기 쉬운 옷은 옷걸이에 걸어 둠, 구김이 잘 가지 않는 옷은 반듯하게 개어 보관, 자주 입는 옷은 손이 쉽게 닿는 곳에 둠, 속옷이나 양말 등은 잘 개어서 서랍에 보관, 오랫동안 보관할 옷은 깨끗하게 세탁하여 잘 말린 후 보관함에 넣음

⑤ 옷 관리 방법의 예

㉠ 먼지 털기 : 더 입을 수 있는 옷은 먼지를 털어 보관한다.

㉡ 세탁 : 더러워진 옷은 깨끗하게 세탁한다.

㉢ 수선 : 수선이 필요한 옷은 보관하기 전에 수선한다.

⑥ 환경을 생각하는 옷 관리 방법

㉠ 꼭 필요한 옷만 사고, 옷을 함부로 버리지 않기

㉡ 올바른 방법으로 세탁하고 보관하여 오래 입을 수 있도록 하기

㉢ 손상된 옷은 수선하여 다시 입기

㉣ 입지 않는 옷은 필요한 사람에게 주거나 다른 용도로 재활용하기

(4) 쾌적한 생활 공간 관리

① 정리 정돈의 뜻

㉠ 정리 : 어지럽게 흩어지거나 혼란스러운 것들 중, 필요하지 않은 것은 치워 버리고 필요한 것만 남겨 질서 있게 하는 것

㉡ 정돈 : 흐트러진 것을 정리한 후에 이를 다시 찾기 쉽고 알아보기 쉽게 재배열하는 것

② 정리 · 정돈 방법

㉠ 물건은 쉽게 찾고 꺼내 쓸 수 있게 잘 분류하여 정리하기

㉡ 사용하지 않는 물건은 필요한 사람에게 주거나 버리기

㉢ 물건은 사용하는 장소와 가까운 곳에 보관하고, 사용한 후에는 제자리에 갖다 놓기

③ 청소하는 순서와 방법 : 옷차림을 갖추고, 청소 용구를 준비하기 → 창문을 열어 환기하기 → 물건을 깔끔하게 정리 · 정돈하기 → 가구, 가전제품 등의 먼지를 털어 내기 → 바닥을 쓸고 닦기 → 청소 용구를 제자리에 정리하고, 걸레는 깨끗이 빨아 햇볕에 말린 뒤 보관하기

④ 재사용과 재활용

㉠ 재사용 : 사용한 물건을 가공 과정 없이 다시 쓰는 것

㉡ 재활용 : 가공을 거쳐서 다시 사용할 수 있는 다른 물건으로 만들어 내는 것

⑤ 쓰레기 분리배출 방법

㉠ 일반 쓰레기 : 종량제 봉투에 담아 버리면 타는 것은 소각하고, 타지 않는 것은 매립한다.

㉡ 음식물 쓰레기

ⓐ 물기를 빼서 수거함이나 음식물 종량제 봉투에 담아 버린다.

ⓑ 사료나 퇴비로 재활용된다.

㉢ 재활용 쓰레기 : 종류별로 구분하여 지정된 수거함에 넣으면 재생하여 자원으로 다시 사용됨

종이류	• 신문지, 전단지 등의 종이는 반듯하게 접어 묶어서 배출 • 우유, 두유 등의 포장 용기인 종이팩은 물로 헹군 다음 종이와 구분하여 배출
병류	뚜껑을 분리하고 내용물을 비운 다음 색깔별로 모아 배출

캔류	• 내용물을 비우고 고리를 캔 속에 넣은 다음 압축하여 배출 • 부탄가스나 살충제 용기는 구멍을 뚫어 배출
플라스틱류	상표를 떼고 내용물을 비운 다음 분류 표시에 따라 분류하여 배출
고철류	일반 고철과 스테인리스 등으로 구분
스티로폼, 비닐류	이물질 및 라벨을 제거하고 흩날리지 않도록 정리하여 배출
의류	각종 옷, 담요는 깨끗이 세탁한 후 접거나 묶어서 부피를 줄이기
전지류	종류별로 구분하고, 특히 수은 전지, 산화은 전지는 확인 후에 수집 보관

⑥ **쓰레기를 줄이고 재활용하는 방법** : 쓰레기 분리 처리하기, 꼭 필요한 물건만 사기, 장바구니 사용하기, 일회용품 사용 자제하기, 리필제품을 사용하기, 과대 포장하지 않기, 음식은 먹을 만큼만 만들기, 이면지 쓰기, 재활용 가능 표시 제품 쓰기, 고장 난 물건 고쳐 쓰기, 옷이나 장난감을 이웃과 나눠 쓰기 등

⑦ **쓰레기 줄이기와 분리배출, 재활용의 좋은 점**

㉠ 쓸모 있는 자원이 버려지는 것을 막음

㉡ 새로 사는 물건이 줄어들어 경제적으로 이익이 됨

㉢ 쓰레기를 처리하는 데 드는 비용을 아낄 수 있음

㉣ 생활 환경을 보다 쾌적하게 유지할 수 있음

04 건강한 우리 가족

(1) 나와 가족의 관계

① 가족과 가족 관계

㉠ **가족** : 결혼, 혈연, 입양 등으로 맺어진 공동체 또는 그 구성원

㉡ **가족 관계** : 가족 구성원 사이에 맺어진 인간관계

② 나와 가족의 관계

㉠ **부모 자녀 관계** : 조건 없는 사랑을 주고받는 매우 친밀한 관계

㉡ **형제자매 관계** : 때로 경쟁하지만 함께 자라면서 서로의 성장에 도움을 주는 관계

㉢ **조부모 손자녀 관계** : 서로 순수한 사랑과 즐거움, 편안함을 주고받는 관계

③ 다양한 가족의 모습

㉠ **핵가족** : 부모와 결혼하지 않은 자녀가 함께 사는 가족

㉡ **확대 가족** : 부모와 결혼한 자녀가 함께 사는 가족

㉢ **한 부모 가족** : 부모 중 한 사람과 자녀로 이루어진 가족

㉣ **입양 가족** : 부부가 혈연관계가 없는 사람을 법적으로 자녀로 받아들여 이룬 가족

㉤ **조손 가족** : 조부모와 손자(손녀)만으로 이루어진 가족

㉥ **다문화 가족** : 서로 다른 국적과 문화를 가진 사람들로 구성된 가족으로, 국제결혼 가족, 이주 노동자 가족, 새터민 가족 등이 있다.

㉦ **1인 가족** : 혼자 사는 가족

㉧ **무자녀 가족** : 자녀를 갖지 않고 부부만으로 구성된 가족

㉨ **재혼 가족** : 부모 중 한 사람이 재혼하여 형성된 가족

㉩ **분거 가족** : 주말 부부 가족, 기러기 가족, 일시적 별거 가족 등으로 불리며, 직장이나 학업 등의 이유로 떨어져 사는 가족

㉪ **공동체 가족** : 혈연관계를 떠나 세대나 종교, 취미, 육아 등을 목적으로 공동체를 이루며 살아가는 가족

(2) 가족원의 일과 역할 분담

① 가정의 일

㉠ 식사 준비, 육아, 청소, 세탁, 물건 구입, 가족 돌보기 등이 있다.

㉡ 대부분 매일 되풀이되고 잔손이 많이 간다.

㉢ 보상을 받는 일이 아니므로 중요성을 생각하지 못한다.

② 가정일의 종류

㉠ **식생활과 관련된 일** : 음식 만들기, 장보기, 설거지하기, 음식물 쓰레기 버리기 등

㉡ **주생활과 관련된 일** : 세탁하기, 다림질하기, 옷 개기, 이불 햇볕에 말리기 등

㉢ **가족을 돌보는 일** : 공부 도와주기, 아기 돌보기, 할머니 간병하기, 강아지 씻기기 등

㉣ **가족의 화목을 위한 일** : 생일 축하하기, 가족 행사 참여하기, 가족 여행 가기 등

㉤ **가정 경제를 위한 일** : 가계부 기록하기, 공과금 처리하기, 필요한 물건 구입하기 등

③ 가족 안의 지위에 따른 가족 구성원의 역할

구분	역할
부모	• 가족의 안정된 터전 마련 • 자녀가 건강하게 자라도록 보살핌 • 노인을 돌봄
자녀	• 웃어른을 공경함 • 형제자매와 사이좋게 지냄 • 자신의 성장을 위해 노력함
조부모	• 가족의 역사와 생활의 지혜 전달 • 가족의 상황에 따라 부모의 역할을 대신 수행하기도 함

④ 가정의 일을 할 때 역할 분담이 필요한 까닭

㉠ 가정의 일은 종류가 너무 많아 혼자 할 수 없기 때문에 가정의 여러 가지 일은 모든

가족이 함께 나누어 해야 한다.

㉡ 여러 가지 일을 서로 나누어 맡을 때 가정생활이 보다 행복해진다.

⑤ 내가 할 수 있는 가정일 : 화초에 물 주기, 심부름하기, 쓰레기 버리기, 식탁 치우기, 청소하기, 숙제하기 등

⑥ 가족 간 배려와 돌봄의 실천 방법

㉠ 갈등이 자주 일어나는 일은 가족 규칙을 만들고 약속을 지킴

㉡ 가족이 도움을 필요로 할 때 함께 해결하고 도움

㉢ 나의 입장만 생각하지 않고 상대방의 요구와 감정을 존중함

㉣ 가족 구성원에게 돌봄이 필요할 때는 서로 보살핌

05 의생활과 식생활의 실천

(1) 생활 소품 만들기

① 옷감의 종류

㉠ 직물과 편물

종류	특징
직물	• 실을 가로와 세로 방향으로 교차하여 만듦 • 편물에 비해 튼튼하고 모양이 잘 유지되어서 옷이나 생활 소품의 소재로 많이 사용됨 예 정장, 바지, 셔츠, 신주머니 등
편물	• 실로 고리 모양의 코를 만들고, 코와 코를 연결하여 만듦 • 직물보다 따뜻하지만 보풀이 쉽게 일어남 • 늘어나고 줄어드는 성질이 좋아 활동하기에 편하고, 구김이 잘 생기지 않음 예 양말, 장갑, 스웨터 등

㉡ 무명 : 목화가 씨앗을 맺을 때 생기는 털을 이용해 만든 옷감으로 가공을 통해 옷과 생활용품으로 활용된다.

② 손바느질

㉠ 손바느질의 뜻 : 바늘에 실을 꿰어 두 장의 천을 잇거나 장식을 위해 수를 놓는 방법

㉡ 옷 수선의 필요성 : 자원의 낭비를 막고 환경 오염을 줄일 수 있으며, 단정한 옷차림을 할 수 있다.

③ 손바느질에 사용되는 용구와 쓰임새

바느질 용구	쓰임
가위	천, 실 등을 자를 때 사용
자	옷감에 선을 긋거나 길이를 잴 때 사용
실	옷감을 짜고 바느질하기 위해 가늘고 길게 뽑아 만든 것
골무	바늘을 밀어 주거나 손가락 끝을 보호하기 위해 사용하며 집게손가락에 끼워 사용
쪽가위	실을 자를 때 쓰는 가위
줄자	둘레나 신체의 길이를 잴 때 사용
바늘	천을 꿰맬 때 사용
시침 핀	헝겊을 임시로 고정할 때 사용하는 핀
바늘꽂이	바늘이나 시침 핀을 꽂아 둘 때 사용하며, 바늘이 녹스는 것을 방지
초크	옷감의 재단선을 표시하는 데 쓰는 분필

④ 기초 손바느질의 방법

㉠ **홈질** : 손바느질의 기본이 되는 바느질법으로 겉과 안을 같은 땀으로 꿰매어 솔기를 붙이거나 주름을 잡을 때, 장식할 때 이용한다. 바늘땀은 오른쪽에서 왼쪽으로 한 땀씩 꿰맨다. 바늘땀의 크기는 옷감과 용도에 따라서 조절하나 약 2~4mm로 한다.

㉡ **시침질** : 본바느질을 하기 전에 두 장의 천을 임시로 붙여 두거나 박음 선을 표시할 때 이용한다. 홈질보다 바늘땀을 길게 하여 꿰맨다.

㉢ **박음질** : 홈질보다 튼튼한 바느질 방법으로, 천의 끝에서 한 땀을 남기고 바늘을 꽂아 한 땀씩 뒤로 되돌아가며 꿰맨다. 겉은 재봉틀로 박은 것과 같은 모양의 바늘땀이 된다.

㉣ **감침질** : 옷단이나 시접의 가장자리를 처리할 때 쓰는 바느질 방법으로, 옷감의 가장자리에 실이 풀리지 않게 용수철 모양으로 감아 꿰맨다.

⑤ 옷 수선하기

㉠ **솔기가 뜯어졌을 때** : 뜯어진 솔기선을 잘 맞추어 정리한 후 안쪽에서 시침질한다. → 안쪽에서 솔기선을 따라 박음질한다. → 시침실을 자르고 뽑아낸다.

㉡ **단이 뜯어졌을 때** : 뜯어진 단 시접을 안쪽으로 접어 정리한 후 안쪽에서 시침질한다. → 단의 안쪽에서 감침질한다. → 시침실을 자르고 뽑아낸다.

㉢ **옷감이 찢어지거나 구멍이 났을 때** : 안쪽 또는 바깥쪽에 장식용 천, 와펜 등을 덧대어 수선한다.

㉣ **떨어진 단추 달기** : 바늘을 안쪽에서 겉쪽으로 빼내 단춧구멍을 통과시킴. → 다른 단춧구멍으로 바늘을 빼내고, 이 과정을 4~5회 반복함 → 바늘을 단추와 옷 사이로 빼 실을 2~3회 감아 실기둥을 만듦 → 옷의 안쪽으로 바늘을 빼내고 끝매듭을 지어 마무리함

⑥ 생활용품 만들기 순서 : 계획하기(구상하기, 치수 정하기) → 준비하기(재료와 용구 준비하기) → 제작하기(본뜨기, 마름질하기, 바느질하기) → 정리 및 평가하기(정리하기, 평가하기)

⑦ 바느질 도구의 종류

옷감	도구	방법
직물	손바늘	손으로 바늘과 실을 사용해 옷감을 꿰매는 것 예 인형, 주머니 등
편물	대바늘	대바늘을 이용해 대바늘에 걸려 있는 뜨개실의 코를 연결하여 만듦 예 목도리, 모자 등
	코바늘	갈고리 모양의 코바늘로 뜨개실의 코를 연결하여 만듦 예 바구니, 컵 받침, 장갑 등

⑧ 대바늘뜨기의 기초 뜨기

㉠ 시작 코 만들기 : 실로 고리를 만듦 → 대바늘에 걸린 코를 당겨 첫 코를 만듦 → 엄지와 집게손가락에 건 실을 바늘에 걸어 당기며 필요한 만큼의 코를 만듦

㉡ 겉뜨기 : 실을 뒤로 놓은 상태에서 바늘을 넣음 → 실을 바깥쪽에서 안쪽으로 걸어 뺌

㉢ 안뜨기 : 실을 앞에 놓은 상태에서 바늘을 넣음 → 두 바늘 사이로 실을 걸어 뺌

㉣ 코 마무리하기 : 2코를 뜸 → 왼쪽 대바늘로 첫 번째 코를 두 번째 코 앞쪽으로 빼내 덮어 씌움

⑨ 코바늘뜨기의 기초 뜨기

㉠ 실 잡기와 사슬뜨기 : 실 끝을 집게손가락에 걸쳐 엄지손가락과 가운뎃손가락으로 잡음 → 바늘을 실에 대고, 바늘 끝을 한 바퀴 돌림 → 만들어진 코의 실이 겹쳐진 부분을 잡음 → 바늘에 실을 걸고 코 사이로 빼내 사슬코를 만듦

㉡ 짧은뜨기 : 1코의 기둥코를 세우고 바늘을 코에 넣어 실을 걸어 빼냄 → 다시 실을 걸어 2개의 코를 한꺼번에 빼냄

㉢ 한길긴뜨기 : 3코의 기둥코를 세우고 바늘에 실을 감아 코에 넣고 실을 걸어 빼냄 → 바늘에 걸려 있는 코를 2개씩 2번 빼냄

㉣ 빼뜨기 : 바늘을 코 사이에 넣고 실을 반대 방향으로 감은 후 코를 한꺼번에 빼냄 → 필요한 만큼 반복하여 완성함

(2) 안전하고 위생적인 식생활

① 안전한 식생활

㉠ 위생적이고 안전한 식품의 선택

ⓐ 식품 표시에 제시된 보관 방법을 확인하고, 안전하게 보관

ⓑ 식품의 모양이나 색깔 등을 보고 신선한 식품을 선택

ⓒ 식품에 따라 적절하게 손질하여 위생적으로 보관

ⓓ 포장 상태가 좋고 위생적으로 보관되어 있는 것을 선택

ⓔ 식품 표시를 확인하여 재료, 원산지, 유통 기한 등을 확인

ⓛ 식품을 알맞게 보관하는 방법

ⓐ 식품을 냉장고에 보관하였다고 하더라도 시간이 오래 지나면 상하므로 되도록 빨리 먹는다.

ⓑ 냉장실 내부도 칸에 따라 온도가 다른데 문 쪽은 온도 변화가 크므로 금방 먹을 것을 보관한다.

ⓒ 보관 사례 : 쌀과 보리쌀(서늘한 곳에 뚜껑을 잘 닫아서 보관), 통조림(싱크대 선반이나 서랍에 수납하며 유통 기한 내에 사용), 양파와 마늘(그물망에 넣어 바람이 잘 통하는 곳에 보관), 감자와 고구마(종이 상자 등에 담아 서늘한 곳에 보관)

ⓒ 신선한 식품 고르기

ⓐ 과일류 : 제철에 나는 것으로, 상처가 없고 색과 향이 좋은 것

ⓑ 감자 : 단단하고 싹이 없는 것, 싹이 난 부분에는 독 성분이 있음

ⓒ 달걀 : 껍데기가 까슬까슬하고 윤기가 나지 않으며, 오물이 묻어 있지 않은 것

ⓓ 육류 : 선명한 붉은색을 띠고 윤기가 있으며, 눌러 보았을 때 탄력이 있는 것

ⓔ 생선 : 눈알이 맑고 아가미가 붉은색이며 비늘이 빠지지 않고 깨끗한 것

ⓕ 우유 : 위생상 안전에 주의해야 하므로 유통 일자와 식품 표시 내용을 확인

ⓖ 시금치와 같은 채소류 : 시들지 않은 것 중 색이 선명하고, 향이 좋은 것

② 식품 표시 제도

㉠ 식품 표시를 통해 유통 기한, 원재료명, 함량, 품질 인증 마크, 영양 성분 표시 등을 확인할 수 있는 제도

ⓛ 식품 표시 내용

ⓐ 원산지 및 생산자 : 식품이 만들어진 곳과 만든 사람

ⓑ 원재료명 : 식품의 생산에 들어간 각종 재료

ⓒ 식품 첨가물 : 식품을 가공할 때 보존 기한을 늘리거나 색, 맛, 모양을 좋게 하기 위해 첨가하는 물질

ⓓ 제조 일자 및 유통 기한 : 식품이 제조된 날짜와 제조 후 시중에 유통될 수 있는 기한

ⓔ 영양 성분 표시 : 식품에 함유된 영양소의 종류와 함량을 확인하여 열량이 낮고, 당류, 지방, 콜레스테롤, 나트륨 함량이 적은 것을 선택함

ⓕ 식품 품질 인증 마크 : 정부나 공인 인증 기관에서 품질을 보증하는 식품에 붙이는 마크

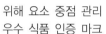

위해 요소 중점 관리 우수 식품 인증 마크

어린이 기호식품 품질 인증 마크

농산물 우수 관리 인증 제도

친환경 농산물(유기농)

③ **외식을 할 때 고려할 점** : 영양소가 골고루 포함된 음식, 짜지 않은 음식, 한식 위주의 식단 선택, 재료의 원산지 확인, 위생적이고 깨끗한 음식점 선택

④ 밥을 이용한 음식

㉠ **밥을 이용한 우리나라 한 그릇 음식** : 김밥, 볶음밥, 덮밥, 비빔밥 등

㉡ **김밥** : 김 위에 밥을 펴 놓고 햄, 오이, 단무지 등 여러 가지 반찬으로 소를 박아 둘둘 말아 싸서 썰어 먹는 음식

㉢ **비빔밥** : 밥 위에 채소, 나물, 고기, 달걀부침 등을 얹고 고추장을 넣어 비벼 먹는 한 그릇 음식

㉣ **볶음밥** : 채소를 볶다가 밥을 넣고 함께 볶아 지은 밥이다.

㉤ **밥을 이용한 한 그릇 음식의 장점** : 탄수화물이 주된 영양소인 밥에 단백질, 비타민, 무기질 등이 포함된 다양한 재료가 들어가 영양소가 골고루 포함된 한 끼 식사를 할 수 있다.

⑤ 생활 속의 다양한 음식

㉠ **된장국** : 쌀뜨물에 된장과 고추장을 풀어 끓인 국이다.

㉡ **오이냉국** : 채 썬 오이를 식초와 소금으로 간을 한 찬 국물에 넣어 만든 산뜻한 맛의 냉국이다.

㉢ **국수** : 밀이나 메밀과 같은 곡물을 가루 내어 반죽한 것을 가늘게 만든 후, 국물에 말거나, 비비거나, 볶아 먹는 음식이다.

㉣ **냉면** : 흔히 메밀국수를 차게 한 육수나 동치미 국물에 말아 먹는 국수이다.

㉤ **만둣국** : 만두를 빚어 장국에 넣어 끓인 국이다.

㉥ **화채** : 꿀이나 설탕을 탄 물에 과일을 썰어 넣어 먹을 수 있게 만든 음식이다.

㉦ **달걀 샌드위치** : 삶은 달걀, 햄, 오이, 당근 등을 함께 잘게 다진 뒤 마요네즈를 넣어 버무린 후 빵 사이에 발라서 만드는 샌드위치이다.

⑥ 올바른 식사 예절

㉠ 어른이 먼저 숟가락을 든 다음에 식사를 시작한다.

㉡ 음식을 씹을 때에는 입을 다물며, 소리를 내며 먹지 않는다.

㉢ 젓가락으로 반찬을 뒤적거리거나 양념을 털어 내지 않는다.

㉣ 식사할 때에는 텔레비전이나 책, 휴대 전화를 보지 않는다.

㉤ 먹을 만큼 가져와서 남기지 않고, 음식물 쓰레기를 최소화한다.

⑦ 안전과 위생을 고려한 식사 선택 방법

㉠ 집

ⓐ 조리 전에 손을 항상 깨끗이 씻음

ⓑ 안전하고 신선한 재료를 준비하고, 깨끗이 씻어 조리함

ⓒ 조리 도구, 식기는 깨끗하게 씻어 사용하고, 조리대는 항상 청결하게 유지함

ⓓ 남은 음식은 용기에 담아 냉장고에 보관하고, 다시 먹을 때는 충분히 가열함

㉡ 학교 주변

ⓐ 편의점이나 가게에서 파는 음식은 식품 표시를 잘 살펴보고 구매함

ⓑ 어린이 기호 식품 우수 판매 업소인지 확인함

㉢ 음식점

ⓐ 청결하고 위생적으로 관리되고 있는 음식점을 선택함

ⓑ 음식에 사용된 재료의 원산지를 확인함

01장 기출문제로 유형 잡기

01 다음 중 아동기 신체적 발달을 위한 노력으로 가장 적절한 것은?

① 좋은 책을 꾸준히 읽는다.
② 깊이 생각하는 습관을 기른다.
③ 다른 사람의 입장을 생각한다.
④ 골고루 먹고 규칙적으로 운동한다.

정답잡기 아동기는 만 6세~12세까지이다. 아동기의 신체적 발달은 젖니가 빠지면서 영구치로 교체되고, 어깨가 넓어지고 팔다리가 길어지는 시기이다. 신체적 발달을 위해 음식을 골고루 먹고 규칙적인 생활을 해야 한다.

02 다음에 해당하는 가족 형태는?

우리 집은 할머니와 나 둘이서 살고 있다.

① 조손 가족 ② 재혼 가족
③ 확대 가족 ④ 한 부모 가족

정답잡기 조손 가족은 부모의 사망, 이혼 등으로 부모 대신 할아버지, 할머니와 사는 가족이다.

오답잡기
② 재혼 가족은 재혼(再婚)에 의해 형성된 가족이다.
③ 확대 가족이란 3대 이상이 모여 사는 가족으로 대가족이라고도 한다.
④ 한 부모 가족은 아버지나 어머니 한 사람과 자녀로 구성된 가족을 말한다.

03 ㉠에 들어갈 말로 가장 적절한 것은?

• [㉠] : 0~10℃ 냉장 보관(개봉 후에는 반드시 냉장 보관하거나 빨리 드세요.)

① 원재료명 ② 보관 방법
③ 영양 정보 ④ 식품 인증 표시

정답잡기 식품 표시를 통해 유통 기한, 원재료명, 함량, 품질 인증 마크, 영양 성분 표시 등을 확인할 수 있다. 제시된 식품 표시 내용은 식품을 보관하는 방법이 안내되어 있다.

정답 01 ④ 02 ① 03 ②

04 **그림의 식품에 공통으로 가장 많이 들어 있는 영양소는?**

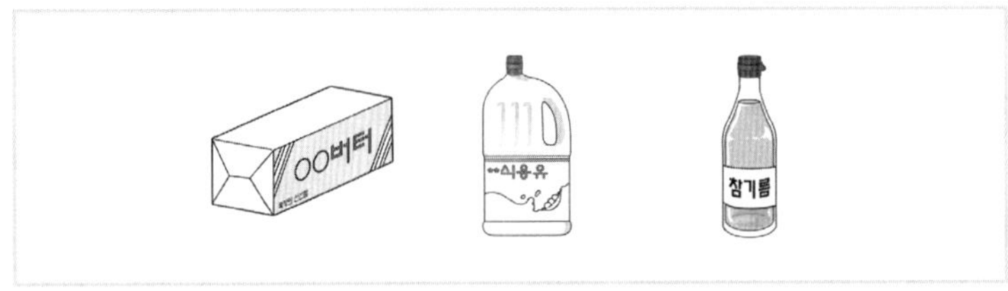

① 지방 ② 단백질
③ 비타민 ④ 탄수화물

정답잡기 버터, 식용유, 참기름 등에는 지방이 많이 들어 있다. 지방은 적은 양으로 많은 에너지를 낼 수 있는 영양소이다.

오답잡기
② 단백질은 콩, 달걀, 쇠고기, 생선 등에 많이 들어 있다.
③ 비타민은 신체 기능을 조절하는 역할을 하며 채소나 과일에 많이 들어 있다.
④ 탄수화물은 밥이나 떡, 국수, 빵 등에 많이 함유되어 있다.

05 **그림의 식품들이 속하는 식품군은?**

① 곡류 ② 채소류
③ 우유·유제품류 ④ 고기·생선·달걀·콩류

오답잡기
① 곡류 : 쌀, 빵, 떡, 밀가루, 감자, 국수, 밤 등
③ 우유·유제품류 : 우유, 요구르트, 치즈, 아이스크림 등
④ 고기·생선·달걀·콩류 : 쇠고기, 돼지고기, 닭고기, 생선, 콩, 된장, 두부, 잣, 땅콩 등

06 **옷의 필요성으로 옳지 <u>않은</u> 것은?**

① 위생을 유지해 준다.
② 체온을 조절해 준다.
③ 체내에 필요한 영양소를 공급해 준다.
④ 외부의 위험으로부터 몸을 보호해 준다.

정답잡기 옷을 입어 외부의 위험으로부터 몸을 보호하고 더울 때나 추울 때에 체온을 조절하며, 땀과 오염물질을 흡수하여 몸을 깨끗하게 유지시켜 준다. 또한 활동을 하거나 일할 때에 알맞은 옷을 입으면 안전하게 생활할 수 있고, 일의 능률을 높일 수 있다.
③ 식품 속에는 우리가 활동하는 데 필요한 영양소가 들어 있어 체내에 필요한 영양소를 공급해 준다.

정답 04 ① 05 ② 06 ③

07 다음 설명에 해당하는 재활용품은?

물로 씻은 후 펴서 말린다.

① 깡통 ② 헌 옷
③ 맥주병 ④ 우유팩

정답잡기 우유팩과 같은 종이팩은 내용물을 비우고 가급적 물로 헹군 후 반드시 일반 폐지와 혼합되지 않게 배출한다.

오답잡기
① 깡통은 내용물을 비워 가능한 한 압착하고, 겉 또는 속의 플라스틱 뚜껑 등을 제거한다.
② 헌 옷은 깨끗이 세탁한 후, 헌 옷이 필요한 기관에 기증하거나 다른 사람과 바꿔 입는다.
③ 맥주병은 병뚜껑을 제거한 후 내용물을 비우고 배출한다.

08 용돈 기입장에서 지출에 해당하는 것은?

① 심부름한 후 받은 용돈
② 빈 병을 팔아서 받은 돈
③ 공책을 사는 데 사용한 돈
④ 설날에 할아버지께 받은 세뱃돈

정답잡기 용돈을 합리적으로 관리하려면 용돈 기입장을 써야 한다. 용돈 기입장을 쓰면 용돈이 어디서 들어오고 어디로 나가는지 쉽게 파악할 수 있다.
③ 공책을 사는 비용은 지출의 사례이다.

09 발효 식품으로 옳은 것을 〈보기〉에서 고른 것은?

보기	
ㄱ. 김치	ㄴ. 된장
ㄷ. 참기름	ㄹ. 감자튀김

① ㄱ, ㄴ ② ㄱ, ㄷ
③ ㄴ, ㄹ ④ ㄷ, ㄹ

정답잡기 발효 식품으로는 김치, 과실주, 간장, 된장, 고추장 등이 있다.

정답 07 ④ 08 ③ 09 ①

10 신선한 자연식품을 고르는 방법으로 가장 적절한 것은?

① 오이 – 꼭지가 마른 것
② 달걀 – 껍데기가 매끈한 것
③ 쇠고기 – 붉은색이 선명한 것
④ 고등어 – 비린내가 많이 나는 것

정답잡기) 쇠고기는 선명한 붉은색을 띠고 눌러 보았을 때 탄력이 있는 것을 선택한다.

오답잡기)
① 오이는 색이 짙고 광택이 있으며, 꼭지가 마르지 않은 것을 고른다.
② 달걀은 껍데기가 까슬까슬하고 윤기가 나지 않는 것을 고른다.
④ 고등어와 같은 생선은 눈알이 맑고 아가미가 붉은색이며 비늘이 빠지지 않고 깨끗한 것, 살이 단단한 것을 선택한다.

11 다음 설명에 해당하는 시기는?

- 초등학생 시기에 해당한다.
- 신체적으로 성장하면서 남녀의 구분이 뚜렷해진다.

① 영·유아기　② 아동기
③ 청년기　④ 노년기

정답잡기) 아동기는 6~12세 초등학교의 시기이다. 신체적으로 비교적 안정되게 성장하며, 남녀의 구분이 뚜렷해진다.

오답잡기)
① 영·유아기 : 출생~6세를 의미한다. 걷기 시작하며, 말하기 시작한다. 모든 면에서 발달이 일어나는 시기이다.
③ 청년기 : 신체적인 성숙이나 정신적인 발달이 나타나며 어린이에서 성인으로 전환하는 시기이다.
④ 노년기 : 성인기 이후에 쇠퇴하기 시작한 때를 말하며, 신체 각 기관의 기능이 저하되며 정신적 능력도 점차 감퇴한다.

12 다음에서 알 수 있는 식품 표시는?

1회 제공량 : 1봉지 (40g)		
1회 제공량 당	함량	%영양소기준치
열량	220kcal	
탄수화물	25g	8%
당류	10g	
단백질	3g	5%
지방	2g	4%

① 제품명　② 영양 성분
③ 유통 기한　④ 보관 방법

정답잡기) 영양 성분 표시 : 열량, 영양소 종류, 영양소 함량 등을 나타낸 표이다.

정답 10 ③ 11 ② 12 ②

13 다음에 해당하는 바느질 용구는?

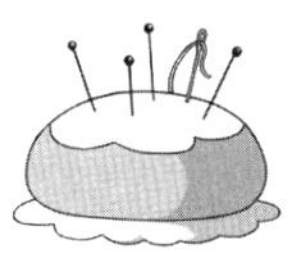

바늘이나 시침 핀을 꽂아 둔다.

① 골무 ② 초크
③ 쪽가위 ④ 바늘꽂이

정답잡기 바늘꽂이는 바늘이나 시침 핀을 꽂아 둘 때 사용하며, 바늘이 녹스는 것을 방지한다.

오답잡기
① 골무는 바늘을 밀어 주거나 손가락 끝을 보호하기 위해 사용하며 집게손가락에 끼워 사용한다.
② 초크는 옷감의 재단선을 표시하는 데 쓰는 분필이다.
③ 쪽가위는 실을 자를 때 쓰는 가위이다.

14 그림은 뜨개질을 할 때 사용하는 도구와 그 사용 예시이다. 이때 사용되는 도구는?

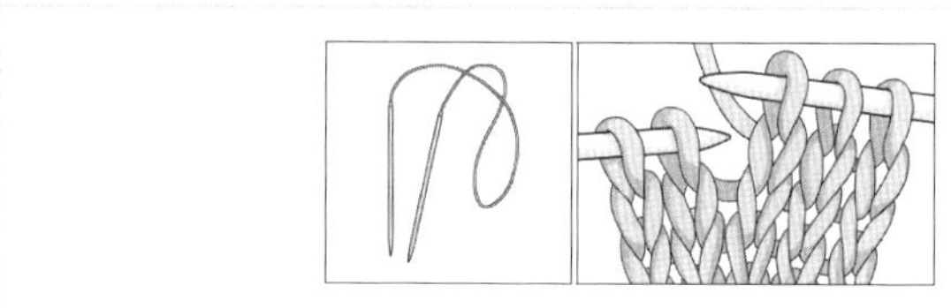

① 초크 ② 재봉틀
③ 시침 핀 ④ 대바늘

정답잡기 대바늘은 두 개 이상의 대바늘로 털실 고리가 계속 이어지고 얽히도록 뜨는 도구이다.

오답잡기
① 초크는 옷감의 재단선을 표시하는 데 쓰는 분필이다.
② 재봉틀은 바느질을 할 수 있도록 만든 기계이다.
③ 시침 핀은 헝겊을 임시로 고정할 때 사용하는 핀이다.

15 다음에 해당하는 바느질 방법은?

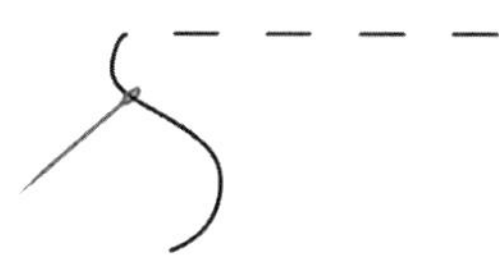

- 위아래로 한 땀씩 바늘을 꽂고 빼내어 꿰매는 방법
- 두 천을 이을 때나 주름을 잡을 때 사용

① 홈질 ② 감침질
③ 마름질 ④ 박음질

정답잡기 홈질은 두 장의 천을 포개어 놓고 바늘을 천의 앞뒤로 고르게 움직여 꿰매는 바느질이다.

오답잡기
② 감침질은 실의 올이 풀리지 않도록 천을 실로 감아 뜨는 바느질이다.
③ 마름질은 천에 초크로 원하는 모양의 접는 선, 바느질선을 그리고 시접을 넣어 자르는 선을 그려 치수에 맞게 자르는 일이다.
④ 박음질은 바늘땀이 두 번 겹치게 하여 튼튼하게 꿰매는 바느질이다.

정답 13 ④ 14 ④ 15 ①

01 장 예상문제로 실력 잡기

01 결혼과 출산을 통하여 구성된 공동체는?

① 사회 ② 국가
③ 가족 ④ 이웃

02 가정생활이 필요한 이유가 아닌 것은?

① 일을 서로 미루게 된다.
② 휴식과 안정을 취할 수 있다.
③ 아플 때 위로하고 보호해 준다.
④ 건강하게 자랄 수 있도록 해 준다.

03 그림에 해당하는 가족 형태는?

저는 다른 가족 구성원 없이 혼자 살고 있어요.

① 1인 가족 ② 조손 가족
③ 확대 가족 ④ 한 부모 가족

04 다음에 해당하는 가족 형태는?

> 핵가족에 조부모님을 포함한 가족

① 한 부모 가족 ② 입양 가족
③ 확대 가족 ④ 기러기 가족

05 다음에 해당하는 가족 형태는?

> 조부모와 손자(손녀)만으로 이루어진 가족

① 조손 가족 ② 입양 가족
③ 대가족 ④ 기러기 가족

06 다음에서 설명하는 가족의 형태는?

> 국제결혼 가족이나 이주 외국인 가족 등 서로 다른 문화적 배경을 가진 사람들로 구성된 가족

① 핵가족 ② 대가족
③ 다문화 가족 ④ 재혼 가족

07 가정에서 하는 일 중 식생활에 관한 것은?

① 다림질하기
② 아침상 차리기
③ 집 안 청소하기
④ 아이 돌보기

8 다음 ㉠과 ㉡에 해당하는 가정의 일은?

• 의생활 : 세탁하기, 옷 손질하기, (㉠)
• 주생활 : 청소하기, 집 안 가꾸기, (㉡)

	㉠	㉡
①	상 차리기	옷 개기
②	빨래 널기	집 수리하기
③	다림질하기	음식 만들기
④	자녀 돌보기	설거지하기

9 그림의 식품에 포함된 주된 영양소와 그 설명이 가장 적절하게 연결된 것은?

닭고기

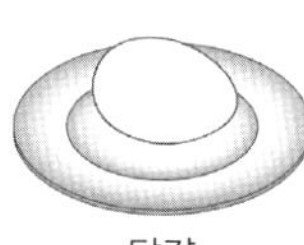
달걀

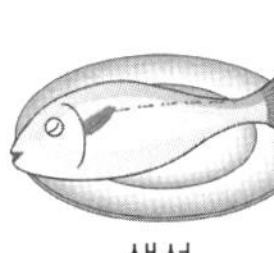
생선

① 비타민－뼈를 구성한다.
② 단백질－근육을 구성한다.
③ 탄수화물－몸의 기능을 조절한다.
④ 무기질－활동에 필요한 에너지를 만든다.

10 ㉠과 ㉡에 해당하는 식품군으로 알맞은 것은?

식품군	㉠	㉡
식품	치즈, 요구르트	감자, 옥수수

	㉠	㉡
①	과일류	곡류
②	과일류	채소류
③	우유・유제품류	곡류
④	우유・유제품류	채소류

11 영양소와 식품이 바르게 연결된 것은?

① 지방 – 배추
② 무기질 – 빵
③ 탄수화물 – 참기름
④ 단백질 – 쇠고기

12 다음 영양소 중에서 몸의 기능을 조절하는 일만 하는 것은?

① 탄수화물 ② 지방
③ 단백질 ④ 비타민

13 쌀, 국수, 감자에 많이 들어 있는 영양소는?

① 지방 ② 탄수화물
③ 비타민 ④ 단백질

14 다음 영양소 중에서 활동에 필요한 힘을 내고, 몸의 조직을 구성하는 일을 하는 것은?

① 탄수화물 ② 지방
③ 비타민 ④ 단백질

15 다음 식품에 공통으로 가장 많이 들어 있는 영양소는?

콩, 달걀, 쇠고기, 생선

① 단백질 ② 지방
③ 비타민 ④ 탄수화물

16 다음 영양소 중에서 뼈와 치아를 구성하고 산소를 운반하는 일을 하는 것은?

① 탄수화물　　② 지방
③ 비타민　　④ 무기질

17 다음의 설명에 해당하는 식품들이 속하는 식품군은?

> 적은 양으로 많은 에너지를 내는 지방과 당분이 많이 들어 있으며, 많이 먹으면 비만이 되기 쉽다.

① 고기・생선・달걀・콩류
② 우유・유제품류
③ 곡류
④ 유지・당류

18 가스레인지를 사용한 후 반드시 해야 할 일은?

① 가스 콕 켜기
② 중간 밸브 잠그기
③ 불의 세기 조절하기
④ 파란 불꽃 확인하기

19 다음에서 설명하는 아동기의 발달 특징은?

> • 논리적 사고력이 향상된다.
> • 의사소통 능력이 향상된다.

① 사회적 발달　　② 정서적 발달
③ 인지적 발달　　④ 학습적 발달

20 다음의 설명과 관련 있는 아동기 발달은?

> • 다양한 친구들을 사귀기
> • 봉사 활동하기

① 사회적 발달　　② 정서적 발달
③ 인지적 발달　　④ 학습적 발달

21 다음 중 여성에게만 나타나는 성적 발달은?

① 몽정을 경험한다.
② 어깨가 넓어진다.
③ 월경이 시작된다.
④ 목소리가 굵어진다.

22 아동기의 성적 발달에 대한 내용으로 옳은 것은?

① 정자와 난자가 만나 결합하면 월경이 시작된다.
② 몽정은 일주일에 한 번씩 한다.
③ 월경은 6학년이 되면 꼭 시작해야 한다.
④ 가슴과 골반이 커지는 것은 주로 여자에게 나타나는 변화이다.

23 발달의 개인차를 대하는 바른 태도로 옳은 것은?

① 나를 소중히 여기고 나만의 장점을 가꾼다.
② 다른 친구들과 비교한다.
③ 발달이 느리면 걱정한다.
④ 발달이 빠르도록 조바심을 낸다.

24 다음과 같은 기능을 가지고 있는 옷은?

> 땀과 피지 등의 분비물을 흡수하여 피부를 청결하게 해 준다.

① 겉옷 ② 제복
③ 방화복 ④ 속옷

25 다음 중 옷 정리와 보관 방법에 대한 설명으로 옳은 것은?

① 오랫동안 보관할 옷은 세탁한 후 보관함에 넣어서 보관한다.
② 옷장 문을 열어 자주 환기하면 안 된다.
③ 스웨터는 옷걸이에 걸어서 보관한다.
④ 구겨지기 쉬운 옷은 잘 개어서 보관한다.

26 아동기 후반에 나타나는 여자 어린이의 성적 발달로 옳은 것은?

① 몽정을 한다.
② 피부밑 지방이 늘어난다.
③ 어깨가 넓어지고 근육이 발달한다.
④ 목소리가 굵어지고 수염이 난다.

27 다음에서 설명하는 성적 발달은?

> • 자는 동안 무의식적으로 정액이 몸 밖으로 배출되는 것
> • 성욕을 조절하는 자연스러운 현상이며 새로운 생명인 아기를 만들 준비를 하는 성적 성숙

① 초경 ② 몽정
③ 사정 ④ 월경

28 다음 중 옷을 수선할 때 필요한 도구가 <u>아닌</u> 것은?

① 골무 ② 초크 펜
③ 바늘꽂이 ④ 니퍼

29 그림의 분리수거함에 넣어야 하는 것은?

① 유리병
② 비닐봉지
③ 음식물 쓰레기
④ 플라스틱 접시

30 다음 설명에 공통으로 해당하는 재활용품의 분리배출 표시는?

> • 뚜껑이나 라벨을 제거한 후 배출한다.
> • 보증금 대상 병은 소매점 등에서 보증금액을 환불 받는다.

① 

② 

③ 

④ 

31 소중한 나의 몸을 관리하는 방법으로 옳지 <u>않은</u> 것은?

① 몸에 너무 달라붙는 팬티나 바지는 입지 않는다.
② 월경 기간에는 심한 운동은 하지 않는다.
③ 속옷을 매일 갈아입는다.
④ 월경 중에는 생리대를 하루에 한 번씩 갈아 준다.

32 다음 중 쓰레기를 처리하는 방법으로 옳은 것은?

① 불필요한 물건도 쌓아 둔다.
② 쓰레기를 분리하여 배출한다.
③ 다른 사람에게 줄 수 있는 것도 버린다.
④ 음식물 쓰레기는 일반 쓰레기와 함께 버린다.

33 생활 자원을 아껴 쓰는 것과 관계가 <u>적은</u> 것은?

① 편리한 생활을 위하여 일회용품을 사용한다.
② 폐식용유를 모아 비누를 만들어 사용한다.
③ 재활용품을 분리수거하는 습관을 기른다.
④ 물건을 살 때 장바구니를 사용한다.

34 재활용 품목의 분류가 바르게 연결된 것은?

① 종이류 – 종이 상자
② 유리병류 – 우유갑
③ 금속류 – 신문지
④ 플라스틱류 – 통조림 캔

35 쓰레기 분리 시 플라스틱류에 해당하는 것은?

① 페트병　② 신문지
③ 스티로폼　④ 일회용 컵

36 쓰레기 분류 시 금속류에 해당하는 것은?

① 페트병　② 음료수 캔
③ 우유갑　④ 헌 청바지

37 정리 정돈을 잘하면 좋은 점이 <u>아닌</u> 것은?

① 깨끗해서 보기 좋다.
② 찾고자 하는 물건을 쉽게 찾는다.
③ 시간을 절약하고 일의 효율성을 높인다.
④ 자료가 산만해져 찾는 데 시간이 걸린다.

38 물건을 정리 정돈하여 보관해 두면 좋은 점은?

① 있는 학용품을 찾지 못해 또 사는 경우도 있다.
② 찾는 물건이 어디에 있는지 몰라 한참 찾게 된다.
③ 마음이 어수선하고 지저분한 느낌이 든다.
④ 공부나 일의 능률이 오르게 된다.

39 ㉠에 공통으로 들어갈 말로 알맞은 것은?

- (㉠)은/는 자유롭게 쓸 수 있는 돈이다.
- (㉠) 기입장을 작성하여 자신의 소비 습관을 파악한다.

① 용돈　② 전기
③ 청소　④ 환경

40 〈보기〉 중 용돈 기입장에서 수입에 해당하는 것은?

보기
ㄱ. 부모님께서 주신 용돈
ㄴ. 할머니께서 주신 세뱃돈
ㄷ. 간식을 구입하는 데 쓴 돈
ㄹ. 공책을 구입하는 데 쓴 돈

① ㄱ, ㄴ　② ㄱ, ㄷ
③ ㄴ, ㄹ　④ ㄷ, ㄹ

41 용돈 기입장에 기록할 지출 내용과 거리가 <u>먼</u> 것은?

① 아이스크림 구입
② 교통비
③ 선물 구입
④ 심부름한 후 받은 용돈

42 건강한 먹을거리의 올바른 선택 방법은?

① 시들고 흠이 많은 것
② 품질 보증 표시가 없는 것
③ 유통 기한이 지나지 않은 것
④ 성분표시가 없고 색깔이 예쁜 것

43 다음 중 신선한 식품을 고르는 요령으로 <u>틀린</u> 것은?

① 생선류는 불쾌한 냄새가 없고, 아가미가 신선하며 선홍색인 것을 고른다.
② 생선은 근육이나 살이 단단하고, 비늘이 반투명하며 맑은 것을 고른다.
③ 조개류는 입이 열려 있지 않고, 광택이 있는 것을 고른다.
④ 소고기는 흰색에 가까울수록 신선하다.

44 다음 중 신선한 식품은?

① 싹이 돋고 껍질이 파란 감자
② 홈이 많고 무른 감자
③ 껍데기가 까칠까칠한 달걀
④ 껍데기가 반들반들한 달걀

45 시간의 특징으로 옳지 않은 것은?

① 어떻게 사용하느냐에 따라 가치가 달라진다.
② 사람마다 주어진 양이 다르다.
③ 지나가면 다시 되돌릴 수 없다.
④ 우리의 모든 활동에 시간 자원이 함께 사용된다.

46 밥을 이용한 한 그릇 음식은?

① 자장면 ② 비빔밥
③ 스파게티 ④ 샌드위치

47 다음에서 설명하는 음식은?

> 밥 위에 채소, 나물, 고기, 달걀부침 등을 얹고 고추장을 넣어 비벼 먹는 음식

① 김밥 ② 비빔밥
③ 잡채 ④ 김치볶음밥

48 다음 설명에 해당하는 자원은?

> • 사람들이 생활하는 데 필요한 것
> • 학용품, 옷과 같이 형태가 있는 것과 지식, 시간과 같이 형태가 없는 것이 있음

① 물질 자원 ② 생활 자원
③ 시간 자원 ④ 인적 자원

49 다음 중 합리적인 소비 생활로 옳지 않은 것은?

① 중요하지 않지만 급한 것부터 산다.
② 환경친화적이고 안전한 제품을 산다.
③ 물건을 다른 사람과 바꿔 쓴다.
④ 사용 수칙을 잘 지켜 안전하게 사용한다.

50 다음 중 올바른 식사 예절은?

① 어른이 먼저 수저를 든 다음에 식사를 시작한다.
② 식사 중에 마구 돌아다닌다.
③ 식사 중에 팔꿈치나 손을 식탁에 올려놓는다.
④ 식사 중에 책, 신문 등을 본다.

51 학교 안의 안전을 위협하는 장소나 물건을 찾는 방법으로 틀린 것은?

① 구석진 곳이나 위험한 난간 등에 올라가서 조사한다.
② 안전하지 않은 장소나 물건의 사진을 찍어 두면 좋다.
③ 문이나 계단 손잡이 같은 시설들도 안전한지 확인한다.
④ 학교 안의 바닥과 벽에 위험한 곳은 없는지 살펴본다.

52 다음 중 식품 표시를 통해 확인할 수 있는 내용이 아닌 것은?

① 품질 인증 마크
② 유통 기한
③ 식품을 구매하는 사람의 이름
④ 영양 성분 표시

53 다음 중 영양 성분 표시에 대한 설명으로 틀린 것은?

① 어떤 영양소가 얼마나 들어 있는지를 표기한 것이다.
② % 영양소 기준치는 하루에 먹어야 할 영양소의 양이 100%라고 할 때, 해당 식품에 얼마나 들어 있는지 비율로 나타낸 것이다.
③ 열량, 탄수화물 · 단백질 · 지방 · 나트륨 등의 영양소 함량이 표시되어 있다.
④ 100g을 기준으로 영양소 함량을 표시한다.

54 다음 설명에 해당하는 옷 관리 방법은?

손상된 옷을 손질한다.

① 보관하기 ② 분류하기
③ 세탁하기 ④ 수선하기

55 그림에 해당하는 옷 만들기 과정은?

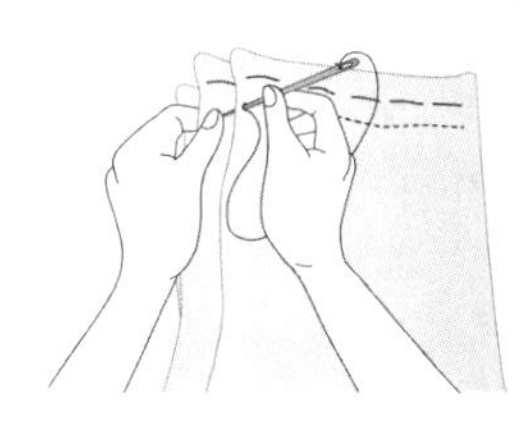

① 본뜨기 ② 치수 재기
③ 마름질하기 ④ 바느질하기

56 다음 설명에 해당하는 바느질 도구는?

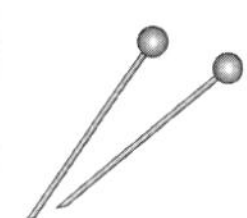

• 옷감을 고정할 때 사용한다.
• 바늘꽂이에 꽂아 보관한다.

① 실 ② 가위
③ 줄자 ④ 시침 핀

57 손바느질에서 두 장의 천을 고정시키는 용구는?

① 골무 ② 시침 핀
③ 대바늘 ④ 바늘꽂이

58 바늘을 밀어 주거나 손가락 끝을 보호하기 위해 사용하는 용구는?

① 시침핀 ② 골무
③ 대바늘 ④ 바늘꽂이

59 다음 중 천에 바느질선을 그릴 때 사용하는 바느질 용구는?

① 골무 ② 바늘꽂이
③ 쪽가위 ④ 초크

60 책가방의 끈이 끊어졌다. 어떤 바느질 방법으로 꿰매면 가장 튼튼하겠는가?

① 홈질 ② 박음질
③ 시침질 ④ 감침질

61 옷감의 가장자리에 실이 풀리지 않게 용수철 모양으로 감아 꿰매는 바느질 방법은?

① 십자수 ② 감침질
③ 시침질 ④ 코바늘뜨기

62 생활 소품을 만드는 과정 중 다음의 활동이 이루어지는 단계는?

• 본뜨기 • 마름질하기 • 바느질하기

① 계획하기 ② 준비하기
③ 제작하기 ④ 정리하기

63 식품의 선택과 보관 방법에 대한 설명으로 옳지 않은 것은?

① 포장 상태가 좋은 것을 고른다.
② 식품에 따라 적절히 손질하여 보관한다.
③ 식품 표시에 제시된 보관 방법을 확인한다.
④ 모든 식품은 냉장고에 보관한다.

02 장 기술의 세계

01 생명 기술 시스템과 동식물

(1) 가꾸기와 기르기의 자원

① 생명 기술 : 식물을 가꾸고 동물을 길러 우리 생활에 유용하게 이용하는 활동

② 생명 기술 시스템 : 식물을 가꾸고 동물을 길러 원하는 결과를 얻기 위한 과정

③ 생명 기술 시스템의 단계

단계	설명
투입	식물 가꾸기와 동물 기르기에 필요한 것들을 준비하는 단계
과정	동식물을 보살펴 자라게 하고 다 자란 식물을 수확하는 단계로 다양한 농업 생산 기술이 발달
산출	잘 자란 동식물을 목적에 맞게 이용하는 단계로, 먹을거리와 생활용품의 재료를 안정적으로 얻을 수 있음
되먹임	가꾸고 기르는 과정에 문제가 없었는지 어떻게 하면 더 개선할 수 있을지 되돌아보는 단계

④ 동식물과 자원

㉠ 자원 : 인간 생활에서 가치 있게 쓰이는 원료, 노동력 기술 등

㉡ 동식물의 자원으로서의 가치

구분	내용
식량 자원	다양한 먹을거리를 제공함
에너지 자원	친환경 연료와 같은 새로운 에너지를 만듦
생태 자원	공기를 정화하고 자연재해를 막으며, 생태계를 보전하는 역할을 함
생활 자원	동식물을 이용해 생활에 필요한 물건을 만듦
사회·문화적 자원	자원 학습의 기회를 제공하고 관광 자원으로서의 역할을 함

(2) 생활 속의 식물

① 작물 : 우리 생활 속에 활용되고 있는 식물로 벼, 옥수수, 사과 등과 같이 경제성과 활용성이 높아 가꾸게 된 식물

② 활용 목적에 따른 식물의 분류

㉠ 식용 작물 : 사람이 주로 주식으로 이용하기 위해 가꾸는 작물로 쌀, 콩, 감자 등

㉡ 원예 작물 : 부식이나 간식으로 활용되거나 건강한 생활과 정서 순화에 도움을 주는 식물

ⓐ **과수** : 열매를 얻기 위하여 가꾸는 나무 예 사과, 배, 포도 등

ⓑ **채소** : 잎이나 줄기, 열매, 뿌리 등을 먹는 것 예 고추, 토마토, 배추 등

잎줄기채소	잎이나 줄기를 주로 이용 예 파, 상추, 배추, 양배추 등
뿌리채소	뿌리를 주로 이용 예 연근, 마늘, 무, 당근 등
열매채소	열매를 주로 이용 예 참외, 오이, 토마토, 가지 등

ⓒ **화초** : 꽃이나 잎, 줄기를 감상하기 위해 가꾸는 것 예 팬지, 국화, 수국 등

㉢ 그 밖의 작물

ⓐ **사료 작물** : 가축의 먹이로 활용되는 것 예 옥수수, 귀리 등

ⓑ **녹비 작물** : 비료로 활용되는 것 예 호밀, 자운영 등

ⓒ **공예 작물** : 가공 과정을 거쳐 생활용품으로 활용되는 것 예 목화(→ 면옷), 참깨(→ 참기름), 사탕수수(→ 설탕) 등

ⓓ **약용 작물** : 약으로 활용되는 것 예 인삼, 상황버섯 등

ⓔ **환경을 위해 활용하는 식물** : 튤립, 벚나무, 다육 식물, 고무나무, 담쟁이덩굴, 장미, 스파티필룸 등

③ 식물이 자라는 데 알맞은 환경 조건

구분	내용
햇빛	잎과 줄기를 튼튼하게 하고, 성장에 도움을 줌
물	식물 내부에서 물질을 운반하고, 온도를 조절해 줌
온도	적절한 온도를 유지해야 식물이 잘 자랄 수 있음
흙과 양분	식물이 잘 자라고 열매를 맺도록 해 줌
공기	이산화 탄소는 식물이 양분을 만드는 데 도움을 주고, 산소는 식물이 호흡하는 데 필요함

④ 식물 가꾸는 방법과 과정

㉠ **준비하기** : 식물 선택하기, 환경 조건 알아보기, 준비물 준비하기

㉡ **가꾸기** : 심을 공간 마련하기, 가꾸는 방법 선택하기, 심고 가꾸기

㉢ **결과 얻기** : 가꾸는 목적에 맞게 활용한다.

㉣ **반성하기** : 식물의 특성을 고려하여 잘 가꾸었는지 되돌아보고, 결과가 만족스럽지 않으면 원인을 찾아 개선한다.

⑤ 식물 가꾸기 도구

㉠ **모종삽** : 모종을 심거나 화분의 흙을 옮기거나 섞을 때 사용한다.

㉡ **전지(전정)가위** : 꽃이나 나무의 가지를 솎아 내거나 잘라 낼 때 사용한다.

㉢ **거름망** : 찌꺼기나 건더기가 있는 액체를 체에 밭치어 찌꺼기를 걸러 내는 그물이다.

㉣ **장갑** : 체온을 유지하거나 손을 보호하기 위해 사용한다.

ⓜ 호미 : 잡초를 뽑거나 흙을 뒤집는 데 사용한다.
ⓑ 물뿌리개 : 화분이나 밭에 물을 줄 때 사용한다.

⑥ 방울토마토 가꾸기
㉠ 유기 비료를 섞은 배양토를 화분의 1/2 정도 되도록 담는다.
㉡ 방울토마토 모종을 화분 가운데에 심는다.
㉢ 배양토를 화분의 4/5 정도가 되도록 채우고 뿌리 주변을 눌러 준다.
㉣ 물을 충분히 주고, 방울토마토가 자라면서 쓰러지지 않도록 지지대를 세워 준다.

(3) 생활 속의 동물

① 동물의 종류와 이용
㉠ 경제 동물 : 인간 생활에 도움을 주는 경제적으로 가치가 있는 동물
ⓐ 소 : 젖(유용종), 고기(육용종), 작업용(역용종) 등
ⓑ 닭 : 달걀(난용종), 달걀과 고기 겸용(난육 겸용종)
ⓒ 양 : 털(모용종), 털과 고기(모육 겸용종), 고기(육용종), 젖(유용종), 가죽(모피용종)
ⓓ 염소 : 젖(유용종), 고기(육용종), 털(모용종)
ⓔ 돼지 : 고기(육용종)
ⓕ 토끼 : 고기와 털
㉡ 애완동물 : 사람이 귀여워하거나 즐거움을 얻기 위해 기르는 동물로 개, 햄스터, 앵무새, 고양이, 고슴도치, 금붕어, 장수풍뎅이 등
㉢ 반려동물 : 사람과 함께 더불어 살아가며 심리적으로 안정감과 친밀감을 주는 친구, 가족과 같은 존재를 말한다.
㉣ 특수 동물 : 특수한 목적으로 이용되는 동물로 사냥용 매, 친환경 농업용 우렁이, 안내견, 경주용 말, 폭발물 탐지견 등

② 생활 속의 동물 돌보기
㉠ 문조 돌보기 준비물 : 새장, 장난감, 물통, 사료 등
㉡ 거북이 돌보기 준비물 : 거북이 어항, 먹이, 자갈, 돌, 수초 등
㉢ 장수풍뎅이 돌보기
ⓐ 준비물 : 사육 상자, 발효 톱밥, 놀이목, 먹이 접시, 방충망, 먹이 등
ⓑ 장수풍뎅이를 사육하기 위해서는 사육 상자에 발효 톱밥과 나뭇잎을 넣은 후 물을 뿌려 주어야 한다.
㉣ 햄스터를 돌보는 데 필요한 준비물 : 햄스터 집, 톱밥, 사료, 먹이 그릇, 급수기, 놀이기구, 화장실 등
ⓜ 열대어 기르기
ⓐ 준비물 : 어항, 모래와 자갈, 수초, 장식품 등

ⓑ 어항의 물을 주 1회 정도, 물 양의 1/3을 갈아 준다.

ⓗ **반려견을 돌보는 방법** : 먹이 주기, 산책시키기, 질병 관리하기 등

③ **동물을 돌보고 기를 때의 태도**

㉠ 정기적으로 건강 검진을 한다.

㉡ 동물의 보금자리를 깨끗이 청소한다.

㉢ 기르고 있는 동물에 대해 자세히 알아본다.

㉣ 외출 시에는 인식표를 부착하고 목줄을 착용하여 다른 사람에게 위협이 되지 않도록 한다.

02 수송 기술과 우리 생활

(1) 수송과 수송 수단

① 수송과 수송 수단의 의미

㉠ **수송** : 사람이나 물건을 다른 장소로 이동시키는 것

㉡ **수송 수단** : 수송이 쉽게 이루어지도록 돕는 장치로 자동차, 기차, 배, 비행기 등을 말한다.

② 수송 수단의 종류

㉠ **육상 수송 수단** : 자동차, 버스, 기차, 자전거, 오토바이, 스케이트보드 등

㉡ **해상 수송 수단** : 여객선, 화물선, 잠수함, 요트, 위그선 등

㉢ **항공 수송 수단** : 비행기, 헬리콥터, 드론, 우주선 등

③ **수송 수단이 미치는 영향** : 대량 수송이 가능해짐, 지역 간의 교류가 활발해짐, 생활 공간이 확대됨

(2) 수송 수단의 기본 요소

① 수송 수단의 기본 요소

㉠ **구동 장치**(기관, 변속기, 구동축 등) : 수송 수단이 움직이는 힘을 만들고 전달하여 수송 수단을 주행시키는 장치

㉡ **조향 장치**(운전대) : 수송 수단의 이동 방향을 바꾸는 장치

㉢ **제동 장치**(브레이크)

ⓐ 움직이는 수송 수단의 속도를 줄이거나 멈추는 장치

ⓑ **제동 과정** : 브레이크 레버 → 와이어 → 브레이크 순으로 작동

㉣ **프레임** : 수송 수단의 다양한 요소를 연결하여 수송 수단의 차체를 이르는 것

② 자전거로 알아보는 수송 수단의 기본 요소

㉠ **구동 장치** : 페달, 기어, 체인, 앞뒤 바퀴 등

㉡ 조향 장치 : 핸들, 포크 등

㉢ 제동 장치 : 브레이크 레버, 앞뒤 브레이크 등

㉣ 프레임 : 자전거의 뼈대

(3) 자전거와 안전

① 자전거 : 이용하기 편리할 뿐만 아니라, 사람이나 전기의 힘으로 움직이므로 온실가스를 배출하지 않는 친환경 수송 수단

② 자전거의 구성 요소

구분	내용
전조등	어두울 때 앞이 잘 보이도록 환하게 비추어 줌
프레임	각 부품을 이어 주며, 자전거의 모양을 유지하고 지탱
스프로킷	체인과 맞물려 움직이는 힘을 전달하는 톱니를 가진 장치
핸들	자전거의 진행 방향을 바꿀 때 사용함
안장	자전거를 탈 때 사람이 앉게 만든 자리
경음기	소리를 낼 수 있게 만든 장치
브레이크	자전거의 속도를 줄이거나 멈출 때 사용함
바퀴	자전거가 굴러갈 수 있도록 함
페달	타는 사람이 발로 밟으면 바퀴가 돌아가 자전거를 움직이게 함
반사경	야간에 불빛이 닿으면 빛을 반사하여 자전거가 잘 보이게 함으로써 안전에 도움을 줌
체인	페달을 밟는 힘이 바퀴에 전달되도록 해 줌

③ 에이비시(ABC) 자전거 점검・관리

㉠ Air(타이어 공기압)

ⓐ 타이어 공기압은 최대 공기압의 80%가 가장 알맞다.

ⓑ 자전거 안장에 앉았을 때 타이어가 지면과 닿는 면이 7~10cm 정도 되는 것이 좋다.

㉡ Brake(브레이크) : 브레이크 레버를 잡았을 때 중간쯤에서 잡히는 것이 좋다.

㉢ Chain(체인) : 체인은 눌렀을 때 1~2cm 정도 늘어지는 것이 좋다.

④ 자전거 안전 점검 방법

㉠ 프레임은 휘어지거나 균열이 있는지 살펴야 한다.

㉡ 타이어의 공기압은 적절해야 한다.

㉢ 페달이 잘 돌아가고, 체인이 느슨하거나 빡빡하지 않은지 점검한다.

㉣ 핸들은 단단히 고정되어 있어야 하고, 핸들의 중심축은 정중앙에 있어야 한다.

㉤ 브레이크가 잘 작동하는지 점검하고, 브레이크 패드가 바퀴의 림을 단단하게 잡아 주는

지 확인한다.

ⓑ 안장의 높이는 앉았을 때 양발 끝이 땅에 닿아야 한다.

⑤ 자전거 보관 방법과 보호 장구

㉠ 비나 눈에 젖었을 때에는 마른걸레로 닦아 주고, 체인과 스프로킷에 윤활유를 발라 준다.

㉡ 고무, 플라스틱과 같은 부품이 상하지 않도록 직사광선이 없는 곳에 보관한다.

㉢ 보호 장구 : 위험한 활동이나 운동할 때 몸에 상처를 입지 않도록 보호하기 위하여 몸에 지니는 기구이다.

⑥ 자전거 정비용 공구

㉠ 공기 주입기 : 타이어에 공기를 주입할 때 사용하는데 타이어의 옆면에 적혀 있는 적정 공기압에 따라 넣으면 좋다.

㉡ 육각 렌치 : 육각형의 홈에 끼워 사용하는 공구로 대부분 자전거의 핸들을 고정할 때 사용한다.

㉢ 드라이버 : 전조등, 반사등 등에 사용하는 각종 나사를 조이거나 풀 때 사용하며, 체인이 빠졌을 때 사용하기도 한다.

㉣ 스패너 : 바퀴의 휠을 고정하는 볼트를 조일 때 사용한다.

⑦ 자전거를 탈 때 지켜야 할 사항

㉠ 자전거를 탈 때 안전한 옷차림

ⓐ 안전모를 쓰고, 팔꿈치 보호대를 한다.

ⓑ 무릎 보호대와 보호 장갑을 착용한다.

ⓒ 눈에 잘 띄는 밝은색 옷을 입는다.

ⓓ 펄럭이는 치마나 통이 넓은 바지는 입지 않는다.

ⓔ 끈이 없는 운동화를 신는다.

㉡ 자전거를 탈 때 주의 사항

ⓐ 자전거는 차이며, 놀이기구가 아님을 이해한다.

ⓑ 자전거 도로 혹은 차도의 끝 차로를 이용한다.

ⓒ 자전거는 우측 통행하며, 역주행은 금지한다.

(4) 미래의 친환경 자동차

① 기존의 자동차는 대부분 석유를 연료로 사용하는데, 친환경 자동차는 전기나 수소 연료 전지 등을 사용한다.

② 기존의 자동차는 배기가스로 환경을 오염시키지만 친환경 자동차는 환경을 보호한다.

③ 친환경 자동차의 종류

㉠ 전기 자동차 : 전기로 전동기를 작동시켜 만들어진 힘으로 달리는 자동차

ⓛ **수소 연료 전지 자동차** : 연료인 수소가 공기 중의 산소와 반응하는 과정에서 만들어지는 전기를 이용하는 자동차

ⓒ **자율주행 자동차** : 운전자가 차량을 조작하지 않아도 스스로 주행하는 자동차

03 일과 직업 탐색

(1) 일과 직업의 이해

① 일과 직업의 의미

㉠ 일의 의미 : 어떤 목표를 이루기 위해 몸을 움직이고 머리를 쓰는 활동

예 아버지가 아침 식사를 준비하시는 것, 내가 리코더 연습을 하는 것, 할머니가 마당을 청소하시는 것, 할아버지가 복지관에서 무료로 한자를 가르치시는 것

㉡ 직업의 의미 : 일정한 기간 동안 일을 하고 그 대가로 보수를 받는 활동

예 어머니가 회사에서 컴퓨터 프로그램을 만드는 것, 약사인 삼촌이 약국을 운영하시는 것

② 직업의 의미와 중요성

㉠ 행복한 삶을 살 수 있다.

㉡ 경제적으로 보상받을 수 있다.

㉢ 사회에 기여하고 봉사할 수 있다.

㉣ 개성을 발휘할 수 있다.

㉤ 자아실현을 할 수 있다.

③ 직업의 가치 : 금전적 보상, 몸과 마음의 여유, 영향력 발휘, 다른 사람으로부터의 인정, 성취, 봉사, 사회에 헌신

④ 여러 가지 직업

㉠ 요리와 관련된 직업 : 조리사, 푸드 스타일리스트, 제과 제빵사, 바리스타, 요리 학원 강사, 소믈리에 등

㉡ 학업과 관련된 직업 : 학자, 교사, 연구원, 변리사 등

㉢ 집을 꾸미는 일과 관련된 직업 : 가구 디자이너, 인테리어 디자이너, 정원사, 친환경 건축가, 건설 안전 관리원 등

㉣ 자동차와 관계된 직업 : 생산 기술자, 자동차 디자이너, 자동차 판매자, 자동차 정비사 등

⑤ 여러 가지 직업의 구체적 사례

㉠ 항공기 조종사 : 승객이나 화물 운반을 위해 여객기, 화물 수송기를 조종한다.

㉡ 패션 디자이너 : 옷을 전문적으로 디자인하는 사람이다.

㉢ **간호사** : 환자의 상태를 점검 기록하고 치료, 질병 예방에 대한 설명을 해 주는 사람이다.
㉣ **요리사** : 식당에서 전문적으로 요리 혹은 조리를 하는 사람이다.
㉤ **사회 복지사** : 사회 복지에 관련된 전문적인 기술을 지닌 사람이다.
㉥ **경찰관** : 사회 질서 유지와 인명과 재산을 보호하는 역할을 한다.
㉦ **교사** : 학생들을 지도하는 역할을 한다.
㉧ **화가** : 그림을 그리는 활동을 한다.
㉨ **소방관** : 화재 현장에 출동하여 불을 끄며, 응급 구조 활동을 한다.
㉩ **건축가** : 건축을 설계하여 감독을 한다.
㉪ **만화가** : 자신이 하고 싶은 이야기를 만화를 통해 표현한다.
㉫ **변호사** : 개인 간의 다툼에 관하여 재판에서 변호해 주는 활동을 한다.
㉬ **수의사** : 개나 고양이, 소나 돼지, 물고기나 어패류 같은 수생동물까지 질병과 상해를 예방, 진단, 치료하고 이를 위해 연구한다.
㉭ **아나운서** : 뉴스 보도, 사회, 실황 중계의 방송을 맡아 하는 직업이다.
㉮ **은행원** : 은행 고객들을 대상으로 현금 교환, 예금 및 대출, 인출 등의 업무를 주로 한다.
㉯ **자동차 정비사** : 자동차를 고치는 일을 한다.

(2) 나의 진로 탐색

① **진로** : 한 사람이 앞으로 살아갈 인생의 방향으로, 내가 앞으로 해야 할 일과 직업을 의미한다.
② **진로 탐색이 필요한 이유** : 올바른 진로 탐색을 통해 나에게 맞는 직업을 찾으면 일을 통해 즐거움과 성취감을 얻으며 행복하게 살 수 있다.
③ **나의 특성과 관련된 용어**
㉠ **적성** : 어떤 일을 할 때 다른 사람 또는 다른 일보다 잘해 낼 수 있는 능력이나 소질
㉡ **흥미** : 어떤 일에 대해 관심이 있거나 재미를 느끼는 것
㉢ **성격** : 개인이 가지고 있는 고유한 성질이나 품성
㉣ **표준화 검사** : 실시, 채점, 결과의 해석이 동일하도록 모든 절차와 방법을 일정하게 만들어 놓은 검사
④ **자신의 특성 알아보기**
㉠ **자신의 특성을 알아보는 방법**
ⓐ 스스로 생각해 보기
ⓑ 가까운 사람에게 물어보기
ⓒ 커리어넷 등 표준화된 심리 검사를 이용하기
㉡ **자신의 특성을 파악하는 것의 중요성**
ⓐ 자신에게 맞는 직업을 탐색하는 데 도움이 됨

ⓑ 잘하는 것, 관심 있어 하는 것, 나만의 독특한 성질 등을 종합적으로 고려할 때 더욱 정확하게 자신에 대해 이해할 수 있음

⑤ **진로 설계 과정** : 나를 이해하기 → 직업 이해하기 → 직업 정보 탐색 및 진로 선택하기 → 진로 목표와 계획 세우기 → 계획한 대로 준비하고 실천하기

⑥ **다양한 직업 탐색 방법**

㉠ 책, 방송, 신문, 잡지 등의 다양한 매체를 이용한다.

㉡ 관심 있는 직업에 종사하는 사람을 직접 만나 인터뷰한다.

㉢ 직업 체험 활동 프로그램에 참여한다.

㉣ 인터넷 사이트(커리어넷, 잡월드, 고용노동부 어린이 누리집 등)를 활용한다.

㉤ 직업 박람회나 강연회 등의 행사에 참여한다.

㉥ 선생님과 상담한다.

04 생활 속 소프트웨어

(1) 소프트웨어 이해하기

① 소프트웨어의 의미

㉠ 하드웨어 : 컴퓨터와 관련된 모든 전자 장비를 표현하는 단어로, 실제로 만질 수 있는 다양한 부품과 장치 예 전기밥솥, 세탁기, 로봇 청소기, 냉장고 등

㉡ 소프트웨어 : 컴퓨터, 스마트폰, 가전제품 등의 기기(하드웨어)를 제어하고 작동하기 위한 프로그램 예 한글 프로그램, 애플리케이션, 그림판 등

② 소프트웨어의 기능

㉠ 정보 기기를 운영·관리하거나 사람이 필요로 하는 특정한 기능을 제공

㉡ 정보 기기를 관리하는 프로그램 : 안드로이드, iOS, 윈도 등

㉢ 특정한 기능을 제공하는 프로그램 : 인터넷 브라우저, 문서 작성기, 프레젠테이션 프로그램, 스프레드시트 프로그램, 그래픽 프로그램, 음악 프로그램, 미디어 재생 프로그램, 오락 프로그램 등

③ 소프트웨어와 우리 생활

㉠ 소프트웨어 활용 분야

ⓐ 가정 : 전기밥솥, 텔레비전, 냉장고, 세탁기, 냉난방기, 스마트 조명, 로봇 청소기, 전자식 자물쇠, 엘리베이터, 아파트의 출입구 보안 시스템 등

ⓑ 교통 : 길 안내(내비게이션), 실시간 고속 도로 상황 안내, 신호등, 가로등, 자동차 및 스마트 카

ⓒ **통신** : 인터넷, 스마트폰, 스마트폰 메신저 서비스

ⓓ **금융** : 금융 전산화, 전자 송금

ⓔ **기타** : 드론, 첨단 의료 기기, 3D 설계 등

㉡ **소프트웨어가 우리 생활에 미치는 영향**

ⓐ 사람이 해야 할 일을 대신해 주므로 생활을 편리하게 해 준다.

ⓑ 직접 가지 않아도 물건을 살 수 있다.

ⓒ 정보를 쉽게 검색할 수 있어 우리의 시간과 노력을 줄여 준다.

ⓓ 다른 사람과 손쉽게 소통할 수 있게 해 준다.

㉢ **생활을 편리하게 만드는 소프트웨어**

ⓐ 자율 주행 자동차는 도로 상황의 정보를 파악하여 컴퓨터의 지시에 따라 자동으로 운행을 한다.

ⓑ 내비게이션은 목적지에 빠르고 쉽게 도달할 수 있도록 경로를 탐색할 수 있다.

ⓒ 누리소통망(SNS)으로 온라인을 통한 대인 관계 유지 및 새로운 대인 관계를 형성한다.

ⓓ 스마트 시계로 전화, 문자, 건강 관리 등에 활용할 수 있다.

ⓔ 아침이 되면 자동으로 꺼지는 가로등은 전기를 아낄 수 있어 경제적인 생활에 도움이 된다.

ⓕ 실시간으로 물건을 주문하거나 방송 다시 보기를 할 수 있다.

ⓖ 수술 로봇을 의사가 원격으로 조종하여 환자의 아픈 곳을 직접 수술할 수 있다.

ⓗ 공장의 모든 기계를 컴퓨터로 제어하여 제품 생산을 자동화함으로써 사람이 힘들고 위험한 일을 하지 않게 된다.

ⓘ 스마트 냉장고는 인터넷에 연결하여 내부의 온도를 자동으로 조절하는 등 다양한 기능을 제공한다.

㉣ **사물 인터넷** : 센서와 통신 장치가 부착된 사물들이 인터넷으로 연결되어 데이터를 주고받는 기술

(2) 절차적 문제 해결

① **절차적 사고** : 어떠한 문제를 효율적으로 해결하기 위해 큰 덩어리의 문제를 각각의 작은 문제들로 나누고, 나눠진 작은 문제를 단계별로 해결하는 사고 과정

② **절차적 사고 과정** : 문제 이해하기 → 단순하게 생각하기 → 절차로 나누기 → 문제 해결하기 → 평가하기

③ **절차적 사고의 장점**

㉠ 복잡한 문제도 작은 단위로 나누면 여러 개의 쉬운 문제로 나눌 수 있다.

㉡ 여러 단계로 나눈 쉬운 문제를 하나씩 해결해 가면 결국 복잡한 문제를 해결할 수 있다.

㉢ 일을 계획적으로 할 수 있고, 주어진 시간을 효율적으로 사용할 수 있다.

④ **언플러그드 활동 :** '플러그를 뽑은'을 의미하는 활동으로 컴퓨터 등의 전자 기기를 사용하지 않고 신체 활동이나 놀이를 통해 절차적 사고 등 컴퓨터 과학의 원리를 익히는 활동

(3) 프로그래밍 요소와 구조

① **프로그램과 프로그래밍**

㉠ **프로그램**

ⓐ 컴퓨터와 같은 정보 기기를 실행하기 위해 차례대로 작성된 명령어 모음

ⓑ 문제의 처리 방법을 모아 놓은 소프트웨어로, 문서 작성기, 인터넷 브라우저, 백신, 카메라 앱, 메시지 앱 등

㉡ **프로그래밍 :** 프로그램을 만드는 과정

㉢ **프로그래밍 언어 :** 프로그래밍을 할 때 기기들이 이해하도록 만든 언어

ⓐ **블록 조립 방식 언어 :** 명령어 블록을 조립하여 만드는 언어로 스크래치, 엔트리 등

ⓑ **글자 입력 방식 언어 :** 글자를 입력하여 프로그램을 만드는 언어로 Python, C, Java 등

㉣ **프로그래밍 도구 :** 프로그램을 만드는 소프트웨어로 엔트리는 우리나라에서 만든 블록형 프로그래밍 도구이다.

② **프로그램을 만드는 과정 :** 문제 이해하고 분석하기 → 문제 해결 절차 설계하기 → 프로그램 만들고 실행하기 → 오류 확인하고 수정하기

③ **프로그램의 구조**

㉠ **순차 구조 :** 사용자가 프로그래밍한 명령을 순서대로 실행하는 것

㉡ **선택 구조 :** 주어진 조건이나 상황을 확인하여 그에 맞는 명령을 실행하는 것

㉢ **반복 구조 :** 프로그램 명령어의 일부 또는 전체를 지정된 횟수만큼 반복하여 실행하는 것

④ **프로그래밍 도구(엔트리) 화면 구성**

㉠ **명령 블록 꾸러미 :** 여러 가지 명령 블록을 모아 놓은 곳

㉡ **실행 화면 창 :** 작성된 코드에 따라 동작이 이루어지는 곳

㉢ **오브젝트 창 :** 실행 화면에서 코드에 따라 움직이는 물체 또는 배경

㉣ **블록 조립소 창 :** 명령 블록을 이용하여 조립하는 곳

㉤ **코드 :** 컴퓨터에 사용되는 여러 가지 기호 체계나 명령어를 말하는데, 블록 조립 방식의 프로그래밍 언어에서는 조립된 명령 블록의 묶음

㉥ **휴지통 :** 필요 없는 명령 블록을 삭제하는 곳

⑤ **엔트리 사용 방법 :** 블록 꾸러미에서 블록 가져오기, 블록 조립소에서 조립하기, 블록 추가, 삭제, 수정하기, [시작하기]를 눌러 실행하기

05 발명과 로봇

(1) 발명과 문제 해결

① 발명과 발명 기법

㉠ 발명 : 필요에 따라 또는 이미 있던 것의 불편한 점을 개선하여 기술이나 물건을 새롭게 만들어 내는 것

㉡ 발명 기법 : 발명 아이디어가 쉽게 떠오르도록 도와주는 방법

② 발명 기법의 종류

더하기 기법	• 물건이나 기능을 더하여 새로운 물건을 만드는 발명 기법 • 사례 : 포크가 달린 숟가락, 펜에 손전등을 더한 라이트 펜, 지우개 달린 연필, 치킨에 양념을 더한 양념 치킨, 초콜릿 우유
빼기 기법	• 물건의 구성이나 기능 중 일부를 없앰으로써 사용하기 편리한 물건을 만드는 발명 기법 • 사례 : 선을 제거한 무선 전화기, 자동차의 덮개를 없앤 오픈카, 무선 마우스, 날개 없는 선풍기, 구멍 뚫린 벽돌, 튜브 없는 타이어
모양 바꾸기 기법	• 물건의 일부 또는 전체 모양을 바꾸어 편리한 기능을 가진 물건으로 바꾸는 발명 기법 • 사례 : 구부러지는 빨대, 축구공 모양 전화기, 구부러진 물파스
재료 바꾸기 기법	• 물건의 재료를 바꾸어 새로운 물건으로 만드는 발명 기법 • 사례 : 유리컵 → 종이컵, 면장갑 → 고무장갑, 가죽 장갑
용도 바꾸기 기법	• 기능을 그대로 또는 약간 변형하여 다른 용도에 적용해 보는 것 • 사례 : 온도계 → 체온계, 선풍기 → 환풍기, 우산 → 양산
크기 바꾸기 기법 작게 또는 크게 하기	• 물건의 크기를 크게 또는 작게 바꾸어 새로운 물건을 만드는 발명 기법 • 사례 : 접는 우산, 바람개비를 크게 한 풍차, 카메라를 작게 하여 사람의 내부를 찍는 내시경
반대로 생각하기 기법	• 이미 발명된 제품의 모양이나 크기, 방향, 성질 등을 반대로 생각하는 발명 기법 • 사례 : 거꾸로 세우는 화장품 용기, 발가락 양말, 벙어리장갑
자연물 본뜨기	• 자연환경의 동식물을 세밀히 살펴서 이용해 보는 방법 • 사례 : 기능성 전신 수영복(상어 미세 돌기), 철갑 탱크(전복 껍데기), 효율을 높인 태양 전지(모기 눈), 벨크로(우엉 열매의 갈고리) 등

③ 창의적인 제품 만들기

㉠ 창의적인 문제 해결 과정 : 문제 확인 → 아이디어 구상 → 아이디어 평가 및 선정 → 아이디어 구체화 → 재료와 공구 준비 → 만들기 → 평가

㉡ 창의적인 제품을 만드는 과정 : 문제 발견하기 → 자료 수집하기 → 창의적인 아이디어 떠올리기 → 창의적인 아이디어 선택하기 → 창의적인 제품 만들기 → 제품 평가하기

(2) 소중한 정보와 지식의 활용

① 개인 정보와 사이버 중독

㉠ 개인 정보 : 이름, 주민 등록 번호, 전화번호 등과 같이 특정한 개인을 알아볼 수 있는 정보

㉡ 사이버 중독 : 인터넷, 온라인 게임 등을 지나치게 오래 하여 사회적·정신적·육체적으로 심각한 지장을 받는 상태

㉢ 개인 정보 보호의 필요성

ⓐ 유출된 정보가 범죄에 악용될 수 있다.

ⓑ 유출된 정보로 인해 불법·광고성 스팸 문자가 자주 온다.

㉣ 개인 정보의 종류

종류	개인 정보
신분 관계	이름, 주민 등록 번호, 주소, 가족 관계, 전화번호 등
사회 경력	성적, 학력, 동아리 활동, 학교생활 기록부 등
경제 관계	통장 번호, 용돈 액수, 저축 내용 등
기타	몸무게, 얼굴, 취미, 건강 상태, 전화 통화 기록 등
새로운 유형	지문, 홍채, DNA, 위치 정보 등

㉤ 개인 정보 보호 방안

ⓐ 나의 개인 정보를 알려 줄 때는 반드시 부모님의 허락을 받아야 한다.

ⓑ 출처가 명확하지 않은 자료는 내려받지 않는다.

ⓒ 학교나 PC방에서 컴퓨터를 사용한 다음에는 꼭 로그아웃한다.

ⓓ 비밀번호는 문자, 숫자, 특수 문자 등을 사용하여 만들고, 주기적으로 바꾼다.

ⓔ 검증되지 않은 사이트에 개인 정보를 올리지 않는다.

ⓕ 방문한 웹 사이트에 '개인 정보 처리 방침'이 있는지 확인하고, 없는 경우에는 회원 가입을 하지 않는다.

㉥ 사이버 중독 예방 방안

ⓐ 특별한 목적 없이 컴퓨터나 스마트폰 등을 켜지 않는다.

ⓑ 컴퓨터 사용 시간과 내용을 컴퓨터 사용 일지에 기록한다.

ⓒ 하루에 사용하는 컴퓨터 시간을 미리 정해 둔다.

ⓓ 컴퓨터는 가족이 공유하는 장소에 둔다.

ⓔ 컴퓨터나 스마트폰 등을 하느라 식사나 취침 시간을 넘기지 않는다.

ⓕ 인터넷 이외의 취미 생활, 운동, 문화 활동을 늘린다.

② 지식 재산권

㉠ 지식 재산 : 사람의 창작 활동을 통해 발생하는 재산

㉡ 지식 재산을 보호하는 방법

ⓐ 다른 제품의 상표나 디자인을 모방해서 만든 위조 상품인지를 확인하고 정품을 구매하는 습관을 갖는다.

ⓑ 음악이나 영화 등을 불법 다운로드 받지 않는다.

ⓒ 다른 사람의 저작물을 인터넷에 함부로 올리지 않는다.

ⓓ 전문가의 도움을 받으면 발명 아이디어를 법으로 쉽게 보호받을 수 있다.

(3) 생활 속의 로봇

① 로봇의 분류

㉠ **개인 서비스용 로봇** : 청소, 교육 등 사람들에게 서비스를 제공하는 로봇

㉡ **전문 서비스용 로봇** : 의료, 탐사 등 전문적인 일을 하는 로봇 예 수술용 로봇

㉢ **제조업용 로봇** : 공장에서 일을 하는 로봇 예 용접 로봇, 조립 로봇, 운반 로봇 등

② 생활 속 다양한 로봇

㉠ **가정용 로봇** : 집안일을 도와줌

㉡ **산업용 로봇** : 공장에서 물건을 생산함

㉢ **교육용 로봇** : 학습에 도움을 줌

㉣ **안내용 로봇** : 각종 시설의 위치와 정보를 제공함

㉤ **의료용 로봇** : 질병을 진단하고 치료와 수술을 도와줌

㉥ **재난 방제 로봇** : 재난 환경에서 위험한 일을 대신함

㉦ **우주 탐사용 로봇** : 달이나 화성 등에서 자원과 환경을 분석하고 조사함

㉧ **수술 로봇** : 정밀하고 정확하게 수술하는 로봇

㉨ **청소 로봇** : 가사 지원 로봇의 일종으로 청소해 주는 로봇

③ 로봇의 구조

㉠ **감지 장치** : 다양한 센서로 구성되어 사람의 눈, 코, 입, 귀, 피부의 역할을 하는 장치

㉡ **제어 장치** : 주변의 정보를 받아들여 판단하고 동작을 명령하는 사람의 뇌와 같은 기능을 하는 장치

㉢ **구동 장치** : 로봇의 움직임을 만드는 구성 요소로 사람의 근육 역할을 하는 장치

㉣ **몸체** : 사람의 뼈와 같이 여러 장치들을 지탱하고 보호하는 구성 요소

④ 여러 종류의 센서

㉠ **빛 센서** : 사람의 눈처럼 빛이 얼마나 밝은지를 감지함, 사람의 눈처럼 물체와의 거리를 감지함

㉡ **접촉 센서** : 사람의 피부처럼 물체가 접촉했는지를 감지함

㉢ **소리 센서** : 사람의 귀처럼 소리의 크기를 감지함

㉣ **적외선 센서** : 눈을 가진 것처럼 물건을 보고 피해서 움직일 수 있다.

ⓜ 기울기 센서 : 물체의 기울기를 측정한다.
ⓑ 자이로 센서 : 기울기를 감지하여 화면을 가로, 세로로 변형한다.
ⓢ 카메라 센서 : 얼굴을 인식하여 잠금 화면을 풀어 준다.
ⓞ 지문 센서 : 지문을 인식하여 잠금 화면을 풀어 준다.
ⓙ NFC(근거리 무선 통신) 센서 : 교통 카드 대용으로 사용한다.
ⓒ 기타 : 바코드 센서, 온습도 센서 등

06 지속 가능한 미래 농업

(1) 친환경 미래 농업

① 친환경 농업의 뜻

㉠ 지속 가능한 발전 : 친환경적인 개발과 에너지 절약, 자원 재활용 등으로 경제, 사회, 환경이 조화롭게 발전하는 것

㉡ 친환경 농업 : 토양, 물, 공기와 같은 소중한 자연환경을 깨끗하게 보존하면서 농업 생산성을 높이는 것

② 친환경 농업의 중요성

㉠ 농업이 갖고 있는 홍수 조절, 토양 보전 등의 기능을 살려 준다.

㉡ 화학 비료와 화학 농약을 최소한만 사용해 안전한 농축산물을 생산하고 환경을 보전한다.

㉢ 친환경 농축산물의 우수한 품질은 농촌 사회의 경제력 유지에도 도움이 된다.

③ 친환경 농업의 순환 구조

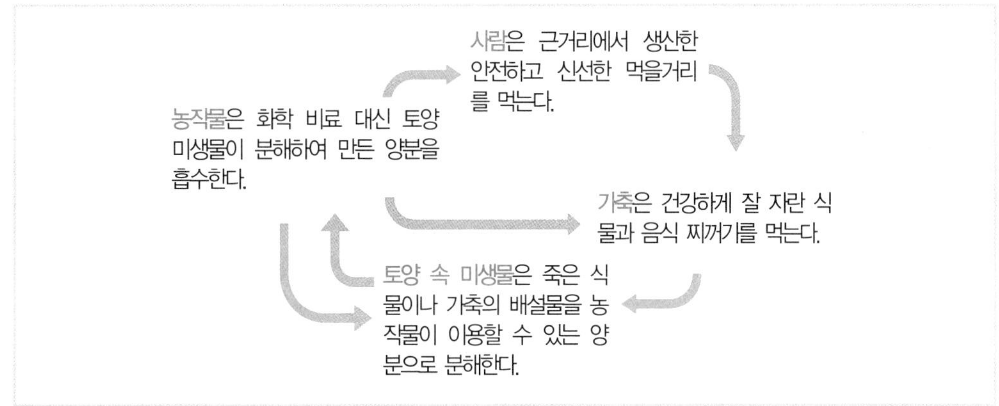

④ 친환경 농업 실천 방법

㉠ 농약을 사용하지 않고 천적, 미생물, 천연 물질 등으로 병충해를 예방

㉡ 화학 비료를 사용하지 않거나 최소로 사용하고, 동물의 배설물 또는 퇴비를 이용하여 농작물과 토양을 건강하게 함

㉢ 화석 연료 사용을 줄이고 친환경 에너지를 이용하여 농업 생산 과정에서 발생하는 온실가스의 배출량을 줄임

⑤ 친환경 농법

㉠ 무당벌레, 거미 등의 천적을 이용하면 해충을 없애 주어서 농약에서 비롯되는 문제를 해결할 수 있음

㉡ 지렁이 배설물이 토양 환경을 좋게 만들어서 농작물이 잘 자람

㉢ 이로운 미생물을 이용한 발효액은 해충을 없애 줄 뿐만 아니라 농작물의 질을 높이고 수확량도 늘려 줌

㉣ 오리, 우렁이, 참게 등을 논에 넣어 두면 잡초나 해충을 없애 주어서 친환경 쌀을 생산할 수 있음

㉤ 온실 유지에 필요한 에너지를 태양광으로부터 얻을 수 있어서 연료비가 들지 않고, 대기 오염이 발생하지 않음

㉥ 가축 배설물로 만든 친환경 고체 연료를 이용하면 농업 폐자원과 온실가스의 배출을 줄일 수 있음

㉦ 가축에게 항생제, 성장 촉진제 등이 첨가되지 않은 사료를 먹이면 안전한 먹을거리를 얻을 수 있음

(2) 생활 속의 친환경 농업 체험

① 친환경 인증 표시 : 소비자에게 좀 더 안전한 친환경 농축산물을 전문 인증 기관이 엄격한 기준으로 선별 · 검사하여 정부가 그 안전성을 인증해 주는 제도

유기가공식품 (ORGANIC) 농림축산식품부	유기 가공 식품 유기 농축산물을 원료로 하여 가공한 식품	유기농 (ORGANIC) 농림축산식품부	유기농 3년 이상 화학 비료나 농약을 사용하지 않고 가꾼 농산물
무농약 (NON PESTICIDE) 농림축산식품부	무농약 화학 농약을 전혀 사용하지 않고 가꾼 농산물	무항생제 (NON ANTIBIOTIC) 농림축산식품부	무항생제 항생제 등을 사용하지 않고 일반 사료를 먹여 기른 축산물

② 지속 가능한 발전을 위해 농업과 관련하여 우리가 실천할 수 있는 일

㉠ 친환경 인증 표시, 저탄소 인증 표시가 있는 농축산물이나 식품을 이용

㉡ 가까운 지역에서 제철에 생산한 신선한 농산물을 이용하고 필요한 양만 구매

예 지역 농산물(로컬 푸드) 운동

㉢ 생산・수송・조리・폐기하는 데 드는 에너지를 절약했거나 절약할 수 있는 가공품 이용

예 가공 식품, 가축 사료, 의류, 화장품 등

㉣ 집, 학교에서 화분이나 텃밭에 농산물을 직접 가꿈

예 발코니 텃밭, 옥상 텃밭, 교실 텃밭 등

02장 기출문제로 유형 잡기

01 다음 설명에 해당하는 발명 기법은?

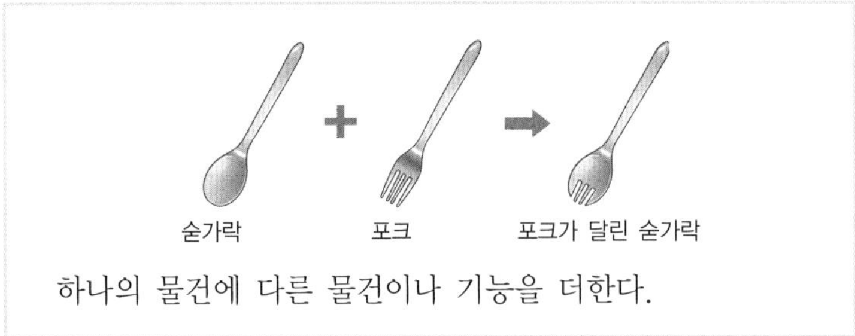

하나의 물건에 다른 물건이나 기능을 더한다.

① 빼기 ② 더하기
③ 반대로 하기 ④ 재료 바꾸기

정답잡기 발명 기법 중 더하기는 물건이나 기능을 더하여 새로운 물건을 만드는 발명 기법이다.

오답잡기
① 빼기는 물건의 구성이나 기능 중 일부를 없앰으로써 사용하기 편리한 물건을 만드는 발명 기법이다.
③ 반대로 하기는 이미 발명된 제품의 모양이나 크기, 방향, 성질 등을 반대로 생각하는 발명 기법이다.
④ 재료 바꾸기는 물건의 재료를 바꾸어 새로운 물건으로 만드는 발명 기법이다.

02 다음 설명에 해당하는 것으로 가장 적절한 것은?

글, 그림, 사진, 음악 등 지적 활동으로 만들어진 창작물 중 사회적·경제적 가치가 있는 것이다.

① 식습관 ② 정보 윤리
③ 지식 재산 ④ 사이버 중독

정답잡기 지식 재산은 지적 활동으로 인하여 발생하는 모든 재산을 의미한다. 저작권 보호는 저작물을 생산하는 사람이 경제적으로 피해를 입기 때문에 보호가 필요하다.

오답잡기
② 정보 윤리는 정보의 창작 이용 등에서 윤리적 기준을 제시한다.
④ 사이버 중독은 지나치게 컴퓨터에 접속하여 일상생활에 심각한 문제를 일으키는 상태이다.

03 화학 비료와 농약을 사용하지 않고 재배한 농산물에 부여하는 인증 마크는?

①

②

③

④

정답잡기 유기농 인증 마크는 유기 합성 농약과 화학 비료를 일체 사용하지 않고 3년(다년생 작물 외의 작물은 2년) 이상 경과하여 재배한 농산물이다.

정답 01 ② 02 ③ 03 ③

04 창의적인 제품을 만드는 과정을 순서대로 바르게 배열한 것은?

ㄱ. 평가하기　　ㄴ. 실행하기　　ㄷ. 계획하기

① ㄱ - ㄴ - ㄷ　　② ㄱ - ㄷ - ㄴ
③ ㄴ - ㄱ - ㄷ　　④ ㄷ - ㄴ - ㄱ

정답잡기 창의적인 제품을 만드는 과정으로는 '문제 발견하기 → 자료 수집하기 → 창의적인 아이디어 떠올리기 → 창의적인 아이디어 선택하기 → 창의적인 제품 만들기(실행하기) → 제품 평가하기' 과정을 거친다. 이 과정을 단순화하면 '계획하기 → 실행하기 → 평가하기'이다.

05 다음 ㉠에 공통으로 들어갈 것은?

- (㉠) 농법은 친환경 농법의 하나이다.
- (㉠)의 배설물은 자연 비료가 되고, 땅속으로 다닌 길은 공기의 통로가 되어 작물이 잘 자랄 수 있게 해 준다.

① 강아지　　② 지렁이
③ 고슴도치　　④ 무당벌레

정답잡기 지렁이의 특성을 활용한 친환경 농법으로 지렁이 농법이 있다. 지렁이 배설물을 활용한 농법으로 농약이나 화학 비료를 사용하지 않는 유기 농법의 일종이다.

06 열매채소에 해당하는 것을 〈보기〉에서 고른 것은?

[보기]
ㄱ. 오이　　ㄴ. 호박
ㄷ. 배추　　ㄹ. 시금치

① ㄱ, ㄴ　　② ㄱ, ㄹ
③ ㄴ, ㄷ　　④ ㄷ, ㄹ

정답잡기 채소는 반찬이나 간식으로 이용하기 위하여 기르는 식물이다. 채소는 이용 부위에 따라 뿌리채소, 잎줄기채소, 열매채소로 나눌 수 있다. 뿌리채소는 당근, 우엉, 무 등과 같이 뿌리를 먹는 채소이며, 열매채소는 열매를 먹는 채소로 가지, 고추, 토마토, 호박, 오이가 있다.

오답잡기
ㄷ, ㄹ. 잎줄기채소는 잎과 줄기를 먹는 채소로 배추, 상추, 시금치가 있다.

정답 04 ④ 05 ② 06 ①

07 다음 설명에 해당하는 경제 동물은?

> • 우유를 얻을 수 있다.
> • 축사에서 사료를 먹이거나 방목하여 기른다.

① 오리　　② 젖소
③ 꿀벌　　④ 금붕어

정답잡기 경제 동물은 인간 생활에 도움을 주는 경제적으로 가치가 있는 동물을 말한다. 다시 말하여 경제 동물은 생활에 유용한 식품, 의류 등의 생산물을 얻기 위하여 사육되는 동물과 경제적인 이득을 얻기 위하여 사육되는 젖소, 한우, 돼지, 닭 등과 같은 동물을 말한다. 우리는 젖소를 통해 우유, 치즈, 버터, 요구르트, 고기 등을 얻을 수 있다.

08 다음 설명에 해당하는 도구는?

> 식물을 옮겨 심거나 흙을 옮겨 담을 때 사용한다.

① 레이크　　② 모종삽
③ 물뿌리개　　④ 전지가위

정답잡기 모종삽은 모종을 심거나 화분의 흙을 옮기거나 섞을 때 사용한다.

오답잡기
① 레이크는 꽃이나 채소를 화단에서 기르기 전에 흙을 고르거나 이랑을 낼 때, 또는 돌과 같은 것을 골라낼 때에 사용한다.
③ 물뿌리개는 화분이나 밭에 물을 줄 때 사용하는데 한번 물을 줄 때 충분히 준다.
④ 전지(전정)가위는 꽃이나 나무의 가지를 솎아 내거나 잘라 낼 때 사용한다.

09 다음 중 정보 기기에 포함되지 <u>않는</u> 것은?

① 컴퓨터　　② 스마트폰
③ 그림엽서　　④ 디지털카메라

정답잡기 다양한 정보를 활용하거나 주고받을 수 있게 해 주는 정보 기기에는 스마트폰, 컴퓨터, 태블릿 PC, 디지털카메라, 텔레비전, 길 안내기(내비게이션) 등이 있다.

정답 07 ② 08 ② 09 ③

10 ㉠에 공통으로 들어갈 말로 옳은 것은?

- (㉠)은/는 성명, 주민 등록 번호, 주소 등과 같이 특정 개인을 식별할 수 있는 것을 말한다.
- (㉠)이/가 유출되어 나쁜 일에 사용된다면 개인의 안전과 재산에 피해를 줄 수 있어 주의가 필요하다.

① 컴퓨터 ② 인터넷
③ 개인 정보 ④ 제품 사용 설명서

정답잡기 개인의 이름, 주민 등록 번호, 전화번호, 주소, 아이디(ID)와 비밀번호처럼 개인을 알아볼 수 있는 정보를 개인 정보라고 한다. 이러한 개인 정보는 물건을 사고팔거나 은행 업무와 같이 중요한 일에 이용되기 때문에 악용될 경우, 개인에게 매우 큰 피해를 입힐 수 있다. 따라서 정보 기기나 인터넷을 사용할 때에는 개인 정보가 유출되지 않도록 주의해야 한다.

11 빛을 이용하기 위한 전기・전자 제품을 〈보기〉에서 고른 것은?

보기

ㄱ. 손전등 ㄴ. 전기스탠드
ㄷ. 전기다리미 ㄹ. 진공청소기

① ㄱ, ㄴ ② ㄱ, ㄷ
③ ㄴ, ㄹ ④ ㄷ, ㄹ

정답잡기 전기・전자 제품의 종류
- 빛 이용 : 백열전구, 형광등, 발광 다이오드 손전등, 전기스탠드 등
- 열 이용 : 다리미, 전기밥솥, 전기주전자, 전기장판, 전기난로, 전기담요, 전기다리미, 헤어드라이어 등
- 동력 이용 : 세탁기, 선풍기, 에어컨, 엘리베이터, 믹서, 진공청소기 등
- 소리 이용 : 라디오, 오디오, MP3 재생기, 전화기, 헤드폰 등

12 다음 설명에 해당하는 로봇은?

집 안의 더러운 곳을 청소해 준다.

① 교육 로봇 ② 수술 로봇
③ 애완 로봇 ④ 청소 로봇

정답잡기 집 안의 더러운 곳을 청소해 주는 로봇은 청소 로봇이다.

오답잡기
② 수술 로봇은 정밀하고 정확하게 수술을 하는 로봇이다.
③ 애완 로봇은 심리 치료나 애완용으로 사용한다.

정답 10 ③ 11 ① 12 ④

13 다음 설명에 해당하는 정보 기기는?

• 운전 길 찾기 및 도로 정보 등을 안내한다.
• 목적지까지 가는 길을 지도 화면과 음성으로 안내한다.

① 마우스 ② 선풍기
③ 키보드 ④ 내비게이션

정답잡기 내비게이션(길 안내기)은 인공위성을 이용하여 현재의 위치를 확인하고 목적지까지 가는 빠른 길을 안내해 주는 기기이다.

14 다음과 같이 직업에 대한 정보를 얻는 방법은?

커리어넷 누리집(http://www.carrer.go.kr)에서 필요한 직업의 종류에 대한 정보를 찾아보았다.

① 직업인 면담하기
② 직업 현장 체험하기
③ 직업 관련 책 찾아보기
④ 인터넷에서 정보 찾아보기

정답잡기 직업 정보를 얻는 방법에는 책을 통한 방법, 직접 인터뷰하는 방법, 직업 정보 누리집을 이용하는 방법, 선생님이나 부모님과 상담하는 방법 등이 있다.
④ 커리어넷 누리집 등 인터넷은 수많은 정보가 있으며 사용자가 원하는 정보를 쉽게 찾을 수 있기 때문에 많이 활용되고 있다.

15 자신의 적성을 알아보는 방법으로 적절하지 <u>않은</u> 것은?

① 부모님이나 선생님께 여쭈어본다.
② 표준화된 심리 검사를 통해 알아본다.
③ 자신의 적성에 대해 스스로 생각해 본다.
④ 처음 만나는 사람에게 나의 첫인상을 물어본다.

정답잡기 자신의 진로를 바르게 선택하고 준비하기 위해서는 자신을 올바르게 이해하는 것이 필요하다. 자신의 특성을 알기 위해서는 스스로 생각하는 자신의 모습과 부모님이나 형제자매, 친구, 선생님 등이 보는 관점, 표준화된 심리 검사 등을 종합하여 판단하는 것이 좋다.

정답 13 ④ 14 ④ 15 ④

02장 예상문제로 실력 잡기

01 그림에 해당하는 발명 기법은?

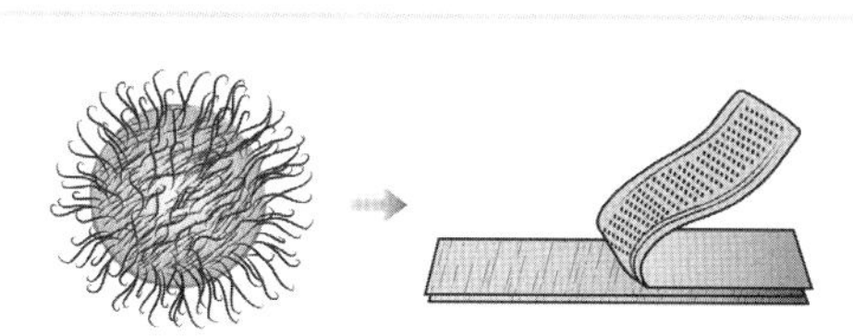

자연물을 관찰하고 특징을 적용하여 새로운 물건을 만드는 기법

① 빼기　② 더하기
③ 반대로 하기　④ 자연물 본뜨기

02 지우개 달린 연필에 해당하는 발명 기법은?

① 빼기 기법
② 더하기 기법
③ 크기 바꾸기 기법
④ 재료 바꾸기 기법

03 다음에 해당하는 발명 기법으로 가장 적절한 것은?

- 유리컵 → 종이컵
- 면장갑 → 고무장갑·가죽 장갑

① 모양 바꾸기
② 더하기
③ 빼기
④ 재료 바꾸기

04 ㉠과 ㉡에 들어갈 옷의 기능으로 알맞은 것은?

- 자신의 개성을 (㉠)한다.
- 외부의 위험으로부터 몸을 (㉡)한다.

	㉠	㉡
①	구성	보호
②	구성	선택
③	표현	보호
④	표현	선택

05 다음에 해당하는 발명 기법으로 가장 적절한 것은?

- 온도계 → 체온계
- 선풍기 → 환풍기

① 재료 바꾸기　② 크기 바꾸기
③ 빼기　④ 용도 바꾸기

06 다음은 방울토마토 가꾸기 과정이다. 순서대로 바르게 배열한 것은?

ㄱ. 방울토마토 모종을 심는다.
ㄴ. 방울토마토가 익으면 수확한다.
ㄷ. 심은 모종에 주기적으로 물을 준다.

① ㄱ－ㄴ－ㄷ　② ㄱ－ㄷ－ㄴ
③ ㄷ－ㄱ－ㄴ　④ ㄷ－ㄴ－ㄱ

07 쾌적하고 아름다운 환경을 위해 주로 활용하는 식물들끼리 연결된 것은?

① 딸기, 고추 ② 모시풀, 닥나무
③ 당귀, 인삼 ④ 스파티필룸, 튤립

08 그림이 공통으로 나타내는 것은?

① 친환경 인증 표시
② 항생제 사용 표시
③ 합성 농약 사용 표시
④ 화학 비료 사용 표시

09 다음의 설명에 해당하는 동식물의 자원으로서의 가치는?

> • 동물원, 식물원 등을 통해 자연 학습의 기회를 제공
> • 관광 자원으로서의 역할

① 사회 · 문화적 자원
② 유전 자원
③ 생태 자원
④ 식량 자원

10 벼의 생명 기술 시스템의 각 과정 중 농부, 농기구, 땅, 비료, 볍씨 및 기타 장비가 필요한 단계는?

① 투입 단계 ② 과정 단계
③ 산출 단계 ④ 되먹임 단계

11 다음 설명에 해당하는 식물이 자라는 데 필요한 환경 요소는?

> 식물 내부에서 물질을 운반하고, 온도를 조절함

① 물 ② 공기
③ 햇빛 ④ 온도

12 그림에서 안전 점검이 필요한 자전거의 구성 요소는?

① 안장 ② 반사경
③ 프레임 ④ 브레이크

13 다음 중 해상 수송 수단이 <u>아닌</u> 것은?

①

자전거

②
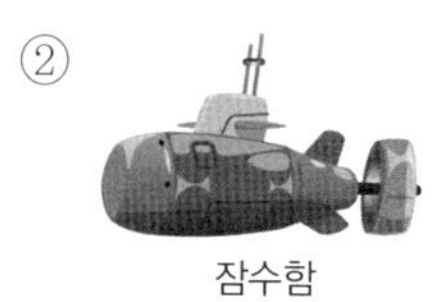
잠수함

③

어선

④

여객선

14 ㉠에 들어갈 자전거의 구성 요소는?

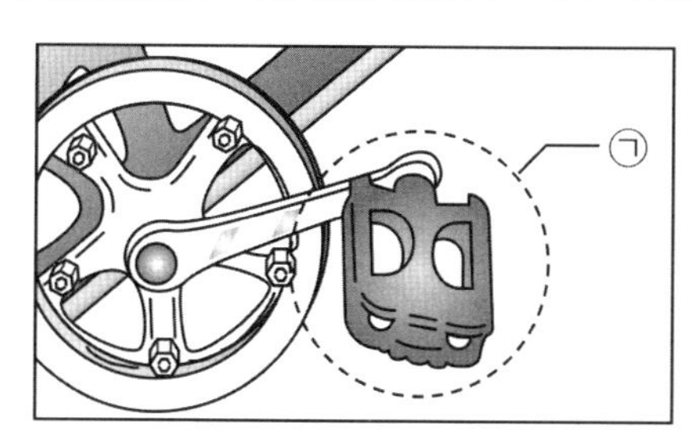

(㉠)을/를 밟으면 체인이 돌아가고 자전거가 움직인다.

① 페달　② 경음기
③ 전조등　④ 브레이크

15 움직이는 힘을 만들고 전달하여 수송 수단을 주행시키는 수송 수단의 기본 요소는?

① 프레임　② 조향 장치
③ 제동 장치　④ 구동 장치

16 수송 수단의 주행 방향을 바꾸어 주는 수송 수단의 기본 요소는?

① 구동 장치　② 현가 장치
③ 제동 장치　④ 조향 장치

17 자전거의 구성 요소 중 체인과 맞물려 움직이는 힘을 전달하는 톱니를 가진 장치는?

① 핸들　② 스프로킷
③ 브레이크　④ 경음기

18 자전거의 구성 요소 중 빛을 반사하여 자전거가 잘 보이게 함으로써 안전에 도움을 주는 장치는?

① 핸들　② 바퀴
③ 반사경　④ 경음기

19 **다음 중 전기 안전사고를 예방하는 방법으로 적절하지 않은 것은?**

① 사용하지 않는 콘센트는 덮개로 막는다.
② 젖은 손으로 전기 제품을 만지지 않는다.
③ 가전제품 사용 후에는 플러그를 빼 놓는다.
④ 한 콘센트에 지나치게 많은 가전제품을 연결한다.

20 **다음 중 알과 고기를 얻기 위해서 기르는 경제 동물은?**

① 양 ② 닭
③ 돼지 ④ 젖소

21 **다음 중 가축이 우리 생활에 주는 내용과 거리가 먼 것은?**

① 맑은 공기를 제공해 준다.
② 신발, 가방 등의 원료를 제공한다.
③ 우리에게 고기와 우유 등을 제공한다.
④ 우리가 먹는 식품의 원료로 사용된다.

22 **자전거의 구성 요소 중 위험을 알릴 때 소리를 내는 장치는?**

① 스프로킷 ② 프레임
③ 반사경 ④ 경음기

23 **자전거를 점검하는 방법으로 옳지 않은 것은?**

① 핸들의 중심축은 정중앙에 있어야 한다.
② 타이어 공기압은 최대 공기압의 80%가 좋다.
③ 체인은 눌렀을 때 팽팽한 것이 좋다.
④ 프레임에 균열이 있으면 자전거 수리점으로 가야 한다.

24 **자전거의 구성 요소 중 구동 장치에 해당하는 것은?**

① 포크 ② 브레이크
③ 반사경 ④ 체인

25 **친구나 가족처럼 집에서 애정을 가지고 키우는 동물은?**

① 야생 동물 ② 경제 동물
③ 애완동물 ④ 포유동물

26 **애완동물을 기를 때의 좋은 점은?**

① 게을러진다.
② 돈이 많이 든다.
③ 생명체에 대한 사랑을 느낀다.
④ 성격이 거칠어진다.

27 새장 꾸미기를 할 때 고려하지 않아도 되는 것은?

① 둥지 ② 모이통
③횃대 ④ 물풀 심기

28 다음 중 식물의 잎과 줄기를 튼튼하게 하고, 성장에 도움을 주는 환경 요소는?

① 물 ② 온도
③ 산소 ④ 햇빛

29 다음에서 설명하고 있는 식물의 환경 요소는?

- 이산화 탄소, 물과 함께 광합성을 일으켜 식물에 필요한 에너지를 만들 수 있게 해 준다.
- 꽃이 피거나 열매를 맺을 때 많이 필요하다.

① 햇빛 ② 온도
③ 산소 ④ 토양

30 식물 가꾸기를 통해 얻는 장점이 아닌 것은?

① 정서적인 안정을 얻을 수 있다.
② 채소를 이용한 음식을 먹을 수 있다.
③ 공기를 정화해 준다.
④ 고기나 알과 같은 식재료를 이용할 수 있다.

31 자전거의 정비용 공구 중 자전거의 핸들을 고정할 때 사용하는 것은?

① 드라이버 ② 공기 주입기
③ 스패너 ④ 육각 렌치

32 자전거를 탈 때 지켜야 할 사항으로 옳지 않은 것은?

① 펄럭이는 치마나 통이 넓은 바지를 입고 타야 한다.
② 자전거는 우측 통행하며, 역주행은 금지한다.
③ 자전거는 차이며, 놀이기구가 아님을 이해한다.
④ 자전거는 타기 전에 항상 ABC 점검을 해야 한다.

33 ㉠에 공통으로 들어갈 가장 알맞은 동물은?

- (㉠) 농법은 친환경 농업의 하나이다.
- (㉠)이/가 논의 잡초를 제거하여 벼가 잘 자랄 수 있게 해 주고, 배설물은 비료가 되어 땅을 기름지게 한다.

① 꿀벌 ② 오리
③ 고양이 ④ 무당벌레

34 잎줄기채소로만 짝지은 것은?

① 고추 – 상추 ② 배추 – 시금치
③ 토마토 – 무 ④ 오이 – 깻잎

35 다음 중 채소와 그 종류가 바르게 연결된 것은?

① 잎줄기채소 – 상추
② 뿌리채소 – 토마토
③ 열매채소 – 우엉
④ 잎줄기채소 – 오이

36 다음 중 뿌리를 식용으로 쓰는 여러해살이 화초는?

① 코스모스 ② 도라지
③ 봉선화 ④ 채송화

37 식물을 심고 가꾸는 데 필요한 준비물로 <u>틀린</u> 것은?

① 횃대 ② 전지가위
③ 모종삽 ④ 물뿌리개

38 다음 중 잔가지를 자를 때 사용하는 농기구는?

① 삽 ② 괭이
③ 전정가위 ④ 모종삽

39 꽃밭에 씨를 뿌린 후 물을 주는 데 사용하는 기구로 가장 알맞은 것은?

① 바가시 ② 주전자
③ 물뿌리개 ④ 플라스틱 병

40 토마토가 어느 정도 자라면 받침대를 세워 준다. 그 이유로 가장 알맞은 것은?

① 빨리 키우기 위해
② 수확을 늘리기 위해
③ 병충해를 막기 위해
④ 쓰러지지 않도록 하기 위해

41 다음 설명에 해당하는 직업은?

자동차를 검사하고 정비한다.

① 의사
② 사회 복지사
③ 자동차 정비사
④ 항공기 정비사

42 다음에서 설명하고 있는 것은?

어떤 일을 할 때 다른 사람 또는 다른 일보다 잘해 낼 수 있는 능력이나 소질

① 직업 ② 흥미
③ 표준화 검사 ④ 적성

43 **다음 중 직업에 해당하는 것은?**

① 할머니가 집 마당을 청소하시는 것
② 할아버지께서 복지관에서 무료로 한자를 가르치시는 것
③ 약사인 삼촌이 약국을 운영하시는 것
④ 내가 리코더 연습을 하는 것

44 **소프트웨어와 하드웨어에 대한 구분으로 <u>틀린</u> 것은?**

① 한글 프로그램 – 소프트웨어
② 컴퓨터 본체 – 하드웨어
③ 그림판 – 소프트웨어
④ 애플리케이션 – 하드웨어

45 **프로그래밍 도구(엔트리) 화면 구성에 대한 설명으로 옳은 것은?**

① 명령 블록 꾸러미 : 필요 없는 명령 블록을 삭제하는 곳
② 오브젝트 : 컴퓨터에 사용되는 여러 가지 기호 체계
③ 휴지통 : 여러 가지 명령 블록을 모아 놓은 곳
④ 블록 조립소 : 명령 블록을 이용하여 조립하는 곳

46 **다음 중 개인 정보 보호를 위한 방법으로 옳지 <u>않은</u> 것은?**

① 나의 개인 정보를 알려 줄 때는 반드시 부모님의 허락을 받는다.
② 학교나 PC방에서 컴퓨터를 사용한 다음에는 꼭 로그아웃한다.
③ 가족끼리는 서로 개인 정보를 공유하며 사용해도 괜찮다.
④ 방문한 웹 사이트에 '개인 정보 처리 방침'이 있는지 확인하고, 없는 경우에는 회원 가입을 하지 않는다.

47 **소프트웨어의 기능으로 옳지 <u>않은</u> 것은?**

① 가전제품을 스마트폰 앱으로 관리한다.
② 3D 프린터기로 입체 영상을 출력한다.
③ 디지털 도어 록은 비밀번호를 눌러 열쇠 없이도 문을 연다.
④ 아날로그시계가 정확한 시간을 가리킨다.

48 **다음에서 설명하는 내용으로 알맞은 것은?**

> 발명, 디자인, 상표, 글, 그림, 사진, 음악, 영화 등과 같이 사람의 창작 활동을 통해 발생하는 재산

① 창작 재산　② 사적 소유
③ 정보 재산　④ 지식 재산

49 사이버 중독의 예방법으로 옳지 않은 것은?

① 스마트폰 사용 시간을 정해 놓고, 정해진 시간만 사용한다.
② 컴퓨터 사용이 필요하지 않더라도 정해진 시간은 모두 사용한다.
③ 컴퓨터는 가족이 공유하는 장소에 둔다.
④ 인터넷 이외의 취미 생활, 운동, 문화 활동을 늘린다.

50 다음 중 친환경 농법이 아닌 것은?

① 지렁이 농법 ② 화학 비료 농법
③ 오리 농법 ④ 우렁이 농법

51 친환경 농업의 역할에 대한 설명으로 틀린 것은?

① 생태계 파괴나 농토의 황폐화를 막아 환경을 보호한다.
② 대기 정화, 온난화 방지 등의 효과가 있다.
③ 우수한 품질의 친환경 농축산물은 농촌의 경제력 유지에는 도움이 되지 않는다.
④ 살아 있는 자연 학습이 된다.

52 환경을 보호하여 친환경 농업을 실천할 수 있는 방법으로 옳지 않은 것은?

① 무당벌레 등 해충에 대한 천적을 활용한다.
② 겨울철 쉬는 논과 밭에 호밀, 자운영 등을 심어 사료 외에 퇴비 자원으로 활용한다.
③ 오리 농법, 참게 농법, 지렁이 농법 등을 이용한다.
④ 합성 농약이나 화학 비료, 호르몬 등을 사용하여 농산물을 생산한다.

53 ㉠에 들어갈 말로 가장 적절한 것은?

나는 공부를 재미있게 할 수 있도록 도와주는 ㉠ 을 만들고 싶어.

① 교육 로봇 ② 수술 로봇
③ 청소 로봇 ④ 탐사 로봇

54 다음에서 공통으로 설명하는 로봇은?

> • 방안 구석구석을 다니며 먼지 등을 제거하는 로봇
> • 주변에 장애물이 있으면 센서를 통하여 인식하고 이동 방향을 바꿀 수 있음

① 의료용 로봇 ② 청소용 로봇
③ 군사용 로봇 ④ 화재 진압 로봇

55 **다음 설명에 해당하는 직업은?**

> 승객이나 화물을 운반하기 위해 여객기, 화물 수송기 등을 조종한다.

① 교사　② 은행원
③ 사회 복지사　④ 항공기 조종사

56 **직업을 선택할 때 가장 중요한 것은?**

① 재미만 있으면 된다.
② 돈만 많이 벌면 된다.
③ 자신의 적성과 흥미를 고려한다.
④ 부모님이 원하는 직업이어야 한다.

57 **다음 중 다양한 직업의 종류와 특성을 알아보는 방법으로 틀린 것은?**

① 직업 정보 누리집을 이용한다.
② 부모님과의 상담을 통해 나와 관련된 직업 정보를 얻는다.
③ 책을 통해 깊이 있는 직업 정보를 얻는다.
④ 나의 흥미나 적성보다는 인기 있는 직업의 정보를 얻는다.

58 **장소와 관련 있는 직업이 잘못 연결된 것은?**

① 은행 – 수의사
② 공항 – 조종사
③ 병원 – 간호사
④ 건설 공사 현장 – 건축가

59 **다음 중 직업으로 하는 활동이 아닌 것은?**

① 삼촌이 회사에 출근하여 신제품에 대해 연구한다.
② 이모가 선생님이 되어 학교에서 학생을 교육한다.
③ 어머니가 자신이 운영하는 병원에서 환자를 치료한다.
④ 아버지가 퇴근 후에 식구들이 먹을 저녁 요리를 한다.

실과 정답 및 해설

1장 가정생활

예상문제로 실력 잡기

01 ③	02 ①	03 ①	04 ③	05 ①
06 ③	07 ②	08 ②	09 ②	10 ③
11 ④	12 ④	13 ②	14 ④	15 ①
16 ④	17 ④	18 ②	19 ③	20 ①
21 ③	22 ④	23 ①	24 ④	25 ①
26 ②	27 ②	28 ④	29 ①	30 ③
31 ④	32 ②	33 ①	34 ①	35 ①
36 ②	37 ④	38 ④	39 ①	40 ①
41 ④	42 ③	43 ④	44 ③	45 ②
46 ②	47 ②	48 ②	49 ①	50 ①
51 ①	52 ③	53 ④	54 ④	55 ④
56 ④	57 ②	58 ②	59 ④	60 ②
61 ②	62 ③	63 ④		

01 정답 ③

내가 태어나서 가장 먼저 만나는 사람은 가족이다. 가족은 혈연, 결혼, 입양 등으로 맺어져 함께 생활하는 사람들을 말한다. 나는 혼자서 살아갈 수 없는 아기로 태어나 가족의 사랑과 보살핌 속에서 건강하게 자라난다.

02 정답 ①

가정은 가족이 함께 많은 시간을 보내는 곳으로, 몸과 마음이 편안함을 느낄 수 있는 소중한 보금자리이다. 가족은 가정에서 휴식을 취하고 사랑을 주고받으며 정서적 안정감을 느낀다. 또 가족은 어려운 일이 있을 때에 힘이 되어 주며 사회생활을 하는 데 필요한 예절과 규칙을 가르쳐 준다.

03 정답 ①

결혼을 하지 않았거나, 이혼, 배우자의 사망 등으로 홀로 된 가족을 1인 가족이라 한다.

오답피하기

② 조손 가족은 조부모와 손자(손녀)만으로 이루어진 가족이다.

③ 확대 가족은 부부가 그들의 자녀 및 부모 등과 함께 사는 가족이다.

④ 한 부모 가족은 이혼, 별거, 사망 등 여러 가지 사유로 부모님 중 한쪽과 그 자녀로 이루어진 가족이다.

04 정답 ③

확대 가족은 부부가 그들의 자녀 및 부모 등과 함께 사는 가족이다.

오답피하기

① 이혼, 별거, 사망 등 여러 가지 사유로 양친 중의 한쪽과 그 자녀로 이루어진 가족

② 입양을 통하여 이루어진 가족

④ 근무지의 이동, 자녀의 유학 등으로 떨어져 사는 가족

05 정답 ①

조손 가족은 부모의 사망, 이혼 등으로 부모 대신 할아버지, 할머니와 사는 가족이다. 할아버지, 할머니와 함께 살기 때문에 할아버지, 할머니에 대한 사랑도 엄마, 아빠에 대한 사랑만큼 크다.

06 정답 ③

다문화 가족은 국제결혼 가족이나 이주 외국인 가족 등과 같이 서로 다른 문화적 배경을 가진 사람들로 구성된 가족을 말한다.

07 정답 ②

식생활에 해당하는 활동은 장보기, 식단 작성하기, 음식 만들기(조리하기), 상 차리기, 설거지하기 등이다.

다양한 종류의 가정일

- 식생활과 관련된 일 : 장보기, 식단 작성하기, 음

식 만들기(조리하기), 상 차리기, 설거지하기 등
- **주생활과 관련된 일** : 청소하기, 정리하기, 보수하기, 집 안 가꾸기 등
- **가족을 돌보는 일** : 노인 보살피기, 동생 돌보기, 아픈 가족 간호하기 등
- **가족의 화목을 위한 일** : 생일 축하하기, 가족 행사 참여하기 등
- **가정 경제를 위한 일** : 가계부 기록하기, 공과금 처리하기, 필요한 물건 구입하기 등

8 정답 ②

의생활은 옷에 관계된 것으로 옷 정리, 세탁기 돌리기, 빨래 널기, 빨래 개기, 다림질 등이 있다. 청소하기, 집 안 가꾸기, 쓰레기 분리 처리하기, 집 수리하기 등은 주생활과 관련된 일이다. 그리고, 음식 만들기, 설거지하기, 상 차리기 등은 식생활과 관련된 일이다.

9 정답 ②

닭고기, 달걀, 생선에는 단백질이 많이 들어있으며 활동에 필요한 힘을 내고, 몸의 조직을 구성하며, 몸의 기능을 조절한다.

오답피하기

① 비타민은 채소와 과일에 많이 들어 있으며 몸의 기능을 조절한다.
③ 탄수화물은 곡류, 빵, 감자 등에 많이 들어있으며 활동에 필요한 힘을 낸다.
④ 무기질은 멸치, 우유, 치즈 등에 많이 들어 있으며 몸의 조직을 구성하고 몸의 기능을 조절한다.

10 정답 ③

치즈와 요구르트는 우유·유제품류에 속하며, 감자와 옥수수는 곡류에 해당한다.

11 정답 ④

쇠고기, 생선, 두부, 닭고기, 콩 등에 단백질이 많이 들어 있다.

오답피하기

① 배추 – 비타민, ② 빵 – 탄수화물, ③ 참기름 – 지방이 많이 들어 있다.

12 정답 ④

비타민은 아주 적은 양이 필요하지만 탄수화물, 지방, 단백질이 에너지를 낼 수 있도록 돕는 역할을 한다.

13 정답 ②

탄수화물은 밥, 고구마, 국수, 감자, 빵 등에 많이 들어 있다.

오답피하기

① 지방은 기름, 버터, 마가린 등에 많이 들어 있다.
③ 과일, 채소 등에는 비타민이 많이 들어 있다.
④ 고기, 달걀, 생선, 콩, 두부 등에는 단백질이 많이 들어 있다.

14 정답 ④

단백질은 활동에 필요한 힘을 내고, 몸의 조직을 구성하는 역할을 한다. 단백질이 많이 들어 있는 식품은 육류, 생선, 달걀, 콩, 두부 등이다.

15 정답 ①

단백질은 콩, 달걀, 쇠고기, 생선 등에 많이 들어 있다.

오답피하기

② 지방은 참기름, 버터, 마요네즈, 식용유 등에 많이 들어 있다. 지방은 적은 양으로 많은 에너지를 낼 수 있는 영양소이다.
③ 비타민은 신체 기능을 조절하는 역할을 하며 채소나 과일에 많이 들어 있다.
④ 탄수화물은 밥이나 떡, 국수, 빵 등에 많이 함유되어 있다.

16 정답 ④

무기질은 뼈와 치아의 구성 성분이며, 특히 칼슘은 뼈와 치아의 주요 성분이다. 무기질은 체액과 혈액의 산, 염기 및 수분 평형을 조절한다.

17 정답 ④

유지·당류에는 적은 양으로 많은 에너지를 내는 지

방과 당분이 많이 들어 있다. 많이 먹으면 비만이 되기 쉽다.

18 정답 ②
가스레인지 사용이 끝난 후에는 가스 중간 밸브를 잠근다. 가스레인지 사용 시에는 환기를 자주 시키고, 쉽게 타는 물질을 불 주변에 두지 않는다.

19 정답 ③
인지적 발달의 특징
- 지능이 발달하여 창의성과 논리적 사고력이 향상된다.
- 언어 능력이 발달하여 의사소통 능력이 향상된다.

20 정답 ①
사회적 발달을 위해 필요한 조건 : 다양한 친구들을 사귀기, 입장을 바꾸어 생각해 보기, 봉사 활동하기

21 정답 ③
월경은 여성의 성세포인 난자가 남성의 성세포인 정자를 만나지 않을 경우 자궁 안쪽 벽이 떨어져 질 밖으로 나오는 현상이다.

오답피하기
①, ②, ④는 남성에게 나타나는 성적 발달이다.

22 정답 ④
여자의 몸에서는 한 달에 한 번씩 난자를 내보내는데, 이 난자가 정자를 만나지 못하면 피와 함께 몸 밖으로 흘러나오며, 이런 현상을 월경이라고 한다. 초경은 처음 월경을 시작하는 현상을 말한다. 초경을 시작하는 시기는 개인에 따라 차이가 있다. 남자는 몽정을 경험하기도 한다. 몽정은 잠을 자는 동안 자신도 모르게 사정을 하는 현상을 말한다.

23 정답 ①
서로 다른 모습을 존중하고, 나를 소중히 여기며, 나만의 장점을 가꾸는 것이 발달의 개인차를 대하는 바른 태도이다.

24 정답 ④
속옷은 피부의 땀과 피지 등의 분비물을 흡수하여 피부를 청결하게 해 준다.

25 정답 ①
옷장 안은 자주 청소하고 환기시켜 습기와 냄새를 없애 주어야 하며, 스웨터는 잘 개어 보관하는 것이 좋다. 구겨지기 쉬운 옷은 옷걸이에 걸어 둔다.

26 정답 ②
아동기 후반의 여자 어린이는 가슴이 커지고, 피부밑 지방이 늘어나며, 월경을 하는 등의 성적 변화가 나타난다.

27 정답 ②
몽정은 고환에서 만들어진 정자가 정액이 되어 잠을 자는 동안 몸 밖으로 배출되는 것을 뜻한다.

28 정답 ④
옷을 수선할 때 필요한 도구에는 실, 바늘, 줄자, 골무, 쪽가위, 초크 펜, 가위, 바늘꽂이, 시침 핀 등이 있다.
④ 니퍼는 전선이나 철사를 절단하는 데 쓰는 공구이다.

29 정답 ①
제시된 그림은 유리 재활용 표시이다. 유리병 재사용은 빈 병을 회수하여 세척·소독 처리한 후 사용된다.

30 정답 ③
다시 사용할 수 있는 재활용 쓰레기는 종이류, 유리병류, 캔류, 플라스틱류, 비닐류로 구분한다.
③ 유리병류는 뚜껑을 분리하고 내용물을 비운 다음 색깔별로 모아 배출한다.

오답피하기
① 종이류는 신문지, 전단지 등은 반듯하게 접어 묶어서 배출하고, 우유, 두유 등의 포장 용기인 종이팩은 물로 헹군 다음 종이와 구분하여 배출한다.
② 캔류는 내용물을 비우고 고리를 캔 속에 넣은 다

음 압축하여 배출하고, 부탄가스나 살충제 용기는 구멍을 뚫어 배출한다.
④ 비닐류는 이물질 및 라벨을 제거하고 흩날리지 않도록 정리하여 배출한다.

31 정답 ④
위생을 위해 2~3시간마다 생리대를 갈아 준다. 속옷에 묻은 월경혈은 찬물과 중성 세제를 이용하여 세탁한다.

32 정답 ②
재활용 쓰레기는 분리하여 배출하여야 한다.

33 정답 ①
생활에서 환경 오염을 줄이고 자원을 절약할 수 있는 방법으로는 일회용품은 꼭 필요한 경우에만 사용한다.

34 정답 ①
다시 사용할 수 있는 재활용 쓰레기는 종이류, 유리병류, 캔류, 플라스틱류, 비닐류로 구분한다. 우유갑이나 신문지는 종이류이며, 통조림 캔은 금속류이다.

35 정답 ①
플라스틱류는 페트병, 요구르트병, 샴푸·린스와 같은 세제 용기류, 대야 등이다. 뚜껑을 제거하고 상표를 떼어 낸 후 물로 헹구어서 배출한다. 재질 분류 표시가 같은 것끼리 분류하여 배출한다.

36 정답 ②
철 캔, 알루미늄 캔과 같은 금속류는 내용물을 비워 가능한 압착하고, 겉 또는 속의 플라스틱 뚜껑 등을 제거한다.

37 정답 ④
정리 정돈을 하면 필요한 물건을 쉽게 찾아 쓸 수 있으며, 활동하기에 편하다. 공부나 독서를 할 때에 집중이 잘되며, 쓰레기와 먼지 등이 줄어서 위생적이고 건강한 생활을 할 수 있다.

38 정답 ④
정리 정돈을 잘하면 쾌적한 기분이 들고, 공부할 때 능률이 오르며, 필요한 물건을 쉽게 찾을 수 있다. 정리 정돈을 하지 않으면 물건을 잃어버리기 쉽고, 필요한 물건을 찾는 데에 시간이 오래 걸리며, 활동하는 데에 방해가 된다.

39 정답 ①
용돈은 자유롭게 쓸 수 있는 돈으로, 용돈 기입장을 작성하면 용돈 관리를 통해 용돈의 낭비를 막을 수 있고 건전한 소비 습관을 기를 수 있다.

40 정답 ①
용돈 기입장에서 수입은 용돈이 들어왔을 때 그 금액이다.
간식을 구입하는 데 쓴 돈과 공책을 구입하는 데 쓴 돈은 지출에 해당한다.

41 정답 ④
용돈을 합리적으로 관리하려면 용돈 기입장을 써야 한다. 용돈 기입장을 쓰면 용돈이 어디서 들어오고 어디로 나가는지 쉽게 파악할 수 있다.
④ 심부름한 후 받은 용돈은 수입의 사례이다.

용돈 기입장 작성 사항
- 날짜 : 용돈이 들어온 날이나 사용한 날
- 내용 : 용돈이 들어온 곳이나 사용한 곳
- 수입 : 용돈이 들어왔을 때 그 액수
- 지출 : 용돈을 사용했을 때 그 액수
- 잔액 : 수입에서 지출을 뺀 금액

42 정답 ③
식품을 구입할 때는 가격, 유통 기한, 가족의 선호도, 보관의 편리성 등을 고려해야 한다.

43 정답 ④
소고기는 선명한 붉은색, 돼지고기는 연분홍색, 닭고기는 엷은 분홍색을 띠는 것을 선택한다.

44 정답 ③
달걀은 껍데기가 까슬까슬하고 윤이 나지 않는 것이 신선하며, 유통 기한을 확인한다.

45 정답 ②
시간은 저장할 수 없다. 시간은 누구에게나 하루 24시간씩 똑같이 주어진다.

46 정답 ②
밥을 이용한 한 그릇 음식에는 김밥, 비빔밥, 카레라이스, 볶음밥 등이 있다.
비빔밥은 밥 위에 다양한 채소와 고기, 달걀 등을 얹어 고추장에 비벼 먹는, 영양 면에서 균형 잡힌 한 끼 식사이다.

47 정답 ②
비빔밥은 주식과 부식에 해당하는 음식을 한 그릇에 담아 한 끼의 식사로 먹는 한 그릇 음식의 하나이다. 비빔밥은 밥 위에 채소, 나물, 고기, 달걀부침 등을 얹고 고추장을 넣어 비벼 먹는 음식이다.

48 정답 ②
우리의 생활을 유지하고 풍요롭게 하기 위해 사용하는 모든 것을 생활 자원이라고 한다. 생활 자원은 옷, 음식, 집, 돈 등과 같이 형태가 있는 자원과 시간, 지식, 기술, 흥미 등과 같이 형태가 없는 자원으로 나눌 수 있다.

49 정답 ①
중요하고 꼭 필요한 것부터 순서를 정하여 사야 한다. 가격과 품질을 비교하여, 가격이 적당하고 품질이 좋은 것을 골라야 한다.

50 정답 ①
올바른 식사 예절로는 어른이 먼저 숟가락을 드신 다음에 식사를 시작한다. 음식물은 조용히 입을 다물고 먹으며, 편식하지 않고 감사한 마음으로 맛있게 먹는다.

51 정답 ①
구석진 곳이나 위험한 난간을 타고 내려오지 않으며, 손잡이(난간)를 잡고 다닌다.

52 정답 ③
식품 표시를 통하여 유통 기한, 원재료명, 함량, 품질 인증 마크, 영양 성분 표시 등을 확인할 수 있다.

53 정답 ④
영양 성분 표시는 식품의 표시 영양소의 종류 및 영양소 함량 등을 나타낸 표이다. 1회 제공량을 기준으로 영양소 함량을 표기한다.

54 정답 ④
수선은 터진 바느질 선 수선하기, 바짓단 또는 스커트 단 수선하기, 단추 달기 등의 손상된 옷을 손질하는 것이다.

55 정답 ④
제시된 그림은 옷 만들기 과정에서 바느질하는 모습이다. 바느질로 생활용품 만드는 순서는 '구상하기 → 치수재기 → 재료 준비 → 마름질하기 → 바느질하기 → 정리하기'순이다.

56 정답 ④
시침 핀은 헝겊을 임시로 고정할 때 사용하는 핀이다.

오답피하기

② 가위는 천, 실 등을 자를 때 사용한다.
③ 줄자는 둘레나 신체의 길이를 잴 때 사용한다.

57 정답 ②
시침 핀은 바느질을 하기 전에 천을 고정할 때 사용한다.

오답피하기

① 골무는 바늘을 밀어 주거나 손가락 끝을 보호하기 위해 사용하며 집게손가락에 끼워 사용한다.
③ 대바늘은 두 개 이상의 대바늘로 털실 고리가 계

속 이어지고 얽히도록 뜨는 도구이다.
④ 바늘꽂이는 바늘이나 시침 핀을 꽂아 둘 때 사용하며, 바늘이 녹스는 것을 방지한다.

58 정답 ②
골무는 손가락에 바늘이 찔리는 것을 막기 위하여 둘째 손가락에 끼운다. 가죽, 금속, 플라스틱 등으로 되어 있다.

59 정답 ④
초크는 옷감의 재단선을 표시하는 데 쓰는 분필이다.

60 정답 ②
박음질은 바늘땀이 두 번 겹치게 하여 튼튼하게 꿰매는 바느질이다. 박음질이 완성되면 천의 앞면은 바늘땀이 간격 없이 촘촘히 이어져 있으며, 뒷면은 바늘땀이 겹쳐진다.

61 정답 ②
감침질은 옷감의 가장자리나 솔기의 올이 풀리는 것을 방지하기 위하여 감아 꿰매는 바느질 방법이다.

62 정답 ③
생활 소품을 만드는 과정은 계획하기(구상하기, 치수 정하기) → 준비하기(재료와 용구 준비하기) → 제작하기(본뜨기, 마름질하기, 바느질하기) → 정리 및 평가하기(정리하기, 평가하기)의 순서로 이루어진다.

63 정답 ④
냉장고에 보관해야 할 식품과 실온에 보관해야 할 식품이 있다. 고구마, 감자, 양파, 열대 과일을 냉장고에 보관하면 상해를 입으므로 실온에 보관한다.

2장 기술의 세계

예상문제로 실력 잡기

01 ④	02 ②	03 ④	04 ③	05 ④
06 ②	07 ④	08 ①	09 ①	10 ①
11 ①	12 ④	13 ①	14 ①	15 ④
16 ④	17 ②	18 ③	19 ④	20 ②
21 ①	22 ④	23 ③	24 ④	25 ③
26 ③	27 ④	28 ④	29 ①	30 ④
31 ④	32 ①	33 ②	34 ②	35 ①
36 ②	37 ①	38 ③	39 ③	40 ④
41 ③	42 ④	43 ③	44 ④	45 ④
46 ③	47 ④	48 ④	49 ②	50 ②
51 ③	52 ④	53 ①	54 ②	55 ④
56 ③	57 ④	58 ①	59 ④	

01 정답 ④
발명 기법의 종류로 더하기 기법, 빼기 기법, 크기 바꾸기 기법, 모양 바꾸기 기법, 용도 바꾸기 기법, 재료 바꾸기 기법, 반대로 생각하기 기법, 자연물 본뜨기 기법이 있다. 자연물을 관찰하고 특징을 적용하여 새로운 물건을 만드는 기법을 자연물 본뜨기라 한다.

오답피하기
① 빼기 기법으로 발명한 물건은 무선 마우스, 날개 없는 선풍기 등이 있다.
② 더하기 기법으로 발명한 물건은 지우개 달린 연필, 초콜릿 우유 등이 있다.
③ 반대로 하기 기법으로 발명한 물건은 발가락 양말, 세울 수 있는 화장품 용기 등이 있다.

02 정답 ②
더하기 기법은 물건이나 기능을 더하여 새로운 물건을 만드는 발명 기법이다. 발명 기법 중 가장 쉽고 많이 적용되는 방법이다. 더하기 기법을 사용한 발명품에는 인라인스케이트, 지우개 달린 연필, 휴대 전화, 초콜릿 우유, 반디 펜, 맥가이버 칼 등이 있다.

03 정답 ④

발명 기법의 종류에는 더하기 기법, 빼기 기법, 크기 바꾸기 기법, 모양 바꾸기 기법, 용도 바꾸기 기법, 재료 바꾸기 기법, 반대로 생각하기 기법 등이 있다. 재료 바꾸기 기법은 물건의 재료를 바꾸어 새로운 물건으로 만드는 발명 기법으로 재료마다 다양한 특성을 이용하여 기존의 제품과 기능은 같지만 새로운 효과를 얻을 수 있다.

04 정답 ③

옷의 기능은 크게 보호의 기능과 표현의 기능으로 나눌 수 있는데, ㉠은 자신의 개성을 표현하는 기능, ㉡은 체온 유지, 신체 보호 등 외부의 위험으로부터 몸을 보호하는 기능이 들어갈 수 있다.

05 정답 ④

용도 바꾸기 기법은 기존 물건의 원리를 다른 곳에 응용하는 것이다. 예 온도계 → 체온계, 선풍기 → 환풍기, 우산 → 양산 등

06 정답 ②

방울토마토를 가꾸는 과정은 유기 비료를 섞은 배양토를 화분의 1/2 정도 되도록 담는다. → 방울토마토 모종을 화분 가운데에 심는다. → 배양토를 화분의 4/5 정도가 되도록 채우고 뿌리 주변을 눌러 준다. → 물을 충분히 주고, 방울토마토가 자라면서 쓰러지지 않도록 지지대를 세워 준다. → 방울토마토가 익으면 수확한다.

07 정답 ④

환경을 위해 활용하는 식물 : 튤립, 벚나무, 다육 식물, 고무나무, 담쟁이덩굴, 장미, 스파티필룸 등

08 정답 ①

건강하고 안전한 먹거리를 위해 정부나 공인 인증 기관에서 품질을 보증하는 식품 품질 인증 마크를 표시하고 있다. 제시된 그림은 친환경 인증 마크에 해당한다.

09 정답 ①

사회·문화적 자원 : 자연 학습의 기회를 제공하고 관광 자원으로서의 역할을 함

10 정답 ①

벼의 생명 기술 시스템의 각 과정

- 투입 단계 : 농부, 농기구, 땅, 비료, 볍씨 및 기타 장비가 필요
- 과정 단계 : 벼가 자라는 과정으로 볍씨의 싹을 틔우고, 벼가 성장하여 수확하기까지를 말함
- 산출 단계 : 투입과 과정을 거쳐서 생산된 농산물을 직접 이용하거나 가공품을 만듦
- 되먹임 단계 : 만들어진 농산물과 가공품을 평가

11 정답 ①

물은 식물 내부에서 물질을 운반하고, 온도를 조절한다.

오답피하기

② 공기는 양분을 만들고, 호흡하는 데 필요하다.
③ 햇빛은 잎과 줄기를 튼튼하게 하고, 성장에 도움을 준다.

12 정답 ④

자전거는 사람의 힘으로 바퀴를 회전시키는 움직이는 이동 수단이다. 브레이크는 운동하고 있는 기계의 속도를 감속하거나 정지시키는 장치이다.

오답피하기

① 안장은 자전거 주행시 앉을 수 있는 의자이다.
② 반사경은 불빛에 반사되어 자전거가 잘 보이도록 해 준다.
③ 프레임은 자전거 손잡이 바퀴 등 자전거를 이루는 틀이다.

13 정답 ①

해상 수송은 바다에서 사람이나 물건을 옮기는 것이다. 잠수함·어선·여객선은 해상 수송 수단이고, 자전거는 육상 수송 수단이다.

14 정답 ①

자전거는 페달을 밟으면 체인이 돌아가고 자전거가 움직인다.

② 경음기는 주변 사람들에게 소리를 내는 장치이다.

③ 전조등은 밤에 자전거를 운전할 때 앞을 환하게 비춰주는 장치이다.

④ 브레이크는 자전거의 속도를 감소시키는 장치이다.

15 정답 ④

구동 장치 : 동력을 발생시키는 엔진, 발생한 동력을 바퀴로 전달하는 동력 전달 장치 등

16 정답 ④

조향 장치 : 수송 수단의 주행 방향을 조정하는 핸들

17 정답 ②

스프로킷 : 체인과 맞물려 움직이는 힘을 전달하는 톱니를 가진 장치

18 정답 ③

반사경 : 야간에 불빛이 닿으면 빛을 반사하여 자전거가 잘 보이게 함으로써 안전에 도움을 준다.

19 정답 ④

한 콘센트에 지나치게 많은 가전제품을 연결할 경우 화재의 위험이 있다. 전기・전자 용품을 안전하게 사용하기 위해서는 품질이 보증된 전기・전자 제품을 사용하고 플러그가 손상되었거나 전선의 피복이 벗겨진 경우에는 교체해야 한다.

①, ②, ③은 전기 안전사고를 예방하는 방법이다.

20 정답 ②

경제 동물 중 닭은 고기와 알을 제공한다.

오답피하기

① 양은 우유와 털을 제공한다.

③ 돼지는 고기를 제공한다.

④ 젖소는 우유와 고기를 제공한다.

21 정답 ①

가축은 식품의 원료로 쓰이거나, 옷・신발・가방 등의 원료를 제공한다.

22 정답 ④

경음기 : 소리를 낼 수 있게 만든 장치

23 정답 ③

체인은 눌렀을 때 1~2cm 정도 늘어지는 것이 좋다.

24 정답 ④

구동 장치 : 페달, 기어, 체인, 앞뒤 바퀴 등

25 정답 ③

애완동물은 사람이 좋아하여 함께 살면서 귀여워하며 키우는 동물이다. 애완동물은 우리에게 친숙한 고양이, 개를 비롯하여 금붕어, 고슴도치, 앵무새 등 종류가 다양하다.

26 정답 ③

애완동물은 사람이 즐거움을 얻기 위해 기르는 동물로, 주로 집에서 기른다. 애완동물을 기르면 마음의 안정을 얻을 수 있으며, 좋은 친구가 될 수 있을 뿐 아니라 생명을 소중히 여기는 태도를 가지게 된다.

27 정답 ④

새를 키우기 위한 준비물로는 새장(둥지), 횃대, 모이 그릇, 물통, 놀이 틀, 둥우리, 모래, 사료 등이 있다.

28 정답 ④

햇빛은 잎과 줄기를 튼튼하게 하고, 성장에 도움을 준다. 공기는 양분을 만들고, 호흡하는 데 필요하다.

29 정답 ①

식물이 자라는 데 필요한 환경 요소 중 햇빛은 이산화탄소, 물과 함께 광합성을 일으켜 식물에 필요한 에너지를 만들 수 있게 해 준다. 꽃이 피거나 열매를 맺을 때에는 많은 양의 햇빛이 필요하다.

30 정답 ④

화단에 핀 꽃을 보며 아름다움을 느끼고, 채소를 이용한 음식을 먹으며 몸에 필요한 영양분을 얻는다. 또한, 식물은 공기를 정화하여 맑은 공기를 마실 수 있게 해 준다.

31 정답 ④

육각 렌치 : 육각형의 홈에 끼워 사용하는 공구로 대부분 자전거의 핸들을 고정할 때 사용한다.

32 정답 ①

펄럭이는 치마나 통이 넓은 바지는 입지 않는다.

33 정답 ②

친환경 농법은 화학 비료와 농약을 사용하지 않고 농사를 짓는 방법으로, 우렁이 농법, 오리 농법, 지렁이 농법 등이 있다. 우렁이 농법은 우렁이가 논에 자라는 잡초를 먹어 치워 제초제를 사용하지 않고 농사를 짓는 친환경 농법이다. 지렁이 농법은 지렁이가 땅속에 통로를 만들어 공기를 잘 통하게 하고, 지렁이 배설물인 분변토로 땅을 기름지게 한다. 오리 농법은 오리를 논두렁 물에 놓아 길러 해충을 잡아먹게 하고, 또 배설물을 비료로 사용하여 땅을 기름지게 한다.

34 정답 ②

채소는 반찬이나 간식 등으로 이용하기 위해 밭에서 기르는 작물로 이용하는 부위에 따라 뿌리채소, 잎줄기채소, 열매채소로 분류한다.
잎줄기채소에는 상추와 파, 배추, 시금치 등이 있다.

35 정답 ①

- 잎줄기채소는 잎과 줄기를 먹는 채소로 배추, 상추가 있다.
- 뿌리채소는 당근, 우엉, 무 등과 같이 뿌리를 먹는 채소이다.
- 열매채소는 열매를 먹는 채소로 가지, 고추, 토마토, 오이 등이 있다.

36 정답 ②

채소는 반찬이나 간식으로 이용하기 위하여 기르는 식물이다. 채소는 이용 부위에 따라 뿌리채소, 잎줄기채소, 열매채소로 나눌 수 있다.
뿌리채소는 당근, 우엉, 무, 도라지, 더덕 등과 같이 뿌리를 먹는 채소이며, 열매채소는 열매를 먹는 채소로 가지, 고추, 토마토, 호박, 오이 등이 있다. 잎줄기채소는 잎과 줄기를 먹는 채소로 배추, 상추, 시금치 등이 있다.

37 정답 ①

횃대는 새장을 꾸밀 때 닭이 올라앉을 수 있도록 설치하는 막대이다. 따라서 식물 가꾸기에서는 필요하지 않다.

38 정답 ③

전지(전정)가위는 꽃이나 나무의 가지를 솎아 내거나 잘라 낼 때 사용한다. 날에 손이 베이지 않도록 주의한다.

39 정답 ③

물뿌리개는 식물에 물을 주는 데 사용한다.

40 정답 ④

토마토는 화분 바닥에 잔자갈을 깔고, 거름흙을 화분 높이의 절반 정도 채운 후 모종을 화분에 심는다. 거름흙을 화분의 4/5가 되도록 채운다. 모종을 심은 지 2주 정도 되면 받침대를 세워 줄기를 묶어 주고 물을 충분히 준다.

41 정답 ③

자동차 정비사는 자동차와 관련된 직업으로 자동차가 안전하게 운행될 수 있도록 돕고 사고를 예방하는 일을 한다.

오답피하기

① 의사는 병을 고치는 것을 직업으로 하는 사람이다.
② 사회 복지사는 사회 복지에 관한 전문 지식과 기술을 가진 사람이다.

④ 항공기 정비사는 항공기가 제대로 작동하도록 기계나 설비를 손질하는 일을 한다.

42 정답 ④

적성 : 어떤 일을 할 때 다른 사람 또는 다른 일보다 잘해 낼 수 있는 능력이나 소질

43 정답 ③

직업의 의미 : 일정한 기간 동안 일을 하고 그 대가로 보수를 받는 활동

44 정답 ④

하드웨어와 소프트웨어

- **하드웨어** : 컴퓨터와 관련된 모든 전자 장비를 표현하는 단어로, 실제로 만질 수 있는 다양한 부품과 장치 예 전기밥솥, 세탁기, 로봇 청소기, 냉장고 등
- **소프트웨어** : 컴퓨터, 스마트폰, 가전제품 등의 기기(하드웨어)를 제어하고 작동하기 위한 프로그램 예 한글 프로그램, 애플리케이션, 그림판 등

45 정답 ④

프로그래밍 도구(엔트리) 화면 구성

- **명령 블록 꾸러미** : 여러 가지 명령 블록을 모아 놓은 곳
- **오브젝트 창** : 실행 화면에서 코드에 따라 움직이는 물체 또는 배경
- **블록 조립소 창** : 명령 블록을 이용하여 조립하는 곳
- **휴지통** : 필요 없는 명령 블록을 삭제하는 곳

46 정답 ③

비밀번호는 문자, 숫자, 특수 문자 등을 사용하여 만들고, 주기적으로 바꾸며 공유하지 않는다. 이상한 메일이나 스팸 메일은 수신 거부를 한다.

47 정답 ④

스마트 시계로 전화, 문자, 건강 관리 등에 활용할 수 있다.

48 정답 ④

지식 재산 : 발명, 디자인, 상표, 글, 그림, 사진, 음악, 영화 등과 같이 사람의 창작 활동을 통해 발생하는 재산

49 정답 ②

특별한 목적 없이 컴퓨터나 스마트폰 등을 켜지 않으며, 사용할 때는 사용 시간과 장소를 정하고 지켜야 한다. 컴퓨터나 스마트폰 등을 사용하는 시간보다 취미 활동 시간을 늘리고, 스마트폰 등을 하느라 식사 시간과 취침 시간을 어기지 않는다.

50 정답 ②

친환경 농법은 안전한 농산물을 생산하기 위해 화학 물질의 사용을 줄이고 자연 재료를 이용하는 방식으로 이루어진다.

51 정답 ③

친환경 농축산물의 우수한 품질은 농촌 사회의 경제력 유지에도 도움이 된다.

52 정답 ④

친환경 농업은 화학 비료와 화학 농약을 최소한만 사용해 안전한 농축산물을 생산하고 환경을 보전한다.

53 정답 ①

교육 로봇은 공부를 재미있게 할 수 있도록 도와줄 수 있다.

오답피하기

② 수술 로봇은 정밀하고 정확하게 수술하는 로봇이다.

③ 청소 로봇은 가사 지원 로봇의 일종으로 청소해 주는 로봇이다.

④ 탐사 로봇은 특수 목적용 로봇의 일종으로 화성 탐사 및 수중 탐사하는 로봇이다.

54 **정답** ②

로봇 청소기는 일상생활에서 많이 사용하고 있는 가정용 로봇이다. 로봇 청소기에 전원이 공급되면 중앙 처리 장치에서 센서에 데이터를 요구한다. 센서가 장애물이 있는지를 확인하여 중앙 처리 장치에 신호를 보내면, 로봇은 이를 판단하여 움직여야 할 경로를 계산하면서 청소를 시작한다.

55 **정답** ④

승객이나 화물 운반을 위해 여객기, 화물 수송기를 조종하는 직업은 항공기 조종사이다.

56 **정답** ③

사회가 다양한 것처럼 개인이 선택하는 직업과 진로도 다양화되어야 한다. 그러기 위해서는 각자가 건전한 직업관을 가지고 자신의 적성과 흥미, 성격, 가치관 등을 고려해서 알맞은 직업을 선택해야 할 필요가 있다.

57 **정답** ④

여러 가지 정보 매체를 이용하여 직업의 종류와 특성을 알아보는 방법에는 책을 이용하는 방법, 직접 직업인과 인터뷰하는 방법, 방송・신문・직업 정보 누리집을 이용하는 방법, 선생님이나 부모님과 상담을 통해 나와 관련된 직업 정보를 얻는 방법 등이 있다.

58 **정답** ①

은행과 관련된 직업에는 은행 출납 사무원, 외환 딜러 등이 있다.

59 **정답** ④

직업이란, 일정한 기간 동안 일을 하고 그 대가로 보수를 받는 활동을 말한다. 우리는 직업을 통해 얻은 수입으로 생계를 유지하고, 사회 구성원으로서의 역할을 수행하며, 자신의 꿈을 실현하고 삶의 보람을 느낄 수 있다.

④ 가정에서의 음식 만들기, 설거지하기 등은 식생활과 관련된 일이다.